Bildungsdisparitäten von Schülern nach
Staatsangehörigkeit und Migrationshintergrund

AF281510

Waxmann Verlag GmbH
Steinfurter Straße 555, 48159 Münster
info@waxmann.com

Thomas Kemper

Bildungsdisparitäten von Schülern nach Staatsangehörigkeit und Migrationshintergrund

Eine schulformspezifische Analyse
anhand von Daten der Schulstatistik

Waxmann 2015
Münster • New York

Diese Arbeit wurde unter dem Titel „Bildungsdisparitäten von Schülern nach Staatsangehörigkeit und Migrationshintergrund. Eine schulformspezifische Analyse allgemeinbildender Schulen in deutschen Bundesländern anhand von Daten der amtlichen Schulstatistik" vom Institut für Bildungsforschung in der School of Education der Bergischen Universität Wuppertal 2013 als Dissertation angenommen.

GEFÖRDERT VOM

Bundesministerium
für Bildung
und Forschung

Bibliografische Informationen der Deutschen Nationalbibliothek
Die Deutsche Nationalbibliothek verzeichnet diese Publikation in der Deutschen Nationalbibliografie; detaillierte bibliografische Daten sind im Internet über http://dnb.d-nb.de abrufbar.

Internationale Hochschulschriften, Band 620
Die Reihe für Habilitationen und sehr gute und ausgezeichnete Dissertationen

ISSN 0932-4763
Print-ISBN   978-3-8309-3223-9
E-Book-ISBN   978-3-8309-8223-4

© Waxmann Verlag GmbH, 2015
www.waxmann.com
info@waxmann.com

Umschlaggestaltung: Christian Averbeck, Münster
Satz: Stoddart Satz- und Layoutservice, Münster

Gedruckt auf alterungsbeständigem Papier,
säurefrei gemäß ISO 9706

Vorwort und Danksagung

Die vorliegende Arbeit ist im Juli 2013 am Institut für Bildungsforschung in der School of Education der Bergischen Universität Wuppertal als Dissertation angenommen worden. Entstanden ist die Arbeit im Rahmen meiner Tätigkeit als Wissenschaftlicher Mitarbeiter am Deutschen Institut für Internationale Pädagogische Forschung (DIPF) – insbesondere im Rahmen meines vom Bundesministerium für Bildung und Forschung (BMBF)[1] geförderten Promotionsprojekts. Daher danke ich dem BMBF für die materielle und immaterielle Förderung im Rahmen des Förderschwerpunktes ‚Bildungsforschung auf der Grundlage von Daten der amtlichen Statistik'. Erst hierdurch wurde das Promotionsprojekt ermöglicht.

Besonders möchte ich mich sowohl bei meinem Erst- als auch bei meinem Zweitgutachter bedanken. Herrn Professor Dr. Horst Weishaupt danke ich insbesondere für die langjährige intensive Betreuung und die kritische Diskussion des Promotionsprojektes, woraus vielfältige Hinweise resultierten. Herrn Professor Dr. Klaus Peter Strohmeier danke ich sowohl für die Begutachtung der Arbeit als auch für die – bereits zu Studienzeiten – interessante und lehrreiche Zusammenarbeit an der Schnittstelle zwischen Stadt- und Regionalsoziologie und empirischer Bildungsforschung.

Ohne die Kooperations- und Hilfsbereitschaft von Frau Bettina Link (Statistisches Landesamt Rheinland-Pfalz) und die Bereitstellung von schulstatistischen Individualdaten in einem Forschungsdatenzentrum hätte diese Arbeit nicht realisiert werden können. Herzlich bedanken möchte ich mich auch bei Herrn Manuel Boos (Statistisches Landesamt Hessen) für die stets sehr hilfreiche Unterstützung u. a. hinsichtlich der Beschaffung und Bereitstellung von verschiedenen (Individualdaten-)Statistiken im Forschungsdatenzentrum (FDZ) Wiesbaden. Zugleich wurde ich von ihm als Datennutzer, der mit ihm im FDZ das Büro teilen durfte, sehr offen empfangen.

Auch die gute institutionelle Einbindung während der Projektlaufzeit am DIPF, die fachlichen Anregungen durch verschiedene Kolleginnen und Kollegen am Institut, in der Abteilung oder im Rahmen des Arbeitskreises Migration sind besonders hervorzuheben. Das Gleiche gilt für Gespräche mit (mittlerweile) externen Forscherinnen und Forschern. Frau Dr. Alexandra Schwarz (jetzt Bergische Universität Wuppertal) danke ich für die Diskussion methodischer Aspekte; auch mit Herrn Martin Jungnickel (Regierungspräsidium Darmstadt) und Herrn Prof. i. R. Dr. Reimer Kornmann (Pädagogische Hochschule Heidelberg) ergaben sich fachlich sehr anregende Gespräche.

Dank gilt auch den Korrekturleserinnen und -lesern dieser Arbeit sowie den engagierten Mitarbeiterinnen und Mitarbeitern der DIPF-Bibliothek, die insbesondere dabei geholfen haben, schwierig zu beschaffende Literatur einzusehen.

Selbstverständlich möchte ich mich auch bei meiner Familie, meinen Freunden und allen bedanken, die mich in irgendeiner Art und Weise bewusst oder unbewusst unterstützt oder inspiriert haben.

1   Das dieser Veröffentlichung zugrundeliegende Promotionsprojekt wurde mit Mitteln des Bundesministeriums für Bildung und Forschung unter dem Förderkennzeichen 01JG0917 gefördert. Die Verantwortung für den Inhalt dieser Veröffentlichung liegt bei dem Autor.

Inhalt

Einleitung

Im Jahr 2010 haben 15,7 Millionen Personen in Deutschland einen Migrationshintergrund (vgl. Statistisches Bundesamt 2011a: 7). Ausgehend von einer Einwohnerzahl von insgesamt 81,7 Millionen Personen hat mit 19,3 % annähernd jeder fünfte Einwohner in Deutschland einen Migrationshintergrund (vgl. ebd.). Aus demografischen Gründen wird der Anteil von Kindern und Jugendlichen mit Migrationshintergrund weiter ansteigen. Diese Entwicklung zeigt sich z. B. darin, dass jeder fünfte 15-Jährige einen Migrationshintergrund hat, unter den Viertklässlern ist es jedes vierte Kind und bei den Kindern unter fünf Jahren trifft dies bereits auf jedes dritte Kind zu (vgl. Geißler/Weber-Menges 2008: 14). Hiermit einher geht eine zunehmende quantitative Relevanz von Schülerinnen und Schülern[2] mit Migrationshintergrund für das Bildungswesen.

Vor diesem Hintergrund werden im Rahmen dieser Arbeit zwei übergeordnete Ziele verfolgt. Erstens soll anhand von Daten der amtlichen Schulstatistik ein empirischer Beitrag geleistet werden, Bildungsdisparitäten von Schülern mit Migrationshintergrund systematisch und umfassend aufzuarbeiten. Dies gilt umso mehr, da Bildungsdisparitäten bislang nur für eine relativ geringe und undifferenzierte Anzahl an Staatsangehörigkeits- bzw. Migrantengruppen untersucht wurden (bzw. fallzahlbedingt untersucht werden konnten, was noch zu zeigen sein wird). Der Begriff der ‚Disparität‘ wird – angelehnt an den Begriff der ‚sozialen Ungleichheit‘ – verwendet, „wenn Menschen aufgrund ihrer Stellung in sozialen Beziehungsgefügen von den ‚wertvollen Gütern‘ einer Gesellschaft regelmäßig mehr als andere erhalten" (Hradil 2001: 30). Im Rahmen dieser Arbeit geht es im Allgemeinen um Bildung als wertvolles Gut. Konkret interessieren „als bedeutsam erachtete Unterschiede" (Stanat 2006b) – z. B. hinsichtlich des Besuchs spezifischer Schulformen oder im Erreichen von bestimmten Schulabschlüssen zwischen unterschiedlichen Schülergruppen (vgl. ebd.), denn mögliche Unterschiede müssen „nicht an sich ungerecht sein, sie sind aber zu hinterfragen und in jedem Fall rechtfertigungsbedürftig" (Ditton 2004: 606).

Schulstatistiken haben den großen Vorteil, dass sie Daten zur Grundgesamtheit der Schüler bereitstellen, hiermit gehen bessere Differenzierungsmöglichkeiten einher. Angenommen wird, dass sich u. a. die Ausgangsbedingungen von Schülern nach ihrer Herkunft deutlich unterscheiden, woraus Bildungsdisparitäten resultieren und eine ausreichende Differenzierung besonders relevant erscheint. Schwerpunktmäßig werden Analysen zur Bildungsbeteiligung[3] sowie – soweit möglich – zum Schul-

---

2 Der besseren Lesbarkeit und Verständlichkeit halber wird nachfolgend nur die männliche Form verwendet, gemeint und mitgedacht sind jedoch immer beide – sowie darüber- und dazwischenliegende – Geschlechter.

3 Unter Bildungsbeteiligung wird der anteilsmäßige Besuch von verschiedenen Schulformen verstanden. Z. B. kann der prozentuale Besuchsanteil spezifischer Schulformen von Schülern verschiedener Staatsangehörigkeits- oder Migrantengruppen in der Sekundarstufe gemeint sein. In den nachfolgenden Kapiteln wird die jeweils verwendete Definition präzise angeführt.

erfolg[4] von Schülern mit Migrationshintergrund durchgeführt. Diese Schwerpunkte werden gesetzt, da die Bildungsbeteiligung in hierarchisch gegliederten Schulsystemen mit verschiedenen Schulformen tendenziell Auskunft gibt über den zu erwartenden Schulabschluss von Schülern. Von dem letztendlich erzielten Schulerfolg (oder -misserfolg) hängen u. a. die Lebenschancen, das Einkommen, die allgemeine Zufriedenheit und die Gesundheit ab (vgl. z. B. Diefenbach 2011: 139). Die erreichten (oder nicht erreichten) Schulabschlüsse stellen auch das Endergebnis bzw. den ‚Output' verschiedener Bildungsprozesse dar – hier seien exemplarisch verschiedene Selektionsstufen genannt, wie z. B. Übergänge von der Grundschule auf weiterführende Schulformen oder Klassenwiederholungen. Zweitens sollen die Potentiale, aber auch die Limitationen von Daten der amtlichen Schulstatistik hinsichtlich der Analyse von Bildungsdisparitäten von Schülern mit Migrationshintergrund herausgearbeitet werden. Die Datenbasis wird geprüft auf Möglichkeiten und Einschränkungen, die sich sowohl auf die Analyse und Darstellung der Bildungssituation von Schülern mit Migrationshintergrund beziehen, aber auch im Vergleich verschiedener Migrantengruppen untereinander, oder im Vergleich zu Bildungsdisparitäten gegenüber Schülern ohne Migrationshintergrund. Verwendet werden sowohl herkömmliche – d. h. auf Summendaten basierende – Schulstatistiken, als auch Individualdatenstatistiken mit erweiterten Merkmalssätzen. Letztere werden exemplarisch für einzelne Bundesländer ausgewertet. Zudem sollen die weitergehenden Analysemöglichkeiten von Individualdatenstatistiken im Vergleich zu herkömmlichen Schulstatistiken dargestellt werden.

Diese Arbeit ist formal und inhaltlich in mehrere Kapitel untergliedert. In Kapitel 1 wird ein Überblick gegeben über die wichtigsten Theorien, die aus bildungssoziologischer Perspektive Bildungsdisparitäten von Schülern mit Migrationshintergrund allgemein – sowie von Schülern mit bestimmten Migrationsmerkmalen im Besonderen – ursächlich zu erklären versuchen. Soweit möglich, wird der aktuelle Forschungsstand zur empirischen Relevanz der Erklärungsansätze für Bildungsdisparitäten von Schülern mit Migrationshintergrund ergänzend dargelegt.

In Kapitel 2 werden anhand von amtlichen Schuldaten des Statistischen Bundesamtes systematisch nach *Staatsangehörigkeit* von Schülern divergierende Bildungsdisparitäten analysiert. Die Analysen erfolgen sowohl auf der Bundes- als auch auf der Landesebene. Zudem werden schulformspezifische Über- oder Unterrepräsentationen von nichtdeutschen im Vergleich zu deutschen Schülern quantifiziert. Zusätzlich sollen die Potentiale der bisherigen amtlichen Schulstatistik bezogen auf die Analyse von Bildungsdisparitäten von Schülern mit Migrationshintergrund herausgearbeitet werden.

Unzureichend untersucht wurde bisher auch die Frage, inwiefern sich das seit dem Jahr 2000 geänderte Staatsangehörigkeitsrecht auf das schulstatistische Merkmal der (nichtdeutsche) ‚Staatsangehörigkeit' auswirkt. Das Merkmal spielt in der herkömmlichen und auf Summendaten basierenden Schulstatistik eine große Rolle. In amtlichen Schulstatistiken ist das Merkmal der einzige Indikator für einen Migrationshintergrund von Schülern. Daher soll in Kapitel 3 die verbleibende Aussagefähigkeit der quantitativen Erfassung von Schülern mit Migrationshintergrund über das

---

4 Unter Schulerfolg werden die jeweils erreichten oder nichterreichten Schulabschlüsse von Schulabgängern verstanden.

Staatsangehörigkeitsmerkmal eingeschätzt und analysiert werden. Hierzu werden einzelne Bundesländer untersucht, deren Schulstatistiken geeignete Individualdaten mit erweiterten Merkmalen zum Migrationshintergrund von Schülern bereitstellen. Hierüber lässt sich zum einen nachvollziehen, inwiefern weitere Migrationsmerkmale zur ergänzenden quantitativen Messung des Migrationshintergrundes von Schülern beitragen. Auch kann eingeschätzt werden, inwiefern die Erhebung zusätzlicher Migrationsmerkmale im Rahmen von Individualdatenstatistiken dazu beiträgt, potentielle Unzulänglichkeiten zu reduzieren oder zu beheben, die aus der Erfassung des Migrationshintergrundes anhand des alleinigen Merkmals der Staatsangehörigkeit resultieren. Die Bedeutung zusätzlicher Migrationsmerkmale wird insbesondere vor dem Hintergrund der Auswirkungen des geänderten Staatsangehörigkeitsrechts auf die Schulstatistik bzw. auf das hierin enthaltene Staatsangehörigkeitsmerkmal weiter zunehmen. Ergänzend sollen mögliche Einschränkungen hinsichtlich der Erfassung von Schülern mit Migrationshintergrund herausgearbeitet werden, die selbst dann bestehen, wenn Individualdatenstatistiken mit erweiterten Merkmalssätzen erhoben werden.

In Kapitel 4 werden Bildungsdisparitäten von Schülern mit Migrationshintergrund individualdatenstatistisch analysiert. Vertiefende Analysen zur Bildungsbeteiligung und zum Schulerfolg von Schülern mit Migrationshintergrund werden exemplarisch für Rheinland-Pfalz durchgeführt, da dieses Land – wie noch zu zeigen sein wird – über eine vorbildliche Individualdatenstatistik verfügt. Hierdurch werden Analysen ermöglicht, die weitere Migrationsmerkmale berücksichtigen und somit über bisherige – sich z.B. ausschließlich auf die Staatsangehörigkeit der Schüler beziehende – Ergebnisse hinausgehen. Die analytischen Potentiale und möglichen Einschränkungen von schulstatistischen Individualdaten sollen bezogen auf Bildungsdisparitäten von Schülern mit Migrationshintergrund eingeschätzt bzw. überprüft werden.

In Kapitel 5 erfolgt abschließend die Zusammenfassung der wichtigsten Forschungsergebnisse, zudem werden verbleibende datenbezogene Potentiale und Einschränkungen und die hiermit einhergehenden inhaltlichen Möglichkeiten und Grenzen der Untersuchung diskutiert.

1. Theoretische Erklärungsansätze für Bildungsdisparitäten von Schülerinnen und Schülern mit Migrationshintergrund[5]

Über die wichtigsten Theorien, die aus bildungssoziologischer Perspektive Ursachen für Bildungsdisparitäten von Schülern mit Migrationshintergrund[6] benennen oder Bildungsunterschiede zwischen verschiedenen Migrantengruppen zu erklären versuchen, soll nachfolgend ein Überblick gegeben werden. Die Struktur der Gliederung ist entfernt an eine Übersicht von Diefenbach (2007: 88) angelehnt. Allerdings werden eigene strukturelle und insbesondere inhaltliche Schwerpunkte gesetzt und die (aktuelle) Forschungsliteratur neu aufgearbeitet. Es werden verschiedene Erklärungsansätze für Bildungsdisparitäten von Schülern mit Migrationshintergrund vertiefend dargestellt. Zunächst werden Erklärungsansätze benannt, die sich auf Merkmale der Schüler bzw. auf Merkmale ihrer Eltern beziehen, hierbei handelt es sich um ressourcentheoretische Erklärungen (1.1) sowie um Ansätze, die die Migrationssituation bzw. -biografie von Zuwanderern in den Fokus rücken (1.2). Hieran schließen Erklärungsansätze an, die auf die Relevanz von schulischen bzw. institutionellen Merkmalen verweisen. Dargestellt werden zum einen Ansätze, die institutionelle Bedingungen und institutionelle Diskriminierung als relevant für Bildungsdisparitäten von Schülern mit Migrationshintergrund ansehen (1.3), zum anderen werden Theorien vorgestellt, die Disparitäten auf (sozial-)räumliche Ursachen oder auf Kontextbedingungen und -effekte (1.4) zurückführen. Diese werden um verschiedene weitere potentielle Erklärungsansätze ergänzt (1.5). Auch soll knapp auf alternative Systematisierungen der verschiedenen Theorieansätze in bekannten Studien eingegangen werden (1.6).

An jeden Theorieansatz schließt eine Darstellung des empirischen Forschungsstandes an. Anhand von wichtigen empirischen Ergebnissen wird aufgezeigt, inwiefern der jeweilige Erklärungsansatz Bildungsdisparitäten von Schülern mit Migrationshintergrund zu erklären vermag. Hierdurch soll die empirische Relevanz der verschiedenen Erklärungsansätze eingeschätzt werden (1.7). Abschließend wird erörtert, welche Potentiale die amtliche Schulstatistik bietet, um die Bildungssituation von Schülern mit Migrationshintergrund darzustellen (1.8). Insbesondere wird diskutiert, inwiefern sich die verschiedenen theoretischen Erklärungsansätze für Bildungsdisparitäten von Schülern mit Migrationshintergrund anhand von Schulstatistiken empirisch überprüfen lassen. Hierzu wird ferner unterschieden nach herkömmlichen Schulstatistiken und solchen, die auf Individualdaten basieren und erweiterte Merkmalssätze bereitstellen.

---

5 Teile dieses Kapitels sind bereits in Kemper (2010a) erschienen.
6 In diesem Kapitel wird aus Gründen der besseren Lesbarkeit und zur Komplexitätsreduktion im Rahmen der Darstellung der verschiedenen Theorien einheitlich der Begriff Schüler mit „Migrationshintergrund" verwendet. Dieser kann von den im Original verwendeten Begriff anderer Autoren abweichen (wie z. B. ‚ausländische' oder ‚nichtdeutsche' Schüler). Eine Verwendung der ursprünglichen Begriffe erfolgt, wenn empirische Ergebnisse wiedergegeben werden. Ausführlich wird ab Kapitel 3 auf die jeweilige Operationalisierung des ‚Migrationshintergrundes' eingegangen (in diesem Kapitel hingegen nur dann, wenn dies inhaltlich oder methodisch zwingend erforderlich ist).

1.1 Ressourcentheoretische Erklärungen

Überwiegend sind ressourcentheoretische Erklärungen an die Kapitalientheorie von Pierre Bourdieu angelehnt (vgl. Bourdieu/Passeron 1971; Bourdieu 1983). Bourdieu unterteilt das akkumulierte Kapital (z.B. von Familien) in drei Kapitalarten: das soziale, ökonomische und kulturelle Kapital (ebd.). Somit könnten Schüler mit Migrationshintergrund „aufgrund ihrer defizitären Kapitalausstattung" (Radtke 2004a: 149) im Schulsystem benachteiligt werden, wenn „Merkmale der Familie" (Stanat/Edele 2011: 186) – d.h. entweder der Kinder oder ihrer Eltern – auf eine geringe Verfügbarkeit von Ressourcen für Bildungsinvestitionen hinweisen (vgl. Diefenbach 2007). Die Familie stellt nach Ramirez-Rodriguez und Dohmen (2010: 300) die „primäre Erziehungsinstanz" dar. Daher gibt der Umfang der zur Verfügung stehenden Ressourcen „die Sozialisationsbedingungen innerhalb der Familie" (ebd.) wieder. Aus einem sich unterscheidenden Umfang familialer Ressourcen ergeben sich für Kinder bzw. Schüler Bildungsdisparitäten, insbesondere wenn die Nichtverfügbarkeit von Ressourcen bzw. eine Unterinvestition der Eltern in „Sozialisation, Erziehung und Vorbereitung auf die Schule" (Becker 2011: 16) einhergeht mit geringeren Bildungserfolgen (vgl. ebd.). Neben Unterinvestitionen sind auch Investitionen denkbar, die weniger den schulischen Anforderungen entsprechen (z.B. verstärkte Investition in soziales denn in kulturelles Kapital).

Nachfolgend werden die potentiellen spezifischen Einflüsse der verschiedenen Kapitalien auf die Bildung insbesondere von Schülern mit Migrationshintergrund dargestellt.

1.1.1 Ökonomisches Kapital

Nach Bourdieu (1983: 185) ist das „ökonomische Kapital [...] unmittelbar und direkt in Geld konvertierbar". Eine besondere Relevanz haben – neben dem Besitz von Eigentum – der Erwerbsstatus und die berufliche Position der Eltern, aus der sich maßgeblich der soziale bzw. sozioökonomische Status ergibt (vgl. Söhn 2011a: 153). Hieraus resultiert auch der Umfang der verfügbaren materiellen Güter (vgl. Stanat/Edele 2011: 186), wodurch der schulische Erfolg beeinflusst werden kann. Z.B. besteht für diejenigen Eltern ein erhöhtes Risiko in die Bildung ihrer Kinder zu investieren, deren familiären (sozio-)ökonomischen Ressourcen als defizitär anzusehen sind (vgl. Esser 1999; Kalter 2005). Dies zeigt sich z.B. darin, dass potentielle Kosten der (Aus-)Bildung von Kindern in Abhängigkeit von den elterlichen Ressourcen in unterschiedlichem Umfang übernommen werden können (vgl. Diefenbach 2002a). Somit kann der Bildungserfolg von ökonomischen Ressourcen abhängen. Beispielhaft sei an Investitionen in (ergänzende) Lernmaterialien, Nachhilfe, Internatsbesuche oder Privatunterricht gedacht, die unterstützend wirken können (vgl. Esser 1999: 265ff.). Vermögende können im Vergleich zu ärmeren Familien prinzipiell mehr in ihre Kinder investieren, selbst gleich hohe Aufwendungen sind von ersteren leichter zu bewältigen und bergen höhere finanzielle Risiken für weniger wohlhabende Familien.

Dass in zugewanderten Familien das ökonomische Kapital in einem durchschnittlich geringeren Umfang zur Verfügung steht, hat verschiedene Ursachen. Zwischen Herkunfts- und Aufnahmegesellschaft können Unterschiede im Qualifikationsniveau bestehen, etwa weil nicht alle Bildungsabschlüsse und Qualifikationen im Aufnahmeland anerkannt werden. Somit kann von einer „Kontextabhängigkeit bestimmter Kapitalien" (Kalter/Granato/Kristen 2011: 265; vgl. hierzu auch Kristen 2004: 14) gesprochen werden, die „eine naheliegende Erklärung für ethnische Nachteile" darstellt (Kalter/Granato/Kristen 2011: 265ff.). Zudem kam es in den 1950er und -60er Jahren zu einer umfangreichen Zuwanderung von gering qualifizierten Arbeitsmigranten, die einfache, aber körperlich anstrengende Tätigkeiten zu verrichten hatten, für die nur geringe Löhne gezahlt wurden (vgl. z. B. Oltmer 2010).

Somit hängen die spezifischen Kapitalien vom jeweiligen gesellschaftlichen Kontext ab und sind in der Aufnahmegesellschaft nicht – oder zumindest nicht mehr vollständig – verwertbar (vgl. z. B. von Below 2004: 194; Esser 1999: 151; Bourdieu 1983; Kristen/Granato 2004: 126). Die Folgen sind u. a. monetäre Einbußen, etwa weil im Vergleich zum Herkunftsland bzw. zur ursprünglichen Qualifikation nur schlechter bezahlte Berufe ausgeübt werden können. Esser spricht gar von ‚ethnischen Schichtungen', d. h. es bestünden vertikale Ungleichheiten, bei der „ethnische und kulturelle Merkmale systematisch mit Ungleichheiten in Bildung, Einkommen" usw. verbunden seien (Esser 2012: 140). Hieraus ergäben sich Unterschiede in den Handlungsmöglichkeiten, Strategien und Zielen (vgl. Kristen/Dollmann 2012: 105; Esser 2000).

1.1.2 Soziales Kapital

Das soziale Kapital ist nach Bourdieu (1983: 185) „das Kapital an sozialen Verpflichtungen oder ‚Beziehungen'". Es wird treffend veranschaulicht als „Netz sozialer Beziehungen, auf die eine Person zurückgreifen kann" (Stanat/Edele 2011: 186). Das Sozialkapital beeinflusst Migrationsentscheidungen und kann z. B. zu Prozessen der ‚Kettenmigration' führen (vgl. Haug 2010: 13f.; Haug 2000). Zudem „hängen die soziale Einbettung und die Integration im Aufnahmeland mit dem Sozialkapital zusammen" (Haug 2010: 13). Neben Vorteilen wie z. B. „Solidarpotenziale […] und Hilfeleistungen" (ebd.), die generell oder zumindest im Bedarfsfalle unterstützend wirken, werden auch negative Einflüsse wie etwa „Einschränkungen für das Individuum" (ebd.) angeführt, die mit dem Sozialkapital verbunden sein können. Exemplarisch seien „soziale Verpflichtungen" und „Konformitätsdruck" genannt (ebd.: 14), die einen individuellen gesellschaftlichen Aufstieg verhindern könnten (ebd.). Dies wird oftmals bezeichnet als sogenannte ethnische ‚Mobilitätsfalle' (vgl. Haug 2010: 13f.; Nauck 2011: 81). Auch der Umfang des sozialen Kapitals kann durch eine Migration einen quantitativen Wandel zwischen Herkunfts- und Aufnahmeland erfahren (vgl. Haug 2010: 14), somit ist auch das Sozialkapital kontextabhängig. Das Sozialkapital kann den Schulerfolg von Schülern beeinflussen, wenn z. B. Unterschiede in den Selbsthilfepotentialen und dem Engagement von Zuwanderergruppen bestehen (vgl. Hunger 2001: 28f.; Gang/Zimmermann 2000). Beispielhaft seien hier die elterliche bzw. familiale Unterstützung genannt (vgl. z. B. Hummrich 2009), nicht zuletzt bezogen auf

Hausaufgaben oder Prüfungsvorbereitungen, oder die soziale Kontrolle der Bildungs-
bemühungen der Kinder (vgl. Esser 2006: 294). Nach Hunger (2001: 28f.) könnten
etwa Elternvereine und der Umfang von Hausaufgabenhilfen auf einen bestehenden
Zusammenhang zwischen sozialem Engagement und Schulerfolg der Kinder hinweisen. Der Stellenwert von Bildung könne aber auch von dem gruppenspezifischen Bildungsverhalten abhängen, neben den familialen Bedingungen sind z. B. auch Beein-
flussungen durch Gleichaltrige bzw. Peers möglich (vgl. Ditton 2004).

Auch soziale Distanzen zwischen Zuwanderern und der Aufnahmegesellschaft
könnten den Spracherwerb erschweren (vgl. Esser 2006, z. B.: 45f., 80), was entsprechende Folgen für den Schulerfolg habe (vgl. hierzu auch Kapitel 1.1.3). Negative Folgen könne es auch haben, wenn sich soziale Kontakte überwiegend auf ethnische
Netzwerke beschränken, in denen eine nichtdeutsche Sprache verwendet wird (vgl.
Esser 2006: 176f.). Allerdings ist hierbei zu beachten, dass z. B. die Beschränkung auf
einen eigenethnischen Freundeskreis auch erzwungen worden sein kann (vgl. Rami-
rez-Rodriguez/Dohmen 2010: 300), etwa bedingt durch soziale Distanzen oder Segregation (vgl. Kapitel 1.4).

1.1.3 Kulturelles Kapital

Aus ressourcentheoretischer Perspektive können Bildungsdisparitäten von Schülern
auch aus dem Umfang des verfügbaren (familialen) kulturellen Kapitals resultieren.
Bourdieu unterscheidet drei Formen kulturellen Kapitals: inkorporiertes, objektivier-
tes und institutionalisiertes kulturelles Kapital (vgl. Bourdieu 1983: 185ff.). Oder anders ausgedrückt: er unterscheidet kulturelles Kapital, das entweder verinnerlicht ist,
als materialisiertes Kulturgut vorliegt (z. B. in Buchform) oder durch Institutionen vergeben wird, wie z. B. Schulabschlüsse oder akademische Titel (vgl. ebd.). Generell ist
der Umfang des familialen kulturellen Kapitals für die Bildung der Kinder von Relevanz, u. a. aufgrund des „Beitrag[es], den das Erziehungssystem zur Reproduktion der
Sozialstruktur leistet, indem es die Vererbung von kulturellem Kapital sanktioniert"
(ebd.: 186). Weiter ausgeführt wird zudem die Bedeutung des kulturellen Kapitals insbesondere bezogen auf die Bildungssituation und -ergebnisse von Schülern mit Migrationshintergrund.

Hinsichtlich migrationsspezifischer Bildungsdisparitäten kommt dem Bildungsniveau der Eltern eine besondere Relevanz zu (vgl. z. B. von Below 2004). Dieses hängt
auch davon ab, ob in dem Aufnahmeland Bildungs- oder Berufsabschlüsse von Zuwanderern anerkannt werden (vgl. z. B. Becker 2011: 16; Nauck 2011: 77). Hieraus
folgt, ob und in welchem Umfang kulturelles Kapital in ökonomisches Kapital transferiert werden kann (vgl. Nauck 2011: 87). Auch bezogen auf das kulturelle Kapital zeigt
sich, dass die spezifischen Kapitalien vom Kontext abhängen (vgl. Esser 1999: 151f.;
Kristen/Dollmann 2012: 109). Mit dem kulturellen Kapital korreliert u. a. der Lern-
habitus, die Wertschätzung von Bildung und der lernrelevante Besitz (vgl. Ramirez-
Rodriguez/Dohmen 2010: 303; Ditton 2004). Zu Letzterem zählt man z. B. die Anzahl
der im Haushalt bzw. in der Familie befindlichen Bücher sowie die Anzahl der Kunst-
werke und Gedichtbände (vgl. Stanat/Edele 2011: 186). Von der Verfügbarkeit des

kulturellen Kapitals hängen auch lernrelevante Tätigkeiten und die außerschulische Freizeitgestaltung ab – exemplarisch seien die Häufigkeit von Theaterbesuchen, Konzerten oder Museen genannt (ebd.). Sowohl der Umfang des materiellen kulturellen Kapitals wie auch das inkorporierte kulturelle Kapital der Eltern korreliert jeweils mit einer kompetenten und regelmäßigen Unterstützung von Lernprozessen, etwa bei den Hausaufgaben (vgl. Kristen 2003). Benachteiligt sind Kinder aus Familien mit niedrigem Bildungsniveau, da diese in ihren Familien nicht „diejenigen kulturellen Fertigkeiten […] erwerben, die von der Schule in besonderem Maße honoriert werden" (Sieber 2007: 283). Von Relevanz können „etwa der Besitz kultureller Werte und Einstellungen, die Verfügung über bestimmte Sprachfertigkeiten oder über in der Schule dominierende Interaktions- und Kommunikationsstile" sein (ebd.: 283f.). Zudem hätten mangelnde Erfahrungen mit dem deutschen Schulsystem einen Einfluss auf die Bildungsbeteiligung (vgl. Riphahn/Serfling 2002; Ditton 2004), z. B. wenn das Wissen über das Bildungssystem wie die Bedeutung der verschiedenen Bildungsgänge fehlt (vgl. z. B. Esser 2012: 143; Nauck 2011: 72). Kenntnisse „des deutschen Bildungssystems und seiner internen Funktionslogik" (Baumert/Maaz 2012: 295) sowie von „den sozialen Platzierungsmechanismen" (ebd.) sind jedoch entscheidend für strategisches Handeln an den Übergängen im Bildungssystem, wie z. B. das Wissen, dass das Abitur schaffbar ist (vgl. Kristen/Dollmann 2012: 111; Kristen 2008a). Als weiterer relevanter Wirkmechanismus zähle insbesondere die Beherrschung der Verkehrssprache mit der benachteiligenden Konsequenz für Schüler mit Migrationshintergrund, dass sie nur über unzureichende Deutschkenntnisse verfügen (vgl. Riphahn/Serfling 2002; Kristen 2003; Stanat/Edele 2011: 186). Dieser Aspekt wird nachfolgend vertiefend betrachtet.

Nach Fend (1981, z. B. 118f.) sind schulische Leistungskriterien überwiegend sprachlich fundiert. Vorwiegend sind „mangelnde Opportunitäten, den Rückstand in der kompetenten Beherrschung der Verkehrssprache aufzuholen" (Baumert/Maaz 2012: 297) für schulische Nachteile von Schülern mit Migrationshintergrund verantwortlich. Auch gilt die Sprache als „eine fundamentale kulturelle Ressource, über die andere Ressourcen erlangt werden können" (Ramirez-Rodriguez/Dohmen 2010: 301). Nicht zuletzt hierdurch wird verständlich, dass ein starker Zusammenhang zwischen der Sprache und Schulleistungen (vgl. hierzu ausführlich z. B. Esser 2006, Kapitel 5) oder zwischen Deutsch als überwiegender Familiensprache und dem Erwerb von Bildungsqualifikationen konstatiert wird (vgl. z. B. Söhn 2008: 424ff.; Esser 2006: 52f.). Zudem gilt die Sprache als Spezialfall bzw. als „Teil der kulturellen Dimension der sozialen Integration von Migranten" (Esser 2006: 52). Sie sei sowohl Ressource, als auch Symbol und Medium der Kommunikation zugleich (vgl. ebd.). Bezogen auf schulische Bildung diene die Sprache als kommunikatives Medium im Unterricht, als Ressource etwa hinsichtlich der Lern-Effizienz sowie als Symbol, das im negativsten Falle Vorurteile etwa von Lehrern auslöst (vgl. ebd.: 52ff.). Die zu Hause gesprochene Sprache gilt als einer der härtesten Indikatoren für kulturelle Integration – nicht zuletzt weil sich ausreichende Kenntnisse der Verkehrssprache positiv auf interethnische Freundschaften und soziale Vernetzungen, die Schulbildung und gesellschaftliche Teilhabe auswirkten (vgl. z. B. Stanat/Christensen 2006: 52; Hoffmeyer-Zlotnik/Warner 2009: 16; Haug 2010: 17; Baumert/Maaz 2012: 287). Nach Esser dient der Sprachgebrauch in der

Familie der „Vererbung des sprachlichen Humankapitals" (Esser 2006: 108)[7]; die Familiensprache stelle den „wichtigsten faktischen Zugang zu Gelegenheiten des Spracherwerbs" dar (ebd.: 155; ohne Hervorhebung; TK).

Nach Esser führt ein Wechsel „des kulturell-institutionellen Kontextes" (Esser 2012: 147) zu einer Entwertung oder gar zu einem „Verlust des mitgebrachten (kognitiven, kulturellen und sozialen) Kapitals" (ebd.). Dies zeigt sich insbesondere am Beispiel der Kontextgebundenheit von Sprache, von der „so gut wie alles andere, vor allem soziale Kontakte, Bildungs- und Arbeitsmarkterfolg" abhängen (ebd.).[8]

Zudem sei darauf verwiesen, dass eine geringere Ausstattung mit kulturellem Kapital auch deshalb zu geringeren Bildungserfolgen von Schülern führen kann, weil Schule ein „monolinguales Selbstverständnis" (Gogolin 1994: 3) hat, monokulturalistisch ausgerichtet ist und Schulen aufgrund von bestehenden Normalitätserwartungen Kinder aus der Mittel- und Oberschicht bevorzugen (vgl. ebd.; Radtke 2004a; dieser Aspekt wird in Kapitel 1.3 weiter ausgeführt). Ungleichheit wird über „Wahrnehmungsmuster, Normen, Gewohnheiten und Routinen der Schule" hergestellt (Gomolla/Radtke 2007: 21). Diese sind an „Selektionsentscheidungen angelagert, die immer aufs Neue eine stabile Ungleichverteilung der Bildungsabschlüsse entlang ethnischer Merkmale hervorbringen" (ebd.; vgl. hierzu auch Kapitel 1.3).

1.1.4 Empirische Befunde

Zahlreiche Hinweise finden sich darauf, dass der Umfang der Ressourcenausstattung Bildungsergebnisse (auch und insbesondere) von Schülern mit Migrationshintergrund beeinflusst. Die Relevanz des kulturellen Kapitals zeigt sich etwa über den schulischen Einfluss des Bildungsniveaus der Eltern sowie der zur Verfügung stehenden Kulturgüter (vgl. z. B. Baumert/Schümer 2001; Esser 2006; Stanat 2006b; Müller/Stanat 2006; Walter/Taskinen 2007). Bedeutsam ist auch die Muttersprache (z. B. Becker 2011: 14f.), häufiger wird jedoch der innerfamiliale Sprachgebrauch anhand der überwiegend verwendeten Familiensprache analysiert (vgl. u. a. Müller/Stanat 2006; Baumert/Schümer 2001; Stanat/Christensen 2006; Walter/Taskinen 2007: 349). So konnte z. B. ein enger negativer Zusammenhang zwischen einer überwiegend nichtdeutschen Familiensprache und den Schulleistungen festgestellt werden (vgl. Stanat/Christensen 2006: 52ff.; Stanat/Rauch/Segeritz 2010: 220f.), der allerdings konfundiert ist mit der sozialen

---

7 Zu beachten ist, dass der Begriff des Humankapitals enger gefasst ist als der Kapitalienansatz von Bourdieu. Denn humankapitaltheoretisch stehen die „unmittelbare Instrumentalität von Wissen und Fertigkeiten für kompetitive Vorteile auf dem Arbeitsmarkt im Vordergrund" (Nauck 2011: 75). Nicht erfasst werden z. B. „die kulturellen Verhaltenskompetenzen [...], die als Habitus für die soziale Distinktion wirksam werden" (ebd.: 76).

8 Nicht näher eingegangen wird auf die Kulturdefizit-These, da diese zum einen in der Wissenschaft sehr umstritten ist und zum anderen auch als empirisch widerlegt gilt (vgl. z. B. Becker 2011: 13f.). Die These besagt, dass die Persönlichkeit von Zuwanderern durch die Kultur ihres Herkunftslandes geprägt sei mit „traditionelle[n] und wenig moderne[n] Einstellungen und Haltungen gegenüber Lernen und Bildung, die mit geringen Interessen, Motivationen und Anstrengungen in der Schule und dem Bildungserfolg einhergehen sollen" (Becker 2011: 13). Kulturalistische Erklärungen (Kulturdifferenz bzw. -defizite) gelten auch deshalb als widerlegt, weil z. B. Kinder italienischer Herkunft ähnlich benachteiligt sind wie türkische Kinder (vgl. Hunger/Thränhardt 2001) – und dies sogar trotz vermeintlicher kultureller Unterschiede (vgl. von Below 2004: 194).

Herkunft der Familien (vgl. Stanat/Rauch/Segeritz 2010: 220ff.). Über einen Zeitraum von 10 Jahren – d.h. zwischen den Jahren 2000 und 2009 – scheint der Zusammenhang zwischen Familiensprache und Lesekompetenz abzunehmen, wobei er weiterhin signifikant ist (vgl. ebd.). Mit zunehmender Aufenthaltsdauer und Zuwanderungsgeneration wird Deutsch deutlich häufiger als überwiegende Familiensprache verwendet – sowohl für Schüler mit Migrationshintergrund insgesamt als auch differenziert nach Herkunftsgruppen (vgl. Baumert/Maaz 2012: 285ff.).

Anders sind die Ergebnisse einzuschätzen, die sich auf den potentiellen Einfluss von Sozialkapital beziehen. Es besteht das Problem, dass „aus dem Konzept des Sozialkapitals allein […] noch keine prüfbaren Hypothesen ableitbar" sind (Diekmann 2007: 48). Entsprechend „gibt es bislang keine empirischen Befunde zum Einfluss von Sozialkapital auf den Bildungserfolg von Migrantenjugendlichen" (Nauck 2011: 89). Bestenfalls liegen hierfür nur punktuelle Hinweise – wie etwa über den Einfluss der elterlichen Unterstützung – vor (vgl. ebd.), nicht aber eine umfassende empirische Überprüfung des Konzepts.

Umfangreiche Ergebnisse existieren bezogen auf die (niedrigere) Ausstattung von Migranten mit ökonomischem Kapital. Festgehalten werden kann, dass „Personen mit Migrationshintergrund häufiger ohne Schulabschluss, ohne Berufsausbildung, erwerbslos" bleiben (Rühl/Babka von Gostomski 2012: 35) sowie eher einen niedrigeren Berufsstatus aufweisen, häufiger auf Transferzahlungen angewiesen sind und geringere Einkommen erzielen (vgl. ebd.: 35f.). Dies kann exemplarisch durch Ergebnisse des Bildungsberichts für 2010 unterstrichen werden. Festzustellen ist hiernach für 35 % der Kinder mit Migrationshintergrund eine finanzielle Risikolage aufgrund eines Familieneinkommens, das unterhalb der Armutsgefährdungsgrenze liegt, während der Anteil für Kinder ohne Migrationshintergrund mit 20 % nur gut die Hälfte beträgt (vgl. Autorengruppe Bildungsberichterstattung 2010: 28, 220).

Viele Studien erfassen den sozioökonomischen Status der Familie, der insbesondere das ökonomische Kapital indiziert. Der sozioökonomische Status ist äußerst relevant für bildungsbezogene Ungleichheiten, etwa hinsichtlich schulischer Leistungen oder des Gymnasialbesuchs (vgl. z.B. Alba/Handl/Müller 1994; Walter/Taskinen 2007; Segeritz/Walter/Stanat 2010; Stanat 2008; Zinnecker/Stecher 2006). Die soziale Lage von Migranten ist auf Gruppenebene im Zeitverlauf relativ stabil. Belegt ist z.B., dass sich diese zwischen den Jahren 2000 und 2009 nur kaum verändert hat (vgl. Stanat/Rauch/Segeritz 2010: 219). Insgesamt sind „die sozialen Disparitäten zwischen zugewanderten Familien und Familien ohne Migrationshintergrund […] im internationalen Vergleich besonders groß, und von der ersten zur zweiten Generation ist keine Verbesserung der Lage zu beobachten" (Stanat/Rauch/Segeritz 2010: 225).

Verschiedene Autoren sehen aufgrund von selektiver Zuwanderung nach Deutschland den Zusammenhang von Migrationsstatus und Bildungserfolg als ‚Spezialfall‘ des Zusammenhangs von sozialer Herkunft und Bildungschancen an, da sich der spezifische sozioökonomische Status von Migranten auf die Bildungsentscheidungen und die Schulleistungen der Kinder auswirkt (vgl. Kalter 2005: 326; Kristen 2006a,b; Beck/Jäpel/Becker 2010: 322; Becker/Beck 2011: 121). Über die soziale Herkunft hinausgehende Nachteile von Migranten seien hauptsächlich durch einen Mangel an kulturellem Kapital verursacht, d.h. die Nachteile sind neben dem Bildungsstand der Familien

und dem spezifischen Vorwissen „vorwiegend mit noch vorhandenen Sprachproblemen (und hier vorwiegend im Elternhaus) verbunden" (Kalter 2005: 326; vgl. hierzu
auch Baumert/Maaz 2012: 289; Stanat 2008). Somit ist zu konstatieren, dass der Migrationshintergrund „an sich […] die Nachteile von Migrantenkindern im deutschen
Bildungssystem nur kaum zu erklären vermag" (Becker/Beck 2012: 138; vgl. auch Helbig 2010: 669), sondern diese maßgeblich aus einer ungleichen Verteilung von ökonomischem, kulturellem und sozialem Kapital resultieren.

1.2 Migrationssituation bzw. -biografie

Wie im vorherigen Kapitel gesehen, kann sich die Bedeutsamkeit der bereits akku-
mulierten Kapitalien durch einen Migrationsakt verändern (vgl. z.B. Kristen 2004;
Kristen/Granato 2004). Nachfolgend wird dargestellt, welchen Einfluss die Migrationssituation bzw. -biografie auf die Bildungspartizipation von Schülern mit Migrationshintergrund aus theoretischer Perspektive haben kann.

Söhn (2011a: 43) benennt eine zeitweise oder dauerhafte Trennung der Kinder von
ihren Eltern als negativen Einflussfaktor auf Schulleistungen, da dies zu emotionalen
Belastungen führen könne (vgl. ebd.). Weiter nennt sie die insbesondere „mit einer
Fluchtmigration oft verbundene Gewalterfahrung" (ebd.: 164), die sich auf den physischen und psychischen Zustand und hierüber auf schulische Leistungen auswirken
könne. Dies verweist auf die Aspekte von Freiwilligkeit und Akzeptanz der Migration
(vgl. Herwartz-Emden 2003: 675),[9] diese können für Zuwanderer sehr heterogen ausfallen. Deutlich wird dies etwa im Vergleich von Flucht- gegenüber Kettenmigranten
(vgl. z.B. Treibel 1999: 20ff.; Han 2005: 12ff.). Letztere wandern im Normalfall freiwillig, zumindest haben sie bereits Freunde und Familienmitglieder im Aufnahmeland.
Die spezifische Migrationssituation geht auch einher mit der Bleibeabsicht der Zugewanderten. Aus der jeweiligen Aufenthaltsperspektive ergeben sich verschiedene Motivationen, in die schulische Bildung der Kinder zu investieren (vgl. z.B. Becker 2011:
16). Die Absicht in das Herkunftsland zurückzukehren oder eine unklare Bleibeperspektive führen zu geringeren oder ausbleibenden Investitionen in die Bildung der Kinder, auch weil die potentiell zu erwerbenden Bildungskenntnisse und -qualifikationen
nur bedingt in die Herkunftsgesellschaft transferiert werden können (vgl. z.B. Alba/
Handl/Müller 1994; Büchel/Wagner 1996: 86; Granato/Kalter 2001; Steinbach/Nauck
2004; Kalter 2005; Kalter/Granato 2002: 2). Nach Esser sinke bei einer Rückkehrorien-
tierung (bzw. einer unfreiwilligen bzw. temporären Migration) zudem die Motivation,
die Unterrichtssprache des Aufnahmelandes zu erlernen (Esser 2006: 81).

Bekannt ist, dass Familien mit Migrationshintergrund eine etwas höhere Anzahl an
Kindern haben als Familien ohne Migrationshintergrund (vgl. z.B. Statistisches Bundesamt 2011a: 240f.). Die Familiengröße und -struktur könne einen Einfluss auf die

---

9   Allerdings ist die Abgrenzung von Freiwilligkeit und Unfreiwillig von Migration nicht immer ein-
     deutig und einfach (vgl. z.B. Treibel 1999: 20ff.), etwa wenn negative ökonomische, demographi-
     sche oder ökologische Entwicklungen im Herkunftsland zu einer ‚freiwilligen' Ausreise führen (vgl.
     hierzu auch die Diskussionen um das klassische Migrationsmodell der Push- und Pull-Faktoren,
     z.B. Treibel 1999: 40ff.; Han 2005: 12ff.).

Schulbildung haben, wenn eine höhere Kinderanzahl damit einherginge, dass Eltern weniger Zeit für das einzelne Kind hätten (vgl. Söhn 2008: 412). Das gleiche gilt, wenn Kindern nur ein (alleinerziehendes) Elternteil zur Verfügung steht (vgl. Söhn 2011a: 155). Denn die Anzahl der Kinder und Elternteile im Haushalt geht einher mit der Aufteilung der (elterlichen) Ressourcen auf die Kinder. Neben der Zeit sind dies z. B. Aufmerksamkeit und Einkommen sowie der mögliche Unterstützungsumfang etwa bei schulischen Belangen (vgl. Becker 2011: 16; Boos-Nünning 2005).

Auch transnationale Migration bzw. transnationale Bildungsbiografien können sich problematisch auf den Bildungserfolg auswirken. Unter Transnationalität bzw. transnationaler Migration können mehrfache grenzüberschreitende Wanderungen verstanden werden (vgl. z. B. Pries 1997, 2001), z. B. wenn sich das Aufenthaltsland häufig im Laufe des Erwerbslebens von Arbeitsmigranten verändert. Hiermit einher geht eine länderübergreifende Lebensführung sowie grenzüberschreitende (z. B. familiale, soziale oder ökonomische) Verflechtungen. Allerdings gehen Schätzungen nur von „einem Zehntel bis einem Drittel aller Migranten [aus], die als ‚transnational‘ bezeichnet werden können, abhängig davon, welcher Maßstab an die Regelmäßigkeit und Intensität dieser Transaktionen gelegt wird" (Faist/Fauser/Reisenauer 2011: 205). Somit erfüllt nur eine Minderheit der Personen mit Migrationshintergrund die erforderliche Dichte und Kontinuität von grenzüberschreitenden Transaktionen, um als Transmigranten zu gelten (vgl. ebd.). Negative Konsequenzen des mehrfachen Hin- und Herpendelns zwischen verschiedenen Ländern (u. a. zwischen Herkunfts- und Aufnahmegesellschaft) könnten für transnationale Schüler Klassenwiederholungen und fehlende Schulabschlüsse aufgrund mangelnder Sprachkenntnisse sein (vgl. ebd.: 213f.). Zudem könnten Bildungsinvestitionen ausbleiben, wenn die Bleibeperspektiven unklar seien, mit entsprechenden negativen Auswirkungen auf den Schulerfolg (vgl. ebd.: 214; Diehl 2002). Das gleiche könnte auch gelten, wenn Auslandsaufenthalte die Dauer der Schulferien übersteigen oder längere Aufenthalte das Erlernen der Unterrichtssprache negativ beeinflussen (vgl. Diehl 2002; Herwartz-Emden 2003; Müller/Stanat 2006).

Insgesamt wird eine längere Aufenthaltsdauer im Aufnahmeland als vorteilhaft angesehen, da hiermit auch mehr Zeit für den Zugang zur Sprache einhergeht (vgl. Esser 2006: 81). Zudem gilt die Aufenthaltsdauer „als ein Maßstab für die Bindung an die Bundesrepublik Deutschland [...] sowie für die Absicht, sich dauerhaft niederzulassen" (Rolff et al. 1996: 354). Die Aufenthaltsdauer ist jedoch mit dem Einreisealter konfundiert (vgl. Esser 2006: 306; auch Kapitel 1.2.2), insbesondere, wenn lediglich Informationen über Schüler, nicht jedoch über deren Eltern erfasst werden – wie dies insbesondere in der Schulstatistik der Fall ist.

Aufgrund ihrer besonderen Bildungsrelevanz werden nachfolgend mehrere Aspekte der Migrationssituation bzw. -biografie hervorgehoben und vertieft: der Generationenstatus, das Alter des Zuzugs, das Geschlecht sowie der Rechtsstatus von Schülern. Die beiden erstgenannten Merkmale dienen häufig der Überprüfung integrations- bzw. assimilationstheoretischer Annahmen, insbesondere mit Blick darauf, inwiefern sich Bildungsdisparitäten zwischen den Zuwanderergenerationen verringern (vgl. Segeritz/Stanat 2009; Gresch/Kristen 2011).

1.2.1 Generationenstatus

Wie bereits zuvor angedeutet, bestehen nicht nur Unterschiede *zwischen* Migranten-gruppen, sondern auch *innerhalb* der Gruppen (vgl. Kristen/Dollmann 2012: 103). D.h. entscheidend ist nicht nur die jeweilige Herkunft von und die Ressourcenaus-stattung zwischen Migrantengruppen, sondern auch die Frage, welcher Generati-on Schüler mit Migrationshintergrund insgesamt oder einer bestimmten Herkunfts-gruppe angehören, da Unterschiede zwischen den Zuwanderergenerationen bestehen können (vgl. Segeritz/Stanat 2009: 3; Gresch/Kristen 2011). Allgemein werden un-ter Schülern mit Migrationshintergrund der 1. Generation diejenigen verstanden, die im Ausland geboren wurden und selbst – d.h. entweder allein oder mit ihren Eltern – zugewandert sind (vgl. Kemper 2010a: 318; von Below 2004: 197; Segeritz/Stanat 2009; Gresch/Kristen 2011). Demgegenüber umfasst die 2. Generation in Deutsch-land geborene Kinder und Jugendliche mit mindestens einem im Ausland geborenen und zugewanderten Elternteil (vgl. Kemper 2010a: 318; von Below 2004: 197; Sege-ritz/Stanat 2009: 3; Gresch/Kristen 2011; Stanat/Edele 2011: 182). Der dritten Gene-ration gehörten diejenigen an, die selbst und deren Eltern im Aufnahmeland gebo-ren sind, deren Großeltern aber – oder zumindest ein Teil von ihnen – zugewandert sind (vgl. Kemper 2010a: 318f.; Stanat/Edele 2011: 182). Prinzipiell wäre es denkbar, weitere Generationen (vierte, fünfte, ...) zu definieren, hiermit einher geht immer die Frage: „Wann hört ein Migrant auf ein Migrant zu sein?" (Stanat/Segeritz 2009: 145). Insbesondere aus forschungspraktischen Gründen wird bisher verstärkt auf die 1. und die 2. Generation und nur gelegentlich maximal bis auf die 3. Generation re-kurriert (vgl. hierzu z.B. Kemper 2010a: 318f.; Kristen/Dollmann 2012: 103).[10] Aber auch aus historischen Gründen ergeben sich Einschränkungen bezogen auf den Ge-nerationenstatus, da in Deutschland Zuwanderung erst seit der Gründung der Bun-desrepublik als solche erfasst wird (vgl. ebd.). Zudem können die Antworten auf die Frage variieren, wie viele (Groß-)Elternteile im Ausland geboren sein müssen, um der (3. bzw.) 2. Generation anzugehören (vgl. Segeritz/Stanat 2009: 3f.). Z.T. werden Kin-der der 2. Generation differenziert nach einem[11] oder zwei im Ausland geborenen El-ternteilen betrachtet (vgl. z.B. Segeritz/Walter/Stanat 2010). Festzuhalten bleibt jedoch auch, dass die große Mehrheit der Jugendlichen mit Migrationshintergrund der 2. Ge-neration angehört (vgl. Baumert/Maaz 2012: 286) und somit nicht selbst zugewandert ist. Der wesentliche Unterschied zwischen der 1. und der 2. Generation (und nachfol-genden Generationen) ist derjenige, dass die 1. Generation direkt von einer Migrati-on bzw. Zuwanderung und deren Folgen betroffen ist, für nachfolgende Generationen ist dies lediglich indirekt der Fall (vgl. z.B. Kuhnke 2006: 10). Der Generationensta-tus hat eine besondere Relevanz, um zu überprüfen, „ob sich eher Tendenzen einer Angleichung oder einer Verfestigung von Ungleichheiten ausmachen lassen" (Kris-ten/Dollmann 2012: 103). Bezogen auf den schulischen Bereich wird erfragt, ob sich

---

10 Für die Generationen werden nachfolgend Ziffern verwendet. Dies insbesondere, um die Genera-tionen und später auch Dezimalgenerationen besser (d.h. kürzer und anschaulicher) und einheit-lich darstellen zu können.

11 Hierbei handelt es sich i.d.R. um eine sogenannte ‚interethnische Partnerschaft' (vgl. z.B. Segeritz/Walter/Stanat 2010).

bestehende Bildungsdisparitäten zwischen den Generationen verkleinern (vgl. Kemper 2010a: 318). Hiermit einher gehen verschiedene – etwa assimilationstheoretische – Annahmen, die die Erwartung formulieren, dass sich die Ungleichheiten von Einwanderern im Zeitverlauf auflösen (vgl. Alba/Handl/Müller 1994). Zu beachten ist hierbei, dass (strukturelle[12]) Assimilation nach Esser die Auflösung systematischer Unterschiede zwischen den Gruppen, jedoch keine Gleichheit der Individuen bedeutet (vgl. Esser 2001: 23). D. h. zwischen den Generationen erfolgt eine „Angleichung im Mittelwert zwischen den Gruppen bei bestimmten Eigenschaften" (Esser 2010: 278), wobei beliebige Varianzen möglich seien (vgl. ebd.: 279). Denn „gerade bei der ersten Generation […] [sei] die Kontextabhängigkeit bestimmter Kapitalien eine naheliegende Erklärung für ethnische Nachteile" (Kalter/Granato/Kristen 2011: 265). Hierzu zählt insbesondere die kompetente Beherrschung der Verkehrssprache (vgl. Baumert/ Maaz 2012: 291). Siebert-Ott (2006: 147) führt als „klassisches, von der Sprachsoziologie beschriebenes Muster zum Sprachwechsel unter Migrationsbedingungen" (ebd.) an, „dass nur im Sprachgebrauch der eingewanderten Generation selbst die Herkunftssprache dominiere, dass hingegen im Sprachgebrauch der nachfolgenden Generation die Landessprache zur dominierenden Sprache werde" (ebd.). Allerdings werde auch noch die Sprache des Herkunftslandes beibehalten (vgl. Esser 2006: 234), wobei die 3. und nachfolgende Generationen vollständig zur Sprache des Aufnahmelandes übergingen (ebd.; Siebert-Ott 2006: 147). Als Ursache der Unterschiede wird u. a. ein früherer und intensiverer Zugang zur Aufnahmegesellschaft insbesondere im Vergleich zu Zuwanderern der 1. Generation ausgemacht (vgl. Esser 2006: 177).

Die Zwangsläufigkeit der Integration bzw. Assimilation wird allerdings von der ‚Theory of Segmented Assimilation' in Frage gestellt (vgl. hierzu z. B. Portes/Zhou 1993; Portes/Rumbaut 2001; Zhou 1997; Kalter 2008: 14ff.; Segeritz/Walter/Stanat 2010: 114ff.). Hiernach müsse eine Integration nicht zwangsläufig linear in die Mittelschicht einer Gesellschaft stattfinden, sondern Zuwanderergruppen könnten in verschiedene Segmente einer Gesellschaft einmünden (vgl. auch Baumert/Maaz 2012: 283). Dies könne z. B. auch die Unterschicht sein (‚downward assimilation'; vgl. Portes/Rumbaut 2001: 59), oder es finde eine „selektive Akkulturation" statt (Dollmann/ Kristen 2010: 128; vgl. auch Friedrichs 2008: 381f.; Segeritz/Walter/Stanat 2010: 116).

---

12 Esser unterscheidet vier Dimensionen der Assimilation: strukturelle, soziale, kulturelle und emotionale Assimilation (vgl. Esser 2006, 2008). Kern sei die strukturelle Assimilation (vgl. Esser 2010: 289), die eine kulturelle und soziale Angleichung zwischen den Generationen voraussetze (vgl. ebd.: 293). Dies etwa hinsichtlich Ressourcenausstattung, Bildungsbeteiligung und -erfolg, oder der „Beherrschung der jeweiligen (Bildungs-)Sprache" (ebd.: 289). Unter sozialer Assimilation wird z. B. „die Zunahme interethnischer Freundschaften, Partnerschaften und Eheschließungen" verstanden (Baumert/Maaz 2012: 283). Kulturelle Assimilation beinhaltet u. a. „die kompetente Beherrschung der Verkehrssprache, […] auch die zunehmende Nutzung der Verkehrssprache als Familiensprache sowie die Teilhabe an kulturellen Praxen der Aufnahmegesellschaft" (ebd.). Emotionale Assimilation bedeutet, dass „die Zugehörigkeit zur Aufnahmegesellschaft ein substanzieller Teil des Identitätsentwurfes einer Person wird" (ebd.).

1.2.2 Zuzugsalter

Schüler mit Migrationshintergrund der 1. Generation wurden im Ausland geboren und sind alleine oder mit ihren Eltern nach Deutschland zugezogen. Das Zuzugsalter (bzw. synonym: das Einreise- oder Zuwanderungsalter) von Schülern wird von verschiedenen Autoren als relevanter Einfluss auf die Möglichkeiten des Erwerbs der Unterrichtssprache (bzw. der Sprache des Aufnahmelandes) sowie hinsichtlich des Bildungserfolgs angeführt. Denn im Durchschnitt wirke sich ein späteres Zuzugsalter negativ auf den Erwerb der Zweitsprache aus (vgl. Söhn/Özcan 2005: 120f.), da „mit dem Einreisealter die Effizienz des Sprachlernens [...] kleiner wird" (Esser 2006: 81). Ein höheres Zuzugsalter geht u. U. mit einem späteren Kontakt zur deutschen Sprache einher. Insbesondere könne „als gesichert gelten, dass ein bestimmtes Lernergebnis mit höherem Alter nur mit stark zunehmendem Aufwand und bei einer besonders hohen Motivation erreicht werden kann" (Esser 2012: 142). Entsprechend führt ein höheres Alter bei der Einreise zu ungünstigeren schulsprachlichen Voraussetzungen (vgl. Esser 2001). Nicht zuletzt Rumbaut (1997) sowie Stanat und Segeritz (2009) nehmen aus sprachpsychologischen Erwägungen an, dass für Schüler mit Migrationshintergrund der Spracherwerb mit steigendem Zuzugsalter schwieriger wird. Esser geht von einer Altersbegrenzung hinsichtlich der Effizienz des Spracherwerbs aus (vgl. Esser 2006: 252), so dass ab einem bestimmten Alter ein abrupter Abfall „aus neuro-physiologischen Gründen der biologischen Veränderung des (Sprach-)Lernvermögens allgemein" erfolge (ebd.: 253). Dies verweist auf die Critical-Period-Hypothese, die in verschiedenen Varianten existiert (eine Übersicht findet sich z. B. bei Esser 2006: 252ff., 2008: 209ff.). Es gibt verschiedene Varianten der Critical-Period-Hypothese, die auf verschiedenen Annahmen und Fragen basieren, etwa ob der Zusammenhang „empirisch linear ist oder nicht und wie er theoretisch zu erklären wäre" (Esser 2008: 210). Jedoch gehen alle Varianten davon aus, „dass das Einreisealter einen negativen Effekt auf den (Zweit-)Spracherwerb habe" (ebd.). Unabhängig von der Variante sei mit steigendem Zuzugsalter ein höherer Aufwand (und eine besondere Motivation) erforderlich, um die Zweitsprache zu erlernen (Esser 2006: 544). Hiernach sei die Critical-Period-Hypothese der erklärende Mechanismus der Wirkung des Zuzugsalters (Esser 2006: 253), insbesondere auf den Erwerb der Sprache des Aufnahmelandes. Das Zuzugsalter stellt lediglich ein „(grobes und indirektes) Maß für die mit dem Lebensalter abnehmende Plastizität des (Sprach-)Lernvermögens" dar (ebd.: 87), um die sinkende Lerneffizienz auszugleichen sei ein erheblicher Mehraufwand erforderlich (vgl. ebd.). Neben einer höheren Lerneffizienz bietet ein „jüngeres Einwanderungsalter [...] größere zeitliche Opportunitäten zum Erwerb der Landessprache, der sich wiederum positiv auf den schulischen Kompetenzerwerb auswirkt" (Söhn 2008: 411; vgl. hierzu auch Baumert/Schümer 2001: 376ff.). Außerdem erlaubt ein Zuzug im Vorschulalter, in dem Aufnahmeland potentiell vorschulische Einrichtungen zu besuchen, was positive Folgen für den Spracherwerb hat (vgl. z. B. Söhn 2008: 411; Esser 1990: 137ff.). Entsprechend geht ein höheres Zuzugsalter mit schlechteren Bildungschancen einher (vgl. Baumert/Schümer 2001: 378; Esser 2006: 312; Müller/Stanat 2006: 240ff.), da der Zeitraum für den Erwerb von Deutsch (bis zum Ende der Schulzeit) zunehmend geringer wird und die Effizienz des Spracherwerbs sinkt (vgl. u. a. Esser 2008: 208). Die

Relevanz der Sprache zeigt sich nicht zuletzt darin, dass verschiedene Autoren einen engen Zusammenhang zwischen der Familiensprache und den Schulleistungen konstatieren (vgl. Stanat/Christensen 2006: 52ff.; Stanat/Rauch/Segeritz 2010). Insgesamt konnte gezeigt werden, dass sich ein erhöhtes Einreisealter sowohl auf die schulische Eingliederung im Allgemeinen (vgl. Söhn/Özcan 2005: 121) sowie im Speziellen auf schulische Leistungen (vgl. Baumert/Schümer 2001: 376ff.) und den Bildungserfolg auswirkt (vgl. Esser 2001).

Nachfolgend soll auf einen Sonderfall eingegangen werden, der mit der Höhe des Zuzugsalters einhergeht. Hierbei handelt es sich um sogenannte ‚Seiteneinsteiger‘ in das deutsche Schulsystem (vgl. z.B. Radtke 1996). D.h. Kinder und Jugendliche wandern (alleine oder mit ihren Eltern) erst in einem schulbesuchsberechtigten bzw. -pflichtigen Alter ein. Sie stellen insofern einen Sonderfall dar, weil sie im Aufnahmeland aus Altersgründen z.B. keine vorschulischen Fördermaßnahmen bzw. /-angebote wahrnehmen können. Möglichkeiten zum Vorschulbesuch oder Maßnahmen vorschulischer Sprachförderung u. ä. erreichen Seiteneinsteiger nicht und können sich daher nicht kompensatorisch auswirken (vgl. Becker/Beck 2011: 133). Söhn und Özcan (2005: 120) stellen fest, dass für Seiteneinsteiger ein spezieller Förderbedarf besteht. Dies ist insofern besonders problematisch, da erst während der Schulzeit beginnende Fördermaßnahmen – also solche, die für Seiteneinsteiger ausschließlich in Frage kommen – als nur wenig wirksam eingeschätzt werden (vgl. Becker/Beck 2011). Als besonders nachteilig wird ein Zuzug in einem Alter eingeschätzt, in dem bereits eine Schulform der Sekundarstufe I besucht wird (vgl. Söhn 2011a: 144). Für Seiteneinsteiger bestehe ein Institutioneneffekt derart, dass sie weit überwiegend Hauptschulen besuchten (ebd.; auch Söhn 2011b: 383f.; Herwartz-Emden/Ruhland 2006: 9). Ein Grund hierfür ist, dass Auffang- und Vorbereitungsklassen für Seiteneinsteiger primär an Hauptschulen angesiedelt seien (vgl. Gomolla/Radtke 2007: 280; Herwartz-Emden/Ruhland 2006: 9) und ein späterer Aufstieg aufgrund der geringen Durchlässigkeit des deutschen Schulsystems erschwert wird (vgl. Konsortium Bildungsberichterstattung 2006: 51f., 240; Bender-Szymanski/Kodron/Plath 2004: 13; Bellenberg 2012).

> „Zudem haben ältere Seiteneinsteiger bis zum Schulabschluss insgesamt weniger Zeit, neben der Aneignung der deutschen Unterrichtssprache die im Heimatland nicht vorgesehenen Lerninhalte nachzuholen und gleichzeitig beim Erlernen des aktuellen Unterrichtsstoffs mitzuhalten. Schließlich kann die einsetzende Pubertät dazu beitragen, dass das eigene schulische Fortkommen anderen Interessen und Problemen untergeordnet wird“ (Söhn 2008: 411; vgl. hierzu auch Söhn 2011a: 144).

Somit ist auch nicht verwunderlich, wenn Esser feststellt, dass die Dauer des Besuchs von Schulen im Herkunftsland die Chancen auf den Zugang der Sprache des Aufnahmelandes mindert (vgl. Esser 2006: 176f.). Hinzu kommt ein für Seiteneinsteiger potentiell erhöhtes Risiko auf statistische Diskriminierung[13], die eher auftrete, wenn

---

13 Unter statistischer Diskriminierung wird verstanden, dass Informationen über den Durchschnitt einer Gruppe ungeprüft auf ein Individuum, das dieser Gruppe angehört, übertragen werden (vgl. Arrow 1973). Die Informationen könnten durchaus repräsentativ für die Gruppe sein, im Einzelfall seien diese jedoch fehlerhaft und wirkten diskriminierend; somit könnten neben *fehlenden* Informationen in diesem Zusammenhang auch *fehlerhafte* Informationen ausschlaggebend sein (vgl. Peucker 2012: 79f.).

Informationsdefizite über Schüler bestünden um ihre Fähigkeiten und Leistungen richtig einzuschätzen (vgl. Becker/Beck 2012: 140). Dies ist z. B. bei Lehrern der Fall, die Seiteneinsteiger beurteilen müssten ohne sie und ihre Leistungen über einen längeren Zeitraum kennengelernt zu haben (vgl. ebd.). Ebenso begünstigten „Spielräume bei der Leistungsbeurteilung" (ebd.) statistische Diskriminierungen, da diese „es den Lehrpersonen ermöglichen, leistungsfremde Kriterien einfließen zu lassen" (ebd.).

1.2.3 Geschlecht

Mittlerweile zeigen sich verschiedene bildungsbezogene Vorteile für Mädchen im Vergleich zu Jungen, etwa hinsichtlich verbaler Kompetenzen, Bildungsbeteiligung und Schulerfolg (einen Überblick bieten z. B. Stanat/Bergann 2010). Auch „an der Schnittstelle von Migration und Geschlecht [werden] häufig differenzielle Muster der Ungleichheit vermutet" (Segeritz/Stanat/Walter 2010: 165). Angenommen wird, dass „bei männlichen Zuwanderern (einzelner Migrantengruppen) [...] verschiedene Dimensionen der Benachteiligung kumulieren [würden] und zu einer besonders ungünstigen Bildungssituationen führen" (ebd.; vgl. hierzu auch Bednarz-Braun/Heß-Meining 2004, insbesondere Kapitel 8). Oder umgekehrt seien „die Vorteile von Mädchen innerhalb der Migrantengruppen stärker ausgeprägt [...] als in der Gruppe der Jugendlichen ohne Migrationshintergrund" (Segeritz/Stanat/Walter 2010: 166). Nach Esser könnten verstärkte Bildungsdisparitäten auf „Unterschiede in der biografischen Strukturierung [...] und bestimmte Rollenmodelle" (Esser 2006: 177) zurückzuführen sein, wie etwa „eine stärkere Konzentration auf den Privatbereich" (ebd.). Becker wertet Bildungsdisparitäten nach Geschlecht „als Herkunftsindikator für migrations- oder herkunftsbedingte Lebensplanung für die Kinder nach Geschlecht" (Becker 2011: 18). Mehrere mögliche Ursachen werden benannt für größere geschlechtsspezifische Disparitäten innerhalb der Gruppe von Schülern mit im Vergleich zu Schülern ohne Migrationshintergrund: „Traditionelle Geschlechtsrollenorientierungen und Marginalisierungserfahrungen" (Segeritz/Stanat/Walter 2010: 167) sowie der sozioökonomische Status seien insbesondere anzuführen (vgl. ebd.: 168). Traditionellere Geschlechtsrollenorientierungen unter Zuwanderern seien insofern relevant und wirkten deshalb positiv auf den Bildungserfolg von Mädchen, da von diesen eher ein folgsames Verhalten erwartet würde als von Jungen (vgl. ebd.: 167). Zudem nähmen Mädchen potentielle Marginalisierungen aufgrund einer stärkeren Einbindung in die Familie in geringerem Maße wahr – demgegenüber würden Jungen auf Marginalisierungen und Stigmatisierungen eher resignativ reagieren (vgl. ebd.: 167f.). Eine weitere Annahme ist, dass bildungsbezogene Geschlechterdisparitäten in sozial benachteiligten Familien besonders groß seien, da in diesen „stärker geschlechtsstereotype Sozialisationsbedingungen vorherrschen" (ebd.: 168). Für Mädchen gingen hiermit höhere Leistungserwartungen einher, was sich positiv auf den Bildungserfolg auswirke (ebd.). Zudem unterschieden sich die Bildungsinvestitionen in Jungen und Mädchen in Abhängigkeit vom sozioökonomischen Status – in niedrigeren sozialen Schichten würde eher in die Bildung der Töchter investiert, während Söhne eher den Beruf oder Betrieb der Eltern erbten, wofür geringere Bildungsinvestitionen erforderlich sind (vgl. Breen et al. 2012: 367).

Somit wäre eine Interaktion von sozioökonomischem Status und Migrationshintergrund zu erwarten, wonach sich die deutlichsten Unterschiede zwischen Mädchen und Jungen aus Zuwandererfamilien mit niedrigem sozialen Status zeigen, etwa hinsichtlich der schulischen Leistungen oder der Bildungsbeteiligung (vgl. Segeritz/Stanat/Walter 2010: 170). Ein weiterer möglicher Interaktionseffekt wird von Helbig ergänzt, wonach Nachbarschaftseffekte eine stärkere Wirkung auf Jungen als auf Mädchen hätten (vgl. Helbig 2010: 660f.). Auch werden disparate „bildungsbezogene Einstellungen und motivationale Merkmale" genannt (Segeritz/Stanat/Walter 2010: 166). Z.B. seien Mädchen der Schule gegenüber positiver eingestellt (ebd.: 170), auch sei ihre Lernmotivation höher (Stanat/Edele 2011: 187). Zudem falle die (auch geschlechtsspezifische) Bildungsaspiration bei Migranten höher aus; dies könne eine mögliche Reaktion auf – bzw. Antizipation von – Diskriminierung sein (vgl. z.B. Becker 2010; Stanat/Christensen 2006; auch Nauck/Diefenbach 1997: 293). Aber auch der „Wunsch, sich aus einer patriarchalischen Haushaltsstruktur zu emanzipieren, ist häufig ein starkes Bildungsmotiv" (Groh-Samberg et al. 2012: 205), ebenso wie das generelle Streben nach Autonomie oder die Erweiterung von Handlungsspielräumen (vgl. Hummrich 2007).

Gomolla und Radtke (2007) nehmen eine etwas andere Perspektive ein und argumentieren, dass selbst dann, wenn keine Unterschiede in der Bildungsbeteiligung zwischen den Geschlechtern bestünden oder Mädchen sogar gegenüber Jungen bessere Bildungsergebnisse erzielten, dies nicht als Chancengleichheit zwischen Mädchen und Jungen interpretiert werden müsse. Beispielsweise könnte die Wahl bestimmter schulischer Fächer oder Schwerpunkte, oder die an die Schulzeit anknüpfende Wahl von Studienfächern bzw. der beruflichen Bildung zu erheblichen geschlechtsspezifischen Nachteilen von Mädchen gegenüber Jungen etwa hinsichtlich der zukünftigen sozialen Lage führen (vgl. Gomolla/Radtke 2007: 237f.).

1.2.4 Rechtsstatus

Auch in der Bundesrepublik Deutschland bestehen erhebliche Unterschiede in dem Rechtsstatus von Zuwanderern (eine Übersicht bieten z.B. Renner 2005: 13ff.; Söhn 2011a,b). Die rechtlichen Pole reichten nach Söhn von „undokumentierten oder ‚illegalen' Migrant(innen)" (Söhn 2011a: 17) bis hin zu „eingebürgerten Migrant(innen)" (ebd.). Nach Hoffmeyer-Zlotnik und Warner (2009: 18) interessierten primär drei Kategorien: 1.) die der uneingeschränkten, 2.) die der eingeschränkten bzw. befristeten Aufenthaltserlaubnis sowie 3.) die der Flüchtlinge/ bzw. Asylsuchenden; zudem seien die jeweiligen Rechte auf Erwerbsarbeit von Interesse (vgl. ebd.: 19).[14] Die zentrale Frage, welche Relevanz der Rechtsstatus für den Bildungsweg hat, stellt sich nach Söhn (2011a: 19ff.) wie folgt: Inwiefern wirken sich Unterschiede im Rechtsstatus auf Bildungschancen und -erfolge von Zuwanderern bzw. deren Kinder aus, wenn ansonsten die Ausgangsbedingungen – d.h. die gesellschaftlichen und institutionellen

---

14 Es existieren verschiedene Klassifizierungen von Zuwanderergruppen. Z.B. nennen Stanat und Edele vier Gruppen: 1.) Arbeitsmigranten; 2.) Flüchtlinge/Asylbewerber; 3.) (Spät-)Aussiedler; 4.) Zuwanderer aus EU-Staaten (vgl. Stanat/Edele 2011: 182f.). Söhn (2011a: 42f.) ergänzt diese um zwei weitere: 5.) undokumentierte Migranten sowie 6.) nachziehende Familienangehörige.

Bedingungen – für Zuwanderer prinzipiell gleich seien? Der Rechtsstatus wirkt zum einen direkt (vgl. Söhn 2012: 182), etwa hinsichtlich der Aufenthaltserlaubnis und der Bleibeperspektiven. Z. B. könne im Fall von illegal Zugewanderten das Recht auf Bildung aus Angst vor Abschiebung ungenutzt bleiben (vgl. auch Hormel 2010: 176f.). Zum anderen gebe es auch einen indirekten Einfluss des Rechtsstatus, der über staatliche (Unterstützungs-)Leistungen (vgl. Söhn 2012: 182f.) sowie „über den Grad der sozialrechtlichen Gleichstellung und die ökonomische Teilhabemöglichkeit der Eltern" wirkt (Ramirez-Rodriguez/Dohmen 2010: 304). D. h. sowohl der aufenthalts- als auch der arbeitsrechtliche Status können die außerschulische Lebenssituation und den Schulerfolg von Schülern beeinflussen (vgl. ebd.; Söhn 2012: 168). Insgesamt unterscheidet Söhn zwischen „exkludierenden, neutralen und unterstützenden staatlichen Inkorporationsmodi" (Söhn 2012: 168). Es bestehen unterschiedliche rechtliche, sozioökonomische und kulturelle Einreisekriterien (vgl. ebd.), die mit verschiedenen Konsequenzen für den Rechtsstatus verknüpft sind. Hiermit gehen erhebliche Unterschiede u. a. hinsichtlich der Bleibesicherheit sowie den sozialen und ökonomischen Rechten einher, die sich wiederum z. B. auf den Schulerfolg von Kindern mit Migrationshintergrund auswirken (vgl. ebd.). Insbesondere Asylsuchende und Flüchtlinge stellten „eine bleibe-, arbeits- und sozialrechtlich benachteiligte und stigmatisierte Migrantengruppe [dar], deren staatlich mitverantworteten außerschulischen Lebensumstände die Integrationsanstrengungen innerhalb von Schulen […] unterminieren können" (ebd.: 183). „Ausländer(innen) mit prekärem Rechtsstatus" (Söhn 2011a: 121) arbeiteten – sofern sie rechtlich überhaupt arbeiten dürfen – „zumeist in unattraktiven Jobs mit schlechter Bezahlung in ungesicherten, oft gesundheitsgefährdenden Arbeitsverhältnissen für Ungelernte" (ebd.; vgl. hierzu auch Flam 2007: 157ff.). Ein unsicherer Aufenthaltsstatus, der für Zugewanderte keine langfristige Perspektive ermöglicht, führt zu einem sinkenden Interesse an Bildungsabschlüssen (vgl. Diefenbach 2004), zudem lohnen sich Bildungsinvestitionen nicht, da potentiell erwerbbare Bildungszertifikate im Herkunftsland nicht verwertet werden können (vgl. Diefenbach 2002a, 2007). Söhn verweist darauf, dass diese Effekte des Rechtsstatus auf Bildungschancen „politisch unintendiert" seien (Söhn 2011a: 40); bzw. umgekehrt könnten mit dem Rechtsstatus einhergehende Maßnahmen der Integration und der rechtlichen Gleichstellung Bildungsrisiken von Migranten reduzieren (vgl. Söhn 2012).

1.2.5 Empirische Befunde

Nachfolgend sollen empirische Ergebnisse zum Einfluss der jeweiligen Migrationssituation bzw. -biografie dargestellt werden. Es existieren Hinweise darauf, dass eine zunehmende Familiengröße einen negativen Einfluss auf Bildung hat. Boos-Nünning (2005) zeigt auf, dass durch eine größere Anzahl an Geschwistern das Armutsrisiko ansteigt, da die verfügbaren Ressourcen durch eine höhere Personenzahl geteilt werden müssten (vgl. ebd.: 165). Einen statistisch signifikanten Einfluss konstatiert Söhn (2008: 422), da eine Anzahl von mindestens zwei Geschwistern (bzw. drei Kindern) die Chance, maximal einen Hauptschulabschluss zu erreichen, negativ beeinflussten. Für Migranten konstatieren Nauck, Diefenbach und Petri (1998) einen negativen

Einfluss der Anzahl der Kinder auf das Erreichen des Abiturs, Kristen (2008b: 241ff.) stellt einen negativen Einfluss der Familiengröße auf die Leseleistung der Kinder fest.

Verschiedene Studien haben empirisch aufgezeigt, dass das Einreisealter bezogen auf die Bildungsergebnisse von Schülern ein besonders bedeutsames Merkmal (der Migrationssituation) darstellt (vgl. z.B. Esser 2006; Müller/Stanat 2006; Kristen 2008b; Becker 2011: 14ff.; Esser 2012: 141). Empirisch festgestellt wurde: „Bildungserfolge werden mit zunehmendem Einreisealter unwahrscheinlicher" (Becker 2011: 15), das gleiche gilt für „gute Notendurchschnitte sowie eine Empfehlung für weiterführende Schulen und den Übergang ins Gymnasium" (ebd.: 15f.; vgl. hierzu auch Nauck/Diefenbach/Petri 1998). Gezeigt werden konnte, dass sich ein erhöhtes Einreisealter negativ etwa auf schulische Leistungen (vgl. Baumert/Schümer 2001: 376ff.), die schulische Eingliederung (vgl. Söhn/Özcan 2005: 121) sowie den Spracherwerb und den Bildungserfolg auswirkt (vgl. Esser 2001, 2006). Insbesondere ein Seiteneinstieg in das deutsche Schulsystem hat einen negativen Einfluss auf die Kompetenzentwicklung (vgl. Walter 2008a: 166). Dies zeigen auch Auswertungen von Kristen, die auf IGLU-Daten basieren. Unterschiede bestehen bereits in den schulischen Leistungen zwischen in Deutschland geborenen Kindern und solchen, die im Vorschulalter zugezogen sind; erheblich stärkere negative Abweichungen sind für Kinder zu konstatieren, die im Grundschulalter zugezogen sind (vgl. Kristen 2008b: 240ff.). Auch konnte gezeigt werden, „dass Jugendliche, die während der Sekundarstufe I eingewandert sind, [nur] geringe Chancen haben, im deutschen Schulsystem mehr als den Hauptschulabschluss zu erlangen" (Söhn 2008: 419). Hinzu kommt, dass sich aufwendige Maßnahmen während der Schulzeit empirisch als nur wenig wirkmächtig eingeschätzt werden (vgl. Becker/Beck 2011) – für Seiteneinsteiger kommen nur solche Maßnahmen in Frage. Bereits diese Ergebnisse tangieren die Frage, ob ein linearer Zusammenhang zwischen Zuzugsalter und Schulergebnissen besteht, oder ob erst mit einem bestimmten Zuzugsalter schulische Nachteile einhergehen. Nach Boos-Nünning und Karakaşoğlu (2006: 176; 222f.) ist von einer erschwerten schulischen Eingliederung und von schlechteren Kenntnissen der Zweitsprache auszugehen, wenn die Einreise erst nach dem 13. Lebensjahr erfolgt. Ähnliche Ergebnisse finden sich bei Esser, der etwa einen stark negativen Zusammenhang zwischen einem höheren Zuzugsalter auf den Erwerb der Zweitsprache, auf die Leseleistungen und die Schriftsprachkompetenz feststellt (vgl. Esser 2006: 311ff.; Esser 2008: 215). Für Schüler mit einem Zuzugsalter von mehr als zwölf Jahren zeigen sich in multivariaten Modellen erhebliche Nachteile hinsichtlich der Leseleistung (vgl. Esser 2006: 314). Der Erwerb der Sprache des Aufnahmelandes verläuft bis zu einem Alter von sechs Jahren relativ unproblematisch (vgl. Esser 2008); bivariat nehmen die Sprachkompetenzen leicht mit einem Einreisealter von über sechs Jahren und danach insbesondere ab 13 Jahren ab, multivariat ist eine Abnahme der Sprachkompetenzen insbesondere ab einem Zuzugsalter von mindestens 13 Jahren festzustellen (vgl. Esser 2006: 106). Dies führt ihn zu den Schlussfolgerungen: „der Abfall im L2-Erwerb beginnt spätestens mit der Pubertät und ist nicht reversibel" (Esser 2006: 106), somit beginnt die ,kritische Periode' etwa ab dem 13. Lebensjahr, die ab diesem Alter kaum noch zu kompensieren sei (vgl. Esser 2008, u.a.: 203). Somit scheint kein linearer Zusammenhang für den Einfluss des Zuzugsalters zu bestehen, sondern die nichtlineare, abgemilderte Form der Critical-Period-Hypothese sei „der derzeitige Stand der Dinge" (Esser 2008: 263). Für die USA wurde allerdings auch festgestellt, dass das Einreisealter von Zuwanderern keinen Einfluss hat, wenn die Sprache des Aufnahmelandes der Sprache des Herkunftslandes entspricht (vgl. Esser 2006: 107). Sollte dieses Ergebnis auf Deutschland übertragbar sein, so sollten sich für deutschsprachige Zuwanderer (z. B. aus Österreich, der Schweiz oder als Spätaussiedler aus verschiedenen Herkunftsländern) auch im fortgeschrittenen Alter keine sprachbedingten Nachteile im Bildungsbereich feststellen lassen.

Zwar sind das Einreisealter und der Generationenstatus stark miteinander korreliert (vgl. Esser 2008: 213), dennoch ist ein eigenständiger Einfluss des Generationenstatus gegeben, der auch nach Kontrolle des Zuzugsalters besteht (vgl. Esser 2006: 178). Daher werden ergänzende Ergebnisse nach Generationenstatus der Schüler angeführt. Für die 2. Generation ergeben sich nach Baumert und Maaz (2012) Unterschiede in der sozialen Herkunft, der Verwendung von Deutsch als Verkehrssprache sowie im Bildungsniveau im Vergleich zur Bevölkerung ohne Migrationshintergrund. Diese fallen für die 1. Generation noch deutlicher aus (vgl. ebd.). Als zentrale Hürde für Bildungsnachteile wird die Verkehrssprache angesehen (vgl. ebd.), nach Esser ist „über die Generationen hinweg [...] die sprachliche Assimilation nach wie vor der empirische Regelfall" (Esser 2012: 148). Denn die 2. Generation mache – nicht nur im L2-Erwerb – einen Assimilations-Sprung (vgl. Esser 2006: 178). Dies wird durch weitere Befunde bestätigt, etwa dass die 2. Generation deutlich häufiger zumindest einen mittleren Abschluss als die 1. Generation erreicht (vgl. Haug/Stichs 2011). Auch werden niedrigere Schulformen wie die Hauptschule von der 2. Generation seltener besucht und die Lesekompetenz fällt etwas höher aus (vgl. Baumert/Maaz 2012: 288, 292; Stanat/Rauch/Segeritz 2010: 220).

Frühere PISA-Ergebnisse wiesen darauf hin, dass die 2. Generation schlechter abschneidet als die 1. Generation (vgl. z. B. Ramm et al. 2004: 257; Ramm et al. 2005: 282; Stanat/Christensen 2006, z. B.: 38; Walter/Taskinen 2007; Autorengruppe Bildungsberichterstattung 2008: 85, 268). Dieses Ergebnis wird selbst in jüngeren Studien rezipiert (vgl. z. B. Gogolin 2008: 45). Das konträre Ergebnis basiert auf Kompositionseffekten (vgl. Walter 2008a), d. h. die Zusammensetzung der Schülergenerationen nach der jeweiligen Herkunft blieb unberücksichtigt (vgl. ebd.). Die 1. Generation wurde vorwiegend von Schülern mit einer ex-sowjetischen oder osteuropäischen Herkunft gebildet, während die 2. Generation überwiegend Nachfahren von Arbeitsmigranten – insbesondere aus der Türkei – waren, die erheblich niedrigere Kompetenzniveaus aufwiesen (vgl. z. B. Stanat/Rauch/Segeritz 2010: 201). In neueren PISA-Ergebnissen wird verstärkt die Herkunft berücksichtigt. Weit überwiegend zeigt sich, dass Schüler einer bestimmten Herkunftsgruppe in der 2. gegenüber denen der 1. Generation bessere Ergebnisse erzielen (vgl. z. B. Walter 2008a; Walter/Taskinen 2008a; Segeritz/Walter/ Stanat 2010). Dies verweist darauf, dass *sowohl* der Generationenstatus als auch das Herkunftsland von Schülern berücksichtigt werden muss (vgl. Walter/Taskinen 2008a: 201; Stanat/Segeritz 2009: 147; Gresch/Kristen 2011: 222). Denn erst über eine „Verknüpfung von Herkunft und Generationenstatus [...] lassen sich differenzielle Muster innerhalb der [Migranten-]Gruppen aufdecken. So bleiben für die erste Generation teilweise auch nach Berücksichtigung der sozialen Herkunft Nachteile bestehen, die sich in der zweiten Generation in Vorteile gegenüber der deutschen Referenzgruppe umkehren" (Gresch/Kristen 2011: 222). Sei keine Verknüpfung realisierbar, können verzerrte Ergebnisse oder Fehlschlüsse die Folge sein, die aus einer unzureichenden Differenzierung des Generationenstatus nach Zuwanderungsgruppen resultieren (vgl. ebd.). Einzelne Studien konnten bereits nach Generationenstatus und Herkunftsgruppen verknüpfte Ergebnisse ausweisen. Hierdurch kann auch geprüft werden, ob Integrationsprozesse für spezifische Gruppen verschieden verlaufen (vgl. Gresch/Kristen 2011: 212f.; Esser 2008; Segeritz/Walter/Stanat 2010). Von Below (2004) stellt einen höheren Schulerfolg für italienische und türkische Zuwanderer in der 2. im Vergleich zur 1. Generation fest. Für mehrere Herkunftsländer erzielen Haug und Stichs (2011: 6) ähnliche Ergebnisse, wenigstens mittlere Abschlüsse werden in der 2. Generation häufiger als in der 1. erreicht. Esser (2006: 178ff.) konstatiert für verschiedene Migrantengruppen einen sich auf Sprache und weitere Indikatoren beziehenden „Assimilations-Sprung" zwischen 1. und 2. Generation, der jedoch je nach gruppenspezifischer Ausgangssituation unterschiedlich ausfällt (vgl. ebd.: 196f.; vgl. auch Segeritz/Walter/ Stanat 2010: 126). Die z. T. auch in der 2. Generation bestehenden Disparitäten gegenüber Schülern ohne Migrationshintergrund sind weitestgehend auf sozioökonomische Unterschiede zurückzuführen (vgl. Kalter/Granato/Kristen 2011).

Zwar bestehen Disparitäten zwischen verschiedenen Herkunftsgruppen, diese haben jedoch gemeinsam, dass sie in der 2. Generation i. d. R. bessere Kompetenzen sowie einen höheren Gymnasialbesuch als die 1. Generation aufweisen (vgl. Segeritz/ Walter/Stanat 2010: 127ff.). Schüler mit polnischem und ex-sowjetischem Migrationshintergrund schneiden in der 2. Generation erheblich besser ab als in der 1. Generation. Für türkische Migranten ist dies nur in wesentlich abgeschwächter Form der Fall (vgl. ebd; Baumert/Maaz 2012). Für sie wird z. T. eine „tendentielle Abwärtsassimilation in der zweiten Generation" konstatiert (Baumert/Maaz 2012: 298), die aus einer unzureichenden Beherrschung der Verkehrssprache resultiert (vgl. ebd.). Nach Stanat u. a. sind in der 2. Generation für die meisten Herkunftsgruppen gegenüber Einheimischen keine Unterschiede in der Lesekompetenz auszumachen, wenn u. a. der sozioökonomische Status, der Sprachgebrauch und das Bildungsniveau der Eltern kontrolliert wird – eine Ausnahme bilden lediglich türkische Schüler der 2. Generation (vgl. Stanat/Rauch/Segeritz 2010: 222ff.).

Nach Kristen und Dollmann (2012: 103) kann in wenigen und meist kleineren Studien auch die 3. Generation ausgewiesen werden. Gezeigt werden kann, dass in der Generationenfolge die Bildungsungleichheiten geringer werden. Anhand von IGLU-Daten wurde festgestellt, dass für die 3. Generation keine Unterschiede zu Schülern ohne Migrationshintergrund in der Leseleistung erkennbar sind (vgl. Kristen 2008b: 240). Zudem resultieren erhebliche Unterschiede daraus, ob „eines oder beide Elternteile im Ausland geboren sind" (ebd.: 247). Der Einfluss der Anzahl der im Ausland geborenen Elternteile auf die Lesekompetenz wird von Helbig für die 2. Generation bestätigt (vgl. Helbig 2010: 666ff.). Ein weiteres Ergebnis für die 3. Generation ist, dass sich die familialen Praktiken nicht mehr im Vergleich zu Familien ohne Migrationshintergrund unterscheiden, während in Familien der 1. oder 2. Generation seltener bildungsrelevante Tätigkeiten durchgeführt werden (vgl. Autorengruppe Bildungsberichterstattung 2012: 49).

Wird der Generationenstatus weiter mit dem Zuzugsalter kombiniert, zeigt sich, dass Seiteneinsteiger der 1. Generation (in der Studie: der im Alter von mindestens sechs Jahren Zugezogenen) hinsichtlich ihrer Kompetenzen erheblich benachteiligt sind (vgl. Segeritz/Walter/Stanat 2010: 131f.). Die 1,5. Generation (dort: die im Alter von unter sechs Jahren Zugezogenen) weist ähnliche Nachteile bzw. annähernd gleich hohe Kompetenzen wie die 2. Generation auf (vgl. ebd.).[15] Auch diese Unterschiede (nach Herkunftsgruppe und Generationenstatus) lassen sich weitgehend auf die familiären Lebensbedingungen zurückführen – für türkische Schüler bleiben jedoch erhebliche Disparitäten bestehen (vgl. ebd.). Bezogen auf den Gymnasialbesuch sind für die 1,5. und die 2. Generation aus der ehemaligen UdSSR und aus Polen höhere Chancen auf den Besuch von Gymnasien als für Schüler ohne Migrationshintergrund festzustellen, für türkische Schüler ergeben sich erneut erhebliche Nachteile (vgl. Segeritz/Walter/Stanat 2010: 129f.).

Weiter sollen Ergebnisse nach Geschlecht der Schüler dargestellt werden. Es existieren zwar einige Studien, die entweder nach Geschlecht *oder* Migrationshintergrund von Schülern differenzieren. Allerdings liegen nicht immer systematische Analysen nach Geschlecht *und* Migrationshintergrund vor. Daher werden sowohl allgemeine Ergebnisse nach Geschlecht berichtet (die möglicherweise auch auf Schüler mit Migrationshintergrund zutreffen). Soweit möglich, werden spezifische Ergebnisse berichtet, die sowohl den Migrationshintergrund als auch das Geschlecht von Schülern berücksichtigen. Studien zeigen, dass Mädchen eine höhere Bildungsbeteiligung aufweisen, sie sind z.B. an Gymnasien überrepräsentiert (vgl. Faulstich-Wieland 2008; Stanat/Bergann 2010). Entsprechend sind Jungen an Haupt- und Förderschulen erheblich überrepräsentiert (vgl. z.B. Autorengruppe Bildungsberichterstattung 2010: 72, 253; Siegert 2008: 29ff.; Faulstich-Wieland 2008). An Förderschulen sind ausländische Schüler gegenüber Deutschen insgesamt überrepräsentiert; allerdings variieren die Besuchsanteile erheblich nach Staatsangehörigkeit und Förderschwerpunkt (vgl. z.B. Weishaupt/Kemper 2009; Autorengruppe Bildungsberichterstattung 2010: 72, 253; Kemper/Weishaupt 2011). Bekannt ist auch, dass Jungen gegenüber Mädchen an Förderschulen überrepräsentiert sind, im Schwerpunkt Lernen bilden Jungen zwei Drittel der Schülerschaft (vgl. Faulstich-Wieland 2008: 677). Aus den Einzelbefunden zur Überrepräsentation von Schülerinnen und Schülern an Förderschulen nach den Merkmalen Staatsangehörigkeit und Geschlecht dürfte folgen, dass an dieser Schulform besonders männliche Schüler mit Migrationshintergrund überrepräsentiert sind. Entsprechende Befunde, die einen differenzierten Migrationshintergrund kombiniert mit dem Geschlecht berücksichtigen, stehen noch aus.

Der Befund wonach Mädchen höhere Schulabschlüsse als Jungen erreichen, lässt sich auch nach weitergehender Differenzierung nach deutscher und nichtdeutscher Staatsangehörigkeit aufrecht erhalten (vgl. Autorengruppe Bildungsberichterstattung 2010: 91f., 270). Hiermit einher geht, dass (deutsche und nichtdeutsche) Mädchen insgesamt seltener die Schule ohne Hauptschulabschluss verlassen (vgl. ebd.). Jungen sind – unabhängig davon, ob mit oder ohne Migrationshintergrund – unter Sitzenbleibern

---

15 Als Ausnahme sind lediglich Migranten aus der ehemaligen Sowjetunion zu nennen, die in der 2. Generation keine sowie in der 1,5. Generation nur geringe Unterschiede gegenüber Schülern ohne Migrationshintergrund aufweisen (vgl. Segeritz et al. 2010: 131f.).

überrepräsentiert (vgl. Krohne/Meier/Tillmann 2004). Mädchen verfügen zudem über bessere verbale Kompetenzen (vgl. Stanat/Bergann 2010: 517f.). In verschiedenen Studien sind für Mädchen bessere Leseleistungen zu konstatieren, während ihre Mathematikleistungen schlechter als für Jungen ausfallen – diese Ergebnisse sind über einen Zeitraum von etwa zehn Jahren stabil geblieben (vgl. z. B. Esser 2006: 320ff.; Klieme et al. 2010: 281; Naumann et al. 2010: 52ff.). Auch wenn Geschlechterdisparitäten nach spezifischen Herkunftsgruppen ausdifferenziert analysiert werden, erreichen Mädchen eine höhere Bildungsbeteiligung als Jungen, erstere erreichen zudem mindestens so häufig Mittlere Schulabschlüsse wie letztere (vgl. Bednarz-Braun/Heß-Meining 2004: Kapitel 8; Haug/Stichs 2011: 6). Nach Herkunftsländern und Geschlecht bestehen erhebliche Differenzen, insbesondere Mädchen der 2. Generation holen hinsichtlich mittlerer und hoher Schulabschlüsse stärker gegenüber der 1. Generation auf, als dies bei Jungen der Fall ist (vgl. Haug/Stichs 2011: 6). Dieses Ergebnis wird von Riphahn und Serfling für Migranten insgesamt der 2. Generation (ohne weitere Ausdifferenzierung nach Herkunft) bestätigt: Frauen mit Migrationshintergrund der 2. Generation erreichen deutlich häufiger die Hochschulreife als Männer, dieser geschlechtsspezifische Unterschied fällt für Personen ohne Migrationshintergrund erheblich geringer aus (vgl. Riphahn/Serfling 2002: 237ff.). In multivariaten Modellen konnten jedoch nur bedingt signifikante Vorteile für Frauen festgestellt werden (vgl. ebd.).

Nach Herkunft und Geschlecht differenzierende Auswertungen zeigen, dass sich geschlechtsspezifische Differenzen weitestgehend für Schüler mit türkischem Migrationshintergrund bestätigen – türkische Mädchen weisen z. B. bessere Lesekompetenzen auf, erhalten stärkere elterliche Unterstützung bei Hausaufgaben und haben eine positivere Einstellung zur Schule als Jungen (vgl. Segeritz/Stanat/Walter 2010: 174ff.). Weniger deutlich fallen die Ergebnisse für Schüler mit ex-sowjetischem Migrationshintergrund aus, für Schüler mit polnischem Migrationshintergrund sind geschlechtsspezifische Unterschiede nur bedingt gegeben (vgl. ebd.).

Somit bleibt festzuhalten, dass „Migrationshintergrund und Geschlecht deutlich weniger erklärungsmächtige Variablen als etwa der Bildungshintergrund der Eltern" sind (ebd.: 179). Denn „viele der Faktoren, die zu Herkunftsdisparitäten führen, [variieren] innerhalb von Familien kaum nach Geschlecht" (Breen et al. 2012: 368). Auch wenn Geschlechter- sowie Herkunftsdisparitäten insgesamt abgenommen haben, sind „dennoch geschlechtstypische Herkunftsdisparitäten unverändert [ge]blieben" (ebd.). Nach Breen u. a. verweisen Unterschiede nach Herkunft auf „Unterschiede zwischen Familien" (ebd.), Disparitäten nach Geschlecht spiegelten Unterschiede „innerhalb von Familien" wider (ebd.): Söhne und Töchter würden z. B. unterschiedlich behandelt oder in ihre Bildung ungleich investiert (vgl. ebd.).

Relativ wenige Studien haben bislang systematisch den Einfluss des Rechtsstatus auf Bildungschancen untersucht. Exemplarisch konnte für Kinder von (Spät-)Aussiedlern belegt werden, dass die Verbindung von Integrationsmaßnahmen mit einer rechtlichen Gleichstellung für Zuwanderergruppen das Risiko reduziert, in Deutschland die Schule nur mit einem niedrigen Abschluss zu verlassen (vgl. Söhn 2008, 2011b, 2012): Spätaussiedler weisen gegenüber Kindern von anderen Migrantengruppen ein erheblich geringeres Risiko auf, maximal einen Hauptschulabschluss zu erlangen (vgl. Söhn 2012). Ein privilegierter Rechtsstatus mildert im Zusammenhang mit Migration bestehende Bildungsrisiken ab (vgl. Söhn 2011b, 2012), da mit der unmittelbaren Verleihung der deutschen Staatsangehörigkeit an Spätaussiedler Bleiberechte und -sicherheit sowie Unterstützungsleistungen wie Sprachförderung einhergingen (vgl. ebd.). Umgekehrt haben sich erhebliche Bildungsnachteile z. B. für Zuwanderer aus dem ehemaligen Jugoslawien gezeigt, die als Bürgerkriegsflüchtlinge lediglich einen prekären Rechtsstatus aufweisen (vgl. Söhn 2012). Der Einfluss des Rechtsstatus wird als signifikant eingeschätzt, die „Größe des festgestellten Effekts des Rechtsstatus auf Bildungschancen [sei] in etwa vergleichbar mit den klassischen Stadt-Land-Disparitäten oder den relativen Nachteilen von Schüler(inne)n aus kinderreichen Familien" (Söhn 2011a: 291). Konkret bedeutet dies für Migranten einen Anteil des Rechtsstatus von bis zu 3 % an aufgeklärter Varianz, mindestens einen Mittleren Abschluss zu erlangen (vgl. Söhn 2011a: 244ff., 2012: 178ff.).

1.3 Institutionelle Bedingungen und institutionelle Diskriminierung

Zunächst werden allgemeine institutionelle Bedingungen angeführt, die zu Bildungsdisparitäten zwischen Schülern mit und ohne Migrationshintergrund führen können. Hieran anschließend wird das Konzept der institutionellen Diskriminierung von Gomolla und Radtke (2007) dargestellt, bevor auf zentrale ausgewählte empirische Befunde eingegangen wird.

1.3.1 Darstellung institutioneller Erklärungsansätze

Es sind verschiedene institutionelle Bedingungen anzuführen, die zu schulischen Nachteilen von Migranten führen können. Z. B. wirkt sich ein unzureichend ausgebautes Angebot an vorschulischen Einrichtungen (vgl. Autorengruppe Bildungsberichterstattung 2012: 53ff.) insbesondere für Kinder mit Migrationshintergrund benachteiligend aus. Denn diese Kinder profitieren besonders von vorschulischer Betreuung (vgl. Becker/Lauterbach 2004b). Mit der Dauer des Besuchs dieser Einrichtungen steige die Schulfähigkeit dieser Kinder an und sprachliche Defizite verringerten sich stark bzw. wirkten sich erheblich auf die kognitiven Fähigkeiten aus (vgl. Becker/Biedinger 2006; auch z. B. Esser 2006: 354). Entsprechend führt der Besuch vorschulischer Bildungseinrichtungen zu höheren Chancen des Gymnasialbesuchs (vgl. z. B. Becker/Tremel 2011: 64ff.).

In den Ländern werden unterschiedliche und uneinheitliche vorschulische Sprachtests eingesetzt (vgl. Hormel 2010: 183). Dies hat unterschiedliche Konsequenzen für die getesteten Kinder: Je nach Institutionalisierungsgrad von vorschulischer Sprachförderung bestehen Unterschiede darin, inwiefern Kinder bei Förderbedarf z. B. eine Sprachförderung erhalten, oder ob bestehende Probleme lediglich an die Familien zurückgewiesen werden oder gar der Selektion dienen (vgl. ebd.).

Für den schulischen Bereich ist festzuhalten, dass gesellschaftliche und „strukturelle[ ] Vorgaben [...] im Bildungssystem institutionalisiert sind" (Sieber 2007: 285, vgl. auch: 290; Fend 2009: 55ff.). Dem Bildungssystem komme „die formale Aufgabe der Zertifizierung" (Sieber 2007: 285) aufgrund von Leistungskriterien zu. Schulklassen sind i. d. R. zwar alters-, aber nicht leistungshomogen, weswegen es zu System- bzw. Leistungsdifferenzierungen kommt (vgl. ebd.: 285, 290ff.). Die Ursachen für Selektion seien somit in Unterscheidungen zu suchen, die vom System getroffen werden (vgl. ebd.).

Ramirez-Rodriguez und Dohmen (2010: 306) nennen die „Komplexität des deutschen Bildungssystems" als „Hinweis auf benachteiligende institutionelle Effekte des Schulsystems auf die Kinder und Jugendlichen mit Migrationshintergrund" (ebd.). Denn wie schon in Kapitel 1.1.3 beschrieben, setzt etwa das Erlangen der Hochschulreife Kenntnisse des Bildungssystems und Wissen über die Bedeutung der verschiedenen Bildungsgänge voraus (vgl. Esser 2012: 143; Nauck 2011: 72; Baumert/Maaz 2012: 297), um strategisch an den jeweiligen Übergangen im Bildungssystem handeln zu können (vgl. Kristen/Dollmann 2012: 111; Kristen 2008a).[16] Die Struktur des Bildungssystems bestimmt die Anzahl der Übergänge sowie die Zahl der zu treffenden Entscheidungen (vgl. Becker/Lauterbach 2004a: 13). Zudem wird vorgegeben, ob Entscheidungen durch Lehrkräfte oder die Eltern herbeigeführt werden (hier bestehen etwa beim Übergang von der Grundschule auf weiterführende Schulformen länderspezifische Unterschiede; vgl. z. B. Kristen/Dollmann 2012: 112). Erschwerend kommt der folgende Zusammenhang hinzu: Je früher Bildungsentscheidungen getroffen werden (müssen), desto weniger können kompensierende Maßnahmen durch Schule wirken (vgl. Baumert/Artelt 2003: 190; Britz 2007) und desto stärker nehmen „die sozialen Disparitäten der Bildungsbeteiligung zu" (Baumert/Artelt 2003: 190). Dies ist schwerwiegend, weil eine Durchlässigkeit zwischen den weiterführenden Schularten nur bedingt gegeben ist – und eine Durchlässigkeit nach ‚unten' im Vergleich zu derjenigen nach ‚oben' weit überwiegt (vgl. z. B. Bellenberg 2012; Bender-Szymanski/Kodron/Plath 2004: 13; Konsortium Bildungsberichterstattung 2006: 296).

Ditton (2004) sieht noch eine Vielzahl weiterer Einflussfaktoren auf das Bildungsverhalten von Schülern. In einem institutionell bedeutsamen Zusammenhang sind Angebote der Schul- und Laufbahnberatung, regional-soziale Netzwerke zur Stützung des Schulerfolgs sowie die Verfügbarkeit, das Angebot und die Erreichbarkeit von Bildungseinrichtungen zu nennen (hier sind Migranten besonders benachteiligt, dieser Aspekt wird in Kapitel 1.4 weiter vertieft). Als schulisch bedeutsame Faktoren werden Leistungsanforderungen und -bewertung sowie das System der Selektion für Bildungsgänge genannt (vgl. Ditton 2004). Institutionell verursachte Bildungsungleichheiten sind insbesondere in der „Zahl und Höhe der zu überwindenden Barrieren" (Becker/Lauterbach 2004a: 26) im Schulsystem und in den „Möglichkeiten für nach der Grundausbildung [zu wählende] weiterführende Bildungswege" zu sehen (ebd.). Zwischen den Bundesländern unterscheiden sich die Bildungspolitik, die Bildungssysteme und das Schulangebot erheblich (vgl. z. B. Söhn 2008: 412f.; Baumert/Schümer 2002: 196ff.; Hunger 2001; Hunger/Thränhardt 2001). Dadurch werden „die Chancen, bestimmte Schulabschlüsse zu erlangen, vorstrukturiert" (Söhn 2008: 413). Oder um

---

16 Dies betrifft die Bevölkerung mit niedrigem sozioökonomischen Status im Allgemeinen sowie die Bevölkerung mit Migrationshintergrund im Besonderen.

es mit Esser zu formulieren, führen „gegliederte [Schul-]Systeme zu einer stärkeren Statusvererbung" (Esser 2010: 289), mit entsprechenden Restriktionen für Migranten.

Neben institutionellen Bedingungen wird häufig auf den Ansatz der ‚Institutionellen Diskriminierung‘ (insbesondere nach Gomolla/Radtke 2007) rekurriert. Im Allgemeinen verweist der Begriff der Diskriminierung auf Benachteiligungen, Herabsetzungen oder unterschiedliche Behandlungen.[17] Soziale Diskriminierung hat zum „Ziel, eigene Vorrechte oder Vorteile zu behaupten, und meist mit der Folge, Rechte zu verweigern und Hierarchien zu begründen" (Gomolla/Radtke 2007: 15). Hierfür würden Rechtfertigungen bzw. Legitimationen der organisatorischen Entscheidungen benötigt, dies geschieht über Leistungsmerkmale und Askription (vgl. ebd.: 15, 47). Bezogen auf das Bildungssystem wird unter institutioneller Diskriminierung schließlich die systematische Schlechterstellung von Gruppen anhand von spezifischen Gruppenmerkmalen – etwa in der Schule – verstanden (vgl. Gomolla/Radtke 2007). Ungleichheit wird über „Wahrnehmungsmuster, Normen, Gewohnheiten und Routinen der Schule" hergestellt (ebd.: 21). Diese sind an „Selektionsentscheidungen angelagert, die immer aufs Neue eine stabile Ungleichverteilung der Bildungsabschlüsse entlang ethnischer Merkmale hervorbringen" (ebd.). Dies geschieht über „ein in der Organisation Schule institutionalisiertes und geteiltes Wissen, das zur Begründung der Selektionsentscheidung benutzt wird und ethnische Unterscheidungen legitimiert und darstellbar macht" (ebd.).

Für institutionelle Diskriminierungen sind bestimmte Merkmale der Schüler erforderlich (vgl. ebd.: 16), wie etwa die Staatsangehörigkeit, die Zugehörigkeit zu einer ethnischen Gruppe, „Hautfarbe, Sprache und Religion" (ebd.). Z. B. könne ethnische Differenz über tatsächliche oder vermeintliche Sprachprobleme hergestellt werden. Institutionelle Diskriminierung von Schülern mit Migrationshintergrund erfolge in Schulen entweder über gesetzliche Vorgaben oder über alltägliche Diskriminierungshandlungen in der Institution Schule (vgl. ebd.: 19ff.). Denn Organisationen haben eine Eigenlogik bzw. eigene Interessen, insbesondere sollen „ihre eigenen Probleme" gelöst werden (ebd.: 125), wodurch ihre Entscheidungen beeinflusst werden (vgl. ebd.: 18). Somit wird ein Teil der Ungleichheit durch die Schulen selbst erzeugt (vgl. ebd.: 22ff.). Im Nachhinein würden Ereignisse und Entscheidungen, die „es u. U. so gar nicht hätte geben dürfen" (ebd.: 81) in die Eigenlogik des Systems eingeordnet, entsprechend begründet und nachträglich mit Sinn ausgestattet (vgl. ebd.). Von institutioneller Diskriminierung kann dann gesprochen werden, wenn Unterschiede nicht auf Eigenschaften der Kinder und ihrer Familien wie soziale Herkunft, Geschlecht, Schulleistungen usw. zurückzuführen sind (vgl. ebd.: 86; Becker/Beck 2012: 144; Esser 2012: 141), sondern auf „die Arbeitsstrukturen, Routinen und Handlungsmaximen" (Gomolla/Radtke 2007: 86) der Leistungsbeurteilung von Schulen (vgl. ebd.). Hierdurch würden leistungsfremde Merkmale und kategoriale Zugehörigkeiten etwa zur Leistungseinschätzung herangezogen, was illegitim sei (vgl. Becker/Hadjar 2009: 41; Hormel 2010). Dies könne für Schüler mit Migrationshintergrund etwa vermittelt über die soziale Herkunft geschehen, wenn als leistungsfremde Merkmale „,gute Umgangsformen‘, ‚Sozialverhalten‘, der ‚kreative Umgang mit Lerninhalten‘

---

17 Die ‚allgemeine‘ Definition kann leicht z. B. anhand von aktuellen Ausgaben des Duden, oder mit Hilfe von Fremdwörterbüchern nachvollzogen werden.

systematische Berücksichtigung bei der Leistungseinschätzung und -bewertung" erfahre (Hormel 2010: 186; vgl. hierzu auch Schumacher 2002: 261f.).[18] Hierdurch würde (unbewusst) eine bildungsferne Herkunft abgewertet (vgl. Hormel 2010: 186; Böttcher/Klemm 2000: 24).

Nachfolgend soll eine Auswahl von potentiellen systematischen Benachteiligungen von Migranten durch institutionelle Entscheidungen (durch Lehrer, Schulen, Behörden etc.) angeführt werden (vgl. Gomolla/Radtke 2007).

Bereits der Zeitpunkt der Einschulung könne für Schüler mit Migrationshintergrund mit institutioneller Diskriminierung einhergehen (vgl. ebd.: 188). Anstatt regulär eingeschult zu werden (und bei einem möglichen Förderbedarf von Schülern die schulischen Abläufe zu verändern) würden Kinder im Schulkindergarten gefördert oder zurückgestellt (vgl. ebd.). Und dies sogar obwohl Zurückstellungen laut Erlass der KMK eigentlich nicht durch mangelnde Sprachkenntnisse begründet sein dürften (vgl. ebd.: 135, 145; Langenfeld 2001: 38f.). Eine Rückstellung bei der Einschulung kann "als Beginn einer negativen Schulkarriere interpretiert werden" (Gomolla/Radtke 2007: 137); da diese Entscheidung an späteren Entscheidungsstellen (negativ) berücksichtigt werden kann (vgl. ebd.). Auch hierdurch wird deutlich, dass Organisationen nicht die kumulativen Effekte ihrer Einzelentscheidungen berücksichtigten (ebd.: 126).

Die erhebliche Rolle, die Deutsch als Sprache im schulischen Kontext einnimmt, hat bereits Gogolin anhand des "monolingualen Habitus" der Schule herausgearbeitet (vgl. Gogolin 1994). Sie kritisiert die monokulturalistische Ausrichtung von Schule und ihr "monolinguales Selbstverständnis" (ebd.: 3), da "die Sprache als Synonym für die deutsche Kultur" begriffen wird (Gomolla/Radtke 2007: 182). So würden (vermutete) defizitäre Deutschkenntnisse "als Hinweis auf andere Fähigkeits- und Leistungsdefizite betrachtet" (ebd.: 281). Teile der Schüler mit Migrationshintergrund würden somit den an alle Schüler gerichteten Normalitätserwartungen hinsichtlich der Verwendung von Deutsch als Unterrichtssprache nicht gerecht (vgl. Radtke 2004a), wodurch sie etwa bei Übergängen benachteiligt würden (vgl. Gomolla/Radtke 2000). Demgegenüber spielten ihre muttersprachlichen Fähigkeiten keine Rolle, da diese nicht ausreichend überprüft würden (vgl. Gomolla/Radtke 2007: 203).

Häufig werden Schüler aufgrund von mangelnden Sprachkenntnissen auf Förderschulen überwiesen, weil ein fehlerhaftes Sprachverhalten mit generellen Lernschwierigkeiten oder Lernstörungen verwechselt wird (vgl. Powell/Wagner 2002: 69; Neumann/Schwaiger 2012: 218).[19] Dies ist ein Hinweis darauf, wonach Behinderung sozial konstruiert wird (vgl. z. B. Cloerkes 2003: 22; Powell/Pfahl 2012: 729f.).

Dass eine überwiegend nichtdeutsche Familiensprache als "Risikofaktor" angesehen (Roth 2007: 165) und als Hinweis auf Defizite gedeutet wird, hat verschiedene Konsequenzen. Zwar dürften Sprachdefizite eigentlich kein Grund zur Überweisung von Schülern mit Migrationshintergrund auf Förderschulen sein (vgl. Gomolla/Radtke

---

18 Nölle u. a. nennen als leistungsfremde Kriterien z. B. die Leistungsentwicklung im Zeitverlauf, "Leistungsbereitschaft, Selbständigkeit, Zuverlässigkeit und Sorgfalt" (Nölle et al. 2009: 306) sowie das Sozialverhalten wie z. B. "Kooperation, Anpassung, und sozialer Umgang" (ebd.).

19 Selbst wenn dieser Selektionslogik gefolgt würde, bleibt einzuwenden, dass Förderschulen kein besonderen Kompetenzen in der Vermittlung von (Fremd-)Sprachen und Didaktik aufweisen (vgl. Powell/Wagner 2002: 69).

2007: 145, 197; Langenfeld 2001: 38f.). In der Praxis würden entsprechende Vorgaben jedoch zum Teil umgangen (vgl. Gomolla/Radtke 2007: 225, 278f.). Hintergrund ist, dass eine Überweisung an Förderschulen (insbesondere mit dem Förderschwerpunkt ‚Lernen') gemäß der Selektivität des deutschen Schulsystems sowie der institutionellen Eigenlogik eine Entlastungsfunktion für die Regelschulen einnimmt, mit entsprechenden negativen Folgen für die Bildungsbeteiligung von Schülern mit Migrationshintergrund (vgl. ebd.: 108ff., 216). Eine Entlastung wird verstärkt gesucht, wenn entsprechende alternative Angebote vorhanden sind, Klassen überfüllt sind oder anderweitige (bzw. integrative) Unterstützungssysteme fehlen (vgl. ebd.: 189f.). Schüler mit Migrationshintergrund sind auch deshalb von ‚entlastenden' Förderschulbesuchen verstärkt betroffen, da sich ihre Eltern mit Protest gegen den Förderschulbesuch weniger gut durchsetzen (vgl. ebd.: 226) und schulzeitverlängernde Maßnahmen zu vermehrtem Förderschulbesuch insbesondere im Förderschwerpunkt Lernen führten (vgl. ebd.).[20] Folgen des Förderschulbesuchs sind „geringere Bildungs- und Lebenschancen" (Diefenbach 2004: 2) aufgrund von eingeschränkten Lernangeboten, reduzierten Lernmöglichkeiten sowie geringeren Berufschancen (vgl. Kornmann/Klingele 1996: 2).

Bei einer ‚Lernbehinderung' handelt es sich um einen unscharfen Begriff, der (auch theoretisch) unzulänglich definiert ist und nicht konsistent verwendet wird (vgl. Eberwein 2003: 339; Haeberlin 2009: 236). Hierdurch werden Überweisungen zu dem Förderschwerpunkt Lernen begünstigt (vgl. Gomolla/Radtke 2007: 200, 225) und eine „weitgehende Beliebigkeit in der Zuweisung von Sonderschulplätzen" gefördert (Cloerkes 2003: 11). Zusätzlich wird die Förderbedarfsdiagnose als intransparent bemängelt (vgl. ebd.; Eberwein 2003). Entsprechend stellt der Anteil von Schülern mit sonderpädagogischem Förderbedarf (insgesamt sowie im Schwerpunkt Lernen im Besonderen) ein Indikator für Partizipationschancen bzw. Bildungsbenachteiligungen von Schülern mit Migrationshintergrund dar (vgl. z. B. Powell/Wagner 2002: 65; Wagner/Powell 2003: 183; Kornmann 2004: 27).

Söhn verweist darauf, dass separative bzw. „etliche migrantenspezifische Maßnahmen Wege zu höherwertigen Bildungsabschlüssen eher versperren" (Söhn 2011: 63). Von Edelmann werden z. B. Sprachförderprojekte genannt, die sich ausschließlich an Kinder mit Migrationshintergrund richten, was zu einer Segregation bzw. Separation führe, die dem Ziel einer Integration entgegenstehe (vgl. Edelmann 2012: 190). Problematisch seien etwa Vorbereitungskurse bzw. -klassen zum Spracherwerb, die sich häufig nur an Grundschulen, z. T. an Förderschulen, hauptsächlich jedoch an Hauptschulen fänden – nicht jedoch an Realschulen oder Gymnasien. Hierdurch sei für Kinder mit Zweitsprachproblemen – unabhängig von ihren schulischen Potentialen – der Besuch spezifischer Schulformen vorgezeichnet (vgl. z. B. Hunger/Thränhardt 2006: 63, Fußnote 6; Gomolla/Radtke 2007: 108ff.). Dies insbesondere, wenn

---

20 Wichtig ist, dass „Schulversagen und festgestellte Sonderschulbedürftigkeit bestimmter Kinder […] zwangsläufig Folge selektiver Strukturen des Bildungswesens" sind (Kornmann/Klingele/Iriogbe-Ganninger 1997: 206). Bei schulischer Selektion gehe es um Leistungshomogenisierung, aber auch „um die Sicherung von Privilegien und die Durchsetzung von Macht" (Kornmann 2010: 76). D. h. es würden andere Schüler (bzw. Schüler mit anderen Merkmalen) in die Förderschule selektiert, wenn ausländische Schüler im deutschen Schulsystem entweder nicht vorhanden wären, oder in Regelschulen erheblich besser gefördert würden (vgl. Kornmann 1998: 66f.). Hierdurch wird das Beispiel von Sieber (2007: 296) verständlich, wonach es in der Schweiz der 1960er Jahre Sonderklassen für Linkshänder gab, die als ‚behindert' stigmatisiert wurden.

die Deutschförderung vorwiegend an Hauptschulen konzentriert ist und der Besuch von Gymnasien nur ermöglicht wird, wenn sehr gute oder sogar perfekte Deutschkenntnisse vorliegen (vgl. Flam 2007: 104ff.; Gomolla/Radtke 2007, z. B.: 244, 262).[21] Söhn konstatiert für (Spät-)Aussiedler einen häufigeren Hauptschulbesuch, da Richtlinien der KMK für sie die im Herkunftsland zumeist besuchten ‚Mittelschulen' mit der deutschen Schulform Hauptschule gleichsetzten, obwohl diese eher einer integrierten Gesamtschule entsprechen (vgl. Söhn 2008: 411). Dies belege, dass Schüler aus Herkunftsländern mit einem Gesamtschulsystem im Rahmen der Eingliederung in das deutsche Schulsystem herabgestuft würden (vgl. ebd.: 412).

Ein weiterer auf Gesamtschulen bezogener Aspekt ist, dass Grundschulen Schülern mit Migrationshintergrund anstelle einer Übergangsempfehlung für die Realschule oder das Gymnasium häufig nur eine für die Gesamtschule aussprächen (vgl. Gomolla/Radtke 2007: 273). Dies sei für Grundschulen eine risikoärmere Entscheidung (vgl. ebd.), die allerdings einer „Nicht-Entscheidung" (ebd.) gleichkomme, die zugleich die Gesamtschulnachfrage erhöht. Wenn die Nachfrage (auch aus institutionellen Gründen) das Angebot übersteigt, entscheiden sich Schüler mit Migrationshintergrund eher für die Schulform Hauptschule als für Realschulen oder Gymnasien (vgl. ebd.: 259, 284).

Wie zuvor dargestellt, führen verschiedene potentielle Ursachen[22] dazu, dass Schüler mit Migrationshintergrund niedrigere Schulformen besuchen. Dies ist auch insofern als problematisch anzusehen, da eine Durchlässigkeit auf höhere Schulformen nur bedingt gegeben ist (vgl. Bellenberg 2012; Bender-Szymanski/Kodron/Plath 2004: 13; Konsortium Bildungsberichterstattung 2006: 296) und im Regelfall an Förderschulen keine höherwertigen Schulabschlüsse erreicht werden können – auch an Hauptschulen werden entsprechende Abschlüsse bislang eher selten vergeben (vgl. Autorengruppe Bildungsberichterstattung 2012: 96f.). In diesen Bildungsergebnissen spiegelt sich nach Gomolla und Radtke (2007: 283ff.) die Interaktion bzw. Kumulation von verschiedenen Diskriminierungsmechanismen wider. Auch zeigt sich im Schulerfolg eine mangelnde „Bereitschaft der Schulen […], sich mit den besonderen Voraussetzungen und Bedürfnissen" (Siebert-Ott 2006: 156) von Schülern mit Migrationshintergrund zu befassen sowie die Annahme der Schulen „dass die Ursachen […] durch die Schule nicht beeinflussbar seien oder dass es nicht zentrale Aufgabe der Schule sein könne, hier Abhilfe zu schaffen" (ebd.).

---

21 Andere Autoren unterscheiden stärker nach ‚traditionellen' und ‚reformierten' Bundesländern (vgl. von Below 2002; Söhn 2011a: 110). Die ‚reformierten' Länder sehen Vorbereitungsklassen für Seiteneinsteiger nicht nur in Hauptschulen vor (vgl. Söhn 2011a: 113).

22 Zu weiteren Ursachen – wie etwa dass Kindergärten und Konfessionsschulen in kirchlicher Trägerschaft nach Religionszugehörigkeit von Schülern diskriminieren – vergleiche z. B. Gomolla/Radtke (2007) oder Hormel (2010).

1.3.2 Empirische Befunde

Weiter sollen Befunde zum Einfluss von institutionellen Bedingungen auf Schulergebnisse dargestellt werden. Für Schüler mit Migrationshintergrund fallen die sprachlichen Defizite umso geringer aus, je länger sie vorschulische Einrichtungen besuchen (vgl. Becker/Biedinger 2006). Ein früher Besuch eines Kindergartens sowie frühzeitige (sprachliche) Interventionen sind – neben Sprachkursen, die sich an die Eltern richten – entscheidend für spätere schulische Leistungen (vgl. Becker/Beck 2011: 130). Erst zu einem späteren Zeitpunkt – d. h. „während der Schulzeit" (ebd.: 133) – ansetzende Maßnahmen werden als relativ „ineffektiv" eingeschätzt (ebd.). Übereinstimmend konstatieren mehrere Autoren, dass die Dauer des Besuchs vorschulischer Einrichtungen stark positive Effekte auf die kognitiven bzw. schulischen Fähigkeiten des Kindes habe, wenn mindestens ein Jahr lang der Kindergarten besucht wird (vgl. Becker/Biedinger 2006; Esser 2006: 354). Insofern erscheint das Ergebnis problematisch, dass Kinder mit Migrationshintergrund insgesamt seltener Vorschulen bzw. Kindergärten besuchen (vgl. z. B. Becker/Tremel 2011: 62f.) sowie zum Zeitpunkt der Einschulung größere (z. B. sprachliche) Probleme aufweisen (vgl. Becker/Biedinger 2006). Während annähernd jedes dritte Kind ohne Migrationshintergrund im Alter von unter drei Jahren eine Kindertageseinrichtung besucht, ist es nur knapp jedes Siebte mit Migrationshintergrund (30 vs. 14 %); unter den 3- bis 6-Jährigen sind es etwa 97 % der Kinder ohne, im Vergleich zu 85 % der Kinder mit Migrationshintergrund, die eine vorschulische Einrichtung besuchen (vgl. Autorengruppe Bildungsberichterstattung 2012: 244; Grgic/Rauschenbach/Schilling 2010: 6). Auch nach Kontrolle des Zuzugsalters werden vorschulische Einrichtungen von Migranten seltener und kürzer besucht (vgl. z. B. für Berlin Becker/Beck 2011: 125f.). Kinder mit Migrationshintergrund leben überwiegend in westdeutschen Ländern, daher sind für sie regionale Unterschiede in der Versorgungssituation besonders bedeutsam, denn in Ostdeutschland besuchen 16,3 % gegenüber 9 % der westdeutschen Kinder mit Migrationshintergrund eine vorschulische Einrichtung (vgl. Autorengruppe Bildungsberichterstattung 2010: 238, Tabelle C2-16web). Für alle Länder ist zu konstatieren, dass Kinder mit Migrationshintergrund seltener als Kinder ohne Migrationshintergrund vorschulische Einrichtungen besuchen (vgl. ebd.). Der seltenere Besuch entsprechender Einrichtungen wird von Becker und Tremel (2011: 62f.) auf eine „soziokulturelle Distanz zu Bildungsinstitutionen" sowie möglicherweise auf „gegebene Alternativen zur institutionellen Betreuung im Familienverband" zurückgeführt (ebd.). Empirisch konnte bisher zumindest der erste Aspekt im Ansatz bestätigt werden (vgl. Becker/Tremel 2006). Zwar ergibt sich für Schüler mit Migrationshintergrund eine erheblich höhere Chance auf einen späteren Gymnasialbesuch, wenn sie vorschulische Einrichtungen besucht haben, aber selbst dann erreichen sie nicht die Besuchsanteile von Schülern ohne Migrationshintergrund (vgl. Becker/Tremel 2006: 412ff., 2011: 64ff.).

Hinsichtlich verspäteter Einschulungen bzw. Rückstellungen konnte bereits anhand von PISA 2000-Daten gezeigt werden, dass Schüler mit einer nichtdeutschen im Vergleich zu Schülern mit deutscher Muttersprache in fast allen Bundesländern wenigstens doppelt so häufig vom Schulbesuch zurückgestellt wurden (vgl. Schümer/Tillmann/Weiß 2002: 207ff.). In den westdeutschen Bundesländern wurden 22 % der

Schüler mit nichtdeutscher gegenüber 7 % der Schüler mit deutscher Muttersprache zurückgestellt (vgl. ebd.: 207). Dieser Befund wird durch neuere Daten nach Staatsangehörigkeit der Schüler bestätigt, z.B. werden nichtdeutsche Schüler in NRW etwa doppelt so häufig zurückgestellt (vgl. Konsortium Bildungsberichterstattung 2006: 151ff.). Zu ähnlichen Ergebnissen kommen auch Gomolla und Radtke (2007: 145), wonach erheblich mehr Kinder mit als Kinder ohne Migrationshintergrund vor Eintritt in die Grundschule als noch nicht schulfähig gelten.

Bereits während (bzw. am Ende) der Grundschulzeit weisen Kinder mit – im Vergleich zu Kindern ohne – Migrationshintergrund niedrigere Leistungen auf (vgl. Schwippert/Bos/Lankes 2004; Schwippert et al. 2007; Becker/Schubert 2006: 271). Allerdings sind diese Disparitäten noch nicht so ausgeprägt wie in der Sekundarstufe I (vgl. Schultheis 2012: 197; Schwippert et al. 2007). Hier finden sich nach Schulform erhebliche Leistungsdisparitäten, insbesondere an Gymnasien sind Migranten besonders benachteiligt (vgl. Esser 2006: 320f.). Dies wird als Beleg dafür gedeutet, dass „das deutsche gegliederte Schulsystem soziale Benachteiligungen und Bildungsferne in deutlichere Ungleichheiten umsetzt als anderswo" (ebd.: 321), dies betrifft insbesondere Migrantenkinder (vgl. ebd.). Eine vielfach aufgezeigte Folge ist, dass Schüler mit Migrationshintergrund eine geringere Bildungsbeteiligung aufweisen als Schüler ohne Migrationshintergrund – d.h. sie besuchen häufiger Förder- und Hauptschulen, demgegenüber seltener Gymnasien (vgl. z.B. Baumert/Schümer 2001; Avenarius et al. 2003: 215; Walter/Taskinen 2008b; Autorengruppe Bildungsberichterstattung 2010: 65, 247; Statistisches Bundesamt 2012a: 56f.). Dies gilt insbesondere, wenn beide Eltern im Ausland geboren wurden (vgl. z.B. Baumert/Schümer 2001).

Auch wird durch einzelne Studien belegt, dass Schüler mit Migrationshintergrund erheblich häufiger von Klassenwiederholungen betroffen sind (vgl. Karakaşoğlu-Aydın 2001: 283f.; Schümer/Tillmann/Weiß 2002: 207f.; Avenarius et al. 2003: 215f.; Krohne/Meier/Tillmann 2004: 382ff.). Beispielsweise wiederholen in den westdeutschen Bundesländern 41 % der 15-Jährigen mit einer nichtdeutschen Muttersprache gegenüber 21 % derjenigen mit Deutsch als Muttersprache wenigstens eine Klasse (vgl. Schümer/Tillmann/Weiß 2002: 207). Die Quoten variieren erheblich nach Schulform, die deutlichsten Unterschiede zeigen sich an Grundschulen, an denen Migranten bis zu viermal so häufig Klassen wiederholen wie Schüler ohne Migrationshintergrund (vgl. Krohne/Meier/Tillmann 2004: 384f.).

Mit Klassenwiederholungen gehen häufig auch Wechsel der Schulform einher – dies gilt insbesondere für die Sekundarstufe I. Ein allgemeiner Befund ist, dass Schulformwechsel weit überwiegend mit ‚Abstiegen' und nur vergleichsweise selten mit ‚Aufstiegen' verbunden sind (vgl. Schümer/Tillmann/Weiß 2002; Bellenberg 2012). Auf einen Aufsteiger kommen annähernd fünf Absteiger (vgl. Autorengruppe Bildungsberichterstattung 2008: 66, 255). Zum Schulformwechsel von Schülern mit Migrationshintergrund liegen nur wenige Ergebnisse vor – sie scheinen sogar noch stärker von Abstiegen betroffen zu sein und steigen entsprechend seltener auf als Schüler ohne Migrationshintergrund (vgl. Autorengruppe Bildungsberichterstattung 2006: 152, 296). Insgesamt verbleiben sie zwischen den Klassenstufen fünf bis neun seltener auf den höheren Schulformen Realschule und Gymnasium (vgl. ebd.: 152). Insgesamt führen häufigere Zurückstellungen und Klassenwiederholungen sowie Schulformwechsel in absteigender Richtung dazu, dass sich zum einen die Schullaufbahn von Migranten überdurchschnittlich verzögert (vgl. ebd.: 152f., 297). Zum anderen verwundert es nicht, dass Schüler mit Migrationshintergrund insgesamt nur geringere Schulabschlüsse im Vergleich zu Schülern ohne Migrationshintergrund erreichen. Sie gehen seltener mit Hochschulreife, dafür erheblich häufiger ohne Schulabschluss ab (vgl. z. B. von Below 2004: 200f.; Solga 2005: 241ff.; Diefenbach 2009: 437f.; Autorengruppe Bildungsberichterstattung 2012: 43f.). Z. B. erlangen 15,2 % der nichtdeutschen im Vergleich zu 6,7 % der deutschen Abgänger von allgemeinbildenden und beruflichen Schulen im Jahr 2008 keinen Hauptschulabschluss (vgl. Autorengruppe Bildungsberichterstattung 2010: 270). Hierdurch, aber auch durch die Zuwanderung von Personen, die über keinen Abschluss verfügen (zumindest keinen, der als mindestens äquivalent zum Hauptschulabschluss angesehen werden kann), weist die Bevölkerung mit Migrationshintergrund im Alter von 25 bis 65 Jahren zu 13 % keinen allgemeinbildenden Abschluss auf, gegenüber 1,5 % der Bevölkerung ohne Migrationshintergrund derselben Altersgruppe (vgl. ebd.: 38).

Wie gesehen, sind Schüler mit Migrationshintergrund hinsichtlich verschiedener Bildungsaspekte z. T. erheblich benachteiligt. Hiermit einher geht die Frage, ob sich institutionelle Diskriminierungen – oder zumindest Hinweise hierauf – empirisch belegen lassen. Kristen (2006a) wertet verschiedene quantitative Studien auf ethnische Diskriminierung aus und findet keine Hinweise auf Diskriminierung hinsichtlich der Übergangsempfehlung auf weiterführende Schulen (da bestehende Unterschiede überwiegend sozioökonomisch bedingt seien). Sie schließt nicht aus, dass qualitative Studien in Einzelfällen zu einem anderen Befund gelangen (können), diese Analysen wiesen jedoch zu geringe Fallzahlen auf, um entsprechende Prozesse repräsentativ zu belegen (vgl. ebd.: 12f.).[23] In einer weiteren Studie findet Kristen ebenfalls keine Hinweise auf Diskriminierung, sie stellt empirisch keinen Zusammenhang zwischen Migrationshintergrund und Übergangsempfehlung fest (vgl. Kristen 2006b). Becker und Beck (2012) haben Daten der ELEMENT-Studie analysiert, sie finden keinen Beleg für systematische Benachteiligungen beim Übergang von der Grundschule auf weiterführende Schulen (wenn die soziale Herkunft, die Ausgangsvoraussetzungen der Schüler und die Migrationsgeschichte kontrolliert werden). Ein ähnliches Ergebnis erzielt sowohl Becker (2011), der „keine empirischen Hinweise für präferenzbasierte, statistische oder institutionelle Diskriminierung" findet (ebd.: 21). Aber auch nach Tiedemann und Billman-Mahecha (2007) sowie bei Beck, Jäpel und Becker (2010, für die Schweiz) zeigt sich kein eigenständiger Einfluss des Migrationshintergrundes auf die Übergangsempfehlung. In einer älteren Publikation werden Hinweise auf positive Diskriminierung gefunden. Die LAU-Studie stellt niedrigere Leistungsniveaus von Migranten fest, die zum Übergang ausreichen (vgl. Lehmann/Peek 1997: 68ff.; Lehmann/Gänsfuß/Peek 1998: 136ff.), was als eine Bevorzugung durch Lehrkräfte gedeutet werden könne (wenn fachliche Leistungen und sozioökonomischer Hintergrund berücksichtigt werden; vgl. ebd.). Zu einem anderen Befund gelangt die IGLU-Studie für das Jahr 2006, hiernach haben Kinder mit Migrationshintergrund – bei gleichen

---

23 Zwei Beispiele (von vielen) für qualitative Studien, die Hinweise auf institutionelle Diskriminierung liefern, sind Gomolla und Radtke (2007) sowie Mansel und Spaiser (2010).

kognitiven Fähigkeiten und Leseleistungen – eine etwas geringere Chance, eine Übergangsempfehlung für das Gymnasium zu erhalten (vgl. Arnold et al. 2007: 288f.).

Zu Recht wird jedoch von einigen Autoren angemerkt, dass viele Studien nicht (bzw. nicht ausreichend) nach Herkunft oder Staatsangehörigkeit der Schüler unterscheiden (vgl. Becker/Beck 2012: 141). Ihren Befunden zufolge erhalten türkisch- oder arabischstämmige Kinder in der Grundschule – nach Kontrolle verschiedener Hintergrundmerkmale – sogar bessere Zensuren als deutsche Schulkinder (vgl. Becker/Beck 2012: 154). Ditton (2010: 269) zufolge „gibt [es] keinen Grund davon auszugehen, dass Lehrkräfte gezielt sozial diskriminieren". Allerdings wird von Hormel kritisch eingewendet, dass indirekte Diskriminierung mit quantitativen Verfahren – aufgrund verschiedenster potentieller Drittvariablen, die zu kontrollieren wären – nur schwer gemessen werden könne (vgl. Hormel 2010: 174f.). In komplexen Modellen kann statistisch nicht aufgeklärte Varianz als Hinweis auf Diskriminierungsprozesse interpretiert werden, denkbar seien jedoch auch andere (nicht untersuchte) Einflussgrößen (vgl. Diefenbach 2009: 451; Becker/Beck 2012: 142). Nicht aufgeklärte Varianz findet sich bei Publikationen zur PISA- sowie vereinzelt auch zur IGLU-Studie: Über die verwendeten Kontrollvariablen kann hier die Varianz der Schulleistungen für türkische Schüler nicht vollständig aufgeklärt werden (vgl. z.B. Segeritz/Walter/Stanat 2010; Stanat/Rauch/Segeritz 2010; Kristen 2008b). Viele Studien weisen – wie weiter oben beschrieben – nur einen undifferenzierten Migrationshintergrund von Schülern aus. Im Rahmen dieser Studien können migrationsspezifische Unterschiede im Schulerfolg durch die soziale Herkunft und das verfügbare kulturelle Kapital erklärt werden (vgl. z.B. Kalter 2005: 326; Kalter/Granato/Kristen 2011: 277; Kristen 2006a,b; Beck/Jäpel/Becker 2010: 322; Becker/Beck 2011: 121).

Insgesamt bleibt festzuhalten, dass die Befunde nicht immer eindeutig sind bzw. sich z.T. sogar widersprechen, weswegen bezogen auf schulische (institutionelle) Diskriminierung weiterer Forschungsbedarf zu konstatieren bleibt.[24]

Ein Aspekt soll hervorgehoben werden, da dieser in der empirischen Untersuchung von institutioneller Diskriminierung anhand von großen Datensätzen wie PISA, IGLU oder dem Mikrozensus zumeist nicht berücksichtigt wird: der Besuch von Förderschulen (vgl. auch Koch 2006; Hunger/Thränhardt 2006: 53). Wird etwa anhand von PISA-Daten die Bildungsbeteiligung ausgewiesen, geschieht dies zumeist ohne den Besuchsanteil für diese Schulform (vgl. z.B. Segeritz/Walter/Stanat 2010: 128). Dies ist u.a. deshalb problematisch, weil die Ergebnisse insgesamt zu positiv ausfallen, dies betrifft neben der Bildungsbeteiligung auch die ausgewiesenen Schulleistungsergebnisse (vgl. Hunger/Thränhardt 2006: 64; Stanat/Rauch/Segeritz 2010: 205). Zudem variiert die Förderschulquote zwischen den Ländern, was zu regionalen Verzerrungen der Ergebnisse führt (vgl. Hunger/Thränhardt 2006: 53).

Nachfolgend werden empirische Ergebnisse zum Förderschulbesuch und zu dessen Folgen angeführt. Für den Förderschwerpunkt Lernen wurden in einer Metaanalyse 45 Studien überprüft. Ergebnis war, dass sich – wenn überhaupt, dann – negative

---

24 Dagegen wurden für den Übergang von der Schule in eine Berufsausbildung relativ deutliche Hinweise auf Diskriminierung festgestellt (vgl. z.B. BIBB 2009: 167ff.; BIBB 2010: 88f., 186ff.; Beicht/Granato 2009; Diehl/Friedrich/Hall 2009; Granato/Ulrich 2009; Imdorf 2010). Z.B. haben Migranten – trotz eines ähnlichen Interesses an einer Ausbildung – deutlich geringere Chancen auf einen Ausbildungsplatz (vgl. BIBB 2009: 167ff.).

Effekte für einen Förderschulbesuch finden lassen (vgl. Schnell/Sander/Federolf 2011). Hiermit stimmt auch Wocken überein, wonach der Besuch von Förderschulen zu einem Leistungsverlust führt (vgl. Wocken 2000); anhand der KESS-Studie konnte gezeigt werden, dass Schüler an Förderschulen zu Beginn der Jahrgangsstufe 7 einen deutlich geringeren Lernstand sowohl im Leseverständnis als auch in Mathematik aufweisen als Grundschüler am Ende der Jahrgangsstufe 4 (vgl. Wocken/Gröhlich 2009). Dass eine Separation nachteilig ist und benachteiligend wirkt, konnten Eckhart, Haeberlin, Sahli Lozano und Blanc (2011) für die Schweiz belegen. Umgekehrt konnte eine positive Wirkung für die integrative Beschulung von Schülern aufgezeigt werden (vgl. ebd.).

Prinzipiell wird eine Gleichverteilung von objektiven Behinderungen zwischen verschiedenen Bevölkerungsgruppen angenommen, weswegen Disparitäten im Förderschulbesuch begründungsbedürftig sind. Z.B. nennt Haeberlin (2009: 237) einen Anteil von gut 0,5 % der Kinder, die von einer geistigen Behinderung betroffen sind, Abweichungen von diesem Anteil seien durch uneinheitliche Diagnosen bedingt (vgl. ebd.: 237f.). Wie bereits dargestellt, ist insbesondere der Begriff ‚Lernbehinderung' unscharf definiert, dem Besuch von Förderschulen des Schwerpunktes Lernen liegen uneinheitliche Diagnosen zugrunde.

Belegt ist, dass bereits seit Mitte der 1980er Jahre nichtdeutsche im Vergleich zu deutschen Schülern an Förderschulen mit dem Schwerpunkt Lernen erheblich – d.h. um etwa das Doppelte – überrepräsentiert sind (vgl. hierzu Kornmann/Burgard/Eichling 1999 für den Zeitraum von 1985 bis 1996; Kornmann/Kornmann 2003: 286f. bis zum Jahr 2000; Kornmann 2010: 72 für das Jahr 2002). Vergleicht man die Studien, so ist langfristig kein Rückgang, sondern tendenziell sogar ein Anstieg der Überrepräsentation von nichtdeutschen Schülern in dem Förderschwerpunkt zu erkennen (vgl. ebd.; auch Kemper/Weishaupt 2011b: 421f.). Dies bedeutet auch, dass die überwiegende Mehrheit von nichtdeutschen – im Gegensatz zu deutschen – Förderschülern eine Förderschule mit dem Schwerpunkt Lernen besucht (vgl. z.B. Solga/Powell 2006: 184; Kemper 2010b: 58).

Wird nicht nach Staatsangehörigkeit sondern nach sozialer Herkunft differenziert, ist auch belegt, dass Kinder und Jugendliche aus unteren Sozialschichten an Förderschulen überrepräsentiert sind (vgl. z.B. Wocken 2000, 2005: 45ff.; Wocken/Gröhlich 2009; Klein 2001; Mand 2006; Autorengruppe Bildungsberichterstattung 2010: 253). Demnach gehören bis zu 90% der Kinder an Lernbehindertenschulen der Unterschicht an (z.B. Koch 2006: 108, 117). Allerdings ist auch zu beachten, dass es sich hierbei lediglich um 10% aller Unterschichtskinder handelt (vgl. Koch 2006: 108). Zwischen deutschen und nichtdeutschen Förderschülern bzw. deren Familien bestehe kein Unterschied hinsichtlich der Schichtzugehörigkeit (vgl. Koch 2006: 117).

Eine Überrepräsentation von Schülern mit Migrationshintergrund an Förderschulen führt zu Nachteilen im Schulerfolg. Bekannt ist, dass seit Jahrzehnten die große Mehrheit der Abgänger von Förderschulen diese ohne Hauptschulabschluss verlässt (vgl. z.B. Werning/Reiser 2008: 534). Im Jahr 2010 sind es 75% der Abgänger, die keinen Hauptschulabschluss erlangen (vgl. Autorengruppe Bildungsberichterstattung 2012: 97). Der Anteil ist leicht rückläufig, da dieser in den Jahren 2002 und 2003 noch 80% betrug (vgl. z.B. Werning/Reiser 2008: 534). Eine Folge ist, dass mit „ca. 55%

[...] die Mehrheit derjenigen ohne Hauptschulabschluss aus Förderschulen [stammt], an denen ein Hauptschulabschluss nicht immer erworben werden kann" (Autorengruppe Bildungsberichterstattung 2010: 90). Sowohl der Besuch von Förderschulen als auch das Verlassen der Schule ohne Hauptschulabschluss stigmatisiert Förderschüler (vgl. Pfahl 2011). Aber selbst mit einem Hauptschulabschluss gelingt ein Übergang in eine berufliche Ausbildung nur sehr selten (vgl. z.B. Solga 2005; Granato/Ulrich 2009: 45f.). Nichtdeutsche gehen im Vergleich zu deutschen Schülern insgesamt mehr als doppelt so häufig ohne Hauptschulabschluss von allgemeinbildenden Schulen ab (vgl. Autorengruppe Bildungsberichterstattung 2010: 92, 270). Etwas häufiger verlassen auch nichtdeutsche gegenüber deutschen Abgängern die Förderschule ohne Hauptschulabschluss (vgl. für NRW Kemper/Weishaupt 2011b: 429).[25]

Wie zuvor gesehen, sind die Kriterien zur Feststellung eines sonderpädagogischen Förderbedarfs weder objektiv noch wissenschaftlich fundiert (vgl. z.B. Jogschies 2008: 139). Eine Folge können auch regionale Disparitäten im Förderschulbesuch sein (vgl. ebd.; Werning/Reiser 2008). Die sonderpädagogischen Förderquoten unterscheiden sich zwischen den Ländern um das bis zu Zweieinhalbfache (vgl. Autorengruppe Bildungsberichterstattung 2010: 69), der Anteil des Förderschulbesuchs sogar um das bis zu Dreifache (vgl. ebd.: Tabelle D2-7web). Insbesondere die neuen Länder weisen hohe Förderschulquoten auf (vgl. ebd.; Powell/Pfahl 2012: 729; Haeberlin 2009). Die Besuchsanteile von Förderschulen variieren somit in Abhängigkeit von der regionalen Sozialstruktur sowie von regionalen Selektionsstrukturen und geben weniger die individuellen Eigenschaften der Schüler wieder (vgl. z.B. Mand 2006: 110; Specht 2009: 170). Ausgehend von Ergebnissen, die landesspezifische Disparitäten im Förderschulbesuch aufzeigen, vertreten Werning und Reiser „die These, dass das Phänomen sonderpädagogischer Förderbedarf unterschiedlich interpretiert wird" (Werning/Reiser 2008: 526).

Strukturelle Vorgaben beeinflussen auch die Chance auf bestimmte Schulabschlüsse. Beispielsweise besteht an Förderschulen mit dem Förderschwerpunkt Geistige Entwicklung keine Möglichkeit, einen Hauptschulabschluss zu erlangen, für den Schwerpunkt Lernen ist dies in immerhin zehn Ländern der Fall (vgl. Autorengruppe Bildungsberichterstattung 2008: 89). Somit bestehen erhebliche Länderdifferenzen in dem Anteil von Abgängern ohne Hauptschulabschluss von Förderschulen: dieser variiert im Jahr 2006 zwischen 58 % in Berlin und 96,8 % in Schleswig-Holstein (vgl. ebd.: 274; vgl. auch Powell/Pfahl 2012: 731).

Nach Bundesland und Migrationshintergrund differenzierende empirische Ergebnisse liegen insbesondere für den Anteil des Förderschulbesuchs vor. Zwar weisen die ostdeutschen Länder insgesamt sehr hohe Förderschulbesuchsquoten auf, allerdings sind in diesen Ländern nichtdeutsche im Vergleich zu deutschen Schülern an Förderschulen unterrepräsentiert. Gegensätzlich ist die Situation in den westdeutschen Ländern: hier sind nichtdeutsche Schüler an Förderschulen erheblich überrepräsentiert – dies insbesondere in Baden-Württemberg, Niedersachsen und im Saarland (vgl. z.B. Diefenbach 2004; Kornmann 2004; Kornmann/Burgard/Eichling 1999: 108). Erneut ist

---

25 Für Deutschland insgesamt sind es im Abgangsjahr 2010 80,5 % der nichtdeutschen gegenüber 74,4 % der deutschen Abgänger, die die Förderschule ohne Hauptschulabschluss verlassen (Quelle: Statistisches Bundesamt 2011b; eigene Berechnungen).

eine erhebliche Varianz zwischen den Ländern festzuhalten. Das Land Berlin stellt einen Sonderfall dar, hier besuchen nichtdeutsche und deutsche Schüler in etwa gleich häufig Förderschulen (vgl. ebd.). Allerdings unterscheiden sich die Repräsentationsmaße innerhalb des West- und des Ostteils von Berlin extrem (vgl. Kornmann/Klingele 1996: 3ff.). Diese geben die für West- und Ostdeutschland festgestellten strukturellen Unterschiede wieder, d.h. im Westteil sind Nichtdeutsche an Förderschulen erheblich über-, im Ostteil erheblich unterrepräsentiert (vgl. ebd.). Dies lässt sich auch in einer bis 1989 (für den Westteil) ausgewiesenen Überrepräsentation ablesen. Nach der Wiedervereinigung gleichen sich die strukturellen Unterschiede zwischen nichtdeutschen und deutschen Schülern im arithmetischen Mittel – bzw. auf Landesebene – weitestgehend aus (vgl. ebd.). Auch hierin zeigen sich überindividuelle Ursachen des Förderschulbesuchs, die historisch, schulpolitisch und schulstrukturell bedingt sind (vgl. Schröder 2012: 247; Powell/Pfahl 2012: 729f.). Somit ist der Besuch von Förderschulen „nicht nur mit klinischen oder individuellen Faktoren zu erklären" (Powell/Pfahl 2012: 730). Nach Wocken zeigt sich auch die Relevanz von sozialen Faktoren, z.B. sind größere Unterschiede im Fernsehkonsum als in der Intelligenz für Hamburger Förderschüler im Vergleich zu Haupt- und Realschülern festzustellen (vgl. Wocken 2000). Ungeklärt bleibt jedoch, ob und in welchem Umfang die Differenzen aus dem sozialen Hintergrund der Schüler resultieren, oder inwiefern Förderschulüberweisungen auf bestimmten pädagogischen „Wahrnehmungen" (Kornmann/Burgard/Eichling 1999: 109) des Migrationshintergrundes von Schülern beruhen. Auch bleiben kleinräumige Analysen die Ausnahme. Erste Hinweise gibt es darauf, dass sich sozialräumliche Disparitäten des Förderschulbesuchs weiter ausdifferenzieren. Z.B. gibt es Stadtteile mit häufigen Schularztempfehlungen auf sonderpädagogischen Förderbedarf und besonders vielen Kindern mit unterschiedlichen gesundheitlichen Problemen (vgl. Strohmeier 2010: 324).

Neben kleinräumigen Analysen sind auch Ergebnisse relativ selten, die die Herkunft bzw. genaue Staatsangehörigkeit von Schülern berücksichtigen. In Ansätzen sind hierzu Ergebnisse bei Kornmann und Kornmann (2003: 288) sowie Kornmann und Neuhäusler (2001) zu finden, die die Überrepräsentation von nichtdeutschen Schülern nach genauer Staatsangehörigkeit ausweisen. Verwendet werden Daten der KMK, die sich zeitlich allerdings auf Mitte der 1990er Jahre bis maximal zum Jahr 2000 beziehen und nur wenig differenzierte Aussagen zulassen (z.B. werden außereuropäische Staatsangehörigkeiten nur aggregiert ausgewiesen). Ähnlich verhält es sich für Ergebnisse von Wagner und Powell (2003), die auf schulstatistischen Daten für das Schuljahr 1998/99 basieren. Zumindest zeichnen sich erhebliche Disparitäten des Förderschulbesuchs nach Staatsangehörigkeit ab. Empirisch bleiben die Ursachen für diese Unterschiede jedoch weitgehend unerforscht (vgl. hierzu auch Kornmann 2010: 78). Wagner und Powell sehen die These „einer ethnisch-kulturellen Ungleichheit im deutschen Bildungssystem" als bestätigt an (Wagner/Powell 2003: 197): die Ungleichheit wird umdefiniert in sonderpädagogischen Förderbedarf (insbesondere im Schwerpunkt Lernen) und somit durch das Bildungssystem legitimiert und aufrecht erhalten (vgl. ebd.: 186ff.). Wie zuvor gesehen, ist der Förderschwerpunkt Lernen derjenige Schwerpunkt mit den am wenigsten harten Überweisungskriterien. Daher dürfte der Befund nicht überraschen, dass für diejenigen Staatsangehörigkeiten mit den insgesamt höchsten Förderschulbesuchsanteilen der Schwerpunkt Lernen einen überdurchschnittlich hohen Anteil unter den Förderschwerpunkten einnimmt (vgl. Kemper 2010b).

Studien zum Förderschulbesuch, die über die Staatsangehörigkeit hinausgehende Migrationsmerkmale ausweisen und weitergehende Differenzierungen nach Herkunftsgruppen, Generationenstatus o. ä. vornehmen, liegen bislang nicht vor. Auch werden zumeist keine weiteren potentiellen Einflussfaktoren wie z.B. der sozioökonomische Status untersucht.

Insgesamt bleibt somit festzuhalten, dass der Besuch von Förderschulen auch (und insbesondere) für nichtdeutsche Schüler nachteilig ist, weil mit einer Separierung negative Folgen wie weiter auseinandergehende schulische Leistungen im Vergleich zu Regelschülern einhergehen und entsprechend keine Kompensation von Leistungsdefiziten erfolgt (vgl. z.B. Wocken 2000). Werning und Reiser nennen eine „doppelte Benachteiligung" (Werning/Reiser 2008: 532), da Schüler individuell schlecht ausgestattet seien und zudem keine Anregungen durch leistungsstarke Schüler erhielten (ebd.). Dies alles führt in Kombination mit Restriktionen hinsichtlich der zu erreichenden Schulabschlüsse dazu, dass an Förderschulen insgesamt geringerwertige Schulabschlüsse erzielt werden.

1.4 (Sozial-)räumliche Disparitäten, Kontextbedingungen und -effekte

Nachfolgend wird dargestellt, inwiefern (sozial-)räumliche Disparitäten zu Unterschieden in der Bildungsbeteiligung und im Bildungserfolg von Schülern mit Migrationshintergrund führen können. In diesem Zusammenhang sind kleinräumige Divergenzen von Bildungsangebot und -nachfrage (bzw. von Bildungsentscheidungen und -verhalten) sowie regionale Unterschiede in den schulischen Bedingungen und der Schulqualität von Interesse. Hieran anschließend werden mögliche Kontextbedingungen und -effekte skizziert.

1.4.1 Darstellung von (sozial-)räumlichen Erklärungsansätzen

Aus stadt- und regionalsoziologischer Perspektive ist allgemein davon auszugehen, dass soziale Distanz zu räumlicher Distanz führt (vgl. Friedrichs 1983: 242; Bourdieu 1991a). Nach Bourdieu ist der soziale Raum sowohl durch den physischen Raum geprägt, als auch durch eine disparate Verteilung des sozialen Vermögens in Form akkumulierter Kapitalien. Somit resultieren aus der jeweiligen sozialen Nähe oder Distanz sozialräumliche Segregationsprozesse (vgl. Bourdieu 1991a,b). Unter Segregation wird nach Friedrichs (1983: 217) die disproportionale Verteilung von Bevölkerungsgruppen über den Raum bzw. über räumliche Einheiten verstanden.[26] Diese spiegelt

---

26 Festzuhalten ist auch, dass sozialräumliche Ungleichheiten insbesondere in Städten bzw. Ballungsräumen bestehen (vgl. Kemper/Weishaupt 2011: 209). Eine Entmischung der Bevölkerung kann nach verschiedenen Dimensionen unterschieden werden, etwa nach sozialer (arm – reich), de-

die Beziehung zwischen sozialer und räumlicher Ungleichheit wider (vgl. Friedrichs 2008: 380). Nach Bourdieu (1991) ist die Beziehung zwischen geographischem und sozialem Raum wechselseitig. Bereits Anfang des 20. Jahrhunderts gingen die Autoren der sogenannten Chicago School davon aus, dass eine ‚Homophilie‘ bzw. Konzentration von Personen bestimmter Sozialschichten in Stadtteilen zu finden sei und soziale Distanzen auch in räumliche übersetzt würden (vgl. hierzu z.B. Park 1926; Friedrichs 2008: 394). Umgekehrt bedeutet dies auch: „Je geringer die soziale Distanz zu einer sozialen Gruppe ist, desto geringer ist auch die räumliche Distanz zu ihr" (Friedrichs 2008: 394). Der Sozialraum stellt eine Positionierung im sozialen Raum etwa nach Macht, Einkommen, Alter oder Bildung dar und bestimmt hierüber auch über Zugänge oder Ausschlüsse (vgl. Kessl/Reutlinger 2007, z.B.: 23ff.). Somit könnten sich für die Akteure in dem Sozialraum Möglichkeiten und Chancen, aber auch Einschränkungen etwa hinsichtlich Bildung ergeben (vgl. Ditton 2004: 606ff.). Hieraus folgt eine ‚Verräumlichung von Bildung‘, worüber den in den jeweiligen Räumen Wohnenden und Lernenden entsprechende soziale Positionen zugewiesen würden (vgl. ebd.: 608; Schroeder 2002). Schroeder (2002: 285) spricht gar von einem „geteilten Bildungsraum". Diese Diagnose stimmt überein mit Weishaupt, wonach „eine flächendeckend möglichst einheitliche Versorgung mit Bildungseinrichtungen [...] in den einzelnen Bildungsbereichen bis heute jedoch erst unzureichend verwirklicht" sei (Weishaupt 2010: 218), da „weiterhin große regionale Unterschiede im Schulangebot" bestehen (ebd.: 219). Das schulische Angebot beeinflusst die regionale Bildungsbeteiligung und den regionalen Schulerfolg, da umfangreichere – insbesondere weiterführende – Angebote tendenziell eher Städte aufweisen (vgl. ebd.; Riphahn/Serfling 2002; Ditton 2007). D.h. die räumlichen Angebote, Bedingungen und Vorgaben strukturierten „den jeweiligen Entscheidungs- und Aushandlungsspielraum" von Schülern vor (Hormel 2010: 186). Allerdings sind die schulischen Angebotsunterschiede nicht zufällig über den geographischen Raum verteilt. Die Verteilung des regionalen Bildungsangebots hängt von der regionalen Sozialstruktur ab, dies gilt insbesondere für die Schulformen Gymnasium und Gesamtschule (vgl. Kemper/Weishaupt 2011a: 212ff.; Weishaupt 2010). Bereits Peisert konnte Mitte der 1960er Jahre zeigen, dass Gymnasien eher in zentral gelegenen bürgerlichen Wohnvierteln der Mittelschicht liegen (vgl. Peisert 1967); in abgeschwächter Form gilt dies auch für Realschulen (vgl. Kemper/Weishaupt 2011a: 213). Diese beiden Schulformen sind hingegen nur selten in Neubauvierteln der 1960er und -70er Jahre anzutreffen (vgl. ebd.), während Gesamtschulen primär in Arbeitervierteln bzw. Stadtteilen der Unterschicht errichtet wurden (vgl. ebd.; Kuthe et al. 1979; ILS/ZEFIR 2003).

Dass das Schulangebot seit Jahrzehnten erheblich räumlich und nach der Sozialstruktur von Stadtteilen variiert (vgl. Gomolla/Radtke 2007: 123; Weishaupt 2010) ist zum einen historisch bedingt, aber auch durch Vorgaben der Bildungspolitik sowie durch demografische Entwicklungen (vgl. Hunger/Thränhardt 2001; Radtke 2004b). Dies zeigt sich exemplarisch daran, dass in NRW eine von der SPD geführte Regierung ab Mitte der 1960er Jahre die Errichtung von Gesamtschulen in Arbeitervierteln durchsetzte. Aus demografischen Gründen hat sich die Schulangebotsstruktur in den

mographischer (jung – alt) oder ethnischer (deutsch – nichtdeutsch) Segregation (vgl. ILS/ZEFIR 2003).

letzten Jahrzehnten nur wenig gewandelt. Es wurden nur wenige Schulen neu gegründet, aufgrund zurückgehender Schülerzahlen wird eher versucht, den Bestand zu erhalten und Schulschließung zu vermeiden (vgl. Göschel et al. 1980; Weishaupt 2006, 2009; Kemper/Weishaupt 2011a).

Gezeigt werden konnte, dass untere soziale Gruppen hinsichtlich der Versorgung bzw. des Angebotes mit weiterführenden Schulformen benachteiligt sind (vgl. auch Weishaupt 1996, 2010). Hinzu kommen Disparitäten, die aus der Nachfrage bzw. dem Verhalten der Nutzer resultieren. Denn Angehörige unterer Schichten nutzen öffentliche schulische Einrichtungen besonders quartierbezogen, da soziale Barrieren bestehen und bei einem Besuch von entfernt gelegenen Bildungseinrichtungen mit zusätzlichen finanziellen Belastungen zu rechnen ist (vgl. Weishaupt 1996, 2010). Somit ist „das individuelle Schulwahlverhalten sozial determiniert" (Hauf 2007: 300) und die Bereitschaft, lange Wege in Kauf zu nehmen, hänge von der Schichtzugehörigkeit ab (vgl. Kemper/Weishaupt 2011a: 213; Clausen 2006), da z. B. bildungsbewusste Familien längere Wege in Kauf nehmen (vgl. Weishaupt 1996). Viele Autoren beziehen sich hinsichtlich ihrer Annahmen auf die allgemeine Sozialstruktur, nicht aber auf Migranten im Speziellen, daher soll kurz auf diesen Zusammenhang eingegangen werden. Strohmeier und Alic (2006) etwa stellen (im Aggregat) eine Verknüpfung zwischen niedrigem sozialen Status und Migrationshintergrund fest: Die kleinräumige Sozialstruktur habe sich in den Stadtteilen nicht verändert, wohl aber die Herkunft der Bewohner (vgl. ebd.). Dies zeigt sich nach Hauf auch darin, dass sich „Kinder mit geringen Bildungsaspirationen und unterdurchschnittlichen Schulleistungen mehrheitlich in städtischen Bezirken konzentrieren, in welchen die soziale Lage der Wohnbevölkerung von überdurchschnittlicher Arbeitslosigkeit, einem hohen Arbeiteranteil, einem niedrigen Bildungsniveau oder von hohen Migrantenanteilen geprägt ist" (Hauf 2007: 301). Häufig ist ein Zusammenhang zwischen den Merkmalen zu konstatieren (vgl. Janßen/Schroedter 2007). Dies führt zu entsprechend unterschiedlichen Übergängen zu Hauptschulen und Gymnasien (vgl. ebd.). Esser konstatiert, dass die „soziale[] und ethno-linguistische[] Konzentration in der Wohnumgebung" (Esser 2012: 143) „das (Vorschul-)Wahlverhalten der Migranten(eltern)" (ebd.) sowie die hiermit einhergehenden Bildungschancen beeinflusst (vgl. ebd.: 143ff.). Insbesondere Migranten wählten eher die nächstgelegene Einrichtung (vgl. Kemper/Weishaupt 2011a: 213f.).[27] Hiermit einher geht, dass das Interesse an einem Übergang zum Gymnasium mit steigender Entfernung vom Wohnort deutlich nachlässt (vgl. Fickermann 1999), was besonders für Migranten bzw. Angehörige der Unterschicht benachteiligend wirkt, da für diese – wie gezeigt – nur ein unzureichendes schulisches Angebot höherer Schulformen im Nahraum besteht. Da Migranteneltern – im Gegensatz zu Eltern ohne Migrationshintergrund – den vorgegebenen Strukturen bei der Schulwahl nahezu automatisch folgen (vgl. Kristen 2005, 2007) entstehen ethnische (und soziale) Konzentrationen. Diese führten zu negativen schulischen Bedingungen, die gerade den Kindern mit dem höchsten Nachholbedarf schaden (vgl. Esser 2006: 207). Da die schulische Entmischung primär von der bildungsbeflissenen Mittel- und Oberschicht ausgeht (vgl. Radtke 2004a), ist die (vor-)schulische Segregation sogar noch stärker

---

27 Zur Wahl vorschulischer Einrichtungen vergleiche z. B. Becker und Biedinger (2006), Becker (2007); zur Wahl von Grundschulen vergleiche z. B. Riedel et al. (2010).

ausgeprägt als die residentielle (vgl. z.B. ebd.; Karakaşoğlu-Aydın 2001: 277f.; Kristen 2005, 2007; Esser 2012: 143; Güles/Wagener/Wagner 2010: 115). Hinzu kommt die Rolle von konfessionellen (Vor-)Schulen, die in vielen Städten „Objekte gezielter Schulwahlentscheidungen sowie von Abgrenzungs- bzw. Segregationsstrategien bestimmter Sozialmilieus" seien (Zymek et al. 2006: 201), was zu einer Segregation anhand des Merkmals Religion(szugehörigkeit) führt (vgl. auch Kristen 2007). Dies alles führt nach Weishaupt dazu, dass unterschiedliche lokale Milieus nicht nur einen Einfluss auf die Sozialisation und Bildungsentscheidungen der Kinder haben, sondern „auch in spezifischer Weise Bildungsprozesse [prägen] und [...] somit zur Verstärkung von Privilegierungen und Benachteiligungen bei[tragen]" (Weishaupt 2002: 195). Auf der anderen Seite sind selektive Zuwanderungen zu ergänzen, da Migrantenfamilien eher Wohnorte mit höheren Anteilen „von Personen der eigenen ethnischen Gruppe" wählen (Becker/Biedinger 2006: 664). Die Folge ist eine sozialräumliche Segregation, die in Kombination mit Defiziten der Wohngebiete bzw. „eine[r] Kumulation umweltbedingter und sozialer Probleme" (Boos-Nünning 2005: 175) zu sozialen und bildungsbezogenen Benachteiligungen führen könne (vgl. ebd.).

Ebenso sind sich räumlich unterscheidende (auch vor- und außer-)schulische Bedingungen zu beachten. Denn u.a. durch die Wohnumgebung würden bestimmte Lernumgebungen vorgegeben, wie z.B. das Angebot und die Qualität von Spielgruppen, Kindergärten, Schulen und Vereinen (vgl. Becker/Biedinger 2006). Im Schulbereich bestehen zudem Unterschiede in der „Aufnahme-, Versetzungs- und Empfehlungspraxis einzelner Schulen" (Radtke 2004a: 163; vgl. hierzu auch Kemper/Weishaupt 2011a: 215; Schulz 2000; Ditton 2007). Somit variieren die institutionellen Bedingungen zwischen den und innerhalb von Ländern (Kreisen, Kommunen), z.B. hinsichtlich Angebot und Qualität von Ganztagsschulen oder Gesamtschulen (vgl. Weishaupt 2010; auch z.B. Baumert/Schümer 2002: 196ff.). Erheblich variiert auch, in welchem Umfang für Schüler mit Migrationshintergrund ein sonderpädagogischer Förderbedarf festgestellt wird und ob diese Schüler entweder an Regel- oder an Förderschulen integrativ oder separativ beschult werden (vgl. z.B. Kemper/Weishaupt 2011b; Kemper 2012; Kornmann 2010; Weishaupt/Kemper 2009). Von erheblicher Relevanz erscheinen auch ‚differenzielle Lern- und Entwicklungsmilieus' (vgl. Baumert/Stanat/Watermann 2006), die sowohl nach Schulform (z.B. zwischen Gymnasien und Hauptschulen), als auch zwischen Schulen derselben Schulform bestünden: in diesen wirkten Selektions- und Segregationseffekte zusammen, die sich aus einer Entmischung der Schülerpopulation aufgrund des Wahlverhaltens bildungsbewusster Eltern ergäben (vgl. ebd.).

Bildung werde „noch zu oft allein mit der Institution Schule assoziiert" (Güles/Wagener/Wagner 2010: 119), „der Kontext der Alltagswelt [werde] zu wenig berücksichtigt" (ebd.: 119f.), obwohl Kontextbedingungen und -effekte des Schulbesuchs einen deutlichen Einfluss haben können. Wenn auf Einflüsse oder Effekte der Nachbarschaft (oder der Schule, Klasse, des Unterrichts usw.) fokussiert werden soll, ist zuerst eine Definition und terminologische Unterscheidung von *Kompositions- und Kontexteffekten* erforderlich (vgl. Helbig 2010: 657). Kompositionseffekte „resultieren aus der kumulierten Verteilung von Merkmalen auf der Individualebene" (Helbig 2010: 658). In schulischen Zusammenhängen ergeben sich diese aufgrund individueller Merkmale,

z. B. aus der Zusammensetzung der Schüler in der Schule oder in der Klasse. Demgegenüber wirken „Kontexteffekte der Nachbarschaft [...] unabhängig von Kompositionseffekten" (ebd.). Oder, um es an einem schulbezogenen Beispiel zu veranschaulichen: Es geht um die „Frage, ob die Zusammensetzung der Lerngruppe zusätzlich zu den individuellen Lernvoraussetzungen einen substanziellen Beitrag zum Lernerfolg leistet" (Tiedemann/Billmann-Mahecha 2007: 111). Nach Helbig seien zwei Hauptwirkungsmechanismen für Kontexteffekte im Bildungsbereich auszumachen: 1.) die epidemische Theorie bzw. Ansteckungstheorie sowie 2.) die Theorie kollektiver Sozialisation (vgl. Helbig 2010: 658f.). Erstere verweist auf epidemische bzw. ansteckende Wirkungen, die von Personen mit einem niedrigen sozioökonomischen Status ausgingen (vgl. ebd.). Vermittelt über soziales Lernen hätten Peers einen negativen Einfluss, etwa wenn in einem Sozialraum viele Schüler die Schule abbrechen und dies zu weiteren (zusätzlichen) Schulabbrechern führt (vgl. ebd.). Die zweite Theorie geht hingegen von einer kollektiven Sozialisation aus, d.h. in Abhängigkeit des sozioökonomischen Status der Einwohner eines Stadtteils oder einer Region unterscheiden sich z. B. die Rollenmodelle, die soziale Kontrolle, das Sozialkapital oder die Einstellungen gegenüber Schule und Bildung (vgl. ebd.: 659). Hierdurch hätten privilegierte Gruppen einen positiven, benachteiligte Gruppen einen negativen Einfluss (vgl. ebd.: 659f.).

Neben der Ausstattung der Schüler bzw. ihrer Familien mit spezifischen Ressourcen (vgl. Kapitel 1.1) wird von verschiedenen Autoren ein weiterer spezifischer Kompositionseffekt als relevant für Bildungsergebnisse betrachtet. Nach Esser (2001) habe die ‚ethnische Konzentration‘ in Schulen oder Schulklassen einen negativen Einfluss auf die weiterführende Schulbildung von Migranten. Ein Anstieg der ethnischen Konzentration könne schlechtere Lernleistungen oder schlechtere Noten zur Folge haben (vgl. ebd.: 63). Dies wird damit begründet, dass mit ethnischer Segregation reduzierte Kontaktmöglichkeiten zur einheimischen Bevölkerung einhergingen, weswegen Gelegenheiten fehlten, um die Unterrichtssprache ausreichend zu erlernen (vgl. ebd.: 295). Neben negativen Auswirkungen auf den Spracherwerb nennt Kristen (2004) geringere Integrationschancen und insgesamt schlechtere Lernausgangsbedingungen, die mit einer erhöhten ethnischen Konzentration einhergingen (vgl. ebd.: 17). Allerdings ist auch zu beachten, dass mögliche Effekte nicht immer eindeutig seien, da häufig eine Konfundierung sozialer und ethnisch-kultureller Kompositionseffekte bestehe (vgl. Baumert et al. 2006; Diefenbach 2004). Ethnische Konzentrationen sind „das Ergebnis eines komplexen sozialen Geschehens" (Radtke 2004a: 164), sie haben ihre Ursache u. a. auf dem Wohnungsmarkt und der Wohnumfeldqualität und führen zu spezifischen Lernumgebungen in lokalen Milieus, die „zur Verstärkung von Privilegierungen und Benachteiligungen" beitragen (Weishaupt 2002: 195). Die Qualität von Bildungsangeboten hängt somit auch vom Wohnumfeld und der sozialen, kognitiven, ethnischen und sprachlichen Komposition der Bildungsteilnehmer ab (vgl. u. a. Esser 2006: 294ff., 337). So wirke z. B. bereits die Qualität des Kindergartens sowie die vorherrschende Segregation in Kindergärten auf die Schulfähigkeit von Kindern (vgl. Becker/Biedinger 2006: 678). Söhn fasst dies in einem sozialräumlichen Zusammenspiel zusammen, wonach Bildungschancen vermittelt würden über „Nachbarschaftseffekte[] sowie die regionale und kleinräumige Varianz von Angebot, Erreichbarkeit und Qualität der Bildungsinstitutionen" (Söhn 2011a: 69).

1.4.2 Empirische Befunde

Weiter werden ausgewählte empirische Ergebnisse zu (sozial-)räumlichen Disparitäten im Bildungssystem angeführt. Im Besuch vorschulischer Einrichtungen zeigten sich zwischen den Bundesländern in der Vergangenheit erhebliche regionale Disparitäten (vgl. Autorengruppe Bildungsberichterstattung 2010: 51ff.). Diese sind primär durch strukturelle Unterschiede zwischen den ost- und den westdeutschen Bundesländern verursacht. Dies bildet sich in einer Besuchsquote von vorschulischen Einrichtungen der unter 3-Jährigen von 46 % bzw. von 14,6 % ab (vgl. ebd.: 238). Bereits hierin zeigt sich ein Nachteil für Migranten, die weit überwiegend in den westdeutschen Bundesländern leben. Der seltenere Besuch von vorschulischen Einrichtungen bleibt für Migranten auch im Alter von 3 bis unter 6 Jahren bestehen (vgl. ebd.). Erneut zeigen sich erhebliche regionale Disparitäten nach Bundesland (vgl. ebd.: Tabelle C2-16web), die zuvor auch schon für den Anteil des Förderschulbesuchs gezeigt werden konnten (vgl. Kapitel 1.3). Neben der Bildungsbeteiligung fallen z. B. auch die Schulleistungen für Schüler mit im Vergleich zu Schülern ohne Migrationshintergrund in den Ländern unterschiedlich aus (vgl. z. B. Hunger/Thränhardt 2006: 53; Stanat 2003; Walter/Taskinen 2008b). Auch im Schulerfolg bestehen Disparitäten nach Bundesland. Z. B. verlassen nichtdeutsche Abgänger in Brandenburg die Schule seltener ohne Hauptschulabschluss als Deutsche, während in allen anderen Ländern das Verhältnis umgekehrt ist (vgl. Thränhardt 2012: 134). Die größte Differenz zeigt sich in Niedersachsen, hier verlassen 17,4 % der nichtdeutschen, aber nur 5,7 % der deutschen Schüler die Schule ohne Hauptschulabschluss (vgl. ebd.; auch z. B. Diefenbach 2007: 73).

Hinsichtlich der Verteilung von Migranten sind regionale Differenzen im Anteil der nichtdeutschen Schüler auszumachen (vgl. z. B. für Förderschulen: Wagner/Powell 2003: 191). Zudem bestehen Differenzen zwischen Zuwanderergruppen, was knapp für Ost- im Vergleich zu Westdeutschland dargestellt werden soll. Neben einem geringen Nichtdeutschenanteil in Ostdeutschland handelt es sich bei Migranten in den ostdeutschen Ländern vorwiegend um Zuwanderergruppen mit relativ gutem Bildungshintergrund – wie z. B. Spätaussiedler oder jüdische Kontingentflüchtlinge (vgl. z. B. Weiss 2006: 184ff.). Diese verfügen über eine hohe Bildungsaspiration und weisen eine relativ hohe Bildungsbeteiligung auf, zudem handelt es sich – im Gegensatz zu den westdeutschen Bundesländern – bei den Zuwanderern nicht bzw. in nur sehr geringem Umfang um klassische Arbeitsmigranten (vgl. ebd.). In den ostdeutschen Ländern liegen die Herkunftsregionen von Zuwanderern überdurchschnittlich häufig im asiatischen oder im osteuropäischen Raum (vgl. ebd.). Zwischen West- und Ostdeutschland können sich auch Zuwanderergruppen desselben Herkunftsstaates unterscheiden, z. B. sind polnische Zuwanderer im Rahmen des Warschauer Pakts nach Ostdeutschland gelangt, während es sich im 20. Jahrhundert bei Polen in Westdeutschland häufig um Flüchtlinge handelte (vgl. Alt 2005: 86).

Hinsichtlich der räumlichen Konzentration von Migranten ist bekannt, dass die Mehrheit von ihnen in den Ländern NRW, Baden-Württemberg und Bayern lebt (vgl. BMI 2008: 180f.). Im Vergleich zwischen Großstädten und mittleren, kleineren Städten oder ländlichen Regionen zeigt sich, dass die überwiegende Mehrheit der Migranten – im Gegensatz zu Nichtmigranten – in Großstädten wohnt (vgl. ebd.; Münz/

Seifert/Ulrich 1999: 73; Schönwälder/Söhn 2007: 10f.). Die beschriebenen Verteilungs-muster resultieren hauptsächlich aus der früheren Arbeitsmigration. Der Migran-tenanteil nach Region schwankt für die unter 5-Jährigen „in den westdeutschen Flä-chenländern zwischen 20 und 70 Prozent […]. In Ballungsgebieten schwankt dieser Prozentsatz zwischen 50 und 70 Prozent" (Baumert/Maaz 2012: 281). In Köln, Stutt-gart und München hat mehr als jeder Zweite der unter 3-Jährigen einen Migrations-hintergrund, in Frankfurt trifft dies sogar auf 72 % zu (vgl. Autorengruppe Bildungs-berichterstattung 2010: 18f., 214).

Auf kleinräumiger Ebene ist der folgende Zusammenhang erkennbar: „Je hö-her der Sozialrang eines Stadtteils ist, desto stärker werden […] die Bildungsaspira-tionen durch abweichende Elternwünsche […] zum Ausdruck gebracht" (Hauf 2007: 307). Dies gilt zum einen bezogen auf die zu besuchende Schulform (vgl. ebd.), oder bereits vor der Sekundarstufe hinsichtlich der Wahl der Grundschule. Eine Folge ist, dass die schulische Segregation höher ausfällt als die Wohnsegregation (etwa im Ver-hältnis zwischen Grundschülern gegenüber der Wohnbevölkerung, vgl. hierzu z.B. Güles/Wagener/Wagner 2010: 115). Nach Esser (2012) finden sich in „den Vorschu-len und Schulen […] die sozialen und ethnolinguistischen Strukturen der Wohnum-gebung verstärkt wieder" (Esser 2012: 143), durch „die soziale Segregation und die ethnolinguistische Konzentration in der Wohnumgebung und das (Vor-)Schulwahlver-halten der Migranten(eltern)" (ebd.) ergeben sich unterschiedliche Bildungschancen. Unterstützt wird dies durch Befunde, wonach im vorschulischen Bereich in 11 % der Einrichtungen mehr als drei Viertel der Kinder zu Hause nicht Deutsch sprechen (vgl. Autorengruppe Bildungsberichterstattung 2010: 52f.).

Die Polarisierung zwischen bevorzugten und benachteiligten Quartieren hat sich weiter verstärkt (vgl. Güles/Wagener/Wagner 2010), eine zunehmende sozialräumliche Segregation bedeute auch „schlechtere Integrationschancen" (ebd.: 114). Dass „Mig-ranten überproportional häufig in benachteiligten Gebieten wohnen (oder gezwun-gen sind, dort zu wohnen)", belegt Friedrichs (2008: 392). Festgestellt werden können hohe Korrelationen zwischen den Nichtdeutschen-, Sozialhilfeempfänger- und Ar-beitslosenanteilen (vgl. ebd.; ILS/ZEFIR 2003) sowie eine „Kumulation von Benach-teiligungen […], die sich kausal kaum entwirren lässt" (Friedrichs 2008: 392). Hier-mit einher gehen auch sprachliche und gesundheitliche Defizite (vgl. Strohmeier/Alic 2006: 42ff.). Strohmeier konstatiert: für „70 % aller in der Schuleingangsuntersuchung erfassten Kinder lässt sich allein mit Merkmalen des Stadtteils, in dem die Kinder le-ben, faktisch also über ihre Adresse, eine verlässliche Schätzung ihres Gesundheitszu-stands im Zeitpunkt der Einschulung vornehmen" (Strohmeier 2010: 332; ohne Her-vorhebungen; TK). Festzuhalten bleibt auch, dass sich mit steigender Aufenthaltsdauer die Segregation von Zuwanderungsgruppen sowie die Distanz zur Mehrheitsbevölke-rung verringert (vgl. Friedrichs 2008: 401). Denn mit der Zeit sinkt die Rückkehrbe-reitschaft und mit einer dauerhaften Bleibeperspektive geht die Suche besserer Wohns-tandorte einher (vgl. ebd.: 402).[28] Allerdings ist auch unbestritten, dass spezifische und

---

28 Eine Übersicht über Segregationsindizes für verschiedene deutsche Städte bietet z.B. Friedrichs (2008: 388ff.). Differenziert nach Staatsangehörigkeit wohnt – soweit empirisch erforscht – die Bevölkerung mit türkischer und marokkanischer Staatsangehörigkeit am stärksten segregiert (vgl. ebd.).

z. T. „staatlich verordnete Siedlungsmuster Bestand haben, wenn Betroffene, wie im Fall der Aussiedler(innen), nur relativ selten umziehen" (Söhn 2011a: 68; vgl. hierzu auch Haug/Sauer 2007: 86ff.). (Spät-)Aussiedler stellen insofern einen Spezialfall dar, da sie überwiegend in Dörfern oder Kleinstädten wohnen und ihr Siedlungsmuster erheblich von dem etwa von Arbeitsmigranten abweicht (vgl. z. B. Söhn 2011a: 130; Kemper 2009b: 93f.).

Ob und inwiefern sich die Konzentration von Schülern mit Migrationshintergrund schulisch nachteilig auswirkt, wird nachfolgend anhand von empirischen Ergebnissen dargestellt. Wenige frühere Studien weisen auf einen Einfluss des Migrantenanteils auf Übergänge in weiterführende Schulen sowie auf die Schulleistungen von Schülern hin. Hiernach sinkt die Chance, in eine Realschule oder auf ein Gymnasium anstelle einer Hauptschule überzugehen, je höher der Anteil von Schülern nichtdeutscher Herkunft in Schulklassen ausfällt (vgl. Kristen 2002: 548); allerdings wurden in dieser Studie keine sozioökonomischen Hintergrundvariablen berücksichtigt. Auf PISA-Daten basierende Analysen haben ergeben, dass in Schulen schwächere Leseleistungen erzielt werden, in denen mehr als 20 % der Schüler zu Hause überwiegend eine andere Sprache als Deutsch sprechen (vgl. Stanat 2003: 256). Ein weiterer Befund lautet, dass sich ein negativer signifikanter Kompositionseffekt auf die Leseleistung ergibt, wenn der Anteil der Schüler mit nichtdeutscher Familiensprache auf Schulebene mehr als 35 % (vgl. Schümer 2004: 96ff.) bzw. 40 % beträgt (vgl. Stanat 2006a: 205). Dieser verschwindet allerdings nach Kontrolle des durchschnittlichen sozioökonomischen Status sowie der durchschnittlichen kognitiven Fähigkeiten auf Schulebene (vgl. ebd.: 205f.; Schümer 2004: 96ff.).

Da angenommen wird, dass „Prozesse zur Entstehung von Kompositionseffekten auf Klassenebene deutlicher zutage treten" als auf Schulebene (Walter 2008b: 171), sind entsprechende PISA-Analysen durchgeführt worden. Hinsichtlich der Kompetenzen im Lesen und in den Naturwissenschaften fanden sich keine Effekte, lediglich für Mathematik ergab sich ein negativer Effekt, allerdings „erst ab einem Anteil von über 70 Prozent von Jugendlichen mit Migrationshintergrund in den Klassen" (ebd.: 180). Dies weist möglicherweise auf einen nur sehr kleinen Effekt hin, der erst mit sehr hohen Migrantenanteilen signifikant wird (vgl. ebd.: 181f.); oder aber auf andere „Faktoren wie beispielsweise normative Einflüsse der Peer Group oder bestimmte Erwartungshaltungen von Lehrkräften" (ebd.: 182). Somit konnte die Annahme, dass ein Kompositionseffekt eher auf Klassen- denn auf Schulebene zutage tritt, empirisch allenfalls bedingt bestätigt werden (vgl. Walter 2008b). Insgesamt sind somit „bestenfalls uneindeutige Befunde" (Walter 2008b: 171) hinsichtlich eines negativen Effekts des Migrantenanteils auf Klassen- oder Schulebene auf die Kompetenzen zu konstatieren.

Diese Aussage setzt sich in jüngeren Studien fort, die entweder nur einen geringen oder sogar keinen Einfluss des Migrantenanteils an Schulen feststellen. So können Tiedemann und Billman-Mahecha (2007) den Befund von Kristen (2002) nicht replizieren, dass ein erhöhter Anteil von Schülern mit nichtdeutscher Herkunft die Chance mindert, in eine höhere Schulform überzugehen. Stanat u. a. zeigen auf Klassenebene, dass ein hoher Migrantenanteil zwar mit geringeren Lesekompetenzen einhergeht, der Effekt jedoch vollständig verschwindet, wenn die sozioökonomische Zusammensetzung der Klasse und die durchschnittliche Ausgangsleistung im Lesen der Schüler berücksichtigt werden (vgl. Stanat/Schwippert/Gröhlich 2010). Auch Analysen anhand von IGLU-Daten sprechen gegen einen eigenen Effekt des Migrationshintergrundes auf Schulebene (vgl. Kristen 2008b). Somit zeigt sich sowohl auf Schul- als auch auf Klassenebene zum einen der erhebliche Einfluss insbesondere des durchschnittlichen Vorwissens sowie des sozioökonomischen Status der Schüler auf den Kompetenzerwerb, sowie zum anderen, dass der Migrantenanteil mit anderen Merkmalen konfundiert ist und nach Kontrolle dieser Merkmale keinen eigenständigen Einfluss mehr ausübt (vgl. ebd.).[29]

Kristen vermutet jedoch, „dass sich aufgrund der bestehenden Segregation im deutschen Grundschulbereich Kinder aus zugewanderten und sozial schlechter gestellten Familien in einer nachteiligeren Lage befinden, weil sie vergleichsweise häufiger Schulen mit einem niedrigeren Leistungsniveau besuchen und deshalb seltener von einem förderlichen Lernumfeld profitieren können" (Kristen 2008b: 234). Zudem könnten die linguistische Zusammensetzung sowie Gelegenheitsstrukturen relevant sein (vgl. ebd.).

Bezogen auf mögliche kleinräumige Nachbarschaftseffekte ist der für Berlin aufgezeigte empirische Befund zu ergänzen, wonach sich „sozial benachteiligte[] Nachbarschaften neben individuellen Kompositionseffekten nicht [zusätzlich] negativ auf die Kompetenzentwicklung der Schüler" auswirken (Helbig 2010: 655). Allerdings „profitieren Kinder in Nachbarschaften mit günstiger Sozialstruktur, unabhängig von individuellen Kompositionseffekten, bei ihrer Kompetenzentwicklung" (ebd.). Hier zeigt sich ein positiver Effekt der Nachbarschaft auf die Kompetenzen von Schülern, „wenn es eine bestimmte Konzentration von Rollenvorbildern oder Sozialkapital, und das darin kumulierte kulturelle und/oder ökonomische Kapital gibt" (ebd.: 670). D.h. insgesamt ist „keine zusätzlich negative kontextuelle Beeinflussung durch deprivierte Nachbarschaften" feststellbar (ebd.: 676), jedoch werden soziale Bildungsungleichheiten dadurch verschärft, dass sich „Eltern mit hohem sozialen Status [...] in bestimmten Wohngebieten ballen" (ebd.).

Allerdings kommen Analysen auf der regionalen Ebene der Kreise und kreisfreien Städte zu dem Befund, dass Kontextfaktoren im Allgemeinen nur einen geringen zusätzlichen Anteil an Varianz der Schulleistung aufklären (vgl. Baumert/Carstensen/Siegle 2005). Auf der Kreisebene konnten nur bis zu 3 % der Leistungsvariation in Mathematik zwischen Schulen durch regionale kontextuelle Rahmenbedingungen von Schulen erklärt werden (vgl. Baumert/Carstensen/Siegle 2005). Von den Autoren wird resümiert: „Dennoch sind diese Kontexteffekte praktisch und politisch nicht unbedeutend" (ebd.: 360). Als besonders leistungsrelevant wurden die regionalen Anteile an Arbeitslosen, Sozialhilfeempfängern sowie der Abgänger mit Hochschulreife identifiziert (vgl. ebd.). Der Migrantenanteil hatte demgegenüber keinen signifikanten Einfluss auf die Mathematikleistungen der Schüler (vgl. ebd.: 361).

Eine weitere Studie arbeitet für Haupt- und Realschulen empirisch drei verschiedene schulische Lernmilieus heraus: durchschnittliche (Modalform), schwierige sowie günstige Milieus (vgl. Baumert/Stanat/Watermann 2006). In einem schwierigen Milieu findet sich eine „Kumulation von Risiko- und Belastungsfaktoren" (ebd.: 160),

---

29 Allerdings bleibt zu beachten, dass der Effekt des Migrationshintergrundes auf Individualebene relevant bleibt (vgl. z. B. Stanat/Schwippert/Gröhlich 2010: 162; Segeritz/Walter/Stanat 2010).

d. h. überdurchschnittlich häufig werden Klassen wiederholt, ist die überwiegende Familiensprache eine nichtdeutsche und weisen die Eltern keinen Berufsabschluss auf. Die Folgen seien eine sehr geringe Lesekompetenz der Schüler sowie soziale Zusammensetzungen, „die außerordentlich schädliche Auswirkungen auf die Leistungsentwicklung von Jugendlichen haben" (ebd.: 171). Neben Effekten der Schulform und der Komposition konnten „kumulativ wirkende Problemkonstellationen festgestellt werden [...], die zu einer kumulativen Benachteiligung von Schülerinnen und Schülern führen" (ebd.: 177).

Erschwerend hinzu kommt, dass eine „faktische[ ] Gleichbehandlung von Schulen in der [...] Ausstattung bei gleichzeitigen schwerwiegenden Disparitäten der Arbeitsbedingungen" zu konstatieren ist (Baumert/Carstensen/Siegle 2005: 166). Daher soll abschließend kurz auf das Instrument des Sozialindex verwiesen werden. Dieser stellt einen Lösungsansatz dar, um sozialräumliche Benachteiligungen im Schulbereich abzumildern. Anhand eines Sozialindex wird die ‚soziale Belastung' einzelner Schulen eingeschätzt, d. h. die Standortbedingungen werden berücksichtigt, um Ressourcen gerechter zu verteilen und die Ausgangslage im Rahmen für faire (Schul-)Vergleiche zu berücksichtigen (vgl. Bos et al. 2006; Frein et al. 2006; Makles/Weishaupt 2011; Bonsen et al. 2010; Isaac 2011). Dies geschieht über ein Bildungsmonitoring, das Informationen zu den schulischen Rahmenbedingungen bereitstellt (vgl. Bonsen et al. 2010: 7).

1.5   Weitere Erklärungsansätze

Nachfolgend werden weitere theoretische Ansätze für Bildungsdisparitäten von Schülern mit Migrationshintergrund in Kürze dargestellt. Ein ergänzender Erklärungsansatz für disparate schulische Leistungen wird z. B. von Becker u. a. genannt. Und zwar könnten disparate Entwicklungen außerhalb der Schulzeit zu Kompetenzverlusten bei Migranten führen (vgl. Becker et al. 2008: 254f.), während für Kinder mit hohem sozioökonomischen Hintergrund sogar Lerngewinne zu verzeichnen seien. Dieser Effekt kann als „summer setback" bezeichnet werden (ebd.: 252, 271). Denn insbesondere während der Sommerferien verlangsamten sich die Leistungsentwicklungen von Grundschülern „in Wechselwirkung mit Merkmalen der sozialen und ethnischen Herkunft" (ebd.: 255). Die disparitätserzeugenden Effekte der Sommerferien seien auf Anregungsreichtum (bzw. -armut) der Aktivitäten in den Ferien zurückzuführen (vgl. ebd., z. B.: 271), hierdurch ergäben sich ungünstigere Schulleistungsentwicklungen für Kinder mit Migrationshintergrund (vgl. ebd.: 272). Somit vergrößere „nicht die Schule allein" soziale Disparitäten (ebd.: 273).

Einige Autoren verweisen auf den Einfluss der Bildungssysteme der Herkunftsländer von Zugewanderten, welche deutliche Effekte etwa auf die Schulleistungen haben könnten (vgl. z. B. Esser 2006: 37f., 2010: 290). Söhn zufolge „hat das gesellschaftliche Entwicklungsniveau der Herkunftsländer" (Söhn 2012: 167) für in Deutschland beschulte Kinder von Migranten indirekte Auswirkungen, da sich die Bildungssysteme der Herkunftsländer auf das Bildungsniveau – und hierüber wiederum auf die Ressourcenausstattung – der Migranteneltern auswirken könnten (vgl. ebd.). Dies bildet sich auch in unterschiedlich hohen Alphabetisierungsraten nach Herkunftsland ab, die z. B. für Iran nur 69 % oder für Afghanistan nur 31 % betragen (vgl. Söhn 2011a: 158f.). Für Seiteneinsteiger könne ein direkter Effekt bestehen, wenn ihr Kompetenzniveau „von der Qualität des Bildungssystems […] des Herkunftslandes" geprägt ist (Söhn 2011a: 48).[30] Auch könne eine mangelnde institutionelle Passung zwischen den Bildungsinstitutionen von Herkunfts- und Aufnahmeland zu einer Abschulung führen. Söhn führt exemplarisch an, dass in vielen Ländern eine schulische Selektion erst mit 14 oder 15 Jahren vorgesehen sei und Seiteneinsteiger im deutschen Schulsystem häufig nur eine Hauptschule besuchten – dies auch aufgrund einer mangelnden Wertschätzung der zuvor besuchten Gemeinschaftsschule im Herkunftsland (vgl. Söhn 2011a: 160).

1.6 Alternative Systematisierungen

Die zuvor dargestellten Erklärungsansätze von Bildungsbenachteiligungen von Schülern mit Migrationshintergrund stellen nur eine Systematisierungsvariante dar. Dies wird deutlich, wenn diese Variante mit den Systematisierungen und Schwerpunktsetzungen der Erklärungsansätze von anderen Autoren verglichen wird (vgl. hierzu auch Diefenbach 2007). Entsprechend sind auch alternative Schwerpunktsetzungen oder Gliederungen möglich, was an zwei Beispielen verdeutlicht wird.

Hier ist zum einen die explizite Systematisierung der Bedingungen auf Makro-, Meso- und Mikroebene zu nennen (vgl. Kristen/Dollmann 2012: 104f.). Makrobedingungen sind solche, die „auf gesellschaftlicher Ebene und auf der Ebene schulischer Systeme, Teilsysteme und Schulformen" zu verorten sind (ebd.: 104). Die Mesoebene umfasse hingegen Kontextbedingungen etwa „von Schulen und Schulklassen ebenso wie […] der Nachbarschaft" (ebd.). Auf der Mikroebene stehen „schließlich die Merkmale der Schülerinnen und Schüler, ihrer Eltern und Lehrkräfte im Vordergrund" (ebd.), wie etwa die Ressourcenausstattung der Eltern oder sprachliche Kompetenzen der Schüler (vgl. ebd.). Allerdings heben sie auch hervor, dass die verschiedenen Ebenen „miteinander in Verbindung stehen" (ebd.) und die „Bedingungen innerhalb einer Ebene" zusammenwirken (ebd.), weswegen von bestehenden Interaktionseffekten auszugehen sei (vgl. ebd.). Exemplarisch können die zuvor ausführlich dargestellten Erklärungsansätze den drei Ebenen zugeordnet werden: ressourcentheoretische Erklärungsansätze sowie die Migrationssituation bzw. -biografie wären der Mikroebene zuzuordnen, (sozial-)räumliche Aspekte wären auf der Mesoebene und institutionelle Bedingungen auf der Makroebene zu verorten. Dieser Ansatz soll nicht weiter vertieft werden, da die verschiedenen Erklärungsansätze nur anders strukturiert werden und sich der Ansatz gegenüber der gewählten Darstellung nicht grundlegend unterscheidet.

---

30 Allerdings können auch innerhalb der Herkunftsländer erhebliche sozioökonomische und bildungsbezogene Disparitäten bestehen, z. B. wenn die Bevölkerung in ländlichen Gebieten über unterdurchschnittliche Qualifikationen verfügt (vgl. z. B. Ramirez-Rodriguez/Dohmen 2010: 303; El-Menouar/Fritz 2009).

Etwas ausführlicher soll auf einen weiteren Erklärungsansatz eingegangen werden, der andere Schwerpunkte setzt: auf den Ansatz der primären und sekundären Herkunftseffekte, der auf Boudon (1974) zurückgeht. Hierbei handelt es sich um einen „strukturell-individualistische[n] Erklärungsansatz" (Becker 2011: 17). Unter dem primären Effekt sozialer Herkunft wird der Einfluss der schichtspezifischen Sozialisation und Erziehung auf Lernvoraussetzungen, Kompetenzerwerb und schulische Leistungen verstanden (vgl. Kristen/Dollmann 2012: 106; Becker/Beck 2012: 139). Denn auch Schulleistungen und deren Entwicklungen können als Resultat von Investitionen angesehen werden (vgl. Kristen/Dollmann 2012: 106). Der sekundäre Herkunftseffekt zeigt hingegen Auswirkungen der familialen Ausstattung mit sozioökonomischen Ressourcen sowie des sozialen Status des Elternhauses auf Bildungsentscheidungen (vgl. ebd.; Becker/Beck 2012: 139). So könne etwa das Motiv des Statuserhalts dazu führen, dass trotz gleicher Schulleistungen die Bildungsentscheidungen für Kinder schichtspezifisch verschieden ausfallen (vgl. Kristen/Dollmann 2012: 106). Relevant ist auch, dass sich die Entscheidungen an mehreren Entscheidungsstellen kumulativ auswirken können (vgl. Esser 2006: 303).

Bereits diese Ausführungen verweisen darauf, dass sich Boudons Ansatz mit dem ressourcentheoretischen Ansatz verbinden lässt (vgl. ebd.). Eine analytische Unterscheidung der beiden Effekte ist deshalb von Bedeutung, da Ungleichheitsmuster in Leistungen von Ungleichheitsmustern der Entscheidung abweichen können (vgl. ebd.). Die aggregierte Folge von primären und sekundären Herkunftseffekten sind sozial selektive Bildungschancen zu Ungunsten von Kindern aus Familien mit niedrigem sozialen Status bzw. mit Migrationshintergrund (vgl. Solga/Becker 2012: 15; Becker/ Schubert 2011: 168; Beck/Jäpel/Becker 2010: 322f.). Dies führt zu einer entsprechend „selektiven Zusammensetzung von Schulen in der Sekundarstufe I nach sozialer und nationaler Herkunft" (Becker/Schubert 2011: 168).

An den klassischen Ansatz von Boudon (1974) wird auch insofern angeknüpft, als für Schüler mit Migrationshintergrund spezifische migrationsbedingte bzw. ‚ethnische' primäre und sekundäre Herkunftseffekte ausgemacht werden (vgl. Kristen/Dollmann 2009; Beck/Jäpel/Becker 2010: 323). Diese Effekte „ethnischer bzw. nationaler Herkunft" (Beck/Jäpel/Becker 2010: 323) gehen über die klassischen primären und sekundären Herkunftseffekte hinaus (vgl. ebd.). Ein migrationsspezifischer primärer Herkunftseffekt liegt dann vor, wenn bildungsförderliche Ressourcen nicht – oder nicht in demselben Umfang – wie im Herkunftsland verwertet werden können, wodurch Migranten hinsichtlich der Ausstattung mit Ressourcen im Aufnahmeland benachteiligt sind (vgl. ebd.). Dies betrifft auch Sprachprobleme bzw. geringe Kenntnisse der Sprache des Aufnahmelandes, die zu geringeren Schulleistungen bzw. schulischen Nachteilen führen können (vgl. Esser 2006). Auch werden die fremdsprachlichen Kompetenzen schulisch häufig nicht (ausreichend) honoriert – etwa indem diese zumindest im Fremdsprachenunterricht anerkannt und bewertet werden (vgl. z.B. Schneider et al. 2013: 18ff.).

Sekundäre migrationsspezifische Herkunftseffekte „beziehen sich vor allem auf die migrationsbedingten Bildungsentscheidungen, welche auch unter Kontrolle von Schulleistungen und sekundären Effekten sozialer Herkunft bestehen bleiben" (Beck/Jäpel/Becker 2010: 323; vgl. auch Kristen/Dollmann 2009). Hier sei z.B. auf kulturelles

Kapital verwiesen, das nicht in ausreichendem Maße vorhanden ist, um die richtigen Bildungsentscheidungen treffen zu können – und zwar Entscheidungen, die den Bildungsaspirationen entsprechen (vgl. z.B. Steinbach/Nauck 2004; Kristen/Granato 2007; Becker/Beck 2012: 139; Relikowski/Yilmaz/Blossfeld 2012). Denn zu dem Bildungssystem des Aufnahmelandes besteht nur eine geringe(re) Vertrautheit (vgl. Kristen/Granato 2007); zudem sei „fehlende[s] Wissen über Struktur und Funktionsweise des Bildungssystems [...] sowie der Mangel an bildungsrelevanten Kenntnissen, Mitteln und Möglichkeiten" (Becker 2011: 18) zu konstatieren. Hiermit stimmt Esser überein, da insbesondere Migranteneltern aus unteren bzw. bildungsferneren Schichten zurückhaltender als einheimische Eltern seien, ihre Entscheidungsmöglichkeiten richtig einzuschätzen, da das Hintergrundwissen sowie z.T. auch entsprechende Vorbilder fehlten (vgl. Esser 2006: 301f.). Die bisher dargestellten migrationsspezifischen sekundären Herkunftseffekte wirken sich negativ auf Bildungsentscheidungen und den Schulerfolg aus. Es lassen sich jedoch auch positive Effekte ausmachen, wie etwa eine höhere Bildungsmotivation und -aspiration bei Migranten im Vergleich zu Nichtmigranten mit vergleichbarem sozioökonomischen Status (vgl. Kristen/Dollmann 2012: 111ff.). Es erscheint jedoch fraglich, ob die positiven die negativen sekundären migrationsspezifischen Herkunftseffekte aufwiegen. Eine „relative ‚Schlechterstellung'" (Becker/Beck 2012: 139) könne auch durch die Realisierung von Vorteilen von anderen Gruppen erfolgen (vgl. ebd.; Kalter/Granato/Kristen 2011). Dies etwa, wenn „gegen Ende der Grundschulzeit besser gebildete Eltern aus höheren Sozialschichten versuchen, die Notengebung und Bildungsempfehlung im Sinne ihrer Bildungsaspiration zu beeinflussen" (Becker/Beck 2012: 139; vgl. hierzu auch Becker 2000; Ditton/Krüsken/Schauenberg 2005; Schneider 2011). An dieser Stelle sind Migranten im Nachteil – „aufgrund von Sprachproblemen, unzureichenden Kenntnissen über die Funktionsweise des Schulsystems und geringen bildungsrelevanten Ressourcen" (Becker/Beck 2012: 139; vgl. hierzu auch Steinbach/Nauck 2004; Esser 2006; Kristen 2006b; Becker 2011: 18).

Kritische Einwände gegenüber diesem Ansatz bestehen überwiegend an „einer derartigen analytischen Trennung von primären gegenüber sekundären Herkunftseffekten" (Solga/Becker 2012: 20), die nicht ganz unproblematisch sei, sowie daran, dass primäre und sekundäre Herkunftseffekte – genauso wie ausschließlich ressourcentheoretische Ansätze – institutionelle Bedingungen nicht als eigenständigen Einflussfaktor ansehen (vgl. Hormel 2010: 185).[31]

---

31 Aus zwei Gründen erfolgt an dieser Stelle keine ausführliche Darstellung von empirischen Befunden zu primären und sekundären Herkunftseffekten. Dies liegt zum einen daran, dass im Rahmen dieser Arbeit entsprechende Herkunftseffekte mangels adäquater Daten nicht analysiert werden (können). Zum anderen ist empirisch noch unzureichend geklärt, inwiefern primäre und sekundäre Herkunftseffekte „die Nachteile von Migranten oder einzelner nationaler Gruppen unter den Zugewanderten beim Bildungszugang und Erwerb von Bildungszertifikaten ausreichend beschreiben und zu erklären vermögen" (Becker/Schubert 2011: 162). Dies gilt besonders für ethnische Herkunftseffekte. Allerdings sei auf erste Ergebnisse und weitergehende Diskussionen verwiesen, die sich insbesondere bei Kristen und Dollmann (2009, 2012) sowie Becker und Schubert (2011) finden.

1.7 Empirische Einschätzung der Relevanz der theoretischen Erklärungsansätze

Unter Berücksichtigung der vorhergehenden Kapitel lässt sich insgesamt festhalten, dass die Systematisierung der dargestellten theoretischen Erklärungsansätze nicht immer eindeutig und trennscharf gegenüber anderen Ansätzen ist. Z.T. werden nur verschiedene Erklärungsschwerpunkte für Bildungsdisparitäten gesetzt, aus denen alternative Systematisierungen resultieren. Die meisten Autoren gehen davon aus, dass kein Ansatz allein ausreicht, um die Benachteiligung von Kindern aus Migrantenfamilien vollständig zu beschreiben, da sich diese gegenseitig verstärken und kumulativ zusammenwirken (vgl. z.B. Diefenbach 2007). Diese Kumulation von Faktoren führt für Schüler mit Migrationshintergrund zu Benachteiligungen im Bildungssystem (vgl. Ramirez-Rodriguez/Dohmen 2010: 308).

Aus der theoretischen Darstellung folgt, dass für verschiedene Migrantengruppen Bildungsdisparitäten in unterschiedlichem Ausmaß zu erwarten sind, wenn z.B. die Verfügbarkeit von Ressourcen zwischen den Gruppen stark variiert. Inwiefern die verfügbaren Ressourcen nach Staatsangehörigkeit variieren, soll anhand von Daten des Mikrozensus[32] für das Jahr 2009 untersucht werden. Hieran anschließend wird anhand der in den vorhergehenden Kapiteln dargelegten empirischen Ergebnisse die Relevanz der verschiedenen Erklärungsansätze eingeschätzt.

Zunächst werden für die Bevölkerung im potentiellen Schulbesuchsalter (von 6 bis unter 18 Jahren) Informationen zum sozioökonomischen Status aufbereitet. Als Maß bzw. Indikator für den sozioökonomischen Status wird der ISEI[33] berechnet (vgl. Ganzeboom et al. 1992; Ganzeboom/Treiman 1996, 2003) – und zwar für die Bezugsperson in der Familie bzw. jeweiligen Lebensform.[34] Der ISEI nimmt Werte zwischen 16 und 85 an (vgl. Schimpl-Neimanns 2004: 158),[35] der Index kann als „hierarchisches Punktesystem" (Reiter 2002: 71) angesehen werden. „Hohe Ausprägungen bedeuten hohen sozialen Status, also einen Beruf der durchschnittlich hohe Formalqualifikationen erfordert und gleichzeitig mit einem vergleichsweise hohen durchschnittlichen Einkommen einhergeht" (ebd.). In Tabelle 1-1 sind diejenigen Staatsangehörigkeiten differenziert dargestellt, für die gewichtete Fallzahlen von mindestens 5.000 Personen im Alter von 6- bis unter 18-Jahren vorliegen. Nach erster Staatsangehörigkeit der Bevölkerung wird der ISEI der Bezugsperson berechnet und im arithmetischen Mittel sowie nach Quartilen ausgewiesen. Die erste Staatsangehörigkeit wird ausgewählt, weil

---

32 Der Mikrozensus ist ein repräsentativer Datensatz, für den jährlich ein Prozent der Privathaushalte über die wirtschaftliche und soziale Lage befragt werden.

33 ISEI = International Socio-Economic Index of Occupational Status.

34 Wird der ISEI z.B. für den Haupteinkommensbezieher im Haushalt berechnet, weichen die Ergebnisse nur unwesentlich von den berichteten Ergebnissen für die Bezugsperson ab (ohne Abbildung).

35 Die Indexwerte 0 („ohne Eintrag") und 99 („Nicht zuordenbar") bleiben zur Bildung des Index unberücksichtigt. Die Rekodierung des ISEI basiert auf der im Mikrozensus verwandten Berufsklassifikation ISCO-88(COM) nach einer Routine von Schimpl-Neimanns (2004). Einen ISEI-Wert von 16 weisen z.B. Hilfsarbeiter oder Haushaltshilfen auf, einen Indexwert von 85 z.B. Mediziner oder Juristen.

dieses Merkmal in dem nachfolgenden Kapitel vertiefend analysiert wird (dieses stellt das einzige in der herkömmlichen Schulstatistik enthaltene Migrationsmerkmal dar).[36]

Tabelle 1-1: Personen im Alter von 6 bis unter 18 Jahren nach Staatsangehörigkeit: ISEI der Bezugsperson (Mittelwert und Quartile[37])

| Staatsangehörigkeit | Mittelwert | Perzentile | | | n* = |
		25.	50.	75.	
deutsch (ausschließlich)	45,6	33	40	56	7.148.595
deutsch (+ ausländische StA)	45,0	31	39	56	217.072
ausländische StA	36,2	29	32	40	641.910
darunter:					
bosnisch-herzegowinisch	35,6	30	34	36	16.948
französisch	56,5	35	61	73	8.746
griechisch	36,7	27	32	49	34.246
italienisch	34,6	29	32	38	52.780
kosovarisch	29,8	23	30	34	30.387
kroatisch	36,5	30	34	38	18.865
mazedonisch	35,4	30	34	38	8.327
niederländisch	46,3	30	49	61	8.014
österreichisch	52,1	38	51	67	6.780
polnisch	35,5	30	34	36	22.097
portugiesisch	31,8	29	30	34	13.500
russisch	41,9	34	36	51	14.496
serbisch	30,7	23	30	34	18.255
spanisch	44,3	31	43	51	6.671
türkisch	32,6	26	31	35	231.179
ukrainisch	43,7	29	34	61	10.126
vietnamesisch	38,9	32	34	51	16.006

StA = Staatsangehörigkeit(en); *= gewichtete Fallzahlen
Quelle: FDZ der Statistischen Ämter des Bundes und der Länder, Mikrozensus 2009, eigene Berechnungen.

Die Bezugspersonen der Bevölkerung im Alter von 6 bis unter 18 Jahren mit ausschließlich deutscher Staatsangehörigkeit weisen im arithmetischen Mittel einen ISEI von 45,6 auf, der ISEI für die Bezugsperson von Kindern und Jugendlichen mit einem deutsch-nichtdeutschen Doppelpass fällt mit 45,0 nur etwas niedriger aus. Als erheblich niedriger ist der ISEI-Mittelwert von 36,2 für die Bezugspersonen mit nichtdeutscher Staatsangehörigkeit anzusehen. Allerdings unterscheiden sich die Indexwerte erheblich nach der jeweiligen Staatsangehörigkeit. Die geringsten Werte zeigen sich für die Bevölkerung mit serbischer und kosovarischer Staatsangehörigkeit, deren ISEIs sogar im Vergleich zur Bevölkerung mit einer Staatsangehörigkeit des übrigen ehemaligen Jugoslawiens erheblich geringer ausfallen, was sich an den ISEIs der

---

36 Prinzipiell erfasst der Mikrozensus neben der deutschen Staatsangehörigkeit auch weitere nichtdeutsche Staatsangehörigkeiten (in diesem Kapitel wird jedoch – wie beschrieben – ausschließlich die erste Staatsangehörigkeit berücksichtigt).

37 Unteres Quartil = 25. Perzentil, Median = 50. Perzentil, oberes Quartil = 75. Perzentil.

Bezugspersonen der kroatischen, mazedonischen und bosnisch-herzegowinischen Bevölkerung ablesen lässt. Als relativ gering sind auch die ISEIs der Bezugspersonen von portugiesischen und türkischen Kindern und Jugendlichen im Alter von 6 bis unter 18 Jahren einzuschätzen. Relativ hoch fallen die ISEIs für russische, ukrainische, spanische Staatsangehörige aus, diese liegen nur minimal unter dem Mittelwert der deutschen Bevölkerung. Höhere Indexwerte zeigen sich insbesondere für Staatsangehörigkeiten von Ländern, die westlich und südlich an Deutschland angrenzen (französisch, niederländisch und österreichisch). Diese Ergebnisse weisen auf disparate sozioökonomische Hintergründe und Lebensbedingungen der Bevölkerung hin, die relevant für Bildungsdisparitäten sein können. Denn aus der sozialen Herkunft und dem familiären Hintergrund können kognitive und sprachliche Nachteile resultieren (vgl. Becker/Biedinger 2006), etwa aufgrund „des Aufwachsens in einem Elternhaus mit einem niedrigen Anregungsgehalt" (Becker/Schubert 2011: 164), oder „weil Migranten oftmals bildungsrelevantes Wissen" fehlt (ebd.; vgl. hierzu auch Kristen/Granato 2004). Die vorhergehenden Ergebnisse sind vergleichbar mit denen aus Studien, die den sozioökonomischen Status oder die Einkommenssituation von Migranten nach Herkunftsgruppen dokumentieren (vgl. z.B. Baumert/Schümer 2001: 345; Reißlandt 2007: 96ff.; Schwarz/Weishaupt 2012). Z.B. erzielen Zuwanderer aus der EU vergleichbare Brutto-Einkommen wie Deutsche, während erheblich niedrigere Einkommen insbesondere für Zuwanderer aus der Türkei sowie dem ehemaligen Jugoslawien zu konstatieren sind (vgl. Reißlandt 2007: 96ff.). Diese „verfügen über keine, niedrige oder nicht anerkannte Berufsqualifikationen, geringe Deutschkenntnisse oder einen ungesicherten Aufenthaltsstatus mit nachrangigem oder keinem Arbeitsmarktzugang" (ebd.: 97). Hierdurch seien „Kinder und Jugendliche […] in entwicklungsrelevantem Alter erheblichen Risiken ausgesetzt, in einem durch Armut belasteten familiären (und Wohn-) Umfeld aufzuwachsen, das unter anderem ihre späteren Bildungschancen minimiert" (ebd.: 98).

Anhand der in den vorhergehenden Kapiteln dargestellten empirischen Befunde soll die Bedeutsamkeit der verschiedenen Erklärungsansätze eingeschätzt werden. Eindeutige Hinweise zeigten sich hinsichtlich der Relevanz der Ressourcenausstattung auf Bildungsergebnisse. Beispielsweise werden durch den sozioökonomischen Status, den familiären Sprachgebrauch und die Bildung der Eltern Schulleistungen und der Schulerfolg erheblich beeinflusst. Ähnlich relevant ist auch die jeweilige Migrationsbiografie bzw. -situation. Z.B. zeigt sich dies verstärkt in der Höhe des Zuzugsalters sowie anhand des Generationenstatus. Ein geringer(er) Einfluss scheint von dem Rechtsstatus sowie vom Geschlecht auszugehen, beide Merkmale fallen hinsichtlich Bildungsdisparitäten weniger erklärungsmächtig aus als etwa die Ressourcenausstattung oder die Schulform (vgl. z.B. Breen et al. 2012: 368; Segeritz/Stanat/Walter 2010: 179; Söhn 2011a: 291). Der erhebliche Einfluss der Schulform auf Leistungen und Schulerfolge verweist auf die Relevanz der institutionellen Bedingungen. Denn diese bestimmen das (vor-)schulische Angebot mit bzw. strukturieren dieses vor. Uneindeutig ist die Befundlage hinsichtlich institutioneller Diskriminierung, die bislang nur in Einzelfällen insbesondere anhand von qualitativen Studien nachgewiesen werden konnte. Quantitative Studien, die auf großen repräsentativen Datensätzen beruhen, haben überwiegend keine signifikanten Hinweise auf institutionelle Diskriminierung (im

Sinne von Gomolla/Radtke 2007) erbringen können. Allerdings bleibt unklar, welche Rolle nicht erhobene bzw. erhebbare Merkmale und unzureichende Messinstrumente spielen. Zudem blieb häufig der Besuch von Förderschulen unberücksichtigt. Regionalen Unterschieden, dem Sozialraum sowie den Kontextbedingungen kann ein Einfluss zugerechnet werden. Kontexteffekte scheinen einen kleinen, aber nicht zu vernachlässigenden zusätzlichen Einfluss auszuüben.

Insgesamt ist von einem kumulativen Zusammenwirken verschiedener Effekte auszugehen, die sich nicht immer leicht voneinander trennen lassen, da sich diese empirisch überlagern oder vermischen können (vgl. hierzu auch Diefenbach 2007). In den nachfolgenden Analysen sind für verschiedene Migrantengruppen Bildungsdisparitäten zu erwarten, die aus den spezifischen Ausgangsbedingungen, der jeweiligen Situation der Zuwanderer bezogen auf Ressourcenausstattung, Migrationshistorie und -biografie sowie den institutionellen Bedingungen und sozialräumlichen Aspekten resultieren.

Bisher liegen insgesamt nur wenige Ergebnisse zur Bildungssituation von verschiedenen Migrantengruppen vor. Häufig erfolgt keine – weitergehende – Differenzierung, da die Fallzahlen der verwendeten Datensätze dies nicht zulassen (vgl. auch Ramirez-Rodriguez/Dohmen 2010: 299). Entsprechend konnten bislang auch die Ursachen von Bildungsdisparitäten nach Herkunftsgruppen nur anhand weniger Datensätze – z. B. im Rahmen der PISA-Studie – analysiert werden. Dies geschieht überwiegend für Deutschland insgesamt – und nur teilweise auf Ebene der Bundesländer.

Es hat sich gezeigt, dass die Schülerschaft mit Migrationshintergrund insgesamt sehr heterogen ist (vgl. Stanat/Rauch/Segeritz 2010: 225). Dies unterstreicht die Notwendigkeit, Bildungsergebnisse differenziert nach Herkunftsgruppe auszuweisen, anstatt Migranten als homogene Gruppe zu betrachten. Zwischen den Herkunftsgruppen sind große Disparitäten zu erkennen (vgl. z. B. Walter 2008a; Segeritz/Walter/Stanat 2010). Hinsichtlich der Bildungsbeteiligung, des Übergangs auf weiterführende Schulformen sowie des Schulerfolgs scheinen türkische und italienische Schüler am stärksten benachteiligt zu sein; relativ positive Ergebnisse werden für spanische, griechische und polnische Schüler berichtet; (Spät-)Aussiedler und/oder russische Schüler[38] nehmen entweder eine Mittelposition ein oder werden als relativ bildungserfolgreich angesehen (vgl. Büchel/Wagner 1996; Esser 2001; Hunger 2001; Kristen 2003; Müller/Stanat 2006; Walter 2008a; Stanat 2008: 704; Segeritz/Walter/Stanat 2010; Diefenbach 2011: 150; Söhn 2011a,b, 2012). Studien, die Daten verwenden, die bis Mitte der 1990er Jahre erhoben wurden, ergeben für Schüler aus dem ehemaligen Jugoslawien eine mittlere Position (vgl. z. B. Büchel/Wagner 1996; Hunger 2001; Diefenbach 2002a: 29). In neueren Studien werden diese Schüler als eher benachteiligt eingeschätzt, was mit sich verändernden Zuwanderungsbedingungen seit Anfang der 1990er Jahre zu-

---

38 Bzw. ‚Schüler der ehemaligen UdSSR', wie sie z. B. in der PISA-Studie bezeichnet werden. Söhn (2008: 259, 417, Fußnote 25) weist darauf hin, dass Spätaussiedler weit überwiegend aus der ehemaligen Sowjetunion stammen sowie umgekehrt ein sehr hoher Anteil der dort Geborenen Spätaussiedler sind. Vergleiche von Bildungsergebnissen zu russischen Schülern oder Spätaussiedlern sind immer dann problematisch, wenn Definitionen und Operationalisierungen unterschiedlich ausfallen. Z. B. wird in manchen Studien entweder ausschließlich der Spätaussiedlerstatus, eine russische Staatsangehörigkeit oder eine ex-sowjetische Herkunft separat erfasst, in anderen Studien wird hingegen sowohl zwischen Spätaussiedlern und Schülern mit russischem Migrationshintergrund unterschieden (z. B. bei Söhn 2011a).

sammenhängt. Bis zu diesem Zeitpunkt sind Schüler mit ex-jugoslawischem Migrationshintergrund zumeist Nachfahren von früheren und relativ gut integrierten Arbeitsmigranten, während der Anteil der Schüler mit Fluchthintergrund seit spätestens Mitte der 1990er Jahre erheblich zunimmt (vgl. z.B. Thränhardt 1999: 42f.; Esser 2006: 184). Dies wirkt sich auch auf die Bildungsergebnisse aus, denn mit der Lebenssituation von Flüchtlingen geht z.B. ein unsicherer Rechtsstatus, eine unklare Bleibeperspektive und ein niedriger sozioökonomischer Status einher (vgl. ebd.; Söhn 2011a: 89f., 2012: 181; vgl. auch Tabelle 1-1). Allerdings bestehen auch erhebliche Unterschiede innerhalb der Gruppe der ehemaligen Jugoslawen. Während slowenische und kroatische Arbeitsmigranten als gut ausgebildet gelten,[39] und sie aufgrund der Nähe ihres Herkunftslandes zu Österreich z.T. bereits vor der Zuwanderung über deutsche Sprachkenntnisse verfügten, sind negative Bildungsergebnisse auf die Folgen des Bürgerkrieges und von Fluchtmigration insbesondere aus dem Südosten des ehemaligen Jugoslawiens zurückzuführen. Entsprechend werden unterdurchschnittliche Bildungsergebnisse für Mazedonier, Kosovo-Albaner und Serben konstatiert (vgl. Thränhardt 1999: 22, 42f.; Heß-Meining 2004: 137f.).

Ohne Berücksichtigung verschiedener Hintergrundmerkmale (wie z.B. der sozioökonomische Status oder die Familiensprache) fallen auch die Schulleistungen nach Herkunftsgruppen in der 1. Generation nachteilig aus. Das gleiche gilt für die 2. Generation, eine Ausnahme stellen nur Schüler der ehemaligen UdSSR dar, für die sich in der 2. Generation kein Leistungsnachteil gegenüber Schülern ohne Migrationshintergrund feststellen lässt (vgl. Stanat/Rauch/Segeritz 2010: 222; Segeritz/Walter/Stanat 2010: 132; Baumert/Maaz 2012: 288). Werden die wichtigsten Hintergrundmerkmale kontrolliert, dann sind geringere Kompetenzniveaus für Jugendliche mit „Eltern aus den ehemaligen Anwerbestaaten Türkei, Jugoslawien und Italien" festzustellen (Walter 2008a: 165), während Schüler mit polnischer sowie ex-sowjetischer Herkunft deutlich höhere Leistungsniveaus aufweisen bzw. für sie keine signifikanten Unterschiede in der Schulleistung zu Schülern ohne Migrationshintergrund bestehen (vgl. Walter 2008a: 165; Müller/Stanat 2006; Segeritz/Walter/Stanat 2010).[40] Wird neben der Herkunft zusätzlich noch der Generationenstatus berücksichtigt, sind nach Kontrolle des familialen Hintergrundes sowohl in der 1. als auch in der 2. Generation Nachteile für türkische Schüler festzustellen, während in beiden Generationen für Schüler aus der ehemaligen UdSSR keine signifikanten Unterschiede zu Schülern ohne Migrationshintergrund bestehen. Für polnische Schüler und solche aus ‚anderen Herkunftsländern' sind lediglich in der 1. Generation signifikante Nachteile auszumachen (vgl. Baumert/ Maaz 2012: 289; Stanat/Rauch/Segeritz 2010).

Diese Ergebnisse werden als Hinweise auf segmentierte Assimilation gewertet, da sich die Muster der Assimilation in der Generationenfolge nach der jeweiligen Herkunftsgruppe unterscheiden (vgl. Baumert/Maaz 2012; Stanat/Rauch/Segeritz 2010; Segeritz/Walter/Stanat 2010). Z.B. zeigt sich für türkische Schüler nur eine geringe Aufwärtsmobilität, während die Ergebnisse hinsichtlich Kompetenzen und

---

39 Heß-Meining (2004: 138) spricht sogar von „Expertenmigration".

40 Ergänzt werden soll, dass nur wenige Studien bislang untersucht haben, ob auf Schulebene nicht die Höhe des Migrantenanteils, sondern die herkunftsspezifische Zusammensetzung der Schülerschaft einen Einfluss auf die Schulleistungen von Schülern hat (vgl. Walter/Stanat 2008).

Bildungsbeteiligung auf eine direkte Assimilation von Jugendlichen aus Polen sowie der ehemaligen UdSSR hinweisen, da sich deren „Gymnasialbeteiligung über die Generationen hinweg der Gymnasialbeteiligung von Jugendlichen ohne Migrationshintergrund" annähert (Segeritz/Walter/Stanat 2010: 133; vgl. auch Stanat/Rauch/Segeritz 2010: 225).[41]

Bezogen auf den Schulerfolg zeigt sich, dass Jugendliche zwischen 18 und 21 Jahren nach Staatsangehörigkeit unter Kontrolle des sozioökonomischen Hintergrundes und des Geschlechts nur geringe oder keine Nachteile aufweisen, die Hochschulreife zu erwerben. Es bestehen sogar signifikant positive Effekte für Vietnamesen und ‚sonstige Südasiaten', Griechen, Spanier und Portugiesen (vgl. Autorengruppe Bildungsberichterstattung 2008: 90f.). Ohne Kontrolle der Merkmale haben Abgänger aus EU-Staaten gegenüber Deutschen doppelt so hohe Chancen die Hochschulreife zu erlangen, während die türkische und italienische Bevölkerung sowie die Herkunftsgruppe der zusammen ausgewiesenen ‚GUS-Staaten und ex-Jugoslawien' nur etwa halb so oft wie die deutsche Bevölkerung die Hochschulreife erwerben (vgl. ebd.).

Die zuvor angeführten Befunde sollen lediglich einen ersten Überblick über den Forschungsstand bieten. Denn nicht immer sind die vorliegenden Forschungsbefunde unmittelbar vergleichbar. Leichte Varianzen in den Ergebnissen zwischen den Studien können daraus resultieren, dass unterschiedliche Hintergrundmerkmale kontrolliert werden, verschiedene Datensätze und Merkmale verwendet werden, die untersuchten Schülerpopulationen variieren, oder die Kompetenzen in unterschiedlichen Fächern gemessen werden (z.B. in Lesen, Mathematik oder Naturwissenschaften). Auch werden die Herkunftsgruppen unterschiedlich stark ausdifferenziert (z.B. wird in den neueren PISA-Studien zumeist nur zwischen Schülern der ex-UdSSR, Türkei oder Polen unterschieden, vgl. z.B. Segeritz/Walter/Stanat 2010).

Insgesamt kann dennoch festgehalten werden, dass sich insbesondere die geringeren Leistungen von türkischen Schülern nicht allein auf den sozioökonomischen Hintergrund und weitere kontrollierte Merkmale zurückführen lassen (vgl. Müller/Stanat 2006; Walter 2008a; Segeritz/Walter/Stanat 2010: 132; Stanat/Rauch/Segeritz 2010; Baumert/Maaz 2012).

Gezeigt werden konnte, dass es nicht ausreicht, Bildungsergebnisse für Schüler mit Migrationshintergrund insgesamt zu untersuchen (vgl. auch Kristen/Dollmann 2012: 102f.). Aufgrund erheblicher Unterschiede in den Ausgangsbedingungen ist eine Unterscheidung nach verschiedenen Herkunftsgruppen erforderlich, um die Bildungssituation und -ergebnisse angemessen wiederzugeben (vgl. ebd.). Bisherige Studien, deren Ziel eine differenzierte Analyse war, konnten lediglich für ausgewählte – und eine insgesamt geringe Anzahl verschiedener – Herkunftsgruppen Aussagen treffen (z.B. zur Bildungsbeteiligung nach Staatsangehörigkeit), zumeist auf Bundes- und nur gelegentlich auf Länderebene. Ursache für den geringen Differenzierungsgrad sind die verwendeten Datenbasen, denn die Fallzahlen des Mikrozensus, Sozio-ökonomischen Panels (SOEP) oder der PISA-Daten reichen für eine genauere und nach Staatsangehörigkeit

---

41 Lediglich eine weitere Studie analysiert entsprechende Prozesse für vietnamesische und philippinische Jugendliche in Deutschland (vgl. Walter 2011). Allerdings sind die Fallzahlen relativ klein, so dass z.T. ein Signifikanzniveau von 10% verwendet wird. Festgestellt wird eine direkte Assimilation für philippinische sowie eine selektive Akkulturation für vietnamesische Jugendliche (vgl. ebd.).

differenzierte Betrachtung nicht aus – sofern die entsprechenden Daten überhaupt erhoben werden. Hieraus kann eine verzerrte Sichtweise resultieren, da viele Herkunftsgruppen fallzahlbedingt nicht analysiert werden, ihre Bildungssituation und -ergebnisse möglicherweise jedoch erheblich von den bekannten Befunden abweichen.

Zudem wird die Vergleichbarkeit sowie Interpretation von Ergebnissen erschwert, wenn verschiedene Herkunftsgruppen zusammengefasst werden. Dies ist z.B. in früheren Publikationen zu PISA 2000 für griechische *und* italienische Schüler der Fall (vgl. z.B. Baumert/Schümer 2002: 196), die der amtlichen Statistik zufolge als zwei Gruppen mit deutlichen Unterschieden in der Bildungsbeteiligung gelten (vgl. Hunger/Thränhardt 2006: 62). Auch Schüler aus dem ‚ehemaligen Jugoslawien‘ werden in PISA nicht weiter ausdifferenziert (vgl. ebd.). In PISA 2009 hingegen wird nur noch nach Schülern der ehemaligen UdSSR, aus Polen und der Türkei unterschieden (vgl. Stanat/Rauch/Segeritz 2010). Wie noch zu zeigen sein wird, verspricht die amtliche Schulstatistik aufgrund höherer Fallzahlen größere Differenzierungsmöglichkeiten (für die bisherige Statistik: anhand des Merkmals der Staatsangehörigkeit; für einzelne Länder wird anhand von Individualdatenstatistiken eine Differenzierung nach weiteren Merkmalen ermöglicht). Hierdurch können auch potentiell gute oder überdurchschnittliche Erfolge für Schüler bestimmter Herkunftsgruppen dargestellt werden, dieser Aspekt wurde bislang nur selten thematisiert (vgl. Thränhardt/Weiss 2012: 118). Z.B. hat Walter (2011) Hinweise darauf geliefert, dass Migration „nicht per se ein Risikofaktor für den Bildungserfolg sein" muss (Walter 2011: 417). Für Schüler mit Migrationshintergrund ist ein ähnlicher Schulerfolg wie für Schüler ohne Migrationshintergrund möglich – und dies sogar, wenn eine ungünstige familiäre Ausgangslage gegeben ist (vgl. ebd.). Daher wird es nachfolgend das Ziel sein, Unterschiede zwischen Schülern mit Migrationshintergrund anhand von Daten der amtlichen Schulstatistik systematisch aufzuarbeiten und die diesbezüglichen alten und neuen Potentiale der Schulstatistik zu überprüfen.

1.8 Prüfbare Theorien anhand von schulstatistischen Datensätzen

Zuvor wurden ausführlich verschiedene theoretische Erklärungsansätze für Bildungsdisparitäten von Schülern mit Migrationshintergrund im Vergleich zu Schülern ohne Migrationshintergrund dargestellt. Bevor Bildungsdisparitäten von Schülern mit Migrationshintergrund in den nächsten Kapiteln untersucht werden, soll dargelegt werden, welchen Beitrag schulstatistische Datensätze zur empirischen Überprüfung spezifischer Theorieansätze leisten können.

Hierzu ist zunächst erforderlich, die verfügbare Datensatzstruktur der amtlichen Schulstatistik darzustellen (vgl. Tabelle 1-2). Die Übersicht erfasst zum einen die herkömmliche Schulstatistik des Statistischen Bundesamtes, die wenige relevante Merkmale in Form von Summendaten sowohl auf Bundes- als auch auf Landesebene bereitstellt. Den Merkmalen der regulären Schulstatistik werden erweiterte Merkmalssätze der Individualdatenstatistik gegenübergestellt. Individualdatenstatistiken sind nicht flächendeckend verfügbar, sondern nur für einzelne Länder, die entsprechende Daten erheben. Zwar gibt es Vereinbarungen bzw. Empfehlungen hinsichtlich

Tabelle 1-2: Merkmalsvergleich zwischen regulärer Summendatenstatistik des Statistischen Bundesamtes und Individualdatenstatistik (am Beispiel von Rheinland-Pfalz; jeweils für das Schuljahr 2008/09)

Variablen	Summendatensätze DESTATIS* Schülerbestand Bundesebene	Summendatensätze DESTATIS* Schülerbestand Landesebene	Schulstatistischer Individualdatensatz** Schülerbestand Landesebene	Schulstatistischer Individualdatensatz** Schülerbewegungen Landesebene	Schulstatistischer Individualdatensatz** Schülerbestand Kreisebene	Schulstatistischer Individualdatensatz** Schülerbewegungen Kreisebene	Beispiel(e) für mögliche Merkmalsausprägungen
Staatsangehörigkeit	X	X	X	X	X	X	deutsch; serbisch
Familiensprache (überwiegende)	-	-	X	X	X	X	Türkisch
Geburtsland	-	-	X	X	X	X	Türkei
Zuzugsjahr	-	-	X	X	X	X	2004
Migrationshintergrund	-	-	X	X	X	X	mit vs. ohne Migrationshintergrund
Schüler-ID	-	-	X	X	-	-	-
Geburtsdatum	-	-	X	X	X	X	01/2002
Geschlecht	-	-	X	X	-	-	männlich
Ganztagsschüler	-	-	X	-	-	-	Besuch Ganztagsschule in verpflichtender Form, …
Schülertyp	-	-	X	-	-	-	Überspringer; Wiederholer
Einschulungsjahr	-	-	X	X	-	-	2008
Neuzugangsvermerk	-	-	X	-	-	-	Rückstellung; Zugang aus Gymnasium, …
Sonderpäd. Förderschwerpunkt	-	-	X	X	-	-	Lernen
Schulart nach Klasse 4	-	-	-	X	-	-	Übergang auf Realschule
Schulart/-form (besuchte)	X	-	X	X	X	X	Grundschule
Rechtsstatus (der Schule)	-	-	X	X	X	X	öffentliche Schule, private Schule
Schulnummer	-	-	X	X	-	-	-
Klassenstufe des Schülers	-	-	X	X	X	X	5
Klassenbezeichnung	-	-	X	X	-	-	5a
Klassenart	-	-	X	X	-	-	Regelklasse; Klasse Hochbegabtenschule, …
Schulstandort (auf Kreisebene)	-	-	-	-	X	X	Landkreis Neuwied
Abschlussart	-	-	-	X	-	X	Abgang mit Fachhochschulreife

*= Statistisches Bundesamt; ** = am Beispiel von Rheinland-Pfalz

X = vorhanden; - = nicht vorhanden

Quellen: Statistisches Bundesamt 2009, Fachserie 11, Reihe 1, Schuljahr 2008/09; FDZ der Statistischen Ämter des Bundes und der Länder, rheinland-pfälzische Statistik der allgemeinbildenden Schulen, Schuljahr 2008/09; eigene Darstellung.

der im Rahmen von Individualdatenstatistiken auszuweisenden Merkmale (vgl. KMK 2011a,b). Allerdings fällt die Umsetzung auf Landesebene unterschiedlich aus – sei es, dass zusätzliche Merkmale ergänzt oder vereinbarte Merkmale nicht erhoben werden. Entsprechend bestehen erhebliche Unterschiede in der Umsetzung der Empfehlungen. Die für die Individualdatenstatistik dargestellten Merkmale orientieren sich an Individualdatensätzen für Rheinland-Pfalz, die später noch tiefergehend analysiert werden.

Das einzige Merkmal, das in den Daten des Statistischen Bundesamtes auf einen Migrationshintergrund von Schülern hinweist, ist sowohl auf Bundes- als auch auf Landesebene die jeweilige Staatsangehörigkeit von Schülern. Diese kann lediglich nach der Bildungsbeteiligung – d.h. dem Besuch verschiedener Schulformen – ausgewertet werden. Zum Schulerfolg, im Sinne der von Schülern (nicht-)erreichten Schulabschlüsse, liegen dem Statistischen Bundesamt die kombinierten Merkmale nach genauer Staatsangehörigkeit, Schulform und dem Abschluss nicht vor (ohne Abbildung).[42] Eine Differenzierung der Abgänger (auch nach Schulform) kann lediglich für deutsche im Vergleich zu ‚ausländischen‘ Abgängern insgesamt erfolgen (vgl. Statistisches Bundesamt 2009). Eine weitergehende Differenzierung nach Staatsangehörigkeit ist nur für einzelne Länder möglich. Z.B. stellen Bayern oder NRW auf Summendaten basierende landesbezogene Abgängerstatistiken bereit, die den erreichten Schulabschluss nach Schulform und nach genauer Staatsangehörigkeit der Abgänger ausweisen (ohne Abbildung) – diese Daten können nur über das jeweilige Statistische Landesamt angefordert werden.

Demgegenüber fallen die im Rahmen der amtlichen Individualdatenstatistik verfügbaren Merkmale erheblich umfangreicher aus (vgl. Tabelle 1-2). Aus datenschutzrechtlichen Gründen wurde vom Statistischen Landesamt Rheinland-Pfalz ein Anonymisierungskonzept erarbeitet, so dass letztendlich vier Datensätze bereitgestellt werden konnten. Diese basieren allesamt auf Individualdaten der amtlichen Schulstatistik. Der wesentliche Unterschied zwischen den Datensätzen besteht darin, dass entweder der Schülerbestand oder die Schülerbewegungen – d.h. Übergänge auf weiterführende Schulen sowie Schulabgänger – abgebildet werden. Weiter werden die Informationen regional entweder der Landesebene insgesamt, oder etwas kleinräumiger den Kreisen und kreisfreien Städte zugeordnet. Auf Landesebene enthalten die Datensätze umfangreiche, auf Kreisebene hingegen nur eingeschränkte Schülermerkmale.[43]

Von den Datensätzen hängt auch ab, ob z.B. die Bildungsbeteiligung nur nach besuchter Schulform untersucht, oder ob zusätzlich auch nach besuchter Klassenstufe

---

42 Der Hintergrund ist, dass die Abgängerdaten nach Staatsangehörigkeit von den Ländern entweder nicht, bzw. nur in Einzelfällen und uneinheitlich erhoben werden. Entsprechend kann das Statistische Bundesamt diese Daten nicht vollständig für die einzelnen Länder und somit auch nicht aggregiert auf Bundesebene ausweisen.

43 Ergänzt werden sollen die Hauptunterschiede zu dem später verwendeten Individualdatensatz für Hessen, der sich sowohl im Aufbau als auch in der Struktur erheblich unterscheidet (z.B. sind alle erforderlichen Informationen in *einem* Datensatz enthalten). Anstatt auch diese Datensatzstruktur ausführlich darzustellen sollen nur die über die im rheinland-pfälzischen Datensatz hinausgehenden Merkmale ergänzt werden. Hierbei handelt es sich um die zweite Staatsangehörigkeit von Schülern, die – sofern vorhanden – erfasst und ausgewiesen wird. Zudem sind Informationen über die Konfession sowie die Laufbahnempfehlung der Schüler enthalten.

unterschieden werden kann.[44] In den nachfolgenden Kapiteln wird die jeweilige Definition und Operationalisierung von ‚Bildungsbeteiligung' angeführt.

Die herkömmliche Schulstatistik bietet – wie gesehen – nur das Merkmal der Staatsangehörigkeit (in Kombination mit dem Besuch spezifischer Schulformen). Die analytischen Möglichkeiten dieses Merkmals werden anhand von Daten der amtlichen Schulstatistik in Kapitel 2 aufgezeigt.

In dem Merkmal spiegeln sich verschiedene (theoretische) Einflüsse wider. Z. B. hinsichtlich der Migrationssituation, da die Staatsangehörigkeit als Indikator für die Herkunft angesehen werden kann – entweder als Indikator für die Herkunft des Schülers, oder für die der Eltern (vgl. Alba/Handl/Müller 1994; Rolff et al. 1996: 350ff.; Söhn 2012: 166). Die Staatsangehörigkeit (bzw. auch das potentielle Herkunftsland) wiederum kann im Aggregat erste Hinweise auf den Rechtsstatus geben (vgl. Söhn 2011a: 185). Somit fasst die Staatsangehörigkeit verschiedene Migrationsformen wie etwa Flüchtlinge oder Arbeitsmigranten zusammen (vgl. auch Ditton/Aulinger 2011: 96) und umfasst spezifische Zuwanderungssituationen sowie disparate Ausstattungen mit Ressourcen. Manche Autoren werten eine nichtdeutsche Staatsangehörigkeit im Aggregat als Hinweis auf kulturelle, soziale und sprachliche Distanz (vgl. z.B. Esser 2006: 177), wodurch bildungspolitisch mehr Förderbedarf bei erhöhten Nichtdeutschenanteilen an Schulen angenommen wird. Direkte und individuelle Aussagen zur Förderbedürftigkeit von Schülern, ihren Sprachkenntnissen, der regionalen Herkunft oder der jeweiligen Migrationserfahrungen sind jedoch nicht möglich (vgl. Bender-Szymanski/Kodron/Plath 2004: 13). Somit wird auch deutlich, dass sich das Merkmal nicht unmittelbar einem Theorieansatz zuordnen lässt.

Die Verwendung einer nichtdeutschen Staatsangehörigkeit wird häufig kritisiert, insbesondere wenn diese das einzige Merkmal zur Erfassung des Migrationshintergrundes von Schülern darstellt. Hierdurch besteht „die Gefahr, die soziale Realität zu verzerren, wenn eine nach ihrer nationalen Herkunft definierte Minderheit als gegebene Einheit verstanden wird" (Sala 2006: 100). Nach Kristen und Dollmann (2012: 103) bestehen nicht nur Unterschiede zwischen Migrantengruppen, sondern auch innerhalb der Gruppen, z.B. beinhaltet die Gruppe der türkischen Staatsangehörigen auch Kurden oder Aleviten. Der Hinweis von Kristen und Dollmann gilt insbesondere auch dann, wenn regionale Differenzen innerhalb von (Herkunfts-)Staaten unberücksichtigt bleiben. Dies wird z.B. von Sala (2006: 104ff.) am Beispiel von italienischen Zuwanderern dargestellt; El-Menouar und Fritz (2009) hingegen zeigen erhebliche regionale bzw. sozioökonomische Entwicklungsdisparitäten innerhalb der Türkei auf, die mit unterschiedlichen Wertvorstellungen bezogen auf demokratische Kultur, Säkularität sowie die Familien- und Geschlechtergleichstellung einhergehen. Regionale Disparitäten können auch innerhalb Deutschlands für Migrantengruppen derselben Staatsangehörigkeit bestehen. Alt zeigt dies u.a. für Vietnamesen, die in Ostdeutschland als Werkvertragsarbeiter tätig waren; demgegenüber handelt es sich bei Vietnamesen in

---

44 Unter Bildungsbeteiligung wird „üblicherweise der Anteil eines Geburtsjahrgangs (meist der 15-Jährigen) an den verschiedenen allgemein bildenden Schulformen" verstanden (Bender-Szymanski/Kodron/Plath 2004: 13). Dieser ist jedoch anhand von amtlichen Daten kaum zu ermitteln, zudem würden die Fallzahlen für Schüler nach spezifischem Migrationshintergrund relativ gering ausfallen, weswegen als Bezugsgrößen die Sekundarschüler insgesamt, die Schüler der Jahrgangsstufen fünf bis neun, oder Schüler der Stufen fünf bis zehn herangezogen werden (vgl. ebd.).

Westdeutschland vorwiegend um Kontingentflüchtlinge (vgl. Alt 2005: 86), woraus Unterschiede in der sozialen Herkunft, im Bildungsniveau und der sozialen Integration zu erwarten sind (vgl. ebd.: 77). Dass sich die Zusammensetzung nach Staatsangehörigkeit immer ändern könne sieht auch Esser (2006: 184), etwa hinsichtlich der Bildungsnähe bzw. -ferne sowie bezogen auf das Einreisealter. Er nennt exemplarisch ex-Jugoslawen, die in Deutschland ab Mitte des 20. Jahrhunderts zuerst relativ gut integriert waren, durch die in den 1990er Jahren einsetzende Bürgerkriegsflucht wiesen spätere Zuwanderer und deren Kinder vermehrt einen niedrigeren Schulerfolg auf (vgl. Esser 2006: 184).

Eine weitere Einschränkung der Schulstatistik ist, dass nur eine – bzw. die erste – Staatsangehörigkeit von Schülern erfasst wird, nicht weitere Staatsangehörigkeiten. Dieses Problem wird an Relevanz gewinnen, da die Anzahl von Schülern mit doppelter Staatsangehörigkeit – insbesondere vor dem Hintergrund des geänderten Staatsangehörigkeitsrechts – erheblich zunimmt (vgl. Kapitel 3).

Trotz aller Kritik stellt die Staatsangehörigkeit weiterhin ein aussagekräftiges Merkmal dar (vgl. Söhn/Özcan 2005: 121), wenn auch nur primär als eines unter mehreren (vgl. Kemper 2010a). Zusätzliche Merkmale werden im Rahmen von amtlichen Individualdatenstatistiken bereitgestellt. Dennoch enthalten die ergänzenden Merkmale nur wenige Informationen, die zur Überprüfung kapitalientheoretischer Annahmen beitragen könnten. Dies gilt insbesondere wegen fehlender Daten zu den Eltern der Schüler (wie etwa zur Bildung der Eltern, ihrem Beruf, Einkommen etc.; vgl. hierzu auch Kapitel 1.1). Lediglich ein Merkmal kann als grober Indikator für das Vorhandensein von kulturellen Kapitalien in der Familie der Schüler gewertet werden: die überwiegend zu Hause gesprochene Familiensprache.[45] Allerdings lässt dieses Merkmal keine präzisen Rückschlüsse über die Quantität und Intensität des Sprachgebrauchs sowie die Qualität der Sprachkenntnisse zu. Unklar bleibt, ob eher überwiegend oder ausschließlich eine bestimmte Sprache verwendet wird, oder ob sich die überwiegend in der Familie gesprochene Sprache von der mit Freunden gesprochenen Sprache unterscheidet. Das Merkmal wird subjektiv eingeschätzt, es ist nicht objektiv messbar wie etwa das Vorliegen einer bestimmten Staatsangehörigkeit. Da das Merkmal auf einer Selbsteinschätzung beruht, kann es – falls eine nichtdeutsche Familiensprache angegeben wird – als „‚weicherer' Indikator für Migrationshintergrund" (Frick/Söhn 2007: 87) angesehen werden. Ein enger Zusammenhang zwischen der Familiensprache und der schulischen Leistung konnte für Migranten am Beispiel der Lesekompetenz sowie in Mathematik belegt werden (vgl. Stanat/Christensen 2006: 52ff.; Stanat/Rauch/Segeritz 2010). Auch könne der überwiegende „Gebrauch einer anderen Sprache zu Hause […] unter Umständen ein Indikator für eine geringe Integration der Familien sein" (Stanat/Christensen 2006: 52). Da Elterninformationen fehlen, bleibt kritisch anzumerken, dass im Unklaren bleibt, ob ein oder zwei Elternteil(e) in Deutschland geboren wurde(n), was u. a. einen Einfluss auf die überwiegende Familiensprache hat.

---

45 In einzelnen Ländern (wie z. B. in Hessen oder NRW) wird zusätzlich das Merkmal der Konfession von Schülern erhoben. Ggf. wäre zu prüfen, ob und inwiefern dieses Merkmal als Indikator für kulturelles Kapital nützlich sein könnte. In den rheinland-pfälzischen Individualdatensätzen ist dieses Merkmal nicht enthalten, weswegen dieser Aspekt nicht weiter diskutiert werden soll.

Anhand von zusätzlichen individualdatenstatistischen Merkmalen kann ein weiter gefasster Migrationshintergrund von Schülern ausgewiesen und analysiert werden. Die Merkmale ermöglichen es Teile der Migrationssituation bzw. -biografie der Schüler abzubilden. Hier sind insbesondere das Geburtsland, der Generationenstatus und das Zuzugsalter zu nennen (diese und weitere Merkmale wie das Geschlecht[46] von Schülern werden insbesondere in Kapitel 4 ausgewertet). Die Angabe eines nichtdeutschen Geburtslandes weist darauf hin, dass ein Schüler entweder selbst, oder in Begleitung seiner Eltern zugewandert ist. Somit kann über dieses Merkmal auch der Generationenstatus von Schülern mit Migrationshintergrund abgeleitet werden (1. Generation = im Ausland geboren; 2. Generation = in Deutschland geboren). Das Merkmal liefert – neben der Staatsangehörigkeit – Hinweise auf die Herkunft von Schülern.[47] Dies ist nicht ganz unproblematisch, da erneut bemerkt werden muss, dass andere Studien – wie z. B. die PISA-Studien – zur Bestimmung der Herkunft auf das Geburtsland der Eltern eines Schülers zurückgreifen (vgl. z. B. Stanat/Rauch/Segeritz 2010: 204). Eine weitergehende Entscheidung darüber, ob ein oder zwei Elternteile im Ausland geboren sein müssen, damit ein Migrationshintergrund vorliegt, ist somit anhand von schulstatistischen Daten nicht möglich (vgl. auch Kemper 2010a: 317f.). Die Information des Geburtslandes kann zudem dann ungenau bzw. problematisch sein, wenn Staaten zerfallen, oder Grenzen (z. B. in Folge von Kriegen) neu gezogen werden (vgl. Hoffmeyer-Zlotnik/Warner 2009: 30).[48] Da Elterninformationen fehlen, werden Schüler mit deutscher Staatsangehörigkeit (die in ihren Familien überwiegend Deutsch sprechen) irrtümlich als Schüler mit Migrationshintergrund aufgefasst, wenn sie im Rahmen von Auslandsaufenthalten der Eltern im Ausland geboren wurden und die Eltern keinen Migrationshintergrund aufweisen. Umgekehrt wird die 2. Generation quantitativ unterschätzt, da Schüler keinen Migrationshintergrund aufweisen, wenn alle erfassten Migrationsmerkmale eine deutsche Ausprägung haben, ihre Eltern jedoch im Ausland geboren wurden. Ebenso sind mangels entsprechender Daten keine Aussagen zur 3. Generation (oder noch höheren Generationen) möglich.

Für im Ausland geborene Schüler, d. h. für Schüler mit Migrationshintergrund der 1. Generation, lässt sich das – aus theoretischer Perspektive – migrationsbiografisch wichtige Zuzugsalter bestimmen (vgl. Kapitel 1.2.2). Dieses kann über eine Substraktion (Zuzugsalter = Zuzugsjahr – Geburtsjahr) näherungsweise abgeleitet werden. Unsystematische bzw. zufällige Fehleinschätzungen können daraus resultieren, dass der genaue Tag des Zuzugs sowie der Geburt nicht erfasst werden, das Gleiche gilt für den genauen Zuzugsmonat. Daher werden zur Berechnung des Zuzugsalters ausschließlich die Jahre des Zuzugs und der Geburt verwendet.

Da Informationen zur Aufenthaltsdauer nicht für die Eltern von Schülern mit Migrationshintergrund vorliegen, kann dieses Merkmal anhand von schulstatistischen

---

46 Da die kombinierte Auswertung der Bildungsbeteiligung nach Geschlecht und Migrationsmerkmalen den Rahmen dieser Arbeit sprengen würde, wird dieses Merkmal nur punktuell betrachtet.

47 Dies ist für die überwiegende Familiensprache nur sehr bedingt der Fall (vgl. hierzu Kapitel 3 und 4).

48 Hier sei exemplarisch an das ehemalige Jugoslawien und die Nachfolgestaaten gedacht. Ein ähnliches Problem besteht auch hinsichtlich der Zuordnung von Staatsangehörigkeiten, die hinsichtlich der Nachfolgestaaten des ehemaligen Jugoslawiens nicht immer stimmig sind (vgl. Statistisches Bundesamt 20011b: 5, Methodische Einführung).

Daten nicht berücksichtigt werden. Die Aufenthaltsdauer spiegelt sich lediglich in dem Zuzugsalter von Schülern der 1. Generation wider (der Zusammenhang lautet: je niedriger die Aufenthaltsdauer, desto höher das Zuzugsalter und umgekehrt). Allerdings lassen sich keine Aussagen zur Aufenthaltsdauer der Eltern von Schülern mit Migrationshintergrund der 2. Generation treffen. Ein möglicher Einfluss der Aufenthaltsdauer auf Bildung kann somit lediglich vermittelt über die Höhe des Zuzugsalters von Schülern der 1. Generation abgebildet werden.[49]

Aus migrationsbiografischer Perspektive ist es zudem sinnvoll, den Generationenstatus mit dem Zuzugsalter zu kombinieren. Denn das Zuzugsalter ist quasi ein ‚Spezialfall' des Generationenstatus, denn nur für die erste Generation ist eine Zuwanderung gegeben – entsprechend lässt sich nur für diese das Zuzugsalter ausdifferenzieren. Es bestehen verschiedene Konzepte, das Zuzugsalter mit dem Generationenstatus zu verbinden. In Tabelle 1-3 wird auf eine Unterteilung nach Dezimalgeneration zurückgegriffen, die insbesondere in US-amerikanischen Studien verwendet wird, die zunehmend aber auch in Deutschland Berücksichtigung findet (vgl. Rumbaut 1997, 2004; Oropesa/Landale 1997; Stanat/Segeritz 2009; vgl. hierzu auch Kemper 2010a: 318f.). Diese soll punktuell – sofern sinnvoll und möglich – auch im Rahmen dieser Arbeit aufgegriffen werden.

Tabelle 1-3:   **Zuordnung des Generationenstatus (Dezimalgeneration) nach Zuzugsalter**

Generation	Zuzugsalter in Jahren
1,75.	0 – 5
1,5.	6 – 12
1,25.	13 – 17

Wird die 1. Generation weiter nach dem Alter des Zuzugs ausdifferenziert, so sind für Zugezogene im Schulalter die drei abgebildeten Dezimalgenerationen relevant. Die 1,75. Generationskohorte umfasst die in der frühen Kindheit sowie im Vorschulalter Zugezogenen, die 1,5. Generation die in der mittleren Kindheit Zugezogenen und die Kohorte der 1,25. Generation die im Jugendalter Zugezogenen (vgl. Rumbaut 1997: 507, 2004: 1167; Oropesa/Landale 1997: 435). Diese Differenzierung „basiert unter anderem auf sprachpsychologischen Erwägungen, wonach der Erwerb einer Zweitsprache mit zunehmendem Alter schwieriger wird und somit die Integration in das Bildungssystem mit größeren Hürden verbunden ist" (Stanat/Segeritz 2009: 146; zur weiteren Begründung vgl. ausführlich Kapitel 1.2.2; sowie Rumbaut 2004: 1164ff.). Die vorgenommene Unterteilung nach Zuzugsalter wird von Esser unterstützt, wonach die ‚kritische Periode' etwa ab dem 13. Lebensjahr beginnt (vgl. Esser 2008: 202) und die allgemeine Lernfähigkeit spätestens mit Beginn der Pubertät deutlich abnimmt (vgl. Esser 2006: 106f.).[50] Sollten die Fallzahlen für eine entsprechende Differenzierung

---

49   Hingewiesen sei darauf, dass auch das Einreisealter oder die Aufenthaltsdauer nicht kausal Bildungsergebnisse bestimmen, sondern nur Indikatoren bzw. Proxy-Maße für theoretische Konstrukte darstellen. Z.B. stehen diese nach Esser (2006: 91) „für die eigentlich relevanten theoretischen Konstrukte Motivation, Zugang, Effizienz und Kosten".

50   Eine denkbare Alternative wäre es auch, diese Annahmen zugunsten der deutschen institutionellen Bedingungen zurückzustellen. Beispielsweise könnte die 1,25. Generation von allen im Alter von

nicht ausreichen, wird nach der 2. Generation sowie der 1. Generation unterschieden, wobei die 1. Generation möglichst binnendifferenziert wird zwischen den im Vorschulalter und den im Alter von mindestens 6 Jahren Zugezogenen (den sogenannten ‚Seiteneinsteigern' in das deutsche Schulsystem) unterschieden werden soll (vgl. hierzu z. B. Glick/Hohmann-Mariott 2007: 374f.; Segeritz/Walter/Stanat 2010: 117ff.).

In den vorhergehenden Kapiteln wurde theoretisch postuliert (und anhand des bisherigen Forschungsstandes belegt), dass Schüler mit Migrationshintergrund insgesamt Bildungsnachteile aufweisen. Eine empirische Überprüfung ist auch anhand von schulstatistischen Individualdaten möglich, denn diese lassen eine Definition des Migrationshintergrundes zu. Zu beachten ist, dass es sich bei einem ‚Migrationshintergrund' um ein wissenschaftliches und insbesondere um ein statistisches Konstrukt handelt (vgl. z. B. Kemper 2010a). Denn ein ‚Migrationshintergrund' ist nicht objektiv vorhanden bzw. gegeben, sondern wird in unterschiedlicher Weise erfasst. Somit gibt es keine einheitliche, allgemeinverbindliche Definition für einen ‚Migrationshintergrund'. Entsprechend vielfältig fallen in Studien die Operationalisierungsweisen aus, die sich zumeist an den „in den jeweiligen Datensätzen verfügbaren Informationen" orientieren (Kristen/Dollmann 2012: 103). Die Individualdatenstatistik stellt als Merkmale die Staatsangehörigkeit, die überwiegende Familiensprache sowie das Geburtsland zur Verfügung. Entsprechend der Definition der KMK (2011a: 29) liegt bei einem Schüler ein Migrationshintergrund vor, wenn dieser entweder eine nichtdeutsche Staatsangehörigkeit oder ein nichtdeutsches Geburtsland aufweist, oder zu Hause überwiegend eine andere Sprache als Deutsch spricht (vgl. hierzu ausführlich Kapitel 3.4).[51] Eine – insbesondere – internationale Anschlussfähigkeit des ‚Migrationshintergrundes' an andere Studien ist für amtliche Individualdatenstatistiken nicht gegeben, da hierfür Informationen über die Eltern, d. h. zumindest über ihr Geburtsland, erforderlich wären (vgl. Söhn/Özcan 2005; Stanat/Edele 2011). Für Hoffmeyer-Zlotnik und Warner (2009: 21) erfüllt selbst die weitestmögliche Definition anhand von schulstatistischen Individualdaten nicht die Funktion als „soziodemographische Hintergrundvariable" (ebd.), da eine solche bis auf die Ebene der Eltern zurückzugehen müsste (vgl. ebd.). Unterschiedliche Definitionen und Operationalisierungen des Migrationshinter-

---

wenigstens 10 Jahren Zugezogenen gebildet werden. Hierdurch würden die institutionellen Bedingungen stärker hervorgehoben (1,75. Generation: Zuzug im Vorschulalter von unter 6 Jahren; 1,5. Generation: Zuzug im Besuchsalter der Primarstufe von 6 bis unter 10 Jahren; in der 1,25. Generation Seiteneinstieg in die Sekundarstufe im Alter von 10 bis unter 18 Jahren). Eine weitere abweichende Definition des Generationenstatus findet sich z. B. bei von Below (2004: 197f.), sie zählt zur 1. Generation alle im Alter von mehr als 6 Jahren Zugewanderten, der 2. Generation werden alle in Deutschland geborenen mit Migrationshintergrund zugeordnet sowie alle bis zum Alter von 6 Jahren Zugewanderten (vgl. ebd.; auch Kalter et al. 2011: 263f.). Ein Zuzugsalter von 6 Jahren dient als Grenze, da Schüler mit einem Zuzugsalter von unter 6 Jahren ihre gesamte Schullaufbahn in Deutschland absolviert haben, oder mit einem höheren Zuzugsalter als Seiteneinsteiger in die Schule kamen (vgl. von Below 2004: 198; vgl. auch Portes/Rumbaut 2001). Ähnlich verfahren Glick und Hohmann-Mariott (2007: 374f.), sie weisen als 2. Generation die im Aufnahmeland Geborenen aus, die 1. Generation stellen die im Alter von über 6 Jahren Zugezogenen dar, während die 1,5. Generation die im Vorschulalter von unter 6 Jahren Zugezogen umfasst (vgl. ebd.; auch Segeritz/Walter/Stanat 2010: 122).

51 Das Zuzugsalter erweitert den Kreis von Schülern mit Migrationshintergrund nicht, da dieses nur für im Ausland geborene Schüler (bzw. von Schülern mit einem nichtdeutschen Geburtsland) vorliegt und somit hinsichtlich der Erfassung von Schülern mit Migrationshintergrund redundant ist.

grundes haben insofern eine besondere Relevanz, als von ihnen die Ergebnisse abhängen. Verschiedene Definitionen führen zu verschiedenen Ergebnissen, die z. T. verzerrt sein können, hierdurch wird auch die Vergleichbarkeit der Ergebnisse erschwert oder sogar verunmöglicht (vgl. z. B. Söhn/Özcan 2005; Hunger/Thränhardt 2006; Kuhnke 2006; Gresch/Kristen 2011; Ditton/Aulinger 2011: 97; Kemper 2010a).

Ein weiterer Kritikpunkt ist, dass Schüler mit Migrationshintergrund insgesamt eine in sich sehr heterogene Gruppe darstellen. Und zwar „so heterogen, dass kaum allgemeine Aussagen über sie möglich sind" (Schröder 2012: 241). Durch eine aggregierte Darstellung würden nach Hamburger (2011: 90) potentielle Differenzierungen – etwa nach Herkunft, Generationenstatus oder Rechtsstatus – zum Verschwinden gebracht.

Dieser Kritik kann durch die Bildung von Migranten- bzw. Herkunftsgruppen und weiterer Differenzierungen (etwa nach Generationenstatus oder Zuzugsalter) begegnet werden. Nicht zuletzt aufgrund von gruppenspezifischen Migrationsbiografien (vgl. Esser 2001: 55) wird auf eine erhebliche bildungsbezogene Varianz zwischen verschiedenen Herkunftsgruppen hingewiesen (vgl. z. B. Söhn 2011a: 16; Kristen/Dollmann 2012: 102f.; Thränhardt 1999; Hunger/Thränhardt 2006; Segeritz/Stanat/Walter 2010). Da spezifische Migrantengruppen auf verschiedene Arten operationalisiert werden können (vgl. Kristen/Dollmann 2012: 103), sollen die Möglichkeiten anhand von schulstatistischen Individualdaten dargestellt werden. Hierfür sind die Variablen Staatsangehörigkeit und Geburtsland geeignet, die zur Bildung von Herkunftsgruppen miteinander kombiniert werden können (vgl. auch Kapitel 4). Hiernach wäre ein Schüler z. B. einer türkischen Herkunftsgruppe zuzuordnen, wenn er entweder eine türkische Staatsangehörigkeit und / oder die Türkei als Geburtsland aufweist. Das Merkmal der überwiegenden Familiensprache wird hingegen nicht verwendet, da dieses Merkmal zum einen kein objektives ist. Wichtiger noch: über dieses Merkmal (allein) kann nicht bzw. nur bedingt auf die Herkunft von Schülern geschlossen werden (vgl. hierzu ausführlich: Kapitel 3 und 4). Denn Sprachen stimmen nicht unbedingt mit (nationalstaatlichen) Regionen überein (und umgekehrt), entsprechend sind Rückschlüsse von der überwiegenden Familiensprache auf die regionale Herkunft problematisch. Dies kann am Beispiel von Spanisch nachvollzogen werden, da diese Sprache sowohl in Spanien als auch in verschiedenen weiteren – insbesondere südamerikanischen – Ländern gesprochen wird (als weitere, regional nicht eindeutig zuzuordnende Sprachen seien z. B. Arabisch, Kurdisch, Englisch oder Französisch genannt). In den Herkunftsgruppen spiegeln sich die aus theoretischer Perspektive erwartbaren Unterschiede nach Ressourcenausstattung aber auch die Migrationssituation wider, etwa hinsichtlich der – jeweils im Aggregat – gruppenspezifischen Migrationsbiografie oder des Rechtsstatus.

Die Individualdatenstatistik bietet gegenüber anderen Erhebungen und Datensätzen den klaren Vorteil, dass diese eine Vollerhebung darstellt und hierdurch Bildungsanalysen nach Herkunftsgruppen erheblich weiter ausdifferenziert werden können. Hierdurch entfällt das Problem, das z. B. frühere PISA-Studien hatten, dass fallzahlbedingt nur aggregierte Ergebnisse etwa für griechische *und* italienische Schüler oder für Schüler aus dem ehemaligen Jugoslawien zusammengefasst ausgewiesen werden können (vgl. Hunger/Thränhardt 2006: 62).

Da sowohl Unterschiede zwischen, aber auch innerhalb von Migrantengruppen bestehen können (vgl. Kristen/Dollmann 2012: 103), ist eine kombinierte Analyse nach Herkunftsgruppe und Generationenstatus erforderlich, um unverzerrte Aussagen zwischen den Gruppen treffen zu können (vgl. Gresch/Kristen 2011: 212f.). Denn Verzerrungen könnten aus der jeweiligen Zusammensetzung der Herkunftsgruppen nach Generationenstatus resultieren (vgl. ebd.). Zudem lassen sich nur über eine „Verknüpfung von Herkunft und Generationenstatus [...] differenzielle Muster innerhalb der Gruppen aufdecken" (Gresch/Kristen 2011: 222; vgl. hierzu auch Stanat/Segeritz 2009: 145). Diesen Forderungen kann anhand von schulischen Individualdaten nachgekommen werden.[52]

Nach Migrationsmerkmalen bestehende Disparitäten bilden sich in der institutionellen Verteilung oder an institutionellen Entscheidungsstellen ab. In der Individualdatenstatistik können diese u. a. hinsichtlich Übergängen von der Grundschule in weiterführende Schulformen, des Besuchs spezifischer Schulformen, Klassenwiederholungen, Wechseln zwischen den Schulformen und erreichten Schulabschlüssen untersucht werden. Z. B. können Über- oder Unterrepräsentationen von Schülern mit Migrationshintergrund an spezifischen Schulformen auf institutionelle Benachteiligungen gegenüber Schülern ohne Migrationshintergrund hinweisen. Der Besuch zweier Schulformen ist hierbei von besonderem Interesse. Zum einen die Schulform Gymnasium, von der die Mehrheit der Abgänger die Schule mit allgemeiner Hochschulreife verlässt. Diese wird weiterhin als „Königsweg zur Studienberechtigung" (Baumert/Maaz 2012: 290) bezeichnet und dient auch als Indikator für die Bildungsintegration von Schülern mit Migrationshintergrund (vgl. Walter 2012: 225). Zum anderen interessiert besonders der Besuch der Schulform Förderschule, deren Abgänger weit mehrheitlich – d. h. im Jahr 2010 zu 75 % – noch nicht einmal einen Hauptschulabschluss erlangen, weitere 22 % gehen mit einem Hauptschulabschluss ab (vgl. Autorengruppe Bildungsberichterstattung 2012: 97). Dies ist deshalb von besonderer Relevanz, da selbst Abgänger mit Hauptschulabschluss Schwierigkeiten haben, anschließend einen Ausbildungsplatz zu erhalten (vgl. z. B. Solga 2005; Granato/Ulrich 2009). Anhand neuerer Befragungsdaten zeigen Granato und Ulrich (2009: 45f.) auf, dass nur etwa jeder vierte Abgänger mit maximal Hauptschulabschluss unmittelbar in eine betriebliche Ausbildung einmündet. Diese Zahlen sprechen dafür, dass die Förderschulbesuchsquote von Migranten „einen wichtigen Indikator für [...] Partizipationschancen im deutschen Bildungssystem" darstellt (Powell/Wagner 2002: 65; vgl. auch Wagner/Powell 2003: 183; Kornmann 2004: 27). Denn Förderschulen (insbesondere mit dem Schwerpunkt Lernen) wird vorgeworfen, zur Ausgrenzung von Kindern unterer Sozialgruppen sowie von Schülern mit Migrationshintergrund beizutragen (vgl. z. B. Klein 2001; Mand 2006; Kornmann 2010; Diefenbach 2007) sowie benachteiligend zu wirken (vgl. Eckhart/Haeberlin/Sahli Lozano/Blanc 2011 für die Schweiz). Ein erhöhter Förderschulbesuch sei als Hinweis auf unzureichende schulische Förderung anzusehen, etwa wenn an Regelschulen sprachlich bedingte Benachteiligungen nicht kompensiert werden könnten (vgl. z. B. Solga/Powell 2006: 184; auch Schröder 2012: 248f.). Auch in diesem Zusammenhang wird angenommen, dass Förderschulen eine

---

52 Allerdings sind – wie bereits mehrfach gezeigt – Abstriche bei der Operationalisierung des Migrationshintergrundes zu konstatieren.

Entlastungsfunktion für Regelschulen haben und Schüler mit Migrationshintergrund durch einen überrepräsentierten Besuch dieser Schulform institutionell benachteiligt werden (vgl. hierzu ausführlich Kapitel 1.3).

Wie noch zu zeigen sein wird, erlauben es schulische (Individual-)Statistiken, Schüler differenziert nach Staatsangehörigkeit sowie nach Migrationshintergrund auch hinsichtlich des Förderschulbesuchs zu untersuchen. Dies ist ein bedeutender Vorteil gegenüber anderen großen repräsentativen Erhebungen – im Rahmen der PISA-Studien etwa bleibt die Schulform Förderschule weitestgehend unberücksichtigt (vgl. hierzu auch Hunger/Thränhardt 2006: 53; Koch 2006).

Anhand der vorliegenden Datensätze lassen sich sozialräumliche Annahmen nicht bzw. allenfalls nur sehr bedingt untersuchen. Denn es liegen lediglich Informationen auf der Kreisebene vor, die sich mit weiteren sozialräumlichen Informationen verknüpfen lassen. Zwar sind die Schülerdaten prinzipiell auch auf einzelschulischer Ebene vorhanden, allerdings sind die Schulinformationen anonymisiert, d. h. die Schulen können nicht den schulischen Sozialräumen, sondern nur den zugehörigen Kreisen und kreisfreien Städte zugeordnet werden. Auch diese Informationen liegen den Statistischen Landesämtern vor, aus datenschutzrechtlichen Gründen könnten die Schulzuordnungen von Schülern nur anonymisiert bereitgestellt werden. Somit lassen sich die Schüler einzelnen (anonymisierten) Schulen zuordnen, die Schulen allerdings nicht zu den Sozialräumen bzw. entsprechenden sozialräumlichen Kontextinformationen. Die ‚kleinräumigste' Zuordnung von Schülern ist nur auf der Ebene von Kreisen und kreisfreien Städten realisierbar. Dies ist wenig hilfreich, da sich die sozialräumlichen Gegebenheiten bekanntlich innerhalb von Kreisen und insbesondere von kreisfreien Städten erheblich unterscheiden (vgl. z. B. Friedrichs/Triemer 2009; ILS/ZEFIR 2003; Bonsen et al. 2010). Somit sind etwa keine Aussagen darüber möglich, inwiefern das schulische Angebot in den Stadtteilen oder die kleinräumige Sozialstruktur die Bildungsbeteiligung beeinflusst (vgl. z. B. für das Ruhrgebiet Terpoorten 2007).

Inwiefern Kompositionseffekte der Schülerschaft bestehen, lässt sich anhand von schulstatistischen Daten nur sehr eingeschränkt auswerten. Nach Esser (2006: 294ff., 337) könne sich die soziale, kognitive, ethnische und sprachliche Komposition auf schulische Leistungen und Ergebnisse auswirken. Zum einen wären in dem Individualdatensatz allenfalls Übergänge und Abgänge als abhängige Variablen denkbar, auf die sich Kompositionseffekte auswirken könnten (Informationen zu Schulleistungen und/oder Noten sind bekanntlich nicht vorhanden). Zum anderen fehlen erforderliche unabhängige Variablen, etwa zur Qualität und dem Besuch vorschulischer Einrichtungen, zum Vorwissen, zur Ressourcenausstattung der Familien, der Qualität des Unterrichts und der Schule. Der Datensatz stellt lediglich den Anteil der Schüler mit Migrationshintergrund (auch differenziert nach Herkunftsgruppen) bereit. Ebenso ist keine Trennung der konfundierten Kompositionseffekte, etwa nach sozialer und ethnischer Komposition möglich (vgl. Baumert/Stanat/Watermann 2006). Entsprechend ist auch die Analyse von Kontextbedingungen und möglichen Kontexteffekten der Nachbarschaft nicht hinreichend analysierbar, weil sich ergänzende kleinräumige Sozialstrukturdaten nicht mit den anonymisierten einzelschulischen Daten verknüpfen lassen.

Ähnlich verhält es sich auch hinsichtlich des Ansatzes, die primären und sekundären Herkunftseffekte auf Bildungsentscheidungen zu berücksichtigen: Da die erforderlichen Merkmale fehlen, sind diese nicht anhand von schulstatistischen Individualdaten untersuchbar. Nachfolgend wird insbesondere die Bildungsbeteiligung analysiert, die sich „aus dem Zusammenspiel von Leistungsentwicklung und sukzessiven Bildungsentscheidungen" ergibt (Kristen/Dollmann 2012: 113).

Anhand der zur Verfügung stehenden Merkmale sollen daher in den nachfolgenden Kapiteln insbesondere die Bildungsbeteiligung und der Schulerfolg von Schülern mit Migrationshintergrund bzw. nach verschiedenen Migrationsmerkmalen vertiefend untersucht werden – jeweils im Vergleich zu Schülern ohne Migrationshintergrund bzw. zu denen, die keine Migrationsmerkmale aufweisen. Schulstatistische Individualdaten versprechen insbesondere die Auswirkungen der Migrationsbiografie bzw. Migrationssituation auf Bildungsergebnisse vertiefend untersuchen zu können. Hierbei wird die Bildungsbeteiligung deshalb besonders betrachtet, weil diese auf Übergängen und Übergangsentscheidungen beruht. Übergänge erfolgen in Deutschland vergleichsweise früh und sind später kaum revidierbar (vgl. Becker/Schubert 2011: 163). Entsprechend lassen sich Nachteile „besonders deutlich im Bereich der Sekundarschulbildung feststellen" (ebd.). Im selektiven deutschen Schulsystem entscheidet der besuchte Sekundarschultyp (vor), „welchen Sekundarschulabschluss eine Person erreicht" (Diefenbach 2011: 147). Daher ist die Bildungsbeteiligung „der wichtigste Prädiktor für die im Lebenslauf erreichbare soziale Position" (Baumert/Maaz 2012: 290), dieser Zusammenhang ist im Zeitverlauf sogar noch enger geworden (vgl. ebd.; Becker 2009).

Hingegen ist der Schulerfolg in Form von Bildungszertifikaten und schulischen Abschlüssen deshalb zentral, da dieser als Indikator für Bildungsungleichheit, soziale Integration und wirtschaftliche Chancen – wie etwa auf dem Arbeitsmarkt – angesehen werden kann (vgl. Söhn 2011a: 18). Denn wie bereits zuvor insbesondere für Abgänger mit maximal Hauptschulabschluss gezeigt – hängt die berufliche Zukunft und der Zugang zu betrieblicher Berufsausbildung maßgeblich vom Schulerfolg bzw. Schulabschluss ab (vgl. hierzu z.B. Skrobanek 2009; Granato 2009; Christe 2011: 18; Segeritz/Walter/Stanat 2010: 117). Denn Schulabschlüsse sind „Ausdruck kumulierter schulischer Erfahrungen und Einzelleistungen an verschiedenen Stufen des Bildungssystems" (Diefenbach 2011: 139). Dies hat zur Folge, „dass kein anderer Aspekt von Bildung die Lebenschancen und die Lebensqualität von Individuen so stark beeinflusst wie die in der Sekundarstufe erworbenen Bildungszertifikate" (ebd.). Z.B. führten niedrige Schulabschlüsse zu Nachteilen in anderen Lebensbereichen, was für den gesamten Lebensverlauf entscheidend sei (vgl. ebd.; Becker 2009: 89). So wirkten sich z.B. Arbeitslosigkeit, das Einkommen, die Nutzung weiterführender Berufs- oder Bildungsgänge auf die allgemeine Zufriedenheit und Gesundheit aus (vgl. ebd.).

In den nachfolgenden Kapiteln werden die individualdatenstatistischen Potentiale überprüft, die im Vergleich zur herkömmlichen – auf Summendaten basierenden – Schulstatistik hinsichtlich der Analyse von Bildungsdisparitäten von Schülern mit Migrationshintergrund bestehen. Hierbei rücken die einzelnen Migrationsmerkmale und die mit diesen einhergehenden zusätzlichen Analysemöglichkeiten in den Fokus, anhand derer sich insbesondere die Migrationssituation nach Herkunftsgruppen beschreiben lässt.[53]

Im nächsten Kapitel werden ausführlich die analytischen Potentiale der herkömmlichen Schulstatistik herausgearbeitet und die Bildungsbeteiligung von Schülern nach Staatsangehörigkeit vertiefend untersucht. Z.B. weist der Umfang des Gymnasial- und Förderschulbesuchs auf die institutionellen Bedingungen des Schulbesuchs für Schüler mit nichtdeutscher Staatsangehörigkeit hin. Die Besuchsanteile werden mit denen von deutschen Schülern kontrastiert um mögliche bestehende Benachteiligungen im Besuch spezifischer Schulformen erkennen zu können. Zudem können auf Landesebene bestehende regionale Disparitäten in der Bildungsbe(nach)teiligung für Schüler verschiedener Staatsangehörigkeiten untersucht werden.

Hieran anknüpfend werden in Kapitel 3 die Auswirkungen des seit dem Jahr 2000 geänderten Staatsangehörigkeitsrechts auf das schulstatistische Merkmal der (nichtdeutschen) Staatsangehörigkeit analysiert. Untersucht werden Veränderungen des Merkmals wie z.B. hinsichtlich der staatsangehörigkeitsspezifischen Zusammensetzung der nichtdeutschen Schüler insgesamt, über die sich potentiell auch Veränderungen in der Migrationssituation der nichtdeutschen Schüler insgesamt ableiten lassen. Auch wird die verbleibende Aussagefähigkeit des Merkmals zur Messung von Schülern mit Migrationshintergrund aufgearbeitet. Zudem wird untersucht, welche quantitative Bedeutung weiterer Migrationsmerkmalen zukommt, die im Rahmen von Individualdatenstatistiken erhoben werden.

Abschließend werden in Kapitel 4 exemplarisch für das Land Rheinland-Pfalz Unterschiede in der Bildungsbeteiligung und im Schulerfolg für Schüler mit – im Vergleich zu Schülern ohne – Migrationshintergrund untersucht. Dies geschieht anhand von Individualdatenstatistiken, die erweiterte Migrationsmerkmale bereitstellen. Geprüft werden die Potentiale dieser Daten, Bildungsdisparitäten von Schülern mit Migrationshintergrund zu analysieren. Neben der Staatsangehörigkeit sind als zusätzliche Migrationsmerkmale insbesondere das Geburtsland, der Generationenstatus, das Zuzugsalter sowie die überwiegende Familiensprache zu nennen. Die durch die Individualdatenstatistik bereitgestellten Merkmale geben ansatzweise Auskunft über die Migrationssituation bzw. -biografie von Schülern und indizieren tendenziell auch das vorhandene kulturelle Kapital. Bezogen auf institutionelle Bedingungen bzw. Benachteiligungen sind in dem Datensatz Informationen zur besuchten Schulform enthalten. Hier interessieren besonders der Besuch von Gymnasien sowie der von Förderschulen – etwa kann von einer Benachteiligung ausgegangen werden, wenn Schüler mit einer nichtdeutschen Staatsangehörigkeit häufiger als deutsche Schüler Förderschulen besuchen. Insgesamt wird untersucht, inwiefern ein Zusammenhang zwischen den (Migrations-)Merkmalen und der Bildungsbeteiligung sowie dem Schulerfolg von Schülern mit Migrationshintergrund besteht.

---

53 Zudem werden sich in den Unterschieden nach Herkunftsgruppe auch die nicht in den Datensätzen vorhandenen und somit unkontrollierten Hintergrundvariablen widerspiegeln.

2. Analysen zur staatsangehörigkeitsspezifischen Bildungsbeteiligung auf Ebene des Bundes und der Länder

Bislang wurden nichtdeutsche Schüler an allgemeinbildenden Schulen auf Ebene des Bundes und der Länder von der Bildungsforschung nur wenig differenziert – oder sogar undifferenziert als „Ausländische Schüler" insgesamt – betrachtet. Ursache für den geringen Differenzierungsgrad sind die Datenquellen, die nur unzureichende Fallzahlen bereitstellen. Z. B. reichen die Fallzahlen des Mikrozensus, Sozio-ökonomischen Panels (SOEP) oder der PISA-Daten für eine genauere und nach der jeweiligen Staatsangehörigkeit von Schülern differenzierende Betrachtung nicht oder nur bedingt aus (sofern die entsprechenden Daten überhaupt erhoben werden).[54] Wenn bestimmte Staatsangehörigkeitsgruppen fallzahlbedingt nicht analysiert werden, kann hieraus eine verzerrte Sichtweise resultieren. Denn empirisch können bestimmte Staatsangehörigkeitsgruppen eine von der Gruppe der nichtdeutschen Schüler insgesamt oder den bisher analysierten Staatsangehörigkeiten deutlich abweichende Bildungsbeteiligung aufweisen. In Folge dessen wurden bislang bestehende Bildungsdisparitäten für Schüler verschiedener Staatsangehörigkeiten nicht ausreichend identifiziert. Die amtliche Schulstatistik stellt Daten zur Grundgesamtheit der Schüler nach Staatsangehörigkeit bereit. Hierdurch wird es ermöglicht, die Bildungsbeteiligung zu bislang noch nicht berücksichtigten Staatsangehörigkeiten sowohl auf Bundes- als auch auf Landesebene zu untersuchen. Unter Bildungsbeteiligung wird nachfolgend die Verteilung von Schülern auf verschiedene Schulformen verstanden. Häufig werden Schulformbesuchsquoten berechnet, die den Anteil des Besuchs spezifischer Schulformen in Prozent für verschiedene Schülergruppen wiedergeben. Im vorhergehenden Kapitel wurde gezeigt, dass sich die Ausgangsbedingungen von Schülern nach Herkunft bzw. Staatsangehörigkeit auf Grund ihrer jeweiligen Kapitalienausstattung, der Migrationssituation, der institutionellen Bedingungen und / oder Kontextbedingungen bzw. sozialräumlichen Gegebenheiten deutlich unterscheiden. Daher wird angenommen, dass z. T. deutliche Disparitäten in der Bildungsbeteiligung zwischen Schülern verschiedener Staatsangehörigkeiten bestehen. Ziel dieses Kapitels ist es, die Bildungsbeteiligung von Schülern differenziert nach Staatsangehörigkeit darzustellen, mögliche bestehende Bildungsdisparitäten von Schülern nach der jeweiligen nichtdeutschen Staatsangehörigkeit gegenüber deutschen Schülern anhand von amtlichen Schulstatistiken aufzuzeigen und die Bildungsbeteiligung auch für bislang unberücksichtigte Staatsangehörigkeiten systematisch aufzuarbeiten.

Verwendet werden hierzu Daten des Statistischen Bundesamtes der Fachserie 11, Reihe 1 für das Schuljahr 2007/08, da sich in diesem Schuljahr – im Gegensatz zu

---

54 Dieses Kapitel geht ausschließlich auf die Staatsangehörigkeit ein, weswegen der in den genannten Studien erhobene Migrationshintergrund an dieser Stelle unberücksichtigt bleibt. Analysen zur Bildungssituation von Schülern mit Migrationshintergrund werden in Kapitel 4 durchgeführt.

späteren Schuljahren – das geänderte Staatsangehörigkeitsrecht auf Schüler in der Sekundarstufe noch nicht auswirkt. Denn die Kohorte der ab 2000 Geborenen wird erst in den darauffolgenden Schuljahren allgemeinbildende Schulformen mit Schulangebot in Sekundarstufe I besuchen (vgl. hierzu ausführlich Kapitel 3). Somit werden die Potentiale der amtlichen Schulstatistik hinsichtlich der Analyse der Bildungsbeteiligung von Schülern nach Staatsangehörigkeit für ein Schuljahr dargestellt, das noch nicht grundlegend durch das geänderte Staatsangehörigkeitsrecht beeinflusst wird (die quantitativen Auswirkungen des im Jahr 2000 geänderten Staatsangehörigkeitsrechts und der hiermit verbundenen Veränderungen der Schülerpopulation nach Staatsangehörigkeit werden ausführlich in Kapitel 3 dargestellt).

Zunächst wird überprüft, ob Disparitäten im Besuch spezifischer Schulformen in Abhängigkeit von der Staatsangehörigkeit der Schüler bestehen. Hierdurch wird ersichtlich, ob für Schüler mit unterschiedlichen Staatsangehörigkeiten an Schularten der Sekundarstufe I Ähnlichkeiten oder Unterschiede in der Bildungsbeteiligung vorliegen. Die verwendeten amtlichen Schulstatistiken haben den Vorteil, dass sie differenzierte Informationen zur Grundgesamtheit von Schülern bereitstellen, da sie z. B. die jeweilige Staatsangehörigkeit von Schülern erfassen. Zudem werden Schulstatistiken jährlich erhoben, sie sind öffentlich zugänglich und somit uneingeschränkt verfügbar. Alles in allem sind Daten der amtlichen (Schul-)Statistik als valide anzusehen, insbesondere hinsichtlich der Erhebung eines objektiven Merkmals wie der Staatsangehörigkeit von Schülern. Zu ergänzen ist jedoch, dass Schüler mit mindestens zwei Staatsangehörigkeiten ausschließlich als deutsche Schüler erfasst werden, sofern eine der beiden Staatsangehörigkeiten die deutsche ist (vgl. hierzu vertiefend Kapitel 3). Denn bisherige amtliche Schulstatistiken weisen für Schüler nur eine Staatsangehörigkeit aus. Weitere punktuelle und landesspezifische Einschränkungen werden an den jeweiligen Stellen im Verlauf dieses Kapitels thematisiert.

Die nachfolgenden Analysen werden auf zwei verschiedenen Ebenen durchgeführt: In Kapitel 2.1 wird die Ebene des Bundes untersucht (ergänzt um eine Differenzierung nach westdeutschen gegenüber ostdeutschen Bundesländern insgesamt). In Kapitel 2.2 wird zunächst für jede Staatsangehörigkeitsgruppe die Zuwanderungsgeschichte nach Deutschland kurz dargestellt. Anschließend wird die Bildungsbeteiligung von Schülern differenziert nach Staatsangehörigkeit in den einzelnen Ländern dargestellt, es erfolgt ein Vergleich der Landesergebnisse. Hierdurch wird ermöglicht, länderspezifische Besonderheiten (im Vergleich zu anderen Ländern sowie zur Bundesebene insgesamt) zu erkennen. Punktuell werden sowohl auf Bundesebene, als auch für die Länder ergänzende Korrelationen gerechnet, sofern hierdurch ein inhaltlicher Mehrwert zu erwarten ist. Die Korrelationsanalysen ermöglichen es, Aussagen über die Stärke des Zusammenhangs des Besuchs spezifischer Schulformen zu treffen. Weiter soll analysiert werden, inwiefern Abweichungen zwischen den Ländern hinsichtlich der Bildungsbeteiligung von Schülern mit nichtdeutscher Staatsangehörigkeit von der Schulstruktur abhängen. Um Aussagen darüber zu gewinnen, ob Schüler verschiedener nichtdeutscher Staatsangehörigkeiten bestimmte Schulformen im Vergleich zu deutschen Schülern gleich häufig, über- oder unterrepräsentiert besuchen, werden Relative-Risiko-Indizes berechnet. In Kapitel 2.3 werden die Relativen-Risiko-Indizes nach Staatsangehörigkeit und Schulform in Bezug zueinander gesetzt. Der Vergleich ermöglicht es, abweichende Chancen oder Risiken im Besuch bestimmter Schulformen für Schüler nach Staatsangehörigkeit darzustellen und regionale bzw. landesspezifische Bildungsdisparitäten hervorzuheben.

Zunächst wird in den Kapiteln 2.1 und 2.2 u. a. die Bildungsbeteiligung von Schülern nach Staatsangehörigkeit für die häufigsten nichtdeutschen Staatsangehörigkeiten berechnet. Als Vergleichsgröße werden die Bildungsbeteiligungsquoten von deutschen Schülern mit angeführt[55]. Es wird eine Fallzahl von mindestens 500 Schülern je Staatsangehörigkeit auf der jeweiligen Ebene zugrunde gelegt, um robuste bzw. belastbare Ergebnisse berichten zu können. Denn zu geringe Fallzahlen könnten zu verzerrten Ergebnissen führen. Auf Bundesebene ergibt sich – aus darstellungstechnischen Gründen – eine Beschränkung auf die 20 häufigsten nichtdeutschen Staatsangehörigkeiten, zum Vergleich werden die Ergebnisse für deutsche Schüler ergänzt (in Anhang III können die Ergebnisse für alle Staatsangehörigkeiten mit einer Fallzahl von über 500 Fällen nachvollzogen werden). Auf Landesebene werden Ergebnisse für alle Staatsangehörigkeiten dargestellt, die das Fallzahlkriterium von mindestens 500 Schülern erfüllen. Anhand von belastbaren Ergebnissen sollen Vergleiche zwischen Schülern verschiedener Staatsangehörigkeiten insgesamt sowie zwischen den Ländern vorgenommen werden. Wenn das Fallzahlkriterium in verschiedenen – insbesondere ostdeutschen – Ländern nicht erfüllt wird, werden die entsprechenden Ergebnisse für einzelne Länder und Staatsangehörigkeiten nicht berichtet.

In die Analysen zur Bildungsbeteiligung werden alle Schüler an allgemeinbildenden Schulformen mit Schulangebot in der Sekundarstufe I einbezogen – dies sind neben den weiterführenden Schulen z. B. auch die Förderschulen. Insgesamt werden die folgenden Schulformen berücksichtigt: Förderschule (bzw. je nach Bundesland auch bezeichnet als ,Sonderschule'), Hauptschule, Waldorfschule, (integrierte) Gesamtschule, Realschule, Schularten mit mehreren Bildungsgängen, Gymnasium sowie Schüler in der Schulartunabhängigen Orientierungsstufe. Nachfolgend werden die Schulformen Förderschule, Hauptschule und Gymnasium als eigenständige Schulformen ausgewiesen. Alle weiteren Schulformen[56] werden unter den ,sonstigen weiterführenden Schulformen' zusammengefasst, da diese Schulformen keine präzisen Prädiktoren hinsichtlich des zu erwartenden Schulerfolgs darstellen. D. h. für diese Schulformen ist nicht eindeutig, zu welchen Abschlüssen der Besuch sonstiger Schulformen überwiegend führt – oder es werden überwiegend mittlere Abschlüsse vergeben, die keine Aussagen über einen über- oder unterdurchschnittlichen Schulerfolg gemessen an dem zu erwartenden Abschluss zulassen. Anders verhält es sich für die Schulform Förderschule, deren Abgänger im Jahr 2008 zu 76,3 % keinen Hauptschulabschluss erreichen konnten und nur zu 21,4 % mit einem Hauptschulabschluss abgingen (Statistisches Bundesamt 2009, eigene Berechnungen). An Hauptschulen wird von den Schulabgängern vorwiegend – d. h. zu 69,3 % – ein Hauptschulabschluss erlangt, während 8,3 % der Schüler ohne einen Hauptschulabschluss abgehen (ebd., eigene Berechnungen).

---

55 In Anhang I und II sind ergänzend die Anzahl sowie die Bildungsbeteiligung der zusammengefassten Gruppe der nichtdeutschen Schüler insgesamt dargestellt.
56 Diese umfassen konkret die Schulformen Waldorfschule, Realschule, (integrierte) Gesamtschule, Schularten mit mehreren Bildungsgängen sowie alle Schüler, die eine schulartunabhängige Orientierungsstufe besuchen.

Demgegenüber wird der höchste Schulabschluss – die allgemeine Hochschulreife – primär an Gymnasien erreicht: 85,4 % der Abgänger von Gymnasien erlangen die allgemeine Hochschulreife; mit 91 % stammt die weit überwiegende Mehrheit aller Abgänger mit allgemeiner Hochschulreife von Gymnasien (ebd., eigene Berechnungen).

Zum Teil werden Ergebnisse für die beiden Schulformen Förderschule und Hauptschule zusammengefasst betrachtet. In dem Fall wird auf den Besuch ‚maximal der Schulform Hauptschule' rekurriert. Dies ist z. B. dann der Fall, wenn Schüler einer Staatsangehörigkeit zu sehr hohen Anteilen sowohl Förder- als auch Hauptschulen besuchen. Denn dies indiziert einen potentiell geringen Schulerfolg, da von diesen Schulformen die überwiegende Mehrheit entweder ohne, oder maximal mit einem Hauptschulabschluss abgeht. Das Erlangen eines Hauptschulabschlusses wird als ein nur geringer Schulerfolg gewertet, da z. B. der Übergang in eine berufliche Ausbildung mit diesem Abschluss nur sehr selten gelingt (vgl. z. B. Granato/Ulrich 2009: 45f.). Vertiefende und differenzierte Analysen zum Schulerfolg von Schülern mit Migrationshintergrund werden in Kapitel 4 durchgeführt.

Die vom Statistischen Bundesamt bereitgestellten Daten lassen zwar Differenzierungen nach Staatsangehörigkeit und Schulform zu, nicht aber nach der Klassenstufe.[57] Daher fließen die Schülerzahlen der ausgewählten Schulformen vollständig in die Analysen mit ein. Hierbei ist zu beachten, dass sich womöglich leichte Abweichungen zur jahrgangsstufenspezifischen Bildungsbeteiligung – z. B. nur einer Jahrgangsstufe, oder etwa der zusammengefassten Stufen 5 bis 9 – ergeben. Zwar beinhalten die einbezogenen Schulformen ausnahmslos die Klassenstufen 5 bis 9, jedoch sind in Abhängigkeit von der Schulform bereits nach der neunten Klassenstufe in unterschiedlichem Ausmaß Abgänge zu verzeichnen. Quantitativ bedeutender ist, dass ein Teil der Gesamtschüler und Gymnasiasten die Klassenstufen der Sekundarstufe II besucht sowie ein Teil der Förder- und Waldorfschüler im Grundschulalter ist[58]. Dies mag auch der Grund dafür sein, dass der Anteil der nichtdeutschen Schüler in den berücksichtigten Schulformen von 9,0 % im Schuljahr 2007/08 leicht von den Nichtdeutschenanteilen der Bevölkerungsstatistik abweicht.[59] Für eine kombinierte Berücksichtigung der besuchten Schulform, der Jahrgangsstufe sowie der genauen Staatsangehörigkeit von Schülern wäre die flächendeckende bzw. deutschlandweite Erhebung von einheitlichen Individualdatenstatistiken erforderlich – bisher sind entsprechende Daten nur für einzelne Länder verfüg- und auswertbar (vgl. hierzu Kapitel 3 und 4).

---

57 Soweit nicht anders angegeben, basieren die für Berechnungen und Schaubilder verwendeten Daten auf folgender Datenquelle: Statistisches Bundesamt (2008): Bildung und Kultur. Allgemeinbildende Schulen. Fachserie 11, Reihe 1, Schuljahr 2007/08, eigene Berechnung und Darstellung.

58 Exemplarisch konnten diese Abweichungen für das Bundesland Rheinland-Pfalz überprüft werden. Werden die Jahrgangsstufen 5 bis 13 betrachtet, so fällt der Anteil des Gymnasialbesuchs für ausnahmslos alle Staatsangehörigkeiten höher und zugleich der Besuch von Förder-, Haupt- und sonstigen weiterführenden Schulen (tendenziell) geringer aus im Vergleich zur Bildungsbeteiligung nach Staatsangehörigkeit für die Jahrgangsstufen 5 bis 9 (siehe Anhang IV).

59 Zum Vergleich: Der Nichtdeutschenanteil beträgt am 31.12.2007 für die Bevölkerung im Alter von 10- bis 17-Jahren 9,9 %; für die 10- bis 15-Jährigen 10,1 % (Quelle: Statistisches Bundesamt 2013, Fortschreibung des Bevölkerungsstandes, eigene Berechnung).

2.1 Bildungsbeteiligung auf Bundesebene

Die in Abbildung 2-1 dargestellten Balken stellen grafisch die Bildungsbeteiligung – im Sinne der Verteilung auf die Schulformen – von Schülern verschiedener Staatsangehörigkeiten dar, die auf der Y-Achse angeführt werden. Jeder Balken steht für den Besuch einer der folgenden vier Schulformen in Prozent: Förderschule, Hauptschule, sonstige weiterführende Schulform und Gymnasium. Die dargestellten Staatsangehörigkeiten sind absteigend nach dem erreichten Gymnasialbesuchsanteil sortiert.[60]

Abbildung 2-1:   Bildungsbeteiligung (Schulformbesuch in %) der häufigsten Staatsangehörigkeiten an allgemeinbildenden Schulformen mit Schulangebot in der Sekundarstufe I in Deutschland (Schuljahr 2007/08)

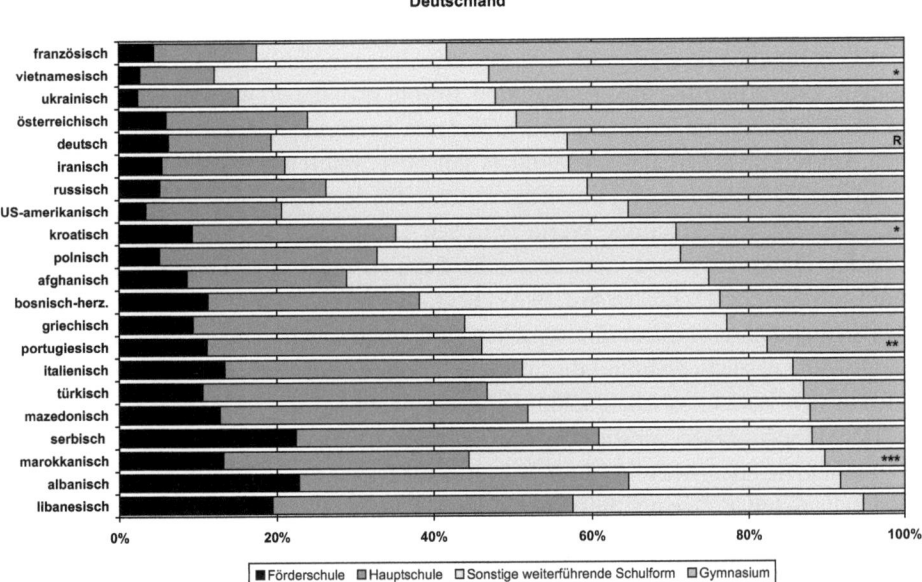

*= Trennwert: kleine Effektstärke; ** = Trennwert: mittlere Effektstärke; *** Trennwert: große Effektstärke (jeweils im Vergleich des Gymnasialbesuchsanteils nach Staatsangehörigkeit im Vergleich zum Anteil von deutschen Schülern); R = Referenz (Gymnasialbesuchsanteil von deutschen Schülern)*
Quelle: Statistisches Bundesamt, Fachserie 11, Reihe 1, Schuljahr 2007/08, eigene Berechnung und Darstellung.[61]

Bereits auf den ersten Blick fällt die erhebliche Varianz in der Bildungsbeteiligung auf, die sich im prozentualen Besuch der Schulformen für Schüler unterschiedlicher Staatsangehörigkeiten zeigt. Für den Besuchsanteil der *Förderschule* sind die niedrigsten Werte für amerikanische Schüler mit 3,4 %, für vietnamesische mit 2,7 % und für ukrainische Schüler sogar mit nur 2,4 % zu konstatieren. Dies gilt sowohl im Vergleich zu den Anteilen aller anderen nichtdeutschen Staatsangehörigkeiten, als auch gegenüber den Anteilen für deutsche Schüler (6,2 %). Die höchsten Anteilswerte im

---

60 Die Fallzahlen nach Staatsangehörigkeit der Schüler an weiterführenden Schulen werden in Anhang V dargestellt, eine erweiterte Übersicht über die Bildungsbeteiligung von Schülern nach Staatsangehörigkeit mit einer Fallzahl von über 500 findet sich in Anhang III.

61 Für die nachfolgenden Abbildungen in diesem Kapitel wird auf die Quellenangabe verzichtet, vgl. hierzu auch Fußnote 57.

Förderschulbesuch weisen libanesische (19,5 %), serbische (22,5 %) und albanische Schüler (22,9 %) auf. Somit besucht etwa jeder fünfte libanesische und beinahe jeder vierte serbische oder albanische Schüler eine Förderschule, gegenüber jedem 16. deutschen, jedem 37. vietnamesischen oder sogar nur jedem 42. ukrainischen Schüler.

Auch hinsichtlich der Anteile im Besuch von *Hauptschulen* zeigt sich kein homogenes Bild: Ukrainische, französische und deutsche Schüler besuchen diese Schulform zu (deutlich) weniger als 15 %, den geringsten Anteil weisen mit 9,4 % vietnamesische Schüler auf. Mehr als ein Drittel der griechischen, portugiesischen, türkischen und italienischen Schüler besucht eine Hauptschule. Die höchsten Werte erreichen libanesische, serbische, mazedonische und albanische Schüler mit Anteilen zwischen 38 und 42 %.

Werden die beiden Schulformen Förderschule und Hauptschule zusammen betrachtet, ergibt sich, dass mehr als jeder zweite italienische, mazedonische, albanische, libanesische oder serbische Schüler entweder eine Förder- oder eine Hauptschule besucht. Überproportional vertreten sind sowohl an Förder- als auch an Hauptschulen libanesische Schüler, die beide Schulformen zusammen zu annähernd 60 % besuchen. Unter serbischen Schülern sind es gut 60 %, während beinahe zwei Drittel der albanischen Schüler (64,6 %) entweder an eine Förder- oder an eine Hauptschule gehen. Vergleichsweise niedrige Werte zwischen 17,5 und 12,1 % ergeben sich für französische, ukrainische und vietnamesische Schüler, deren Besuchsanteil sogar unter dem von deutschen Schülern mit 19,3 % liegt. Somit lässt sich festhalten, dass beinahe zwei Drittel der serbischen, libanesischen und albanischen Schüler eine Förder- oder Hauptschule besucht, während dies nur auf etwa jeden siebten ukrainischen bzw. etwa jeden achten vietnamesischen Schüler zutrifft.

Der Besuch einer *sonstigen weiterführenden Schulart* variiert um das bis zu 1,9-Fache: Die Spannweite reicht von 24,2 % für französische bis hin zu 46,0 % für afghanische Schüler. Geringe Besuchsanteile von unter 30 % sind auch für österreichische, albanische und serbische Schüler festzustellen; relativ hohe Anteile von deutlich über 40 % zeigen sich auch für amerikanische (44,1 %) und marokkanische Schüler (45,3 %), während die Besuchsanteile für alle weiteren Staatsangehörigkeiten zwischen 32,7 % und 40,2 % variieren.

Bemerkenswert sind die Ergebnisse für die Schulbesuchsquoten des *Gymnasiums*: Russische und iranische Schüler besuchen mit 40,6 bzw. 42,9 % annähernd gleich häufig Gymnasien wie deutsche Schüler (43,1 %). Noch höhere Anteile (zwischen 49,4 und 58,3 %) weisen österreichische, ukrainische, vietnamesische und französische Schüler auf. Ganz anders fällt der Gymnasialbesuch für marokkanische, albanische und libanesische Schüler aus: unter ersteren besucht nur etwa jeder Zehnte (10,3 %) ein Gymnasium, unter albanischen Schülern ist es nur etwa jeder Zwölfte (8,2 %), unter libanesischen Schülern sogar nur jeder Neunzehnte (5,2 %).

Die für die Analysen zur Bildungsbeteiligung verwendeten Daten bzw. Fallzahlen der amtlichen Schulstatistik spiegeln die Grundgesamtheit der Schüler wider. Entsprechend sind Unterschiede in den Anteilswerten in jedem Fall als signifikant anzusehen. Exemplarisch wird für den Gymnasialbesuch eine ergänzende Effektstärkenanalyse (vgl. Cohen 1988) durchgeführt, die es unabhängig von der Größe der Stichprobe bzw. Fallzahlen erlaubt, die Stärke von Effekten und die praktische Bedeutsamkeit von Anteils- bzw. Mittelwertsunterschieden zu bewerten (vgl. Völkle/Erdfelder 2010: 471ff.). Effektstärken sind ein statistisches Maß, anhand derer die relative Stärke bzw. Größe eines Effekts angegeben werden kann. Berechnet wird die Effektstärke ‚Cohens d‘, hierfür wird die Differenz der Mittelwerte dividiert durch die gepoolte (gemeinsame) Standardabweichung (vgl. ebd.). Ein Vorteil ist, dass das gewählte „Effektstärkemaß [...] unempfindlich gegenüber der Zahl der Fälle" ist (Schnell/Hill/Esser 2005: 453). Nach Cohen (1988: 24 ff.) liegen kleine Effektstärken vor bei Cohens d von 0,2, mittlere Effekte bei einem d von 0,5 und starke Effekte bei einem d von 0,8. Die genannten Werte und Effektstärkenbezeichnungen sind eher als „Orientierungshilfe" (Bortz/Döring 2006: 626) bzw. als grobe Richtwerte anzusehen (vgl. Wirtz/Nachtigall 2006: 92). Abbildung 2-1 enthält ‚Trennwerte‘, die zur Orientierung optisch das Erreichen der zuvor genannten Effektstärken hervorheben. Z. B. zeigt sich für vietnamesische im Vergleich zu deutschen Schülern ein kleiner Effekt mit einem d von 0,2. Ein annähernd gleich hoher Effekt (d = 0,18) ist für ukrainische Schüler auszumachen. Der – gegenüber deutschen Schülern – größte positiv abweichende Gymnasialbesuchsanteil zeigt sich für französische Schüler mit einem d von 0,31. Hinsichtlich geringerer Gymnasialbesuchsanteile sind kleine Effekte beginnend mit der Differenz zwischen kroatischen und deutschen Schülern (d = 0,29) auszumachen. Mittlere Effekte sind z. B. für portugiesische (d = 0,58) und italienische Schüler (d = 0,67) feststellbar, während sich große Effekte des Gymnasialbesuchs (von mindestens 0,8) für marokkanische, albanische und libanesische Schüler im Vergleich zu deutschen Schülern zeigen.

Insgesamt lassen sich in Deutschland für Schüler verschiedener Staatsangehörigkeiten deutliche Disparitäten in der Bildungsbeteiligung nachweisen. Durch einen überproportional hohen Gymnasialbesuch fallen insbesondere ukrainische, vietnamesische und französische Schüler auf. Demgegenüber sind stark überdurchschnittliche Besuchsanteile von Förder- und Hauptschulen für libanesische, serbische und albanische Schüler zu konstatieren.

Zuvor wurden bereits in Abbildung 2-1 die Anteile des Schulformbesuchs nach Staatsangehörigkeit dargestellt. Nachfolgend werden exemplarische Zusammenhänge des Schulformbesuchs nach Staatsangehörigkeit in Form von Streudiagrammen auf Bundesebene abgebildet (vgl. Abbildung 2-2).

Abbildung 2-2: Ausgewählte Streudiagramme zum staatsangehörigkeitsspezifischen Besuch spezifischer Schulformen in % für Deutschland insgesamt (Schuljahr 2007/08)

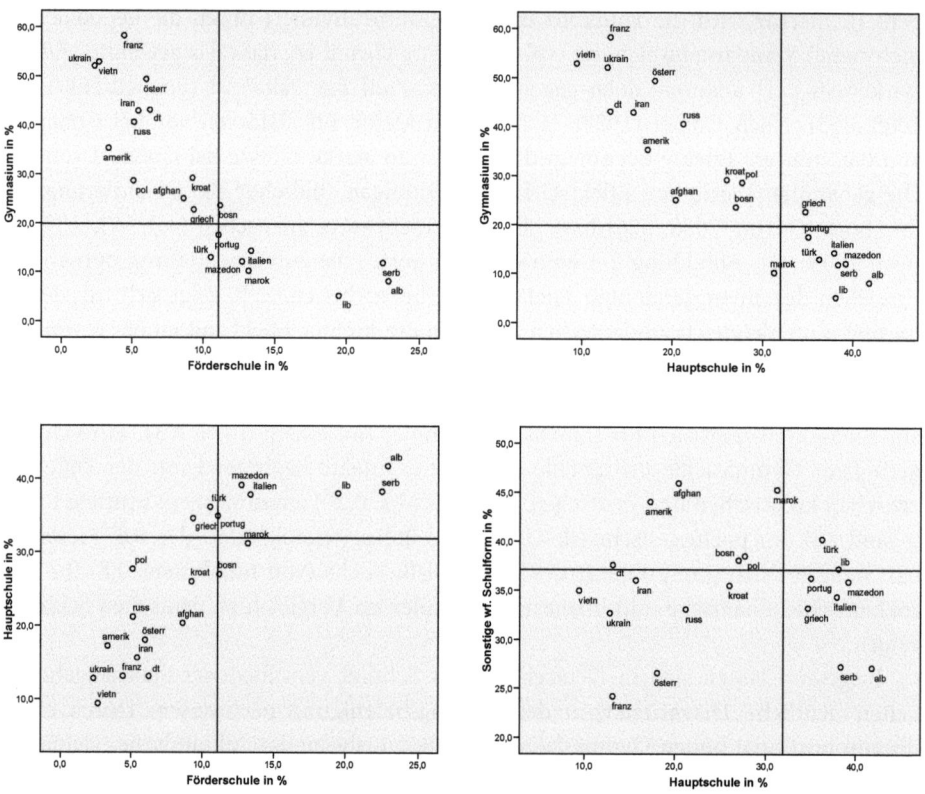

Die horizontalen und vertikalen Hilfslinien veranschaulichen in den Streudiagrammen den Mittelwert des jeweiligen Schulbesuchsanteils für nichtdeutsche Schüler insgesamt. Die Analyse der nach Staatsangehörigkeit bestehenden Zusammenhänge im Besuch spezifischer Schulformen zeigt einen sehr starken negativen korrelativen Zusammenhang von r = -0.989 zwischen dem Anteil des Hauptschulbesuchs und dem Anteil des Gymnasialbesuchs auf.[62] Ein weiterer sehr starker negativer Zusammenhang besteht mit einem r = -0.853 zwischen dem Förderschul- und dem Gymnasialbesuchsanteil, während eine sehr starke positive Korrelation von r = .844 zwischen dem Anteil des Förderschul- und des Hauptschulbesuchs zu konstatieren ist. Die sehr starken korrelativen Zusammenhänge bilden sich in den Streudiagrammen deutlich ab. Ebenso zeigt sich, dass die zum Vergleich herangezogenen Besuchsantei-

---

62 In diesem Kapitel werden z. T. paarweise und nach den Fallzahlen der Staatsangehörigkeiten gewichtete Korrelationen (nach Pearson) berechnet. Zu beachten ist, dass die verwendeten Variablen voneinander linear abhängig sind (vgl. hierzu z. B. Schwarz 2011: 90f.). Die Interpretation der Höhe der Korrelationskoeffizienten orientiert sich an Brosius (2011: 523), wonach ein Koeffizient von 0 als unkorreliert zu bezeichnen ist, während ein Koeffizient bis 0.2 als sehr schwache Korrelation, bis 0.4 als schwache Korrelation, bis 0.6 als mittlere Korrelation, bis 0.8 als starke Korrelation, bis unter 1 als sehr starke sowie für genau 1 als perfekte Korrelation eingeschätzt wird (vgl. ebd.). Eine vollständige Übersichtstabelle der Korrelationsergebnisse sowohl auf Bundes- als auch auf Landesebene findet sich in Anhang VI.

le von Haupt- und sonstigen weiterführenden Schulen – in Übereinstimmung mit einem r = .003 – so gut wie unkorreliert sind. Der Vorteil dieser Darstellungsweise liegt darin, dass starke Abweichungen vom Durchschnitt und mögliche bestehende Zusammenhänge sehr schnell erfasst werden können. Auch wird bereits auf den ersten Blick deutlich, dass libanesische, serbische und albanische Schüler einen unterdurchschnittlichen Gymnasialbesuch sowie einen überdurchschnittlichen Förder- und Hauptschulbesuch (im Vergleich zu nichtdeutschen Schülern insgesamt sowie zu den anderen Staatsangehörigkeiten) aufweisen, während sich für französische, ukrainische und vietnamesische Schüler überdurchschnittliche Anteile im Gymnasialbesuch sowie unterdurchschnittliche Anteile im Besuch von Förder- und Hauptschulen zeigen. Als wesentlicher Nachteil der Streudiagramme ist jedoch anzuführen, dass je Abbildung nur zwei Variablen (bzw. Dimensionen) und somit nur ein Teil der Schulformbesuchsanteile anschaulich dargestellt werden können. Daher wird nachfolgend auf diese Darstellungsweise – zugunsten von Schaubildern, die den Vergleich der Schulformbesuchsanteile aller Staatsangehörigkeiten in einer Abbildung ermöglichen – verzichtet. Zum Teil werden jedoch relevante korrelative – bzw. zwischen den Schulformbesuchsanteilen bestehende – Zusammenhänge ergänzend angeführt.

Abbildung 2-3: **Bildungsbeteiligung der häufigsten Staatsangehörigkeiten an allgemeinbildenden Schulformen mit Schulangebot in der Sekundarstufe I in den westdeutschen Bundesländern (ohne Berlin, Schuljahr 2007/08)**

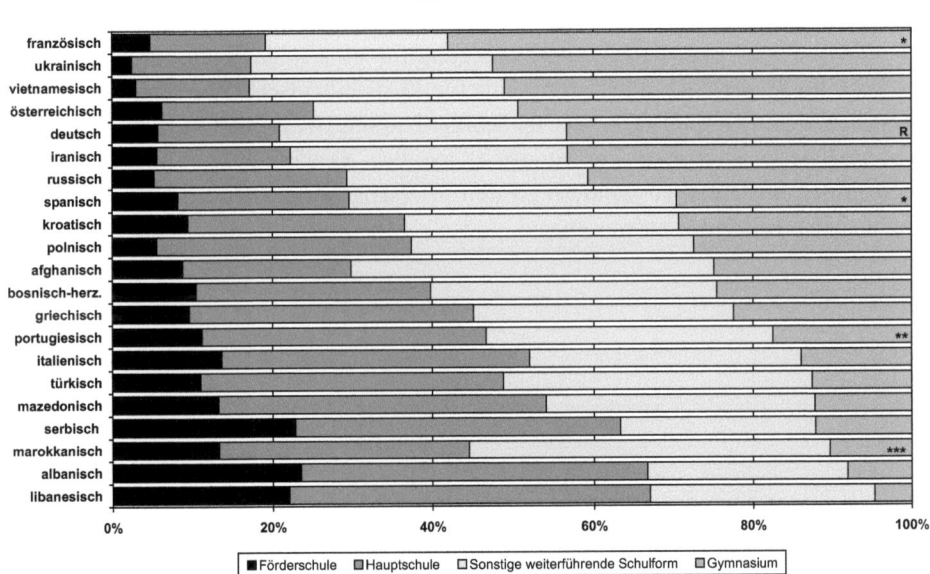

* = Trennwert: kleine Effektstärke; ** = Trennwert: mittlere Effektstärke; *** Trennwert: große Effektstärke (jeweils im Vergleich des Gymnasialbesuchsanteils nach Staatsangehörigkeit im Vergleich zum Anteil von deutschen Schülern); R = Referenz (Gymnasialbesuchsanteil von deutschen Schülern)

Ein annähernd vergleichbares Bild zur staatsangehörigkeitsspezifischen Bildungsbeteiligung auf Bundesebene ergibt sich, wenn ausschließlich die westdeutschen Bundesländer betrachtet werden. Dies hat zum einen den Grund, dass in Deutschland 91,2 % der 538.601 ausländischen Schüler an Schularten mit Sekundarstufen I-Angebot an eine Schule in den westdeutschen Ländern gehen. Die übereinstimmenden Ergebnisse werden daher nicht erneut referiert, sondern es wird ausschließlich auf die Abweichungen zu den auf Bundesebene ausgeführten Bildungsbeteiligungsergebnissen eingegangen. Insgesamt 19 der 20 für Westdeutschland dargestellten nichtdeutschen Staatsangehörigkeiten gehören auch auf Bundesebene zu den 20 häufigsten nichtdeutschen Staatsangehörigkeiten. Der einzige Unterschied ist, dass anstelle von amerikanischen Schülern die Bildungsbeteiligung für spanische Schüler dargestellt wird, die mit einem Gymnasialbesuchsanteil von ca. 30 % etwa im oberen Mittelfeld liegen.

Insgesamt fällt auf, dass von nichtdeutschen Schülern in den westdeutschen Ländern Haupt- und Förderschulen häufiger besucht werden. Ein Vergleich der Besuchsanteile der beiden Schulformen zeigt, dass russische (+3,0 Prozentpunkte), ukrainische (+5,3 PP), polnische (+4,6 PP) und insbesondere libanesische Schüler (+9,5 PP) in westdeutschen Bundesländern häufiger entweder eine Förder- oder Hauptschule besuchen als auf Bundesebene. Die erhöhten Anteile gehen mit einer geringeren Besuchsquote der sonstigen weiterführenden Schulformen einher. Der Gymnasialbesuchsanteil fällt entweder lediglich etwas niedriger aus oder bleibt sogar stabil.

Warum der Anteil der sonstigen weiterführenden Schulformen für Deutschland insgesamt höher ausfällt als für die westdeutschen Länder wird deutlich, wenn die in Abbildung 2-4 dargestellte Bildungsbeteiligung für die ostdeutschen Länder betrachtet wird. Diese lässt sich differenziert nur für 13 nichtdeutsche Staatsangehörigkeiten darstellen, deren Fallzahl mehr als 500 Schüler beträgt. Für immerhin zwölf nichtdeutsche Staatsangehörigkeiten sind Vergleiche möglich, da diese sowohl in den west- als auch in den ostdeutschen Ländern zu den Staatsangehörigkeiten zu zählen sind, die die höchsten Fallzahlen aufweisen.

Abbildung 2-4: Bildungsbeteiligung der häufigsten Staatsangehörigkeiten an allgemeinbildenden Schulformen mit Schulangebot in der Sekundarstufe I in den ostdeutschen Bundesländern (inklusive Berlin, Schuljahr 2007/08)

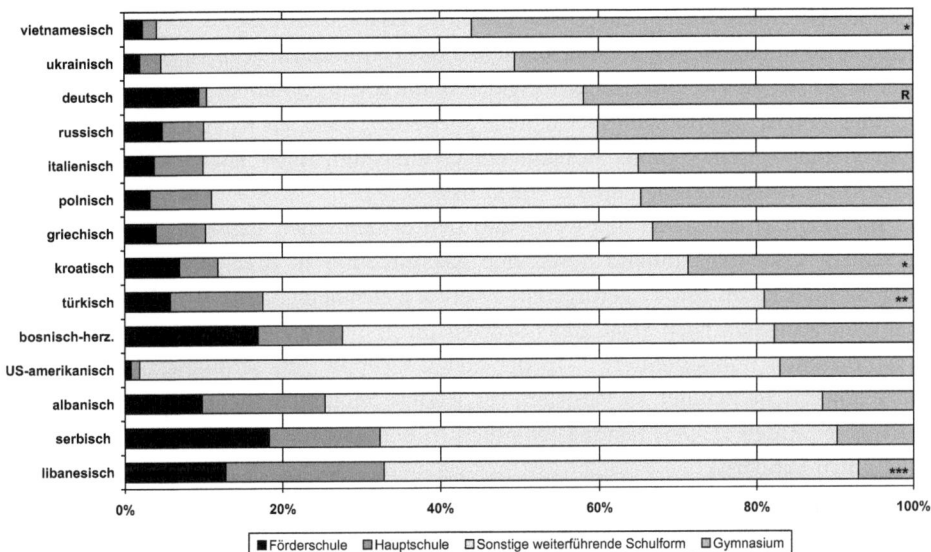

Ostdeutschland (inkl. Berlin)

*= Trennwert: kleine Effektstärke; ** = Trennwert: mittlere Effektstärke; *** Trennwert: große Effektstärke (jeweils im Vergleich des Gymnasialbesuchsanteils nach Staatsangehörigkeit im Vergleich zum Anteil von deutschen Schülern); R = Referenz (Gymnasialbesuchsanteil von deutschen Schülern)

Unmittelbar erkennbar sind deutliche Unterschiede in der Bildungsbeteiligung von nichtdeutschen Schülern im Vergleich zwischen den ost- und den westdeutschen Bundesländern, die auch historisch bedingt aus deutlich disparaten Schulsystemen resultieren (einen Überblick mit weiterführender Literatur bietet z.B. Geißler 2011: 639-946). Entsprechend weisen die Schüler der meisten nichtdeutschen Staatsangehörigkeiten einen deutlich höheren Besuchsanteil an sonstigen weiterführenden Schulformen auf, der von etwa 40 % für vietnamesische, bis hin zu 81,1 % für amerikanische Schüler reicht.

Erneut zeigen sich auch innerhalb der ostdeutschen Länder deutlich disparate Förderschulbesuchsquoten, die zwischen 2,0 % für ukrainische Schüler und zu 18,3 % für serbische Schüler variieren. In den ostdeutschen Ländern ist für elf der zwölf vergleichbaren nichtdeutschen Staatsangehörigkeiten ein niedrigerer Förderschulbesuchsanteil festzustellen. Dieser fällt im Vergleich zu den westdeutschen Ländern für russische Schüler nur leicht, d.h. um 0,3 Prozentpunkte geringer aus, während der maximale Unterschied für italienische Schüler mit 9,8 Prozentpunkten Differenz zu konstatieren ist. Die einzige Ausnahme bilden bosnisch-herzegowinische Schüler, deren Förderschulbesuch in den ostdeutschen Ländern um 6,6 Prozentpunkte höher ausfällt. Ähnlich sieht es für deutsche Schüler aus, deren Förderschulbesuchsanteil mit 9,4 % in ostdeutschen gegenüber 5,7 % in westdeutschen Ländern um etwa zwei Drittel erhöht ist.

Auf die Hauptschulbesuchsanteile wird nicht näher eingegangen, da in dem Schuljahr nur ein ostdeutsches Land – Berlin – diese Schulform anbietet. Zwischen den ostdeutschen und den westdeutschen Ländern zeigen sich hinsichtlich der Gymnasialbesuchsanteile keine einheitlichen Abweichungen. Jedoch sind erneut deutliche staatsangehörigkeitsspezifische Disparitäten im Gymnasialbesuch festzustellen. Lediglich 7 % der libanesischen Schüler besuchen das Gymnasium (Cohens d = 0,89), demgegenüber stehen zwei Staatsangehörigkeiten, die sogar gegenüber deutschen Schülern deutlich höhere Gymnasialbesuchsanteile aufweisen: Mehr als jeder zweite ukrainische oder vietnamesische Schüler besucht ein Gymnasium, unter letzteren sind es sogar 56 % (die Effektstärken betragen d = 0,17 bzw. 0,28).

Im Vergleich zwischen den west- und den ostdeutschen Ländern lassen sich Unterschiede erkennen, anhand derer eine Klassifikation in drei Gruppen vorgenommen werden kann: mit 1) geringeren, 2) etwa gleichbleibenden, 3) höheren Gymnasialbesuchsanteilen nach Staatsangehörigkeit im Vergleich zwischen den ost- und den westdeutschen Bundesländern[63]. In der ersten Gruppe sind serbische und bosnisch-herzegowinische Schüler zu verorten, für letztere zeigt sich sogar ein um etwa 28 % geringerer Anteil (17,8 % Gymnasialbesuch in den ostdeutschen, 24,6 % in den westdeutschen Ländern).

Höhere Besuchsanteile von Gymnasien sind in den ostdeutschen Ländern für albanische, griechische, libanesische, türkische, polnische und italienische Schüler zu konstatieren. Der größte Unterschied zeigt sich für italienische Schüler: ihr Besuchsanteil von Gymnasien beträgt in den ostdeutschen Ländern das 2,5-Fache gegenüber den westdeutschen Ländern (34,9 vs. 13,9 %). Für alle weiteren nichtdeutschen Staatsangehörigkeiten sind in etwa gleich hohe Gymnasialbesuchsanteile zwischen den ostdeutschen und den westdeutschen Ländern festzustellen.

Unterschiede sind auch in den paarweisen und gewichteten korrelativen Zusammenhängen zwischen den Schulformen Förderschule und Gymnasien festzuhalten. Denn für die westdeutschen Länder ergibt sich zwischen den Schulformen ein sehr starker negativer Zusammenhang von r = -.879, während der Zusammenhang für die ostdeutschen Länder mit einem r = .011 als annähernd unkorreliert zu bezeichnen ist. Als weiterer Unterschied ist anzuführen, dass in den westdeutschen Ländern ein sehr starker positiver Zusammenhang zwischen dem Förderschul- und dem Hauptschulbesuchsanteil von r = .879 besteht, während sich für die ostdeutschen Ländern mit einem r = -.187 ein sehr schwacher negativer Zusammenhang zeigt. Weiter ist in den westdeutschen Ländern der Besuchsanteil sonstiger weiterführender Schulen nur sehr schwach mit dem Besuch von Hauptschulen (r = .004) und Gymnasien (r = -.110) korreliert, demgegenüber sind in den ostdeutschen Ländern mit einem r = .830 bzw. r = -.930 jeweils sehr starke Zusammenhänge mit den sonstigen weiterführenden Schularten auszumachen.

Ähnlich stark fallen die Korrelationen zwischen dem Besuch von Hauptschulen und Gymnasien aus (West: r = -.989; Ost: r = -.927).

---

63 Als Kriterium für die Gruppe mit „etwa gleichbleibenden Gymnasialbesuchsanteilen" wurde eine Abweichung um maximal 10 % vom westdeutschen Wert gesetzt. Höhere negative Abweichungen werden der Gruppe „mit geringeren Gymnasialbesuchsanteilen", höhere positive Abweichungen werden der Gruppe „mit höheren Gymnasialbesuchsanteilen" zugeordnet.

Die Ergebnisse auf Ebene der aggregierten ostdeutschen Länder sind hervorzuheben, da für die Hälfte der einzelnen ostdeutschen Länder auf Grund zu geringer Fallzahlen keine differenzierten staatsangehörigkeitsspezifischen Analysen durchgeführt werden können (z.B. ist in Mecklenburg-Vorpommern, Sachsen und Thüringen für keine nichtdeutsche Staatsangehörigkeit eine Fallzahl von mehr als 500 Schülern zu konstatieren).

Inwiefern sich die für Deutschland insgesamt sowie für die zusammengefassten west- und ostdeutschen Länder festgestellten Disparitäten auf der Ebene einzelner Bundesländer fortsetzen, oder ob zwischen den einzelnen Ländern deutlich abweichende Muster in der Bildungsbeteiligung festzustellen sind, wird im nachfolgenden Kapitel untersucht.

2.2 Bildungsbeteiligung und Relatives Risiko des Schulformbesuchs nach Staatsangehörigkeit im Bundesländervergleich

Wie im vorhergehenden Kapitel deutlich wurde, zeigen sich auf Bundesebene sowie differenziert für die west- und die ostdeutschen Länder deutliche Disparitäten in der Bildungsbeteiligung von Schülern nach Staatsangehörigkeit. In diesem Kapitel wird der Schulformbesuch nach Staatsangehörigkeit im Vergleich zwischen den Ländern dargestellt. Hierdurch soll überprüft werden, ob die Bildungsbeteiligung für Schüler einer Staatsangehörigkeit in den verschiedenen Ländern gleich ausfällt, oder ob landesspezifische Abweichungen bestehen. Insbesondere wird auf den Besuch von Förderschulen und Gymnasien fokussiert, die als Schulformen in allen Bundesländern vertreten sind. Zugleich bilden sie die oberen bzw. unteren Pole des Schulbesuchs und der mit ihnen verbundenen Abschlussoptionen. Insgesamt werden die nach Staatsangehörigkeit in den Ländern erreichten Anteile im Besuch der Schulformen Förderschule, Hauptschule, sonstige weiterführende Schulform und Gymnasium beschrieben, diese Anteile werden zwischen den verschiedenen Ländern miteinander verglichen. Hierzu werden insbesondere die Extremwerte ins Verhältnis zueinander gesetzt, aber auch mit den Ergebnissen auf Bundesebene verglichen. Sofern vorhanden, werden spezifische Muster der Bildungsbeteiligung expliziert.

Um einen sinnvollen Vergleich zu ermöglichen werden nur diejenigen Staatsangehörigkeiten analysiert, die in wenigstens drei Ländern Fallzahlen von jeweils mindestens 500 Schülern an den allgemeinbildenden Schulformen mit Schulangebot in Sekundarstufe I aufweisen.[64] Die Reihenfolge der dargestellten Staatsangehörigkeiten ergibt sich aus der – absteigend sortierten – Größe der Schülerpopulation an den ausgewählten Schulformen in Deutschland. D.h. zuerst wird die Bildungsbeteiligung für deutsche Schüler dargestellt. Es folgen türkische Schüler, die mit einer Fallzahl von 226.412 Schülern an den Schularten mit Sekundarstufen I-Angebot die nach Staatsangehörigkeit größte nichtdeutsche Gruppe sind. In quantitativ absteigender Reihenfolge schließt hieran die Darstellung der Bildungsbeteiligung für 17 weitere

---

64 Die nach Bundesland differenzierten Fallzahlen von Schülern können – unter Berücksichtigung ihrer jeweiligen Staatsangehörigkeit – in Anhang VII und VIII nachvollzogen werden.

Staatsangehörigkeiten an. Abschließend wird der Ländervergleich für spanische Schüler durchgeführt, die mit 3.856 Schülern an diesen Schulen die kleinste Staatsangehörigkeitsgruppe bilden, die die genannten Darstellungskriterien erfüllt.

Zunächst erfolgt für nichtdeutsche Staatsangehörigkeiten in Deutschland eine kurze Darstellung der wichtigsten Hintergrundinformationen und Eckdaten zur Zuwanderungsgeschichte nach dem Zweiten Weltkrieg – bzw. genauer ab der Gründung der Bundesrepublik Deutschland im Jahr 1949.[65] Anschließend erfolgt eine deskriptive Darstellung der Bildungsbeteiligung. Differenziert nach nichtdeutscher Staatsangehörigkeit wird zudem untersucht, inwiefern sie im Vergleich zu deutschen Schülern andere Schulformen auf derselben räumlichen Ebene über- oder unterrepräsentiert besuchen. Beispielsweise soll gefragt werden, ob türkische Schüler an den Schulen mit Sekundarstufen I-Angebot in NRW häufiger eine Förderschule besuchen als deutsche Schüler. Hierzu werden Relative-Risiko-Indizes (RRIs) berechnet, deren Indexwerte das Risiko (bzw. die Chance) des Besuchs einer spezifischen Schulform von nichtdeutschen im Vergleich zu deutschen Staatsangehörigen darstellen. Bei dem RRI handelt es sich um ein aus der Epidemiologie entlehntes Repräsentationsmaß (vgl. Burgard 1998; Diefenbach 2002b), das „sich relativ einfach als Quotient zweier Prozentzahlen ermitteln" lässt (Kornmann 2010: 72). Z. B. kann der Zähler des RRI aus dem Anteil des Förderschulbesuchs von türkischen Schülern (an türkischen Schülern an den ausgewählten Schulformen insgesamt) bestehen, während der Nenner den Anteil des Förderschulbesuchs unter deutschen Schülern (unter deutschen Schülern der betrachteten Schulformen insgesamt) ausweist. Generell liefern die Indexwerte Hinweise auf einen gleich häufigen (RRI = 1), überrepräsentierten (RRI > 1) oder unterrepräsentierten (RRI < 1) Schulformbesuch von Schülern einer nichtdeutschen Staatsangehörigkeit gegenüber deutschen Schülern (vgl. Kornmann/Burgard/Eichling 1999: 106). Der RRI kann Werte zwischen 0 und unendlich annehmen. Beispielsweise würde ein RRI von 2 im Vergleich eines Merkmals zwischen zwei Populationen „besagen, dass Population 1 das Merkmal doppelt so häufig aufweist wie Population 2" (Diefenbach 2002b: 3); ein RRI von 0,5 bedeutet, dass „Population 1 […] das Merkmal nur halb so häufig aufweisen [würde] wie Population 2" (ebd.).[66] Anders ausgedrückt bedeutet ein RRI von 2 eine Überrepräsentation um das Zweifache; ein RRI von 0,5 hingegen nur eine halb so große Chance (z. B. eine bestimmte Schulform zu besuchen). Nach Diefenbach ist eine Berechnung von Konfidenzintervallen „nur dann notwendig, wenn ein RRI für eine Stichprobe aus der Grundgesamtheit errechnet wird" (Diefenbach 2007: 16). Da im Rahmen dieser Arbeit RRIs nicht auf Basis von Stichproben, sondern für die durch

---

65 Ein Grund für die Begrenzung ist, dass durch das Statistische Bundesamt nur diejenigen als Personen mit Migrationshintergrund gewertet werden können, die „nach 1949 auf das heutige Gebiet der Bundesrepublik Deutschland" zugewandert sind (Statistisches Bundesamt 2011a: 6), „sowie alle in Deutschland geborenen Ausländer und alle in Deutschland als Deutsche Geborenen mit zumindest einem zugewanderten oder als Ausländer in Deutschland geborenen Elternteil" (ebd.).

66 Als weiteres Beispiel: Weist eine Population im Vergleich zu einer anderen ein 9-fach so häufiges Merkmal auf, führt dies entweder zu einem RRI von 9,0 oder zu einem RRI von 0,111 (ein Neuntel), je nachdem, welche Population den Zähler bzw. Nenner bildet. Bezogen auf die später dargestellte Bildungsbeteiligung könnte ein RRI von 9,0 beispielsweise bedeuten, dass Schüler einer bestimmten Staatsangehörigkeit zu 18,0 % das Gymnasium besuchen, während Schüler einer anderen Staatsangehörigkeit nur zu 2,0 % an ein Gymnasium gehen.

die amtliche Schulstatistik erhobene Grundgesamtheit der Schüler berechnet werden, ist „die Berechnung von Konfidenzintervallen [...] nicht notwendig" (ebd.). Einen entscheidenden Vorteil der Verwendung von RRIs benennt und verdeutlicht z. B. von Mühlendahl (1998). Er folgert: „Die Angaben zum Risiko sind in der Regel anschaulicher, verständlicher als Odds Ratios" (ebd.: 124). Zudem sind die durch die Berechnung von RRIs erzielten Ergebnisse gegenüber anderen Maßen – wie z. B. Odds Ratios – als stabiler anzusehen (vgl. hierzu Burgard 1998; Mühlendahl 1998; Kornmann/Burgard/Eichling 1999). Demgegenüber bemerken Schwarzer, Türp und Antes (2004) zu Recht, dass „für ein positives Zielereignis [...] der Begriff Risiko eher irreführend [ist], da in diesem Fall der Eintritt des Zielereignisses kein Risiko darstellt" (ebd.: 421). Sofern es der inhaltlichen Präzisierung dient, wird im Rahmen dieser Arbeit auf alternative Begriffe wie „Chance", „Wahrscheinlichkeit", „Über- oder Unterrepräsentation" anstelle des Begriffs „Risiko" zurückgegriffen (zur Problematik von Begriffen mit unterschiedlicher Bedeutung in alltagssprachlicher und methodischer Verwendung vgl. z. B. Ditton et al. 2010: 33).

Da ein Zusammenhang zwischen der Schulstruktur und dem Anteil des staatsangehörigkeitsspezifischen Schulformbesuchs in den Bundesländern anzunehmen ist (d. h. auch der Umfang des Angebotes spezifischer Schulformen beeinflusst die jeweilige Bildungsbeteiligung), sind die nachfolgend berechneten RRIs analytisch besonders bedeutsam. Denn die Indexwerte stellen das jeweilige Risiko eines Schulformbesuchs für Schüler nach nichtdeutscher Staatsangehörigkeit im Vergleich zu deutschen Schülern für die Länder dar. Die besondere Relevanz ergibt sich daraus, dass etwa eine hohe Förderschulbesuchsquote von nichtdeutschen Schülern in einer Region keine spezifische Benachteiligung darstellen muss, z. B. wenn deutsche Schüler in derselben Region gleich häufig Förderschulen besuchen. Die RRIs setzen regionale Schulformbesuchsquoten nach Staatsangehörigkeit ins Verhältnis zu den entsprechenden Besuchsquoten von deutschen Schülern (diese sind in Abbildung 2-5 dargestellt). Die RRIs veranschaulichen die spezifischen regionalen und institutionellen Benachteiligungen für nichtdeutsche Schüler nach Staatsangehörigkeit. Hierdurch werden regionale Effekte für Schüler nach Staatsangehörigkeit zum Ausdruck gebracht, die unabhängig von der schulischen Angebotsstruktur bestehen. Somit kann der Einfluss der Schulstruktur durch die Berechnung von Relativen-Risiko-Indizes berücksichtigt (bzw. ausgeschlossen) werden, um die Benachteiligung von Schülern spezifischer nichtdeutscher Staatsangehörigkeiten gegenüber deutschen Schülern präziser quantifizieren zu können.

Die Ergebnisse auf der Länderebene werden ergänzt um RRIs für Deutschland insgesamt, um eine Vergleichsmöglichkeit zu schaffen und potentielle landesspezifische Abweichungen auch im Vergleich zum Bundesdurchschnitt zu erkennen. Die nachfolgenden RRI-Abbildungen werden möglichst einheitlich (d. h. mit RRIs von 0 bis 4 auf der y-Achse) skaliert, um die abgebildeten RRIs unmittelbar auch zwischen den Staatsangehörigkeiten vergleichen zu können. Nur für diejenigen Staatsangehörigkeiten, für die sich ein RRI von größer als vier ergibt, wird eine abweichende Skalierung gewählt.

2.2.1 Deutsche Schüler

Für deutsche Schüler variiert der Förderschulebesuch zwischen den Bundesländern zwischen 4,5 % in Schleswig-Holstein und 12,3 % in Sachsen-Anhalt (vgl. Abbildung 2-5). Somit besuchen deutsche Schüler in Sachsen-Anhalt 2,7-mal so häufig eine Förderschule wie in Schleswig-Holstein. In drei weiteren ostdeutschen Ländern besucht mehr als jeder zehnte deutsche Schüler eine Förderschule (Sachsen: 10,3 %, Thüringen: 11,2 %, Mecklenburg-Vorpommern: 12,0 %). Für die vier Länder, die zweistellige Förderschulbesuchsanteile aufweisen, fällt der Besuch dieser Schulform zwischen 1,65- bis 1,97-mal so hoch aus wie im Bundesdurchschnitt (6,2 %). Für sieben Länder sind deutlich niedrigere Besuchsanteile festzustellen. Hierbei handelt es sich um Niedersachsen, Hessen, Hamburg, Bremen, Saarland, Rheinland-Pfalz und Schleswig-Holstein, für die sich Förderschulbesuchsanteile zwischen 5,4 und 4,5 % ergeben.

Abbildung 2-5:   Bildungsbeteiligung deutscher Schüler an allgemeinbildenden Schulformen mit Schulangebot in der Sekundarstufe I im Ländervergleich (Schuljahr 2007/08)

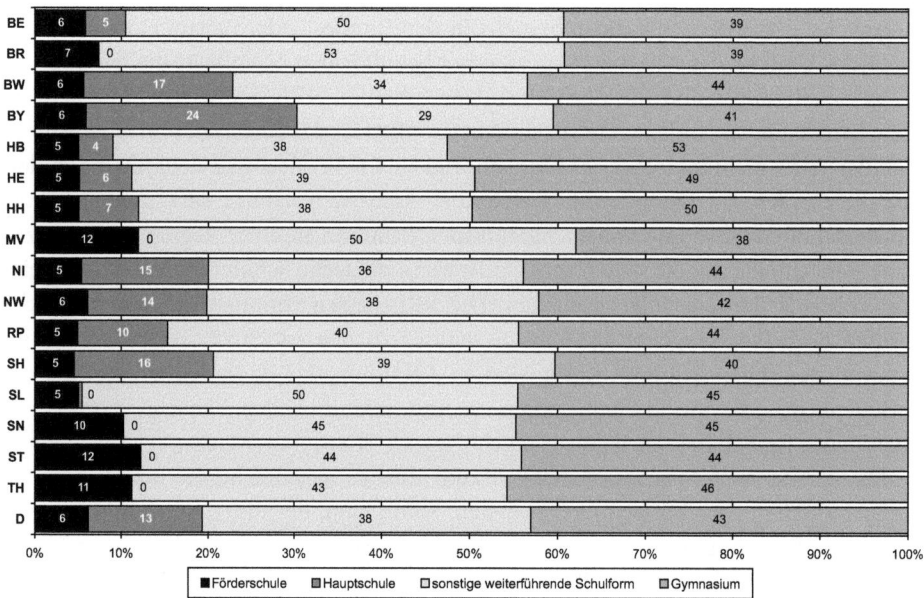

Bei einer Betrachtung des Besuchs der Hauptschule ist zu berücksichtigen, dass diese Schulform auch aus historischen Gründen in den ostdeutschen Ländern (sowie in Teilen von Berlin) nicht vorkommt (vgl. Geißler 2011).[67] In diesen Ländern hat sich nach 1945 ein dreigliedriges Schulwesen nicht etabliert (vgl. ebd.). Die deutlichsten negativen Abweichungen des Hauptschulbesuchs vom Bundesdurchschnitt weisen Hamburg, Hessen, Berlin und Bremen auf. Hier bewegen sich die Abweichungen im Bereich zwi-

---

67 Im Saarland läuft die Schulform Hauptschule aus, entsprechend spielt der Hauptschulbesuch nur (noch) eine marginale Rolle, was durch einen Besuchsanteil von 0,4 % unter deutschen Schülern verdeutlicht wird. Da nur einzelne Schüler mit nichtdeutscher Staatsangehörigkeit im Saarland eine Hauptschule besuchen, werden diese in den nachfolgenden Abbildungen unter den Schülern mit nichtdeutscher Staatsangehörigkeit an sonstigen weiterführenden Schulformen subsumiert.

schen -6,2 bis -9,1 Prozentpunkten. Von den vier Ländern mit den höchsten Schüler-zahlen zeigt sich für das bevölkerungsreichste Land NRW ein Hauptschulbesuch von 13,7 %, dieser liegt nur leicht über dem Bundesdurchschnitt von 13,1 %. Für die drei weiteren Länder ergeben sich Anteile, die für Niedersachsen um 1,5 Prozentpunkte (PP), für Baden-Württemberg um 4,1 PP und für Bayern sogar um 11,2 PP höher aus-fallen im Vergleich zum Bundesdurchschnitt. Auch für Schleswig-Holstein ist ein – um 3,0 PP – erhöhter Besuchanteil zu berichten.

In Deutschland besuchen insgesamt 19,3 % der Schüler entweder eine Förder- oder eine Hauptschule. Der relativ hohe Anteil resultiert maßgeblich aus den hohen An-teilswerten der Länder Baden-Württemberg und Bayern, in denen der Besuch von Förder- oder Hauptschulen 22,9 bzw. 30,3 % beträgt.

Bei der Betrachtung des Besuchs von sonstigen weiterführenden Schulen zeigt sich, dass in Ländern mit einem unterdurchschnittlichen Besuch einer Hauptschule häufiger sonstige weiterführende Schulformen besucht werden (und umgekehrt). Die-ser Zusammenhang wird belegt durch einen signifikanten paarweisen Pearson'schen Korrelationskoeffizienten von r = -.914.

Im Vergleich zum Bundesdurchschnitt zeigen sich deutlich höhere Besuchsantei-le in den ostdeutschen Ländern, die um wenigstens 5,4 bis hin zu 15,7 PP höher aus-fallen. Für lediglich zwei Länder sind stark unterdurchschnittliche Besuchsanteile zu nennen, da von deutschen Schülern nur in Baden-Württemberg und in Bayern eine dieser Schulen um 4,0 bzw. 8,4 Prozentpunkte seltener als im Bundesdurchschnitt be-sucht wird.

Der Gymnasialbesuchsanteil variiert auf Landesebene um das 1,4-Fache, da die-ser zwischen 37,9 % in Mecklenburg-Vorpommern und 52,5 % in Bremen beträgt. Mecklenburg-Vorpommern ist zugleich das einzige Land mit einer deutlichen negati-ven Abweichung um 5,2 Prozentpunkte vom Bundesdurchschnitt, der 43,1 % beträgt. Deutliche positive Abweichungen sind nur für drei Bundesländer festzustellen, hierun-ter befinden sich zwei Stadtstaaten: In Hessen, Hamburg und Bremen besucht mit An-teilen zwischen 49,4 und 52,7 % etwa jeder zweite deutsche Schüler ein Gymnasium. Für alle weiteren Länder ergeben sich nur geringe Abweichungen vom Bundesdurch-schnitt.

Insgesamt bleibt festzuhalten, dass die Bildungsbeteiligung (bzw. der jeweilige Schulformbesuch in Prozent) der deutschen Schüler die Schulstruktur der Länder wi-derspiegelt. Für die nachfolgend untersuchten nichtdeutschen Staatsangehörigkeiten wird zunächst die Bildungsbeteiligung für Deutschland insgesamt und auf Landes-ebene dargestellt, bevor die Ergebnisse mit denen von deutschen Schülern verglichen werden.[68] Von besonderem Interesse sind hierbei deutliche Abweichungen im Ver-gleich zur Bildungsbeteiligung von deutschen Schülern.

---

68 In den nachfolgenden Unterkapiteln 2.2.2 bis 2.2.20 wird – wie beschrieben – ein vollständiger und systematischer Überblick über die Bildungssituation von Schülern derjenigen Staatsangehörigkeiten gegeben, für die das Fallzahlkriterium von mehr als 500 Schülern in mindestens drei Bundeslän-dern erfüllt ist. Zum weiteren Verständnis der Arbeit reicht es aus, wenn von Leserinnen und Le-sern – in Abhängigkeit vom spezifischen Interesse – selektiv einzelne Unterkapitel gelesen werden.

2.2.2 Türkische Schüler

Im Jahr 1961 wurde zwischen Deutschland und der Türkei ein Anwerbeabkommen abgeschlossen (vgl. Oltmer 2010: 52). Das Abkommen kam zum einen zustande durch die Motivation der Türkei, Devisen zu beschaffen und die Arbeitslosigkeit zu reduzieren (vgl. Leggewie 2011: 11). Zum anderen bestand auf deutscher Seite das Interesse, den Arbeitskräftemangel zu beheben. Dieser wurde durch den Bau der Berliner Mauer verschärft, wodurch die Flucht- sowie die Arbeitsmigration zwischen der ehemaligen DDR und der BRD – bzw. von Ost nach West – gestoppt wurde (vgl. ebd.). Durch das Abkommen kam es zu einer starken Zuwanderung von türkischen Arbeitsmigranten nach Deutschland (vgl. Oltmer 2010: 54). Diese war jedoch sozial selektiv (vgl. Luft 2012: 48), denn die „Arbeitsmigranten übernahmen in der Regel un- und angelernte Tätigkeiten in der industriellen Produktion mit hoher körperlicher Beanspruchung, gesundheitlicher Belastung" und geringen Lohnniveaus (Oltmer 2010: 53). Zudem spielte die Herkunftsregion eine maßgebliche Rolle. Die Arbeitsmigranten verfügten i. d. R. nur über niedrige Qualifikationen und stammten „aus bildungsferne[n] Schichten aus peripheren Räumen mit traditionellen Wertvorstellungen" (Schimany 2007: 168; vgl. hierzu auch El-Menouar/Fritz 2009). Hierbei handelt es sich um ländliche Gebiete der Türkei, wobei insbesondere Ostanatolien hervorzuheben ist (vgl. auch Ramirez-Rodriguez/Dohmen 2010: 303).

Im Jahr 1973 kam es im Zuge der Erdölkrise zu einem Anwerbestopp von Arbeitsmigranten aus Ländern, die wie die Türkei nicht der Europäischen Gemeinschaft (EG) angehörten. Trotzdem stieg die Zahl der türkischen Bevölkerung in Deutschland weiter an, dies ist insbesondere auf den Nachzug von Familienangehörigen von bereits in Deutschland lebenden Türken zurückzuführen (vgl. Leggewie 2011; Oltmer 2010: 54). Die wesentliche Ursache war, dass für türkische Arbeitsmigranten nach einer Rückkehr in die Türkei kein erneuter Zuzug nach Deutschland möglich gewesen wäre, zudem wäre eine Rückkehr „aus materiellen, politischen oder psychologischen Gründen schwierig" gewesen (Wüller 2005: 22). Somit ist zu konstatieren, dass das „Rotationsprinzip […] bei den türkischen Migranten ebenso wenig [funktionierte] wie bei ‚Gastarbeitern' aus anderen Ländern" (Leggewie 2011: 11).

Zusätzlich nahm „in den Jahren vor und nach dem Militärputsch von 1980" (Thränhardt/Weiss 2012: 124) und aufgrund von „bürgerkriegsähnliche[n] Zustände[n]" (Wüller 2005: 22) die Zahl von (kurdischen und oppositionellen) Flüchtlingen und Asylsuchenden insbesondere aus dem Südosten der Türkei stark zu (vgl. ebd.; Thränhardt/Weiss 2012: 124; Münz/Seifert/Ulrich 1999: 54). Deren Zahl steigt Anfang der 1990er Jahre weiter an aufgrund „der militärischen Auseinandersetzungen zwischen der türkischen Armee und der PKK" (Arslan 2009: 26).

Insgesamt werden für die größte nichtdeutsche Bevölkerungsgruppe in Deutschland niedrige – auch sprachliche – Integrationswerte konstatiert (vgl. z. B. Thränhardt 1999: 43f.; Wolfgramm et al. 2010: 73). Es zeigt sich jedoch eine „breite Streuung unterschiedlicher Lebenslagen" (Thränhardt 1999: 43f.), da sowohl Facharbeiter, „Lehrer und andere Akademiker bzw. Studenten, andererseits aber auch Migranten aus den weniger entwickelten Gebieten des Ostens und Flüchtlinge aus dem kurdischen Bürgerkriegsgebiet" (Thränhardt 1999: 43) zugewandert sind. Es handelt sich somit um eine heterogene Gruppe, unter der z. B. auch Kurden oder Aleviten mit türkischer Staatsangehörigkeit subsumiert werden (vgl. z. B. Thränhardt/Weiss 2012: 124). Im Aggregat gelten türkische Staatsangehörige als sowohl durch den Rechtsstatus und die sozioökonomische Lage, als auch hinsichtlich des (elterlichen) Bildungsniveaus als benachteiligt (vgl. z. B. Esser 2006: 317f.; Konsortium Bildungsberichterstattung 2006: 147f.; Söhn 2011a: 229, 285; Segeritz/Walter/Stanat 2010: 125).

Im Jahr 2010 haben 1.629.480 Personen in Deutschland eine türkische Staatsangehörigkeit. Hiervon weist mehr als jeder Dritte (37,7 %) eine Aufenthaltsdauer von über 30 Jahren auf, die durchschnittliche Aufenthaltsdauer beträgt 24,0 Jahre (Statistisches Bundesamt 2011c, eigene Berechnungen). Aus der Zuwanderungshistorie resultiert auch die spezifische regionale Verteilung: etwa ein Drittel der Bevölkerung mit türkischer Staatsangehörigkeit lebt in NRW (33,7 %), weitere 41 % in den Ländern Bayern, Baden-Württemberg und Hessen (ebd., eigene Berechnungen).

In Abbildung 2-6 wird die Schulartverteilung von Schülern mit türkischer Staatsangehörigkeit in Deutschland dargestellt.[69]

Abbildung 2-6: **Bildungsbeteiligung türkischer Schüler an allgemeinbildenden Schulformen mit Schulangebot in der Sekundarstufe I im Ländervergleich (Schuljahr 2007/08)**

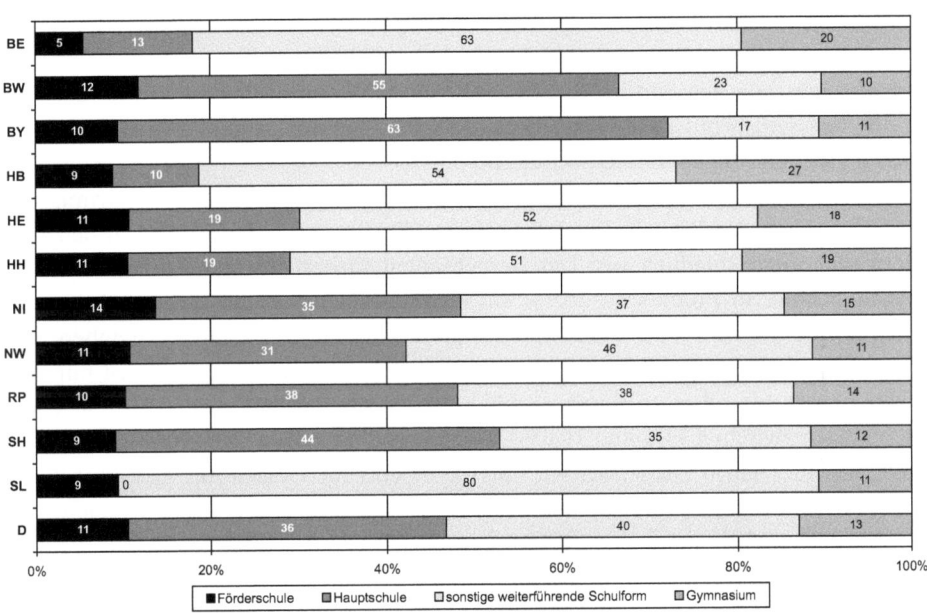

Etwa jeder zehnte türkische Schüler (10,5 %) besucht in Deutschland eine Förderschule. Auf Landesebene zeigen sich für vier Länder z. T. deutlich geringere Werte: Im Saarland, in Schleswig-Holstein und Bremen beträgt der Anteil zwischen 9,4 und 8,9 %. Der niedrigste Anteil ist für türkische Schüler in Berlin zu konstatieren.

---

69 Durch die herkömmliche Schulstatistik werden z. B. Schüler mit türkisch-deutschem Doppelpass nicht als türkische Schüler erfasst, diese werden unter den Schülern mit deutscher Staatsangehörigkeit subsumiert (vgl. hierzu ausführlich Kapitel 3).

Demgegenüber zeigen sich nur für zwei Länder deutlich höhere Förderschulbesuchs-quoten im Vergleich zum Bundesdurchschnitt. In Baden-Württemberg besuchen insgesamt 11,8 % der türkischen Schüler eine Förderschule, in Niedersachsen sind es sogar 13,7 %. In Niedersachsen beträgt somit die Förderschulbesuchsquote das 2,5-Fache gegenüber dem Anteil von türkischen Schülern an Förderschulen in Berlin.

Zwischen den Ländern zeigen sich für türkische Schüler sehr uneinheitliche Anteile im Besuch von Hauptschulen. Während im Bundesdurchschnitt insgesamt gut jeder dritte türkische Schüler diese Schulform besucht (36,2 %), betrifft dies weniger als jeden fünften türkischen Schüler in Hessen und Hamburg. In Berlin ist es nur jeder Achte und in Bremen sogar nur etwa jeder Zehnte (9,8 %). Deutlich höhere Besuchs-anteile sind für türkische Schüler in drei Ländern festzuhalten: für Schleswig-Holstein mit 44 %, in Baden-Württemberg besucht mit 54,7 % sogar mehr als jeder zweite türkische Schüler eine Hauptschule, in Bayern sind es annähernd zwei Drittel der türkischen Schüler, die an eine Hauptschule gehen (62,7 %). Dieser Anteil entspricht dem 1,7-Fachen des Anteils auf Bundesebene.

Diese Unterschiede führen auch dazu, dass in drei Ländern weniger als jeder fünfte türkische Schüler entweder eine Haupt- oder eine Förderschule besucht (Bremen 18,7 %, Berlin 18,0 %; im Saarland sind es 9,4 % ausschließlich an Förderschulen). In drei weiteren Ländern trifft dies auf mehr als jeden zweiten türkischen Schüler zu (Schleswig-Holstein 52,9 %, Baden-Württemberg 66,6 % und Bayern 72,2 %).

Auch der Besuch sonstiger weiterführender Schulformen variiert für türkische Schüler zwischen den Bundesländern erheblich. Während in Bayern weniger als jeder fünfte türkische Schüler eine entsprechende Schule besucht, sind es im Saarland annähernd vier von fünf türkischen Schülern.

In Deutschland besucht etwa jeder achte türkische Schüler ein Gymnasium (13,0 %). Auch der Besuch dieser Schulform fällt für türkische Schüler in den Ländern sehr unterschiedlich aus: Der Besuchsanteil variiert um das 2,6-Fache, da türkische Schüler in Bremen zu 26,9 % ein Gymnasium besuchen, in Baden-Württemberg jedoch nur zu 10,4 %. Ähnlich niedrige Anteile wie in Baden-Württemberg sind für Schleswig-Holstein, NRW, Saarland und Bayern zu berichten, in denen nur etwa jeder neunte bis zehnte türkische Schüler an ein Gymnasium geht (die Anteilswerte betragen zwischen 11,6 und 10,6 %). Demgegenüber zeigen sich erhöhte Anteile im Gymnasialbesuch in Niedersachsen mit 14,7 % und für Hessen mit 17,7 %. In Hamburg und Berlin beträgt der Gymnasialbesuchsanteil 19,5 %, während in Bremen sogar 26,9 % der türkischen Schüler ein Gymnasium besuchen. Dieser Anteil fällt mehr als doppelt so hoch aus wie im Bundesdurchschnitt.

Hinsichtlich der Bildungsbeteiligung von türkischen Schülern bleibt festzuhalten, dass diese zwischen den einzelnen Ländern sehr uneinheitlich ausfällt. Jedoch lassen sich positiv die Stadtstaaten sowie das Flächenland Hessen hervorheben, in denen relativ viele türkische Schüler ein Gymnasium besuchen. Ganz im Gegensatz hierzu stehen drei Bundesländer, in denen nur etwas mehr als jeder zehnte türkische Schüler an ein Gymnasium geht: das Saarland, Bayern und Baden-Württemberg. Für das letztgenannte lassen sich auch deutlich erhöhte Förderschulbesuchsquoten für türkische Schüler konstatieren – dies trifft auch und insbesondere auf Niedersachsen zu. Zugleich sind Baden-Württemberg und Bayern mit deutlichem Abstand die einzigen

Länder, in denen mehr als zwei Drittel der türkischen Schüler entweder an eine Haupt- oder an eine Förderschule gehen.

Inwiefern sich die Bildungsbeteiligung zwischen türkischen und deutschen Schülern auf Bundes- bzw. Landesebene unterscheidet, wird anhand von Relativen Risiko-Indizes in Abbildung 2-7 dargestellt.[70]

Abbildung 2-7:   RRIs türkische vs. deutsche Schüler

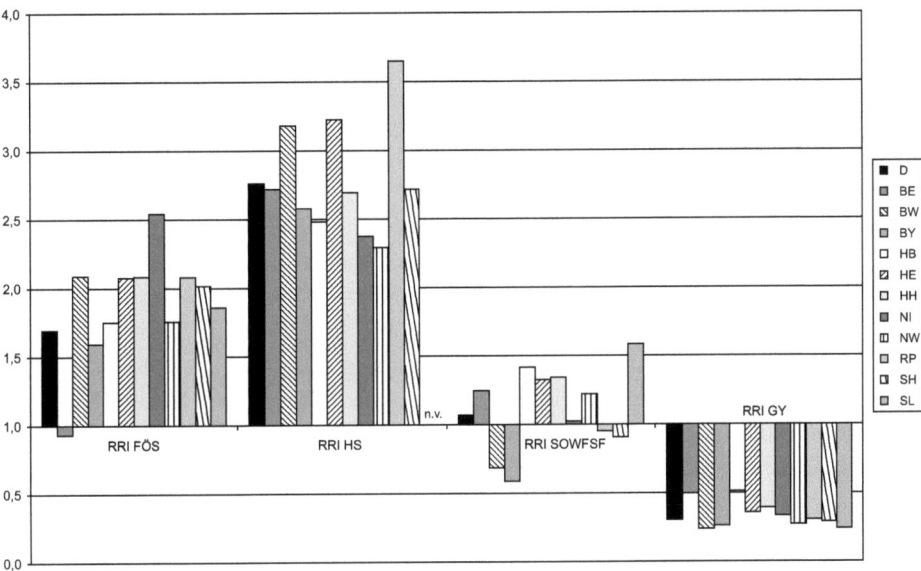

n.v. = nicht vorhanden

Türkische Schüler besuchen in Deutschland 1,69-mal so häufig eine Förderschule wie deutsche Schüler (10,5 vs. 6,2 %). In den Ländern zeigt sich nur für Berlin ein annähernd ausgeglichener Förderschulbesuch zwischen türkischen und deutschen Schülern (RRI = 0,93).[71] In den weiteren Ländern sind türkische Schüler an Förderschulen deutlich überrepräsentiert. Für türkische Schüler in Bayern, Bremen, NRW und dem Saarland ist ein um 1,59- bis zu 1,86-fach erhöhter Förderschulbesuchsanteil gegenüber deutschen Schülern zu konstatieren. In Schleswig-Holstein, Hessen, Hamburg und Rheinland-Pfalz sowie Baden-Württemberg (mit RRIs zwischen 2,02 und 2,09)

---

70 Die Indexwerte resultieren in diesem Fall aus den Quotienten der Schulformbesuchanteile von türkischen gegenüber deutschen Schülern derselben räumlichen Ebene, die in den Abbildungen 2-5 und 2-6 dargestellt sind. Somit werden die unterschiedlichen Schulbesuchsquoten in den Ländern berücksichtigt. Für die weiteren – nachfolgend in diesem Kapitel – berechneten RRIs dient jeweils Abbildung 2-5 als Referenz. Anhand der Abbildung können jeweils die Schulformbesuchsanteile von deutschen Schülern, die jeweils den Nenner im Quotienten zur Berechnung der RRIs bilden, nachvollzogen werden.

71 Wie in Kapitel 1.3.2 ausführlicher beschrieben, stellt Berlin mit – auf Landesebene – ausgeglichenen Förderschulbesuchsanteilen zwischen nichtdeutschen und deutschen Schülern einen Sonderfall dar. Kornmann und Klingele (1996: 3ff.) zufolge unterscheiden sich die Repräsentationsmaße allerdings erheblich zwischen dem West- und dem Ostteil der Hauptstadt; diese strukturellen Unterschiede gleichen sich bei einer Gesamtbetrachtung des Landes aus.

besuchen türkische Schüler gut doppelt so häufig wie ihre deutschen Mitschüler eine Förderschule. Die größte Disparität im Förderschulbesuch lässt sich für Niedersachsen feststellen, hier besuchen 13,7 % der türkischen gegenüber 5,4 % der deutschen Schüler eine Förderschule, was zu einem RRI von 2,54 führt.

Noch erheblicher sind türkische Schüler an Hauptschulen überrepräsentiert: in Deutschland besuchen sie 2,76-mal so oft eine Hauptschule wie deutsche Schüler. Selbst in den Ländern, die die kleinsten RRIs aufweisen, besuchen türkische Schüler mehr als doppelt so häufig eine Hauptschule[72]: in NRW, Niedersachsen, Bremen und Bayern nimmt der Index Werte zwischen 2,29 bis 2,58 ein. Für Hamburg, Berlin und Schleswig-Holstein ergeben sich RRIs zwischen 2,69 und 2,72, diese entsprechen in etwa dem Bundesdurchschnitt. Für drei Länder zeigen sich hingegen überdurchschnittliche RRIs: Mehr als dreimal so häufig wie deutsche Schüler besuchen türkische Schüler in Baden-Württemberg (RRI = 3,18), Hessen (3,22) und Rheinland-Pfalz (3,65) eine Hauptschule.

Ein relativ ausgeglichener Besuch sonstiger weiterführender Schulformen zeigt sich zwischen türkischen und deutschen Schülern für Deutschland insgesamt (RRI = 1,07). Auch auf Landesebene ergeben sich relativ ausgeglichene RRIs für Schleswig-Holstein, Rheinland-Pfalz und Niedersachsen. Demgegenüber sind türkische Schüler an sonstigen weiterführenden Schulen in Baden-Württemberg und Bayern mit RRIs von 0,69 bzw. 0,59 deutlich unterrepräsentiert, während sie in NRW, Berlin, Hessen, Hamburg und Bremen um das 1,22- bis 1,60-Fache überrepräsentiert sind. Die RRIs korrespondieren tendenziell mit dem Umfang des Angebots von Integrierten Gesamtschulen in den Ländern (vgl. Autorengruppe Bildungsberichterstattung 2012: 68ff.).

In Deutschland beträgt der Anteil des Gymnasialbesuchs für türkische Schüler noch nicht einmal ein Drittel des Anteils von deutschen Schülern (13,0 vs. 43,1 %). Auf Landesebene zeigen sich zwar deutliche Variationen in der Höhe der RRIs, jedoch indizieren die Maximalwerte von 0,50 bzw. 0,51 für Berlin und Bremen, dass türkische Schüler selbst in den beiden Stadtstaaten nur ungefähr halb so häufig wie deutsche Schüler ein Gymnasium besuchen. Für Schleswig-Holstein, Rheinland-Pfalz, Niedersachsen, Hessen und Hamburg sind RRIs in einem Wertebereich von 0,29 bis 0,39 zu konstatieren. Der Anteil türkischer Schüler, der in NRW, Bayern, Baden-Württemberg und im Saarland ein Gymnasium besucht, erreicht mit RRIs zwischen 0,27 und 0,24 nur etwa ein Viertel des entsprechenden Anteils von deutschen Schülern. Z.B. sind es in Baden-Württemberg 10,4 % der türkischen gegenüber 43,5 % der deutschen Schüler an Schulen mit Angebot der Sekundarstufe I, die an ein Gymnasium gehen.

Insgesamt bleibt festzuhalten, dass türkische Schüler sowohl auf Bundesebene als auch – abgesehen von wenigen Ausnahmen – auf Landesebene an Förderschulen und insbesondere an Hauptschulen gegenüber deutschen Schülern deutlich überrepräsentiert sind. Für die sonstigen weiterführenden Schulformen ist in Deutschland ein relativ ausgeglichener RRI festzustellen, wobei erhebliche Unterschiede zwischen den RRIs auf Länderebene bestehen. An Gymnasien sind türkische Schüler sowohl auf Bundes- als auch auf Landesebene deutlich unterrepräsentiert.

---

72 Auf den RRI zum Besuch von Hauptschulen im Saarland wird nicht näher eingegangen, da diese Schulform ausläuft und in dem Schuljahr 2007/08 insgesamt nur noch 292 Schüler diese Schulform besuchen. Hierunter befindet sich kein türkischer Schüler, was zu einem RRI von 0 führt.

2.2.3 Italienische Schüler

Die Zuwanderung von Italienern nach Deutschland lässt sich in zwei Phasen unterteilen. Zwischen Deutschland und Italien wurde im Jahr 1955 das erste Anwerbeabkommen überhaupt abgeschlossen (vgl. Oltmer 2010: 52). Hiermit begann die Anwerbephase, die von 1955 bis 1973 andauerte, da in dieser Zeit ein hoher Arbeitskräftebedarf in der Landwirtschaft, dem Baugewerbe und in der Industrie bestand. Genau wie bei türkischen Arbeitsmigranten endete die Anwerbephase im Jahr 1973 mit einem Anwerbestopp aufgrund einer Wirtschafts- bzw. Erdölkrise (vgl. Haug 2000: 175; Martini 2001: 68). Allerdings wirkte sich der Anwerbestopp auf italienische Zuwanderer – im Gegensatz zu Zuwanderern aus anderen Staaten – nur bedingt aus, da Italien der Europäischen Gemeinschaft (EG) angehörte und die Einreise für italienische Zuwanderer somit weiterhin erlaubt war. Die Wirkung war eher indirekter Art, da das Arbeitsplatzangebot nachließ und die Nachfrage nach Arbeitsmigranten zurückging. Erst in den Folgejahren stieg die Zuwanderung von Italienern insbesondere aufgrund von familialer Kettenwanderung und der sogenannten ‚Familiennachholung‘ erneut an (vgl. Haug 2000: 177f.; Oltmer 2010: 54). Aufgrund der Freizügigkeitsregelungen kommt es in wesentlich geringerem Umfang weiterhin zu Zuzügen mit dem Zweck der Arbeitsaufnahme.

Insbesondere für die früh zugezogenen Arbeitsmigranten werden ein geringes Ausbildungsniveau sowie relativ schlechte Kenntnisse der deutschen Sprache im Vergleich zu anderen EU-Zuwanderern konstatiert (vgl. Rother 2006). Dies liegt auch an dem Bedarf an Personen, „die die körperlich anstrengenden, gesundheitlich belastenderen und sozial wenig anerkannten" (Martini 2001: 67) Arbeiten durchführen sollten. Sie „übernahmen in der Regel un- und angelernte Tätigkeiten in der industriellen Produktion" (Oltmer 2010: 53) mit entsprechend geringen Lohnniveaus. Räumlich konzentrierte sich die italienische Zuwanderung insbesondere auf die Bundesländer Baden-Württemberg und NRW sowie mit Abstand auch auf Bayern und Hessen (vgl. Haug 2000: 180f.). Für viele ging mit der Zuwanderung eine mehrfache Pendelmigration einher, was zu einer entsprechenden Fluktuation führte. Allerdings ist eine „Abnahme der Pendelmigration in den achtziger und neunziger Jahren" des 20. Jahrhunderts zu konstatieren (Martini 2001: 69). Zudem vergrößerte sich ab den 1990er Jahren die Spannweite der Qualifikation von italienischen Neuzuwanderern (vgl. ebd.: 70). Im Jahr 2010 leben 517.546 Personen mit italienischer Staatsangehörigkeit in Deutschland (vgl. Statistisches Bundesamt 2011c). Etwa jeder Zweite weist eine Aufenthaltsdauer von über 30 Jahren auf, dies spiegelt sich auch in einer hohen durchschnittlichen Aufenthaltsdauer von 27,9 Jahren wider (ebd., eigene Berechnung). Weiterhin ist eine regionale Konzentration festzustellen, da 81,2 % aller in Deutschland lebenden Personen mit italienischer Staatsangehörigkeit entweder in Baden-Württemberg, NRW, Bayern oder Hessen wohnen (ebd., eigene Berechnung).

Wie in Abbildung 2-8 ersichtlich wird, besucht mehr als jeder achte italienische Schüler in Deutschland eine Förderschule (13,4 %). Nur zwei Länder weisen deutlich höhere Anteile auf: In Baden-Württemberg und Bayern besuchen italienische Schüler zu jeweils ca. 16 % eine Förderschule. Demgegenüber sind für zwei Länder deutlich geringere Besuchsanteile von Förderschulen festzustellen: im Saarland fällt dieser um

5,3 Prozentpunkte und in Niedersachsen sogar um 6,9 Prozentpunkte geringer aus als im Bundesdurchschnitt. Insgesamt variieren die Förderschulbesuchsanteile für italienische Schüler in den Ländern um das bis zu 2,4-Fache, da diese in Bayern 16,1 % und in Niedersachsen 6,6 % betragen.

Abbildung 2-8: Bildungsbeteiligung italienischer Schüler an allgemeinbildenden Schulformen mit Schulangebot in der Sekundarstufe I im Ländervergleich (Schuljahr 2007/08)

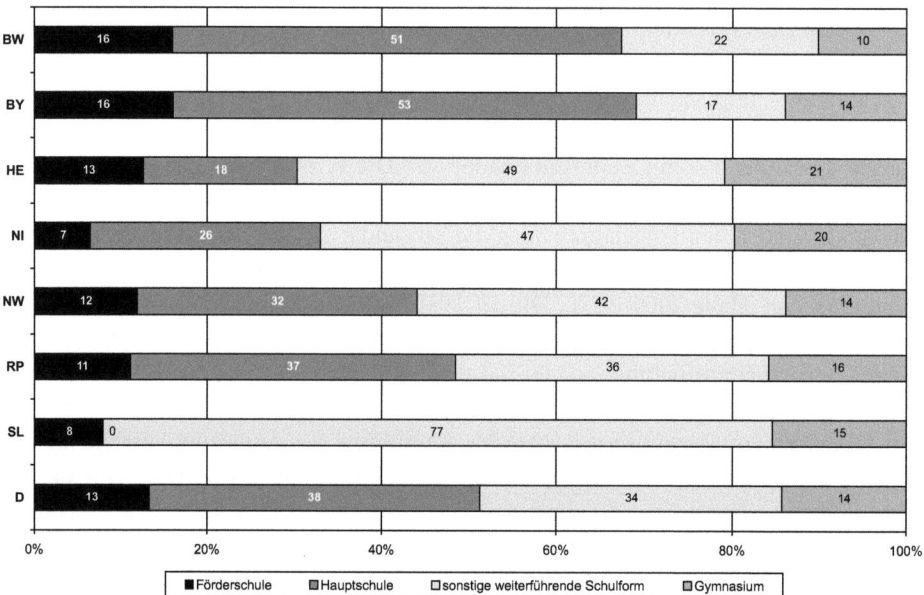

Ein ähnliches Muster hinsichtlich der landesspezifischen Abweichungen zeigt sich für den Hauptschulbesuch, der erneut nur in Baden-Württemberg und Bayern deutlich höher als im Bundesdurchschnitt (37,9 %) ausfällt. In den beiden Bundesländern besucht mehr als jeder zweite italienische Schüler (51,3 bzw. 52,9 %) diese Schulform, was in etwa dem 1,4-fachen Anteil auf Bundesebene entspricht. Nur zu 32,1 bzw. zu 26,5 % besuchen italienische Schüler in NRW und Niedersachsen eine Hauptschule, in Hessen sind es sogar nur 17,6 % – dieser Anteil beträgt weniger als die Hälfte des Bundesdurchschnitts.

Entsprechende Unterschiede zeigen sich zwischen den Ländern, wenn die Förder- und Hauptschulbesuchsanteile zusammengefasst betrachtet werden. In Baden-Württemberg und Bayern besuchen mehr als zwei Drittel der italienischen Schüler (67,3 bzw. 69,0 %) entweder eine Förder- oder eine Hauptschule.[73] Dies trifft lediglich auf

---

73 Allerdings bestehen für Abgänger bei gleichem Abschlussniveau große landesspezifische Unterschiede darin, z.B. einen Ausbildungsplatz zu erhalten. Hierdurch dürfte die niedrige Bildungsbeteiligung in Baden-Württemberg und Bayern etwas relativiert werden. Bezogen auf die Ungleichheit von Bildung bleiben dennoch auch für die beiden Länder Unterschiede von Schülern mit nichtdeutscher Staatsangehörigkeit im Vergleich zu deutschen Schülern von besonderer Relevanz – insbesondere mit Blick auf den Besuch von Förderschulen und Gymnasien, was nachfolgend anhand der Berechnung von RRIs zu untersuchen sein wird.

ein Drittel der italienischen Schüler in Niedersachsen (33,1 %) und Hessen (30,3 %) sowie sogar nur auf etwa jeden zwölften italienischen Schüler im Saarland (8,0 %) zu. Auf Bundesebene besucht hingegen etwa jeder Zweite (51,3 %) entweder eine Haupt- oder Förderschule.

Ein umgekehrtes Bild ergibt sich auf Landesebene hinsichtlich des Besuchs sonstiger weiterführender Schulformen. Denn im Vergleich zum Bundesdurchschnitt – hier besucht etwa jeder dritte italienische Schüler eine dieser Schulen – sind es die beiden Länder Baden-Württemberg und Bayern, für die sich deutlich niedrigere Anteile im Besuch dieser Schulen zeigen. Für vier Länder sind deutlich höhere Anteile zu erkennen: Italienische Schüler in NRW, Niedersachsen, Hessen und im Saarland besuchen zwischen 42 und 76 % eine sonstige weiterführende Schulform. Insgesamt variiert der Besuchsanteil zwischen den Ländern um das bis zu 4,5-Fache, da mehr als drei Viertel (76 %) der italienischen Schüler im Saarland gegenüber 17 % der italienischen Schüler in Bayern eine sonstige weiterführende Schulform besuchen.

Auf Bundesebene geht jeder siebte italienische Schüler (14,4 %) an ein Gymnasium. Der niedrigste Anteil zeigt sich für Baden-Württemberg, hier besucht nur jeder zehnte italienische Schüler diese Schulform (10,2 %). Dies ist von besonderer Relevanz, da Baden-Württemberg zugleich das Land mit dem höchsten Anteil von italienischen Schülern an Schulformen mit Sekundarstufen I-Angebot ist. Denn 35 % der italienischen Schüler in Deutschland besuchen eine baden-württembergische Schule. Für zwei Länder sind deutlich erhöhte Anteile im Besuch von Gymnasien unter italienischen Schülern zu berichten: in Niedersachsen besuchen italienische Schüler 1,38-mal und in Hessen 1,46-mal so häufig ein Gymnasium wie im Bundesdurchschnitt. Im Landesvergleich zeigt sich, dass italienische Schüler in Hessen mehr als doppelt so häufig ein Gymnasium besuchen wie in Baden-Württemberg (20,9 vs. 10,2 %).

Hinsichtlich der Bildungsbeteiligung bleibt festzuhalten, dass italienische Schüler in Bayern und Baden-Württemberg erhöhte Förder- und Hauptschulbesuchsanteile aufweisen, was zugleich mit geringeren Besuchen einer sonstigen weiterführenden Schulform – und im Falle von Bayern zusätzlich mit deutlich geringeren Besuchen von Gymnasien – einhergeht. Für jeweils vier der fünf weiteren dargestellten Länder sind für italienische Schüler deutlich niedrigere Besuchsanteile der Förderschule und der Hauptschule sowie deutlich höhere Besuchsanteile der sonstigen weiterführenden Schulformen festzustellen. Für italienische Schüler in Niedersachsen und Hessen sind deutlich höhere Gymnasialbesuchsanteile zu konstatieren, während für das Land mit den meisten italienischen Schülern – Baden-Württemberg – nur unterdurchschnittliche Besuchsanteile feststellbar sind.

Die Berechnung von RRIs zeigt in Abbildung 2-9, dass der Förderschulbesuchsanteil von italienischen Schülern in Deutschland das 2,15-Fache gegenüber dem von deutschen Schülern beträgt.

Abbildung 2-9:   RRIs italienische vs. deutsche Schüler

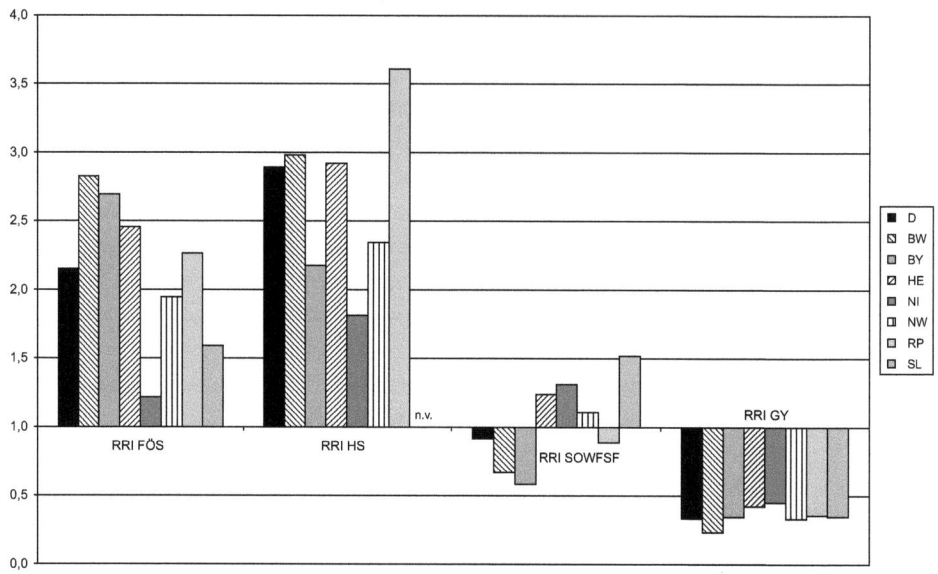

n.v. = nicht vorhanden

Mit Indexwerten zwischen 1,95 und 1,22 liegt das Relative Risiko des Besuchs von Förderschulen in NRW, im Saarland sowie in Niedersachsen z. T. deutlich unter dem RRI von 2,15 auf Bundesebene. Während der RRI für Rheinland-Pfalz mit 2,27 nur etwas höher als auf Bundesebene ausfällt, sind erheblich höhere Indexwerte für Hessen (2,46), Bayern (2,69) und insbesondere Baden-Württemberg zu verzeichnen: hier besuchen italienische Schüler mit einem Anteil von 16,0 % etwa 2,83-mal so häufig eine Förderschule wie ihre deutschen Mitschüler.

Mit einem Anteil von 37,9 % sind italienische Schüler an deutschen Hauptschulen um das 2,89-Fache im Vergleich zu deutschen Schülern überrepräsentiert. Auf Landesebene zeigt sich nur für Rheinland-Pfalz ein deutlich höheres relatives Risiko: hier besuchen italienische Schüler sogar 3,61-mal so häufig eine Hauptschule wie ihre deutschen Mitschüler. Für Baden-Württemberg und Hessen entsprechen die RRIs in etwa dem Indexwert auf Bundesebene. Deutlich geringere RRIs sind für NRW, Bayern und Niedersachsen mit Indexwerten zwischen 2,34 und 1,81 festzustellen.

Im Besuch von sonstigen weiterführenden Schulen zeigen sich auf Bundesebene nur geringe Unterschiede zwischen italienischen und deutschen Schülern (RRI = 0,91). Relativ ausgeglichene RRIs sind auf Landesebene auch für Rheinland-Pfalz und NRW zu verzeichnen. Erheblich höhere Besuchsanteile mit RRIs zwischen 1,24 und 1,52 zeigen sich in Hessen, Niedersachsen sowie im Saarland.

Ein RRI von 0,33 veranschaulicht, dass italienische Schüler an Gymnasien gegenüber deutschen Schülern deutlich unterrepräsentiert sind (14,4 vs. 43,1 %). Mit RRIs zwischen 0,36 und 0,33 bewegen sich die Indexwerte für Rheinland-Pfalz, Saarland, Bayern und NRW auf einem ähnlichen Niveau wie auf Bundesebene. In Hessen und Niedersachsen sind italienische Schüler mit RRIs zwischen 0,42 und 0,45 an

Gymnasien in etwas geringerem Umfang unterrepräsentiert. Hingegen zeigen sich in Baden-Württemberg die stärksten Unterschiede im Gymnasialbesuch: hier werden Gymnasien nur von 10,2 % der italienischen gegenüber 43,5 % der deutschen Schüler besucht, woraus ein RRI von 0,23 resultiert.

Insgesamt zeigt sich, dass italienische Schüler in Deutschland an Förderschulen und in noch stärkerem Umfang an Hauptschulen deutlich überrepräsentiert sind. Während sie sonstige weiterführende Schulen in etwa gleich häufig wie deutsche Schüler besuchen, sind sie an Gymnasien erheblich unterrepräsentiert. In den einzelnen Ländern bestehen jedoch z. T. deutliche Niveauunterschiede in der Höhe der RRIs – z. B. variiert der RRI im Förderschulbesuch zwischen 1,22 für Niedersachsen und 2,83 für Baden-Württemberg.

2.2.4 Serbische Schüler

Im Jahr 1968 wurde mit dem ehemaligen Jugoslawien eine Anwerbevereinbarung abgeschlossen, die zu einer entsprechenden Arbeitsmigration nach Deutschland führte (vgl. Oltmer 2010: 52ff.). Nach dem Anwerbestopp 1973, der maßgeblich durch die Erdölkrise mitverursacht war, handelte es sich bei Zuwanderern aus dem ehemaligen Jugoslawien weit überwiegend um nach Deutschland nachziehende Familienangehörige von bereits ansässigen Arbeitsmigranten (vgl. ebd.). Einwanderer aus dem ehemaligen Jugoslawien „verfügten bis zum Ausbruch des Bürgerkrieges […] über relativ hohe Integrationswerte" (Thränhardt 1999: 42). Seit Anfang bis spätestens Mitte der 1990er Jahre nimmt aufgrund des Bürgerkrieges der Anteil von Personen mit Fluchthintergrund erheblich zu (vgl. z. B. Münz/Seifert/Ulrich 1999: 77; Thränhardt 1999: 42f.; Esser 2006: 184). Insgesamt werden große Differenzen „zwischen Slowenen, Kroaten, Bosniern, Serben und Mazedoniern" (Thränhardt 1999: 42) z. B. hinsichtlich der Integration konstatiert. Serbische Staatsangehörige bzw. Kriegsflüchtlinge mit serbischem Pass[74] haben überdurchschnittlich häufig einen prekären Rechtsstatus (vgl. Söhn 2011a: 23, 89f.). Zudem gelten sie sozioökonomisch und bezogen auf Bildung als benachteiligt (vgl. ebd.: 229; siehe auch Tabelle 1-1). Für Kinder von Bürgerkriegsflüchtlingen, die zudem nur eine unsichere Bleibeperspektive haben, wurde in den 1990er Jahren ein Anstieg des Förderschulbesuchs festgestellt (vgl. Kornmann/Neuhäusler 2001: 343f.). Im Jahr 2010 leben in Deutschland 179.048 Personen mit serbischer Staatsangehörigkeit, für etwa jeden Vierten beträgt die Aufenthaltsdauer mehr als 30 Jahre (Statistisches Bundesamt 2011c, eigene Berechnungen).

Unter serbischen Schülern, die in Deutschland eine Schule mit Sekundarstufen I-Angebot besuchen, geht gut jeder Fünfte (22,5 %) an eine Förderschule (vgl. Abbildung 2-10). Zwischen den Ländern zeigen sich Anteilswerte in einer Spannweite von 7,0 % für Hessen und 42,9 % für Niedersachsen. Entsprechend variiert der Anteil des Förderschulbesuchs um das bis zu 6,2-Fache (!) zwischen den Ländern.

---

74 Häufig weisen Flüchtlinge aus dem Kosovo (z. B. Kosovo-Albaner) in den Statistiken eine serbische Staatsangehörigkeit auf. Diese gelten aufgrund des Bürgerkrieges sowie hiermit einhergehenden „jahrzehntelangen Blockaden des Bildungssystems im Kosovo" (Thränhardt/Weiss 2012: 119) und ihrer Lebenssituation als besonders benachteiligt (vgl. z. B. Thränhardt 1999: 42; Münz/Seifert/Ulrich 1999: 54).

Abbildung 2-10: Bildungsbeteiligung serbischer Schüler an allgemeinbildenden Schulformen mit Schulangebot in der Sekundarstufe I im Ländervergleich (Schuljahr 2007/08)

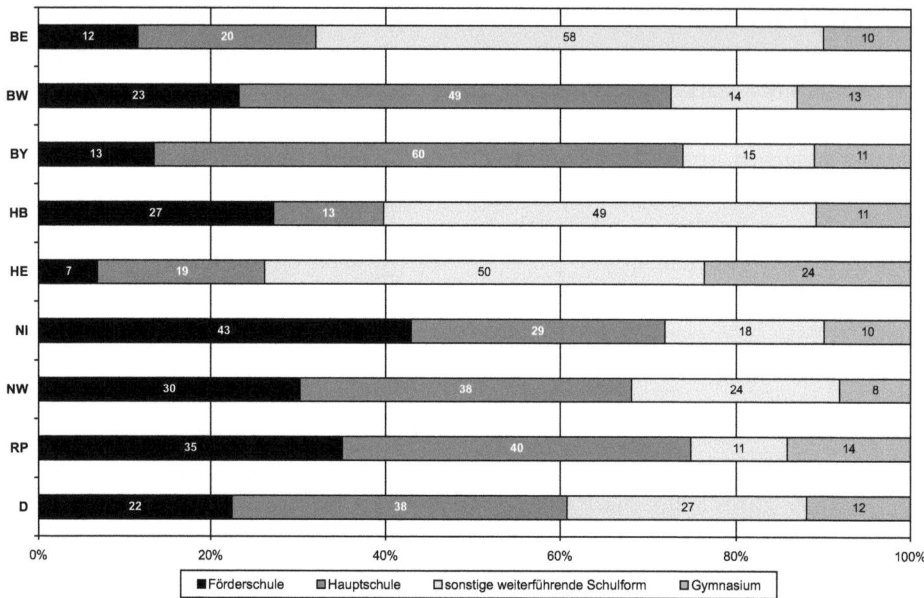

Für vier der in Abbildung 2-10 dargestellten Länder zeigen sich deutliche positive Abweichungen von dem bereits nicht unerheblichen Förderschulanteil für Deutschland insgesamt: Gut jeder vierte serbische Schüler in Bremen (27,2 %), annähernd jeder Dritte in NRW (30,2 %), mehr als jeder Dritte (35,1 %) in Rheinland-Pfalz und 42,9 % der serbischen Schüler in Niedersachsen besuchen eine Förderschule. Dies entspricht dem 1,2- bis zum 1,9-Fachen des Anteils auf Bundesebene. Nur in Hessen, Berlin und Bayern sind deutlich geringere Anteile festzustellen, da in diesen Ländern ‚nur' zwischen 7,0 und 13,5 % der serbischen Schüler eine Förderschule besuchen.

Auch der Besuch von Hauptschulen fällt für serbische Schüler mit im Bundesdurchschnitt 38,3 % relativ hoch aus. Nur für zwei Länder sind deutlich über dem Bundesdurchschnitt liegende Anteilswerte auszumachen: in Baden-Württemberg sind es 49,3 % und in Bayern sogar 60,4 % der serbischen Schüler, die an eine Hauptschule gehen. Deutlich geringere Hauptschulbesuchsanteile, sind für Niedersachsen, Berlin, Hessen und Bremen festzustellen, diese bewegen sich zwischen 29,0 und 12,6 %.

Werden die beiden Schulformen Förder- und Hauptschule aggregiert betrachtet, dann zeigt sich, dass in Deutschland etwa 61 % der serbischen Schüler maximal die Schulform Hauptschule besuchen. Auf Länderebene ergibt sich eine Zweiteilung zum einen in Länder, deren Besuchsanteil ‚lediglich' zwischen 26,2 und 39,7 % beträgt. Dies ist in Hessen, Berlin und Bremen der Fall. Auf der anderen Seite stehen Länder, von denen mehr als zwei Drittel bis hin zu drei Viertel der serbischen Schüler entweder ab eine Förder- oder eine Hauptschule gehen. Hierbei handelt es sich um NRW, Niedersachsen, Baden-Württemberg, Bayern und Rheinland-Pfalz mit Anteilswerten zwischen 68,0 und 74,7 %.

Auch die sonstigen weiterführenden Schulen werden in den Ländern sehr unterschiedlich besucht. Serbische Schüler gehen in den fünf Ländern NRW, Niedersachsen, Bayern, Baden-Württemberg, Rheinland-Pfalz mit Anteilen zwischen 23,8 und 11,0 % deutlich seltener an eine sonstige weiterführende Schule. Deutlich über dem Bundesdurchschnitt von 27,2 % fallen die Anteile für die drei Länder Bremen, Hessen und Berlin im Bereich von 49,4 bis 57,8 % aus. Der Vergleich der Extremwerte zeigt, dass serbische Schüler in Berlin 5,3-mal so häufig an eine sonstige weiterführende Schule wie in Rheinland-Pfalz gehen (57,8 vs. 11,0 %).

In Deutschland besucht mit 12 % noch nicht einmal jeder achte serbische Schüler ein Gymnasium. Selbst dieser relativ niedrige Anteil fällt in drei Ländern noch erheblich geringer aus. In Berlin und Niedersachsen besucht nur etwa jeder zehnte, in NRW sogar weniger als jeder zwölfte serbische Schüler ein Gymnasium. Deutlich höhere Anteile von serbischen Schülern an Gymnasien zeigen sich nur in zwei Ländern. Dies ist zum einen Rheinland-Pfalz, wo etwa jeder siebte serbische Schüler ein Gymnasium besucht. Für die bisher dargestellten Länder bewegt sich der Gymnasialbesuchsanteil zwischen 8,2 und 14,2 %. Das einzige Land, in dem serbische Schüler erheblich häufiger Gymnasien besuchen ist Hessen: Hier geht beinahe jeder vierte serbische Schüler an diese Schulform (23,7 %). Dieser Anteil fällt annähernd doppelt so hoch aus wie im Bundesdurchschnitt und beträgt sogar das 2,9-Fache des entsprechenden Anteils in NRW.

Insgesamt bleibt festzuhalten, dass die Bildungsbeteiligung von serbischen Schülern in den Ländern sehr unterschiedlich ausfällt. Dies zeigt sich insbesondere für die Schulform Förderschule, die in Niedersachsen von etwa 43 % der serbischen Schüler besucht wird, in Hessen jedoch nur von 7 %. Für Hessen fällt zudem auf, dass hier doppelt so viele serbische Schüler das Gymnasium im Vergleich zum Bundesdurchschnitt besuchen.

Die Berechnung von RRIs ergibt in Abbildung 2-11, dass serbische Schüler in Deutschland 3,61-mal so häufig wie deutsche Schüler eine Förderschule besuchen. Obwohl bereits dieser Wert auf erhebliche Disparitäten im Förderschulbesuch auf Bundesebene hinweist, zeigen sich auf Landesebene noch extremere Indexwerte für fünf Länder. In Baden-Württemberg beträgt der Förderschulbesuchsanteil für serbische Schüler gegenüber deutschen Schülern gut das Vierfache, in NRW und Bremen mit Indexwerten von 4,92 bzw. 5,36 etwa das Fünffache, während serbische Schüler in Rheinland-Pfalz bereits mehr als siebenmal so häufig eine Förderschule besuchen wie deutsche Schüler (RRI = 7,11). Der mit Abstand höchste Indexwert ist für Niedersachsen zu konstatieren, hier besuchen 42,9 % der 1.063 serbischen Schüler an Schulen mit Sekundarstufen I-Angebot eine Förderschule, was in etwa dem achtfachen Anteil (RRI = 7,94) von deutschen Schülern entspricht, von denen 5,4 % an eine Förderschule gehen. Demgegenüber zeigen sich in einzelnen Bundesländern deutlich geringere RRIs, auch wenn diese – wie im Falle von Berlin und Bayern – immer noch auf einen etwa doppelt so hohen Förderschulbesuchsanteil von serbischen gegenüber deutschen Schülern hinweisen (RRIs von 1,98 bzw. 2,26). Nur für Hessen lässt sich ein RRI konstatieren, der – mit einem Indexwert von 1,35 – eine vergleichsweise geringe Überrepräsentation von serbischen Schülern an Förderschulen belegt (was sich bei einem Vergleich der Förderschulbesuchsanteile von 7,0 % für serbische und 5,2 % für deutsche Schüler bestätigt).

Abbildung 2-11: RRIs serbische vs. deutsche Schüler

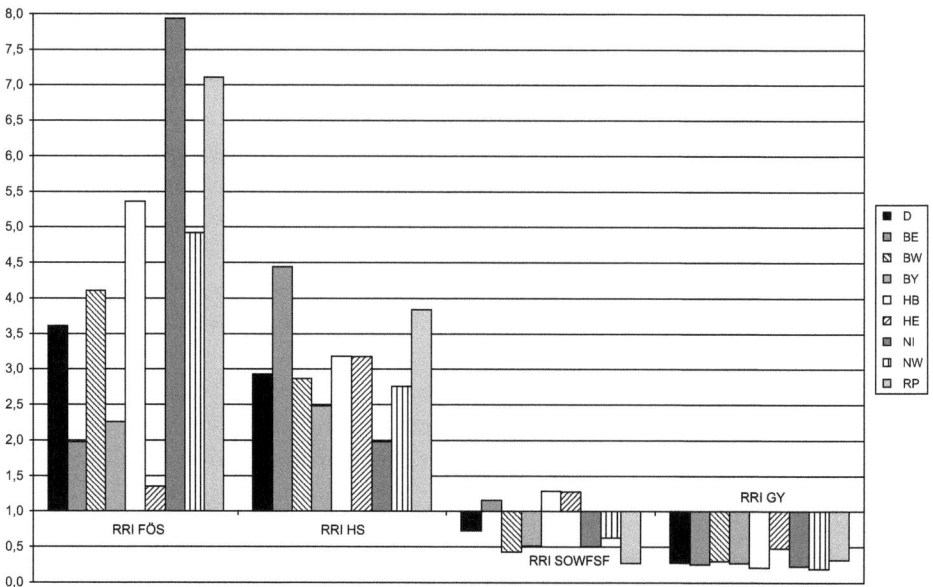

Auf Bundesebene sind serbische Schüler auch an Hauptschulen erheblich – d. h. um das 2,93-Fache gegenüber deutschen Schülern – überrepräsentiert. Für die Länder Niedersachsen, Bayern, NRW und Baden-Württemberg zeigen sich RRIs, die mit Indexwerten zwischen 1,98 und 2,86 geringer als für Deutschland insgesamt ausfallen. Hierbei ist jedoch zu beachten, dass es sich im Falle von Bayern und Baden-Württemberg (mit RRIs von 2,48 bzw. 2,86) um die beiden Länder mit den höchsten Hauptschulbesuchsanteilen unter deutschen Schülern mit 24,3 bzw. 17,2 % handelt und sich für serbische Schüler – trotz unterdurchschnittlicher RRIs – die im Landesvergleich höchsten Hauptschulbesuchsanteile zeigen. Deutlich höhere Indexwerte sind für Bremen und Hessen mit RRIs von jeweils 3,18 erkennbar. Für Rheinland-Pfalz ergibt sich ein RRI von 3,84 (und Hauptschulbesuchsanteilen von 39,7 % für serbische und 10,3 % für deutsche Schüler). Berlin weist den höchsten RRI von 4,44 auf. Hier besuchen 20,4 % der serbischen gegenüber 4,6 % der deutschen Schüler eine Hauptschule.

An sonstigen weiterführenden Schulen sind serbische Schüler mit einem RRI von 0,72 auf Bundesebene unterrepräsentiert. Auf Länderebene zeigt sich ein uneinheitliches Bild. Für Berlin, Bremen und Hessen – mit RRIs zwischen 1,15 und 1,28 – sind leichte Überrepräsentationen festzustellen. An den sonstigen weiterführenden Schulen in NRW, Bayern, Niedersachsen, Baden-Württemberg und Rheinland-Pfalz sind serbische Schüler mit RRIs zwischen 0,63 und 0,27 deutlich unterrepräsentiert.

Eindeutig fallen die RRIs hinsichtlich des Besuchs von Gymnasien aus. Serbische Schüler sind sowohl auf Bundesebene (RRI = 0,28), als auch auf Ebene der einzelnen Länder deutlich unterrepräsentiert. Für sechs der acht Länder nehmen die RRIs Werte zwischen 0,21 und 0,32 an. Nur für Hessen ergibt sich ein höherer RRI von 0,48, da in diesem Land immerhin 23,7 % der serbischen Schüler ein Gymnasium besuchen (der Gymnasialbesuchsanteil in den weiteren Bundesländern beträgt maximal 14,2 %). Die größten Disparitäten zeigen sich in NRW, hier gehen lediglich 8,2 % der serbischen gegenüber 42,2 % der deutschen Schüler an ein Gymnasium, was zu einem RRI von 0,19 führt.

Insgesamt bleibt festzuhalten, dass serbische Schüler ausnahmslos sowohl auf Bundes- als auch auf Landesebene an Förderschulen und Hauptschulen erheblich überrepräsentiert und zugleich an Gymnasien sehr deutlich unterrepräsentiert sind. Jedoch besteht eine extreme Varianz in der Höhe der RRIs zwischen den verschiedenen Ländern, so dass serbische Schüler z.B. in Hessen 1,34-mal und in Niedersachsen 7,94-mal so häufig eine Förderschule besuchen wie deutsche Schüler.

2.2.5 Griechische Schüler

Im Jahr 1960 wurde mit Griechenland eine Anwerbevereinbarung abgeschlossen, die dazu führte, dass zuerst griechische Arbeitsmigranten und anschließend auch ihre Familien nach Deutschland zogen (vgl. Oltmer 2010: 52ff.). Ab dem Jahr 1967 begann auch eine Emigration aufgrund des Militärputsches, die bis zum Ende des Jahres 1974 bzw. bis zum „Zusammenbruch der Diktatur in Griechenland" anhielt (vgl. Panayotidis 2001: 88). Nach dem Ende der Militärdiktatur und mit dem Eintritt von Griechenland in die heutige EU im Jahr 1981 kam es erst ab Ende der 1980er Jahre zu einem erneuten Anstieg von griechischen Zuwanderern nach Deutschland (vgl. ebd.: 88ff.). Zwar verfügen griechische Zuwanderer über insgesamt niedrigere Qualifikationen und Bildungsniveaus im Vergleich zur deutschen Bevölkerung, allerdings existieren verschiedene Hinweise darauf, dass diese innerhalb der Gruppe von Zuwanderern mit einer Staatsangehörigkeit der ehemaligen Anwerbestaaten höhere – bzw. weniger prekäre – Einkommen erzielen und im Vergleich ein besseres Bildungsniveau aufweisen (vgl. ebd.; z.B. auch Alba/Handl/Müller 1994; Büchel/Wagner 1996: 89f.; Boos-Nünning 2005: 165; Kristen/Granato 2004; Diefenbach 2007: 55f.; Riphahn/Serfling 2004: 238; Konsortium Bildungsberichterstattung 2006: 146ff.). Insgesamt handelt es sich bei griechischen Migranten um eine „positiv selegierte Bevölkerungsgruppe" (Nauck/Diefenbach/Petri 1998: 702). Als weitere Besonderheit ist hervorzuheben, dass in Deutschland „griechische Gemeinden [...] eine große Zahl eigener Kindergärten und Schulen bis hin zum Abitur" organisieren (Thränhardt/Weiss 2012: 123). Im Jahr 2010 lebten insgesamt 276.685 griechische Staatsangehörige in Deutschland. Die durchschnittliche Aufenthaltsdauer fällt für sie mit 27,2 Jahren relativ hoch aus, 45 % von ihnen leben mehr als 30 Jahre in Deutschland (Statistisches Bundesamt 2011c, eigene Berechnungen).

Hinsichtlich der Bildungsbeteiligung zeigt sich in Abbildung 2-12, dass griechische Schüler häufiger Förderschulen besuchen als deutsche Schüler. Auf Bundesebene beträgt der Förderschulbesuchsanteil 9,3 %. Für die Länder ist ein relativ einheitliches Besuchsniveau festzustellen, da der Besuchsanteil nur zwischen 8,8 und 11,2 % variiert. Hervorhebenswert sind die überdurchschnittlich hohen Anteile in Bayern und in Niedersachsen, hier besuchen griechische Schüler zu 10,8 bzw. 11,2 % eine Förder-schule.

Abbildung 2-12: Bildungsbeteiligung griechischer Schüler an allgemeinbildenden Schulfor-men mit Schulangebot in der Sekundarstufe I im Ländervergleich (Schuljahr 2007/08)

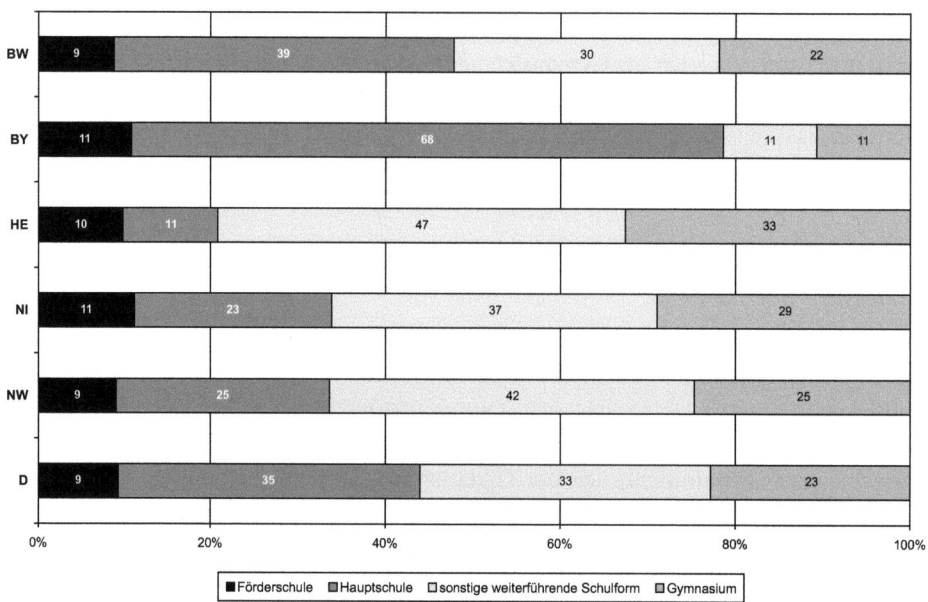

Es fallen sowohl die Anteilswerte als auch die Abweichungen hinsichtlich des Haupt-schulbesuchs auf: Dieser variiert mit Landesanteilen zwischen 11,0 und 67,7 % enorm, auch weichen die Besuchsanteile für die dargestellten Länder deutlich von dem Bun-desdurchschnitt von 34,6 % ab. Während der Anteilswert für Baden-Württemberg um 4,3 Prozentpunkte (PP) höher als im Bundesdurchschnitt ausfällt, sind für NRW und Niedersachsen um -10 bzw. -11,9 PP geringere Hauptschulbesuchsanteile als im Bun-desdurchschnitt zu erkennen. Den kleinsten Hauptschulbesuchsanteil von insgesamt nur 11,0 % weist das Land Hessen unter griechischen Schülern auf. Für Bayern ergibt sich die deutlichste Abweichung, mit 67,7 % besuchen hier griechische Schüler beina-he doppelt so häufig Hauptschulen wie im Bundesdurchschnitt.

Entsprechende Unterschiede zeigen sich auch bei einer gemeinsamen Betrachtung der Besuchsanteile von Förder- und Hauptschulen: während gut jeder fünfte griechi-sche Schüler in Hessen maximal die Schulform Hauptschule besucht, ist es in NRW und Niedersachsen bereits etwa jeder dritte, in Baden-Württemberg etwa jeder zweite Schüler und in Bayern sind es drei von vier griechischen Schülern (78,6 %), die entwe-der an eine Förder- oder an eine Hauptschule gehen.

Der Besuch von sonstigen weiterführenden Schulformen weicht nur für drei Län-der erheblich vom Bundesdurchschnitt (33,2 %) ab. Deutlich höhere Besuchsantei-le zeigen sich für NRW und für Hessen mit 41,6 und 46,6 %. Nur in Bayern besu-chen griechische Schüler zu 10,6 % – und somit erheblich seltener – eine sonstige weiterführende Schulform. Insgesamt variieren die Besuchsanteile von sonstigen weiterführenden Schulen in den Ländern zwischen 10,6 und 46,6%.

Für griechische Schüler in Baden-Württemberg und NRW weichen die Besuchsanteile von Gymnasien nicht wesentlich vom Bundesdurchschnitt (22,8%) ab. Für zwei Länder zeigen sich deutlich höhere Anteilswerte – diese betragen in Niedersachsen 28,9% und in Hessen sogar 32,6%. Nur in Bayern besuchen griechische Schüler mit einem Besuchsanteil von 10,8% noch nicht einmal halb so häufig wie im Bundesdurchschnitt ein Gymnasium.

Hinsichtlich der Bildungsbeteiligung von griechischen Schülern fallen insbesondere die beiden Länder Hessen und Bayern auf. Für Hessen sind deutlich höhere Besuche von sonstigen weiterführenden Schulformen und Gymnasien erkennbar: z.B. besucht jeder dritte griechische Schüler in Hessen das Gymnasium. Für Bayern weisen die Abweichungen in die gegenteilige Richtung. Die sonstigen weiterführenden Schulformen werden um ein Drittel seltener und Gymnasien nur etwa halb so häufig besucht wie auf Bundesebene. Dies ist auch deshalb erstaunlich, weil etwa jeder fünfte griechische Schüler (19,5%) in Deutschland eine bayerische Schule besucht. Werden die beiden Länder direkt miteinander verglichen, ergibt sich für griechische Schüler in Bayern (gegenüber den griechischen Schülern in Hessen) ein 6,2-mal so großes Risiko eine Hauptschule zu besuchen, während griechische Schüler in Hessen 4,4-mal so häufig eine sonstige weiterführende Schulform und 3,0-mal so häufig ein Gymnasium besuchen im Vergleich zu griechischen Schülern in Bayern.

Die Berechnung von RRIs in Abbildung 2-13 ergibt, dass griechische Schüler auf Bundesebene 1,5-mal so häufig Förderschulen besuchen wie deutsche Schüler (9,3 vs. 6,2%). Auf Landesebene entsprechen die RRIs in NRW und Baden-Württemberg in etwa dem Bundesdurchschnitt. Erhöhte RRIs von 1,81 bzw. 1,90 zeigen sich für Bayern und Hessen. In Niedersachsen fällt das Förderschulbesuchsrisiko von griechischen Schülern sogar mehr als doppelt so hoch aus wie für deutsche Schüler (RRI = 2,07).

Abbildung 2-13:   RRIs griechische vs. deutsche Schüler

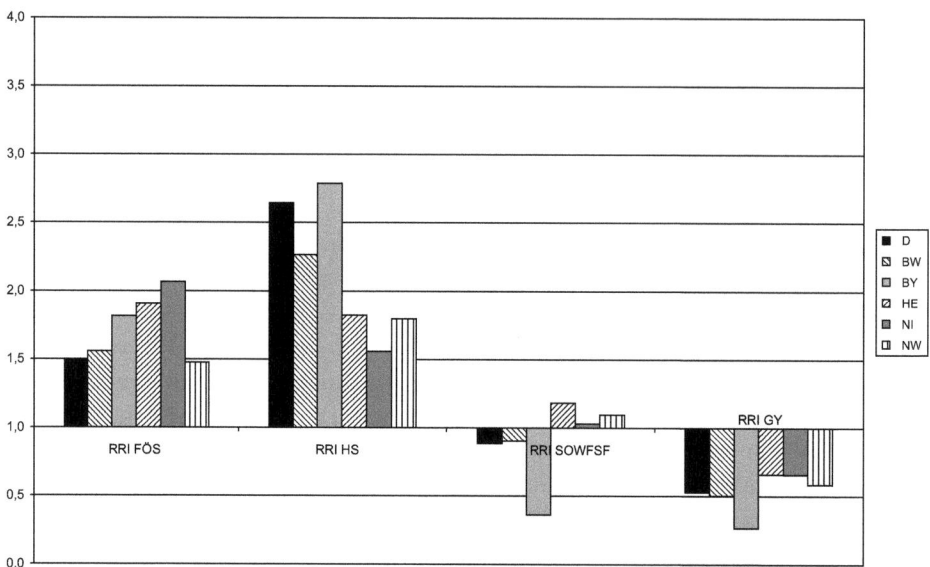

Mit einem RRI von 2,64 für Deutschland insgesamt sind griechische Schüler an Hauptschulen noch deutlicher als an Förderschulen überrepräsentiert. Auf Landesebene weist Bayern den höchsten Indexwert von 2,79 auf, während der RRI von Baden-Württemberg (2,27) leicht und die RRIs von Hessen, NRW und Niedersachsen mit Werten zwischen 1,82 und 1,56 deutlich unter dem Indexwert für Deutschland insgesamt liegen.

Leicht unterrepräsentiert sind griechische Schüler an sonstigen weiterführenden Schulen in Deutschland (RRI = 0,88). In den drei Ländern Baden-Württemberg, Niedersachsen, NRW und Hessen sind die RRIs als relativ ausgeglichen anzusehen. Diese bewegen sich im Bereich zwischen 0,90 und 1,18 und weichen auch nicht allzu stark vom Indexwert auf Bundesebene ab. Hingegen sind griechische Schüler an sonstigen weiterführenden Schulen in Bayern deutlich unterrepräsentiert, was sich in einem RRI von 0,36 zeigt.

Ein Gymnasium wird von griechischen Schülern mit 22,8 % nur etwa halb so häufig besucht wie von deutschen Schülern (RRI = 0,53). Auf Landesebene entsprechen die RRIs für Baden-Württemberg und NRW in etwa dem Bundesdurchschnitt, während die Unterschiede im Besuch von Gymnasien zwischen griechischen und deutschen Schülern in Hessen und Niedersachsen mit einem RRI von jeweils 0,66 etwas geringer ausfallen. Die deutlichsten Disparitäten zeigen sich für Bayern, hier besucht weniger als jeder neunte griechische Schüler ein Gymnasium (10,8 %) – im Vergleich zu 40,6 % der deutschen Schüler, was zu einem RRI von 0,27 führt.

Insgesamt bleibt festzuhalten, dass griechische Schüler an Förderschulen und an Hauptschulen sowohl auf Bundes- als auch auf Landesebene deutlich überrepräsentiert sowie an Gymnasien deutlich unterrepräsentiert sind, während sie sonstige weiterführende Schulformen in etwa gleich häufig wie deutsche Schüler besuchen. Erneut zeigen sich erhebliche Varianzen zwischen den Ländern. In zwei Ländern sind die folgenden Besonderheiten für griechische Schüler festzustellen: In Niedersachsen sind sie an Förderschulen, in Bayern sind sie an Hauptschulen noch erheblich stärker als im Bundesdurchschnitt und im Vergleich zu den meisten Ländern überrepräsentiert. Ergänzend zeigt sich, dass griechische Schüler in Bayern sowohl an den sonstigen weiterführenden Schulen als auch an den Gymnasien mit Abstand am deutlichsten unterrepräsentiert sind.

2.2.6 Polnische Schüler

Als Ursachen für die Zuwanderung von polnischen Staatsangehörigen werden „die politische und wirtschaftliche Situation sowohl in Polen als auch in Deutschland" genannt (Boldt 2012: 29f.).[75] Bis 1980 waren die Grenzen weitestgehend geschlossen, daher kam es nur – in quantitativ relativ geringem Umfang – zu Fluchtmigration insbesondere in die BRD aufgrund von politischer Repression bzw. aufgrund der Diskriminierung von ethnischen Minderheiten in Polen (vgl. ebd.). In der ehemaligen DDR wurden im Rahmen des Warschauer Pakts Polen als Arbeitsmigranten bzw. Vertragsarbeiter eingesetzt, im Jahr 1989 waren dies immerhin 52.000 Personen (vgl. Geißler 2002: 305; Herbert 2003: 273ff.; Alt 2005: 86). Die Fluchtmigration in den Westen verschärfte sich in den 1980er Jahren aufgrund der wirtschaftlichen Lage, insbesondere aber aufgrund „der Verhängung des Kriegsrechtes in Polen 1981" (Münz/ Seifert/Ulrich 1999: 54; vgl. hierzu auch Herbert 2003: 273ff.; Alt 2005: 86). Mit dem Ende des Kriegsrechtes im Jahr 1983 gingen erleichterte Ausreisebedingungen aus Polen einher (vgl. Boldt 2012: 33f.). Dies führte in Kombination mit einer guten Wirtschaftslage seit den 1980er Jahren in Deutschland zu einem Anstieg von (Arbeits-)Migranten aus Polen (vgl. ebd.; Münz/Seifert/Ulrich 1999: 51). Thränhardt weist trotz der relativ jungen Zuwanderungsgeschichte auf „intensive Integrationsprozesse" (Thränhardt 1999: 45) von Polen in Deutschland hin – und dies sogar trotz der Nähe zum Herkunftsland sowie bestehender grenzüberschreitender Netzwerke (vgl. ebd.: 45f.). In jüngerer Zeit wird die Zuwanderung von Polen aufgrund des Schengener Abkommens und der EU-Osterweiterung im Jahr 2004 erleichtert (vgl. Boldt 2012: 35).

Trotz einer im Zeitverlauf leicht negativen Entwicklung (vgl. Heß-Meining 2004: 138f.) weisen polnische Zuwanderer höhere Schulabschlüsse, Bildungs- sowie Qualifikationsniveaus auf als die Gruppe der Nichtdeutschen insgesamt oder im Vergleich zu Migranten mit einer Staatsangehörigkeit der ehemaligen Anwerbestaaten (vgl. Heß-Meining 2004: 138f.; Söhn 2011a: 219f.). Ende 2010 lebten 419.435 Personen mit polnischer Staatsangehörigkeit in Deutschland, ihre durchschnittliche Aufenthaltsdauer beträgt lediglich 10,0 Jahre. Weniger als 2 % leben seit mehr als 30 Jahren in Deutschland, nur 3,9 % der in Deutschland lebenden Bevölkerung mit polnischem Pass wurde in Deutschland geboren (Statistisches Bundesamt 2011c, eigene Berechnungen).

---

75 Dargestellt wird die Zuwanderungshistorie der Bevölkerung mit polnischer Staatsangehörigkeit. Diese kann von der Geschichte der Zuwanderung aus Polen abweichen. Nicht eingegangen wird z. B. auf die Zuwanderungsgeschichte von polnischen Spätaussiedlern, da diese nach Ankunft in Deutschland unmittelbar die deutsche Staatsangehörigkeit erhalten (und werden in den amtlichen (Schul-)Statistiken entsprechend als deutsche Staatsangehörige erfasst).

Hinsichtlich der Bildungsbeteiligung von polnischen Schülern zeigt sich in Abbildung 2-14, dass diese in Deutschland zu 5,1 % die Förderschule besuchen. Auf Landesebene reicht die Spannweite des Förderschulbesuchsanteils von 1,2 % in Brandenburg bis zu 9,4 % in Hamburg. Die landesspezifischen Unterschiede zeigen sich auch darin, dass sich nur für Bayern ein Anteil finden lässt, der in etwa das Niveau des Bundesdurchschnitts aufweist. Alle anderen Länder weichen deutlich hiervon ab: Neben Brandenburg weisen auch die Länder Berlin und Rheinland-Pfalz mit 4,1 bzw. 3,5 % geringere Anteile auf, während insbesondere für polnische Schüler in Hamburg deutlich erhöhte Förderschulbesuchsanteile festzustellen sind.

Besonders auffällig ist, dass – der Statistik des Statistischen Bundesamtes zufolge – kein einziger der polnischen Schüler in Baden-Württemberg eine Förderschule besucht. Als weitere Staatsangehörigkeiten, für die die Bundesstatistik keine Förderschüler ausweist sind vietnamesische, ukrainische, russische, US-amerikanische, bosnisch-herzegowinische, rumänische, mazedonische, albanische und libanesische Schüler zu nennen. Erst durch eine Anfrage an das Statistische Landesamt Baden-Württemberg wurde transparent: In Baden-Württemberg wird nur für Förderschulen ein Fragebogen verwendet, der die Erhebung lediglich einer begrenzten Zahl vorgegebener Staatsangehörigkeiten zulässt[76]. Schüler mit einer Staatsangehörigkeit, die nicht den Vorgaben des Fragebogens entsprechen, werden nicht erhoben und dementsprechend in der Statistik auch nicht ausgewiesen. In Folge dessen kann die Bildungsbeteiligung der an Förderschulen unberücksichtigten Staatsangehörigkeiten für Baden-Württemberg nur verzerrt dargestellt werden, was sich in einer Überschätzung des Anteils des Besuchs von Haupt-, sonstigen weiterführenden Schulen und Gymnasien sowie der Höhe der nachfolgend berechneten RRIs niederschlägt. In deutlich reduziertem Umfang spiegelt sich diese Unzulänglichkeit auch in den Ergebnissen der nichterhobenen Staatsangehörigkeiten auf Bundesebene sowie für die zusammengefassten westdeutschen Bundesländer wider (vgl. Abbildung 2-1 bis Abbildung 2-3).

---

76 In dem „Schulbogen 2 für Sonderschulen – Stand: 20. Oktober 2010" wird auf Seite eins nach „Ausländischen Schülern in Klassen insgesamt" gefragt, in der die Anzahl der Schüler für die folgenden, vorgegebenen Staatsangehörigkeiten einzutragen sind: „Griechen", „Italiener", „Serben", „Kroaten", „Portugiesen", „Kosovaren", „Spanier", „Türken" und „sonstige Ausländer". Sofern sonstige nicht-deutsche Schüler vermerkt werden, sind diese in einem weiteren Formular („Schulbogen 5 für Sonderschulen – Stand 20. Oktober 2010") auszudifferenzieren: Unter „Sonstige[n] Ausländer[n] nach ausgewählter Staatsangehörigkeit" werden „Belgien", „Dänemark", „Finnland", „Frankreich", „Großbritannien", „Irland", „Albanien", „Niederlande", „Österreich", „Schweden" und „Übrige" abgefragt. Nach Auskunft von Frau Schwarz-Jung (Statistisches Landesamt Baden-Württemberg) in einer Mail vom 6.9.2011 werden die Schulbögen ab dem Schuljahr 2011/12 abgeändert, so dass ab diesem Schuljahr auch an Förderschulen alle Staatsangehörigkeiten von Schülern erfasst werden.

Abbildung 2-14: **Bildungsbeteiligung polnischer Schüler an allgemeinbildenden Schulformen mit Schulangebot in der Sekundarstufe I im Ländervergleich (Schuljahr 2007/08)**

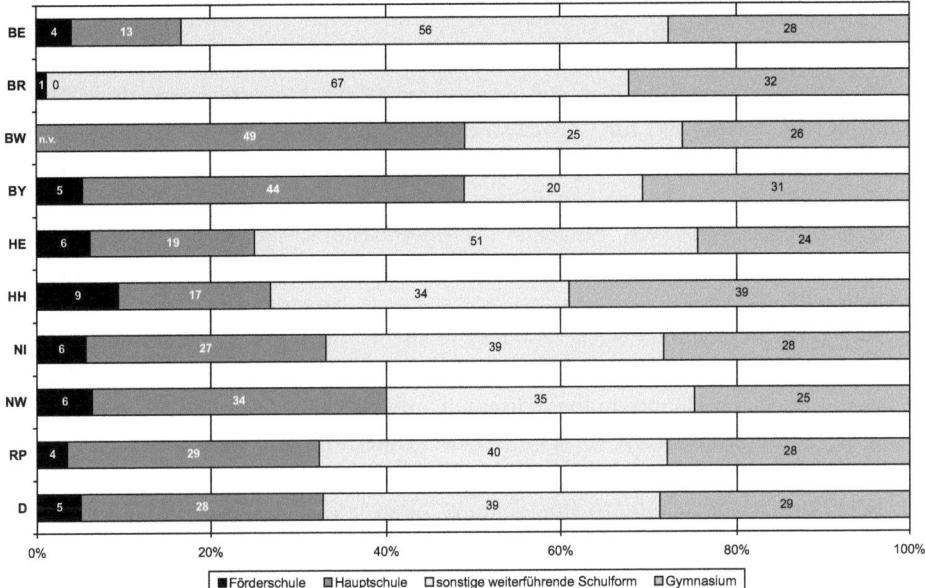

n.v. = nicht vorhanden, da nicht erhoben

In Ländern, in denen die Hauptschule als eigenständige Schulform angeboten wird, variiert der Besuchsanteil für polnische Schüler um das bis zu 3,9-Fache, da dieser 12,6 % in Berlin und 49,1 % in Baden-Württemberg beträgt. In Baden-Württemberg fällt der Hauptschulbesuchsanteil im Vergleich zum Bundesdurchschnitt von 27,7 % etwa 1,8-mal so hoch aus, während der Anteil für Berlin weniger als die Hälfte des Durchschnitts beträgt. Deutliche Abweichungen vom Bundesmittel zeigen sich in Form von höheren Besuchsanteilen auch für NRW und Bayern mit Anteilen von 33,6 bzw. 43,6 %, während sich erheblich geringere Besuchsanteile – neben dem genannten Anteil für Berlin auch – für polnische Schüler in Hessen und Hamburg von 18,9 und 17,5 % ergeben.

Auch die Betrachtung der kombinierten Schulformbesuchsanteile der Förder- oder Hauptschule zeigt erhebliche Unterschiede auf. In Brandenburg beträgt dieser nur 1,2 %, da in dem Land die Hauptschule nicht als eigenständige Schulform existiert. Das Minimum unter den Ländern mit der Schulform Hauptschule ergibt sich für Hessen. Hier besucht etwa jeder vierte polnische Schüler maximal die Hauptschule, während dieser Anteil in Baden-Württemberg und Bayern mit jeweils etwa 49 % beinahe doppelt so hoch ausfällt.

In Brandenburg besuchen zwei Drittel der polnischen Schüler eine sonstige weiterführende Schulform. Dies entspricht dem 3,3-Fachen im Vergleich zum geringsten Länderanteil von 20,4 % für das Land Bayern. Erhöhte Besuchsanteile im Vergleich zum Bundesdurchschnitt von 38,5 % zeigen sich auch für polnische Schüler in Hessen und Berlin, wo mehr als jeder zweite polnische Schüler eine solche Schulform besucht.

Deutlich niedrigere Anteile sind – neben Bayern – für polnische Schüler in Hamburg und Baden-Württemberg mit 34,1 sowie 24,9 % zu konstatieren.

Für polnische Schüler variiert der Gymnasialbesuchsanteil zwischen den Ländern um das bis zu 1,6-Fache, da die Extremwerte für Hamburg 39,0 % und für Hessen 24,4 % betragen. Trotzdem ist der Anteil in den Ländern als insgesamt relativ konstant anzusehen, da sich in fünf von neun dargestellten Ländern nur geringe Abweichungen vom Anteilswert für Deutschland insgesamt mit 28,7 % ergeben. Neben Hessen sind deutliche geringere Anteilswerte im Vergleich zum Bundesdurchschnitt nur noch für NRW mit 24,8 % zu verzeichnen. Neben Hamburg, das den höchsten Gymnasialbesuchsanteil aufweist, besuchen auch polnische Schüler in Brandenburg deutlich häufiger als im Bundesdurchschnitt ein Gymnasium – in Brandenburg beträgt der Besuchsanteil 32,2 %.

Für polnische Schüler zeigen sich alles in allem nur in einzelnen Ländern spezifische Muster der Bildungsbeteiligung. Dies gilt z. B. für Baden-Württemberg, das den insgesamt höchsten Hauptschulbesuchsanteil aufweist (u. a. auch deshalb, weil in dem Land der Förderschulbesuch von polnischen Schülern nicht erhoben wird). Dies trifft aber auch für Bayern zu, hier besucht etwa jeder zweite polnische Schüler maximal die Schulform Hauptschule. In Brandenburg hingegen ist nur ein minimaler Förderschulbesuch bei den zugleich höchsten Besuchsanteilen von sonstigen weiterführenden Schulformen und leicht erhöhten Anteilen im Gymnasialbesuch zu konstatieren. Weiter ergibt sich für Hamburg der mit Abstand höchste Gymnasialbesuch, so dass ca. zwei von fünf polnischen Schülern diese Schulform besuchen.

Ob die landesspezifischen Unterschiede auch im Vergleich zu deutschen Schülern – d. h. bei einer Berechnung von Relativen Risiko-Indizes – fortbestehen, veranschaulicht Abbildung 2-15.

Abbildung 2-15:   RRIs polnische vs. deutsche Schüler

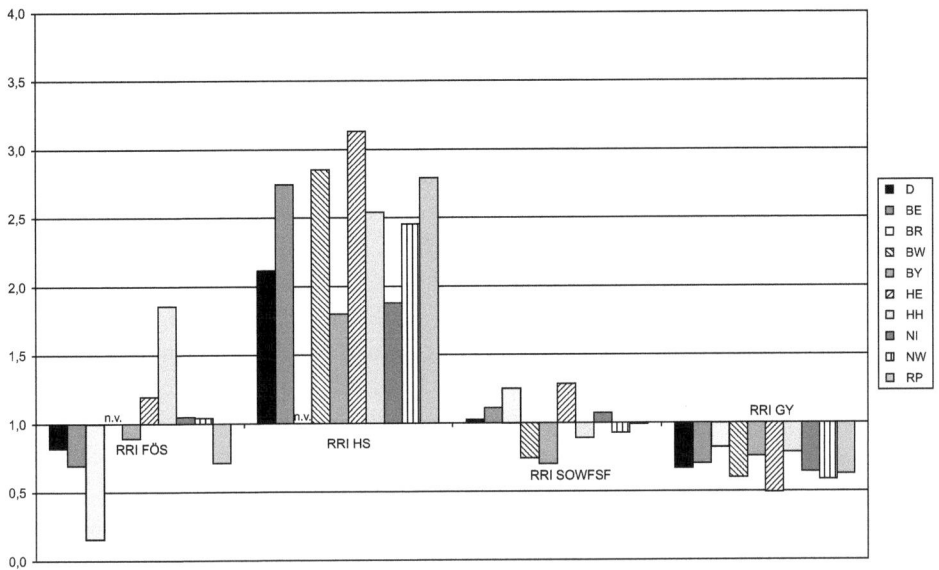

n.v. = nicht vorhanden (nicht erhoben in Baden-Württemberg; nicht vorhandene Schulform in Brandenburg)

Insgesamt sind polnische Schüler im Vergleich zu deutschen Schülern an Förderschulen leicht unterrepräsentiert (RRI = 0,82). Auf Ebene der Länder zeigen sich deutliche Unterschiede, es gibt Länder mit ausgeglichenen RRIs mit Indexwerten zwischen 0,89 bis 1,05 (Bayern, NRW und Niedersachsen), aber auch solche mit deutlichen Unterschieden im Förderschulbesuch zwischen polnischen und deutschen Schülern. Deutlich unterrepräsentiert sind polnische Schüler an Förderschulen in Rheinland-Pfalz (RRI = 0,71), Berlin (0,69) und Brandenburg (0,16). Überrepräsentiert sind polnische Schüler nur an Förderschulen in Hessen und Hamburg mit RRIs von 1,29 bzw. 1,86.

An Hauptschulen sind polnische Schüler gegenüber deutschen Schülern auf Bundesebene erheblich, d.h. um das 2,12-Fache überrepräsentiert (die Besuchsanteile betragen 27,7 vs. 13,1 %). Leicht unterdurchschnittlich fallen die RRIs in Niedersachsen und Bayern mit Werten von 1,88 bzw. 1,80 aus. Für die Mehrzahl der Länder zeigen sich jedoch höhere Indexwerte, so besuchen polnische Schüler in NRW und Hamburg etwa zweieinhalbmal so häufig wie deutsche Schüler eine Hauptschule, während sich für sie ein annähernd dreimal so hoher Besuchsanteil in Berlin, Rheinland-Pfalz und Baden-Württemberg mit Indexwerten zwischen 2,74 und 2,85 ergibt. In Baden-Württemberg sind es 49,1 % der polnischen gegenüber 17,2 % der deutschen Schüler, die eine Hauptschule besuchen. Nur für Hessen lässt sich ein RRI konstatieren, der um mehr als das Dreifache erhöht ist (RRI = 3,13), wobei sich die Anteilswerte für den Hauptschulbesuch auf einem insgesamt geringeren Niveau bewegen, da 18,9 % der polnischen im Vergleich zu 6,0 % der deutschen Schüler an diese Schulform gehen.

Relativ ausgeglichen werden von polnischen und deutschen Schülern sonstige weiterführende Schulformen besucht, für Deutschland insgesamt beträgt der RRI 1,02. Auch für die meisten Länder sind relativ ausgeglichene Indexwerte zu konstatieren. Hervorhebenswert sind die Abweichungen von vier Ländern: In Baden-Württemberg und Bayern sind polnische Schüler an sonstigen weiterführenden Schulen mit RRIs von 0,74 bzw. 0,70 deutlich unterrepräsentiert, demgegenüber besuchen sie diese Schulen in Brandenburg und Hessen 1,25- bzw. 1,28-mal so häufig wie ihre deutschen Mitschüler.

Ein RRI von 0,67 auf Bundesebene zeigt an, dass polnische Schüler an Gymnasien im Vergleich zu deutschen Schülern deutlich unterrepräsentiert sind. Auch auf Landesebene sind Unterrepräsentationen erkennbar, allerdings variieren die Indexwerte zwischen einem RRI von 0,49 und 0,82. Besonders deutliche Unterrepräsentationen zeigen sich für polnische Schüler in Niedersachsen, Rheinland-Pfalz, Baden-Württemberg und NRW mit RRIs zwischen 0,64 und 0,59. Die mit Abstand deutlichste Unterrepräsentation ist mit einem RRI von 0,49 für Hessen festzustellen, hier besuchen 24,4 % der polnischen gegenüber 49,4 % der deutschen Schüler ein Gymnasium.

Insgesamt lässt sich festhalten, dass polnische Schüler auf Bundesebene an Förderschulen leicht unterrepräsentiert und an Hauptschulen deutlich überrepräsentiert sind. Im Vergleich zu deutschen Schülern besuchen sie sonstige weiterführende Schulen in etwa gleich häufig und Gymnasien deutlich seltener. Auf Landesebene zeigt sich ein uneinheitliches Bild: An Förderschulen und sonstigen weiterführenden Schulen sind polnische Schüler in unterschiedlichem Umfang sowohl über- als auch unterrepräsentiert. An Hauptschulen sind polnische Schüler in unterschiedlichem Ausmaß gegenüber deutschen Schülern (deutlich) überrepräsentiert, an Gymnasien unter landesspezifischen Variationen (deutlich) unterrepräsentiert.

2.2.7 Russische Schüler

Bei Zuwanderern mit russischer Staatsangehörigkeit handelt „es sich vorwiegend um jüdische Kontingentflüchtlinge" (Söhn 2011a: 220).[77] Diese sind nach dem Zusammenbruch der ehemaligen UdSSR ab 1991 nach Deutschland zugewandert und weisen sehr hohe Bildungs- und Qualifikationsniveaus auf (vgl. ebd.: 219f.; Weiss 2006: 185f.; Haug 2007: 13, 25). Zudem haben sie eine „hohe Bildungsaspiration für ihre Kinder" (Weiss 2006: 186). So verwundert es nicht, dass Luft (2008: 591) „bei dieser Zuwanderungsgruppe keine gravierenden Integrationsdefizite" konstatiert. Im Jahr 2010 leben 191.270 Personen mit einer Staatsangehörigkeit der Russischen Föderation in Deutschland. Ihre Aufenthaltsdauer beträgt durchschnittlich nur 8,7 Jahre (Statistisches Bundesamt 2011c, eigene Berechnungen).

Die Bildungsbeteiligung von Schülern mit russischer Staatsangehörigkeit ist in Abbildung 2-16 dargestellt. Besonders hervorzuheben ist der hohe Anteil des Gymnasialbesuchs von 40,6 % für russische Schüler auf Bundesebene. Der Besuchsanteil weicht

---

77 Dargestellt wird die Geschichte der Zuwanderung von Personen mit russischer Staatsangehörigkeit. Diese kann von der Zuwanderungsgeschichte von Menschen aus der ehemaligen UdSSR abweichen. Z. B. wird nicht auf die Zuwanderungshistorie von Spätaussiedlern aus der ehemaligen Sowjetunion eingegangen (diese erhalten unmittelbar nach ihrer Ankunft in Deutschland die deutsche Staatsangehörigkeit und werden in der herkömmlichen (Schul-)Statistik somit als deutsche Staatsangehörige erfasst). Im Gegensatz hierzu ist für russische Staatsangehörige im Allgemeinen und für jüdische Kontingentflüchtlinge im Besonderen keine erleichterte Einbürgerung vorgesehen (vgl. hierzu z. B. Söhn 2011a).

in den meisten Ländern nur wenig vom Bundesdurchschnitt ab. Für zwei Länder sind die Gymnasialbesuchsanteile hervorzuheben: Niedersachsen weist mit einem Besuchsanteil von 32,6% das Minimum, Hamburg mit einem Anteil von insgesamt 52,6% mit Abstand das Maximum auf.

Abbildung 2-16: Bildungsbeteiligung russischer Schüler an allgemeinbildenden Schulformen mit Schulangebot in der Sekundarstufe I im Ländervergleich (Schuljahr 2007/08)

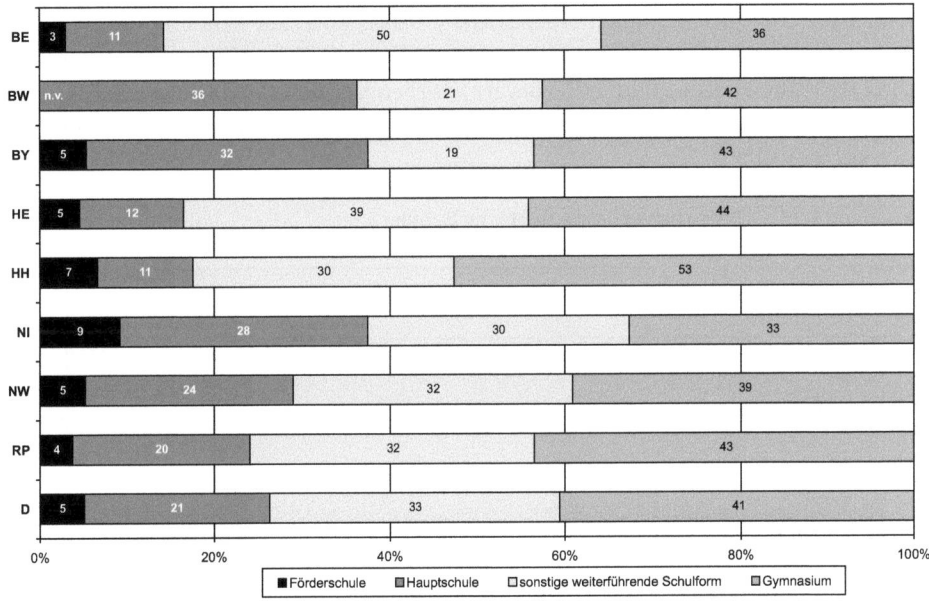

n.v. = nicht vorhanden, da nicht erhoben

Russische Schüler besuchen auf Bundesebene lediglich zu 5,1% eine Förderschule. Dieser Anteil variiert in den Ländern zwischen 3,0% (Berlin) und 9,2% (Niedersachsen). Leichte Abweichungen vom Bundesdurchschnitt sind für Hamburg und Rheinland-Pfalz mit Anteilen von 6,6 und 3,8% festzustellen.

Etwa jeder fünfte russische Schüler (21,2%) besucht in Deutschland eine Hauptschule. Jedoch variiert dieser Anteil um das bis zu 3,3-Fache zwischen den Ländern, was sich an den Hauptschulbesuchsanteilen von 10,9% für Hamburg und von 36,3% für Baden-Württemberg ablesen lässt. In drei Ländern fällt der Hauptschulbesuch mit Anteilen von unter 12% beinahe nur halb so hoch aus wie für Deutschland insgesamt: hierbei handelt es sich um Hessen, Berlin und Hamburg. Demgegenüber zeigen sich für Niedersachsen, Bayern und Baden-Württemberg deutlich erhöhte Anteilswerte, die zwischen 28,3 und 36,3% betragen.

Wird der Besuch einer Förder- oder Hauptschule zusammen betrachtet, dann ergibt sich ein Anteil von 25,3% auf Bundesebene und für die Länder ein Minimum von 14,3% in Berlin bzw. ein Maximum von 37,5% in Bayern. Zwei Ländergruppen bilden sich ab: Besonders niedrige Besuchsanteile von Förder- oder Hauptschulen sind in Höhe von 14,3 bis 17,5% für Berlin, Hessen und Hamburg zu verzeichnen, während die Länder Baden-Württemberg, Niedersachsen und Bayern mit Anteilen zwischen 36,3 und 37,5 % besonders hohe Abweichungen vom Bundesdurchschnitt aufweisen.

Auf Bundesebene besucht etwa jeder dritte russische Schüler eine sonstige weiterführende Schulform. In Baden-Württemberg und Bayern ist es nur etwa jeder Fünfte, in Berlin hingegen ist es sogar etwa jeder Zweite. In den weiteren dargestellten Ländern beträgt der Anteil zwischen 30 und 39 %.

Wie in Abbildung 2-17 ersichtlich, werden von russischen und deutschen Schülern Gymnasien etwa gleich häufig besucht (RRI = 0,94). Auch auf Landesebene zeigt sich für sechs von acht Ländern ein relativ ausgeglichener RRI mit Indexwerten, die zwischen 0,89 (für Hessen) und 1,07 (Bayern) variieren. Russische Schüler sind im Vergleich zu deutschen Schülern nur an niedersächsischen Gymnasien deutlich unterrepräsentiert (RRI = 0,74).

Abbildung 2-17:   RRIs russische vs. deutsche Schüler

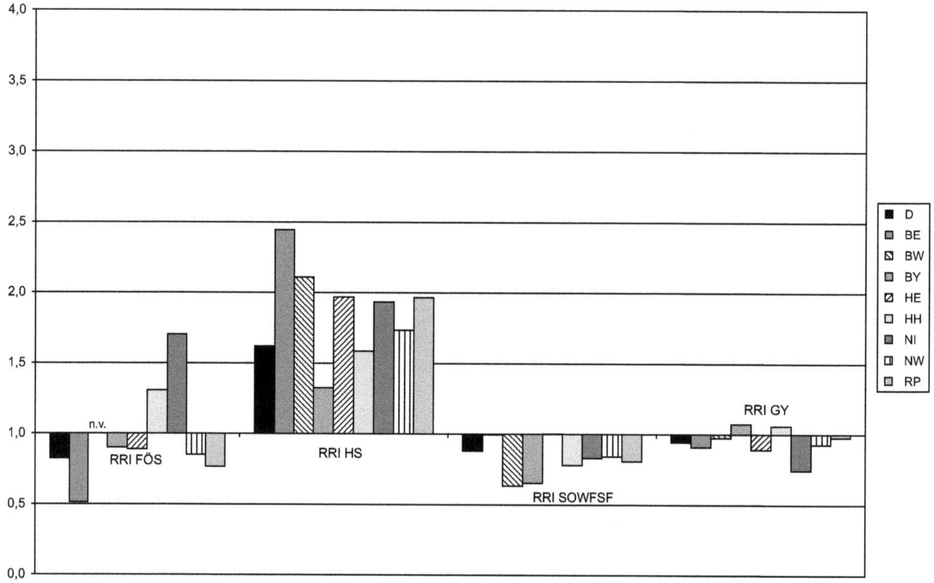

n.v. = nicht vorhanden, da nicht erhoben

Der Förderschulbesuch fällt für russische Schüler auf Bundesebene mit einem RRI von 0,82 sogar etwas geringer aus als für deutsche Schüler (die Anteilswerte betragen 5,1 vs. 6,2 %). Für zwei Länder ist ein noch geringerer RRI zu konstatieren: Zum einen für Rheinland-Pfalz, hier beträgt der Indexwert 0,76. Zum anderen indiziert ein RRI von 0,51, dass russische Schüler in Berlin nur etwa halb so häufig wie deutsche Schüler eine Förderschule besuchen. Häufiger werden Förderschulen von russischen im Vergleich zu deutschen Schülern nur in Hamburg (RRI = 1,31) und Niedersachsen (RRI = 1,70) besucht.

Russische Schüler gehen sowohl auf Bundes- als auch auf Landesebene deutlich häufiger auf eine Hauptschule als deutsche Schüler: Insgesamt besuchen russische

Schüler 1,62-mal so häufig eine Hauptschule wie ihre deutschen Mitschüler (21,2 vs. 13,1 %). Auf Landesebene zeigen die RRIs ausnahmslos Überrepräsentationen an. Jedoch variieren die Indexwerte deutlich zwischen den einzelnen Ländern. Während russische Schüler in Bayern 1,32-mal so häufig eine Hauptschule besuchen wie deutsche Schüler, beträgt der Anteil des Hauptschulbesuchs in Baden-Württemberg bereits mehr als das Doppelte (RRI = 2,11). Die deutlichste Überrepräsentation mit einem beinahe 2,5-mal so hohen Hauptschulbesuchsanteil lässt sich für russische Schüler in Berlin konstatieren.

Auf Bundesebene zeigt ein RRI von 0,88 für den Besuch sonstiger weiterführender Schulformen eine leichte Unterrepräsentation russischer Schüler an. Dieser Befund setzt sich relativ einheitlich auf Länderebene fort, da die Varianz zwischen den Ländern von einer deutlichen Unterrepräsentation in Baden-Württemberg (RRI = 0,63) und Bayern (0,65) bis hin zu in etwa ausgeglichenen RRIs für Berlin (0,99) und Hessen (1,00) reicht.

Für russische Schüler bleibt insgesamt festzuhalten, dass sie in Deutschland insgesamt erheblich seltener als deutsche Schüler Förderschulen besuchen. Mit Ausnahme von Hamburg und Niedersachsen trifft dies auch auf die untersuchten Bundesländer zu. Russische Schüler besuchen überproportional häufig Hauptschulen, sonstige weiterführende Schulen werden von ihnen etwa gleich häufig oder sogar etwas seltener als von deutschen Schülern besucht, während sich zwischen russischen und deutschen Schülern – von einzelnen Ländern abgesehen – keine grundlegenden Unterschiede im Gymnasialbesuch zeigen.

2.2.8 Albanische Schüler

Eine quantitativ bedeutsame Zuwanderung von Personen mit albanischer Staatsangehörigkeit nach Deutschland fand erst nach dem Zusammenbruch des kommunistischen Regimes in Albanien in den 1990er-Jahren statt (vgl. Geiger 2010: 166ff.). Es kam zu mehreren großen Auswanderungswellen, insbesondere aufgrund der desolaten sozioökonomischen, politischen und demografischen Situation in Albanien (vgl. ebd.). Zusätzlich verschärfte sich der Auswanderungsdruck durch den Krieg im benachbarten ehemaligen Jugoslawien. Z.B. kam es zu einem „Massenzustrom" von Flüchtlingen (ebd.: 169), der „zu einer erneuten Destabilisierung der Lage in Albanien" führte (ebd.). Hieraus resultierte eine weitere Auswanderungsbewegung aus Albanien (vgl. ebd.). Die relativ junge Zuwanderungsgeschichte spiegelt sich auch in der relativ geringen durchschnittlichen Aufenthaltsdauer für albanische Staatsangehörige in Deutschland wider. Diese beträgt nur 10,9 Jahre, in den Jahren vor 1990 kam es nur zu vereinzelten Zuwanderungen (Statistisches Bundesamt 2011c, eigene Berechnungen).

Bezogen auf die Bildungsbeteiligung fällt auf, dass albanische Schüler sehr häufig Förderschulen besuchen (vgl. Abbildung 2-18). Beinahe jeder fünfte albanische Schüler geht in Bayern oder Hessen an eine Förderschule. In Rheinland-Pfalz (genau wie im Bundesdurchschnitt) ist es bereits annähernd jeder Vierte, während in NRW und in Niedersachsen etwa jeder dritte albanische Schüler eine Förderschule besucht. Der

Ländervergleich zeigt, dass albanische Schüler in Niedersachsen beinahe doppelt so häufig Förderschulen besuchen wie in Bayern (35,8 vs. 19,6 %).

Abbildung 2-18: Bildungsbeteiligung albanischer Schüler an allgemeinbildenden Schulformen mit Schulangebot in der Sekundarstufe I im Ländervergleich (Schuljahr 2007/08)

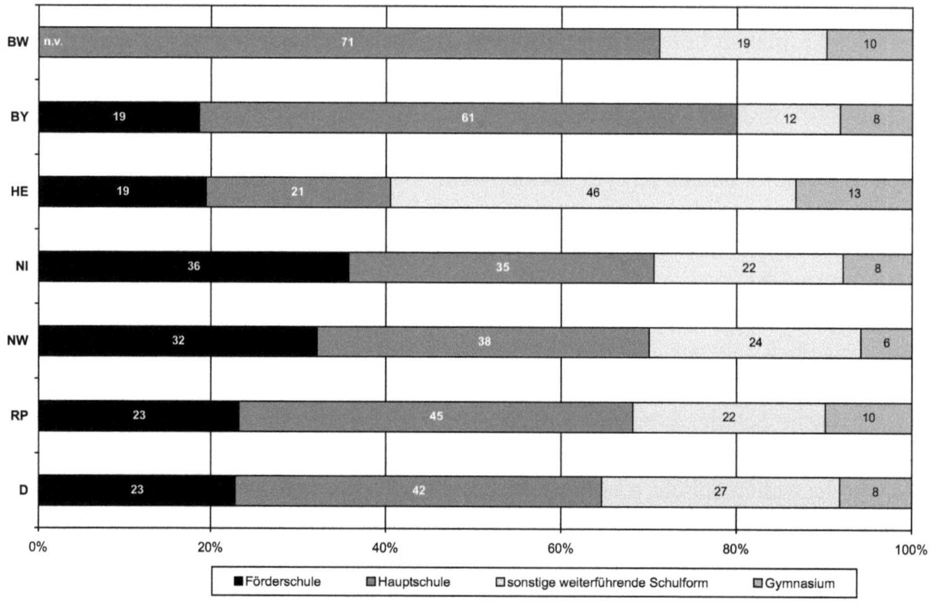

	Förderschule	Hauptschule	sonstige weiterführende Schulform	Gymnasium
BW	n.v.	71	19	10
BY	19	61	12	8
HE	19	21	46	13
NI	36	35	22	8
NW	32	38	24	6
RP	23	45	22	10
D	23	42	27	8

n.v. = nicht vorhanden, da nicht erhoben

Deutliche Disparitäten bestehen auch in den Hauptschulbesuchsanteilen, die um das bis zu 3,4-Fache zwischen den Ländern variieren. Die Extremwerte sind mit 21,0 % für Hessen und 71,2 % für Baden-Württemberg zu konstatieren (allerdings wird in diesem Land der Hauptschulbesuchsanteil aufgrund der fehlenden Förderschulangaben überschätzt). In Bayern besuchen 61,4 % der albanischen Schüler eine Hauptschule. Auch dieser Anteil fällt erheblich höher als im Bundesdurchschnitt (41,8 %) aus.

Wird der Besuch entweder einer Förder- oder Hauptschule zusammen betrachtet, so ergibt sich im Bundesdurchschnitt, dass knapp zwei Drittel der albanischen Schüler maximal die Hauptschule besuchen. Auf Landesebene ist der kleinste Anteil für Hessen mit 40,5 % zu erkennen. Für die weiteren Länder zeigen sich sehr hohe Niveaus im Besuch maximal der Schulform Hauptschule, was sich in Anteilen zwischen 68,2 % für Rheinland-Pfalz und 80 % für Bayern widerspiegelt. Es fällt auf, dass höhere Anteile im Besuch einer Förderschule tendenziell mit niedrigeren Anteilen im Besuch einer Hauptschule einhergehen (vice versa).

Gut jeder vierte albanische Schüler in Deutschland (27,1 %) besucht eine sonstige weiterführende Schulform. In den Ländern weicht der Anteil z. T. erheblich vom Bundesdurchschnitt ab. Dies gilt insbesondere für Hessen (46,2 %) und Bayern (11,8 %).

Der insgesamt relativ geringe Gymnasialbesuchsanteil streut für die meisten Länder nur um wenige Prozentpunkte um den Anteilswert von 8,2 % für Deutschland insgesamt. Werden jedoch die Anteile zwischen den Ländern zueinander ins Verhältnis gesetzt, so zeigt sich, dass albanische Schüler in Hessen mit einem Besuchsanteil von 13,4 % etwa 2,3-mal so häufig ein Gymnasium besuchen wie in NRW (5,8 %). In Bayern und Rheinland-Pfalz bewegt sich der Gymnasialbesuchsanteil zwischen 8,2 und 10 %.

Hinsichtlich der Bildungsbeteiligung bleibt somit festzuhalten, dass albanische Schüler sowohl auf Bundesebene, als auch auf Ebene der Länder sehr häufig Förder- und Hauptschulen und nur sehr selten Gymnasien besuchen.

Mehr als jeder fünfte albanische Schüler (22,9 %) besucht in Deutschland eine Förderschule. Dies entspricht etwa dem 3,7-fachen Besuchsanteil von deutschen Schülern (vgl. Abbildung 2-19).

Abbildung 2-19:   RRIs albanische vs. deutsche Schüler

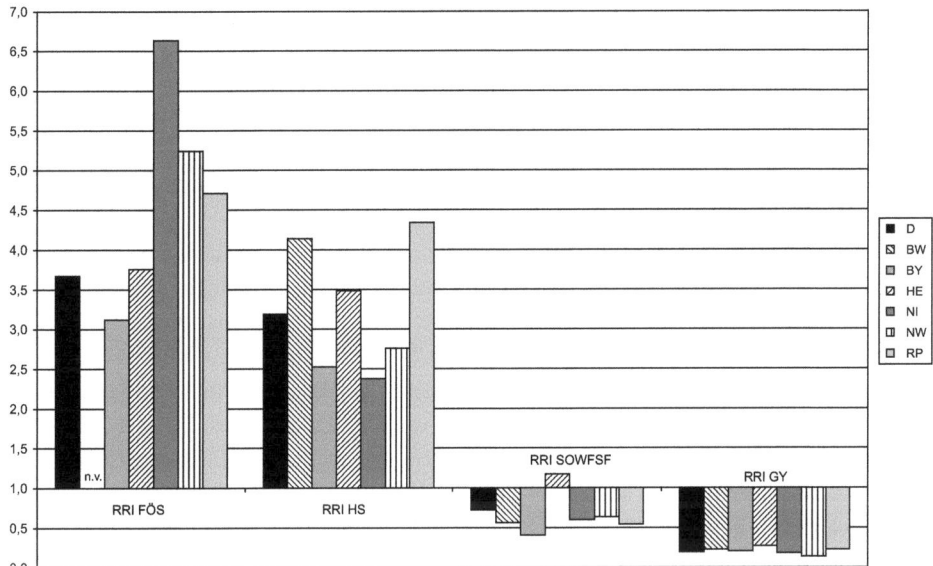

n.v. = nicht vorhanden, da nicht erhoben

Auf Landesebene zeigt sich zwar ein deutlich variierendes Förderschulbesuchsrisiko. In jedem Fall besuchen albanische Schüler mindestens dreimal so häufig Förderschulen wie deutsche Schüler. Für Bayern und Hessen sind RRIs von 3,12 und 3,76 festzuhalten. Noch höhere RRIs zeigen sich für Rheinland-Pfalz, NRW und Niedersachsen. In Rheinland-Pfalz besuchen albanische Schüler 4,71-mal so häufig eine Förderschule wie ihre deutschen Mitschüler (23,3 vs. 4,9 %). Für NRW beträgt der RRI 5,24, da knapp ein Drittel der 5.475 albanischen Schüler an Schulformen mit Angebot der Sekundarstufe I gegenüber 6,2 % der deutschen Schüler eine Förderschule besucht. Der mit Abstand höchste Indexwert ist mit 6,63 für Niedersachsen zu konstatieren, hier sind es sogar 35,8 % von 1.091 albanischen Schülern, die gegenüber 5,4 % der deutschen Schüler an eine Förderschule gehen. Insbesondere erstaunt, dass sich die Länder NRW und Niedersachsen, die knapp die Hälfte (47,4 %) der albanischen Schüler an Schularten mit Sekundarstufen I-Angebot in Deutschland auf sich vereinen, extrem hohe Förderschulbesuchsquoten für diese Schüler aufweisen. Die Förderschulbesuchsanteile betragen jeweils deutlich über 30 %, zugleich fallen diese Anteile für deutsche Schüler mit 6,2 bzw. 5,4 % relativ gering aus.

Auch das Risiko, eine Hauptschule zu besuchen, beträgt für albanische Schüler in Deutschland mehr als das Dreifache gegenüber deutschen Schülern (RRI = 3,19). In den Ländern sind albanische Schüler um das 2,38-Fache bis zum 4,34-Fachen an Hauptschulen überrepräsentiert. Für NRW, Bayern und Niedersachsen lassen sich unterdurchschnittliche RRIs konstatieren, der Index nimmt hier Werte zwischen 2,76 und 2,38 ein. Während der RRI für Hessen mit 3,48 nur leicht gegenüber dem Indexwert für Deutschland insgesamt erhöht ist, zeigen sich deutlich erhöhte RRIs für zwei Länder. In Baden-Württemberg, das einen RRI von 4,14 aufweist, besuchen 71,2 % der albanischen gegenüber 17,2 % der deutschen Schüler eine Hauptschule, in Rheinland-Pfalz – mit einem RRI von 4,34 – sind es 44,9 gegenüber 10,3 %.

An sonstigen weiterführenden Schulen sind albanische Schüler mit einem RRI von 0,72 unterrepräsentiert. Entgegen der Unterrepräsentation auf Bundesebene sind albanische Schüler in Hessen sogar überrepräsentiert (RRI = 1,17). Demgegenüber sind für NRW, Niedersachsen, Baden-Württemberg und Rheinland-Pfalz deutliche Unterrepräsentationen mit RRIs zwischen 0,64 und 0,54 zu erkennen, während sich für Bayern sogar ein RRI von 0,40 ergibt.

Relativ einheitlich fallen die RRIs sowohl auf Bundes- als auch auf Landesebene hinsichtlich des Besuchs von Gymnasien aus. Für Deutschland insgesamt beträgt der RRI 0,19, was auf eine sehr deutliche Unterrepräsentation albanischer Schüler an Gymnasien schließen lässt (sie besuchen zu 8,2 % ein Gymnasium, deutsche Schüler hingegen zu 43,1 %). In mehreren Ländern beträgt der Besuchsanteil von Gymnasien für albanische gegenüber deutschen Schülern weniger als ein Drittel. Hierbei handelt es sich um Hessen, Baden-Württemberg und Rheinland-Pfalz mit RRIs zwischen 0,27 und 0,22. In Bayern und Niedersachsen beträgt der Besuchsanteil im Vergleich sogar weniger als ein Fünftel, was durch RRIs von 0,20 bzw. 0,18 veranschaulicht wird. Der kleinste RRI-Wert von 0,14 indiziert für NRW, dass der Gymnasialbesuchsanteil von albanischen Schülern weniger als ein Siebtel des Anteils von deutschen Schülern beträgt. Denn in NRW besuchen nur 5,8 % der albanischen gegenüber 42,2 % der deutschen Schüler diese Schulform.

Insgesamt erscheint es bemerkenswert, dass albanische Schüler auf Bundesebene mehr als 3,5-mal so häufig eine Förderschule und mehr als dreimal so häufig eine Hauptschule besuchen wie deutsche Schüler. Entsprechend fällt für sie der Besuch sonstiger weiterführender Schulformen niedriger aus. Noch deutlicher zeigt sich ihre Unterrepräsentation an Gymnasien. Der Besuchsanteil beträgt für albanische Schüler nur etwa ein Fünftel gegenüber dem Anteil von deutschen Schülern. Trotz weniger Ausnahmen und gewisser Variationen in der Höhe der Landes-RRIs werden die für Deutschland insgesamt erzielten Ergebnisse auch auf Ebene der Länder weitestgehend bestätigt. Es fällt auf, dass albanische Schüler in NRW und Niedersachsen an Förderschulen sehr deutlich über- und an Gymnasien erheblich unterrepräsentiert sind.

2.2.9 Bosnisch-herzegowinische Schüler

Im Jahr 2010 leben 152.444 Personen mit bosnisch-herzegowinischer Staatsangehörigkeit in Deutschland (Statistisches Bundesamt 2011c). Bei der überwiegenden Mehrheit von ihnen handelt es sich um Personen, die vor dem Bürgerkrieg im ehemaligen Jugoslawien und vor massiven Menschenrechtsverletzungen geflohen sind (vgl. Münz/Seifert/Ulrich 1999: 54; Geiger 2010: 169; Imamovic 2011). Ihr Rechtsstatus gilt als überwiegend unsicher, auch da die Bundesrepublik Deutschland ihre Rückkehr forciert(e), was sich entsprechend negativ auf ihre Bleibeperspektive auswirkt (vgl. Geiger 2010: 170f.; Söhn 2011a: 23, 89f.). Bosnien-Herzegowina „entstand als Staat im November 1995 durch das Friedensabkommen von Dayton" (Geiger 2010: 169). In wesentlich geringerem Umfang handelt es sich bei der Bevölkerung mit bosnisch-herzegowinischer Staatsangehörigkeit um Arbeitsmigranten (des früheren Jugoslawien), denn nur etwa jeder Vierte weist eine Aufenthaltsdauer von mehr als 30 Jahren auf (Statistisches Bundesamt 2011c, eigene Berechnungen).

Hinsichtlich der Bildungsbeteiligung zeigt sich in Abbildung 2-20, dass bosnisch-herzegowinische Schüler im Bundesdurchschnitt zu 11,2 % – und somit relativ häufig – eine Förderschule besuchen. Allerdings weichen die Anteile der dargestellten Länder deutlich hiervon ab. Geringere Anteile sind für Bayern und Hessen festzustellen. Für zwei Länder sind deutliche höhere Besuchsanteile im Vergleich zum Bundesdurchschnitt festzuhalten: in Berlin und in NRW besuchen 15,2 bzw. 16 % eine Förderschule. Insgesamt lässt sich hinsichtlich des Förderschulbesuchs für bosnisch-herzegowinische Schüler in den Ländern festhalten, dass dieser zwischen 8,2 % in Hessen und 16,0 % in NRW beträgt und somit erheblich variiert.

Abbildung 2-20:   Bildungsbeteiligung bosnisch-herzegowinischer Schüler an allgemeinbildenden Schulformen mit Schulangebot in der Sekundarstufe I im Ländervergleich (Schuljahr 2007/08)

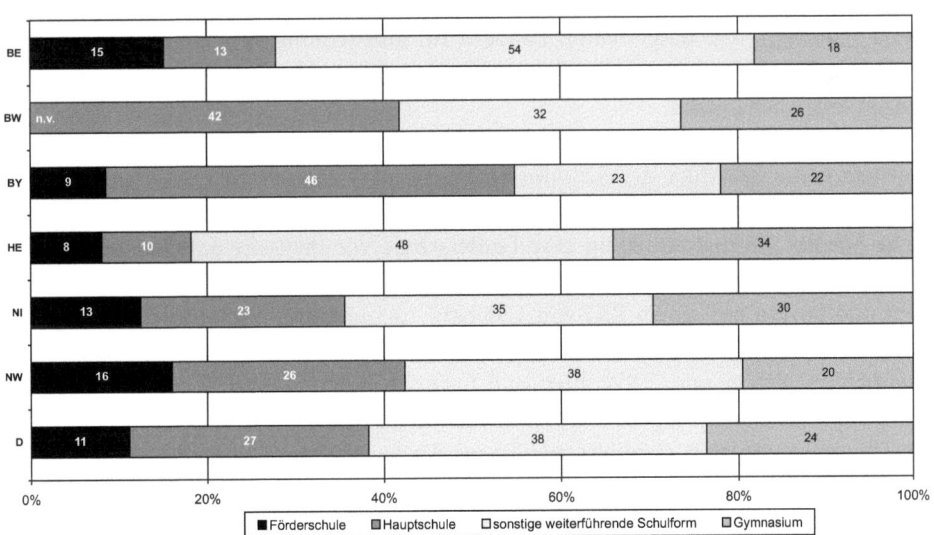

n.v. = nicht vorhanden, da nicht erhoben

Für NRW und Niedersachsen ergeben sich ähnliche Hauptschulbesuchsanteile wie auf Bundesebene – hier sind es mit 27 % gut ein Viertel der bosnisch-herzegowinischen Schüler, die eine Hauptschule besuchen. Für Baden-Württemberg und Bayern sind mit 41,8 bzw. 46,2 % erhöhte Besuchsanteile zu verzeichnen. Demgegenüber sowie im Vergleich zum Anteilswert auf Bundesebene fallen die Besuchsanteile in Berlin und Hessen mit 12,6 und 10 % erheblich geringer aus. Werden die beiden Extremwerte in den Ländern ins Verhältnis zueinander gesetzt, so ergibt sich, dass bosnisch-herzegowinische Schüler in Bayern 4,6-mal so häufig eine Hauptschule besuchen wie in Hessen (46,2 vs. 10,0 %).

Die wichtigsten Ergebnisse der gemeinsamen Betrachtung der Förder- und Hauptschulbesuchsanteile sind, dass in Bayern mehr als jeder zweite bosnisch-herzegowinische Schüler maximal eine Hauptschule besucht, während dies in Berlin für gut jeden Vierten (27,8 %) und in Hessen noch nicht einmal für jeden Fünften (18,2 %) der Fall ist. Für die weiteren Länder zeigen sich nur geringe Abweichungen gegenüber dem Bundesdurchschnitt von 38,2 %.

Im Besuch sonstiger weiterführender Schulen sind deutliche Abweichungen vom Bundesdurchschnitt (38,1 %) insbesondere für Berlin (54,1 %), Hessen (47,7 %) sowie Bayern (23,2 %) feststellbar.

Die Heterogenität der Bildungsbeteiligung von bosnisch-herzegowinischen Schülern in den Ländern zeigt sich auch im Gymnasialbesuch. Dieser weicht in der Mehrzahl der Länder deutlich vom Bundesdurchschnitt ab – der Anteilswert beträgt 23,7 %. Deutlich höhere Anteile sind für Baden-Württemberg (26,4 %), Niedersachsen (29,7 %) und insbesondere für Hessen zu verzeichnen, da in diesem Land mehr als jeder dritte Schüler (34,1 %) ein Gymnasium besucht, was dem 1,44-Fachen des Anteils für Deutschland insgesamt entspricht. Auf der anderen Seite fällt der Besuch eines Gymnasiums in NRW und Berlin mit Anteilswerten von 19,6 bzw. 18,1 % erheblich niedriger aus.

Festzuhalten bleibt, dass sich die Bildungsbeteiligung für bosnisch-herzegowinische Schüler in den dargestellten Ländern für alle Schulformen fast immer deutlich vom Bundesdurchschnitt unterscheidet und somit erhebliche landesspezifische Varianzen festzustellen sind.

Inwiefern die Spezifika des Schulformbesuchs im Vergleich zu deutschen Schülern fortbestehen, zeigt Abbildung 2-21. In Deutschland besuchen bosnisch-herzegowinische Schüler 1,8-mal so häufig eine Förderschule wie deutsche Schüler. Erneut sind länderspezifische Varianzen zu erkennen. Im Vergleich zur Bundesebene weisen Hessen und Bayern mit einem RRI von 1,58 bzw. 1,45 unterdurchschnittliche Indexwerte des Förderschulbesuchs auf. Die deutlichsten Überrepräsentationen finden sich in Niedersachsen, Berlin und NRW, hier sind bosnisch-herzegowinische Schüler zwischen dem 2,32- bis zum 2,61-Fachen überrepräsentiert. Die für NRW festgestellte deutlichste Überrepräsentation resultiert aus einem Förderschulbesuchsanteil von 16,0 % unter bosnisch-herzegowinischen Schülern – gegenüber 6,2 % unter deutschen Schülern.

Abbildung 2-21:   RRIs bosnisch-herzegowinische vs. deutsche Schüler

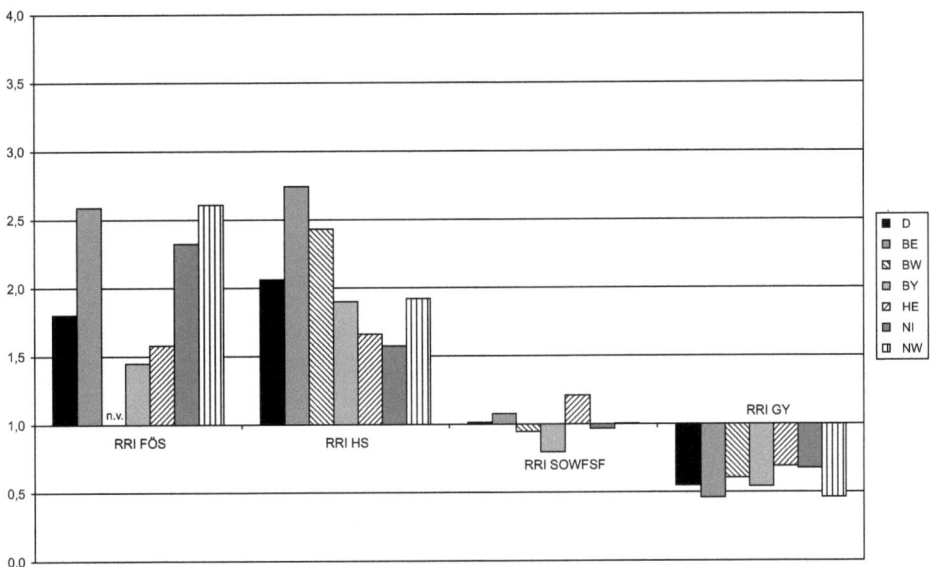

n.v. = nicht vorhanden, da nicht erhoben

Auf Bundesebene besuchen bosnisch-herzegowinische Schüler mehr als doppelt so häufig wie deutsche Schüler eine Hauptschule (RRI = 2,06). Während die RRIs von Bayern und NRW mit Indexwerten von 1,90 bzw. 1,92 nur leicht unter dem Bundesdurchschnitt liegen, zeigen sich mit RRIs von 1,66 bzw. 1,57 deutlich niedrigere Indexwerte für Hessen und Niedersachsen. Die größten Disparitäten sind für Baden-Württemberg mit einem 2,43-fach erhöhten Hauptschulbesuchsanteil von bosnisch-herzegowinischen gegenüber deutschen Schülern (41,8 vs. 17,2 %) sowie für Berlin mit einem RRI von 2,74 (12,6 vs. 4,6 %) festzustellen.

Relativ ausgeglichen werden sonstige weiterführende Schulen von bosnisch-herzegowinischen und deutschen Schülern besucht. Auf Bundesebene ergibt sich ein RRI von 1,01; ausgeglichene RRIs sind auch auf Landesebene für die Mehrzahl der dargestellten Länder zu beobachten. Selbst die Spannweite der RRIs in den Ländern mit Indexwerten von 0,79 in Bayern und von 1,21 in Hessen ist als relativ ausgeglichen anzusehen.

In Deutschland besuchen bosnisch-herzegowinische gegenüber deutschen Schülern mit einem RRI von 0,55 beinahe nur halb so häufig ein Gymnasium. Auf Landesebene fällt der RRI für Bayern ähnlich aus, während die Disparitäten in den drei Ländern Baden-Württemberg, Niedersachsen und NRW mit RRIs zwischen 0,61 und 0,69 etwas weniger deutlich ausgeprägt sind. Mit RRIs von jeweils 0,46 besuchen bosnisch-herzegowinische Schüler in Berlin und NRW weniger als halb so oft im Vergleich zu deutschen Schülern ein Gymnasium. Im Falle von NRW bedeutet dies, dass 19,6 % der bosnisch-herzegowinischen gegenüber 42,2 % der deutschen Schüler die Schulform Gymnasium besuchen.

Insgesamt zeigt sich, dass bosnisch-herzegowinische Schüler – im Vergleich zu deutschen Schülern – auf Bundesebene an Förder- und Hauptschulen erheblich überrepräsentiert sind. Neben einem relativ ausgeglichen Besuch sonstiger weiterführender Schulformen sind sie an Gymnasien deutlich unterrepräsentiert. Erhebliche landesspezifische Variationen bestehen insbesondere in der Höhe der RRIs im Besuch von Förder- aber auch von Hauptschulen. Für Berlin und NRW zeigen sich die deutlichsten Überrepräsentationen an Förderschulen (und im Falle von Berlin auch an Hauptschulen) sowie die deutlichsten Unterrepräsentationen an Gymnasien.

2.2.10 Kroatische Schüler

Die Zuwanderung von kroatischen Arbeitsmigranten nach Deutschland begann im Jahr 1968, in diesem Jahr wurde mit dem ehemaligen Jugoslawien ein entsprechendes Anwerbeabkommen geschlossen (vgl. z. B. Oltmer 2010: 52ff.). Kroatische Arbeitsmigranten sind besonders hervorzuheben, da sie als gut ausgebildet gelten (vgl. Thränhardt 1999: 42f.; Heß-Meining 2004: 138). Teilweise wird sogar von „Expertenmigration" gesprochen (Heß-Meining 2004: 138). Neben Slowenen konnte insbesondere für Kroaten eine „befriedigende Eingliederung gut ausgebildeter Arbeitskräfte" konstatiert werden (Thränhardt 1999: 42f.). Diese verfügten „aufgrund der historischen Bindungen zu Österreich" (ebd.: 42) und der geographischen Nähe des Landes z. T. schon über deutsche Sprachkenntnisse (vgl. ebd.: 42f.). Bei Kroaten handelt es sich heute auf der einen Seite um frühere und relativ gut integrierte Arbeitsmigranten und deren Nachfahren. Auf der anderen Seite hat jedoch auch unter kroatischen Staatsangehörigen der Anteil von Personen mit Fluchthintergrund seit den 1990er Jahren erheblich zugenommen (vgl. z. B. Münz/Seifert/Ulrich 1999: 54; Thränhardt 1999: 42f.; Esser 2006: 184). Allerdings weisen sie im Vergleich zu anderen Staatsangehörigkeiten aus dem ehemaligen Jugoslawien den am wenigsten prekären Status auf (vgl. Söhn 2011a: 23, 89f.; siehe auch Tabelle 1-1). Zudem gibt es Hinweise auf einen hohen Selbstorganisationsgrad von kroatischen Zuwanderern, der „zu einer funktionalen Integration der Kroaten in Deutschland und [...] auch zu einer Abschwächung der Heimatorientierung" führte (Thränhardt/Weiss 2012: 123). Im Jahr 2010 weist mehr als jeder zweite der 220.199 kroatischen Staatsangehörigen in Deutschland eine Aufenthaltsdauer von mehr als 30 Jahren auf. Die durchschnittliche Aufenthaltsdauer von 28,4 Jahren ist die höchste unter den hier analysierten Staatsangehörigkeitsgruppen (Statistisches Bundesamt 2011c, eigene Berechnungen).

Abbildung 2-22:
Bildungsbeteiligung kroatischer Schüler an allgemeinbildenden Schulformen mit Schulangebot in der Sekundarstufe I im Ländervergleich (Schuljahr 2007/08)

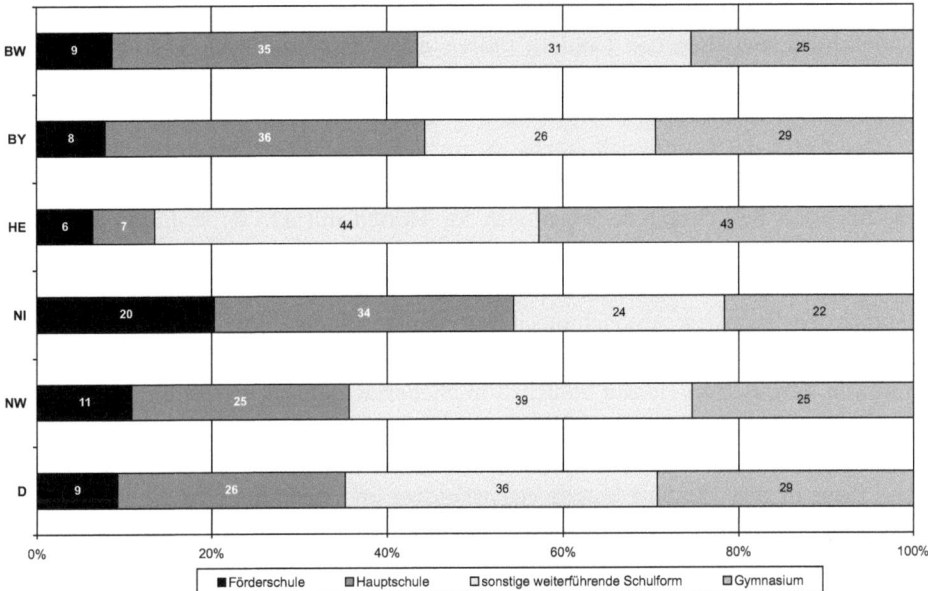

Wie Abbildung 2-22 verdeutlicht, besuchen kroatische Schüler in Deutschland zu insgesamt 9,2 % eine Förderschule. Allerdings sind für zwei Länder deutliche Abweichungen vom Anteilswert auf Bundesebene hervorzuheben. In Hessen besuchen nur 6,4 % eine Förderschule, in Niedersachsen hingegen fällt der Förderschulbesuch mit 20,3 % sogar mehr als doppelt so hoch aus wie im Bundesdurchschnitt. Entsprechend zeigen sich die enormen Unterschiede im Förderschulbesuch darin, dass kroatische Schüler in Niedersachsen etwa 3,2-mal so häufig diese Schulform besuchen wie in Hessen.

In Deutschland besuchen 26,0 % der kroatischen Schüler eine Hauptschule. In den Ländern variiert der Hauptschulbesuchsanteil erheblich. Nur in Hessen werden Hauptschulen – mit 7,1 % – im einstelligen Prozentbereich besucht. In den weiteren dargestellten Ländern besucht etwa jeder vierte kroatische Schüler in NRW, oder – mit Anteilswerten zwischen 34,0 und 36,5 % – sogar mehr als jeder dritte kroatische Schüler in Niedersachsen, Baden-Württemberg oder Bayern eine Hauptschule. Der Vergleich der beiden Extremwerte ergibt, dass kroatische Schüler in Bayern 5,1-mal so häufig an eine Hauptschule gehen wie in Hessen.

Auf Bundesebene besuchen 35,2 % der kroatischen Schüler maximal die Schulform Hauptschule. Der Ländervergleich ergibt, dass nur 13,5 % der kroatischen Schüler in Hessen entweder an eine Förder- oder Hauptschule gehen, während dieser Anteil in NRW 35,7 % sowie in Baden-Württemberg und Bayern etwa 44 % beträgt. In Niedersachsen besucht mit 54,4 % sogar mehr als jeder zweite kroatischer Schüler maximal die Schulform Hauptschule.

Kroatische Schüler besuchen in Deutschland zu 35,5 % eine sonstige weiterführende Schulform. Nur für das Land Hessen zeigen sich mit 43,7 % deutliche positive

Abweichungen gegenüber dem Bundesdurchschnitt. Für drei Länder ergeben sich hiervon negative Abweichungen: Mit Anteilswerten zwischen 31,1 und 24,0 % besuchen kroatische Schüler in Baden-Württemberg, Bayern und in Niedersachsen deutlich seltener eine sonstige weiterführende Schulform als im Bundesdurchschnitt. Die Unterschiede zwischen den Ländern führen dazu, dass kroatische Schüler in Hessen 1,82-mal so häufig eine sonstige weiterführende Schulform besuchen wie in Niedersachsen (43,7 vs. 24,0 %).

Der Anteil des Gymnasialbesuchs ist mit insgesamt 29,2 % als relativ hoch einzuschätzen. Allerdings fällt dieser Anteil zwischen den Ländern sehr unterschiedlich aus. Die höchsten Besuchsanteile zeigen sich für Hessen mit 42,7 %. Während der Gymnasialbesuch für Bayern dem Bundesdurchschnitt entspricht, fällt dieser für NRW und Baden-Württemberg mit Anteilen von etwa einem Viertel etwas geringer aus. Die deutlichsten negativen Abweichungen vom Bundesdurchschnitt zeigen sich für Niedersachsen. Hier besucht nur gut jeder fünfte kroatische Schüler (21,6 %) ein Gymnasium. Im Vergleich zu Hessen besuchen in Niedersachsen sogar etwa nur halb so viele kroatische Schüler ein Gymnasium.

Bezogen auf die Bildungsbeteiligung von kroatischen Schülern lässt sich festhalten, dass diese in den Ländern jeweils eigenständige und uneinheitliche Muster im Vergleich zu den Ergebnissen auf Bundesebene aufweisen. Die deutlichsten Unterschiede ergeben sich für Niedersachsen und Hessen. Kroatische Schüler sind in Niedersachsen insbesondere an Förderschulen, aber auch an Hauptschulen deutlich überrepräsentiert, an sonstigen weiterführenden Schulformen und Gymnasien hingegen deutlich unterrepräsentiert. Das genaue Gegenteil – eine Unterrepräsentation an Förder- und Hauptschulen bei gleichzeitiger Überrepräsentation an sonstigen weiterführenden Schulformen und Gymnasien – ist für Hessen festzustellen. Insbesondere erstaunt, dass der Förderschulbesuch von kroatischen Schülern in den Ländern zwischen 6,4 und 20,3 % sowie der Besuch von Gymnasien zwischen 21,6 und 42,7 % variiert.

Durch die Berechnung von RRIs zeigt sich, dass der Förderschulbesuchsanteil von kroatischen Schülern auf Bundesebene das 1,48-Fache gegenüber dem Anteil von deutschen Schülern beträgt (vgl. Abbildung 2-23). In den Ländern fallen die RRIs für Hessen und Bayern mit 1,24 bzw. 1,32 geringer aus als im Bundesdurchschnitt, während sich für Baden-Württemberg und NRW überdurchschnittlich hohe RRIs von 1,53 bzw. 1,77 ergeben. Für Niedersachsen zeigt sich ein Extremwert, hier besuchen kroatische Schüler 3,76-mal so häufig Förderschulen wie deutsche Schüler. Von den 620 kroatischen Schülern an Schularten mit Angebot der Sekundarstufe I in Niedersachsen besucht etwa jeder Fünfte (20,3 %) eine Förderschule, während dies nur auf 5,4 % der deutschen Schüler zutrifft.

Abbildung 2-23: **RRIs kroatische vs. deutsche Schüler**

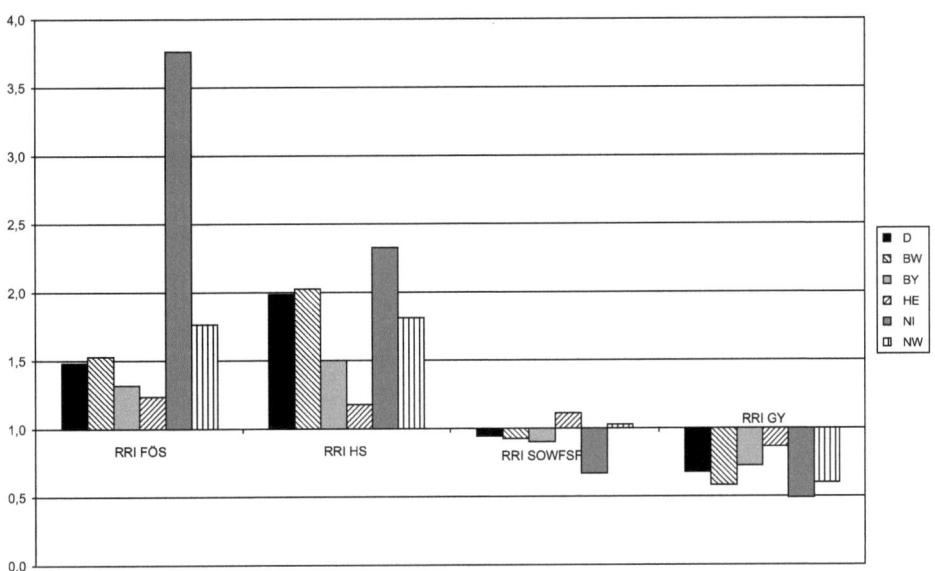

Zugleich sind kroatische Schüler auch an Hauptschulen überrepräsentiert, auf Bundesebene fällt ihr Besuchsanteil etwa doppelt so hoch aus wie für deutsche Schüler (26,0
vs. 13,1 %). Zwar sind kroatische Schüler in den Ländern an dieser Schulform ausnahmslos überrepräsentiert, jedoch sind deutliche Varianzen in der Höhe der Überrepräsentation festzustellen. Während sich in Hessen eine leichte Überrepräsentation
zeigt (RRI = 1,18), ergibt sich ein 2,03- bis sogar 2,33-fach erhöhter Hauptschulbesuchsanteil von kroatischen gegenüber deutschen Schülern in den Ländern Baden-
Württemberg und Niedersachsen.

Relativ ausgeglichen fallen hingegen die Besuchsanteile von sonstigen weiterführenden Schulen zwischen kroatischen und deutschen Schülern aus, da der RRI auf
Bundesebene einen Wert von 0,94 einnimmt. Auf Landesebene variiert der Indexwert
in vier von fünf Ländern lediglich zwischen 0,90 und 1,11. Der RRI weicht nur in einem Land erheblich vom Bundesdurchschnitt ab: Ein RRI von 0,67 für Niedersachsen indiziert, dass kroatische Schüler deutlich seltener sonstige weiterführende Schulen besuchen als ihre deutschen Mitschüler (24,0 vs. 36,0 %).

Für die Gymnasien zeigt sich, dass kroatische Schüler auf Bundesebene beinahe
um ein Drittel seltener ein Gymnasium besuchen als deutsche Schüler (RRI = 0,68).
Dieser Befund setzt sich auch in den Ländern fort, auch wenn die RRIs unterschiedlich hoch ausfallen. Die geringste Diskrepanz zeigt sich in Hessen mit einem RRI
von 0,86, da 42,7 % der kroatischen im Vergleich zu 49,4 % der deutschen Schüler ein
Gymnasium besuchen. In Bayern, NRW und Baden-Württemberg fällt der Gymnasialbesuch für kroatische Schüler deutlich geringer aus, hier nehmen die RRIs Werte zwischen 0,72 und 0,58 ein. Der größte Unterschied zeigt sich jedoch in Niedersachsen
mit einem RRI von 0,49. In dem Land gehen lediglich 21,6 % der kroatischen gegenüber 44,0 % der deutschen Schüler an ein Gymnasium.

Insgesamt ist für kroatische Schüler sowohl auf Bundes- als auch auf Landesebene erkennbar, dass sie an Förder- und Hauptschulen deutlich über- und damit einhergehend an Gymnasien z. T. deutlich unterrepräsentiert sind. Besonders fallen die spezifischen Ergebnisse für Niedersachsen auf. Nur in diesem Land besuchen kroatische Schüler zu 20,3 % Förderschulen, dieser Anteil beträgt annähernd das Vierfache gegenüber dem Anteil von deutschen Schülern. Zudem macht der Gymnasialbesuchsanteil von 21,6 % weniger als die Hälfte des Anteils von deutschen Schülern aus.

2.2.11 Vietnamesische Schüler

Die Zuwanderung von Vietnamesen nach Deutschland unterscheidet sich historisch zwischen West- und Ostdeutschland. In den 1960er und -70er Jahren wanderten nach Westdeutschland zunächst nur wenige tausend Vietnamesen zu – hierbei handelte es sich vorwiegend um Studenten (vgl. Beuchling 2003). Dies änderte sich mit der Zuwanderung von „Boots- oder Kontingentflüchtlinge[n], die zwischen 1975 und 1986 in die BRD kamen" (GTZ 2007: 2). Die Flucht ist zurückzuführen auf den Vietnam-Krieg sowie der hiermit für die Bevölkerung einhergehenden politischen und wirtschaftlichen Folgen (vgl. z. B. ebd.: 4; Thränhardt/Weiss 2012: 123). Die Flüchtlinge strebten einen dauerhaften Verbleib in Deutschland sowie eine Integration in die deutsche Gesellschaft an (vgl. GTZ 2007: 4). Sie wurden in Deutschland besonders gefördert und unterstützt, z. B. durch eine Arbeits- und Aufenthaltserlaubnis, Sprachförderung sowie Beratungsangebote (vgl. ebd; Thränhardt/Weiss 2012: 123). Hingegen handelt es sich bei vietnamesischen Zuwanderern in die ehemalige DDR weitestgehend um Arbeitsmigranten bzw. um sogenannte Vertragsarbeiter. Diese reisten ab den 1980er Jahren aufgrund eines Staatsvertrages zwischen der damaligen DDR und dem befreundeten sozialistischen Staat Vietnam in großer Zahl ein (vgl. Weiss 2007a: 34ff., 2008: 146). Sie bildeten zum Zeitpunkt der Wiedervereinigung die größte Migrantengruppe in der ehemaligen DDR (vgl. Weiss 2006: 185, 2007b: 72; Oltmer 2010: 54f.). Mit der Wiedervereinigung verloren sie jedoch ihre Arbeitsplätze und ihr Rechtsstatus verbesserte sich erst mit der Bleiberechtsregelung von 1997 (vgl. Weiss 2007b: 85; Thränhardt/Weiss 2012: 123). Seit den 1990er Jahren ist zudem der Nachzug von Familienmitgliedern sowie von Vietnamesen aus anderen Ländern festzustellen – wie z. B. aus der ehemaligen UdSSR, der ehemaligen Tschechoslowakei oder aus Bulgarien (vgl. GTZ 2007: 8; Beuchling 2003: 20). Im Jahr 2010 leben insgesamt 84.301 vietnamesische Staatsangehörige in Deutschland, ihre Aufenthaltsdauer beträgt im Durchschnitt 14 Jahre (Statistisches Bundesamt 2011c, eigene Berechnungen).

Auch wenn die Eltern von vietnamesischen Kindern insgesamt häufig nur gering qualifiziert waren (vgl. z. B. Beuchling 2003: 23), zeigen sie einen hohen Arbeitsethos und -einsatz (vgl. Mäker 2008: 19). Zugleich kann für sie im Durchschnitt eine hohe Bildungsmotivation und -aspiration konstatiert werden, da von ihnen Bildung als Mittel zum intergenerationalen Aufstieg angesehen wird (vgl. Walter 2011; Weiss 2006: 185ff., 2007a: 55). Zudem besuchen vietnamesische Kinder sehr früh deutschsprachige vorschulische Institutionen, da häufig beide Elternteile erwerbstätig sind (vgl. Weiss 2007a: 55).

Es gibt Hinweise auf eine selektive Akkulturation, die mit positiven Bildungsergebnissen und einem gleichzeitigen Verbleib in der eigenen Community einhergeht (vgl. Walter 2011). Ob sich dies auch in der amtlichen Schulstatistik widerspiegelt, kann Abbildung 2-24 entnommen werden.

Abbildung 2-24: Bildungsbeteiligung vietnamesischer Schüler an allgemeinbildenden Schulformen mit Schulangebot in der Sekundarstufe I im Ländervergleich (Schuljahr 2007/08)

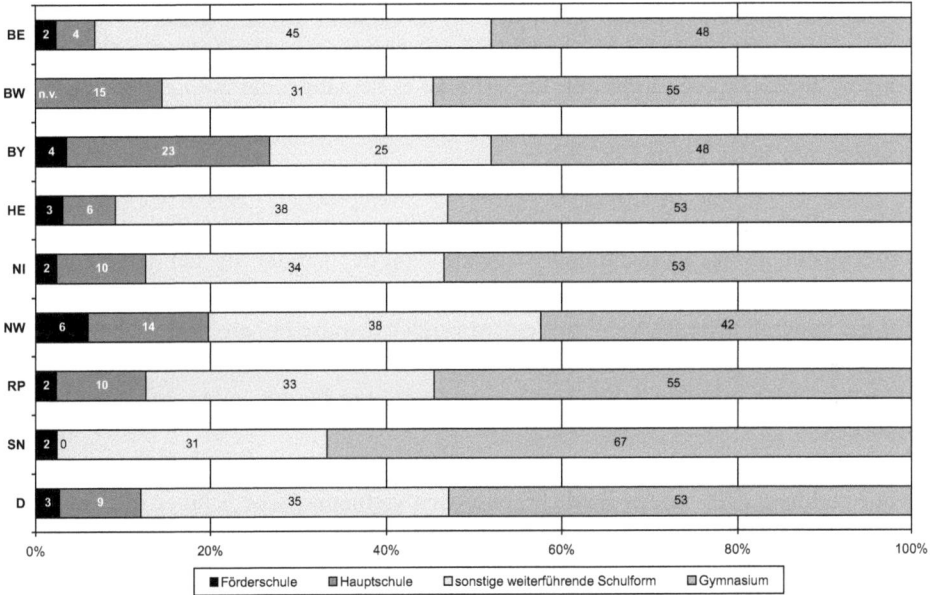

n.v. = nicht vorhanden, da nicht erhoben

Unmittelbar fällt auf, dass mehr als jeder zweite vietnamesische Schüler in Deutschland das Gymnasium besucht (52,9 %). Lediglich zwei Länder weisen Anteile auf, die deutlich von diesem Wert abweichen. In NRW liegt der Besuchsanteil von Gymnasien bei lediglich 42,4 %. Demgegenüber sind es in Sachsen zwei Drittel der vietnamesischen Schüler (66,7 %), die ein Gymnasium besuchen. Hieraus folgt, dass vietnamesische Schüler in Sachsen 1,58-mal so häufig ein Gymnasium besuchen wie in NRW.

Vietnamesische Schüler besuchen zu relativ geringen Anteilen Förderschulen, auf Bundesebene besucht nur jeder 37. von ihnen diese Schulform (2,7 %). Für vier der acht dargestellten Länder sind nur relativ geringe Abweichungen vom Bundesdurchschnitt festzustellen. Deutliche positive Abweichungen zeigen sich für Hessen, Bayern und NRW. In NRW beträgt der Förderschulbesuch mehr als das Doppelte im Vergleich zum Bundesdurchschnitt: hier geht mit einem Anteil von 6,0 % beinahe jeder 17. vietnamesische Schüler an eine Förderschule.

Weniger als jeder zehnte vietnamesische Schüler in Deutschland besucht eine Hauptschule (9,4 %). Ähnliche Besuchsanteile zeigen sich auch für Niedersachsen und Rheinland-Pfalz. Unterdurchschnittliche Hauptschulbesuche sind für vietnamesische Schüler in Hessen und Berlin mit Anteilen von 6,1 bzw. 4,4 % erkennbar. Etwa 1,5-mal so häufig wie im Bundesdurchschnitt besuchen vietnamesische Schüler in NRW und in Baden-Württemberg Hauptschulen. In Bayern besuchen vietnamesische Schüler zu 23,3 % Hauptschulen – hier gehen sie 2,48-mal so häufig an diese Schulform wie im Bundesdurchschnitt.

Die aggregierte Betrachtung des Besuchs von Förder- und Hauptschulen ergibt für Sachsen und Berlin mit 2,4 bzw. 6,8 % nur geringe Besuchsanteile, während in NRW von jedem fünften und in Bayern sogar von jedem dritten vietnamesischen Schüler entweder eine Förder- oder eine Hauptschule besucht wird.

Auf Bundesebene besucht gut jeder dritte vietnamesische Schüler (35,0 %) eine sonstige weiterführende Schule. Lediglich zwei Länder weisen erhebliche Abweichungen vom Bundesdurchschnitt auf: In Berlin ist es beinahe jeder zweite vietnamesische Schüler (45,2 %), der an eine sonstige weiterführende Schulform geht, in Bayern ist es hingegen nur jeder Vierte (25,1 %).

Insgesamt zeigen sich für vietnamesische Schüler relativ geringe Förderschulbesuchsanteile bei zugleich sehr hohen Gymnasialbesuchsanteilen – und dies sowohl auf Bundesebene als auch für die überwiegende Zahl der Länder. Im Ländervergleich ist zum einen Sachsen mit einem sehr hohen Gymnasialbesuchsanteil hervorzuheben. Auf der anderen Seite ist NRW mit einem vergleichsweise hohen Förderschul- und einem relativ geringen Gymnasialbesuch zu nennen sowie Bayern mit einem hohen Anteil von vietnamesischen Schülern, die entweder eine Förder- oder eine Hauptschule besuchen.

Wie Abbildung 2-25 veranschaulicht, besuchen vietnamesische Schüler nur etwa halb so häufig wie deutsche Schüler eine Förderschule (RRI = 0,43). Zwar zeigt sich in keinem Bundesland eine Überrepräsentation von vietnamesischen Schülern an dieser Schulform, trotzdem streuen die RRIs zwischen den Ländern erheblich. Während der Indexwert in NRW annähernd ausgeglichen ist (RRI = 0,97), zeigen sich bereits deutliche – jedoch über dem Bundes-RRI liegende – Unterrepräsentationen in den Ländern Bayern, Hessen, Rheinland-Pfalz und Niedersachsen mit Indexwerten zwischen 0,60 und 0,44. Der niedrigste Indexwert von 0,24 ist für Sachsen festzustellen, hier besuchen 2,4 % der vietnamesischen gegenüber 10,3 % der deutschen Schüler eine Förderschule.

Abbildung 2-25:   RRIs vietnamesische vs. deutsche Schüler

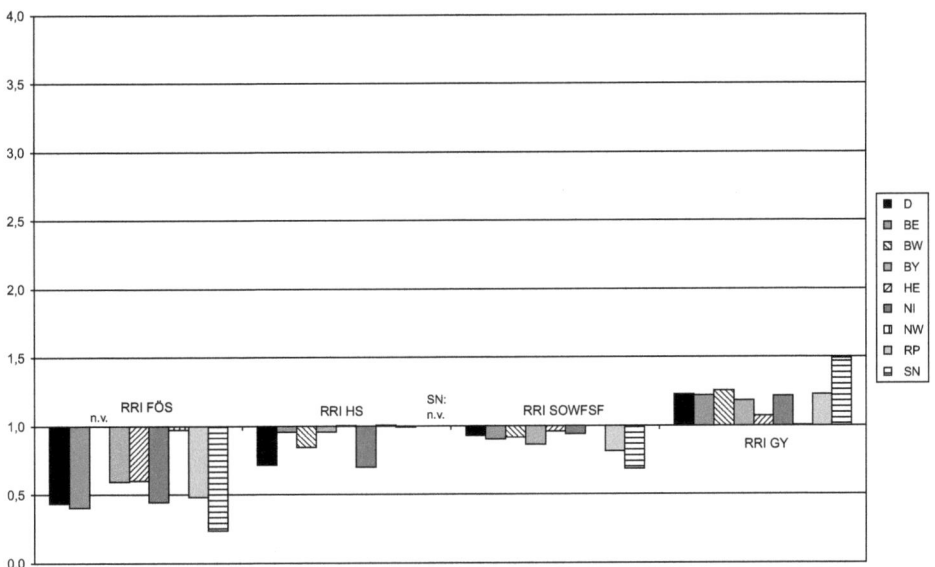

n.v. = nicht vorhanden (in Sachsen; in Baden-Württemberg nicht erhoben)

Auf Bundesebene sind vietnamesische Schüler im Besuch von Hauptschulen mit einem RRI von 0,72 gegenüber deutschen Schülern deutlich unterrepräsentiert. Für die überwiegende Zahl der Länder sind relativ ausgeglichene RRIs zwischen 0,96 und 1,01 zu konstatieren, während vietnamesische Schüler in Baden-Württemberg und Niedersachsen mit einem RRI von 0,84 bzw. 0,70 deutlich seltener an eine Hauptschule gehen.

Sonstige weiterführende Schulen werden von vietnamesischen und deutschen Schülern in Deutschland (RRI = 0,93) sowie in fünf Ländern (RRIs zwischen 0,90 und 1,00) in etwa gleich häufig besucht. Mit RRIs zwischen 0,86 und 0,81 sind vietnamesische Schüler an diesen Schulen in Bayern und Rheinland-Pfalz leicht unterrepräsentiert. Hingegen sind sie in Sachsen mit einem RRI von 0,69 deutlich unterrepräsentiert.

Ein RRI von 1,23 zeigt an, dass vietnamesische Schüler im Vergleich zu deutschen Schülern auf Bundesebene häufiger das Gymnasium besuchen (52,9 vs. 43,1 %). Zwar variiert der RRI des Gymnasialbesuchs in den Ländern z. T. erheblich, jedoch besuchen vietnamesische Schüler immer mindestens gleich so oft das Gymnasium wie deutsche Schüler, was durch die kleinsten RRIs in NRW und Hessen in Höhe von 1,00 bzw. 1,07 verdeutlicht wird. In der Mehrheit der Länder fallen die RRIs höher aus. In fünf Ländern beträgt der Indexwert zwischen 1,18 und 1,26. Nur in einem Land besteht eine noch deutlichere Überrepräsentation: In Sachsen besuchen vietnamesische Schüler 1,49-mal so häufig ein Gymnasium wie deutsche Schüler (66,7 vs. 44,8 %).

Insgesamt zeigt sich, dass vietnamesische Schüler an Förderschulen deutlich unterrepräsentiert sind. Auch Hauptschulen werden von ihnen auf Bundesebene seltener als von ihren deutschen Mitschülern besucht (in den Ländern gehen sie in etwa gleich häufig oder seltener als deutsche Schüler an Hauptschulen). Sonstige weiterführende Schulen werden von vietnamesischen Schülern in etwa gleich häufig besucht – nur in einzelnen Ländern besteht eine Unterrepräsentation. An Gymnasien sind vietnamesische Schüler hingegen deutlich überrepräsentiert.

2.2.12 Afghanische Schüler

Mit 51.305 Personen machen afghanische Staatsangehörige nur einen relativ kleinen Teil der ausländischen Bevölkerung in Deutschland aus (Statistisches Bundesamt 2011c). Ihre durchschnittliche Aufenthaltsdauer beträgt 10,3 Jahre; 11,9 % von ihnen wurden in Deutschland geboren (ebd.; eigene Berechnungen). Die afghanische Einwanderung reicht aufgrund institutioneller und wirtschaftlicher Beziehungen zwischen Deutschland und Afghanistan bis in die 1960er Jahre zurück, weswegen Deutschland bis heute das wichtigste Zielland für afghanische Flüchtlinge in Europa ist (vgl. Schetter 2007: 14ff.). Die Emigration war bis Ende der 1970er Jahre vorwiegend akademisch bedingt, zahlenmäßig bedeutsamer ist die seit 1979 zunehmende Fluchtmigration von Afghanen nach Deutschland (vgl. hierzu z. B. Margesson 2007: 2ff.; Pradetto 2008: 31ff.). Im Jahr 1979 kam es zu politisch motivierter Emigration durch den Einmarsch sowjetischer Truppen in Afghanistan. Die Machtübernahme der Mudschaheddin im Jahr 1992 und der hiermit einhergehende Beginn des Bürgerkrieges hat erneut eine Fluchtwelle verursacht. Im Jahr 1996 kam es durch die Machtübernahme der Taliban zu weiteren Flüchtlingsströmen, zudem erfolgten auch Fluchtbewegungen in Reaktion auf die militärischen Interventionen insbesondere durch die USA im Jahr 2001 (vgl. ebd.; Schetter 2007). Für Flüchtlinge ist eine prekäre Lebenssituation – z. B. sozioökonomisch oder bezogen auf den Rechtsstatus – anzunehmen. Allerdings weisen afghanische Eltern relativ häufig Abschlüsse auf, die als äquivalent zum Abitur anzusehen sind (vgl. Söhn 2011a: 23, 205f.).

Die Bildungsbeteiligung von afghanischen Schülern ist in Abbildung 2-26 dargestellt. Diese besuchen in Deutschland zu 8,6 % eine Förderschule. In den Ländern variiert der Förderschulbesuchsanteil zwischen 7,4 % in Bayern und 10,0 % in Hamburg und somit um das bis zu 1,35-Fache.

Abbildung 2-26:
Abbildung 2-26: Bildungsbeteiligung afghanischer Schüler an allgemeinbildenden Schulformen mit Schulangebot in der Sekundarstufe I im Ländervergleich (Schuljahr 2007/08)

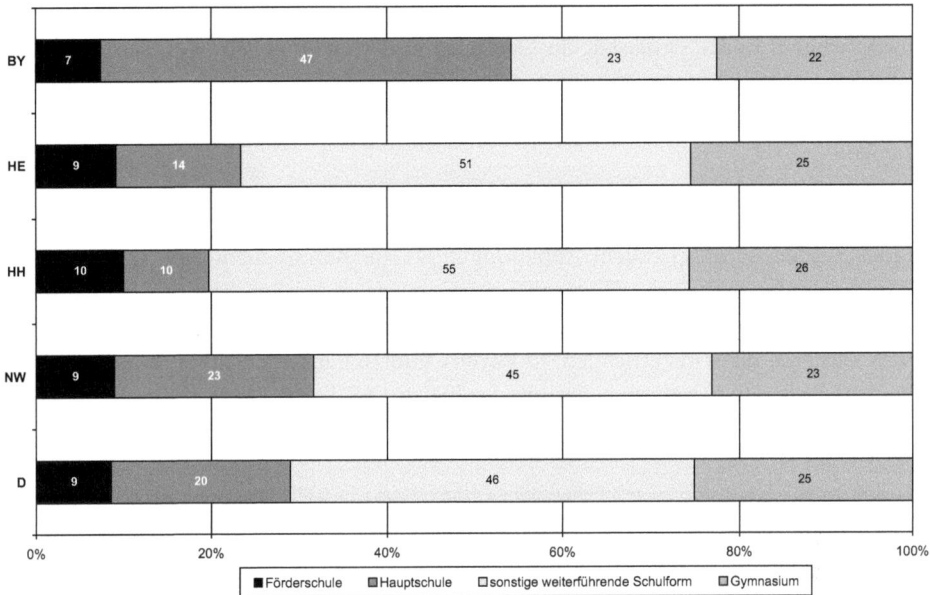

Bedeutsamere Unterschiede zeigen sich im Besuch von Hauptschulen, dieser weicht in allen dargestellten Ländern erheblich vom Bundesdurchschnitt ab, der 20,4 % beträgt. Afghanische Schüler besuchen in Hessen um annähernd ein Drittel seltener eine Hauptschule als im Bundesdurchschnitt. Die deutlichste negative Abweichung ist für Hamburg zu konstatieren, hier werden von afghanischen Schülern Hauptschulen nur etwa halb so oft wie im Bundesdurchschnitt besucht. Die mit Abstand höchsten positiven Abweichungen sind für Bayern zu konstatieren, hier besuchen afghanische Schüler 2,3-mal so häufig eine Hauptschule wie im Bundesdurchschnitt – dies entspricht einer Differenz von 26,4 Prozentpunkten. Im Vergleich zu Hamburg besuchen afghanische Schüler in Bayern 4,8-mal so häufig Hauptschulen (9,7 vs. 46,8 %).

Entsprechend zeigt sich für afghanische Schüler in Bayern der höchste Anteil des Besuchs entweder von Förder- oder Hauptschulen. Hier ist es mehr als jeder zweite afghanische Schüler (54,2 %), der maximal an eine Hauptschule geht. Dieser Anteil beträgt das 1,87-Fache im Vergleich zum Bundesdurchschnitt von 29,0 %.

Mit 46 % besucht annähernd jeder zweite afghanische Schüler in Deutschland eine sonstige weiterführende Schulform. Dieser Anteil beträgt für afghanische Schüler in Bayern mit 23,3 % etwa die Hälfte des Bundesdurchschnitts, während in Hessen und Hamburg gut jeder zweite afghanische Schüler an eine entsprechende Schule geht. Im Ländervergleich zeigt sich, dass afghanische Schüler in Hamburg 2,3-mal so häufig wie in Bayern eine sonstige weiterführende Schule besuchen.

Ein Viertel (25,1 %) der afghanischen Schüler geht in Deutschland an ein Gymnasium. Zwischen den Ländern variieren die Gymnasialbesuchsanteile maximal um 3,2 Prozentpunkte: Afghanische Schüler besuchen in Hamburg zu 25,7 %, in Bayern nur zu 22,5 % ein Gymnasium.

Im Vergleich zum Bundesdurchschnitt bleibt als landesspezifische Besonderheit festzuhalten, dass afghanische Schüler in Bayern 2,3-mal so häufig eine Hauptschule wie im Bundesdurchschnitt besuchen. Dies geht einher mit deutlich niedrigeren Besuchsanteilen insbesondere der sonstigen weiterführenden Schulformen, aber auch der Förderschulen und Gymnasien. In Hamburg und Hessen gehen afghanische Schüler erheblich seltener an eine Hauptschule und häufiger an eine sonstige weiterführende Schulform, während sie nur in Hamburg auch deutlich häufiger eine Förderschule besuchen.

Inwiefern sich die Schulbesuche von afghanischen im Vergleich zu deutschen Schülern unterscheiden, veranschaulicht Abbildung 2-27. Auf Bundesebene sind sie an Förderschulen um das 1,38-Fache überrepräsentiert. Auch in den Ländern sind ausnahmslos Überrepräsentationen von afghanischen Schülern an Förderschulen festzustellen, jedoch variieren die RRIs erheblich: In Bayern sind afghanische Schüler mindestens um das 1,24-Fache, in Hamburg sogar um das bis zu 1,97-Fache überrepräsentiert.

Abbildung 2-27:   RRIs afghanische vs. deutsche Schüler

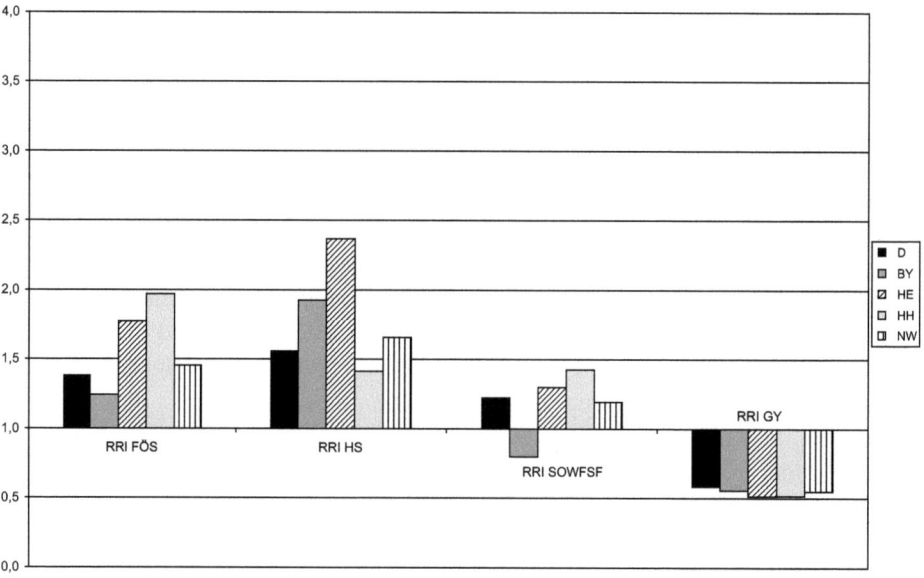

Noch deutlichere Überrepräsentationen sind für afghanische Schüler an Hauptschulen festzustellen: Auf Bundesebene besuchen sie diese Schulform 1,56-mal so häufig wie deutsche Schüler (20,4 vs. 13,1 %). In Bayern und Hessen fallen die Unterschiede zwischen afghanischen und deutschen Schülern mit RRIs von 1,92 bzw. 2,37 noch erheblich höher aus.

Sonstige weiterführende Schulen werden von afghanischen Schülern 1,22-mal so häufig wie von deutschen Schülern besucht. Vergleichbare RRIs mit Werten zwischen 1,19 und 1,43 sind für drei der vier dargestellten Länder festzustellen. Lediglich in Bayern sind afghanische Schüler an sonstigen weiterführenden Schulen mit einem RRI von 0,80 deutlich unterrepräsentiert.

Ein relativ einheitliches Bild ergibt sich im Besuch von Gymnasien, an denen afghanische Schüler unterrepräsentiert sind. Auf Bundesebene besuchen sie zu 25,1 % das Gymnasium – da dieser Anteil für deutsche Schüler 43,1 % beträgt, resultiert hieraus ein RRI von 0,58. Auch in den dargestellten Ländern besuchen afghanische Schüler nur etwa halb so oft ein Gymnasium wie ihre deutschen Mitschüler, was sich an Indexwerten von 0,52 für Hessen und Hamburg sowie von 0,55 für Bayern und NRW ablesen lässt.

Insgesamt bleibt eine Überrepräsentation von afghanischen im Vergleich zu deutschen Schülern an Förder- und Hauptschulen – sowie weitestgehend auch an den sonstigen weiterführenden Schulen – festzuhalten, während sie an Gymnasien unterrepräsentiert sind.

2.2.13 Ukrainische Schüler

Erst nach dem Zusammenbruch bzw. Ende des kommunistischen Regimes kam es in den 1990er Jahren zu einer nennenswerten Zuwanderung von ukrainischen Staatsangehörigen nach Deutschland (vgl. Geiger 2010: 166ff.). Diese ist im Wesentlichen verursacht durch die schlechte sozioökonomische, demografische und politische Lage in der Ukraine (vgl. ebd.: 171ff.). Z.T. emigrierten auch Minderheiten aufgrund von Repressionen und Vertreibungen (vgl. ebd.). Ein zusätzliches Auswanderungsmotiv ist, dass „ein großer Teil der Bevölkerung unter den Folgen der Kernreaktorkatastrophe von Tschernobyl 1986" leidet (Kühne/Rüßler 2000: 538). Im Jahr 2010 leben 124.293 Personen mit ukrainischer Staatsangehörigkeit in Deutschland. Aufgrund der jungen Zuwanderungsgeschichte beträgt die Aufenthaltsdauer im Durchschnitt nur 9,2 Jahre (Statistisches Bundesamt 2011c, eigene Berechnungen).

Über die Bildungsbeteiligung von ukrainischen Schülern an allgemeinbildenden Schulformen mit Schulangebot in der Sekundarstufe I gibt Abbildung 2-28 Auskunft. Besonders fällt auf, dass sich für ukrainische Schüler – ähnlich wie bei vietnamesischen Schülern – beinahe durchgängig hohe Besuchsanteile von Gymnasien sowohl auf Bundes- als auch auf Länderebene zeigen. Während mehr als jeder zweite ukrainische Schüler (52,1 %) in Deutschland ein Gymnasium besucht, variiert dieser Anteil in den Ländern zwischen 48,0 % in Bayern und 56,7 % in Niedersachsen.

Auf Landesebene ist der höchste Förderschulbesuchsanteil für ukrainische Schüler in Hessen mit 4,2 % erkennbar. Dies entspricht dem 1,74-Fachen des Anteils auf Bundesebene (2,4 %).

Abbildung 2-28: Bildungsbeteiligung ukrainischer Schüler an allgemeinbildenden Schulformen mit Schulangebot in der Sekundarstufe I im Ländervergleich (Schuljahr 2007/08)

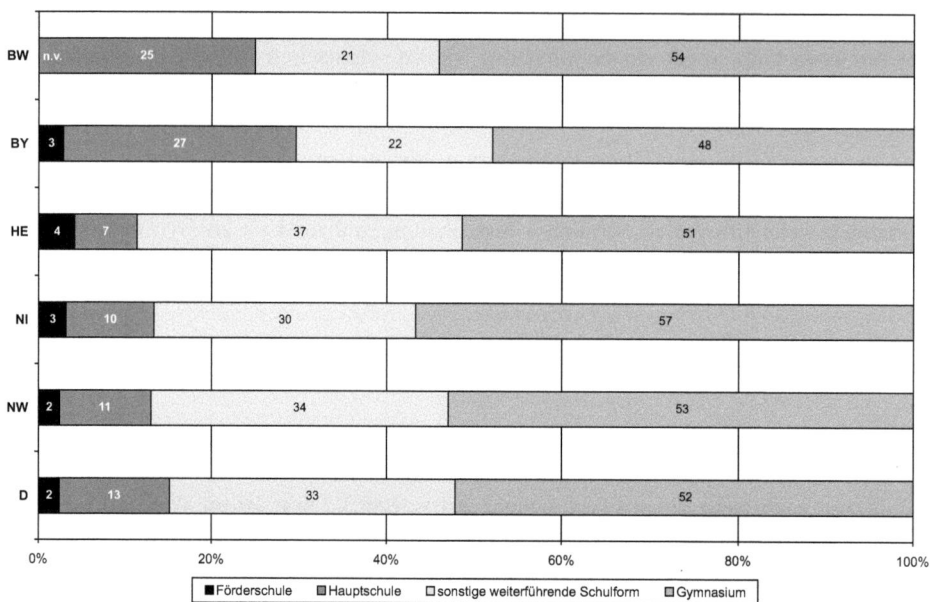

n.v. = nicht vorhanden, da nicht erhoben

Im Bundesdurchschnitt besucht jeder achte ukrainische Schüler eine Hauptschule. In den Ländern fällt der Besuch von Hauptschulen für ukrainische Schüler relativ uneinheitlich aus. Unterdurchschnittliche Besuchsanteile sind für ukrainische Schüler in NRW, Niedersachsen und insbesondere in Hessen (7,3 %) zu beobachten, während überdurchschnittliche Hauptschulbesuche in Baden-Württemberg und Bayern festzustellen sind. Diese fallen mit 25,0 bzw. 26,8 % etwa doppelt so hoch aus wie im Bundesdurchschnitt. Der Vergleich der beiden Extremwerte zeigt, dass ukrainische Schüler in Bayern 3,7-mal so häufig eine Hauptschule besuchen wie in Hessen.

Auf Bundesebene gehen lediglich 15,2 % der ukrainischen Schüler entweder an eine Förder- oder eine Hauptschule. In den drei Ländern Hessen, NRW und Niedersachsen wird der Bundesdurchschnitt mit Anteilen zwischen 11,5 und 13,4 % deutlich unterboten. In Baden-Württemberg und Bayern ist es mit 25,0 bzw. 29,6 % mindestens jeder vierte ukrainische Schüler, der entweder eine Förder- oder eine Hauptschule besucht. Somit besuchen ukrainische Schüler in Bayern 2,6-mal so häufig wie in Hessen eine dieser beiden Schulformen.

Etwa jeder dritte ukrainische Schüler (32,7 %) in Deutschland geht an eine sonstige weiterführende Schule. Erheblich höhere Anteile zeigen sich auf Länderebene nur für Bayern und Baden-Württemberg: in beiden Ländern besucht weniger als jeder vierte ukrainische Schüler eine dieser Schulformen. Der Vergleich der Extremwerte ergibt, dass ukrainische Schüler in Hessen 1,8-mal so oft an eine sonstige weiterführende Schule gehen wie in Baden-Württemberg.

Insgesamt bleibt festzuhalten, dass ukrainische Schüler zu hohen Anteilen Gymnasien besuchen. Auf Bundesebene ist es mehr als jeder zweite ukrainische Schüler, auch die Landesanteile weichen nur leicht vom Bundesdurchschnitt ab. Zugleich sind sie zu relativ geringen Anteilen insbesondere an Förder- und Hauptschulen vertreten. Von der Bildungsbeteiligung auf Bundesebene sind jedoch verschiedene landesspezifische Abweichungen zu konstatieren.

Durch die Berechnung von RRIs bestätigt sich, dass ukrainische Schüler im Vergleich zu deutschen Schülern an Förderschulen z.T. deutlich unterrepräsentiert sind (vgl. Abbildung 2-29). Ein RRI von 0,39 auf Bundesebene zeigt an, dass ukrainische Schüler weniger als halb so oft wie deutsche Schüler eine Förderschule besuchen (2,4 vs. 6,2 %). Auf Landesebene ist ein ähnliches Bild erkennbar, der RRI für NRW entspricht in etwa dem Indexwert auf Bundesebene, in den weiteren Ländern variieren die RRIs zwischen 0,48 und 0,81. Somit besuchen ukrainische Schüler in allen Ländern – z.T. erheblich – seltener Förderschulen als deutsche Schüler.

Abbildung 2-29:   RRIs ukrainische vs. deutsche Schüler

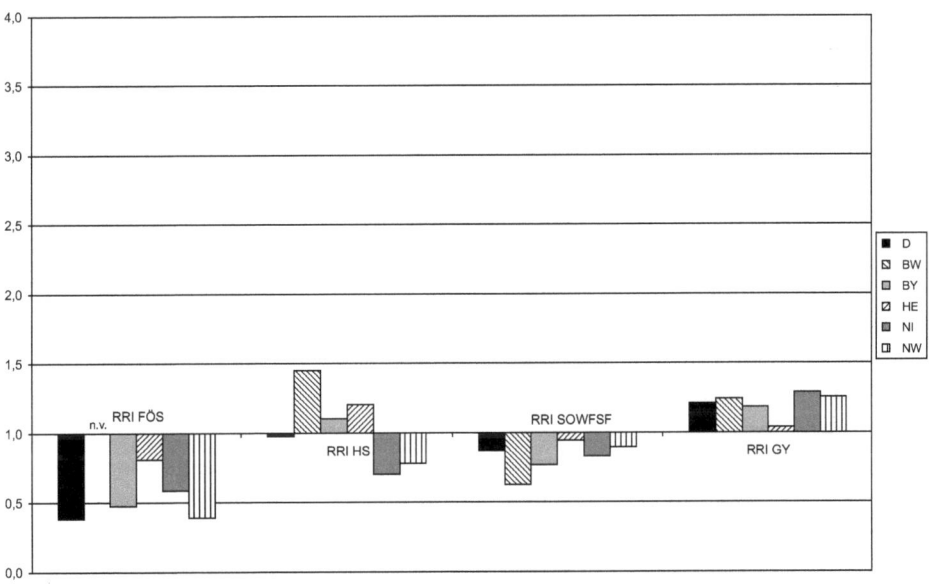

n.v. = nicht vorhanden, da nicht erhoben

Bezogen auf die Bundesrepublik Deutschland werden Hauptschulen von ukrainischen und deutschen Schülern in etwa gleich häufig besucht (RRI = 0,98). Jedoch ergibt sich ein relativ uneinheitliches Bild für die einzelnen Länder, da ukrainische Schüler in Niedersachsen und NRW deutlich seltener an eine Hauptschule gehen als ihre deutschen Mitschüler (RRIs von 0,70 bzw. 0,78). Demgegenüber sind sie an bayerischen Hauptschulen leicht (RRI = 1,10) sowie an hessischen und baden-württembergischen Hauptschulen mit einem RRI von 1,20 bzw. 1,45 deutlich überrepräsentiert.

Auf Bundesebene werden sonstige weiterführende Schulen von ukrainischen im Vergleich zu deutschen Schülern leicht unterdurchschnittlich besucht, was sich in einem RRI von 0,87 widerspiegelt. Auf Landesebene variiert die Unterrepräsentation zwischen leicht und erheblich, da Hessen einen RRI von 0,94 und Baden-Württemberg einen RRI von 0,62 aufweist.

Gymnasien werden von ukrainischen Schülern insgesamt sogar 1,21-mal so häufig wie von deutschen Schülern besucht (52,1 vs. 43,1 %). Auf Landesebene ist nur für Hessen ein in etwa ausgeglichener Besuch von Gymnasien auszumachen (RRI = 1,04), während ukrainische Schüler in den weiteren dargestellten Ländern z. T. deutlich häufiger Gymnasien besuchen. Hier variieren die RRIs von 1,18 in Bayern bis 1,29 in Niedersachsen.

Insgesamt bleibt festzuhalten, dass ukrainische Schüler sowohl auf Bundes- als auch auf Landesebene an Förderschulen deutlich unterrepräsentiert sind. Hinsichtlich des Besuchs von Hauptschulen ergibt sich auf Bundesebene ein in etwa ausgeglichener RRI, während die RRIs in den Ländern uneinheitlich ausfallen. An sonstigen weiterführenden Schulformen sind ukrainische Schüler unterrepräsentiert, Gymnasien besuchen sie hingegen häufiger als ihre deutschen Mitschüler.

2.2.14 Portugiesische Schüler

Im Jahr 1964 wurde zwischen Portugal und Deutschland eine Anwerbevereinbarung geschlossen (vgl. Oltmer 2010: 52). In dessen Folge wanderten zunächst portugiesische Arbeitsmigranten nach Deutschland ein. Insbesondere in Folge des Anwerbestopps von 1973 kam es zu einem Nachzug von Familienangehörigen (vgl. Oltmer 2010: 54). Mit dem Eintritt Portugals in die Europäische Gemeinschaft (EG) im Jahr 1986 und der Unterzeichnung des Schengener Abkommens im Jahr 1992 gingen mit der Freizügigkeit weitere Wanderungsbewegungen einher (vgl. Fürstenau 2004: 39). Portugal wird als „klassisches Auswanderungsland" angesehen (ebd.: 38). Häufig kommt es auch zu transnationaler bzw. zu einer Pendelmigration um die jeweiligen Bildungs-, Berufs- bzw. Lebenschancen zu erhöhen (vgl. ebd.: 49ff.). Wanderungen zwischen verschiedenen gesellschaftlichen Kontexten werden dadurch begünstigt, dass „transnationale Orientierungen und (Aus-)Bildungsverläufe innerhalb der Europäischen Union mit immer weniger Risiken verbunden" sind (ebd.: 54). Im Jahr 2010 umfasst die Bevölkerung mit portugiesischer Staatsangehörigkeit in Deutschland 113.208 Personen. Die durchschnittliche Aufenthaltsdauer beträgt 22,4 Jahre, für gut jeden Dritten sogar über 30 Jahre (Statistisches Bundesamt 2011c, eigene Berechnungen).

In Abbildung 2-30 wird die Bildungsbeteiligung von Schülern mit portugiesischer Staatsangehörigkeit in Deutschland veranschaulicht. Etwa jeder neunte portugiesische Schüler besucht eine Förderschule (11,1 %). In NRW und Hessen gehen 9,5 bzw. 9,6 % der portugiesischen Schüler an diese Schulform, in Baden-Württemberg sind es sogar 13,3 %. Somit besuchen portugiesische Schüler in Baden-Württemberg 1,4-mal so häufig eine Förderschule wie in NRW.

Abbildung 2-30: Bildungsbeteiligung portugiesischer Schüler an allgemeinbildenden Schulformen mit Schulangebot in der Sekundarstufe I im Ländervergleich (Schuljahr 2007/08)

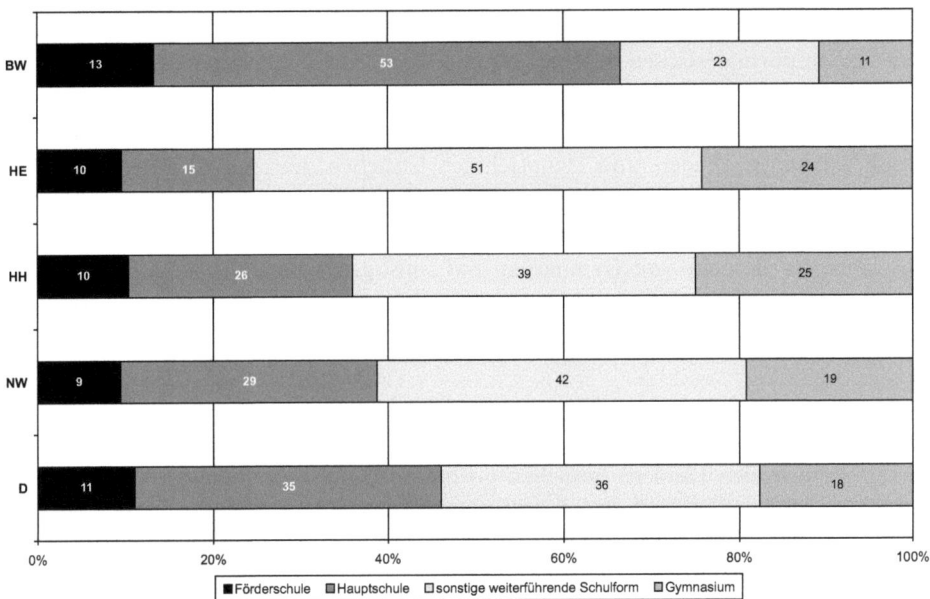

n.v. = nicht vorhanden, da nicht erhoben

Während in Deutschland mehr als jeder Dritte portugiesische Schüler an Schulformen mit Sekundarstufen I-Angebot eine Hauptschule besucht (35,0 %), liegen die Anteilswerte in drei Ländern deutlich unter dem Bundesdurchschnitt: in NRW, Hamburg und Hessen fällt der Hauptschulbesuch mit Anteilswerten zwischen 29,3 und 15,1 % z. T. erheblich niedriger aus als auf Bundesebene. Nur für Baden-Württemberg lassen sich deutlich erhöhte Besuchsanteile feststellen, hier geht mehr als jeder zweite portugiesische Schüler (53,2 %) an eine Hauptschule. Dieser Anteil fällt 1,52-mal so hoch aus wie auf Bundesebene und beträgt sogar das 3,5-Fache des Anteils von portugiesischen Schülern in Hessen.

Wird der Besuch von Förder- oder Hauptschulen zusammen betrachtet, so ergibt sich, dass in Deutschland beinahe jeder zweite portugiesische Schüler maximal die Schulform Hauptschule besucht. Dieser Anteil variiert erneut deutlich zwischen den Ländern: In Hessen besucht etwa jeder vierte Schüler maximal eine Hauptschule, in Hamburg und NRW ist es gut jeder Dritte (36,0 bzw. 38,8 %), während in Baden-Württemberg zwei Drittel der portugiesischen Schüler (66,4 %) entweder an eine Förder- oder eine Hauptschule gehen. Somit besuchen portugiesische Schüler in Baden-Württemberg 2,7-mal so häufig maximal die Schulform Hauptschule wie in Hessen.

Auch im Besuch sonstiger weiterführender Schulformen zeigen sich Abweichungen auf Länderebene gegenüber dem Bundesdurchschnitt von 36,3 %: die Extremwerte betragen 22,8 % für Baden-Württemberg gegenüber 51,1 % in Hessen. Somit variiert dieser Anteil in den Ländern um das bis zu 2,2-Fache.

Auf Bundesebene beträgt der Anteil des Gymnasialbesuchs 17,6 %. Zwischen den Ländern zeigen sich auch hinsichtlich des Gymnasialbesuchs deutliche Disparitäten: Weniger als jeder neunte portugiesische Schüler in Baden-Württemberg besucht ein Gymnasium (10,8 %). In Hessen und Hamburg trifft dies auf immerhin etwa jeden vierten portugiesischen Schüler zu (24,2 bzw. 25,0 %). Entsprechend variieren die Gymnasialbesuchsanteile in den Ländern um das bis zu 2,3-Fache.

Insgesamt lässt sich festhalten, dass portugiesische Schüler in Baden-Württemberg deutlich häufiger Förder- und Hauptschulen besuchen, was mit deutlich geringeren Besuchsquoten von sonstigen weiterführenden Schulformen und Gymnasien einhergeht. Ein entgegengesetztes Bild (d.h. seltenere Förder- und Hauptschulbesuche sowie häufigere Besuche von Gymnasien und sonstigen weiterführenden Schulformen im Vergleich zum Bundesdurchschnitt) ergibt sich insbesondere für Hessen – sowie in deutlich abgeschwächter Form für Hamburg und NRW.

Im Vergleich zu deutschen Schülern zeigt sich, dass portugiesische Schüler auf Bundesebene um das 1,78-Fache an Förderschulen überrepräsentiert sind (vgl. Abbildung 2-31). Auch in den Ländern besuchen portugiesische Schüler häufiger als ihre deutschen Mitschüler Förderschulen: in NRW 1,54-mal und in Hessen 1,86-mal so häufig. In Hamburg und Baden-Württemberg fällt für sie das relative Risiko eines Förderschulbesuchs mit RRIs von 2,05 bzw. 2,35 sogar mehr als doppelt so hoch aus.

Abbildung 2-31:   RRIs portugiesische vs. deutsche Schüler

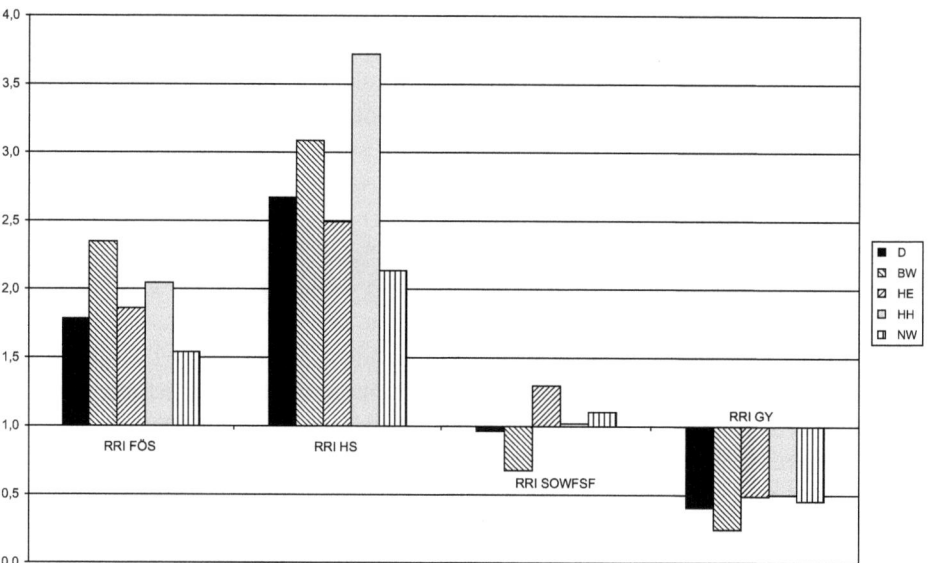

Noch höhere Indexwerte zeigen sich im Besuch von Hauptschulen. Auf Bundesebene besuchen portugiesische Schüler 2,67-mal so häufig wie deutsche Schüler eine Hauptschule (35,0 vs. 13,1 %). Etwas geringer – wenn auch immer noch mindestens doppelt so hoch – fallen die RRIs in den Ländern Hessen und NRW mit 2,49 bzw. 2,14 aus. Auch bezogen auf die Schulform Hauptschule zeigen sich für die Länder Baden-Württemberg und Hamburg die höchsten RRIs von 3,09 bzw. 3,72. Diese indizieren, dass portugiesische Schüler mehr als dreimal so häufig eine Hauptschule besuchen wie deutsche Schüler – z. B. sind es in Baden-Württemberg 53,2 % der portugiesischen gegenüber 17,2 % der deutschen Schüler, die an diese Schulform gehen.

Ein annähernd ausgeglichener RRI von 0,97 lässt sich für den Besuch sonstiger weiterführender Schulformen zwischen portugiesischen und deutschen Schülern auf Bundesebene konstatieren. Auf Landesebene sind relativ ausgeglichene RRIs auch für NRW und für Hamburg festzustellen. In Baden-Württemberg sind portugiesische Schüler mit einem RRI von 0,68 an diesen Schulen erheblich unterrepräsentiert, in Hessen sind sie mit einem RRI von 1,30 deutlich überrepräsentiert.

Für die Gymnasien zeigt sich ein relativ einheitliches Bild, da portugiesische Schüler an dieser Schulform sowohl auf Ebene des Bundes (RRI = 0,41) als auch auf Ebene der Länder deutlich unterrepräsentiert sind. Zwischen den Ländern zeigen sich jedoch insofern Variationen, da portugiesische Schüler in Hamburg, Hessen und NRW mit RRIs zwischen 0,50 und 0,46 etwa nur halb so häufig ein Gymnasium besuchen wie deutsche Schüler, während der Gymnasialbesuchsanteil für portugiesische Schüler in Baden-Württemberg mit einem RRI von 0,25 nur etwa ein Viertel des Anteils von deutschen Schülern ausmacht (10,8 vs. 43,5 %).

Insgesamt zeigt sich, dass portugiesische Schüler im Vergleich zu deutschen Schülern an Förder- und an Hauptschulen erheblich über-, an Gymnasien hingegen deutlich unterrepräsentiert sind. In den beiden Ländern Baden-Württemberg und Hamburg fällt die Überrepräsentation noch deutlicher im Vergleich zu den weiteren Ländern und zum Bundesdurchschnitt aus. Für portugiesische Schüler in Baden-Württemberg zeigen sich zusätzlich die deutlichsten Unterrepräsentationen an sonstigen weiterführenden Schulformen sowie insbesondere an Gymnasien.

2.2.15 Libanesische Schüler

Abgesehen von wenigen libanesischen Geschäftsleuten, die sich bereits vor 1975 in Deutschland aufhielten, kam es erst mit Beginn des Bürgerkrieges zu einer quantitativ nennenswerten Zuwanderung von libanesischen Staatsangehörigen nach Deutschland (vgl. Ghadban 2008: 67f.). Der Bürgerkrieg begann im Jahr 1975 und endete erst im Jahr 1990 (vgl. Kühne/Rüßler 2000: 491). Der Krieg führte „zum völligen Zusammenbruch staatlicher Strukturen und zur Willkürherrschaft bewaffneter Milizen" im Libanon (ebd.). Dies wiederum hatte verheerende Auswirkungen insbesondere auf die sozialen und wirtschaftlichen Strukturen (vgl. ebd.), z. B. gab es eine „starke Zunahme von Arbeitslosigkeit und Armut" (ebd.). In der Folge kam es zu einer erheblichen Fluchtmigration, u. a. nach Deutschland. Auch nach 1990 kommt es immer wieder zu militärischen Auseinandersetzungen und zu temporären (Bürger-)Kriegen im Libanon, wodurch die innenpolitische Lage bis heute angespannt bleibt (vgl. ebd.: 492; Fendt 2009: 169ff.). Insgesamt bleibt die „libanesische Gesellschaft […] zwischen pro- und anti-syrischen Kräften gespalten. Dazu kommen neben den traditionellen konfessionellen insbesondere auch soziale Konflikte" (Fendt 2009: 173). Die Heterogenität des Landes zeigt sich nicht zuletzt an den 17 anerkannte Religionsgemeinschaften im Libanon (vgl. ebd.: 167; Ghadban 2008: 43f.). Mit der Fluchtmigration nach Deutschland ist für libanesische Zuwanderer eine prekäre Lebenssituation verbunden, die sich u.a. in einem unsicheren Rechtsstatus widerspiegelt (vgl. Ghadban 2008, z.B.: 165; Söhn 2011a: 23f.). Im Jahr 2010 leben 35.762 libanesische Staatsangehörige in Deutschland, ihre durchschnittliche Aufenthaltsdauer beträgt 14,5 Jahre (Statistisches Bundesamt 2011c, eigene Berechnungen).

Hinsichtlich der Bildungsbeteiligung fällt auf, dass libanesische Schüler nur im einstelligen Prozentbereich Gymnasien besuchen (vgl. Abbildung 2-32). Der Besuchsanteil von Gymnasien ist auf Bundesebene mit 5,2 % als sehr gering anzusehen. In den Ländern variiert der Anteil zwischen 6,2 % für Berlin und Baden-Württemberg sowie 2,9 % für NRW. In NRW besucht somit nur jeder 34. libanesische Schüler ein Gymnasium. Demgegenüber sind für sie sehr hohe Förderschul- und Hauptschulbesuchsanteile erkennbar.

Abbildung 2-32:   Bildungsbeteiligung libanesischer Schüler an allgemeinbildenden Schulformen mit Schulangebot in der Sekundarstufe I im Ländervergleich (Schuljahr 2007/08)

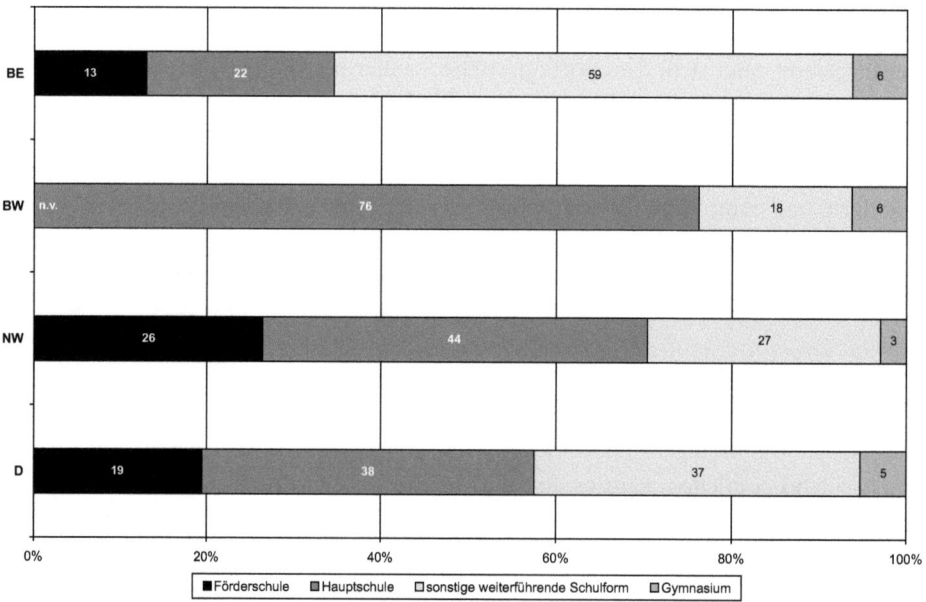

n.v. = nicht vorhanden, da nicht erhoben

Annähernd jeder fünfte libanesische Schüler (19,5 %) in Deutschland besucht eine Förderschule. Auf Landesebene besuchen nur libanesische Schüler in Berlin seltener Förderschulen, mit 13,0 % ist der Besuchsanteil dennoch als relativ hoch anzusehen. Demgegenüber fällt der Förderschulbesuchsanteil in NRW mit 26,4 % doppelt so hoch aus wie in Berlin, zudem beträgt der Anteil für NRW das 1,36-Fache gegenüber dem Anteil auf Bundesebene.

Auf Bundesebene besuchen libanesische Schüler zu 38 % eine Hauptschule. In den Ländern ist ein ähnlicher Besuchsanteil nur für NRW mit 43,9 % zu erkennen. Deutliche Abweichungen zeigen sich zwischen den Hauptschulbesuchsanteilen in Berlin und

Baden-Württemberg, wo 21,6 bzw. 76,2 % der libanesischen Schüler eine Hauptschule besuchen. Somit variiert der Hauptschulbesuchsanteil in den Ländern um das bis zu 3,5-Fache.

Auch der aggregiert betrachtete Besuch der Schulformen Haupt- und Förderschule fällt sehr uneinheitlich aus: Während in Berlin mit 34,6 % etwa jeder dritte und auf Bundesebene gut jeder zweite libanesische Schüler (57,5 %) maximal die Schulform Hauptschule besucht, sind es in NRW 70,3 % und in Baden-Württemberg sogar 76,2 %.

Auch sonstige weiterführende Schulen werden von libanesischen Schülern in den dargestellten Bundesländern sehr unterschiedlich besucht. In Berlin sind es 59,2 % der libanesischen Schüler die an sonstige weiterführende Schulen gehen. Dies entspricht dem 1,59-Fachen des Bundesdurchschnitts von 37,2 % und dem 3,4-Fachen des Landesanteils für Baden-Württemberg von 17,6 %.

Festzuhalten bleibt, dass libanesische Schüler nur sehr selten Gymnasien besuchen, während sie sehr hohe Förderschul- und Hauptschulbesuchsanteile aufweisen. Zudem bestehen erhebliche Unterschiede in der Bildungsbeteiligung von libanesischen Schülern in den Ländern, die zumeist deutlich von der Bildungsbeteiligung für Deutschland insgesamt abweicht.

In Abbildung 2-33 werden die für libanesische Schüler berechneten Relativen Risiko-Indizes veranschaulicht. Erkennbar ist, dass libanesische Schüler auf Bundesebene mehr als dreimal so häufig eine Förderschule besuchen wie deutsche Schüler (RRI = 3,13). In Berlin fällt das Risiko für libanesische Schüler etwas geringer, aber immer noch um das 2,2-Fache erhöht aus. In NRW hingegen besuchen libanesische Schüler sogar 4,3-mal so häufig eine Förderschule. Von den 3.736 libanesischen Schülern in NRW, die eine Schulform mit Sekundarstufen I-Angebot besuchen, gehen 26,4 % an eine Förderschule – gegenüber nur 6,2 % der deutschen Schüler.

Abbildung 2-33:   RRIs libanesische vs. deutsche Schüler

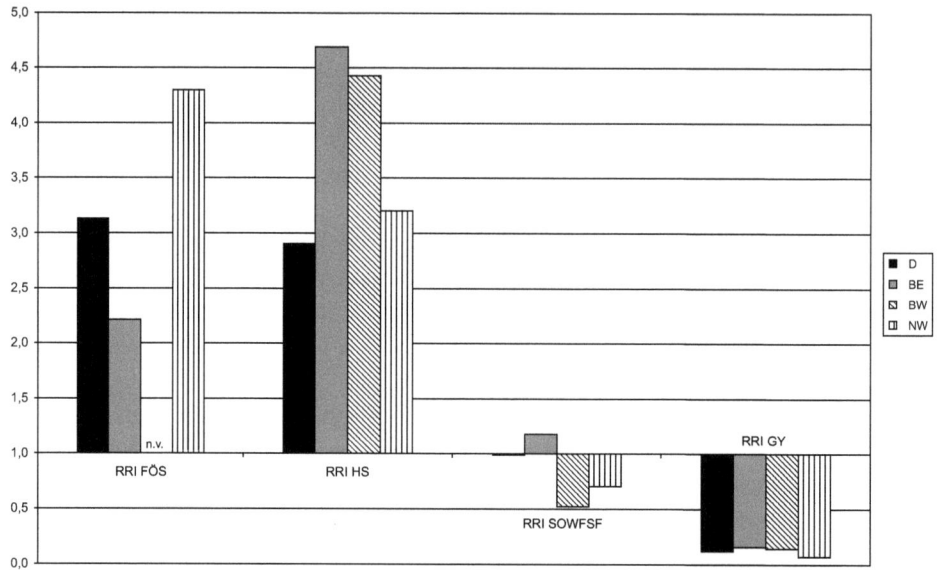

n.v. = nicht vorhanden, da nicht erhoben

Auf Bundesebene sind libanesische Schüler an Hauptschulen um das 2,9-Fache gegenüber deutschen Schülern überrepräsentiert. Für die drei dargestellten Länder ergeben sich noch deutlichere Überrepräsentationen. Für NRW ist der Hauptschulbesuch um das 3,2-Fache erhöht, in Baden-Württemberg bereits um das 4,43-Fache, da in diesem Land mehr als drei Viertel (76,2 %) der libanesischen gegenüber 17,2 % der deutschen Schüler eine Hauptschule besuchen. Der höchste Wert ergibt sich für Berlin mit einem RRI von 4,69, da 21,6 % der libanesischen gegenüber 4,6 % der deutschen Schüler an eine Hauptschule gehen.

Der Besuch sonstiger weiterführender Schulformen ist für libanesische Schüler auf Bundesebene als ausgeglichen anzusehen (RRI = 0,99). In den Ländern zeigt sich eine leichte Überrepräsentation für Berlin mit einem RRI von 1,18, während libanesische Schüler in NRW und insbesondere in Baden-Württemberg mit RRIs von 0,70 bzw. 0,52 an diesen Schulen erheblich unterrepräsentiert sind.

Am deutlichsten sind libanesische Schüler an Gymnasien unterrepräsentiert. Auf Bundesebene beträgt ihr Besuchsanteil an dieser Schulform nicht einmal ein Achtel des Anteils von deutschen Schülern (5,2 vs. 43,1 %), was zu einem RRI von 0,12 führt. Auf Landesebene sind die RRIs für Baden-Württemberg (0,14) und Berlin (0,16) nur geringfügig höher. Als extrem ist der RRI von 0,07 in NRW einzustufen, da in dem Land nur 2,9 % der libanesischen gegenüber 42,4 % der deutschen Schüler ein Gymnasium besuchen.

Insgesamt bleibt für libanesische Schüler als Ergebnis festzuhalten, dass diese an Förder- und Hauptschulen um ein Mehrfaches gegenüber deutschen Schülern überrepräsentiert sind (auf Bundesebene jeweils etwa um das Dreifache). Demgegenüber sind sie an Gymnasien deutlich unterrepräsentiert, da ihr Gymnasialbesuchsanteil auf

Bundesebene noch nicht einmal ein Achtel des Anteils für deutsche Schüler beträgt. Auf Landesebene zeigen sich die extremsten Indexwerte für NRW, hier besuchen libanesische im Vergleich zu deutschen Schülern 4,3-mal so häufig eine Förderschule und ihr Gymnasialbesuchsanteil macht nicht einmal ein Vierzehntel des Anteils von deutschen Schülern aus.

2.2.16 Mazedonische Schüler

Mit dem zwischen dem ehemaligen Jugoslawien und Deutschland getroffenen Anwerbeabkommen von 1968 begann die Arbeitsmigration von – heute – mazedonischen Staatsangehörigen nach Deutschland (vgl. Oltmer 2010: 52ff.). Nach dem Anwerbestopp von 1973 kam es zu vermehrten Nachzügen von Familienangehörigen (vgl. ebd.). Ab den 1990er Jahren wanderten verstärkt Bürgerkriegsflüchtlinge mit mazedonischem Pass nach Deutschland ein, für die relativ schwierige Integrationsbedingungen und ein unsicherer Rechtsstatus zu konstatieren sind (vgl. Thränhardt 1999: 42; Söhn 2011a: 23, 89f.). In jüngerer Zeit erfolgt z. T. ein Zuzug aufgrund der schwierigen wirtschaftlichen Lage im Herkunftsland. Im Jahr 2010 haben 65.998 Personen in Deutschland eine mazedonische Staatsangehörigkeit. Für jeden Vierten beträgt die Aufenthaltsdauer mehr als 30 Jahre (Statistisches Bundesamt 2011c, eigene Berechnungen).

Hinsichtlich der Bildungsbeteiligung von mazedonischen Schülern in Deutschland zeigt sich, dass 39,2 % eine Hauptschule besuchen (Abbildung 2-34). Etwa jeder Achte geht an eine Förderschule (12,8 %) bzw. ein Gymnasium (12,2 %), gut jeder Dritte (35,9 %) besucht eine sonstige weiterführende Schule.

Abbildung 2-34:   Bildungsbeteiligung mazedonischer Schüler an allgemeinbildenden Schulformen mit Schulangebot in der Sekundarstufe I im Ländervergleich (Schuljahr 2007/08)

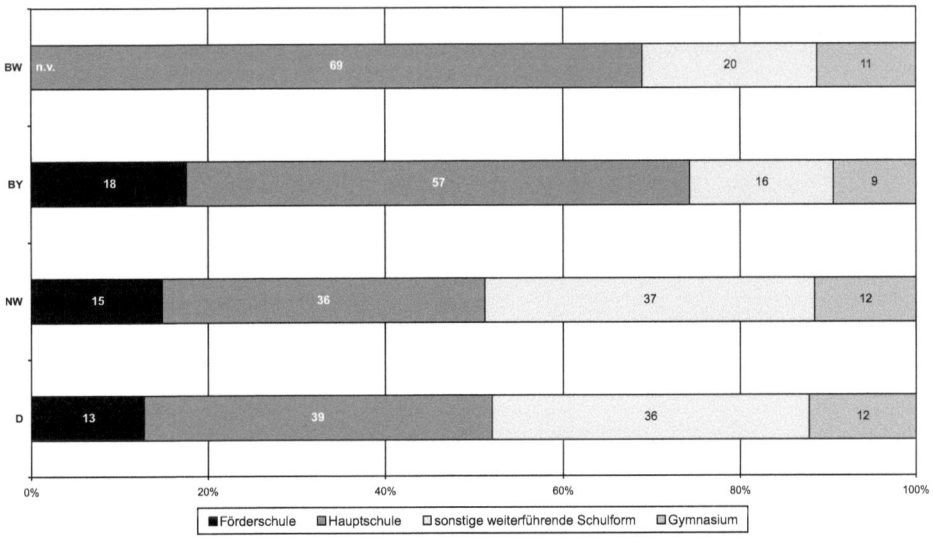

n.v. = nicht vorhanden, da nicht erhoben

Auf Landesebene – bzw. für die drei darstellbaren Länder – zeigt sich, dass die Bildungsbeteiligung von mazedonischen Schülern in NRW ähnlich ausfällt wie im Bundesdurchschnitt. Dies liegt auch darin begründet, dass von den 5.474 mazedonischen Schülern, die in Deutschland eine Schulform mit Angebot der Sekundarstufe I besuchen, 40,1 % an eine nordrhein-westfälische Schule gehen (vgl. Anhang VIII). Bereits auf den ersten Blick fällt in Baden-Württemberg ein Hauptschulbesuch von mehr als zwei Dritteln (69,0 %) auf, was dem 1,76-Fachen des Bundesdurchschnitts entspricht (allerdings fehlen in der Statistik die Angaben zum Förderschulbesuch, woraus eine Überschätzung z.B. des Hauptschulbesuchs resultiert). Zugleich werden in diesem Land mit 19,7 % nur etwa halb so häufig sonstige weiterführende Schulen besucht wie auf der Bundesebene. Dieser Anteil fällt nur noch in Bayern mit 16,3 % geringer aus. Für Bayern ist zudem hervorzuheben, dass mazedonische Schüler nicht nur mit 56,7 % am zweithäufigsten die Hauptschule besuchen, sondern zusätzlich mit 17,6 % die höchsten Förderschulbesuchsanteile aufweisen. Somit gehen etwa drei von vier mazedonischen Schülern maximal an die Schulform Hauptschule.

Relative ähnliche Besuchsanteile von Gymnasien weisen im Vergleich zum Bundesdurchschnitt die beiden Länder Baden-Württemberg und Nordrhein-Westfalen mit gut 11 % auf. Deutlich geringere Besuchsanteile zeigen sich nur für Bayern, hier geht weniger als jeder zehnte mazedonische Schüler an ein Gymnasium (9,4 %).

Insgesamt zeigen sich für mazedonische Schüler relativ hohe Besuchsanteile von Förder- und Hauptschulen, während nur maximal jeder Achte von ihnen an ein Gymnasium geht.

Die Berechnung von RRIs in Abbildung 2-35 ergibt, dass mazedonische Schüler im Vergleich zu deutschen Schülern auf Bundesebene gut doppelt so häufig eine Förderschule besuchen (RRI = 2,05). Auf Ebene der Länder ist für NRW ein RRI von 2,41 zu verzeichnen, während mazedonische Schüler in Bayern beinahe dreimal so häufig wie deutsche Schüler an eine Förderschule gehen (RRI = 2,94).

Abbildung 2-35: RRIs mazedonische vs. deutsche Schüler

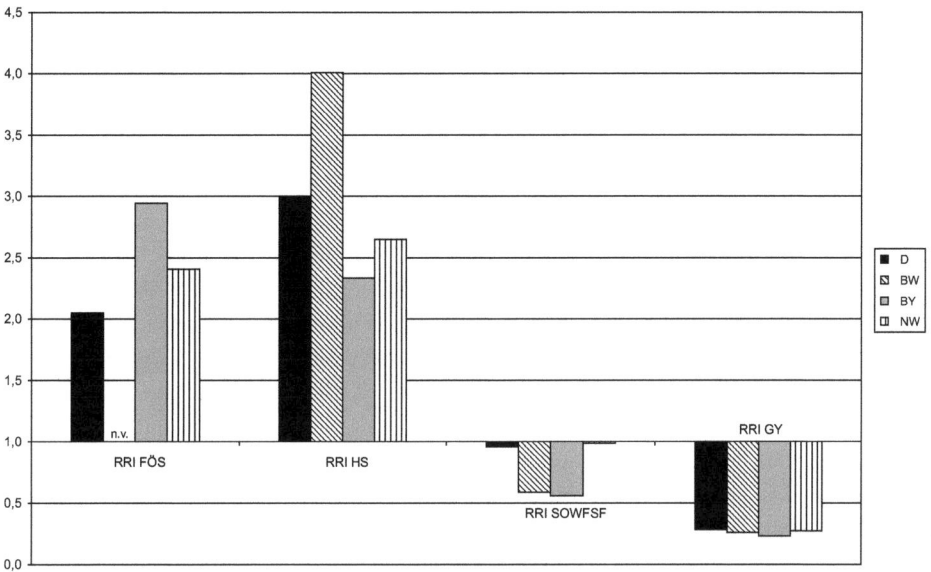

n.v. = nicht vorhanden, da nicht erhoben

Mit Besuchsanteilen von 39,2 gegenüber 13,1% werden Hauptschulen von mazedonischen im Vergleich zu deutschen Schülern auf Bundesebene annähernd dreimal so häufig besucht (RRI = 2,99). Auf Landesebene ergeben sich für NRW und Bayern mit RRIs von 2,65 bzw. 2,33 etwas geringere Indexwerte, während mazedonische Schüler in Baden-Württemberg viermal so häufig an eine Hauptschule gehen wie ihre deutschen Mitschüler.

Sonstige weiterführende Schulen werden von mazedonischen und deutschen Schülern auf Bundesebene (RRI = 0,96) sowie in dem Land NRW (RRI = 0,98) in etwa gleich häufig besucht. In Baden-Württemberg und Bayern sind mazedonische Schüler an diesen Schulen mit RRIs von 0,59 bzw. 0,56 deutlich unterrepräsentiert.

Auch an der Schulform Gymnasium sind mazedonische Schüler deutlich unterrepräsentiert. Auf Bundesebene beträgt ihr Anteil weniger als ein Drittel des entsprechenden Anteils von deutschen Schülern (RRI = 0,28). Auf Landesebene fallen die RRIs für NRW, Baden-Württemberg und Bayern mit Indexwerten zwischen 0,27 und 0,23 noch etwas geringer aus. Der niedrigste Indexwert zeigt für Bayern an, dass der Gymnasialbesuchsanteil von mazedonischen Schülern in dem Land weniger als ein Viertel des Anteils von deutschen Schülern beträgt (9,4 vs. 40,6%).

Insgesamt sind mazedonische Schüler im Vergleich zu deutschen Schülern an Förder- und Hauptschulen erheblich überrepräsentiert. Sonstige weiterführende Schulen werden von ihnen etwa gleich – bzw. in einzelnen Ländern unterdurchschnittlich – häufig besucht, während sie an Gymnasien deutlich unterrepräsentiert sind. Auf Landesebene ist Bayern mit den stärksten Überrepräsentationen von mazedonischen Schülern an Förderschulen sowie mit den deutlichsten Unterrepräsentationen an sonstigen weiterführenden Schulen und Gymnasien hervorzuheben.

2.2.17 Iranische Schüler

In den 1950er bis 1970er Jahren sind Geschäftsleute sowie insbesondere Studenten mit iranischer Staatsangehörigkeit nach Deutschland zugewandert, die überwiegend aus wohlhabenden Familien stammten (vgl. Schmidt-Fink 2003). Diese sind weitestgehend in Deutschland geblieben oder nach einem zwischenzeitlichen Aufenthalt im Herkunftsland wieder zurückgekehrt (vgl. ebd.). Ab Ende der 1970er Jahre, insbesondere mit Beginn der islamischen Revolution im Jahr 1979, begann der Zuzug von Flüchtlingen und ihren Familien (vgl. ebd.; Kühne/Rüßler 2000: 461). Aufgrund von Menschenrechtsverletzungen sowie der Unterdrückung von ethnischen oder religiösen Minderheiten – wie z. B. von Kurden, armenischen Christen oder Juden – setzte sich die Fluchtmigration in den 1980er Jahren fort (vgl. Kühne/Rüßler 2000: 461; Münz/Seifert/Ulrich 1999: 54). Zusätzlich kam es zu einer Einwanderung von (politischen) Flüchtlingen aufgrund des Golfkrieges zwischen Irak und Iran in den Jahren 1980 bis 1988 (vgl. Schmidt-Fink 2003). Seither wandern Oppositionelle zu, aber auch Frauen, die aufgrund ihres Geschlechts Einschränkungen erfahren oder diskriminiert werden (vgl. ebd.). Ein Großteil der Zugewanderten bzw. Flüchtlinge gehört der iranischen Oberschicht an, sie weisen weitestgehend säkulare Einstellungen auf und verfügen über ein hohes Qualifikations- und Bildungsniveau (vgl. Haug/Müssig/Stichs 2009: 307f.; Söhn 2011a: 205f.). Allerdings haben Flüchtlinge aus dem Iran häufig einen prekären Rechtsstatus in Deutschland (vgl. Söhn 2011a: 23). Aus der besonderen Zuwanderungsgeschichte der iranischen Bevölkerung ergeben sich – im Vergleich etwa zu anderen muslimischen Zuwanderern – abweichende Einwanderungsmotive: es werden häufiger die Aspekte Asyl, Flucht oder Studium, demgegenüber erheblich seltener der Einwanderungsgrund Arbeit genannt (vgl. Haug/Müssig/Stichs 2009: 123f.). Im Jahr 2010 leben 51.885 Personen mit iranischer Staatsangehörigkeit in Deutschland. Aufgrund der jüngeren Zuwanderungsgeschichte beträgt für sie die durchschnittliche Aufenthaltsdauer 13,8 Jahre (Statistisches Bundesamt 2011c, eigene Berechnungen).

Abbildung 2-36 veranschaulicht die Bildungsbeteiligung der 5.446 iranischen Schüler in Deutschland. Nur 5,4 % besuchen eine Förderschule, 15,6 % eine Hauptschule, 36,0 % eine sonstige weiterführende Schule und 42,9 % ein Gymnasium. Insbesondere ist der hohe Anteil des Besuchs von Gymnasien hervorzuheben. Nur für ein Land zeigt sich nur eine bedeutsame negative Abweichung vom Bundesdurchschnitt: In Niedersachsen besuchen iranische Schüler nur zu 38,6 % ein Gymnasium.

Von den iranischen Schülern in Deutschland besucht gut jeder Dritte (37,1 %) eine Schule in NRW (vgl. Anhang VIII). Die hohe Anzahl iranischer Schüler in NRW kann ein Grund dafür sein, dass in dem Land nur minimale Abweichungen zur Bildungsbeteiligung auf Bundesebene bestehen.

Abbildung 2-36: Bildungsbeteiligung iranischer Schüler an allgemeinbildenden Schulformen mit Schulangebot in der Sekundarstufe I im Ländervergleich (Schuljahr 2007/08)

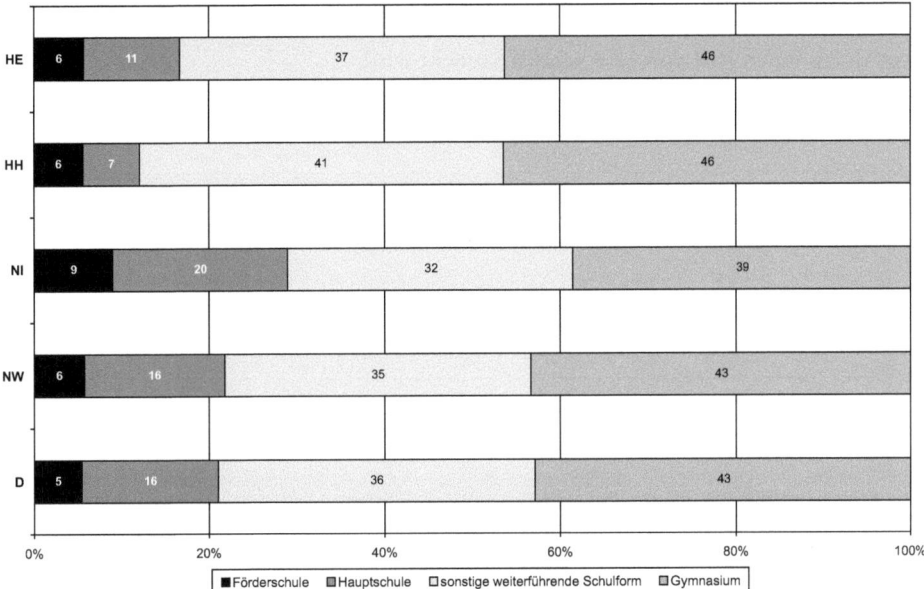

Hinsichtlich des Förderschulbesuchs ist nur für das Land Niedersachsen eine nennenswerte Abweichungen vom Bundesdurchschnitt zu konstatieren: Hier besuchen iranische Schüler zu 9,0 % und somit 1,66-mal so häufig eine Förderschule im Vergleich zum Anteilswert für Deutschland insgesamt.

Die Hauptschulbesuchsanteile variieren in den Ländern zwischen 6,6 % in Hamburg und 20,0 % in Niedersachsen. Somit besuchen iranische Schüler in Niedersachsen 3,1-mal so häufig eine Hauptschule wie in Hamburg.

Werden die Schulformen Förder- und Hauptschule zusammengefasst betrachtet, dann besuchen insgesamt 21,1 % der iranischen Schüler auf Bundesebene maximal die Schulform Hauptschule. Der höchste Anteil beträgt auf Landesebene 29,0 % für Niedersachsen, dieser Anteil beträgt das 2,4-Fache gegenüber dem Anteil von 12,1 % für Hamburg.

Im Besuch von sonstigen weiterführenden Schulformen zeigen sich nur leichte Abweichungen zum Bundesdurchschnitt, die Anteilswerte variieren in den Ländern zwischen 32,4 % für Niedersachsen und 41,4 % für Hamburg.

Insgesamt nimmt Niedersachsen hinsichtlich der Bildungsbeteiligung von iranischen Schülern eine Sonderrolle ein, da in dem Land die Schulformbesuchsanteile von iranischen Schülern deutlich vom Bundesdurchschnitt abweichen. Der Besuch von Förderschulen und Hauptschulen fällt deutlich höher aus, während von iranischen Schülern sonstige weiterführende Schulformen und Gymnasien deutlich seltener besucht werden.

Ein relativ ausgeglichener RRI von 0,87 auf Bundesebene weist darauf hin, dass iranische Schüler im Vergleich zu deutschen Schülern in etwa gleich häufig – bzw. sogar etwas seltener – Förderschulen besuchen (Abbildung 2-37). Relativ ausgeglichene RRIs zeigen sich auch für drei der vier dargestellten Bundesländer, der Index nimmt für NRW einen Wert von 0,93 sowie für Hessen und Hamburg von 1,09 ein. Lediglich in Niedersachsen sind iranische Schüler an Förderschulen deutlich überrepräsentiert, was durch einen RRI von 1,66 veranschaulicht wird.

Abbildung 2-37: RRIs iranische vs. deutsche Schüler

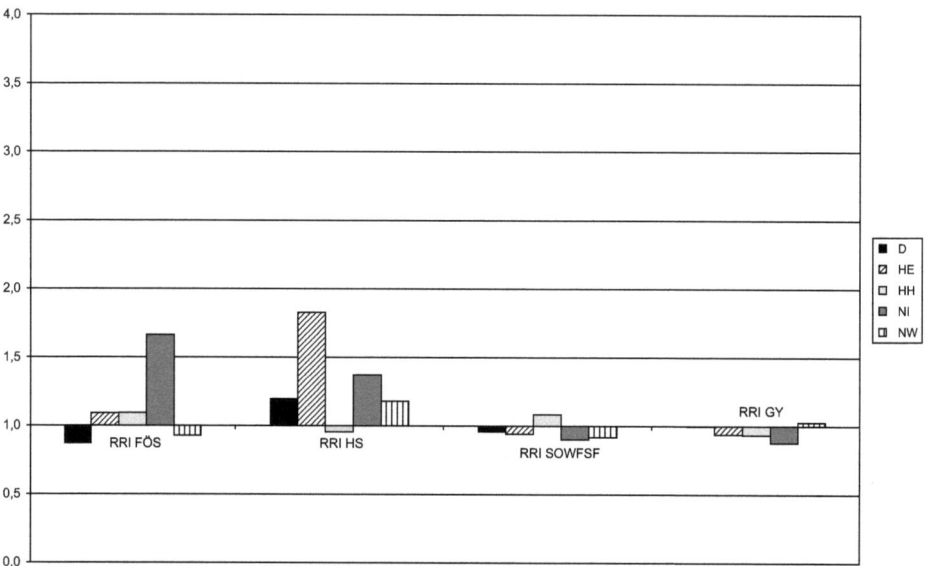

Auf der Bundesebene fällt der Besuch von Hauptschulen für iranische Schüler mit einem RRI von 1,19 leicht erhöht aus. Der Indexwert für NRW unterscheidet sich nur marginal vom Bundesdurchschnitt, deutlich höhere RRIs zeigen sich mit 1,37 für Niedersachsen und 1,83 für Hessen. Lediglich in Hamburg, das einen RRI von 0,95 aufweist, ist der Hauptschulbesuch zwischen iranischen und deutschen Schülern in etwa ausgeglichen (6,6 vs. 6,9 %).

Annähernd ausgeglichen fallen auch die RRIs im Besuch sonstiger weiterführender Schulformen sowohl auf Bundes- als auch auf Landesebene aus. Während sich für Deutschland insgesamt ein RRI von 0,96 ergibt, variieren die Landes-RRIs zwischen 0,90 in Niedersachsen und 1,08 in Hamburg.

Ein ähnliches – d. h. relativ ausgeglichenes – Bild ergibt sich auch im Vergleich der Besuchsanteile von Gymnasien zwischen iranischen und deutschen Schülern. Ein RRI von 1,00 auf Bundesebene zeigt an, dass iranische Schüler genauso oft Gymnasien besuchen wie deutsche Schüler. In den Ländern Niedersachsen, Hamburg und Hessen sind iranische Schüler an Gymnasien leicht unterrepräsentiert, was sich in RRIs zwischen 0,88 und 0,94 widerspiegelt. Lediglich in NRW – mit einem RRI von 1,03 – besuchen iranische Schüler minimal häufiger als ihre deutschen Mitschüler ein Gymnasium (43,4 vs. 42,2 %).

Festzuhalten bleibt, dass die Bildungsbeteiligung von iranischen Schülern sehr ähnlich ausfällt wie die Bildungsbeteiligung von deutschen Schülern. Dies zeigt sich in insgesamt relativ ausgeglichenen RRIs sowohl auf Bundes- als auch auf Landesebene. Z. B. variieren die Indexwerte in Hamburg je nach Schulform zwischen 0,93 und 1,09. Deutliche Abweichungen ergeben sich hinsichtlich des Besuchs von Förder- und Hauptschulen in Niedersachsen sowie von Hauptschulen, die von iranischen Schülern in Hessen deutlich überrepräsentiert besucht werden.

2.2.18 Österreichische Schüler

Im Jahr 2010 umfasst die Bevölkerung mit österreichischer Staatsangehörigkeit in Deutschland insgesamt 175.244 Personen. Hierunter weist knapp jede Zweite eine Aufenthaltsdauer von mehr als 30 Jahren auf. Entsprechend hoch ist auch die durchschnittliche Aufenthaltsdauer von 27,7 Jahren. Knapp die Hälfte lebt in dem unmittelbar an Österreich angrenzenden Bundesland Bayern (Statistisches Bundesamt 2011c, eigene Berechnungen). Für die Gruppe der in Deutschland lebenden Österreicher sind im Vergleich insofern Vorteile anzunehmen, da sie sowohl die Schulsprache beherrschen als auch einen hohen sozioökonomischen Status aufweisen (vgl. Tabelle 1-1).

Von den 4.276 österreichischen Schülern in Deutschland besuchen 14,0 % eine baden-württembergische, 11,8 % eine nordrhein-westfälische und mit 52,3 % mehr als jeder Zweite eine Schule in Bayern (vgl. Anhang VIII). Trotz des hohen Anteils von österreichischen Schülern in Bayern unterscheiden sich in dem Land – wie noch gezeigt wird – die Besuchsanteile für alle Schulformen mit Ausnahme des Gymnasiums im Vergleich zu den Anteilen für Deutschland insgesamt.

Abbildung 2-38:   Bildungsbeteiligung österreichischer Schüler an allgemeinbildenden Schulformen mit Schulangebot in der Sekundarstufe I im Ländervergleich (Schuljahr 2007/08)

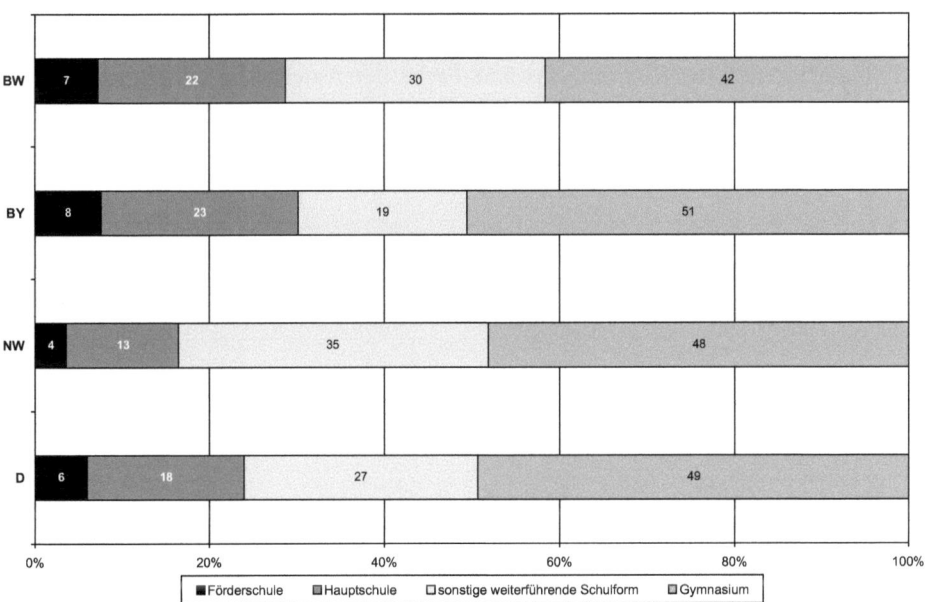

Auf Bundesebene besuchen 6,0 % der österreichischen Schüler eine Förderschule. Zwischen den Ländern variiert dieser Anteil um das 2,1-Fache, wenn das Maximum von 7,6 % für Bayern ins Verhältnis zum Minimum von 3,6 % für NRW gesetzt wird.

Im Vergleich zum Hauptschulbesuchsanteil auf Bundesebene, der 18,1 % beträgt, sind auf Landesebene geringere Anteile für NRW mit 12,9 % sowie höhere Anteile für Baden-Württemberg und Bayern mit Anteilswerten von 21,6 bzw. 22,7 % auszumachen.

Wird der Besuch von Förder- und Hauptschulen gemeinsam betrachtet, dann ergibt sich für NRW mit 16,5 % der mit Abstand geringste Besuchsanteil dieser Schulformen. Für Bayern hingegen ist der Anteil um 6,2 Prozentpunkte gegenüber dem Bundesdurchschnitt von 24 % erhöht.

Österreichische Schüler besuchen in Bayern mit 19,2 % seltener eine sonstige weiterführende Schule als im Bundesdurchschnitt (26,6 %), am häufigsten werden diese Schulen von österreichischen Schülern in NRW mit 35,3 % besucht. Somit gehen österreichische Schüler in NRW 1,8-mal so häufig an sonstige weiterführende Schulformen wie in Bayern.

Beinahe jeder zweite österreichische Schüler in Deutschland besucht ein Gymnasium (49,4 %). Vom Bundesdurchschnitt weicht nur das Land Baden-Württemberg deutlich ab – hier beträgt der Gymnasialbesuchsanteil 41,6 %.

Insgesamt bleibt festzuhalten, dass sich die Bildungsbeteiligung von österreichischen Schülern durch einen relativ hohen Gymnasialbesuchsanteil auszeichnet und die Anteilswerte auf Landesebene nur mäßig vom Bundesdurchschnitt abweichen.

Wie in Abbildung 2-39 erkennbar unterscheidet sich der Besuch von Förderschulen zwischen österreichischen und deutschen Schülern auf Bundesebene nur minimal (RRI = 0,96). In den dargestellten Ländern sind etwas deutlichere Unterschiede zu erkennen. Denn österreichische Schüler sind an bayerischen und baden-württembergischen Förderschulen um das 1,27-Fache überrepräsentiert, während ihr Förderschulbesuchsanteil in NRW nur das 0,58-Fache des Anteils von deutschen Schülern ausmacht (3,6 vs. 6,2 %).

Abbildung 2-39: RRIs österreichische vs. deutsche Schüler

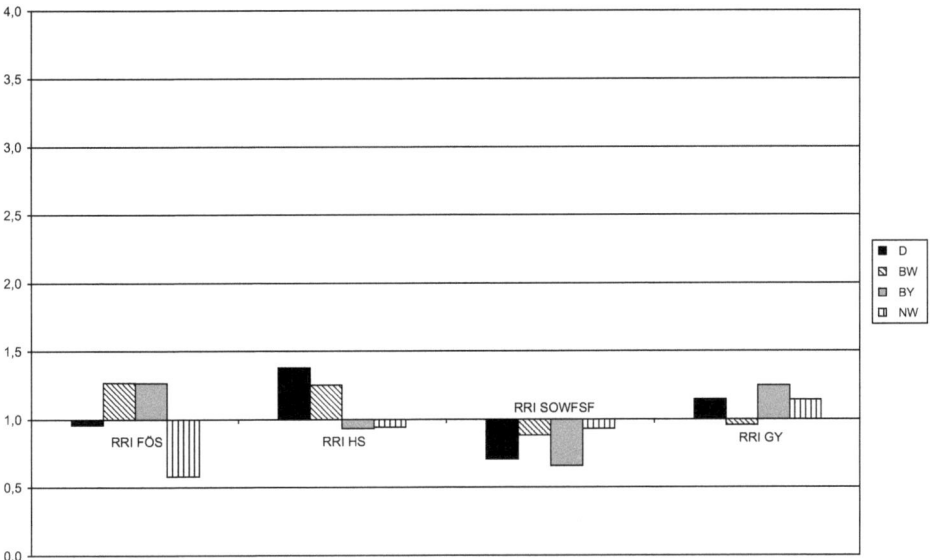

In Deutschland sowie im Speziellen in Baden-Württemberg sind österreichische Schüler an Hauptschulen um das 1,38-[78] bzw. 1,25-Fache überrepräsentiert, während sie diese Schulformen in NRW und Bayern mit RRIs von 0,94 bzw. 0,93 leicht unterrepräsentiert besuchen.

Auf Bundesebene sind österreichische Schüler an sonstigen weiterführenden Schulen unterrepräsentiert (RRI = 0,71), das gleiche ist für die einzelnen Bundesländer festzustellen. In Baden-Württemberg und NRW sind sie an diesen Schulen mit RRIs von 0,88 bzw. 0,93 leicht, in Bayern dagegen mit einem RRI von 0,66 deutlich unterrepräsentiert.

Im Bundesdurchschnitt sind österreichische Schüler im Vergleich zu deutschen Schülern an Gymnasien um das 1,15-Fache überrepräsentiert. Ähnlich hoch fällt der RRI in NRW mit 1,14 aus. In Bayern werden Gymnasien von österreichischen Schülern im Verhältnis etwas häufiger besucht (RRI = 1,25), während ein RRI von 0,96 für Baden-Württemberg indiziert, dass sich der Anteil des Besuchs von Gymnasien zwischen österreichischen und deutschen Schülern nur unwesentlich unterscheidet.

Insgesamt ist für österreichische Schüler eine relativ ähnliche Bildungsbeteiligung wie für deutsche Schüler zu konstatieren, was sich insbesondere auf der Ebene des Bundes zeigte. Die nur geringen Unterschiede spiegelten sich etwa in nahezu ausgeglichenen RRIs im Förderschul- und Gymnasialbesuch wider. Auf Länderebene sind jedoch z. T. deutliche Abweichungen von den RRIs für Deutschland insgesamt festzustellen, was sich insbesondere für die Schulform Förderschule zeigte.

---

78 Das auf den ersten Blick möglicherweise kontraintuitive Ergebnis für Deutschland insgesamt resultiert aus der regionalen Verteilung, denn Schüler mit österreichischer Staatsangehörigkeit besuchen primär Schulen in Ländern mit überdurchschnittlich hohen Hauptschulbesuchsanteilen. Wie gezeigt besuchen 52 % aller Schüler mit österreichischer Staatsangehörigkeit in Deutschland eine Schule in Bayern und weitere 14 % eine Schule in Baden-Württemberg (gegenüber nur 16 bzw. 14 % aller Schüler mit deutscher Staatsangehörigkeit).

2.2.19 US-amerikanische Schüler

Im Jahr 2010 haben in Deutschland 97.732 Personen eine US-amerikanische Staatsangehörigkeit. Ihre durchschnittliche Aufenthaltsdauer beträgt 17 Jahre, gut jeder Fünfte (22 %) lebt sogar mehr als 30 Jahre in Deutschland (Statistisches Bundesamt 2011c, eigene Berechnungen). Bei der Bevölkerung mit US-amerikanischer Staatsangehörigkeit handelt es sich mehrheitlich um in Deutschland stationierte US-Streitkräfte sowie deren Familienangehörige. Allein die Zahl der US-Soldaten in Deutschland wird für das Jahr 2009 von der Bundesregierung mit 56.680, die Zahl des sogenannten ‚zivilen Gefolges‘ mit weiteren 9.691 Personen angegeben (vgl. Deutscher Bundestag 2011: 15).

In lediglich drei Bundesländern besuchen jeweils mehr als 500 US-amerikanische Schüler eine allgemeinbildende Schulform mit Schulangebot in Sekundarstufe I. Auf diese drei Länder konzentrieren sich 56,7 % der 3.970 Schüler mit amerikanischer Staatsangehörigkeit in Deutschland (vgl. Anhang VIII). Jedes Land weist ein besonderes Muster hinsichtlich der Bildungsbeteiligung dieser Schüler auf. Denn fast immer sind deutliche Unterschiede zwischen den Schulformbesuchsanteilen in den Ländern und den Anteilen auf Bundesebene erkennbar (Abbildung 2-40). Am deutlichsten zeigt sich dies für Berlin, hier besuchen 90,3 % der amerikanischen Schüler eine sonstige weiterführende Schule (unter diesen nimmt die Schulform Gesamtschule einen Anteil von 89,3 % ein, ohne Abbildung). Dieser Anteil fällt mehr als doppelt so hoch aus wie im Bundesdurchschnitt (44,1 %). Mit den hohen Besuchsanteilen gehen marginale Hauptschul- und Förderschulbesuchsanteile von 1,3 bzw. 0,8 % einher, die erheblich unter dem Bundesdurchschnitt von 17,3 bzw. 3,4 % liegen. Gymnasien werden von amerikanischen Schülern in Berlin zu 7,6 % besucht, auch dieser Anteil fällt deutlich niedriger aus als im Bundesdurchschnitt (35,3 %).

Abbildung 2-40: Bildungsbeteiligung US-amerikanischer Schüler an allgemeinbildenden Schulformen mit Schulangebot in der Sekundarstufe I im Ländervergleich (Schuljahr 2007/08)

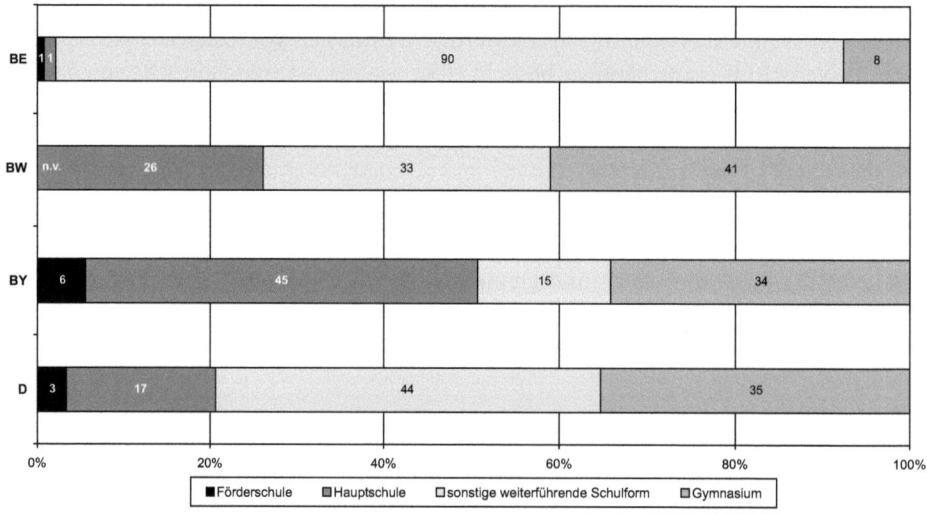

n.v. = nicht vorhanden, da nicht erhoben

In Baden-Württemberg gehen US-amerikanische Schüler zu 32,8 % – und somit seltener als auf Bundesebene – an sonstige weiterführende Schulformen. Verglichen mit dem Anteilswert für Deutschland insgesamt besuchen sie in dem Bundesland etwa 1,5-mal so häufig Hauptschulen und 1,16-mal so häufig Gymnasien. Für Bayern fällt der erheblich geringere Besuchsanteil von sonstigen weiterführenden Schulen mit 15,1 % auf. Zudem besuchen US-amerikanische Schüler in diesem Bundesland 1,68-mal so häufig Förderschulen und 2,61-mal so oft Hauptschulen wie im Bundesdurchschnitt.

Insbesondere ist die extrem uneinheitliche Bildungsbeteiligung der US-amerikanischen Schüler in den dargestellten Ländern hervorzuheben. Diese resultiert sicherlich zu einem großen Teil aus dem sehr hohen Anteil amerikanischer Schüler an Berliner Gesamtschulen – hiermit gehen für amerikanische Schüler in Berlin entsprechend niedrige Besuchsanteilen von Förder-, Hauptschulen und Gymnasien einher. Der Förderschulbesuchsanteil von 5,7 % in Bayern beträgt das 7,3-Fache gegenüber dem entsprechenden Anteil für amerikanische Schüler in Berlin. Der kumuliert betrachtete Besuch von Förder- und Hauptschulen weist für Bayern aus, dass etwa jeder Zweite maximal eine Hauptschule besucht (50,7 %), während dies im Bundesdurchschnitt auf gerade jeden fünften amerikanischen Schüler zutrifft (20,6 %). Zum Vergleich beträgt dieser Anteil in Baden-Württemberg 26,2 % und in Berlin nur 2,1 %.

In Abbildung 2-41 werden die Schulformbesuchsanteile von amerikanischen ins Verhältnis gesetzt zu denen von deutschen Schülern. US-amerikanische Schüler besuchen in Deutschland nur etwa halb so häufig eine Förderschule wie deutsche Schüler (RRI = 0,54). Während auf Landesebene der Förderschulbesuch in Bayern in etwa ausgeglichen ist (RRI = 0,96), verweist ein RRI von 0,13 für Berlin darauf, dass amerikanische Schüler in dem Stadtstaat deutlich seltener als deutsche Schüler an eine Förderschule gehen.

Abbildung 2-41: RRIs US-amerikanische vs. deutsche Schüler

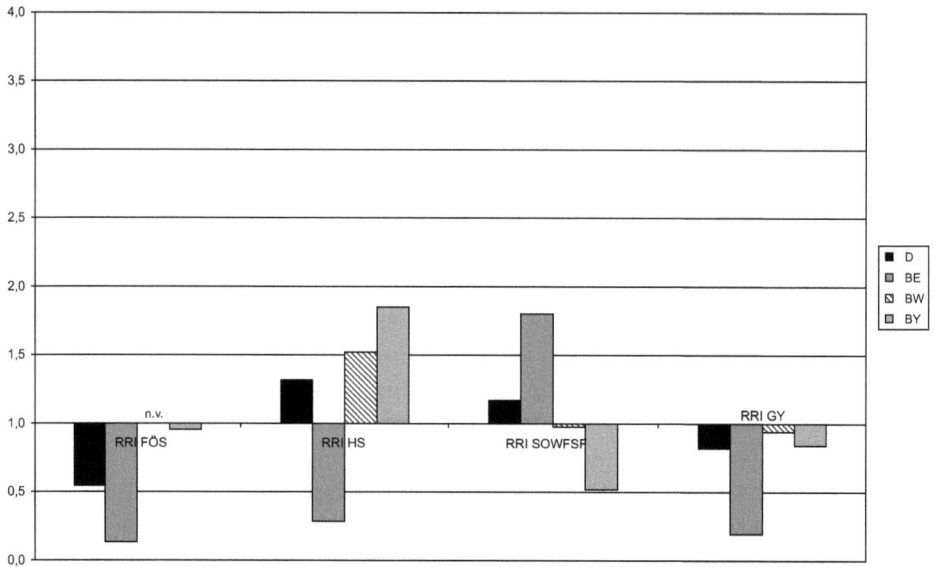

n.v. = nicht vorhanden, da nicht erhoben

Demgegenüber sind US-amerikanische Schüler an Hauptschulen überrepräsentiert: In Deutschland besuchen sie 1,32-mal so oft wie deutsche Schüler eine Hauptschule; für Baden-Württemberg und Bayern fällt der RRI mit 1,52 bzw. 1,85 sogar noch höher aus. Eine Ausnahme bildet Berlin mit einem RRI von 0,28: hier besuchen nur 1,3 % der amerikanischen gegenüber 4,6 % der deutschen Schüler eine Hauptschule.

Relativ ausgeglichen gestaltet sich der Besuch von sonstigen weiterführenden Schulformen zwischen US-amerikanischen und deutschen Schülern sowohl für Deutschland insgesamt (RRI = 1,17) als auch in Baden-Württemberg (RRI = 0,98). Demgegenüber zeigt sich für Bayern eine deutliche Unterrepräsentation von US-amerikanischen Schülern mit einem RRI von 0,52, während für Berlin mit einem RRI von 1,8 eine deutliche Überrepräsentation dieser Schüler an sonstigen weiterführenden Schulen zu konstatieren ist.

An Gymnasien sind US-amerikanische Schüler sowohl auf Bundesebene (RRI = 0,82), als auch in den Ländern unterrepräsentiert – wenn auch in unterschiedlichem Ausmaß. In Bayern und Baden-Württemberg fällt die Unterrepräsentation mit einem RRI von 0,84 bzw. 0,94 geringer aus als im Bundesdurchschnitt. Der deutlichste Unterschied ist für Berlin mit einem RRI von 0,19 festzustellen, da der Gymnasialbesuchsanteil für US-amerikanische Schüler weniger als ein Fünftel des Anteils von deutschen Schülern beträgt (7,6 vs. 39,4 %).

Insgesamt bleibt festzuhalten, dass US-amerikanische Schüler an Förderschulen und Gymnasien unterrepräsentiert sind, während sie tendenziell an Hauptschulen und an sonstigen weiterführenden Schulen überrepräsentiert sind.

2.2.20 Spanische Schüler

Im Jahr 1960 wurde zwischen Deutschland und Spanien ein Anwerbevertrag abgeschlossen (vgl. Oltmer 2010: 52). Der Anteil von Facharbeitern bzw. von beruflich Qualifizierten unter den angeworbenen Arbeitsmigranten war mit 7,7 % sehr gering (vgl. Thränhardt/Weiss 2012: 120; Sanchez Otero 2008: 203). Dies gilt selbst im Vergleich zu Arbeitsmigranten der anderen Anwerbestaaten (vgl. ebd.). Die spanischen Zuwanderer stammten „überwiegend aus den ärmsten Regionen Andalusien und Galizien" (Sanchez Otero 2008: 202). In den nachfolgenden Jahren kam es – insbesondere im Rahmen des Anwerbestopps im Jahr 1973 – zum Nachzug von Familienangehörigen (vgl. Oltmer 2010: 54). Spanische Zuwanderer artikulierten ihre Interessen und integrierten sich schnell (vgl. Thränhardt 1999: 36ff.; Thränhardt/Weiss 2012: 122). In Deutschland haben sie „konsequent ihr soziales und kulturelles Kapital ausgebaut" (Sanchez Otero 2008: 202). Hervorzuheben ist die besondere Rolle der – durch die spanische Katholische Mission unterstützten – spanischen Elternvereine (vgl. ebd.: 204ff.). Diese organisieren z. B. Hausaufgabenhilfen und muttersprachlichen Unterricht, dienen der Interessenvertretung und versuchen zudem die spanische Kultur zu vermitteln (vgl. ebd.). Ihr Ziel ist es, „zur Verbesserung der schulischen Situation der spanischen Kinder und Jugendlichen in Deutschland beizutragen" (ebd.: 206). Hierzu wurde auch mit spanischen und deutschen Behörden zusammengearbeitet (vgl. ebd.: 205f.).

Im Jahr 2010 leben 105.401 Personen mit spanischer Staatsangehörigkeit in Deutschland. Die durchschnittliche Aufenthaltsdauer ist mit 27,3 Jahren als relativ hoch anzusehen, für mehr als jeden Zweiten beträgt die Aufenthaltsdauer sogar mehr als 30 Jahre (Statistisches Bundesamt 2011c, eigene Berechnungen).

Die Bildungsbeteiligung der insgesamt 3.856 spanischen Schüler in Deutschland wird in Abbildung 2-42 veranschaulicht. Insgesamt besuchen 7,9 % der spanischen Schüler eine Förderschule. Sonstige weiterführende Schulformen werden zu 41,7 % besucht, während gut jeder Fünfte an eine Hauptschule und knapp jeder Dritte (29,6 %) an ein Gymnasium geht. Ein Vergleich der Förderschulbesuchsanteile auf Bundes- sowie auf Landesebene zeigt für Hessen und Nordrhein-Westfalen keine deutlichen Abweichungen im Vergleich zum Bundesdurchschnitt, lediglich in Baden-Württemberg ist mit 9,6 % ein etwas erhöhter Besuchsanteil festzustellen.

Abbildung 2-42: Bildungsbeteiligung spanischer Schüler an allgemeinbildenden Schulformen mit Schulangebot in der Sekundarstufe I im Ländervergleich (Schuljahr 2007/08)

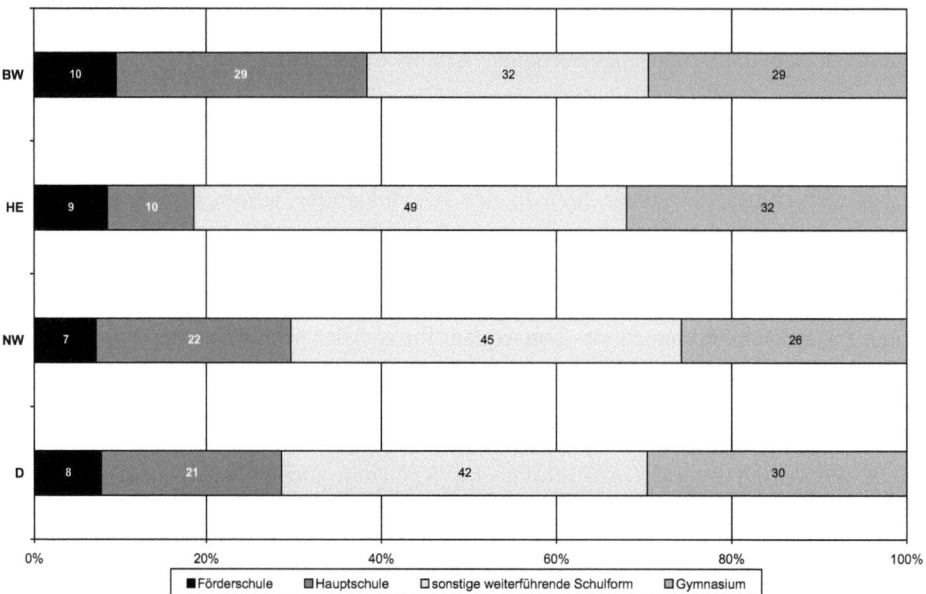

Hinsichtlich des Hauptschulbesuchs sind für Baden-Württemberg deutliche Abweichungen vom Bundesdurchschnitt (von 20,7 %) zu erkennen. In dem Bundesland fällt der Anteil für spanische Schüler mit 28,8 % höher aus, während der Anteil in Hessen mit 9,9 % lediglich weniger als die Hälfte des Bundesdurchschnitts beträgt.

Entsprechend weichen für spanische Schüler auch die Anteile im Besuch maximal der Schulform Hauptschule gegenüber den entsprechenden Anteilswerten auf Bundesebene ab. In Baden-Württemberg besuchen 38,3 % der spanischen Schüler entweder eine Förder- oder eine Hauptschule und somit erheblich häufiger als auf Bundesebene (28,6 %). Während sich der Besuchsanteil für spanische Schüler in NRW mit 29,8 % nur marginal von dem Anteilswert für Deutschland insgesamt unterscheidet, fällt der Anteil für spanische Schüler in Hessen mit 18,5 % deutlich geringer aus.

Insgesamt 41,7 % der spanischen Schüler in Deutschland besuchen eine sonstige weiterführende Schulform. Von diesem Anteilswert sind deutliche Abweichungen nur für spanische Schüler in Hessen und Baden-Württemberg mit 49,5 bzw. 32,2 % zu konstatieren. Somit gehen spanische Schüler in Hessen 1,54-mal so häufig an eine sonstige weiterführende Schule wie spanische Schüler in Baden-Württemberg.

Auf Bundesebene besuchen 29,6 % der spanischen Schüler ein Gymnasium. Auf Länderebene sind nur leichte Abweichungen vom Bundesdurchschnitt festzustellen, dies betrifft insbesondere Nordrhein-Westfalen und Hessen mit einem Gymnasialbesuchsanteil von 25,7 bzw. 32,0 %.

In Abbildung 2-43 zeigt sich, dass spanische Schüler im Vergleich zu ihren deutschen Mitschülern sowohl auf Bundesebene als auch in den dargestellten Ländern häufiger eine Förderschule besuchen. Das Förderschulbesuchsrisiko ist für spanische Schüler in Deutschland um das 1,27-Fache erhöht. Auf Landesebene sind Abweichungen vom RRI für Deutschland insgesamt zu konstatieren: In NRW besuchen spanische Schüler 1,19-mal so häufig wie deutsche Schüler eine Förderschule, in Hessen und Bayern gehen sie bereits 1,66- bzw. 1,69-mal so häufig wie deutsche Schüler an diese Schulform.

Abbildung 2-43: **RRIs spanische vs. deutsche Schüler**

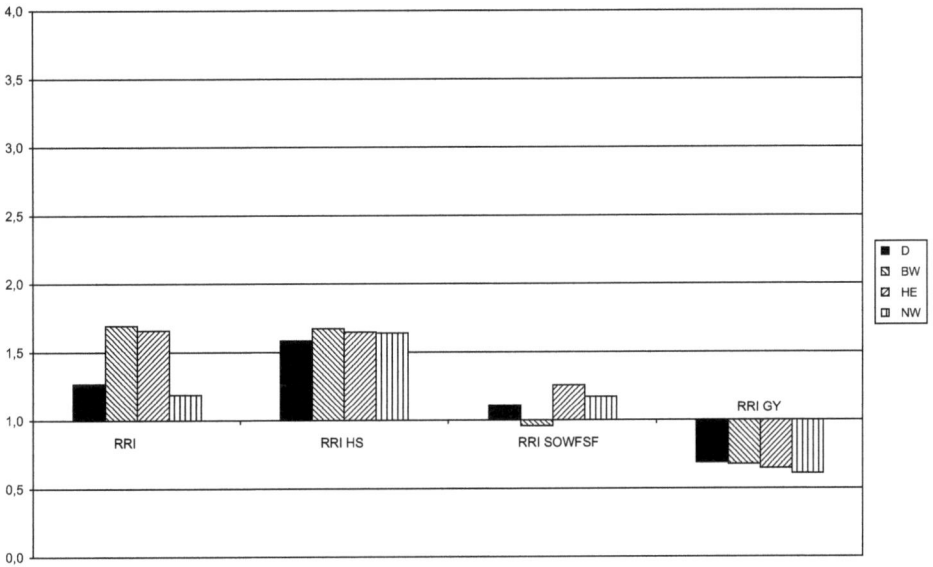

Der Besuch von Hauptschulen fällt für spanische Schüler im Vergleich zu deutschen Schülern überdurchschnittlich aus. Erstere besuchen im Bundesdurchschnitt 1,58-mal so häufig eine Hauptschule wie deutsche Schüler. Die dargestellten Landes-RRIs weichen nur geringfügig vom Indexwert für Deutschland insgesamt ab.

Auf Bundesebene besuchen spanische Schüler 1,11-mal so häufig sonstige weiterführende Schulform wie deutsche Schüler. Auf Landesebene fallen die RRIs für NRW und Hessen mit Indexwerten von 1,17 und 1,25 etwas höher aus. Nur in Baden-Württemberg besuchen weniger spanische als deutsche Schüler eine sonstige weiterführende Schulform, was durch einen RRI von 0,96 verdeutlicht wird.

Relativ einheitliche RRIs zeigen sich hinsichtlich des Gymnasialbesuchs, der für spanische Schüler erheblich geringer als für deutsche Schüler ausfällt. Auf der Bundesebene ergibt sich ein RRI von 0,69, da der Gymnasialbesuchsanteil von spanischen Schülern 29,6 %, der von deutschen Schülern hingegen 43,1 % beträgt. Auf Landesebene – d. h. für die Länder Baden-Württemberg, Hessen und NRW – variieren die RRIs zwischen 0,68 und 0,61.

Insgesamt bleibt eine Überrepräsentation von spanischen Schülern an Förderschulen und Hauptschulen sowie tendenziell auch an sonstigen weiterführenden Schulformen festzuhalten, während sie im Vergleich zu deutschen Schülern an Gymnasien unterrepräsentiert sind.

2.3 Relatives Risiko des Besuchs spezifischer Schulformen nach Staatsangehörigkeit im Vergleich

Die spezifischen Muster der RRIs nach Schulform und Staatsangehörigkeit sollen für Deutschland insgesamt herausgearbeitet und die bisher dargestellten Ergebnisse in Bezug zueinander gesetzt werden. Die in den vorherigen Abbildungen enthaltenen RRIs, die sich auf die Bundesebene beziehen, werden zu Vergleichszwecken erneut in Abbildung 2-44 (nach Staatsangehörigkeit und Schulform) dargestellt.

Abbildung 2-44: RRIs des Schulformbesuchs von Schülern nach Staatsangehörigkeit gegenüber deutschen Schülern (für Deutschland insgesamt)[79]

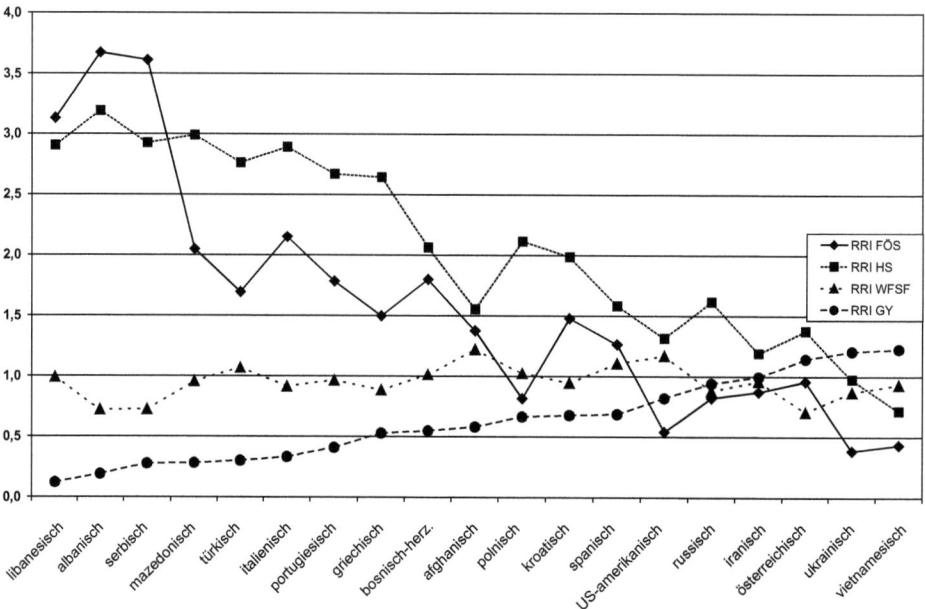

Unmittelbar zeigen sich die Unterschiede in den relativen Besuchsrisiken der einzelnen Schulformen nach Staatsangehörigkeit. Amerikanische, ukrainische und vietnamesische Schüler weisen an Förderschulen einen RRI von maximal 0,54 auf, d.h. sie besuchen diese Schulform nur etwa halb so oft wie deutsche Schüler. Polnische, russische, iranische und österreichische Schüler sind – im Vergleich zu deutschen Schülern – mit RRIs zwischen 0,82 und 0,96 an Förderschulen leicht bis minimal unterrepräsentiert. Um das bis zu 1,80-Fache erhöhte Förderschulbesuchsanteile weisen spanische, afghanische, kroatische, griechische, türkische, portugiesische und bosnisch-herzegowinische Schüler auf, während diese Anteile für mazedonische und italienische Schüler mit RRIs von 2,0 bzw. 2,2 mindestens doppelt so hoch wie für deutsche Schüler ausfallen. Die deutlichsten Unterschiede ergeben sich für libanesische, serbische und albanische Schüler, Schüler dieser Staatsangehörigkeiten besuchen mit

---

79 Die (gestrichelten) Verbindungslinien sollen allein der Visualisierung und einer besseren Vergleichbarkeit dienen – und nicht etwa einen Zusammenhang zwischen den verbundenen Indexwerten vermitteln.

RRIs zwischen 3,13 und 3,67 mehr als dreimal so häufig eine Förderschule wie deutsche Schüler.

Im Vergleich zu deutschen Schülern sind an Hauptschulen nur vietnamesische Schüler unterrepräsentiert (RRI = 0,72). Ein ausgeglichener RRI ist lediglich für ukrainische Schüler festzustellen. Iranische, amerikanische, österreichische, afghanische, spanische und russische Schüler besuchen Hauptschulen 1,19- bis 1,62-mal so häufig wie deutsche Schüler. Deutlich höhere RRIs zwischen 1,99 und 2,76 zeigen sich für kroatische, bosnisch-herzegowinische, polnische, griechische, portugiesische und türkische Schüler. Annähernd dreimal so häufig wie deutsche Schüler besuchen italienische, libanesische, serbische und mazedonische Schüler eine Hauptschule. Das Maximum wird von albanischen Schülern erreicht, die mehr als dreimal so oft eine Hauptschule besuchen wie deutsche Schüler (RRI = 3,19).

Für die Mehrzahl – d.h. 10 von 19 – der nichtdeutschen Staatsangehörigkeiten ist ein relativ ausgeglichener RRI im Besuch von sonstigen weiterführenden Schulformen zu konstatieren. Mit RRIs zwischen 1,11 und 1,22 sind an diesen Schulen spanische, US-amerikanische und afghanische Schüler leicht überrepräsentiert. Demgegenüber zeigen RRIs von 0,71 bis 0,88 für österreichische, albanische, serbische, ukrainische, russische und griechische Schüler Unterrepräsentationen an.

Große Unterschiede ergeben sich bei der Betrachtung der RRIs bezogen auf den Gymnasialbesuch: Während die Indexwerte für russische und iranische Schüler annähernd ausgeglichen ausfallen, sind leichte Überrepräsentationen mit RRIs zwischen 1,15 und 1,23 für österreichische, ukrainische und vietnamesische Schüler festzustellen. Erheblich seltener als deutsche Schüler besuchen griechische, bosnisch-herzegowinische, afghanische, polnische, kroatische, spanische und US-amerikanische Schüler ein Gymnasium – für sie ergeben sich RRIs zwischen 0,82 und 0,53. Noch deutlichere Unterschiede im Besuch von Gymnasien zeigen sich für portugiesische, italienische, türkische, mazedonische und serbische Schüler, deren RRIs zwischen 0,41 und 0,28 betragen. Ein Gymnasialbesuchsanteil, der weniger als ein Fünftel des Anteils von deutschen Schülern beträgt, ist für albanische Schüler mit einem RRI von 0,19 zu konstatieren. Der größte Unterschied zeigt sich für libanesische Schüler, deren Gymnasialbesuchsanteil nur etwa ein Achtel des Anteils von deutschen Schülern erreicht, was durch einen RRI von 0,12 verdeutlicht wird.

Für Deutschland insgesamt sollen weiter die drei stärksten Zusammenhänge in der Höhe der RRIs nach Staatsangehörigkeit herausgearbeitet werden, die zwischen den Schulformen bestehen. Wird nach Staatsangehörigkeit der Zusammenhang für das relative Risiko des Besuchs von Hauptschulen sowie für Gymnasien berechnet, so ergibt sich ein – paarweise gewichteter – Pearson'scher Korrelationskoeffizient von $r = -.959$ (ohne Abbildung). Dies bedeutet, dass je höher das Risiko eines Hauptschulbesuchs für Schüler einer nichtdeutschen Staatsangehörigkeit gegenüber deutschen Schülern ausfällt, umso geringer ist ihr Besuchsanteil von Gymnasien im Vergleich zum Anteil von deutschen Schülern (und vice versa: je geringer das Risiko des Hauptschulbesuchs für Schüler einer nichtdeutschen Staatsangehörigkeit, umso höher liegt ihr Gymnasialbesuchsanteil im Vergleich zu deutschen Schülern). Ein starker negativer Zusammenhang von $r = -.687$ zeigt sich auch zwischen dem Förderschul- und dem Gymnasialbesuchsanteil. Das gleiche gilt für die Korrelation zwischen dem Besuch von Förderschulen gegenüber dem von Hauptschulen mit r = .703.

Schulformübergreifend bleiben extreme RRIs für libanesische, albanische und serbische Schüler festzuhalten, da sie mehr als dreimal so häufig eine Förderschule und zugleich etwa dreimal so häufig Hauptschulen besuchen und nur sehr geringe RRIs im Gymnasialbesuch mit Indexwerten zwischen 0,12 und 0,28 aufweisen. Demgegenüber sind in etwa ausgeglichene RRIs mit Werten von ungefähr eins für österreichische, iranische und russische Schüler festzustellen. Besonders positive Befunde sind für ukrainische und vietnamesische Schüler auszumachen: Mit RRIs von maximal 0,43 sind sie an Förderschulen deutlich unterrepräsentiert. Zudem weisen nur diese beiden Staatsangehörigkeiten ausgeglichene bzw. sogar unterdurchschnittliche Hauptschulbesuchsquoten im Vergleich zu deutschen Schülern bei zugleich relativ ausgeglichenen RRIs im Besuch sonstiger weiterführender Schulformen und sogar erhöhten Gymnasialbesuchsanteilen auf. Alle weiteren dargestellten Staatsangehörigkeiten sind an Gymnasien unterrepräsentiert, die zugleich an sonstigen weiterführenden Schulen relativ ausgeglichene Indexwerte aufweisen und an Hauptschulen sowie zumeist auch an Förderschulen überrepräsentiert sind.

Auf Ebene der Länder variieren die Indexwerte nach Staatsangehörigkeit zumeist in unterschiedlichem Ausmaß um den auf Bundesebene erzielten RRI. Jedoch ist die Tendenz der Landes-RRIs mehrheitlich übereinstimmend zu derjenigen auf Bundesebene. D.h. die weit überwiegende Zahl der RRIs auf Landesebene fällt überrepräsentiert (bzw. ausgeglichen oder unterrepräsentiert) aus, sofern dies bereits für den RRI auf Bundesebene der Fall war. Nur in Einzelfällen zeigen sich deutliche und tendenzielle Abweichungen vom RRI auf Bundesebene (gemeint ist z.B. eine Überrepräsentation in einem Land anstelle einer Unterrepräsentation auf Bundesebene oder umgekehrt).

Daher werden abschließend die Extremwerte des Schulformbesuchs in den Ländern von Schülern mit nichtdeutscher im Vergleich zu Schülern mit deutscher Staatsangehörigkeit dargestellt. Hierzu werden die zuvor bereits nach Staatsangehörigkeit abgebildeten RRIs in einer Tabelle neu zusammengestellt – und zwar wird differenziert nach Schulform der jeweils niedrigste dem jeweils höchsten Landes-RRI gegenübergestellt (Tabelle 2-1). Die Länderbezeichnungen sind anhand der zuvor in diesem Kapitel berichteten RRI-Abbildungen nach der jeweiligen nichtdeutschen Staatsangehörigkeit der Schüler nachvollziehbar.

Tabelle 2-1: Minimal- und Maximalwerte der RRIs des Schulformbesuchs von Schülern nach Staatsangehörigkeit gegenüber deutschen Schülern in den Ländern

Staatsangehörigkeit	Förderschule		Hauptschule		sonstige weiterführende Schulform		Gymnasium	
	min	max	min	max	min	max	min	max
türkisch	0,9	2,5	2,3	3,7	0,6	1,6	0,2	0,5
italienisch	1,2	2,8	1,8	3,6	0,6	1,5	0,2	0,4
serbisch	1,3	7,9	2,0	4,4	0,3	1,3	0,2	0,5
griechisch	1,5	2,1	1,6	2,8	0,4	1,2	0,3	0,7
polnisch	0,2	1,9	1,8	3,1	0,7	1,3	0,5	0,8
russisch	0,5	1,7	1,3	2,4	0,6	1,0	0,7	1,1
albanisch	3,1	6,6	2,4	4,3	0,4	1,2	0,1	0,3
bosnisch	1,4	2,6	1,6	2,7	0,8	1,2	0,5	0,7
kroatisch	1,2	3,8	1,2	2,3	0,7	1,1	0,5	0,9
vietnamesisch	0,2	1,0	0,7	1,0	0,7	1,0	1,0	1,5
afghanisch	1,2	2,0	1,4	2,4	0,8	1,4	0,5	0,6
ukrainisch	0,4	0,8	0,7	1,5	0,6	0,9	1,0	1,3
portugiesisch	1,5	2,3	2,1	3,7	0,7	1,3	0,2	0,5
libanesisch	2,2	4,3	3,2	4,7	0,5	1,2	0,1	0,2
mazedonisch	2,4	2,9	2,3	4,0	0,6	1,0	0,2	0,3
iranisch	0,9	1,7	1,0	1,8	0,9	1,1	0,9	1,0
österreichisch	0,6	1,3	0,9	1,3	0,7	0,9	1,0	1,2
US-amerikanisch	0,1	1,0	0,3	1,9	0,5	1,8	0,2	0,9
spanisch	1,2	1,7	1,6	1,7	1,0	1,3	0,6	0,7

Es zeigt sich, dass eine erhebliche landesspezifische Variabilität hinsichtlich der RRIs bzw. des Schulformbesuchs von Schülern mit nichtdeutscher Staatsangehörigkeit im Vergleich zu deutschen Schülern besteht, wenn die Minima den Maxima der RRIs auf Landesebene gegenübergestellt werden. Dies soll am Beispiel des Förderschulbesuchs verdeutlicht werden: Albanische Schüler besuchen in Bayern 3,1-mal so häufig wie deutsche Schüler eine Förderschule, in Niedersachsen sind albanische Schüler sogar um das 6,6-Fache an dieser Schulform überrepräsentiert (vgl. hierzu auch Abbildung 2-19). Noch deutlichere Unterschiede zeigen sich für serbische Schüler, die in Hessen etwas häufiger als deutsche Schüler Förderschulen besuchen (RRI = 1,3), während sie in Niedersachsen beinahe achtmal so häufig an eine Förderschule gehen wie ihre deutschen Mitschüler (vgl. hierzu auch Abbildung 2-11).

Abschließend werden die landesspezifischen Varianzen des Schulformbesuchs nach Staatsangehörigkeit der Schüler exemplarisch für die Schulform Förderschule betrachtet (vgl. hierzu Anhang IX sowie die vorhergehenden RRI-Abbildungen nach Staatsangehörigkeit der Schüler). Für die darstellbaren Länder ergibt sich, dass für Schüler mehrerer Staatsangehörigkeiten das Risiko eines überrepräsentierten Förderschulbesuchs in dem Land Niedersachsen am höchsten ausfällt. Für Niedersachsen ist ein Landesvergleich anhand von insgesamt zwölf Staatsangehörigkeitsgruppen durchführbar. Es zeigt sich, dass in sieben Fällen Niedersachsen das Land mit den höchsten Überrepräsentationen von Schülern verschiedener nichtdeutscher Staatsangehörigkeiten an Förderschulen ist. Hiervon betroffen sind iranische, russische, griechische und türkische Schüler (mit RRIs zwischen 1,7 bis 2,5), noch stärker trifft dies auf kroatische (RRI = 3,8), albanische (6,6) und serbische (7,9) Schüler zu. Schüler dieser Staatsangehörigkeiten besuchen in Niedersachsen sowohl im Ländervergleich, als auch im Vergleich zum RRI für Deutschland insgesamt erheblich häufiger Förderschulen. Diese Ergebnisse belegen eine unterschiedlich starke separative Beschulung von Schülern verschiedener Staatsangehörigkeiten in den Ländern. Insbesondere die – auch im Ländervergleich – deutlich erhöhten Förderschulbesuchsrisiken für Schüler verschiedener Staatsangehörigkeiten in Niedersachsen können als ein Hinweis auf institutionelle Benachteiligung gewertet werden (vgl. hierzu Kapitel 1.3). Allerdings lassen sich die genauen Mechanismen oder Ursachen der institutionellen Benachteiligung anhand der verfügbaren Daten nicht näher bestimmen.

Insgesamt bleibt festzuhalten, dass sich die Bildungsbeteiligung für Schüler verschiedener Staatsangehörigkeiten (auf Bundes- sowie auf Landesebene) deutlich unterscheidet. Für die Schüler der meisten nichtdeutschen Staatsangehörigkeiten sind im Vergleich zu deutschen Schülern an Gymnasien Unterrepräsentationen, an Förder- und Hauptschulen hingegen Überrepräsentationen festzustellen. Zudem bestehen – wie zuletzt aufgezeigt – für Schüler derselben Staatsangehörigkeit im Vergleich zu deutschen Schülern z. T. erhebliche Unterschiede hinsichtlich der landesspezifischen Chancen bzw. Risiken, eine bestimmte Schulform zu besuchen.

2.4   Zusammenfassung

Alles in allem konnten erhebliche Disparitäten in der staatsangehörigkeitspezifischen Bildungsbeteiligung festgestellt werden. Die Mehrzahl der nichtdeutschen Staatsangehörigkeiten ist im Vergleich zu deutschen Schülern an Förder- und Hauptschulen überrepräsentiert und zugleich an Gymnasien unterrepräsentiert, während sonstige weiterführende Schulformen relativ ausgeglichen besucht werden. Die deutlichsten Benachteiligungen zeigten sich für libanesische, albanische und serbische Schüler, die an Förder- und Hauptschulen erheblich überrepräsentiert, an Gymnasien hingegen deutlich unterrepräsentiert sind. Hervorzuheben ist insbesondere die hohe Bildungsbeteiligung von ukrainischen und vietnamesischen Schülern, die Förderschulen – und zum Teil auch Hauptschulen – seltener als deutsche Schüler besuchen, demgegenüber sind sie an Gymnasien überrepräsentiert vertreten. Für Schüler derselben Staatsangehörigkeit bestehen zudem regionale Unterschiede in der Bildungsbeteiligung. Disparate Schulformbesuchsanteile ließen sich in unterschiedlichem Umfang (von geringen bis zu erheblichen Unterschieden) in Abhängigkeit von der Staatsangehörigkeit und dem Bundesland der besuchten Schule feststellen. Den Ergebnissen war gemein, dass die Bildungsbeteiligung in den Ländern in der Regel von derjenigen im Bundesdurchschnitt (z. T. deutlich) abweicht. Entsprechende Ergebnisse mögen in Teilen sicherlich auf zuwanderungshistorische Unterschiede zurückzuführen sein. Hier sind etwa regionale oder soziale bzw. sozio-ökonomische Besonderheiten von Zuwanderungsprozessen zu nennen – hierüber geben die verfügbaren Daten jedoch keine Auskunft. Zumindest scheint der anhand von Mikrozensusdaten im ersten Kapitel festgestellte sozio-ökonomische Status für die Bevölkerung im Schulalter differenziert nach

Staatsangehörigkeit allein nicht auszureichen, um die z. T. erheblichen staatsangehörigkeitsspezifischen Bildungsdisparitäten hinlänglich zu erklären. Denn beispielsweise bestehen nur geringe Unterschiede im HISEI für die Bevölkerung mit italienischer und vietnamesischer Staatsangehörigkeit im Schulalter, der Schulformbesuch unterscheidet sich demgegenüber jedoch erheblich zwischen Schülern dieser Staatsangehörigkeiten. Einen weiteren wichtigen Aspekt für die jeweiligen Bildungsergebnisse könnten Unterschiede in der regionalen Schulstruktur darstellen. Allerdings konnten auch nach der Berechnung von Relativen-Risiko-Indizes – die das Schulangebot in den Ländern berücksichtigen – zwischen den Ländern deutliche Disparitäten im Besuch bestimmter Schulformen für Schüler verschiedener nichtdeutscher Staatsangehörigkeiten im Vergleich zu deutschen Schülern festgestellt werden. Erstaunlich sind insbesondere die landesspezifischen Indexwerte im Besuch von Förderschulen, die teils erheblich variieren. Am deutlichsten zeigte sich dies für serbische Schüler, die in Niedersachsen einen RRI von 7,9 aufweisen, da in dem Land serbische Schüler zu 42,9 % eine Förderschule besuchen, während dies auf nur 5,4 % der deutschen Schüler zutrifft. Der niedrigste RRI von 1,3 war für serbische Schüler in Hessen zu beobachten. Hier waren es ‚nur‘ 7,0 % der serbischen Schüler, die an eine Förderschule gehen – im Vergleich zu 5,2 % der deutschen Schüler.

Anhand des Vergleichs der Förderschul-RRIs konnte eine unterschiedlich starke separative Beschulung von Schülern verschiedener nichtdeutscher Staatsangehörigkeiten im Vergleich zu deutschen Schülern aufgezeigt werden. Insbesondere die deutlich erhöhten RRIs für Niedersachsen lieferten Hinweise auf eine besondere institutionelle Benachteiligung von Schülern verschiedener Staatsangehörigkeiten in diesem Land.

Die amtlichen Schulstatistiken erwiesen sich sowohl hinsichtlich der Datenbasis als auch bezogen auf den hiermit einhergehenden Differenzierungsgrad nach der Staatsangehörigkeit von Schülern als vorteilhaft. Es zeigte sich deutlich, dass das Merkmal „ausländische Schüler insgesamt" auszudifferenzieren ist, da die Bildungsbeteiligung in Abhängigkeit von der Staatsangehörigkeit von Schülern sehr heterogen ausfällt. Zudem wurde deutlich, dass regionale Spezifika zu beachten sind, die eine Relevanz bezogen auf den Indikator Staatsangehörigkeit bzw. ‚ausländische Schüler insgesamt' besitzen. Denn zwischen den Regionen variiert die Zusammensetzung der nichtdeutschen Schüler nach Staatsangehörigkeit.[80]

Auch wenn die berichteten Ergebnisse zutreffend sind, ist kritisch einzuwenden, dass das selbstgewählte Fallzahlkriterium dazu führte, dass nur eine (wechselnde) Auswahl an Ländern hinsichtlich der Analyse von Bildungsdisparitäten von Schülern nach Staatsangehörigkeit berücksichtigt werden konnte. Denn mit der Entscheidung zugunsten robuster Ergebnisse geht ein fallzahlbedingt eingeschränkter Ländervergleich einher. Entsprechend können bestehende Bildungsdisparitäten für Länder mit niedrigen Fallzahlen von nichtdeutschen Schülern bzw. von Schülern bestimmter nichtdeutscher Staatsangehörigkeiten nicht aufgearbeitet werden. Dies betrifft insbesondere die einzelnen ostdeutschen Flächenländer.

---

80 Hier sei nur auf das Beispiel Sachsen verwiesen: Unter den nichtdeutschen Schülern sind vietnamesische Schüler die bedeutsamste Staatsangehörigkeitsgruppe. Vietnamesische Schüler weisen eine hohe Bildungsbeteiligung auf, ganz im Gegensatz zu den größten Staatsangehörigkeitsgruppen in den westdeutschen Ländern (vgl. hierzu insbesondere Kapitel 2.1 und Anhang VII).

Einschränkungen hinsichtlich der Analyse von Bildungsdisparitäten konnten auch bezogen auf die Daten der amtlichen Schulstatistik festgestellt werden. Obwohl es sich bei der ‚Staatsangehörigkeit' nur um *ein* Migrationsmerkmal handelt, das von der Schulstatistik erfasst wird, bestehen drei wesentliche Kritikpunkte an den verfügbaren Summendaten. Hier ist erstens zu nennen, dass das Land Baden-Württemberg keine Zahlen zum Förderschulbesuch von bestimmten Staatsangehörigkeiten erhebt. Dies spiegelt sich auch in den Zahlen des Statistischen Bundesamtes wider. Erschwerend kommt hinzu, dass dieses Defizit in den Statistiken nicht als solches benannt wird. D. h. es fehlen in den amtlichen Datensätzen entsprechende Kennzeichnungen oder Hinweise. Zweitens sind die schulstatistisch separat erfassten Staatsangehörigkeiten als nicht vollständig und z. T. als scheinbar willkürlich aggregiert anzusehen, zumindest ist kein eindeutiges Auswahlkriterium zu erkennen. Zwar werden vom Statistischen Bundesamt immerhin Informationen zu insgesamt 70 verschiedenen Staatsangehörigkeiten bereitgestellt. Allerdings werden selbst Staatsangehörigkeitsgruppen mit einer hohen – auch quantitativen – analytischen Relevanz nicht separat in den Statistiken ausgewiesen, exemplarisch seien Schüler mit chinesischer oder irakischer Staatsangehörigkeit genannt.[81] Hieraus folgt, dass die Übersicht über die Bildungssituation von Schülern nach der jeweiligen Staatsangehörigkeit unvollständig bleibt. Optimal wäre es, wenn durch das Statistische Bundesamt Schüler nach Staatsangehörigkeit zunächst differenziert erfasst würden. Selbst wenn für manche Staatsangehörigkeiten nur geringe Fallzahlen vorlägen, könnten für Publikationen oder im Rahmen von Datenanfragen von Nutzern Aggregierungen vorgenommen werden (z. B. nach historischen, geografischen oder anderen Kriterien), so dass die Zusammenfassung von Staatsangehörigkeiten inhaltlich sinnvoll erscheint.[82] Zudem ist die Anzahl der zu erfassenden Staatsangehörigkeiten endlich und überschaubar, zudem variiert diese im Zeitverlauf nur wenig. Eine differenzierte Erhebung wäre ein Fortschritt im Gegensatz z. B. zum bisher ausgewiesenen ‚Übrigen Asien', für das eine Fallzahl von 22.123 Schülern an Schulformen mit Sekundarstufen I-Angebot angegeben wird – hierunter werden u. a. Schüler mit chinesischer Staatsangehörigkeit subsumiert. Hiervon bleibt unbenommen, dass das Statistische Bundesamt die einzelnen Staatsangehörigkeiten um eigene Codierungen ergänzen kann, anhand derer bisherige – durch das Statistische Bundesamt vorgenommene – Aggregierungen nachvollzogen werden können. Die Ursache der vorgegebenen Aggregate ist darin zu suchen, dass die einzelnen Staatsangehörigkeiten vom Statistischen Bundesamt nicht umfänglich in den Ländern abgefragt werden. Z. T. weisen die sogenannten ‚Liefertabellen' oder Erhebungsprogramme vorstrukturierte (bzw. aggregierte) Staatsangehörigkeitsabfragen auf. Die Auswahl der Staatsangehörigkeiten wurde seit Jahren nicht mehr angepasst, sondern wird weiter fortgeschrieben. Auch bemerken Urban und Weiser zu Recht: „Grundsätzlich sind

---

81 Diese sind nach Zahlen des Ausländerzentralregisters zu den 25 häufigsten Staatsangehörigkeitsgruppen in Deutschland zu zählen (die chinesische Bevölkerung stellt die 20. häufigste, die irakische Bevölkerung die 21. häufigste Staatsangehörigkeitsgruppe dar; vgl. Statistisches Bundesamt 2011c, eigene Berechnung). Umgekehrt sind in der Schulstatistik weitere Staatsangehörigkeiten enthalten, die in der Bevölkerungsstatistik erheblich geringere Fallzahlen aufweisen, hier sind z. B. chilenische Staatsangehörige (Rang 71) zu nennen.

82 Allerdings ist es für die bisher fehlenden Staatsangehörigkeiten selbst dann, wenn eine bestmögliche Differenzierung in der Statistik erreicht werden sollte, nicht möglich, rückwirkende Analysen durchzuführen oder längere in die Vergangenheit reichende Zeitreihen zu bilden.

Statistiken in Deutschland der Länderhoheit zugeordnet" (Urban/Weiser 2006: 159). Entsprechend stellen die Statistiken auf Bundesebene immer eine Art Minimalkonsens zwischen den Ländern dar. Dies zeigt sich zum Dritten auch darin, dass vom Statistischen Bundesamt keine Statistiken bereitgestellt werden können, die weitergehend nach der Staatsangehörigkeit von Schulabgängern differenzieren (es wird lediglich zwischen deutschen und nichtdeutschen Abgängern ohne weitergehende Differenzierung nach der jeweiligen Staatsangehörigkeit unterschieden). Auch dies liegt darin begründet, dass einige Länder – wie z. B. NRW und Bayern – die Abgängerstatistiken nach Staatsangehörigkeit der Schüler ausdifferenzieren, andere hingegen nicht. Folglich ist es für Deutschland insgesamt nicht möglich, den Schulerfolg unter Berücksichtigung der genauen Staatsangehörigkeit von Schülern darzustellen. Vom Statistischen Bundesamt werden mangels Vollständigkeit auch keine Informationen für einzelne Länder bereitgestellt, die entsprechende Daten bereits erheben. Wünschenswert wäre auch, dass die aggregierten Summendaten vom Statistischen Bundesamt zumindest differenziert nach einzelnen Klassenstufen vorgehalten und geliefert werden könnten, so dass die Bildungsbeteiligung nach Staatsangehörigkeit für einzelne Klassenstufen oder anhand eigener Aggregierungen z. B. für die Klassenstufen 5 bis 9 untersucht werden könnten.

In den nachfolgenden Kapiteln wird in verschiedener Hinsicht an die bisher erzielten Ergebnisse angeknüpft. Im Jahr 2000 hat sich das Staatsangehörigkeitsrecht maßgeblich geändert. Daher wird in Kapitel 3 untersucht, inwiefern sich diese rechtlichen Änderungen auf das Staatsangehörigkeitsmerkmal in der amtlichen Schulstatistik auswirken. Die rechtlichen Änderungen könnten perspektivisch auch die schulstatistisch erfasste Bildungsbeteiligung von nichtdeutschen Schülern (insgesamt sowie differenziert nach genauer Staatsangehörigkeit) beeinflussen. Zudem wird geprüft, inwiefern weitere Merkmale, die bereits in einzelnen Ländern im Rahmen von schulischen Individualdatenstatistiken erhoben werden, zur (ergänzenden) Messung des Migrationshintergrundes von Schülern beitragen. In Kapitel 4 wird anhand von Individualdatenstatistiken exemplarisch für ein Bundesland sowohl die Bildungsbeteiligung als auch der Schulerfolg von Schülern mit Migrationshintergrund untersucht. Zudem werden die analytischen Potentiale (und mögliche weiterhin bestehende Limitationen) von Individualdatenstatistiken kritisch überprüft.

3. Auswirkungen des geänderten Staatsangehörigkeitsrechts auf die Zusammensetzung der Schülerschaft nach Staatsangehörigkeit in der Schulstatistik[83]

In dem vorhergehenden Kapitel wurde aufgezeigt, dass deutliche Disparitäten in der Bildungsbeteiligung von Schülern nach Staatsangehörigkeit bestehen. In diesem Kapitel wird insbesondere untersucht, inwiefern sich das ab dem Jahr 2000 geänderte Staatsangehörigkeitsrecht auf das Staatsangehörigkeitsmerkmal in der amtlichen Schulstatistik auswirkt. Auch wird geprüft, inwiefern weitere Migrationsmerkmale, die bereits in einzelnen Bundesländern im Rahmen der Schulstatistik erhoben werden, zur (ergänzenden) Messung des Migrationshintergrundes von Schülern beitragen. Zunächst werden die Änderungen des Staatsangehörigkeitsrechts dargestellt und die Hintergründe, die zu den Veränderungen führten, erläutert (3.1). Hieran schließt eine Übersicht zur Entwicklung der Anteile nichtdeutscher Grundschüler in Deutschland sowie in den Ländern in Zeitreihe an (3.2). Mehrere Bundesländer erheben mittlerweile Schülerindividualdaten. Ein Zugang zu diesen Daten konnte für Bayern, Hamburg, Hessen und Rheinland-Pfalz realisiert werden. Für diese Länder werden vertiefend die durch die geänderte Rechtslage bedingten Änderungen der staatsangehörigkeitsspezifischen Anteile unter Grundschülern nach Geburtsjahr betrachtet. Zudem wird analysiert, inwiefern sich die Zusammensetzung nach Staatsangehörigkeit innerhalb des Merkmals der nichtdeutschen Schüler insgesamt verändert (3.3). Hierdurch können Kompositionseffekte bestimmt (bzw. ausgeschlossen) werden, die entweder aus der spezifischen Staatsangehörigkeit oder aus dem jeweiligen Geburtsjahr resultieren. Letzteres ließe sich auf die seit dem Jahr 2000 geltenden Gesetzesänderungen zurückführen. Weiter wird überprüft, inwiefern die Messung des Migrationshintergrundes (bzw. ergänzender Migrationsmerkmale) nach KMK-Definition die durch das geänderte Staatsangehörigkeitsrecht in der Schulstatistik entstehenden Unzulänglichkeiten beheben kann (3.4). Ergänzt werden die Analysen um regionale Darstellungen der staatsangehörigkeitsrechtlichen Auswirkungen auf die amtliche Schulstatistik auf der Ebene der Kreise und kreisfreien Städte (3.5) sowie auf der einzelschulischen Ebene (3.6). Hierbei wird auch untersucht, inwiefern auf der jeweiligen Ebene (weiterhin) ein korrelativer Zusammenhang zwischen den Merkmalen der ‚nichtdeutschen Schüler insgesamt‘ und der ‚Schüler mit Migrationshintergrund‘ besteht.

---

83 Teile dieses Kapitels wurden bereits veröffentlicht in Kemper (2010), in Kemper und Weishaupt (2013), oder werden voraussichtlich veröffentlicht in Kemper (im Erscheinen).

3.1 Hintergrund: Veränderung des Staatsangehörigkeitsrechts in Deutschland

In Deutschland hatte das aus dem Jahr 1913 stammende und sogenannte ‚Reichs- und Staatsangehörigkeitsgesetz' (RuStAG) in seinen Grundzügen bis Ende der 1990er Jahre Bestand (vgl. z. B. Schulte 2006: 40f.; Storz/Wilmes 2007; Münch 2007; Tsapanos 2001: 312). Gemäß den Koalitionsvereinbarungen zwischen SPD und Bündnis 90/Die Grünen, die nach den Bundestagswahlen im Jahr 1998 die neu gewählte Regierung stellten, war eine Reform des Staatsangehörigkeitsrechtes und eine Umbenennung in ‚Staatsangehörigkeitsgesetz' beabsichtigt (vgl. Schneider 2010: 164). Die geplante Reform sah vor, in Deutschland geborenen Kindern der zweiten Generation den Erwerb der deutschen Staatsangehörigkeit unter Beibehaltung der bisherigen Staatsangehörigkeit(en) zu erleichtern (vgl. ebd.). Aufgrund eines „unerwarteten Wahlsieg[es] von CDU und FDP bei der Landtagswahl in Hessen im Februar 1999" (ebd.), der u. a. auf der Unterschriftenkampagne der hessischen CDU gegen den ‚Doppelpass' gründete, verfügten SPD und Bündnis 90/Die Grünen aufgrund der neuen Stimmenverhältnisse im Bundesrat nicht mehr über die erforderliche Mehrheit zur Änderung des Gesetzes (vgl. ebd.).[84] Dies führte dazu, dass die Regierungsparteien mit der FDP einen Kompromiss eingingen – bzw. eingehen mussten –, woraus das modifizierte Optionsmodell resultierte (vgl. ebd.). Das Optionsmodell wurde im März 1999 vom Bundestag und im Mai 1999 vom Bundesrat beschlossen (vgl. ebd.)[85]. Die Optionsregelung soll nachfolgend in seinen Grundrissen beschrieben werden.

Durch eine Rechtsreform ist das geänderte Staatsangehörigkeitsgesetz (StAG) am 1. Januar 2000 in Kraft getreten. Mit § 4 StAG ist neben dem bislang in Deutschland dominierenden Abstammungsprinzip (ius sanguinis[86]) eine Regelung eingeführt worden, die dem Territorial- bzw. Geburtsortsprinzip (ius soli[87]) entspricht. Seit 2000 erhalten in Deutschland geborene Kinder nichtdeutscher Eltern zusätzlich zur Staatsangehörigkeit ihrer Eltern die deutsche Staatsangehörigkeit, sofern nach § 4 Abs. 3 StAG mindestens ein Elternteil seit acht Jahren gewöhnlich und rechtmäßig in Deutschland lebt und ein unbefristetes Aufenthaltsrecht besitzt (vgl. auch BBMFI 2005, 2008; Schulte 2006: 40ff.; Schneider 2010: 165). Wenn nach Prüfung durch Standesbeamte und Ausländerbehörde die Voraussetzungen vorliegen, wird dem Kind automatisch die deutsche Staatsangehörigkeit zusätzlich verliehen, d. h. es muss kein separater Einbürgerungsantrag gestellt werden (vgl. Wiedemann 2005: 150ff.).

---

84 Der grundlegende politische Konflikt spiegelt sich auch in den sich diametral entgegenstehenden Philosophien wider, dass für die CDU Einbürgerung das Ergebnis von Integration sei bzw. bestimmte Integrationsleistung von Zuwanderern voraussetze; für SPD und Bündnis 90/Die Grünen ermöglicht die Einbürgerung erst eine uneingeschränkte Eingliederung in die Gesellschaft (vgl. Schneider 2010: 130; Steinhardt 2007: 544; Uslucan 2012).

85 Weitere Hintergründe und eine vertiefende Darstellung zur Historie des geänderten Staatsangehörigkeitsrechts bieten z. B. Schneider (2010), Münch (2007) sowie Wiedemann (2005).

86 Auch Jus Sanguinis; lateinisch für ‚Recht des Blutes'; oder „Blutsverwandtschaft", wie es Weil (2001: 92) formuliert: „Die Staatsbürgerschaft ist Folge der Staatsangehörigkeit eines Elternteils oder weiter entfernter Vorfahren" (ebd.).

87 Auch Jus Soli; lateinisch für ‚Recht des Bodens'; z. T. auch bezeichnet als ‚Geburtsortsrecht' (z. B. BBMFI 2005: 340). Weil (2001) formuliert allgemeiner: „die Tatsache, in einem Gebiet geboren zu sein, über das der Staat herrscht, geherrscht hat, oder seine Hoheit ausdehnen möchte" (ebd.: 92).

Eingeschränkt wird dieses Recht auf die deutsche Staatsangehörigkeit durch die – politisch z. T. auch weiterhin umstrittene – sogenannte ‚Optionsregelung'. D. h. ‚ius soli-Jugendliche' müssen sich zwischen dem 18. und dem 23. Lebensjahr für eine der Staatsangehörigkeiten entscheiden (§ 29 StAG). Wird entsprechend der Optionspflicht keine Entscheidung getroffen, geht die deutsche Staatsangehörigkeit mit Vollendung des 23. Lebensjahres nach § 29 StAG verloren (vgl. auch BBMFI 2008: 12ff.). Trotz des seit 2000 geltenden Mischsystems zwischen Abstammungs- und Bodenrecht ist der Grundgedanke, „das Entstehen von Mehrstaatigkeit nach Möglichkeit zu vermeiden" (BBMFI 2008: 29), im Wesentlichen erhalten geblieben (vgl. auch BBMFI 2005: 348; BMI 2009: 17). Daher wird nach der Optionsregelung die Entscheidung für eine Staatsangehörigkeit eingefordert (vgl. Schulte 2006: 40).[88]

In der (Schul-)Statistik, die bisher lediglich die Staatsangehörigkeit[89] berücksichtigt, werden Schüler mit einer doppelten Staatsangehörigkeit als deutsche Schüler erfasst und ausgewiesen, wie es die Definition des Statistischen Bundesamtes veranschaulicht: „Deutsche, die zugleich eine fremde Staatsangehörigkeit besitzen, zählen nicht zur ausländischen Bevölkerung" (Statistisches Bundesamt 2011c: 5). Dieser Definition folgt auch die amtliche Schulstatistik. Da bedingt durch die staatsangehörigkeitsrechtlichen Änderungen vermehrt die deutsche ergänzend zu einer nichtdeutschen Staatsangehörigkeit (temporär) verliehen wird, sind erhebliche statistische Verzerrungen und z. B. Rückgänge im Nichtdeutschenanteil insgesamt zu erwarten. Wie dargestellt, wirken sich die durch das sogenannte ‚Optionsmodell' bedingten rechtlichen Veränderungen bislang überwiegend auf die seit dem Jahr 2000 geborenen Schüler aus.

Allerdings wurde im StAG eine Übergangsregelung für die im Zeitraum von 1990 bis 1999 Geborenen verankert. „Für Kinder ausländischer Eltern, die vor dem Inkrafttreten des Gesetzes in Deutschland geboren wurden und welche die entsprechenden Voraussetzungen erfüllen, wurde eine einjährige Übergangsfrist geschaffen" (Steinhardt 2007: 544). Auf Antrag bestand die Möglichkeit der Inanspruchnahme der Optionsregelung auch für die vor dem 1.1.2000 geborenen Kinder, deren Eltern Nichtdeutsche sind (§ 40b StAG). Dies jedoch nur, sofern das Kind bis zum 1.1.2000 das zehnte Lebensjahr noch nicht vollendet hat (§ 40b StAG) und die Bedingungen des § 4 Abs. 3 StAG erfüllt sind. Die Antragstellung im Rahmen der Übergangsregelung war lediglich auf ein Jahr befristet und bis spätestens zum 31.12.2000 möglich (§ 40b StAG; vgl. auch BBMFI 2005: 338). Wurde ein Antrag nicht bzw. später gestellt, oder liegt

---

88 Kritisch ist jedoch anzumerken, dass häufige Ausnahmen von der Regel bzw. dem Grundgedanken bestehen, da beispielsweise Kinder mit einem deutschen und einem nichtdeutschen Elternteil nach dem Abstammungsprinzip „[…] – abhängig von dem Staatsangehörigkeitsrecht des anderen Staates – zugleich mit der Geburt die ausländische(n) Staatsangehörigkeit(en) seiner Eltern" erhalten (BBMFI 2008: 47). Auch für Kinder und Jugendliche, die sich nach der Optionspflicht für eine Staatsangehörigkeit entscheiden müssten, gelten „Ausnahmen, wenn es z. B. nicht möglich oder unzumutbar ist, die ausländische Staatsangehörigkeit abzulegen" (ebd.); hierfür ist jedoch zusätzlich eine Beantragung einer Beibehaltungsgenehmigung erforderlich (vgl. Storz/Wilmes 2007).

89 Dem Begriff der ‚Staatsangehörigkeit' wird im Rahmen dieser Arbeit in Anlehnung an Münch (2007) gegenüber dem Terminus ‚Staatsbürgerschaft' der Vorzug gegeben. Dies insbesondere, da sich neben „historischen Belastungen" (Münch 2007: 18) des Begriffs ‚Staatsbürgerschaft' in der Zeit des Nationalsozialismus sowie auch der DDR weitere inhaltliche Ungenauigkeiten der ‚Staatsbürgerschaft' zeigen und Gesetzestexte – wie auch amtliche Statistiken – fast ausschließlich den Begriff ‚Staatsangehörigkeit' verwenden (vgl. ebd.: 17f.).

das Alter des Kindes über den gesetzlichen Angaben, dann „gelten die ganz normalen Voraussetzungen für eine Einbürgerung" (BBMFI 2008: 15). Hailbronner, Renner und Maaßen (2010) resümieren, dass „die Übergangsregelung [...] jedoch nicht die erhoffte Resonanz gefunden" habe (Hailbronner/Renner/Maaßen 2010: Grundlagen B Rn. 38)[90]. „Die Zahl der nach § 40b StAG anspruchsberechtigten [...] [ausländischen] Kinder wurde auf ca. 300.000 bis 350.000 geschätzt" (ebd.), von denen entsprechend der Übergangsregelung nur 43.490 eingebürgert wurden (vgl. ebd.). D. h. basierend auf diesen (z. T. geschätzten) Zahlen wurden in den Jahren 2000 bis 2001 lediglich zwischen 12,4 bis 14,5 % der nach der Übergangsregelung anspruchsberechtigten Kinder im Rahmen der Optionsregelung (temporär) eingebürgert[91]. Dieser quantitativ eher geringe Umfang erscheint auch deshalb plausibel, da die Regelung für Eltern von Kindern, die bis zum Ende des Jahres 1999 geboren wurden, optional war. Zudem kann der damalige Bekanntheitsgrad der Übergangsregelung in der Öffentlichkeit und insbesondere unter den von der Übergangsfrist Betroffenen als eher gering eingeschätzt werden – zudem war die Übergangsregelung nur auf ein Jahr befristet.[92]

Aus den Änderungen im Staatsangehörigkeitsrecht lassen sich mehrere Erwartungen hinsichtlich der Veränderung des Nichtdeutschenanteils in der Schulstatistik ableiten. Hätte das Staatsangehörigkeitsrecht keine Veränderung erfahren, wäre – ausgehend von der demografischen Bevölkerungsentwicklung – ein steigender Anteil nichtdeutscher Schüler und von Schülern mit Migrationshintergrund insbesondere an Grundschulen zu erwarten (vgl. hierzu z. B. Geißler/Weber-Menges 2008; Autorengruppe Bildungsberichterstattung 2010: 19; Gresch/Kristen 2011: 216f.). Durch das neue Staatsangehörigkeitsrecht treten die Veränderungen insbesondere für die ab dem 1.1.2000 Geborenen in Kraft, weswegen anzunehmen ist, dass der Anteil der Grundschüler ohne deutschen Pass spätestens ab dem Jahr 2006 (bzw. Schuljahr 2006/07) und in den Folgejahren deutlich sinkt, da dann die Mehrheit der ersten Geburtskohorte der ab dem Jahr 2000 Geborenen in die Grundschule eintritt. Wenn diese Kohorte die Grundschule durchlaufen hat, ist mit einer Stabilisierung des Anteils nichtdeutscher Grundschüler auf deutlich niedrigerem Niveau zu rechnen.

Erste empirische Ergebnisse weisen darauf hin, dass die Optionsregelung in einem erheblichen quantitativen Umfang unter Neugeborenen angewandt wird, da annähernd jedes zweite in den Jahren 2000 bis 2003 geborene Kind ausländischer Eltern einen (zusätzlichen) deutschen Pass erhielt (vgl. BBMFI 2005: 339; Halbhuber 2005: 71;

---

90 Rn. = Randnummer.

91 Selbst die etwas höheren Zahlen von insgesamt knapp 49.000 nach der Übergangsregelung Eingebürgerten (Wiedemann 2005: 105, 154), führen lediglich zu geschätzten Anteilen, die zwischen 13,9 und 16,2 % betragen.

92 Von Hailbronner, Renner und Maaßen werden als weitere Ursachen für die geringe Inanspruchnahme der Übergangsregelung „die Höhe der Einbürgerungsgebühr von DM 500, die Kompliziertheit des Optionsmodells, das Problem der unterschiedlichen [...] [Staatsangehörigkeiten] innerhalb der Familie [...] [und] die Unkenntnis der gesetzlichen Lage vermutet" (Hailbronner/Renner/Maaßen 2010: Grundlagen B Rn. 38). Weiter führen sie aus, dass ein Gesetzesentwurf der damaligen Bundesregierung zur Verlängerung der Übergangsfrist um weitere zwei Jahre – d. h. bis zum 31.12.2002 – vom Bundesrat abgelehnt wurde (vgl. ebd.; hierzu auch Wiedemann 2005: 94ff.). Tsapanos ergänzt, dass möglicherweise „Fehl- und Desinformation" (Tsapanos 2001: 320) durch Teile von Politik und Medien unter Zuwanderern zu dem Eindruck geführt haben, dass sich im Staatsangehörigkeitsrecht nur wenig verändert habe (vgl. ebd.: 319f.), woraus sich u. a. eine geringe Resonanz auf die Übergangsregelung ableiten ließe.

vgl. auch Ulrich 1999: 2). Für Berlin lag der Anteil der ‚Optionskinder' für die in den Jahren 2000 bis 2007 Geborenen bei etwa 50 % und z. T. sogar darüber (vgl. Bömermann/Rehkämper/Rockmann 2008: 21). Jedoch könnte der noch zu untersuchende Effekt des Rückgangs der Nichtdeutschenanteile an Grundschulen ab dem Schuljahr 2006/07 aus zwei Gründen abgeschwächt werden. Zum einen durch die Übergangsregelung, wonach sich eine leichte Verwischung des Rückgangs im Ausländeranteil nach Geburtsjahr ergeben könnte, indem der Nichtdeutschenanteil in abgeschwächter Form auch unter den vor 1999 geborenen Schülern zurückging. Dies dürfte sich – wie gezeigt – nur begrenzt in der Statistik niederschlagen, da die ab 2000 Geborenen von den Gesetzesänderungen vollständig erfasst werden, während dies für die bis 1999 Geborenen nur optional möglich war und die Inanspruchnahme der Optionsregelung nur in quantitativ geringem Umfang beantragt wurde. Auf eine weitere potentielle Abschwächung sei hingewiesen, da Kalenderjahre und Schuljahre nicht übereinstimmen. Hierdurch ist von einer leichten Reduktion des Effektes der Optionsregelung – z. B. für das Schuljahr 2005/06 – auszugehen, auch da Schüler je nach Bundesland bereits vor dem sechsten Geburtsjahr eingeschult werden bzw. zumindest auf Antrag vorzeitig eingeschult werden können (vgl. Autorengruppe Bildungsberichterstattung 2012, Kapitel C5). Trotzdem ist aufgrund der gesetzlichen Regelungen, die für die Grundgesamtheit der ab dem 1.1.2000 Geborenen Geltung besitzen, mit dem deutlichsten Rückgang des Anteils nichtdeutscher Grundschüler für das Jahr 2006 (bzw. Schuljahr 2006/07) und die Folgejahre zu rechnen. Ausgehend von dem Alter der Kinder sind bislang vor allem Auswirkungen der gesetzlichen Änderungen auf die Grundschulstatistiken zu erwarten, was nachfolgend zu untersuchen sein wird.

3.2 Zeitreihenanalytische Darstellung der Anteile nichtdeutscher Grundschüler in Deutschland und in den Bundesländern

Ob und in welchem Umfang sich der Anteil nichtdeutscher Grundschüler innerhalb des Zeitraums von 1995 bis 2012 verändert hat, wird nachfolgend untersucht. In Abbildung 3-1 ist zeitreihenanalytisch die Entwicklung dieses Anteils im Zeitverlauf für Deutschland insgesamt sowie separat für die westdeutschen und für die ostdeutschen Länder (inklusive Berlin) dargestellt.

Abbildung 3-1: Anteil nichtdeutscher Grundschüler 1995 bis 2012 (bzw. der Schuljahre 1995/96 bis 2012/13) in % für Deutschland insgesamt sowie für die west- und die ostdeutschen Bundesländer (inklusive Berlin)

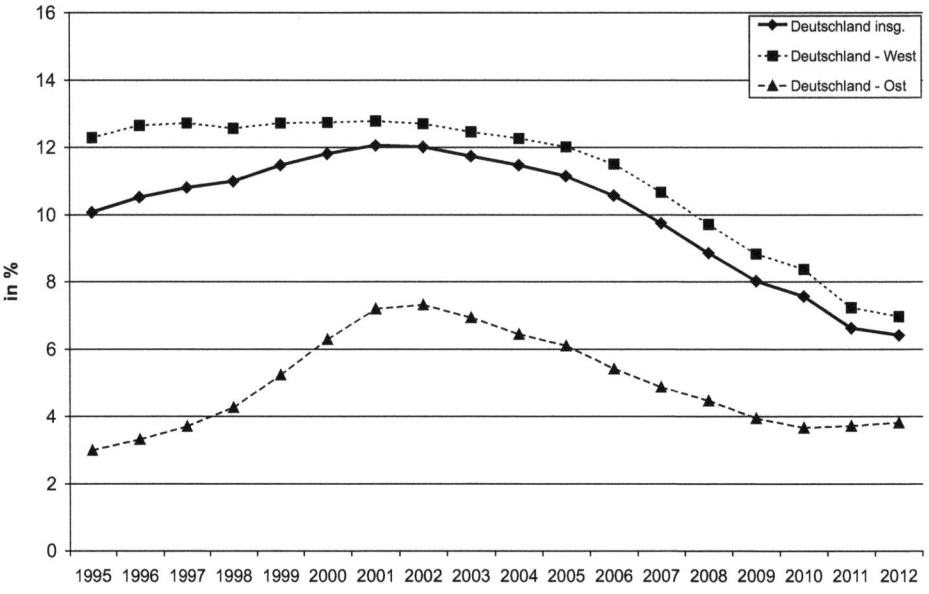

Quelle: Statistisches Bundesamt, Fachserie 11, Reihe 1, Schuljahre 1995/96 bis 2012/13, eigene Berechnung.

Für die Bundesrepublik Deutschland zeigt sich seit Mitte der 1990er Jahre ein stetiger Anstieg des Anteils nichtdeutscher Grundschüler bis zur Jahrtausendwende. Bis zum Jahr 2001 steigt der Anteil auf 12,1 % an. Ab 2002 ist ein leichter Rückgang des Nichtdeutschenanteils um jährlich 0,3 Prozentpunkte bis auf 11,2 % in 2005 zu erkennen. Für die Jahre ab 2006 lässt sich ein deutlicher Rückgang der Nichtdeutschenanteile an Grundschulen konstatieren, der Anteil sinkt im Vergleich zum Vorjahr um 0,6 Prozentpunkte in 2006, bzw. um 0,8 bis 0,9 Prozentpunkte in den Jahren 2007 bis 2009. Nachdem die erste Geburtskohorte der ab 2000-Geborenen die Grundschule durchlaufen hat, verlangsamt sich der Rückgang des Nichtdeutschenanteils. Dies macht sich insbesondere für 2012 bemerkbar, im Vergleich zum Vorjahr ist nur noch ein Rückgang um 0,2 Prozentpunkte festzustellen. Zwischen 2001 und 2012 sinkt der Anteil nichtdeutscher Grundschüler von 12,1 auf 6,4 % und somit um annähernd die Hälfte.

In dem Rückgang der Nichtdeutschenanteile spiegeln sich somit deutlich die Auswirkungen des geänderten Staatsangehörigkeitsrechts wider. Dies wirkt sich insbesondere auf die seit dem 1.1.2000 Geborenen aus, da die ab dem Jahr 2006 neu eingeschulten Grundschüler zu einem Großteil den Geburtsjahreskohorten der ab 2000 Geborenen angehören, auf die sich die rechtlichen Änderungen annähernd vollständig auswirken. Entsprechend sinken die Nichtdeutschenanteile in den Jahren ab 2006 stetig, bevor sich diese auf einem niedrigen Niveau wieder zu stabilisieren scheinen, da dann die Gesamtheit der Grundschüler Geburtskohorten angehört, auf die sich das neue Staatsangehörigkeitsrecht vollständig auswirkt.

Die leichten Anteilsrückgänge bereits zwischen den Jahren 2000 und 2005 sind wahrscheinlich auf die Inanspruchnahme der Übergangsregelung, wie auch auf die erleichterte (Mit-)Einbürgerung durch das geänderte StAG zurückzuführen. Für eine Miteinbürgerung von Kindern unter 16 Jahren wird seit 2000 nur noch ein mindestens dreijähriger Aufenthalt vorausgesetzt, während für Kinder unter 6 Jahren eine Mindestaufenthaltsdauer von der Hälfte des Lebensalters zu nennen ist (vgl. BBMFI 2008: 36f.; BMI 2009: 22).

Aufgrund der seit langem bekannten sozialstrukturellen Unterschiede – auch und insbesondere – hinsichtlich des Ausländeranteils (vgl. z. B. Geißler, R. 2011: 232) wird weiter zwischen den ost- und den westdeutschen Ländern unterschieden. Wie in der Abbildung ersichtlich, ergibt sich insbesondere für die ostdeutschen Länder eine von dem Bundesdurchschnitt abweichende Zeitreihe. Der Anteil nichtdeutscher Grundschüler weist für alle dargestellten Jahre ein deutlich niedrigeres Niveau im Vergleich zum Bundesdurchschnitt und zu den westdeutschen Ländern auf. Im Jahr 1995 haben in den ostdeutschen Ländern nur 3 % der Grundschüler einen ausländischen Pass. Von 1995 bis 2001 ist eine deutliche Zunahme des Anteils nichtdeutscher Grundschüler um jährlich 0,3 bis 1,1 Prozentpunkte zu erkennen. Der von einem relativ geringen Niveau des Nichtdeutschenanteils unter Grundschülern ausgehende starke Anstieg lässt sich auf die Wiedervereinigung und die hiermit einhergehenden vereinfachten Zuzugsmöglichkeiten von Migranten durch die ab den 1990er Jahren geöffneten Grenzen zurückführen. Im Jahr 2002 erreicht der Anteil nichtdeutscher Grundschüler ein Maximum von 7,3 %. Von 2003 bis 2005 reduziert sich der Nichtdeutschenanteil um 0,3 bis 0,5 Prozentpunkte gegenüber dem Vorjahr, bis 2009 folgt ein sich weiter verstärkender Rückgang der Anteile nichtdeutscher Grundschüler um zwischen 0,4 und 0,7 Prozentpunkte. Anschließend (2010) schwächt sich der Anteilsrückgang ab bevor er sich auf niedrigem Niveau stabilisiert oder sogar wieder leicht zunimmt. Im Vergleich zum Maximum von 7,3 % in 2002 sinkt der Nichtdeutschenanteil unter Grundschülern auf 3,8 % in 2012 und geht somit auf gut die Hälfte zurück. Dies entspricht in etwa dem Anteilsniveau Mitte der 1990er Jahre.

Zu Beginn der Zeitreihe ist für die westdeutschen Bundesländer (ohne Berlin) von 1995 bis 1996 ein leichter Anstieg des Nichtdeutschenanteils auf 12,7 % zu erkennen, in den Folgejahren bis 2001 bleibt dieser Anteil annähernd unverändert. Im Vergleich zum Vorjahr sinkt der Anteilswert für die Jahre 2002 bis 2005 um jeweils 0,1 bis 0,2 Prozentpunkte. Für das Jahr 2006 und die Folgejahre verstärkt sich der Rückgang des Nichtdeutschenanteils im Vergleich zum Vorjahr erheblich, der Rückgang beträgt zwischen 0,5 bis zu 1,1 Prozentpunkte pro Jahr. Für das Jahr 2012 ist ein deutlich geringerer Anteilsrückgang um 0,3 Prozentpunkte zu erkennen. Zwischen den Extremwerten des Anteilsmaximums in 2001 und des Minimums in 2012 reduziert sich der Anteil nichtdeutscher Grundschüler um knapp die Hälfte. Für die Jahre ab 2001 fällt ein in etwa paralleler Verlauf des Nichtdeutschenanteils von Grundschülern in den westdeutschen Ländern im Vergleich zu dem Anteil für Deutschland insgesamt auf – der westdeutsche Anteil verläuft jedoch auf einem etwas höheren Niveau, der Anteil liegt jeweils um etwa 0,6 bis 0,9 Prozentpunkte über dem Bundesdurchschnitt. Der annähernd parallele Anteilsverlauf resultiert insbesondere aus dem hohen Anteil an nichtdeutschen Grundschülern, die in den westdeutschen Bundesländern eine Grundschule besuchen; denn in allen Jahren entfallen mindestens 90 % der nichtdeutschen Grundschüler in Gesamtdeutschland auf die westdeutschen Länder (eigene Berechnung, ohne Abbildung). Eine ähnlicher Verlauf resultiert auch daraus, dass sich sowohl in den ost- als auch in den westdeutschen Ländern der Anteil nichtdeutscher Grundschüler für die Jahre nach 2002 bis 2010 in dieselbe Richtung entwickelt und stetig sinkt (bis 2001 führte der Anstieg nichtdeutscher Grundschüler in den ostdeutschen Ländern auch für Gesamtdeutschland zu steigenden Nichtdeutschenanteilen, entgegen den stagnierenden Anteilswerten in Westdeutschland). Aufgrund des leichten Anteilsanstiegs ab 2011 ist für die ostdeutschen Länder jedoch eine von den westdeutschen Ländern verschiedene Entwicklung zu konstatieren.

Insgesamt zeigt sich – bedingt durch die staatsangehörigkeitsrechtlichen Änderungen – ein deutlicher Rückgang der Anteile nichtdeutscher Grundschüler insbesondere für das Jahr 2006 und die Folgejahre. Verglichen mit den höchsten Anteilen nichtdeutscher Schüler, die in den Jahren 2001 bzw. 2002 erreicht wurden, hat sich der Anteil nichtdeutscher Grundschüler bis 2012 auf gut die Hälfte reduziert. Für Deutschland insgesamt bleibt ein Rückgang des Nichtdeutschenanteils um 47 %, für die westdeutschen Länder um 45 % und für die ostdeutschen Länder um 48 % festzuhalten.

Inwiefern sich die Entwicklungen zwischen den einzelnen Ländern sowie im Vergleich zum Bundesdurchschnitt unterscheiden, wird nachfolgend untersucht. In einer Zeitreihe werden die Anteile nichtdeutscher Grundschüler für die westdeutschen Bundesländer und für Berlin dargestellt. Die ostdeutschen Flächenländer werden ebenfalls in die Untersuchung mit einbezogen. Aufgrund niedriger Fallzahlen werden diese jedoch zusammengefasst als ,ostdeutsche Bundesländer insgesamt' (ohne Berlin) betrachtet.

Die Länderentwicklungen werden in zwei Abbildungen dargestellt, um die Ergebnisse besser veranschaulichen zu können. Abbildung 3-2 beinhaltet diejenigen Länder, die im Jahr 1995 mit Anteilen von mindestens 14 % einen überdurchschnittlichen Anteil an nichtdeutschen Grundschülern aufweisen. Demgegenüber veranschaulicht Abbildung 3-3 die Entwicklungen des Nichtdeutschenanteils in Ländern mit unterdurchschnittlichen Anteilswerten.

Abbildung 3-2: Anteil nichtdeutscher Grundschüler 1995 bis 2012 (bzw. der Schuljahre 1995/96 bis 2012/13) in %, Teil 1 (für die sechs Bundesländer mit den höchsten Nichtdeutschenanteilen in 1995)

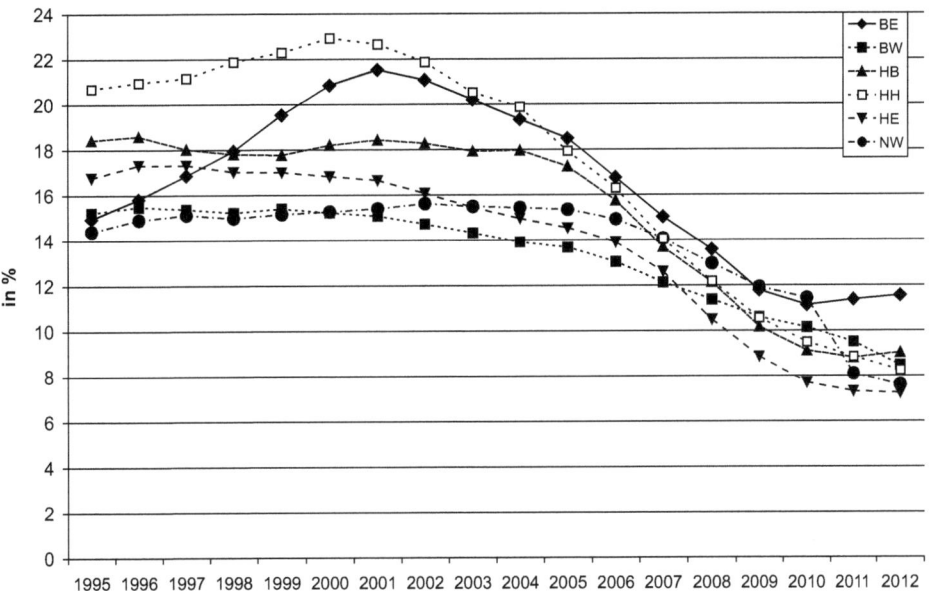

Quelle: Statistisches Bundesamt, Fachserie 11, Reihe 1, Schuljahre 1995/96 bis 2012/13, eigene Berechnung.

Unter den sechs Ländern mit den höchsten Anteilen an nichtdeutschen Grundschülern im Ausgangsjahr 1995 befinden sich die drei Stadtstaaten Berlin, Bremen und Hamburg sowie die Flächenländer NRW, Hessen und Baden-Württemberg.

Für die beiden Stadtstaaten Berlin und Hamburg ist ein deutlicher Anstieg der Anteile von 1995 bis 2000 zu erkennen. Zwischen den Jahren 2000 bis 2005 geht der Anteil für Berlin um 2,4 Prozentpunkte leicht, für Hamburg um deutlichere 5,0 Prozentpunkte zurück. Ab dem Jahr 2005 (Hamburg) bzw. 2006 (Berlin) sinkt der Nichtdeutschenanteil in den beiden Ländern im Vergleich zum Vorjahr um mindestens 1,4 Prozentpunkte und somit noch stärker als in den Vorjahren. Insbesondere ab 2011 verringern sich die Anteilsrückgänge (Hamburg) bzw. kehren sich sogar in leichte Anstiege um (Berlin). Insgesamt geht der Anteil nichtdeutscher Grundschüler zwischen 2005 und 2012 in Berlin um ein gutes Drittel (bzw. 6,9 Prozentpunkte), in Hamburg sogar um mehr als die Hälfte (bzw. 9,7 Prozentpunkte) zurück.

Für Bremen, Hessen, Baden-Württemberg und NRW sind von 1995 bis 2000 in etwa konstante Anteilswerte zu verzeichnen, die in den Folgejahren bis 2005 leicht – d.h. um insgesamt 0,9 bis 2,3 Prozentpunkte – zurückgehen oder wie im Falle von NRW ungefähr konstant bleiben. Ab 2006 ist ein noch deutlicheres jährliches Absinken des Anteils nichtdeutscher Grundschüler zu erkennen, bevor sich die Anteilswerte ab spätestens 2011 auf einem relativ niedrigen Niveau stabilisieren. Zwischen 2005 und 2012 sinkt der Nichtdeutschenanteil dieser Länder um mindestens 5,2 Prozentpunkte für Baden-Württemberg und um bis zu maximal 8,1 Prozentpunkte für Bremen.

Insgesamt ist für die Länder als Gemeinsamkeit festzuhalten, dass diese in den Jahren 2000 bis 2005 vereinzelt stabile, überwiegend jedoch leicht zurückgehende Anteilswerte an nichtdeutschen Grundschülern aufweisen. Für die Jahre ab 2006 sind deutliche negative Veränderungen des Anteils im Vergleich zu den Vorjahren festzustellen, bevor sich die Anteilswerte ab dem Jahr 2010 bzw. spätestens ab dem Jahr 2011 auf deutlich niedrigerem Niveau wieder stabilisieren. Hervorhebenswert ist die Veränderung der Rangfolge der dargestellten Länder nach dem Nichtdeutschenanteil unter den Grundschülern im Zeitverlauf. Es soll knapp veranschaulicht werden, dass landesspezifische Unterschiede in den Anteilsrückgängen die Länderrangfolge bezogen auf den Nichtdeutschenanteil verändern können. Dies zeigt sich z. B. darin, dass Berlin im Jahr 1995 den fünfthöchsten, 2012 jedoch den höchsten Nichtdeutschenanteil aufwies. Für Hamburg verhält es sich in etwa umgekehrt: 1995 war Hamburg noch das Land mit dem höchsten Nichtdeutschenanteil, so war es 2012 nur noch das Land mit dem vierthöchsten Anteil unter den ausgewählten Ländern.

In Abbildung 3-3 werden diejenigen Länder dargestellt, die für das Jahr 1995 die niedrigsten Anteile an nichtdeutschen Grundschülern aufweisen – hierbei handelt es sich ausschließlich um Flächenländer.

Abbildung 3-3:   **Anteil nichtdeutscher Grundschüler 1995 bis 2012 (bzw. der Schuljahre 1995/96 bis 2012/13) in %, Teil 2 (für die verbleibenden Bundesländer sowie die ostdeutschen Bundesländer ohne Berlin)**

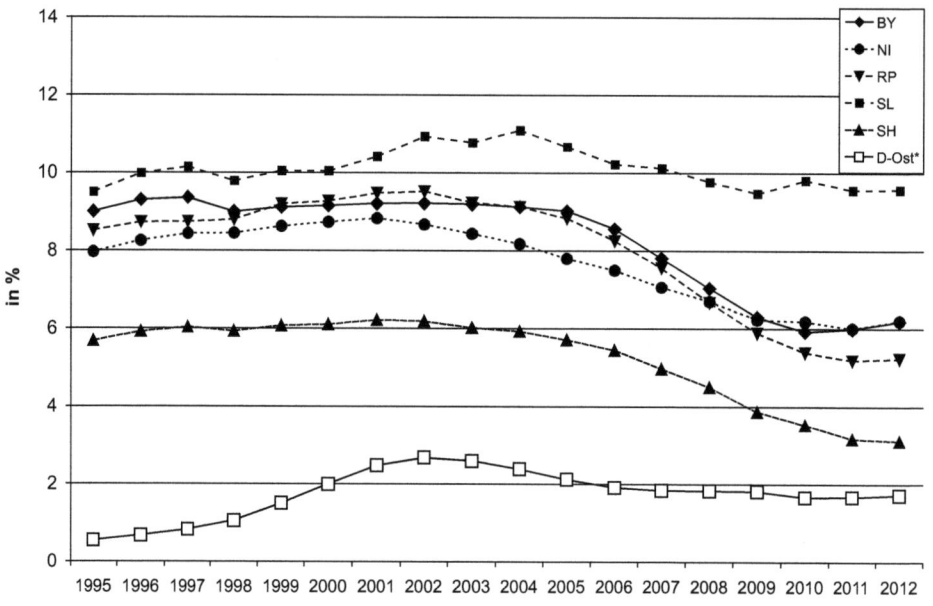

* = ohne Berlin.
Quelle: Statistisches Bundesamt, Fachserie 11, Reihe 1, Schuljahre 1995/96 bis 2012/13, eigene Berechnung.

Zunächst soll auf die westdeutschen Länder eingegangen werden, deren Zeitreihen relativ ähnlich verlaufen. Für diese Länder sind in dem Zeitraum von 1995 bis zum Jahr 2001 entweder relativ konstante Anteilswerte für nichtdeutsche Grundschüler, oder sogar ein leichter Anstieg der Anteilswerte um maximal einem Prozentpunkt zu verzeichnen. In den Folgejahren bis 2005 ergeben sich für Bayern, Niedersachsen, Rheinland-Pfalz und Schleswig-Holstein um 0,2 bis 1,0 Prozentpunkte sinkende Nichtdeutschenanteile an Grundschulen, nur für das Saarland zeigt sich innerhalb desselben Zeitraums mit um 0,3 Prozentpunkte steigenden Anteilen eine etwas abweichende Entwicklung. In den Jahren von 2005 bis 2010 wiederum sind für alle dargestellten westdeutschen Flächenländer abnehmende Nichtdeutschenanteile unter den Grundschülern zu konstatieren. Der Nichtdeutschenanteil geht um mindestens 0,9 Prozentpunkte (Saarland) bis maximal 3,4 Prozentpunkte (Rheinland-Pfalz) zwischen den Jahren 2005 und 2010 zurück. Für die Jahre ab 2010 sind allenfalls sehr geringe Anteilsrückgänge festzustellen – in der Regel stabilisieren sich die Anteilswerte auf niedrigerem Niveau, für 2012 sind z.T. sogar wieder leichte Anstiege zu erkennen (Bayern, Niedersachsen). Insgesamt ist der Nichtdeutschenanteil unter den Grundschülern in diesen Ländern zwischen 1995 und 2012 um mindestens ein Fünftel in Niedersachsen (-22 %), bis um annähernd die Hälfte in Schleswig-Holstein (-45 %), zurückgegangen. Nur im Saarland blieb dieser Anteil über den gesamten Zeitraum betrachtet in etwa konstant.[93] Trotz landesspezifischer Entwicklungen ist für diese Länder ein Rückgang in den Anteilen nichtdeutscher Grundschüler nach dem Jahr 2005 festzustellen.

Ein insgesamt abweichender Verlauf zeigt sich für die ostdeutschen Bundesländer (ohne Berlin), der separat beschrieben werden soll. Der Anteil nichtdeutscher Grundschüler steigt zwischen 1995 und 2002 stark an. Dieser ist – ausgehend von einem relativ geringen Niveau in 1995 von 0,54 % – bis 2002 auf 2,7 % angestiegen und hat sich somit annähernd verfünffacht. Zwischen 2002 und 2007 erfolgt ein Rückgang des Anteils um ein knappes Drittel. In den Folgejahren bleibt der Anteil in Höhe von knapp 2 % in etwa stabil.

Diese abweichende und z.T. erwartungswidrige Zeitreihe sollte jedoch nicht überbewertet werden, da es sich hierbei um ein insgesamt relativ geringes Anteilsniveau nichtdeutscher Grundschüler handelt.[94] Die Absolutwerte verdeutlichen die geringe Anzahl an nichtdeutschen Grundschülern: Im Jahr 2005 sind es etwa 7.500, in 2006

---

93 Ob dies mit der räumlichen Nähe des Saarlandes zu Frankreich und Luxemburg zusammenhängt, kann anhand der verfügbaren Daten nicht geklärt werden. Denkbar wäre z.B., dass der Nichtdeutschenanteil unter den Grundschülern konstant bleibt, weil eine stetige Zuwanderung ins Saarland erfolgt und / oder die Voraussetzungen für eine doppelte Staatsangehörigkeit gemäß ius soli-Regelung nicht erfüllt sind.

94 Als mögliche Ursachen für die spezifische Zeitreihe lassen sich für die Jahre 2002 bis 2005 demografische Entwicklungen ausmachen, da die absolute Zahl deutscher Grundschüler zwischen 2002 bis 2005 um 17 % zunimmt, während in demselben Zeitraum die Anzahl nichtdeutscher Grundschüler um 7 % leicht zurückgeht. Dies führt zu einem insgesamt deutlichen Rückgang des Nichtdeutschenanteils in der Zeitreihe. Hinsichtlich des geringen Rückgangs der Nichtdeutschenanteile in den Folgejahren ist u.a. die staatsangehörigkeitsspezifische Zusammensetzung der nichtdeutschen Schüler zu nennen. Denn in den ostdeutschen Bundesländern besucht nur eine geringe Anzahl von Schülern mit einer Staatsangehörigkeit der ehemaligen Anwerbestaaten die Grundschule; überproportional häufig sind russische, ukrainische, polnische oder vietnamesische Schüler vertreten, die – wie noch zu zeigen sein wird – im Gegensatz zu Kindern von Eltern der ehemaligen Anwerbestaaten zu deutlich geringeren Anteilen nach der ius soli-Regelung als deutsche Schüler identifiziert werden. Da es sich bei den erstgenannten eher um Bevölkerungsgruppen mit junger Zuwanderungsgeschichte handelt, werden die aufenthaltsrechtlichen Bedingungen und Voraussetzungen des StAG nicht erfüllt, wodurch die Optionsregelung (noch) nicht greift.

ca. 7.000 Grundschüler ohne deutschen Pass (zum Vergleich: allein Berlin weist in den Jahren 21.000 bzw. 19.000 nichtdeutsche Grundschüler auf).

Insgesamt zeigt sich sowohl auf Ebene des Bundes als auch der Mehrzahl der Länder ein leichter Rückgang der Nichtdeutschenanteile unter den Grundschülern für die Schuljahre ab 2000/01. Für die Schuljahre ab 2006/07 ist bedingt durch die staatsangehörigkeitsrechtlichen Änderungen ein deutlicher Rückgang der Anteile nichtdeutscher Schüler zu verzeichnen. Dieser setzt sich in etwa bis zum Schuljahr 2010/11 kontinuierlich fort, bevor sich die Nichtdeutschenanteile auf erheblich niedrigerem Anteilsniveau wieder stabilisieren.

3.3 Veränderung des Anteils – sowie der Zusammensetzung – der nichtdeutschen Grundschüler insgesamt nach Staatsangehörigkeit

Ergänzend zu den vorhergegangenen Zeitreihenuntersuchungen zum Anteil nichtdeutscher Grundschüler wird genauer überprüft, inwiefern dieser Anteil von dem Zeitpunkt des Inkrafttretens des geänderten Staatsangehörigkeitsrechts abhängt. Hierzu ist die Berücksichtigung des Geburtsdatums der Schüler erforderlich. Betrachtet werden sollen die Differenzen in den (staatsangehörigkeitsspezifischen) Anteilen nichtdeutscher Grundschüler zwischen den bis zum 31.12.1999 Geborenen im Vergleich zu Grundschülern, die ein Geburtsdatum ab dem 1.1.2000 aufweisen. Für einen Vergleich bietet sich bevorzugt das Schuljahr 2008/09 an, da in diesem Schuljahr mit Anteilen zwischen 60 und 64 % erstmals die Mehrheit der Schüler ab dem Jahr 2000 geboren wurde (vgl. Tabelle 3-1). Zudem wurden – als ausreichende Vergleichsgröße – zwischen einem guten Drittel und 40 % der Schüler bis Ende des Jahres 1999 geboren. Somit ist innerhalb der Schulform Grundschule eine unmittelbare Vergleichsmöglichkeit der beiden Geburtskohorten hinsichtlich des Staatsangehörigkeitsmerkmals gegeben. Für die vier Bundesländer Bayern, Hamburg, Hessen und Rheinland-Pfalz können die angestrebten Vergleiche durchgeführt werden. Denn zum einen erheben diese Länder die zur Durchführung der Analysen erforderlichen Individualdaten.[95] Zum anderen weisen die Länder ausreichend hohe Fallzahlen und Anteile nichtdeutscher Grundschüler auf, die zur vertiefenden staatsangehörigkeitsspezifischen Analyse erforderlich sind.[96]

---

95 Diese konnten im Falle von Rheinland-Pfalz und Hessen als Individualdatensätze im Forschungsdatenzentrum (der Statistischen Ämter des Bundes und der Länder) Wiesbaden ausgewertet werden. Die Ergebnisse für Bayern und Hamburg basieren auf Individualdaten, die von den Statistischen Landesämtern per Sonderauswertungen in aggregierter Form bereitgestellt werden konnten. Für die in Tabelle 3-1 bis 3-16 sowie in Abbildung 3-4 bis 3-10 dargestellten Länderdaten sind verschiedene Datenquellen zu nennen. Für Bayern: Bayerisches Landesamt für Statistik und Datenverarbeitung (LfStaD Bayern); für Hamburg: Behörde für Schule und Berufsbildung (BSB) Hamburg; für Hessen: Hessisches Kultusministerium (Zahlen der Schulstatistik), Hessisches Statistisches Landesamt; für Rheinland-Pfalz: Statistisches Landesamt Rheinland-Pfalz; jeweils eigene Berechnung und Darstellung. Die Schuljahre werden in den Abbildungsüberschriften angegeben.

96 Aus diesem Grund bleiben weitere potentielle Individualdatensätze für die ostdeutschen Flächenländer unberücksichtigt.

Tabelle 3-1: Schülerzahlen an Grundschulen nach Geburtsjahr und Bundesland (Schuljahr 2008/09)

| Bundesland | insgesamt | darunter geboren... | |
		bis 1999 in %	ab 2000 in %
Bayern	480.414	36,7	63,3
Hamburg	57.736	35,6	64,4
Hessen	222.316	39,9	60,1
Rheinland-Pfalz	156.294	38,4	61,6

Aufgrund der Änderungen im Staatsangehörigkeitsrecht wird erwartet, dass innerhalb der Population der Grundschüler in dem Schuljahr 2008/09 der Anteil nichtdeutscher Grundschüler nach dem Geburtsjahr der Schüler deutlich zwischen den bis 1999 und den ab dem Jahr 2000 geborenen Schülern differiert; über die entsprechenden Anteilswerte gibt Tabelle 3-2 Auskunft.

Tabelle 3-2: Anteile nichtdeutscher Grundschüler nach Alterskohorten (Schuljahr 2008/09)

| Bundesland | nichtdeutsche Grundschüler in % | | | |
	geboren bis 31.12.1999	geboren ab 01.01.2000	insgesamt	Quotient ab-/vor dem 01.01.2000 Geborene
Bayern	9,3	5,7	7,0	0,61
Hamburg	16,6	9,5	12,0	0,57
Hessen	15,1	7,4	10,5	0,49
Rheinland-Pfalz	9,1	5,2	6,7	0,57

Für die dargestellten Länder zeigt sich ein deutlich geringerer Anteil nichtdeutscher Grundschüler in der Geburtskohorte der ab dem Jahr 2000 Geborenen gegenüber denjenigen Grundschülern, die bis zum Ende des Jahres 1999 geboren wurden. Dieses Ergebnis ist ein erster Hinweis darauf, dass das – bedingt durch das veränderte Staatsangehörigkeitsrecht – quantitativ abnehmende Merkmal einer nichtdeutschen Staatsangehörigkeit an Relevanz verliert, um Schüler mit Migrationshintergrund zu identifizieren. Aus demographischer Sicht ist ein weiter zunehmender Anteil an Schülern mit Migrationshintergrund im Zeitverlauf zu erwarten (vgl. z. B. Autorengruppe Bildungsberichterstattung 2010: 19; Geißler/Weber-Menges 2008; Gresch/Kristen 2011: 216f.; Baumert/Maaz 2012: 281). Dies bildet sich über das Staatsangehörigkeitsmerkmal nicht (mehr) ab. Entgegen den demographischen Erwartungen ist eine stark negative Entwicklung des Nichtdeutschenanteils zu erkennen. Der in der Abbildung dargestellte Quotient verdeutlicht, dass der Anteil nichtdeutscher Grundschüler unter den ab 2000 Geborenen nur noch zwischen 61 % (für Bayern) und 49 % (für Hessen) gegenüber dem Anteil der bis 1999 Geborenen beträgt. D. h. in den untersuchten Ländern ist unter Grundschülern ein Rückgang des Nichtdeutschenanteils um ein gutes Drittel bis um die Hälfte zwischen den beiden Geburtskohorten festzustellen.

Am Beispiel von Rheinland-Pfalz wird die Veränderung des Anteils nichtdeutscher Grundschüler differenziert nach Geburtsjahr der Schüler dargestellt (Tabelle 3-3). Exemplarisch werden die nach Geburtsjahr variierenden Nichtdeutschenanteile dargestellt und erörtert.

Tabelle 3-3: Anteil nichtdeutscher Grundschüler nach Geburtsjahr in Rheinland-Pfalz (Schuljahr 2008/09)

nach Geburtsjahr	Schüler insgesamt	hierunter: Anteil nichtdeutsche Schüler in %
1995-96*	152	27,0
1997	2.128	19,8
1998	19.809	9,8
1999	37.896	8,0
2000	37.896	5,5
2001	35.391	5,1
2002	22.868	4,7
2003	154	3,2
insgesamt	156.294	6,7

*: Aufgrund geringer Fallzahlen werden die Jahre 1995 und 1996 zusammengefasst ausgewiesen.

Generell ist ein starker negativer Zusammenhang zwischen ansteigenden Geburtsjahrgängen und sinkenden Nichtdeutschenanteilen unter Grundschülern zu erkennen. Für die Geburtsjahrgänge mit Fallzahlen im fünfstelligen Bereich zeigt sich erwartungsgemäß der deutlichste Rückgang zwischen den 1999 und den im Jahr 2000 Geborenen. Neben den Änderungen im Staatsangehörigkeitsrecht ist die anteilsmäßig deutliche Überrepräsentation nichtdeutscher Grundschüler in den Geburtsjahrgängen 1995 bis 1997, die maximal vierstellige Fallzahlen aufweisen, auf einen weiteren Zusammenhang zurückzuführen. Denn für ausländische Schüler besteht ein überproportional hohes Risiko der Klassenwiederholung (vgl. z.B. Autorengruppe Bildungsberichterstattung 2012: 211f., 258; Krohne/Meier/Tillmann 2004; Schümer/Tillmann/Weiß 2002; Karakaşoğlu-Aydın 2001: 284; Boos-Nünning/Karakaşoğlu 2006: 182ff.). Da es sich bei den Geburtsjahrgängen bis 1997, die im Schuljahr 2008/09 die Grundschule besuchen, überwiegend um Wiederholer handelt, resultiert hieraus eine (zusätzliche) Überrepräsentation von nichtdeutschen Grundschülern.

Insgesamt zeigt sich eine stringente Abnahme des Anteils nichtdeutscher Schüler mit zunehmendem Geburtsjahr der Grundschüler mit einem deutlichen Bruch (bzw. deutlich abnehmendem Anteil) zwischen den Geburtsjahren 1999 und 2000. Für die Geburtsjahre nach 2000 setzt sich die Abnahme des Nichtdeutschenanteils fort. Da keine erwartungswidrigen Abweichungen nach Geburtsjahr vorliegen, wird für die nachfolgenden Analysen erneut auf die binäre Unterscheidung der Geburtskohorten der bis 1999 und der ab 2000 geborenen Grundschüler zurückgegriffen.

Bisher wurden die staatsangehörigkeitsrechtlichen Änderungen für nichtdeutsche Schüler insgesamt betrachtet. Verschiedene Autoren weisen auf erhebliche staatsangehörigkeitsspezifische Disparitäten hinsichtlich der zusätzlichen (temporären) Verleihung einer deutschen Staatsangehörigkeit entsprechend der Optionsregelung hin. Diese sind auf Unterschiede in den Voraussetzungen der im StAG genannten Bedingungen – wie etwa hinsichtlich der Aufenthaltsdauer – zurückzuführen. Für Berlin konstatieren Heinzel und Tuchscherer, dass „von den seit 2000 [...] [in Berlin geborenen und in der Stadt] lebenden 11.234 Kindern türkischer Eltern [...] 9.186 (81,1 Prozent) im Rahmen der Optionsregelung zunächst die deutsche Staatsangehörigkeit" erhielten (Heinzel/Tuchscherer 2008: 31). Weiter stellen sie für Berlin dar, dass die Mehrheit der melderechtlich registrierten türkischen Bevölkerung vor mindestens 20 Jahren nach Deutschland zugezogen ist, unter ehemaligen Jugoslawen war dies immerhin noch für jeden Dritten und unter den außereuropäischen Staatsangehörigkeiten (die nach Kontinent aggregiert ausgewiesen wurden) für maximal jeden Achten der Fall (vgl. ebd.: 33). Hinsichtlich der für Kinder in Anspruch genommenen Übergangsregelung weist Wiedemann (2005: 155) überdurchschnittliche Anteile für zugewanderte Eltern insbesondere aus der Türkei, dem ehemaligen Jugoslawien und Iran aus.

Auch aus der staatsangehörigkeitsspezifischen Einbürgerungsneigung ergeben sich Hinweise auf die Erfüllung der Voraussetzungen für die Optionsregelung. Denn Eltern, die Zuwanderergruppen mit hohen Einbürgerungsquoten angehören, erfüllen (vor der Einbürgerung) im Regelfall auch die ius soli-Voraussetzungen. Sehr hohe Einbürgerungsquoten ergeben sich insbesondere für Zuwanderer der Herkunftsländer Afghanistan, Iran, Libanon, dem ehemaligen Jugoslawien und vor allem der Türkei (vgl. Steinhardt 2007: 546f.; Hunger/Thränhardt 2004: 195; Diehl/Blohm 2008: 440), ergänzend werden von Hunger und Thränhardt (2004: 195) Vietnam und Marokko genannt. Demgegenüber wiesen EU-Staatsangehörige nur eine geringe Einbürgerungsquote auf (vgl. Steinhardt 2007: 546f.; Wiedemann 2005: 185; Diehl/Blohm 2008: 458). Bestehende Disparitäten werden u.a. auf Unterschiede in der rechtlichen Stellung – und die hiermit einhergehenden Anreize der Einbürgerung, z.B. hinsichtlich sozioökonomisch relevanter Rechte – zurückgeführt (vgl. Steinhardt 2007: 549). Die rechtliche Stellung unterscheidet sich für EU-Bürger im Vergleich zu Deutschen nur unwesentlich, oder wie es Wiedemann formuliert: Das „Interesse der Unionsbürger [ist] am Erwerb der deutschen Staatsangehörigkeit eher gering, da sie bereits über eine gesicherte Rechtsposition verfügen" (Wiedemann 2005: 185). Ergänzend führen Diehl und Blohm erhöhte Einbürgerungen insbesondere unter türkischen Staatsangehörigen auf die verstärkte Absicht zurück, dauerhaft in Deutschland zu verbleiben (vgl. Diehl/Blohm 2008: 458).

Aufgrund dieser Befunde soll für vier Länder anhand der vorliegenden Individualdatensätze untersucht werden, in welchem Umfang sich das geänderte Staatsangehörigkeitsrecht auf den Anteil der Grundschüler nach der spezifischen Staatsangehörigkeit auswirkt. Um die berechneten Anteilswerte und Quotienten anhand eines Bundeslandes besser veranschaulichen zu können, werden zuerst exemplarische Ergebnisse für Rheinland-Pfalz angeführt. Anschließend werden die wichtigsten Ergebnisse vergleichend für die insgesamt vier untersuchten Bundesländer dargestellt.

In Abbildung 3-4 werden die Anteile von Schülern nach spezifischer Staatsangehörigkeit an den Grundschülern insgesamt angegeben. Die Anteile werden differenziert nach den beiden Geburtskohorten der bis 1999 und den ab 2000 geborenen Grundschülern ausgewiesen und um einen aussagekräftigen Quotienten ergänzt. Dieser setzt die Anteile der ab 2000 geborenen Schüler mit den Anteilen der bis 1999 geborenen Schüler nach der jeweiligen Staatsangehörigkeit miteinander ins Verhältnis, wodurch der Anteilsvergleich vereinfacht wird. Als Darstellungskriterium für die Staatsangehörigkeiten wird eine Beschränkung auf die 20 häufigsten nichtdeutschen Staatsangehörigkeiten unter den Grundschülern gewählt. Hieraus ergeben sich für die dargestellten Staatsangehörigkeiten faktische Fallzahlen von mindestens 85 Fällen für marokkanische Schüler (bis 1999 geboren: 41; ab 2000: 44) bis hin zu 3.651 Fällen für türkische Schüler (2.259 / 1.392).

Abbildung 3-4: Veränderung des Anteils nichtdeutscher Grundschüler nach Staatsangehörigkeit und Geburtsjahr in Rheinland-Pfalz (Schuljahr 2008/09)

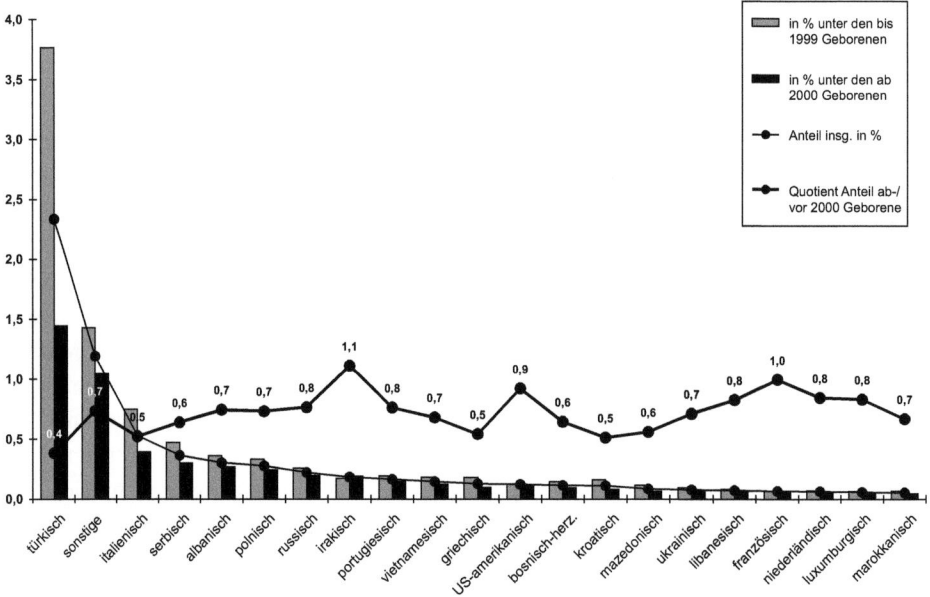

Die Säulen stellen differenziert nach Geburtskohorten den Anteil von Schülern der jeweiligen nichtdeutschen Staatsangehörigkeit unter den Grundschülern insgesamt dar. Der berechnete Quotient ergibt sich aus den in Säulenform veranschaulichten Anteilswerten. Dieser setzt die Anteile der nach dem 1.1.2000 geborenen Grundschüler einer Staatsangehörigkeit ins Verhältnis zu dem Anteil der bis zum 31.12.1999 geborenen Schüler derselben Staatsangehörigkeit. Die Staatsangehörigkeiten sind sortiert nach der Höhe des Anteils, den sie unter den Grundschülern insgesamt einnehmen (dargestellt durch die dünne Linie).

Ausschließlich für irakische Schüler ist ein leicht erhöhter Anteil zwischen den Geburtskohorten für die ab 2000 geborenen Schüler zu erkennen, relativ konstante Anteile sind lediglich für französische und amerikanische Schüler feststellbar. Für Schüler aller anderen Staatsangehörigkeiten sind Rückgänge in den Anteilswerten zu verzeichnen, die unterschiedlich stark ausfallen. Um bis zu 17 % reduzieren sich die Anteile der ab 2000 Geborenen für Schüler mit niederländischer, luxemburgischer oder libanesischer Staatsangehörigkeit. Für die Hälfte der Staatsangehörigkeiten gehen die Anteilswerte zwischen den Geburtskohorten um ein Viertel bis zu einem Drittel zurück; eine annähernde Halbierung der Anteilswerte ist für mazedonische, griechische, italienische und kroatische Schüler zu konstatieren, während der Anteil der türkischen Schüler zwischen den Geburtskohorten um annähernd zwei Drittel sinkt (Anteil der bis 1999 Geborenen 3,8 %; Anteil der ab 2000 Geborenen 1,4 %).

In Abbildung 3-5 werden die Quotienten für die vier untersuchten Länder dargestellt. Die Quotienten bilden erneut die Veränderung der Anteile zwischen den Geburtskohorten nach der spezifischen Staatsangehörigkeit der Grundschüler ab. Angeführt werden diejenigen nichtdeutschen Staatsangehörigkeiten, die in den Ländern am häufigsten unter den Grundschülern vertreten sind und die ein Fallzahlkriterium von mindestens 30 Fällen je Geburtskohorte erfüllen. Um die Vergleichbarkeit der Ergebnisse zwischen den Ländern zu erhöhen und die Anzahl der darzustellenden Staatsangehörigkeiten zu reduzieren, wird ein zusätzliches Kriterium eingeführt: Dargestellt werden Schüler mit einer Staatsangehörigkeit, für die in zwei oder mehr Ländern mindestens 30 Fälle vorliegen.

Abbildung 3-5:   **Quotienten über die Veränderung der Anteile nichtdeutscher Grundschüler nach Geburtsjahr (der vor/ ab dem 1.1.2000 Geborenen) und Staatsangehörigkeit in den Ländern Bayern, Hamburg, Hessen und Rheinland-Pfalz (Schuljahr 2008/09)**

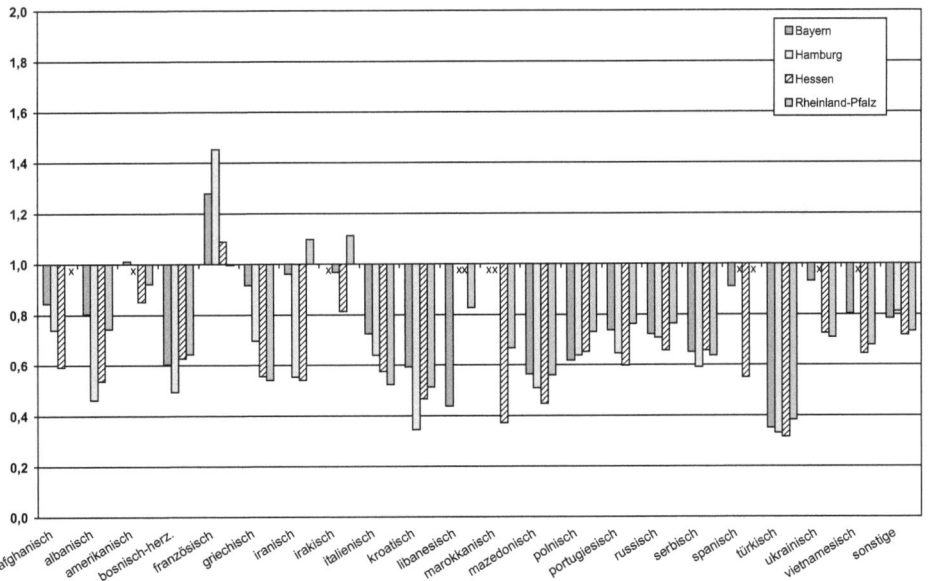

x = (Fallzahl-)Kriterium nicht erfüllt, Wert nicht ausgewiesen

Stagnierende bis deutlich ansteigende Anteile zwischen den bis 1999 und den ab 2000 geborenen Grundschülern sind lediglich für französische Schüler festzustellen. Als von der Tendenz her uneinheitlich ist die Entwicklung des Anteils irakischer und iranischer Schüler anzusehen. Ihr Anteil steigt in Rheinland-Pfalz leicht an, während sich ihr Anteil in den weiteren dargestellten Ländern leicht bis deutlich reduziert. Für alle weiteren Staatsangehörigkeiten ergeben sich abnehmende Anteilswerte in unterschiedlichem Umfang. Während für die Anteilswerte von Grundschülern mit amerikanischer, ukrainischer oder einer sonstigen Staatsangehörigkeit ein Rückgang um maximal ein Viertel zu verzeichnen ist, gehen die Werte für alle weiteren Staatsangehörigkeiten in wenigstens einem Bundesland in deutlicherem Umfang zurück.

Hervorhebenswert sind stark zurückgehende Anteile der ab 2000 gegenüber den bis 1999 Geborenen insbesondere für Grundschüler mit einer Staatsangehörigkeit der ehemaligen Anwerbestaaten, die eine langjährige Einwanderungsgeschichte mit entsprechender Aufenthaltsdauer aufweisen (vgl. z. B. Geißler, R. 2011). Dies sind insbesondere Schüler mit einer ex-jugoslawischen, italienischen oder türkischen Staatsangehörigkeit. Während der Anteil für serbische Schüler um ein gutes Drittel sinkt, sind für bosnisch-herzegowinische Schüler Anteilsrückgänge um ein Drittel bis zur Hälfte, für kroatische Schüler um 40 % bis zu zwei Drittel und für mazedonische Schüler um etwa die Hälfte zu konstatieren. Für italienische Schüler zeigt sich ein Rückgang um ein gutes Viertel bis etwa zur Hälfte, während sich die in den Ländern einheitlichste und stärkste Reduzierung der Anteile für türkische Schüler zeigt, deren Anteil um etwa zwei Drittel zurückgeht (d. h. je nach Bundesland um 62 bis 68 %).

Für Schüler mit einer Staatsangehörigkeit, die auf eine eher jüngere Zuwanderungsgeschichte hindeutet – hier sind insbesondere Staatsangehörigkeiten mit tendenziellem Flüchtlingshintergrund wie z. B. irakische oder iranische Staatsangehörige zu nennen – sind geringere oder sogar keine Anteilsrückgänge zwischen den Geburtskohorten festzustellen. Dies ist zum einen auf eine tendenziell geringere Aufenthaltsdauer zurückzuführen, mit der einhergeht, dass die Eltern die Voraussetzungen für eine ius soli-Einbürgerung der Kinder nicht erfüllen. Zum anderen können anhaltende oder ansteigende Zuwanderungszahlen zu gleichbleibenden Anteilen unter Grundschülern nach Geburtsjahr führen. Für Schüler mit einer Staatsangehörigkeit des EU-Nachbarlandes Frankreich sind konstante bzw. sogar ansteigende Anteile zu verzeichnen. Ein Grund hierfür könnte ein eher kurz- bis mittelfristiger Zuzug zur Wahrnehmung von Arbeitsangeboten sein, der innerhalb der EU als niedrigschwellig anzusehen ist und zudem nur mit geringen räumlichen Distanzen einhergeht. Diese Gründe würden dazu führen, dass in Deutschland geborene Kinder aufgrund einer zu geringen Aufenthaltsdauer nicht die ius soli-Voraussetzungen für eine doppelte Staatsangehörigkeit erfüllen. Das vorliegende Datenmaterial erlaubt jedoch keine weiteren Analysen zur Klärung dieser Überlegungen.

Die bereits in Tabelle 3-2 dargestellten regionalen Disparitäten hinsichtlich der Quotienten für nichtdeutsche Grundschüler insgesamt bilden sich auch in den differenziert dargestellten Staatsangehörigkeitsanteilen ab. Denn für nichtdeutsche Grundschüler zeigen sich in Hessen die geringsten und in Bayern die höchsten Quotienten; auch nach differenzierter Staatsangehörigkeit sind für nichtdeutsche Schüler in Hessen tendenziell die höchsten und für nichtdeutsche Schüler in Bayern tendenziell die geringsten Rückgänge zu verzeichnen. Dies bedeutet, dass die Unterschiede zwischen den Ländern nicht ausschließlich auf die staatsangehörigkeitsspezifische Zusammensetzung der nichtdeutschen Schüler zurückzuführen sind. Inwiefern sich die Differenzen durch Unterschiede in der (Nicht-)Erfüllung der Kriterien des Staatsangehörigkeitsrechts auf Seiten der Familien mit Migrationshintergrund in den jeweiligen Ländern zurückführen lassen, kann anhand der vorliegenden Daten nicht abschließend beurteilt werden. In der Literatur existieren Hinweise darauf, dass sich regionale Unterschiede aus dem landesspezifischen Verwaltungsvollzug des Staatsangehörigkeitsrechts bzw. der regionalen Einbürgerungskultur ergeben könnten. So werden uneinheitliche und unterschiedlich restriktive Verwaltungspraxen zwischen den Bundesländern genannt (vgl. Storz/Wilmes 2007; Steinhardt 2007: 545). Diese ließen den Behörden in den Ländern „erhebliche Spielräume" (Schulte 2006: 42) hinsichtlich der Umsetzung. Hinzu käme, dass „die Innenverwaltungen der Länder ihre Weisungsmacht gegenüber den lokalen Ausländerbehörden" nutzten (Schneider 2010: 130). Neben bundeslandspezifischen „Unterschieden in der rechtlichen Praxis" (BBMFI 2005: 338) seien auch „regional [...] relevante Unterschiede in der sogenannten Einbürgerungskultur zu beobachten [...], die bedeutsame Rückwirkungen auf die Einbürgerungszahlen haben" könnten (ebd., vgl. auch: 353). So habe „sich in manchen Kommunen eine offene Einbürgerungskultur entwickelt" (ebd.: 338), d.h. es wurde „für Einbürgerungen gezielt geworben" (ebd.), beispielsweise wenn für bestimmte Personengruppen nach der Reform des StAG ein Anspruch auf Einbürgerung bestand, wie es z.B. nach der Übergangsregelung der Fall war (vgl. ebd.: 338f.).

Inwiefern sich diese regionalen administrativen Unterschiede auf den Umfang der Kinder – die nach der ius soli-Regelung einen Doppelpass verfügen – auswirken, kann mithilfe der vorliegenden Datensätze nicht geklärt werden. Es gibt jedoch Hinweise darauf, dass der Nichtdeutschenanteil in der Schulstatistik im Vergleich zum dem altersäquivalenten Nichtdeutschenanteil der Bevölkerungsstatistik z.T. erheblich abweicht – auch hier sind erhebliche landesspezifische Variationen festzustellen (vgl. Kemper/Weishaupt 2013).

Insgesamt bleibt jedoch festzuhalten, dass sich auch unter Ausdifferenzierung nach Staatsangehörigkeit ein relativ einheitliches Bild ergibt. Die berechneten Quotienten indizieren, dass das geänderte Staatsangehörigkeitsrecht zu einem deutlichen Rückgang des Anteils von Grundschülern bei der Mehrzahl der Staatsangehörigkeiten führt. Allerdings unterscheidet sich der quantitative Umfang des Rückgangs zwischen den Geburtskohorten je nach Staatsangehörigkeit erheblich. Das Merkmal ‚nichtdeutsche Schüler insgesamt' wird im Rahmen von Schulstatistiken für Deutschland insgesamt sowie für die Länder ausgewiesen und steht zumeist auch auf kleinräumigerer Ebene zur Verfügung. Über dieses Merkmal wird z.T. die Bildungsbeteiligung zwischen deutschen und nichtdeutschen Schülern ausgewiesen (z.B. Diefenbach 2007: 57), das Merkmal wird auch als Indikator für sozialräumliche Bedingungen z.B. auf einzelschulischer Ebene verwandt (vgl. Makles/Weishaupt 2011; Bonsen et al. 2010; Frein et al. 2006).

Vor diesem Hintergrund erfolgt ein Perspektivwechsel: Nachfolgend wird untersucht, inwiefern das neue Staatsangehörigkeitsrecht innerhalb des Merkmals der ‚nichtdeutschen Schüler insgesamt' auch zu einer veränderten Zusammensetzung nach der spezifischen Staatsangehörigkeit der Schüler führt. Hiermit einher können beispielsweise Veränderungen in der Bildungsbeteiligung von nichtdeutschen Schülern im Zeitverlauf gehen, die ausschließlich auf das neue Staatsangehörigkeitsrecht und die veränderte Schülerpopulation der nichtdeutschen Schüler zurückzuführen sind. Dies hätte Implikationen für weitergehende Analysen, die auf dem Merkmal basieren. Z. B. könnten hiervon statistische Zeitreihen zur Bildungsbeteiligung von nichtdeutschen Schülern tangiert sein.

Exemplarisch wird für Rheinland-Pfalz die Zusammensetzung des Anteils der nichtdeutschen Grundschüler nach der spezifischen Staatsangehörigkeit für die beiden Geburtskohorten der bis zum 31.12.1999 und den ab dem 1.1.2000 Geborenen ausführlich betrachtet. Hierdurch sollen staatsangehörigkeitsrechtlich bedingte Verschiebungen in der Zusammensetzung der nichtdeutschen Schüler insgesamt identifiziert werden. Hieran anschließend werden die Veränderungen in der Zusammensetzung der nichtdeutschen Schüler für die vier untersuchten Länder verglichen.

In Rheinland-Pfalz beträgt der Anteil nichtdeutscher Grundschüler unter den bis 1999 Geborenen 9,1 %, unter den ab 2000 Geborenen 5,2 % (vgl. Tabelle 3-2). Inwiefern sich zwischen den Geburtskohorten die Gewichtung der staatsangehörigkeitsspezifischen Anteile innerhalb des Merkmals der nichtdeutschen Grundschüler insgesamt verändert, veranschaulicht Abbildung 3-6.

Abbildung 3-6:   Anteil der spezifischen Staatsangehörigkeiten[97] an den Schülern mit nichtdeutscher Staatsangehörigkeit insgesamt in % nach Geburtsjahr in Rheinland-Pfalz (Schuljahr 2008/09)

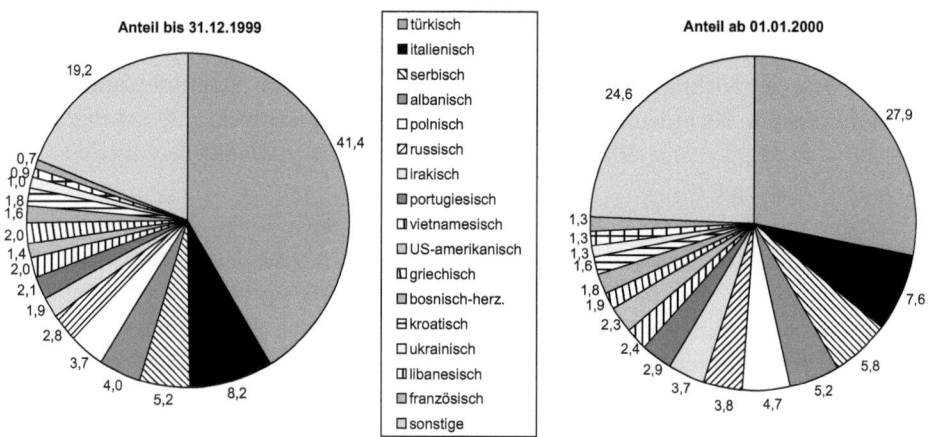

Bereits auf den ersten Blick fällt auf, dass sich der Anteil der türkischen Schüler unter den nichtdeutschen Schülern insgesamt deutlich zwischen den Geburtskohorten unterscheidet. Der Anteil türkischer Grundschüler fällt für die ab 2000 im Vergleich zu den bis 1999 Geborenen um 13,5 Prozentpunkte geringer aus. In wesentlich

---

97 Differenziert dargestellt werden ‚lediglich' die 16 häufigsten nichtdeutschen Staatsangehörigkeiten, um eine Veranschaulichung zu erleichtern. Anteile für weitere Staatsangehörigkeiten finden sich in Abbildung 3-7. Die Sortierung der Staatsangehörigkeiten erfolgt nach Höhe der Anteilswerte unter den ab dem 1.1.2000-geborenen Schülern.

geringerem Umfang gehen die Anteile für italienische (-0,7 Prozentpunkte[98]), kroatische (-0,2 PP) und griechische Schüler (-0,1 PP) zurück. Grundschüler aller weiteren Staatsangehörigkeiten nehmen einen größeren Anteil im Kohortenvergleich an den nichtdeutschen Schülern insgesamt ein. Hier sind u. a. französische, serbische, portugiesische, amerikanische, polnische und russische Schüler zu nennen, deren Anteil unter den nichtdeutschen Schülern insgesamt um 0,6 bis 1,0 Prozentpunkte zwischen den Kohorten zunimmt sowie Schüler mit einer albanischen (+1,2 PP), irakischen (+1,8 PP) oder sonstigen Staatsangehörigkeit (+5,3 PP).

Inwiefern die für Rheinland-Pfalz erzielten Ergebnisse mit denen für die drei weiteren Länder Bayern, Hamburg und Hessen übereinstimmen, wird in Abbildung 3-7 untersucht.[99]

Abbildung 3-7:   **Prozentuale Abweichungen der staatsangehörigkeitsspezifischen Anteile unter den nichtdeutschen Grundschülern insgesamt in Prozentpunkten nach Bundesland (zwischen den ab 2000 gegenüber den bis zum Jahr 1999 geborenen Schülern; Schuljahr 2008/09)**

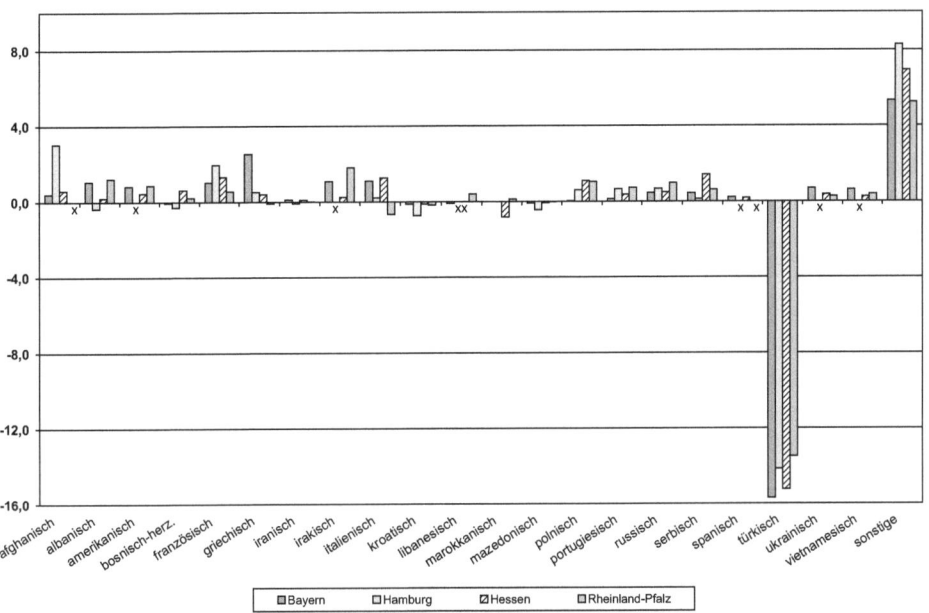

x = (Fallzahl-)Kriterium nicht erfüllt, Wert nicht ausgewiesen

Für die vier untersuchten Länder sind innerhalb des Merkmals der nichtdeutschen Schüler insgesamt sehr starke Rückgänge für türkische Schüler zu verzeichnen. Deren Anteil geht in den Ländern um 13,5 bis hin zu 15,7 Prozentpunkte zwischen den Geburtskohorten der ab 2000 und den bis 1999 geborenen Grundschüler zurück. Nur

---

98 Bedingt durch Rundungen der Anteilswerte auf eine Nachkommastelle können die der Abbildung zu entnehmenden Differenzen minimal abweichen.

99 Dargestellt werden erneut die unter Grundschülern mit den höchsten Fallzahlen vertretenen Staatsangehörigkeiten, die jeweils wenigstens 30 Schüler für die bis 1999 sowie für die ab 2000 Geborenen aufweisen und unter Berücksichtigung dieses Kriteriums zugleich in mindestens zwei Bundesländern vertreten sind, wodurch Ländervergleiche ermöglicht werden.

noch für kroatische und mazedonische Schüler sind Anteilsrückgänge in allen Ländern zu konstatieren, wenn auch nur um maximal 0,7 Prozentpunkte. Ansonsten gehen die Anteile zwischen den Geburtskohorten nur in Ausnahmefällen – d. h. für wenige Staatsangehörigkeiten in einzelnen Ländern – zurück. Hier sind z. B. italienische Schüler in Rheinland-Pfalz (-0,7 Prozentpunkte), oder marokkanische Schüler in Hessen (-0,8 PP) zu nennen. Für alle weiteren separat ausgewiesenen Staatsangehörigkeiten sind in den Ländern etwa konstante bis leicht zunehmende Anteile innerhalb des Merkmals der nichtdeutschen Schüler insgesamt zu konstatieren. In einzelnen Ländern steigt der Anteil von afghanischen Schülern innerhalb des Merkmals um deutliche 3,0 Prozentpunkte (in Hamburg) und von griechischen Schülern um 2,5 Prozentpunkte (in Bayern) an, während sich für französische Schüler einheitlich positive Veränderungen um 0,6 bis zu 1,9 Prozentpunkte in den vier Ländern ergeben. In den Ländern zeigen sich für die weiteren separat ausgewiesenen Staatsangehörigkeiten konstante bzw. bis maximal um 1,8 Prozentpunkte zunehmende Anteile innerhalb des Merkmals. Den größten Bedeutungszuwachs innerhalb des Merkmals nichtdeutscher Grundschüler insgesamt erfahren die diffusen ‚sonstigen Staatsangehörigkeiten‘: deren Gewicht nimmt innerhalb des Merkmals je nach Bundesland um 5,2 bis 8,3 Prozentpunkte zu. Dies bedeutet, dass sich durch das geänderte Staatsangehörigkeitsrecht innerhalb des Merkmals nichtdeutscher Schüler insgesamt ein Drittel bis zu gut der Hälfte der Rückgänge weg von türkischen Schülern hin zu den ‚sonstigen Staatsangehörigkeiten‘ verschieben.

Die staatsangehörigkeitsspezifischen Zuwächse innerhalb des Merkmals der nichtdeutschen Grundschüler gehen nicht (bzw. nur in Ausnahmefällen) mit steigenden Anteilen der jeweiligen Staatsangehörigkeit an den Grundschülern insgesamt einher (vgl. Abbildung 3-5). Dies bedeutet, dass die Veränderung innerhalb des Anteils der nichtdeutschen Schüler insgesamt nicht etwa demographisch oder durch Zuwanderung bedingt ist, sondern fast ausschließlich auf eine geringere Abnahme oder Konstanthaltung der Anteile der Staatsangehörigkeiten[100] im Kohortenvergleich zurückzuführen ist. Insbesondere für türkische Schüler ist ein deutlicher Rückgang zu verzeichnen (sowohl im Anteil türkischer Schüler an den Grundschülern insgesamt als auch innerhalb des Merkmals der nichtdeutschen Schüler insgesamt). Diese Veränderungen sind weitestgehend durch das seit 2000 geltende neue Staatsangehörigkeitsrecht verursacht.

Festzuhalten bleibt, dass nicht nur der Anteil der nichtdeutschen Grundschüler insgesamt und der Anteil der meisten nichtdeutschen Staatsangehörigkeiten an den Grundschülern insgesamt sinkt, sondern auch die Zusammensetzung des Merkmals der nichtdeutschen Schüler insgesamt durch das neue Staatsangehörigkeitsrecht eine deutliche Veränderung erfährt. Für die ab 2000 geborenen Grundschüler, auf die sich das geänderte Staatsangehörigkeitsrecht unmittelbar auswirkt, geht der Anteil von Schülern mit türkischer Staatsangehörigkeit innerhalb des Merkmals der nichtdeutschen Grundschüler insgesamt gegenüber den bis zum Jahr 1999 Geborenen deutlich

---

100 Dies zeichnet sich auch für die jeweiligen unter den ‚sonstigen‘ enthaltenen Staatsangehörigkeiten ab, auch wenn die Fallzahlen als eher unzureichend anzusehen sind und daher nicht weiter berichtet werden.

zurück. Die Anteilsverluste der türkischen Schüler führen zu relativ diffusen Zuwächsen für Schüler verschiedener Staatsangehörigkeiten innerhalb des Merkmals. Dies wird auch dadurch unterstrichen, dass der stärkste Bedeutungszuwachs innerhalb des Merkmals nicht etwa einer einzelnen der in den Ländern am häufigsten vertretenen Staatsangehörigkeiten zukommt, sondern ein großer Teil auf die ‚sonstigen Staatsangehörigkeiten' entfällt.

3.4 Messung des Migrationshintergrundes nach Definition der KMK als Ausweg?

Wie zuvor dargestellt, verliert das Merkmal der Staatsangehörigkeit nicht zuletzt durch das geänderte Staatsangehörigkeitsrecht quantitativ stark an Bedeutung, dies auch hinsichtlich der Erfassung von Schülern mit Migrationshintergrund. Nachfolgend wird der Frage nachgegangen, welche Alternativen zum Staatsangehörigkeitsmerkmal bzw. welche ergänzenden Merkmale zur Erfassung des Migrationshintergrundes von Schülern im Rahmen der amtlichen Schulstatistik in den Ländern verwendet werden. Von besonderem Interesse ist hierbei, welche quantitative Relevanz diesen Merkmalen zukommt.

Von der Kultusministerkonferenz (KMK) werden für den „Kerndatensatz der Länder für schulstatistische Individualdaten" (KMK 2011b: 17ff.) mehrere die bisherige Schulstatistik ergänzende Merkmale vorgeschlagen. Der KMK zufolge

> „ist bei Schülerinnen und Schülern ein Migrationshintergrund anzunehmen, wenn mindestens eines der folgenden Merkmale zutrifft: 1. keine deutsche Staatsangehörigkeit, 2. nichtdeutsches Geburtsland, 3. nichtdeutsche Verkehrssprache in der Familie bzw. im häuslichen Umfeld (auch wenn der Schüler/die Schülerin die deutsche Sprache beherrscht)" (KMK 2011a: 29).

Zur Definition eines Migrationshintergrundes sind neben der Staatsangehörigkeit als weitere relevante Merkmale ein nichtdeutsches Geburtsland und eine – laut Merkmalsbeschreibung zum ‚Kerndatensatz der Länder für schulstatistische Individualdaten' der KMK (2011b: 18) – *überwiegend* nichtdeutsche Verkehrssprache in der Familie[101] zu nennen.

Der angestrebte schulstatistische Wechsel vom ‚Ausländer-, zum Migrationskonzept wurde in Bayern erstmals für das Schuljahr 2005/06 (vgl. Burgmaier/Traub 2007: 5), in Rheinland-Pfalz ab dem Schuljahr 2006/07[102] vollzogen. In Hamburg und Hessen werden Schülerindividualdaten jeweils seit dem Schuljahr 2008/09[103] erhoben. Im Rahmen der Individualstatistik werden von den vier Ländern die ergänzenden Migrationsmerkmale ausgewiesen. Für das Land Hessen ergibt sich als Besonderheit, dass neben der ersten Staatsangehörigkeit auch noch eine mögliche zweite

---

101 Der Einfachheit halber wird nachfolgend auch der Begriff ‚Familiensprache' oder die Formulierung der ‚überwiegenden Familiensprache' von Schülern verwendet.

102 Allerdings werden die Migrationsmerkmale vom Statistischen Landesamt Rheinland-Pfalz erst ab dem Schuljahr 2007/08 als valide eingeschätzt.

103 Für Hessen werden die Migrationsmerkmale vom Hessischen Statistischen Landesamt erst ab dem Schuljahr 2010/11 als valide eingeschätzt.

Staatsangehörigkeit von Schülern erfasst wird. Auch dieses Merkmal wird nachfolgend daraufhin überprüft, inwiefern es zur Messung von Schülern mit Migrationshintergrund beiträgt und wie sich die staatsangehörigkeitsrechtlichen Änderungen quantitativ auf das Merkmal auswirken.

Wie zuvor werden für die vier Länder Individualdatensätze herangezogen, für die sich allerdings hinsichtlich der Analyse der erweiterten Migrationsmerkmale mehrere Besonderheiten ergeben. Die Datensätze beziehen sich erneut auf das Schuljahr 2008/09, lediglich für Hessen werden Ergebnisse für das Schuljahr 2010/11 berichtet. Diese Abweichung liegt darin begründet, dass – internen Prüfungen des Statistischen Landesamtes Hessen zufolge – die hessischen Individualdatensätze bis zum Schuljahr 2008/09 zwar die erste und die zweite Staatsangehörigkeit valide erfassen, dies jedoch nicht für die erweiterten Migrationsmerkmale gewährleistet ist. Erst ab dem Schuljahr 2010/11 verliefen die Validierungen positiv[104], entsprechend findet dieser Datensatz Verwendung. Wie noch zu zeigen sein wird, ist der Nachteil dieses Schuljahres, dass die Fallzahl der bis 1999 geborenen Schüler an Grundschulen gegen null tendiert und somit für Hessen – die Änderungen des Staatsangehörigkeitsrechts betreffend – keine sinnvollen Vergleiche nach Geburtskohorten durchgeführt werden können.

Das Statistische Landesamt Bayern weist darauf hin, dass die Merkmale Geburtsland, Jahr des Zuzugs und Verkehrssprache in der Familie auf kleinräumigerer Ebene als noch nicht hinreichend valide erscheinen. Jedoch sei die Validität auf Landesebene als relativ gesichert anzusehen. Die BSB Hamburg[105] hingegen hält die Aussage über das Geburtsland für nur bedingt belastbar. Denn im Jahr 2008 war das von den Schulen per Verwaltungssoftware auszufüllende Feld für das Geburtsland des Schülers noch mit ‚Deutschland‘ vorbelegt. Diese Voreinstellung habe zu einer Unterschätzung der nicht in Deutschland geborenen Schüler geführt. Die weiteren Angaben wie die Staatsangehörigkeit und Familiensprache werden von der BSB Hamburg hingegen als valide eingeschätzt. Hintergrund der (teilweisen) Validitätsprobleme ist die erst seit wenigen Jahren erfolgte Umstellung von Summendaten auf Individualdaten im Rahmen der amtlichen Schulstatistik in den betreffenden Ländern (vgl. hierzu z.B. Halbhuber 2005: 70f.). Hiermit gehen auch – und insbesondere – auf Seiten der Schulen Schwierigkeiten der validen Erfassung einher. Denn die Schulen erheben u.a. die Migrationsmerkmale, die in die Individualdatensätze einfließen. Dies geschieht beispielsweise über Schüleranmeldebögen, die von den Eltern ausgefüllt werden müssen. Die Schulen sind für die korrekte Eingabe der erhobenen Daten in die Schulverwaltungssoftware zuständig, über die die Daten an die Statistischen Landesämter übermittelt werden. Entsprechend wird im Rahmen dieses dezentralisierten Verfahrens eine schulspezifische Varianz der Eingabequalität nicht zu verhindern sein.

Lediglich für das Land Rheinland-Pfalz werden von dem Statistischen Landesamt alle Merkmale als valide eingeschätzt. Denn Rheinland-Pfalz erhebt als einziges Land bereits „seit Ende der 1970er Jahre Individualdaten; Informationen zum Migrationshintergrund werden ab dem Schuljahr 2006/07 erfragt" (Antwort des Statistischen Landesamtes Rheinland-Pfalz vom 01.03.2012). Durch mehrjährige Erfahrungen ist

---

104 Auch im Berichtsjahr 2009/10 wurden die Merkmale zum Migrationshintergrund noch nicht von allen hessischen Schulen geliefert.

105 Behörde für Schule und Berufsbildung Hamburg.

mittlerweile gewährleistet, dass die Erhebung von Schülerindividualdaten und der hiermit einhergehende Datentransfer zwischen den hierfür erforderlichen Akteuren (Schule, Lehrern, statistisches Landesamt, ggf. (privaten) Verwaltungssoftwareanbietern, Eltern, usw.) routiniert erfolgt. Entsprechend sind für diejenigen Länder, die erst seit kurzem auf Individualdaten umgestellt haben, hinreichend valide Daten für alle Merkmale erst für die nachfolgenden Schuljahre zu erwarten.

Nachfolgend werden zwar die Ergebnisse der Individualdatensätze auf der hochaggregierten Ebene der Bundesländer insgesamt dargestellt, die zuvor genannten landesspezifischen Einschränkungen müssen jedoch berücksichtigt werden. Für Hessen wird lediglich das valide Schuljahr 2010/11 verwendet, die potentiell unsicheren Merkmale für Bayern und Hamburg werden in Klammern gesetzt, um diese optisch hervorzuheben. Da sich für Rheinland-Pfalz als einziges Bundesland weder hinsichtlich der Datenvalidität noch hinsichtlich des gewünschten Schuljahres Einschränkungen ergeben, werden die Analysen für dieses Land vertieft.

In Tabelle 3-4 werden für die vier ausgewählten Länder zunächst die Anteile der Grundschüler mit Migrationshintergrund insgesamt sowie für die Migrationsmerkmale nichtdeutsche Staatsangehörigkeit, Familiensprache und nichtdeutsches Geburtsland dargestellt. Erneut wird auf die Schulform Grundschule fokussiert, da deren Schüler im Schuljahr 2008/09 zu relativ ausgeglichenen Anteilen den beiden Geburtskohorten der bis 1999- und der ab 2000-Geborenen angehören (vgl. Kapitel 3.3).

Tabelle 3-4: **Grundschüler insgesamt, mit Migrationshintergrund in % und den einzelnen Migrationsmerkmalen Staatsangehörigkeit, Verkehrssprache und Geburtsland in % (deutsch / nichtdeutsch), Schuljahr 2008/09**

Bundesland	Schüler insgesamt	darunter mit: MH	ndt. StA	ndt. Sprache	ndt. Geburtsland
Bayern	480.414	(11,9)	7,0	(8,3)	(2,5)
Hamburg	57.736	(27,8)	12,0	27,0	(1,2)
Hessen*	211.795	25,2	7,7	23,7	4,3
Rheinland-Pfalz	156.294	15,7	6,7	14,1	2,6

* = Schuljahr 2010/11
MH = Migrationshintergrund; StA = Staatsangehörigkeit; ndt. = nichtdeutsche(-r/-s)

Hinsichtlich der einzelnen Migrationsmerkmale zeigt sich für die beiden Länder mit validen Individualdatensätzen, dass der Anteil der Grundschüler mit einer nichtdeutschen Familiensprache mehr als das Doppelte des Anteils von Schülern mit nichtdeutscher Staatsangehörigkeit beträgt (in Hessen sogar gut das Dreifache, da in dem Schuljahr 2010/11 fast alle Schüler ab 2000 geboren wurden und sich die staatsangehörigkeitsrechtlichen Änderungen fast vollständig auf die Grundschüler auswirken). Insgesamt weist nur ein relativ geringer Teil der Grundschüler (maximal jeder 23.) ein nichtdeutsches Geburtsland auf. Angesichts des hohen Migrantenanteils und des sehr geringen Anteils von Schülern mit nichtdeutschem Geburtsland scheint für Hamburg eine deutliche Unterschätzung des Anteils von Schülern mit nichtdeutschem Geburtsland vorzuliegen. Dies zeichnet sich tendenziell auch für Bayern ab, in noch stärkerem Umfang wird scheinbar das Merkmal der nichtdeutschen Familiensprache unterschätzt. Entsprechend ist auch von einer Unterschätzung der ausgewiesenen Anteile von Schülern mit Migrationshintergrund insgesamt in Bayern und Hamburg auszugehen, wonach in den beiden Ländern mindestens etwa jeder achte bzw. mindestens jeder vierte Grundschüler einen Migrationshintergrund hat. Gesichert ist hingegen, dass in Hessen ungefähr jeder vierte und in Rheinland-Pfalz annähernd jeder sechste Grundschüler einen Migrationshintergrund nach Definition der KMK aufweist.

Allerdings zeigen sich erhebliche Unterschätzungen, wenn die Anteile mit denen des Mikrozensus 2009 verglichen werden. Anhand des Mikrozensus kann die Bevölkerung mit Migrationshintergrund (im engeren Sinne; vgl. hierzu z.B. Statistisches Bundesamt 2011a: 388f.) im Grundschulalter von 6 bis 10 Jahren bestimmt werden. Im Jahr 2009 haben in Bayern 28,4 %, in Hamburg 48,7 %, in Hessen 39,6 % und in Rheinland-Pfalz 31,1 % der Kinder im Alter von 6 bis 10 Jahren einen Migrationshintergrund (Sonderauswertung des Mikrozensus 2009 durch das Statistische Bundesamt, ohne Abbildung). Auch wenn die den Zahlen zugrundeliegende Bevölkerungspopulation nicht perfekt mit der schulstatistischen Population der Grundschüler übereinstimmt, liefern diese Zahlen dennoch wenigstens einen Hinweis darauf, dass anhand der individualdatenstatistischen Merkmale Schüler mit Migrationshintergrund nicht ausreichend erfasst werden. Insbesondere dürfte sich auswirken, dass in der Schulstatistik keine Elterninformationen zur Bestimmung des Migrationsstatus der Schüler herangezogen wurden.

Wie gezeigt, ist die nichtdeutsche Familiensprache das Merkmal in der Individualdatentatistik, über das alleine der größte Anteil an Schülern mit Migrationshintergrund ausgemacht werden kann. Die Relevanz der einzelnen Migrationsmerkmale wird nachfolgend hinsichtlich der Identifizierung von Schülern mit Migrationshintergrund nach KMK-Definition verdeutlicht. Aus diesem Grund werden die prozentualen Anteile der einzelnen Migrationsmerkmale an den Schülern mit Migrationshintergrund insgesamt sowie differenziert nach den beiden Geburtskohorten der vor-/ bzw. der ab dem 1.1.2000-Geborenen angegeben. Hierüber lassen sich Informationen gewinnen, inwiefern sich das Gewicht der einzelnen Merkmale durch die staatsangehörigkeitsrechtlichen Änderungen verschiebt und ob der Anteil der Schüler mit Migrationshintergrund, der über die von der KMK genannten Merkmale definiert wird, stabil bleibt, oder sogar ansteigt, wie es Studien zur demographischen Entwicklung der Grundschüler nahelegen (vgl. z.B. Autorengruppe Bildungsberichterstattung 2010: 19; Geißler/ Weber-Menges 2008; Gresch/Kristen 2011: 216f.).

Zuerst soll die Veränderung der einzelnen Merkmale und des Migrationshintergrundes insgesamt nach Geburtskohorten für Rheinland-Pfalz als Bundesland mit uneingeschränkt interpretierbaren Anteilswerten betrachtet werden (Tabelle 3-5).

Tabelle 3-5: Grundschüler nach Migrationshintergrund, einzelnen Migrationsmerkmalen und Geburtskohorten in Rheinland-Pfalz, Schuljahr 2008/09

Migrationsmerkmal(e)	n=	Anteil insg. in %	für bis 1999 Geb. in %	für ab 2000 Geb. in %	Quotient ab-/vor dem 01.01.2000 Geborene
Schüler mit MH insgesamt	24.528	15,7	16,5	15,2	0,92
hiervon werden erfasst über:					
ndt. Staatsangehörigkeit	10.432	42,5	55,1	34,0	0,62
ndt. Sprache	22.108	90,1	87,5	91,9	1,05
ndt. Geburtsland	4.128	16,8	20,0	14,7	0,73
ndt. Sprache und ndt. StA	24.059	98,1	97,9	98,2	1,00

MH = Migrationshintergrund; ndt. = nichtdeutsche(s); StA = Staatsangehörigkeit; insg. = insgesamt; Geb. = Geborene

In Rheinland-Pfalz weisen insgesamt 15,7 % der Grundschüler einen Migrationshintergrund nach KMK-Definition auf. Über das alleinige Merkmal der Staatsangehörigkeit wird noch nicht einmal die Hälfte der Schüler mit Migrationshintergrund erkannt, über ein nichtdeutsches Geburtsland wird lediglich jeder sechste, über die Familiensprache werden etwa 90 % der Schüler mit Migrationshintergrund nach KMK-Definition erfasst. Über eine Kombination der beiden Merkmale der Familiensprache und der Staatsangehörigkeit werden bereits 98,1 % der Schüler mit Migrationshintergrund nach KMK-Definition erfasst, während über das dritte Merkmal des Geburtslandes nur weitere 1,9 % der Schüler mit Migrationshintergrund zusätzlich erfasst werden können. Hierdurch wird deutlich, dass die Erhebung des Geburtslandes von Schülern zumindest als Merkmal zur Identifikation von Schülern mit Migrationshintergrund nur eine marginale Rolle spielt.[106]

Im Vergleich zwischen den Geburtskohorten zeigt sich erneut der – bereits zuvor festgestellte – Bedeutungsverlust des Staatsangehörigkeitsmerkmals durch das geänderte Staatsangehörigkeitsrecht. Während über dieses Merkmal unter den bis 1999 Geborenen noch gut die Mehrheit der Schüler mit Migrationshintergrund erfasst wird, ist dies für die ab 2000 Geborenen nur noch für ein Drittel der Fall. Für das Merkmal der nichtdeutschen Familiensprache ist ein leicht zunehmender Bedeutungszuwachs (+5 %) zwischen den Kohorten zu erkennen. Somit werden unter den ab dem Jahr 2000 geborenen Schülern mit Migrationshintergrund etwa 92 % allein über das Merkmal der Familiensprache erfasst. Hinsichtlich des Geburtslandes ist eine Bedeutungsabnahme um 27 % zwischen den Kohorten zu konstatieren, über dieses Merkmal kann unter den ab 2000 Geborenen nur noch etwa jeder siebte Schüler mit Migrationshintergrund erkannt werden.

---

106 Ergänzend sei darauf hingewiesen, dass die Merkmalskombination ‚Sprache und Geburtsland' mit 93,0 % einen geringeren Anteil an den Schülern mit Migrationshintergrund nach KMK-Definition hat als die dargestellte Kombination ‚Sprache und Staatsangehörigkeit' (98,1 %); dies gilt sogar noch verstärkt für die kombinierten Merkmale ‚Staatsangehörigkeit und Geburtsland' mit einem Anteil von 50,3 %.

Insbesondere die sinkende Relevanz des Merkmals der Staatsangehörigkeit und des – quantitativ ohnehin relativ marginalen Merkmals des – Geburtslandes führt dazu, dass auch der Anteil von Schülern mit Migrationshintergrund insgesamt nach KMK-Definition zwischen den Geburtskohorten von 16,5 % auf 15,2 % sinkt. Dieses Ergebnis ist insofern besonders hervorzuheben, da aus demografischer Perspektive ein Anstieg der Schüler mit Migrationshintergrund zu erwarten ist. Oder wie es Geißler und Weber-Menges plakativ für Deutschland insgesamt formulieren: „Unter den 15-jährigen Schülerinnen und Schülern ist es 2006 jede bzw. jeder fünfte, unter den Viertklässlern bereits jede bzw. jeder vierte und bei den Kindern unter fünf Jahren schon jedes dritte Kind" (vgl. Geißler/Weber-Menges 2008: 14), das einen Migrationshintergrund aufweist. Somit zeigt sich, dass die von der KMK benannten Merkmale nicht völlig ausreichen, um den Migrationshintergrund der – insbesondere ab dem Jahr 2000 geborenen – Grundschüler abzubilden. Dieser Befund ist für die weiterführenden Schulen insbesondere von perspektivischer Relevanz. Denn wenn die ab 2000 geborenen Schüler auf die Sekundarstufe übergehen, wird auch an diesen Schulen der Anteil von Schülern mit Migrationshintergrund (zusätzlich) unterschätzt.

Über die kombinierten Merkmale Familiensprache und Staatsangehörigkeit werden annähernd alle Schüler mit Migrationshintergrund – nach den Migrationskriterien der Schulstatistik – erfasst, dies gilt auch im Vergleich der beiden Geburtskohorten, die jeweils einen konstanten Anteil von etwa 98 % aufweisen.

Als Nächstes werden in Tabelle 3-6 die Ergebnisse für den Stadtstaat Hamburg dargestellt. Denn für Hamburg sind die Migrationsmerkmale als prinzipiell valide anzusehen, als Ausnahme ist einzig das Merkmal nichtdeutsches Geburtsland (mit unterrepräsentierten Anteilswerten) zu nennen. In der Folge wird auch der Anteil von Schülern mit Migrationshintergrund insgesamt unterschätzt. Hieraus folgt, dass die Anteile der nichtdeutschen Staatsangehörigkeit und der nichtdeutschen Familiensprache an den Schülern mit Migrationshintergrund insgesamt überschätzt werden.

Tabelle 3-6: **Grundschüler nach Migrationshintergrund, einzelnen Migrationsmerkmalen und Geburtskohorten in Hamburg (Schuljahr 2008/09)**

Migrationsmerkmal(e)	n=	Anteil insg. in %	für bis 1999 Geb. in %	für ab 2000 Geb. in %	Quotient ab-/vor dem 01.01.2000 Geborene
Schüler mit MH insgesamt	16.065	(27,8)	(30,5)	(26,3)	(0,86)
hiervon werden erfasst über:					
ndt. Staatsangehörigkeit	6.949	43,3	54,5	36,0	0,66
ndt. Sprache	15.591	97,0	97,7	96,6	0,99
ndt. Geburtsland	698	(4,3)	(3,7)	(4,7)	(1,27)
ndt. Sprache und ndt. StA	15.938	99,2	99,6	98,9	0,99

MH = Migrationshintergrund; ndt. = nichtdeutsche(s); StA = Staatsangehörigkeit; insg. = insgesamt; Geb. = Geborene

Trotz der ersichtlichen Unterschätzung von Schülern mit nichtdeutschem Geburtsland ist für den Stadtstaat Hamburg im Vergleich zu Rheinland-Pfalz ein beinahe doppelt so hoher Anteil von Grundschülern mit Migrationshintergrund zu erkennen. Im Geburtskohortenvergleich sinkt dieser Anteil jedoch um 14 %, so dass sich unter den ab 2000 Geborenen mit 26,3 % nur noch für gut jeden vierten Grundschüler ein Migrationshintergrund feststellen lässt. Erneut werden gut 40 % der Migranten über das Merkmal der Staatsangehörigkeit erfasst. Jedoch variiert dieser Anteil deutlich zwischen den Geburtskohorten, da über das Merkmal unter den bis 1999 geborenen Grundschülern etwa 55 %, unter den ab 2000 Geborenen jedoch nur noch ein gutes Drittel der Schüler mit Migrationshintergrund nach KMK-Definition erkannt werden können. Diese Anteile und Veränderungen sind vergleichbar mit den rheinland-pfälzischen Ergebnissen. Die Familiensprache stellt mit Anteilen von über 95 % erneut das wichtigste Einzelmerkmal dar, das auch zwischen den Geburtskohorten relativ stabil bleibt und nur einen geringen Rückgang um einen Prozentpunkt für die ab dem Jahr 2000 geborenen Grundschüler verzeichnet.[107]

Als weiteres Bundesland sind nur noch für Bayern Vergleiche der Migrationsmerkmale nach den Geburtskohorten der Grundschüler im Schuljahr 2008/09 darstellbar (vgl. Tabelle 3-7). Aufgrund der eingeschränkt validen Datenbasis werden die Ergebnisse nur mit Vorsicht interpretiert.

Tabelle 3-7:   **Grundschüler nach Migrationshintergrund, einzelnen Migrationsmerkmalen und Geburtskohorten in Bayern (Schuljahr 2008/09)**

Migrationsmerkmal(e)	n=	Anteil insg. in %	für bis 1999 Geb. in %	für ab 2000 Geb. in %	Quotient ab-/vor dem 01.01.2000 Geborene
Schüler mit MH insgesamt	57.396	(11,9)	(13,5)	(11,0)	(0,82)
hiervon werden erfasst über:					
ndt. Staatsangehörigkeit	33.830	58,9	69,1	51,7	0,75
ndt. Sprache	39.689	(69,1)	(67,3)	(70,5)	(1,05)
ndt. Geburtsland	12.123	(21,1)	(24,3)	(18,9)	(0,78)
ndt. Sprache und ndt. StA	54.769	(95,4)	(95,4)	(95,5)	(1,00)

MH = Migrationshintergrund; ndt. = nichtdeutsche(s); StA = Staatsangehörigkeit; insg. = insgesamt; Geb. = Geborene

Auf die jeweiligen Anteile wird aufgrund der Beschränkungen nicht näher eingegangen. Jedoch stimmen die Anteilsentwicklungen zwischen den Geburtskohorten tendenziell mit denen für Rheinland-Pfalz überein. Der Anteil von Schülern mit

---

107 Möglicherweise lässt sich diese Entwicklung genau wie der leichte Anstieg für die ab 2000 geborenen Schüler mit nichtdeutschem Geburtsland darauf zurückführen, dass das unterrepräsentierte Merkmal mit zunehmendem Schuljahr (bzw. auch Geburtsjahr der Schüler) von den Schulen für die neu eingeschulten Schüler präziser erhoben wird. Da das nichtdeutsche Geburtsland in dem Schuljahr noch unzureichend erfasst wird, verwundert auch nicht, dass über die Merkmale nichtdeutsche Familiensprache und Staatsangehörigkeit annähernd alle Schüler mit Migrationshintergrund erkannt werden können (auch hier deutet der sinkende Anteil auf eine im Kohortenvergleich leicht verbesserte Erfassung des Geburtslandes hin).

Migrationshintergrund geht auch in Bayern für die ab 2000 gegenüber den bis 1999 geborenen Grundschülern zurück. Das gleiche ist für die Merkmale der nichtdeutschen Staatsangehörigkeit und des Geburtslandes festzustellen, während die kombinierten Merkmale der Familiensprache und der Staatsangehörigkeit auf sehr hohem Niveau konstant bleiben – dies stimmt erneut mit den Ergebnissen für Rheinland-Pfalz überein.

Für das Land Hessen lässt sich zwar nicht die Veränderung der Migrationsmerkmale zwischen den Geburtskohorten von Grundschülern darstellen, da die zur Staatsangehörigkeit ergänzenden Merkmale nach KMK-Definition im hierfür relevanten Schuljahr 2008/09 nicht valide erhoben wurden. Jedoch sind die hessischen Individualdaten insofern von besonderem Interesse, da diese sowohl Informationen über die erste als auch über die zweite Staatsangehörigkeit von Schülern bereitstellen. Die Anteile nichtdeutscher Grundschüler werden in Tabelle 3-8 nach der ersten und der zweiten Staatsangehörigkeit für das Schuljahr 2008/09 dargestellt. Hierdurch können erste Hinweise über den quantitativen ‚Mehrwert‘ der zweiten Staatsangehörigkeit hinsichtlich der Erfassung von Schülern mit Migrationshintergrund abgeleitet werden. Hieran anschließend werden die erweiterten Migrationsmerkmale durch einen ergänzend hinzugezogenen Datensatz für das Schuljahr 2010/11 untersucht, denn die in dem hessischen Individualdatensatz enthaltenen Migrationsmerkmale und Migrationsinformationen können in diesem Schuljahr erstmals als valide angesehen werden.

Tabelle 3-8: **Anteile nichtdeutscher Grundschüler nach 1. und 2. Staatsangehörigkeit und Geburtskohorten in % für Hessen (Schuljahr 2008/09)**

Schüler in %, deren ... ist	insgesamt	bis 31.12.1999 Geborene	ab 01.01.2000 Geborene	Quotient ab/vor 2000 Geborene
1. StA ndt.	10,5	15,1	7,4	0,49
2. StA ndt.*	3,7	2,6	4,4	1,67
1. oder 2. StA ndt.	14,2	17,7	11,8	0,66

* = sofern die erste Staatsangehörigkeit deutsch ist
StA = Staatsangehörigkeit; ndt. = nichtdeutsch

Als ‚ausländische Bevölkerung‘ bzw. als ‚Ausländer‘ werden nach Definition des Statistischen Bundesamtes (2011) alle Personen verstanden,

> „die nicht Deutsche im Sinne des Art. 116 Abs. 1 GG sind, d.h. nicht die deutsche Staatsangehörigkeit besitzen. Dazu zählen auch die Staatenlosen und die Personen mit ungeklärter Staatsangehörigkeit. Deutsche, die zugleich eine fremde Staatsangehörigkeit besitzen, zählen nicht zur ausländischen Bevölkerung" (Statistisches Bundesamt 2011c: 5).

Entsprechend dieser Definition werden auch im Rahmen der amtlichen Schulstatistik ausländische Schüler definiert. Im Falle von Hessen sind dies diejenigen Schüler, deren erste Staatsangehörigkeit eine nichtdeutsche ist (ggf. ergänzt um eine zweite Staatsangehörigkeit, die ebenfalls nichtdeutsch ist). Liegt für einen Schüler eine ausschließlich deutsche Staatsangehörigkeit oder neben einer deutschen Staatsangehörigkeit eine ausländische Staatsangehörigkeit vor, so wird dieser Schüler von der (Schul-)Statistik als deutsch definiert und für ihn wird als erste Staatsangehörigkeit die deutsche ausgewiesen (vgl. Plath 2003: 6).[108]

Zu einer erweiterten Erfassung von Schülern mit Migrationshintergrund ist es möglich, die zweite Staatsangehörigkeit heranzuziehen. Hiernach haben Schüler einen Migrationshintergrund, wenn sie entweder über eine ausländische erste Staatsangehörigkeit verfügen, oder die erste Staatsangehörigkeit eine deutsche und die zweite Staatsangehörigkeit eine nichtdeutsche ist (vgl. hierzu auch Söhn/Özcan 2005: 121). Diesen Definitionen folgend, weisen von den insgesamt 222.316 hessischen Grundschülern 10,5 % als erste Staatsangehörigkeit eine nichtdeutsche Staatsangehörigkeit auf. Weitere 3,7 % der Grundschüler haben als erste eine deutsche Staatsangehörigkeit und als zweite eine nichtdeutsche Staatsangehörigkeit, so dass über die Merkmale der ersten und zweiten Staatsangehörigkeit insgesamt 14,2 % der Grundschüler über einen nichtdeutschen Pass (bzw. einen Migrationshintergrund definiert über die Merkmale der ersten und zweiten Staatsangehörigkeit) verfügen[109]. Im Vergleich zur ersten Staatsangehörigkeit kann somit über die zweite Staatsangehörigkeit ein weiteres Drittel an Grundschülern mit einer nichtdeutschen Staatsangehörigkeit erkannt werden.

Jedoch zeigen sich zwischen den Geburtskohorten – den bis 1999 und den ab 2000 geborenen Grundschülern – deutliche Unterschiede hinsichtlich des Stellenwertes der Merkmale der ersten und der zweiten Staatsangehörigkeit. Während sich der Anteil der Grundschüler mit einer nichtdeutschen ersten Staatsangehörigkeit im Vergleich halbiert, steigt der Anteil der deutschen Schüler mit einer nichtdeutschen zweiten Staatsangehörigkeit um zwei Drittel von 2,6 % auf 4,4 % an. Die Ursache hierfür ist maßgeblich im geänderten Staatsangehörigkeitsrecht zu suchen: Die optionale Verleihung einer deutschen neben einer weiteren nichtdeutschen Staatsangehörigkeit führt zu entsprechend sinkenden Anteilen der ersten Staatsangehörigkeit und zu einem höheren Anteil von Schülern mit einer deutschen und einer nichtdeutschen zweiten Staatsangehörigkeit. Zugleich wird jedoch deutlich, dass die zweite Staatsangehörigkeit die – hinsichtlich der Erfassung von Schülern mit Migrationshintergrund – zwischen den Geburtskohorten anteilsmäßig entstehenden Verluste der ersten Staatsangehörigkeit nicht kompensieren kann. Dies spiegelt sich in dem Anteil der Schüler mit einer nichtdeutschen ersten oder zweiten Staatsangehörigkeit wider, der zwischen den Kohorten um ein Drittel zurückgeht (von 17,7 auf 11,8 %).

Hinsichtlich des Kohortenvergleichs bleibt für hessische Grundschüler festzuhalten, dass die ergänzende Berücksichtigung des Merkmals zweite Staatsangehörigkeit

---

108 Zu beachten ist, dass dieser Definition zwar in Veröffentlichungen des Statistischen Landesamtes Hessen gefolgt wird. Die vom Hessischen Kultusministerium bereitgestellten Individualdatensätze beinhalten jedoch die Variablen erste und zweite Staatsangehörigkeit, die noch gemäß der Definition des Statistischen Bundesamtes umzucodieren sind. Denn der Datensatz enthält die von den Schulen vorgenommenen Einträge, die variieren können. So ist z. B. für einige Schüler die Kombination erste Staatsangehörigkeit deutsch und zweite Staatsangehörigkeit türkisch möglich; für andere hingegen die umgekehrte Kombination erste Staatsangehörigkeit türkisch, zweite Staatsangehörigkeit deutsch. Entsprechend wären nicht umcodierte Ausgaben fehlerhaft bzw. würden zumindest nicht der Definition des Statistischen Bundesamtes entsprechen, wonach diese Schüler einheitlich als Deutsche anzusehen wären, die zusätzlich eine zweite türkische Staatsangehörigkeit haben. Dieser Aspekt wurde in den Analysen berücksichtigt.

109 Ergänzend sei angeführt, dass lediglich 397 Schüler (bzw. 0,2 % der Grundschüler insgesamt) zwei verschiedene nichtdeutsche Staatsangehörigkeiten aufweisen.

für die bis 1999 Geborenen nur einen geringen zusätzlichen Anteil von 2,6 Prozentpunkten (bzw. +17,5 %) gegenüber dem klassischen Merkmal der ersten Staatsangehörigkeit mit sich bringt. Perspektivisch wird dem Merkmal jedoch eine gesteigerte Bedeutung zuteil, wie es für die ab 2000 Geborenen gezeigt werden konnte. Denn der Anteil der Schüler mit entweder erster oder zweiter nichtdeutscher Staatsangehörigkeit liegt um 4,4 Prozentpunkte (oder um +60 %) über dem Anteil der Schüler mit einer ausschließlich ersten nichtdeutschen Staatsangehörigkeit.

Hieran anknüpfend wird die potentielle Relevanz des ergänzenden statistischen Merkmals der zweiten Staatsangehörigkeit im Vergleich zu den Migrationsmerkmalen nach KMK-Definition überprüft. Hierzu wird ein weiterer hessischer Individualdatensatz für das Schuljahr 2010/11 ausgewertet, der neben den beiden Staatsangehörigkeiten zusätzliche valide Migrationsmerkmale entsprechend der KMK-Definition beinhaltet. Da sich unter den knapp 212.000 Grundschülern des Schuljahres lediglich 3.011 bzw. 1,4 % bis Ende 1999 Geborene befinden, ist – im Gegensatz zu den zuvor betrachteten Ländern – keine nach Geburtskohorten ausdifferenzierende Darstellung sinnvoll.

Tabelle 3-9:   Grundschüler insgesamt, nach Migrationshintergrund, einzelnen Migrationsmerkmalen und ausgewählten Merkmalskombinationen in Hessen (Schuljahr 2010/11)

Schüler (nach MMM)	n =	in %
Schüler insgesamt	211.795	100,0
darunter mit:		
MH (KMK)	53.422	25,2
MH (KMK + 2. StA)	56.524	26,7
ndt. Sprache	50.158	23,7
ndt. Geburtsland	9.079	4,3
1. StA ndt.	16.223	7,7
2. StA ndt.*	11.247	5,3
1. od. 2. StA ndt.	27.470	13,0
1. StA od. Sprache ndt.	52.138	24,6
Sprache od. Geburtsland ndt.	51.843	24,5
1. od. 2. StA od. Sprache ndt.	55.608	26,3
1. StA od. Geburtsland ndt.	20.290	9,6

* = sofern die erste Staatsangehörigkeit deutsch ist
MMM = Migrationsmerkmale(n); KMK = nach Definition (bzw. Merkmalen) der KMK; MH = Migrationshintergrund; StA = Staatsangehörigkeit; ndt. = nichtdeutsch(-e/-es); od. = oder

Die in Tabelle 3-9 hellgrau hinterlegten Zeilen geben die Fallzahlen und Anteile der Schüler mit Migrationshintergrund wieder, je einmal basierend auf den Merkmalen der KMK (nichtdeutsche erste Staatsangehörigkeit, nichtdeutsche Familiensprache, nichtdeutsches Geburtsland) sowie ein weiteres Mal für die KMK-Merkmale, die um das Merkmal der zweiten Staatsangehörigkeit erweitert werden (in der Abbildung:

‚KMK + 2. StA‘). Die Zeilen mit einem mittelstarken Grauton stellen die Werte für die einzelnen Migrationsmerkmale dar, während die dunkelgrau hinterlegten Zeilen ausgewählte Merkmalskombinationen abbilden.

Nach KMK-Definition hat jeder vierte Grundschüler in Hessen einen Migrationshintergrund (25,2 %). Werden die von der KMK genannten Merkmale um das Merkmal der zweiten Staatsangehörigkeit ergänzt, so ergibt sich mit 26,7 % ein um weitere 1,5 Prozentpunkte erhöhter Anteil von Schülern mit Migrationshintergrund.

Für die einzelnen Merkmale zeigt sich erneut, dass allein über das Merkmal der nichtdeutschen Familiensprache, das 23,7 % beträgt, der höchste Anteil an Schülern mit Migrationshintergrund erkannt werden kann. Das Merkmal hat in Hessen einen Anteil von 94 % an den Schülern mit Migrationshintergrund nach KMK-Definition sowie von 89 % nach der um die zweite Staatsangehörigkeit erweiterten Migrationsdefinition. Weiter ergibt sich für die zweite Staatsangehörigkeit ein deutlicher ‚Mehrwert‘, wenn dieses Merkmal ergänzend zur ersten Staatsangehörigkeit erhoben wird. Die Kombination der beiden Staatsangehörigkeitsmerkmale ergibt einen Anteil von immerhin 13 %. Dies zeigt, dass über die zweite Staatsangehörigkeit mehr Schüler mit Migrationshintergrund erfasst werden, als wenn ergänzend zur ersten Staatsangehörigkeit das Geburtsland hinzugezogen wird, was zu einem Anteil von lediglich 9,6 % führt. Trotzdem erreichen diese Merkmalskombinationen nur den halben Anteilswert im Vergleich zu der Kombination der ersten Staatsangehörigkeit mit der Familiensprache, aus der ein Anteil von 24,6 % resultiert. Ein weiterer Hinweis darauf, dass das ergänzende Merkmal der zweiten Staatsangehörigkeit einen höheren Anteil von Schülern mit Migrationshintergrund erfasst als das Geburtsland, wird auch durch einen weiteren Vergleich verdeutlicht. Denn der Anteil der Grundschüler mit entweder nichtdeutscher erster oder zweiter Staatsangehörigkeit oder einer nichtdeutschen Familiensprache liegt mit 26,3 % über dem Anteil der Schüler mit Migrationshintergrund nach KMK-Definition (25,2 %), der ebenfalls auf drei Merkmalen beruht. Wird das Merkmal Geburtsland als viertes Merkmal der ersten und zweiten Staatsangehörigkeit sowie der Familiensprache hinzugefügt, ergibt sich mit 26,7 % ein nur noch um 0,4 Prozentpunkte erhöhter Anteil bzw. ‚Mehrwert‘ an Schülern mit Migrationshintergrund.

Insgesamt kann das Merkmal der zweiten Staatsangehörigkeit als quantitativ bedeutsamer zur Identifizierung von Schülern mit Migrationshintergrund angesehen werden als das Merkmal des Geburtslandes, was am Beispiel von hessischen Individualdatenstatistiken gezeigt wurde. Positiv formuliert bietet das Merkmal der zweiten Staatsangehörigkeit im Rahmen der amtlichen Schulstatistik einen analytischen ‚Mehrwert‘, sowohl in Ergänzung zur ersten Staatsangehörigkeit als auch zu den Migrationsmerkmalen nach KMK-Definition. Umgekehrt sollte dieser Befund nicht dahingehend interpretiert werden, als sei das Merkmal des Geburtslandes obsolet. Denn hierüber lässt sich immerhin das Herkunftsland von Schülern ableiten. Zudem ist das Merkmal auch insofern unverzichtbar, da in Kombination mit dem Geburtsland das genaue Zuzugsjahr erhoben wird, um Informationen über die Herkunft und den Generationenstatus der Schüler gewinnen zu können (selbst zugewandert = 1. Generation; in Deutschland geboren = 2. Generation). Somit hat das Merkmal

Geburtsland nur wenig Gewicht, um den Anteil von Schülern mit Migrationshintergrund in Kombination mit weiteren Migrationsmerkmalen zu erhöhen.

Abschließend sollen die verallgemeinerbaren Ergebnisse festgehalten werden, die sich auf die Messung des nach der KMK (2011a) definierten Migrationshintergrundes und der hierfür erforderlichen Einzelmerkmale bezieht. Erneut fanden sich Belege dafür, dass das Merkmal nichtdeutsche Staatsangehörigkeit zur Messung von Schülern mit Migrationshintergrund einen Bedeutungsverlust erfährt. Trotz gewisser landesspezifischer Einschränkungen lässt sich festhalten, dass das Merkmal der überwiegend zu Hause gesprochenen Familiensprache zur statistischen Erfassung von Schülern mit Migrationshintergrund unter den verfügbaren Merkmalen das bedeutsamste Einzelmerkmal ist. Denn über die Familiensprache wird der größte Anteil von Schülern mit Migrationshintergrund insgesamt nach Definition der KMK erfasst. Zwar geht der Anteil der Grundschüler mit Migrationshintergrund zwischen den Geburtskohorten zurück, der Anteil des Sprachmerkmals bleibt jedoch – bezogen auf die Schüler mit Migrationshintergrund – in etwa stabil oder nimmt sogar noch an Bedeutung zu. Das Geburtsland spielt als Einzelmerkmal hinsichtlich der Erfassung von Schülern mit Migrationshintergrund die geringste Rolle. Wie der Vergleich zwischen den Geburtskohorten – am Beispiel der validen rheinland-pfälzischen Daten – zeigt, nimmt der bereits ohnehin geringe Anteil des Merkmals Geburtsland tendenziell sogar noch weiter ab. Dies spiegelt sich auch darin wider, dass über die beiden Merkmale Familiensprache und Staatsangehörigkeit in Rheinland-Pfalz bereits 98,1 % der Schüler mit Migrationshintergrund nach KMK-Definition erfasst werden (was sich mit entsprechenden Einschränkungen tendenziell auch in den weiteren untersuchten Ländern abzubilden scheint). Somit spielt die Erhebung des Geburtslandes von Schülern zumindest als Merkmal zur Erfassung von Schülern mit Migrationshintergrund nur eine marginale Rolle. Das Merkmal ist und bleibt jedoch in Kombination mit weiteren Migrationsmerkmalen unverzichtbar, um Informationen zum Generationenstatus und – ergänzend hierzu auch – zum Zuzugsjahr von Schülern generieren zu können. Für weitere Analysen kann anhand des Zuzugsjahres z.B. auch das Alter des Zuzugs ermittelt werden (vgl. Kapitel 1.2.2).

Weiter fällt auf, dass der Anteil der Schüler mit Migrationshintergrund nach KMK-Definition zwischen den Geburtskohorten erwartungswidrig sinkt. Dies deutet auf eine Unterschätzung des Anteils von Schülern mit Migrationshintergrund hin, der bedingt ist durch die Auswahl der Migrationsmerkmale. Denn diese berücksichtigen beispielsweise keine Informationen zu den Eltern der Schüler, da im Rahmen die Schulstatistik i.d.R. keine Informationen über Dritte erhoben werden dürfen (vgl. Burgmaier/Traub 2007: 7). Hierfür wären in den Ländern z.T. Änderungen der Schulgesetze erforderlich, die z.B. in Hamburg erfolgt sind. Durch den Anteilsrückgang wird hervorgehoben, dass selbst die erweiterten Migrationsmerkmale nach KMK-Definition nicht die fehlenden Elterninformationen ersetzen können. Dies betrifft insbesondere das Merkmal der (ersten) Staatsangehörigkeit, welches durch das geänderte Staatsangehörigkeitsrecht an Bedeutung verliert, ebenso wie das Geburtsland, das gegenüber der Staatsangehörigkeit und der Familiensprache nur einen vernachlässigbaren zusätzlichen Beitrag zur Erfassung von Schülern mit Migrationshintergrund leistet. Auch der Einbezug der zweiten Staatsangehörigkeit von Schülern steigert als viertes Migrationsmerkmal den Anteil von Schülern mit Migrationshintergrund in nur geringem Umfang – dies wurde am Beispiel von Hessen veranschaulicht. Jedoch zeigte sich für die zweite Staatsangehörigkeit ein nicht zu vernachlässigender Beitrag, wenn mithilfe dieses Merkmals ergänzend zur ersten Staatsangehörigkeit auf einen Migrationshintergrund von Schülern geschlossen wird.

3.5 Regionale Darstellungen und Zusammenhänge

Die wichtigsten der zuvor auf Ebene der Bundesländer festgestellten Ergebnisse sollen daraufhin untersucht werden, ob sich diese auch auf der regionalen Ebene der Kreise und kreisfreien Städte widerspiegeln. Insbesondere wird geprüft, ob sich die Änderungen im Staatsangehörigkeitsrecht gleichmäßig auf den Nichtdeutschenanteil in den Kreisen auswirken. Weiter wird untersucht, in welchem Umfang das klassische und flächendeckend für Kreise in Deutschland erhobene Merkmal einer nichtdeutschen Staatsangehörigkeit mit dem Anteil von Schülern mit Migrationshintergrund korreliert. Dies wird jeweils für die Geburtskohorten der bis 1999 und den ab 2000 Geborenen überprüft. Die Ergebnisse werden eine besondere Relevanz haben, da verdeutlicht wird, wie stark der Zusammenhang zwischen dem Anteil von nichtdeutschen Grundschülern und dem Anteil von Schülern mit Migrationshintergrund ausfällt. Diese Information ist sicherlich für diejenigen Kreise in Ländern relevant, für die keine Individualdaten – und somit keine Zahlen zu den Schülern mit Migrationshintergrund insgesamt – vorliegen.

In Abbildung 3-8 sind die Anteile von Grundschülern mit einer nichtdeutschen Staatsangehörigkeit in den Kreisen und kreisfreien Städten der Länder Bayern, Hessen und Rheinland-Pfalz kartografisch dargestellt[110]. Ergänzend werden in Tabelle 3-10 die kreisbezogenen Extremwerte nach Bundesland angeführt. Es werden nur die grundlegenden Ergebnisse berichtet, auf die Veränderungen in den einzelnen Kreisen wird nur in begründeten Ausnahmefällen eingegangen.

---

110 Für Hamburg liegen keine kleinräumigeren Ergebnisse wie z. B. auf Ebene der Stadtteile vor.

Abbildung 3-8: Anteil nichtdeutscher Grundschüler nach Geburtskohorten in Bayern, Hessen und Rheinland-Pfalz in % (Schuljahr 2008/09)

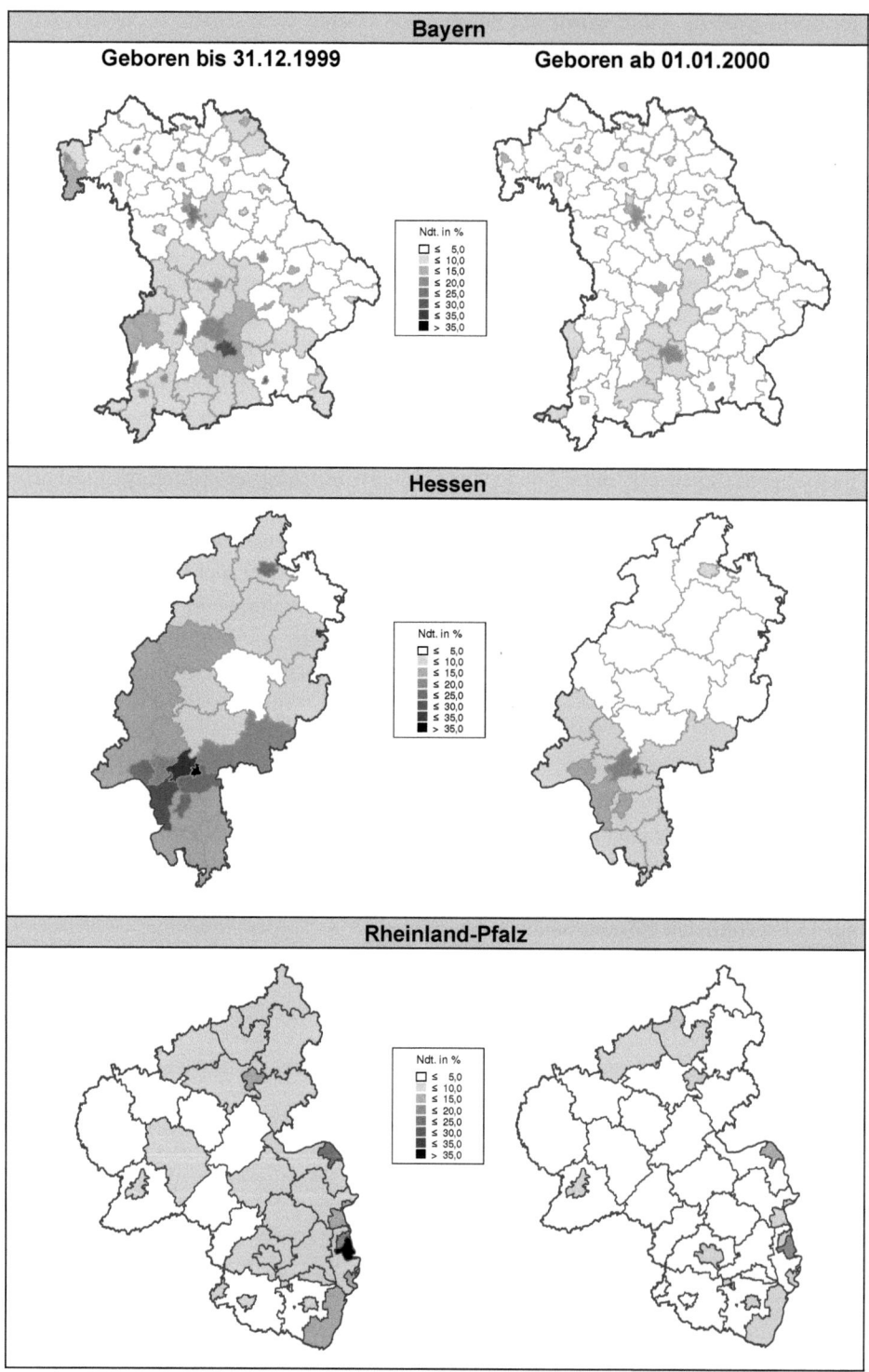

Tabelle 3-10:	Extremwerte des Quotienten ‚Anteil nichtdeutscher Grundschüler der ab 2000- vs. den bis 1999 Geborenen' in den Kreisen und kreisfreien Städten sowie im Landesdurchschnitt für Bayern, Hessen und Rheinland-Pfalz (Schuljahr 2008/09)

Land	Minimum	Maximum	Ø	SD	Kreise, n =
Bayern	0,18	1,85	0,61	0,20	96
Hessen	0,36	0,65	0,49	0,07	26
Rheinland-Pfalz	0,39	1,03	0,57	0,14	36

Ø = arithmetisches Mittel; SD = Standardabweichung

Für die drei Länder zeigt sich zwischen den Geburtskohorten ein einheitlicher und deutlicher Rückgang des Anteils nichtdeutscher Grundschüler. In Bayern sind Anteile von über 5 % nichtdeutschen Grundschülern unter den ab 2000 Geborenen lediglich für die Mehrzahl der kreisfreien Städte sowie insbesondere für die Landkreise rund um die Landeshauptstadt München zu nennen. Auch in Rheinland-Pfalz sind es tendenziell eher die kreisfreien Städte, die höhere Anteile nichtdeutscher Grundschüler aufweisen. Für Hessen zeigt sich ein Nord-Süd-Gefälle. Denn mit Ausnahme der kreisfreien Stadt Kassel befinden sich die Kreise und kreisfreien Städte mit Nichtdeutschenanteilen von über 5 % ausschließlich im Süden des Landes.

Dass zwischen den Kreisen z. T. deutliche Varianzen in dem Umfang des Rückgangs nichtdeutscher Grundschüler nach Geburtskohorte bestehen, veranschaulicht auch Tabelle 3-10. Die hier dargestellten Extremwerte der Quotienten, die den Rückgang des Anteils nichtdeutscher Grundschüler zwischen den Geburtskohorten auf Kreisebene abbilden, variieren insgesamt deutlich. Der Maximalwert für Bayern ist als Ausreißer anzusehen, denn lediglich ein bayerischer Kreis weist eine Zunahme im Anteil nichtdeutscher Grundschüler für die ab 2000 Geborenen aus. Zum anderen grenzt dieser Kreis, der eine Anteilssteigerung nichtdeutscher Grundschüler um das 1,85-Fache zwischen den Geburtskohorten aufweist, im Osten an die Tschechische Republik und zu einem kleinen Teil auch an Österreich an (wodurch starke Schwankungen durch nahräumige, grenzüberschreitende Zuwanderungen wahrscheinlich sind). Auch handelt es sich nur um einen relativ geringen Anteilswert, der zwischen den Kohorten von 0,7 % auf 1,3 % steigt. Der zweithöchste Quotient für bayerische Kreise beträgt 0,99, der bereits auf einen leichten Anteilsrückgang verweist. Das gleiche gilt für das Land Rheinland-Pfalz, hier weist der Kreis mit dem zweithöchsten Quotienten ein Verhältnis von 0,88 aus. Hinsichtlich der Minima zeigt sich, dass der Anteil nichtdeutscher Grundschüler unter den ab 2000 Geborenen in einzelnen Kreisen auf ein gutes Drittel (in Hessen und Rheinland-Pfalz) bzw. etwa ein Fünftel im Vergleich zu den bis 1999 Geborenen sinken kann.

Somit sind für die Kreise insgesamt deutliche Varianzen im Rückgang des Anteils nichtdeutscher Grundschüler zwischen den Geburtskohorten zu erkennen. Weiter sind Unterschiede in den regionalen Anteilsrückgängen auf Kreisebene zu konstatieren, die mit den verschiedenen Niveaus der Anteilsrückgänge im spezifischen Landesdurchschnitt zusammenhängen.

Abbildung 3-9: Anteil der Grundschüler mit nichtdeutscher Staatsangehörigkeit bzw. mit Migrationshintergrund in Bayern[111] und Rheinland-Pfalz in % (Schuljahr 2008/09)

Bayern

nichtdeutsche Grundschüler in %   mit Migrationshintergrund in %

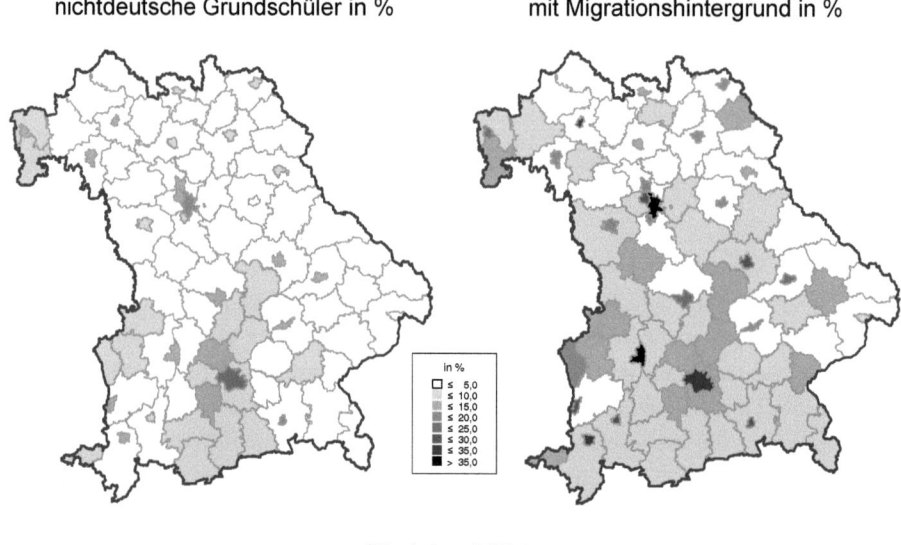

Rheinland-Pfalz

nichtdeutsche Grundschüler in %   mit Migrationshintergrund in %

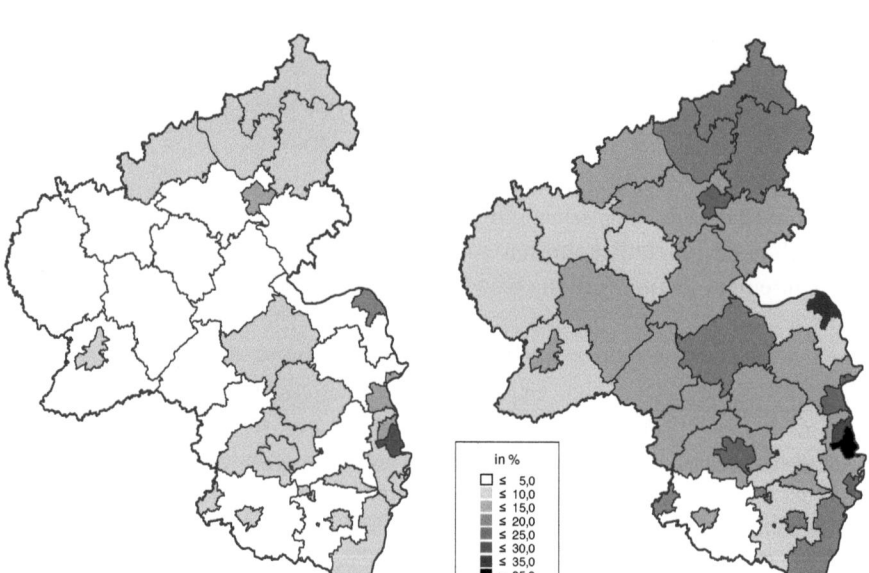

---

111 Die Ergebnisse nach Migrationshintergrund sind für Bayern – wie zuvor dargestellt – als nur eingeschränkt valide anzusehen.

Bayern und Rheinland-Pfalz sind die einzigen Länder, für die im Schuljahr 2008/09 Daten zu den Grundschülern nach Geburtskohorten und nach Migrationshintergrund vorliegen (für Bayern sind die Ergebnisse zum Migrationshintergrund – wie zuvor ausgeführt – mit Vorsicht zu interpretieren). Entsprechend wird für diese beiden Länder nachfolgend der Zusammenhang des Anteils nichtdeutscher Grundschüler und des Anteils der Schüler mit Migrationshintergrund auf der regionalen Ebene der Kreise und kreisfreien Städte überprüft. Ein Augenmerk wird auch darauf gelegt, ob und in welchem Umfang der Zusammenhang – bedingt durch die staatsangehörigkeitsrechtlichen Änderungen – zwischen den Geburtskohorten variiert. Zuerst wird der Anteil der Grundschüler mit nichtdeutscher Staatsangehörigkeit bzw. mit Migrationshintergrund für die Kreise und kreisfreien Städte in Bayern und Rheinland-Pfalz in Abbildung 3-9 kartografisch dargestellt.

Während der Anteil nichtdeutscher Grundschüler in Bayern auf Landesebene 7 % beträgt, variiert dieser Anteil auf Ebene der Kreise und kreisfreien Städte deutlich. Für die Mehrzahl der Landkreise sind stark unterdurchschnittliche Anteile erkennbar, für die im Osten Bayerns gelegenen Landkreise Regen (1,2 %), Straubing-Bogen und Freyung-Grafenau (jeweils 1,1 %) sind die niedrigsten Anteilswerte an nichtdeutschen Grundschülern zu beobachten. Überdurchschnittliche Anteile sind für die kreisfreien Städte festzustellen, die höchsten Werte ergeben sich für Nürnberg mit 18,5 sowie für die Landeshauptstadt München mit 22,0 %.

Für Bayern fällt der Anteil von Grundschülern mit Migrationshintergrund mit 11,9 % im Vergleich zum Nichtdeutschenanteil um etwa 5 Prozentpunkte höher aus. Insbesondere in den im Norden und Osten Bayerns gelegenen Landkreisen hat weniger als jeder 20. Grundschüler einen Migrationshintergrund. Die geringsten Anteile zeigen sich erneut für die östlichen Landkreise, insbesondere für den Kreis Regen mit 1,8 % sowie für Freyung-Grafenau mit 1,7 %. Demgegenüber hat beinahe jeder dritte Grundschüler in den kreisfreien Städten Kempten, München und Schweinfurt (mit Anteilswerten zwischen 31,0 bis 31,4 %) einen Migrationshintergrund, in Nürnberg (35,1 %) und Augsburg (36,7 %) trifft dies sogar auf mehr als jeden dritten Grundschüler zu.

In Rheinland-Pfalz haben 6,7 % der Grundschüler keinen deutschen Pass. Die geringsten Anteilswerte zeigen sich für die Landkreise Vulkaneifel mit 2,3 % und Südwestpfalz mit 1,3 %, die höchsten Anteile sind für die beiden kreisfreien Städte Mainz mit 16,9 % und Ludwigshafen am Rhein mit 25,6 % erkennbar. Der Anteil von Grundschülern mit Migrationshintergrund beträgt mit 15,7 % auf Landesebene mehr als das Doppelte des Nichtdeutschenanteils. Auf Kreisebene sind für die Landkreise Trier-Saarburg und Südliche Weinstraße mit 5,5 % sowie insbesondere für den Kreis Südwestpfalz mit 2,2 % die niedrigsten Anteilswerte festzustellen. Die Maximalwerte werden von zwei kreisfreien Städten erreicht, mit 34,9 % hat in Mainz mehr als jeder dritte Schüler einen Migrationshintergrund, in Ludwigshafen am Rhein ist es mit 48,0 % annähernd jeder Zweite.

Für die Kreise und kreisfreien Städte wird in Abbildung 3-10 ein Quotient berechnet, der die Merkmale Staatsangehörigkeit und Migrationshintergrund ins Verhältnis zueinander setzt, um den über das Merkmal einer nichtdeutschen Staatsangehörigkeit erfassten Anteil an Schülern mit Migrationshintergrund wiedergeben und kartografisch darstellen zu können. Ergänzend werden in Tabelle 3-11 die Extremwerte der Kreis-Quotienten angeführt.

Abbildung 3-10: Quotient Anteil nichtdeutscher Grundschüler vs. Anteil von Schülern mit Migrationshintergrund (insgesamt) in den Kreisen und kreisfreien Städten der Länder Bayern[112] und Rheinland-Pfalz (Schuljahr 2008/09)

Bayern   **Rheinland-Pfalz**

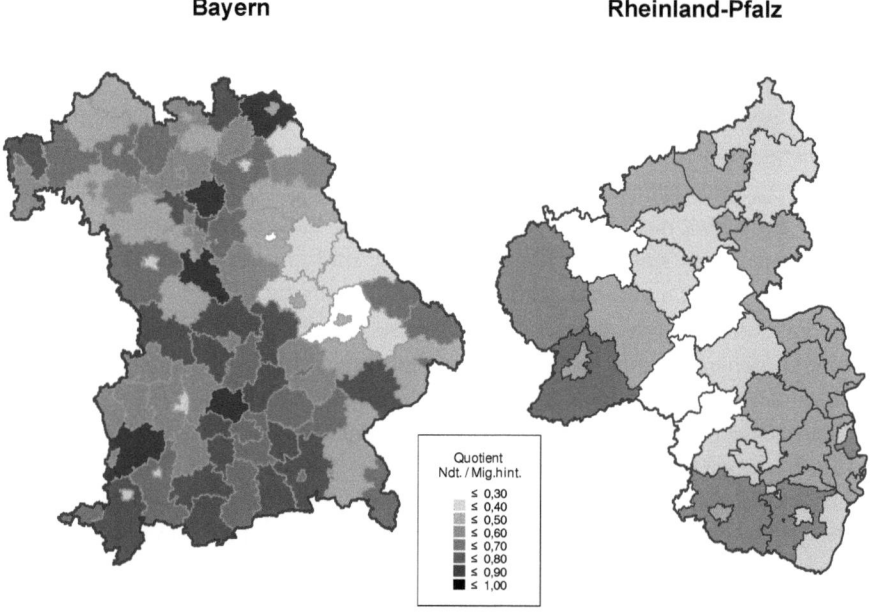

Tabelle 3-11: Extremwerte des Quotienten ‚Anteil der nichtdeutschen Grundschüler an den Grundschülern mit Migrationshintergrund insgesamt', nach Geburtskohorten und Kreisen (sowie im Landesdurchschnitt) für Bayern und Rheinland-Pfalz (Schuljahr 2008/09)

	Bayern			Rheinland-Pfalz		
Quotienten	insgesamt	geboren bis 1999	geboren ab 2000	insgesamt	geboren bis 1999	geboren ab 2000
Minimum:	0,21	0,28	0,17	0,20	0,24	0,16
Maximum:	0,86	0,92	0,82	0,65	0,76	0,58
ø:	0,59	0,69	0,52	0,43	0,55	0,34

Wird der nach KMK-Definition gemessene Anteil von Grundschülern mit Migrationshintergrund daraufhin untersucht, in welchem prozentualen Umfang dieser über das in herkömmlichen Schulstatistiken vorkommende einzige Migrationsmerkmal einer nichtdeutschen Staatsangehörigkeit erfasst werden kann, so zeigt sich eine deutliche regionale Varianz. Für Bayern werden je nach Kreis zwischen 21 % bis maximal

---

112 Die Ergebnisse nach Migrationshintergrund sind für Bayern – wie zuvor dargestellt – nur als eingeschränkt gültig anzusehen.

86 % der Schüler mit Migrationshintergrund über das Merkmal einer nichtdeutschen Staatsangehörigkeit erfasst, im Landesdurchschnitt sind es 59 % (da 7 % der Schüler eine nichtdeutsche erste Staatsangehörigkeit und 11,9 % einen Migrationshintergrund aufweisen). Im Vergleich zeigen sich zwischen den Geburtskohorten[113] erwartungsgemäß höhere Anteile für die bis 1999 geborenen Grundschüler, deren Migrationshintergrund im Landesdurchschnitt zu 69 % über die Staatsangehörigkeit erfasst werden kann, während diese Anteile in den Kreisen zwischen 28 und 92 % variieren. Für die ab 2000 Geborenen betragen diese Anteile in den Kreisen zwischen 17 und 82 % (sowie einem Mittelwert von 0,52 auf Landesebene) und fallen somit erheblich niedriger als für die bis 1999 Geborenen aus.

In rheinland-pfälzischen Kreisen können zwischen 20 und 65 % der Schüler mit Migrationshintergrund über die Staatsangehörigkeit erfasst werden, der Durchschnitt beträgt auf Landesebene 43 % (6,7 % Schüler mit ausländischer Staatsangehörigkeit; 15,7 % mit Migrationshintergrund). Dass in Rheinland-Pfalz – im Vergleich zu Bayern – ein geringerer Anteil von Grundschülern mit Migrationshintergrund auch eine nichtdeutsche Staatsangehörigkeit aufweist, zeigt sich auch zwischen den Geburtskohorten. Während unter den bis 1999 geborenen Grundschülern mit Migrationshintergrund gut jeder Zweite einen nichtdeutschen Pass hat (55 %), ist es unter den ab 2000 Geborenen nur noch etwa jeder Dritte. Dies spiegelt sich nicht nur auf Landes- sondern auch auf Kreisebene wider, was anhand der Extremwerte verdeutlicht werden soll. Unter den bis 1999 Geborenen sind es mindestens ein Viertel bis maximal drei Viertel aller Grundschüler mit Migrationshintergrund, die eine nichtdeutsche Staatsangehörigkeit haben, unter den ab 2000 Geborenen nur noch 16 bis maximal 58 %.

Die vorherigen Ergebnisse lassen erneut auf eine sinkende Relevanz des Staatsangehörigkeitsmerkmals hinsichtlich der Erfassung von Schülern mit Migrationshintergrund schließen. Hieran anknüpfend wird untersucht, ob (weiterhin) Zusammenhänge zwischen der Höhe des Anteils nichtdeutscher Grundschüler und dem Anteil der Schüler mit Migrationshintergrund bestehen. Dies wird mithilfe von Korrelationsanalysen – auch im Vergleich zwischen den Geburtskohorten – überprüft (vgl. Tabelle 3-12).

Tabelle 3-12: Gewichtete paarweise Korrelationen zwischen dem Anteil nichtdeutscher Grundschüler und dem Anteil Grundschüler mit Migrationshintergrund nach Geburtskohorten auf Kreisebene für Bayern und Rheinland-Pfalz (Schuljahr 2008/09)

für ... r =	insgesamt	bis 1999 geboren	ab 2000 geboren
Bayern	0,94	0,97	0,90
Rheinland-Pfalz	0,96	0,96	0,95

Für die ca. 480.000 Grundschüler in den 96 bayerischen Kreisen und kreisfreien Städten zeigt sich eine sehr starke – bzw. fast perfekte – gewichtete paarweise Korrelation zwischen dem Anteil nichtdeutscher Grundschüler und dem Anteil von

---

113 Die Anteilswerte nach Geburtskohorten werden aus Platzgründen nicht separat – d.h. weder tabellarisch noch kartografisch – ausgewiesen.

Grundschülern mit Migrationshintergrund (r = .94). Sogar noch etwas höher fällt die gewichtete paarweise Korrelation für Rheinland-Pfalz mit r = .96 für die 156.294 Grundschüler in 36 Kreisen aus. Zwischen den Geburtskohorten bestehen in Rheinland-Pfalz nur marginale Unterschiede. In Bayern ergibt sich für die ab 2000 Geborenen zwar ein geringerer Zusammenhang im Vergleich zu den bis 1999 Geborenen, jedoch verdeutlicht ein Korrelationskoeffizient von r = .90 einen weiterhin sehr starken Zusammenhang zwischen den beiden Anteilswerten auf Kreisebene.[114]

Auch auf Kreisebene kann gezeigt werden, dass sich das geänderte Staatsangehörigkeitsrecht auf annähernd alle Kreise auswirkt, da der Anteil nichtdeutscher Grundschüler zwischen den Geburtskohorten für die ab 2000 gegenüber den bis 1999 Geborenen deutlich zurückgeht. Als weiteres Ergebnis wird festgestellt, dass zwischen den Kreisen deutliche Unterschiede in dem Umfang bestehen, in dem über das Merkmal einer nichtdeutschen Staatsangehörigkeit der Anteil von Schülern mit Migrationshintergrund gemessen werden kann. Hinsichtlich der (verbleibenden) Relevanz des Merkmals einer nichtdeutschen Staatsangehörigkeit auf Kreisebene lässt sich zum einen festhalten, dass über das Merkmal nur ein Bruchteil der Grundschüler mit Migrationshintergrund erfasst werden kann. Zum anderen zeigten jedoch – z.T. abnehmende, jedoch weiterhin relativ – hohe Korrelationen an, dass über den Anteil nichtdeutscher Schüler relativ zuverlässig wenigstens auf die Rangfolge und nur ungefähr auf die Höhe des Anteils von Schülern mit Migrationshintergrund in den Kreisen geschlossen werden kann.

3.6 Einzelschulische Analysen zu den Migrationsmerkmalen

Nicht nur auf der Kreisebene, sondern insbesondere auf der einzelschulischen Ebene erscheint es lohnenswert quantifizieren zu können, welchen Anteil das herkömmliche schulstatistische Merkmal ‚Anteil nichtdeutscher Schüler‘ an den ‚Schülern mit Migrationshintergrund‘ (weiterhin) hat. Die besondere Relevanz liegt u.a. darin, dass häufig versucht wird, über das in der amtlichen Schulstatistik verfügbare Merkmal einer nichtdeutschen Staatsangehörigkeit auf den Anteil von Schülern mit Migrationshintergrund zu schließen. Dies ist beispielsweise im Rahmen der Konstruktion von schulbezogenen Sozialindizes der Fall (vgl. Makles/Weishaupt 2011; Bonsen et al. 2010; Frein et al. 2006). Deren Ergebnisse nehmen eine Monitoring- bzw. Bildungsberichterstattungsfunktion ein, sie können aber auch zu einer – entsprechend der jeweiligen sozialräumlichen Gegebenheiten der einzelnen Schulen – disparaten Mittelverteilung führen, was die Verwendung von zuverlässigen Indikatoren voraussetzt.

---

114 Ergänzend sei angeführt, dass bereits die – aus methodischen Gründen jedoch zu vernachlässigende – Berechnung der ungewichteten Korrelationen auf Ebene der Kreise, d.h. ohne Berücksichtigung der kreisspezifischen Schülerzahlen, zu Korrelationen in ähnlicher Höhe führt (die Koeffizienten weisen in den beiden Ländern einen Wert von wenigstens 0,92 auf, lediglich für die ab 2000 geborenen Grundschüler in Bayern zeigt sich mit einem r = .85 eine hervorzuhebende Abweichung).

Daher werden die Analysen auf Ebene der einzelnen Grundschulen exemplarisch für Rheinland-Pfalz vertieft, da für dieses Land die erforderlichen Daten in disaggregierter Form ausgewertet werden können. Zuerst wird für Rheinland-Pfalz der Anteil der Schüler mit Migrationshintergrund an den einzelnen Schulen dargestellt. Weiter werden die Migrationsmerkmale daraufhin überprüft, in welchem Umfang diese den Migrantenanteil an den Einzelschulen wiedergeben. Abschließend werden über Korrelationsanalysen einzelschulische Zusammenhänge zwischen den einzelnen Migrationsmerkmalen und dem Anteil von Schülern mit Migrationshintergrund abgebildet, ergänzt um differenzierte Ergebnisse nach Geburtskohorten (die vollständig bzw. nur optional vom Staatsangehörigkeitsrecht erfasst werden – d.h. für die bis 1999 im Vergleich zu den ab 2000 Geborenen).

Zunächst werden in Tabelle 3-13 die Grundschulen nach dem Anteil der Schüler mit Migrationshintergrund an der einzelnen Schule klassifiziert.

Tabelle 3-13: **Klassifikation der Grundschulen in Rheinland-Pfalz nach Anteil der Schüler mit Migrationshintergrund in % (Schuljahr 2008/09)**

Anteil der Schüler mit MH von... bis... %	Anteil der Schulen mit diesem Migrantenanteil in % (der Schulen insgesamt)
0<10	61,2
10<20	17,6
20<30	10,7
30<40	5,2
40<50	2,0
50<60	1,8
60<70	0,8
70<80	0,5
80<90	0,1
90<100	0,0
n =	981

MH = Migrationshintergrund

An gut 60 % der 981 rheinland-pfälzischen Grundschulen beträgt der Anteil von Schülern mit Migrationshintergrund weniger als 10 %. Ein gutes Viertel (28,3 %) der Grundschulen weist einen Migrantenanteil zwischen 10 und unter 30 % auf. Für die verbleibenden gut 10 % der Grundschulen ist ein Anteil von Schülern mit Migrationshintergrund von mindestens 30 % zu konstatieren (hierunter sind 3,2 % der Grundschulen, an denen mindestens jeder zweite Schüler einen Migrationshintergrund hat).

Als Nächstes wird auf der einzelschulischen Ebene überprüft, in welchem Umfang die einzelnen Migrationsmerkmale (Staatsangehörigkeit, Familiensprache bzw. Geburtsland) den Anteil der Schüler mit Migrationshintergrund insgesamt erfassen. Hierdurch ließe sich beispielsweise eine Empfehlung ableiten, welches (Einzel-)Merkmal als bester Indikator zur Abbildung des Migrationshintergrundes geeignet erscheint, wenn beispielsweise – aus Gründen der Sparsamkeit des Modells oder der Komplexitätsreduktion – nur ein Merkmal anstelle des aus mehreren Merkmalen konstruierten Migrationshintergrundes nach KMK-Definition ausgewählt wird bzw. werden kann. In Tabelle 3-14 werden diejenigen Grundschulen untersucht, die ein vorab festgelegtes Fallzahlkriterium erfüllen. Dieses setzt für die Schulen eine Anzahl von mindestens 30 Schülern insgesamt sowie eine Anzahl von mehr als 30 Schülern mit Migrationshintergrund voraus.[115]

Tabelle 3-14: **Prozentuale Erfassung des Migrationshintergrundes von Grundschülern anhand einzelner Migrationsmerkmale auf Schulebene in % (Schuljahr 2008/09)**

Anteil in % (an Schülern mit MH insg.)	nichtdeutsche StA	nichtdeutsche Sprache	nichtdeutsches Geburtsland
0<10	6,5	-	38,9
10<20	9,5	-	32,4
20<30	14,5	1,1	18,3
30<40	22,5	0,8	7,3
40<50	20,2	-	1,5
50<60	13,0	1,1	0,4
60<70	9,2	0,4	0,4
70<80	2,3	3,8	0,4
80<90	1,5	14,9	-
90<100	0,8	59,2	-
100	-	18,7	0,4
Insgesamt	100	100	100
n =	262	262	262

N = 262; MH = Migrationshintergrund; StA = Staatsangehörigkeit
Lesebeispiel: An 6,5% der Grundschulen werden über das Staatsangehörigkeitsmerkmal zwischen 0 bis unter 10% der Schüler mit Migrationshintergrund nach KMK-Definition erfasst. Hierunter fände sich z.B. eine Schule, die einen Migrantenanteil von 30% und einen Anteil von 2% der Schüler mit nichtdeutscher Staatsangehörigkeit aufweist, in diesem Fall würden über die Staatsangehörigkeit nur 6,7% der Schüler mit Migrationshintergrund gemessen.

Insgesamt 262 Grundschulen erfüllen das Fallzahlkriterium (dies sind 26,7% aller Grundschulen in Rheinland-Pfalz). Über das Merkmal nichtdeutsche Staatsangehörigkeit werden an drei Viertel dieser Grundschulen maximal 50% der Schüler mit Migrationshintergrund erfasst – in 16% der Fälle sind es sogar weniger als 20%. Für ein gutes Viertel der Grundschulen gilt, dass immerhin mehr als 50% des Anteils von Schülern mit Migrationshintergrund über die nichtdeutsche Staatsangehörigkeit

---

115 Das Fallzahlkriterium von n > 30 für Schüler insgesamt sowie von n > 30 für Schüler mit Migrationshintergrund insgesamt an Grundschulen wird verwandt um prozentuale Verzerrungen auf Grund zu geringer Fallzahlen zu vermeiden (die beispielsweise entstünden, wenn an einer Grundschule nur zwei Schüler einen Migrationshintergrund aufweisen, was dazu führte, dass die einzelnen Migrationsmerkmale lediglich Ausprägungen von entweder genau 100%, 50% oder 0% annehmen).

erfasst werden kann, an weniger als jeder zwanzigsten Schule sind es über 70 %. An keiner einzigen Grundschule ist der Anteil der Schüler mit nichtdeutscher Staatsangehörigkeit mit dem Anteil der Schüler mit Migrationshintergrund identisch.

Noch geringere Anteile der Identifikation von Schülern mit Migrationshintergrund anhand eines Migrationsmerkmals sind für das Merkmal nichtdeutsches Geburtsland festzustellen. Für etwa 90 % der Grundschulen gilt, dass über das Geburtsland maximal 30 % der Schüler mit Migrationshintergrund erkannt werden können; an immerhin 39 % der Schulen beträgt dieser Anteil weniger als 10 %. An lediglich etwa 1,5 % der Grundschulen weist mehr als jeder zweite Schüler mit Migrationshintergrund ein nichtdeutsches Geburtsland auf, während an 0,4 % der Grundschulen (bzw. genau einer Grundschule) alle Schüler mit Migrationshintergrund auch über das alleinige Merkmal des Geburtslandes erfasst werden.

Die Mehrzahl der Grundschüler mit Migrationshintergrund könnte ausschließlich über das alleinige Merkmal der (nichtdeutschen) Familiensprache erkannt werden. Denn für annähernd alle Grundschulen (98,1 %) zeigt sich, dass die Mehrheit (>50 %) der Schüler mit Migrationshintergrund zu Hause überwiegend eine andere Sprache als Deutsch spricht. An gut drei Viertel der Grundschulen lassen sich über eine überwiegend nichtdeutsche Familiensprache über 90 % der Migranten erfassen. An annähernd jeder fünften Grundschule (18,7 %) sprechen alle Schüler mit Migrationshintergrund zu Hause überwiegend eine andere Sprache als Deutsch, so dass an diesen Schulen der Anteil der Schüler mit nichtdeutscher Familiensprache identisch ist mit dem Anteil der Schüler mit Migrationshintergrund.

Diese Ergebnisse zeigen erneut, dass das Staatsangehörigkeitsmerkmal (und noch stärker das Geburtsland) den Anteil der Schüler mit Migrationshintergrund nur unzureichend widerspiegelt. An drei Viertel der berücksichtigten Grundschulen beträgt der Anteil der nichtdeutschen Schüler unter 50 % des Anteils an Schülern mit Migrationshintergrund. Lediglich das Einzelmerkmal der Familiensprache gibt relativ valide den Anteil der Schüler mit Migrationshintergrund an (Grund-)Schulen wieder.

Zuvor zeigten sich auf Kreisebene deutliche Varianzen in dem Anteil der Schüler mit Migrationshintergrund, die über das Staatsangehörigkeitsmerkmal gemessen werden konnten. Zugleich bestand auf Ebene der Kreise weiterhin ein deutlicher Zusammenhang zwischen den Anteilen der Schüler mit nichtdeutscher Staatsangehörigkeit und mit Migrationshintergrund. Ob und in welchem Umfang auch auf einzelschulischer Ebene ein Zusammenhang zwischen den einzelnen Migrationsmerkmalen und dem Anteil der Schüler mit Migrationshintergrund besteht, ist – nach Geburtskohorten differenziert – in Tabelle 3-15 dargestellt.

Tabelle 3-15: Gewichtete paarweise Korrelationen des Anteils der Schüler mit Migrationshintergrund mit den Anteilen für einzelne Migrationsmerkmale[116] (nichtdeutsche Staatsangehörigkeit, Familiensprache und nichtdeutsches Geburtsland) und nach Geburtskohorten an Grundschulen mit mindestens 30 Schülern (Schuljahr 2008/09)

Anteil mit MH	Anteil mit nichtdeutscher/-m			Schüler	Schulen
	StA	Sprache	Geburtsland	n =	n =
bis 1999 geb.	,865**	,984**	,556**	54.761	751
ab 2000 geb.	,791**	,993**	,496**	95.343	944
Insgesamt	,854**	,992**	,550**	155.842	981

** Die Korrelation ist auf dem Niveau von 0,01 (2-seitig) signifikant.
MH = Migrationshintergrund; StA = Staatsangehörigkeit; geb. = geboren

Insgesamt zeigt sich ein starker, signifikant positiver Zusammenhang zwischen dem Anteil der Schüler mit nichtdeutscher Staatsangehörigkeit und dem Anteil von Schülern mit Migrationshintergrund an Grundschulen. Jedoch nimmt der Korrelationskoeffizient zwischen den Geburtskohorten ab und sinkt von r = .87 für die bis 1999 Geborenen auf r= .79 für die ab 2000 Geborenen. Zwischen dem Anteil der im Ausland Geborenen und dem Migrantenanteil besteht an Grundschulen ein signifikanter – und nach Brosius (2011) mittlerer – Zusammenhang, der im Vergleich zum Staatsangehörigkeitsmerkmal deutlich schwächer ausfällt und zudem zwischen den Geburtskohorten weiter abnimmt. Eine annähernd perfekte Korrelation lässt sich auf Ebene der Grundschulen zwischen dem Anteil der Schüler mit einer überwiegend nichtdeutschen Familiensprache und dem Anteil von Schülern mit Migrationshintergrund insgesamt konstatieren, der auch zwischen den Geburtskohorten stabil bleibt (bzw. sogar leicht zunimmt).[117]

Abschließend wird für das in der amtlichen Schulstatistik bisher hauptsächlich ausgewiesene Migrationsmerkmal der Staatsangehörigkeit überprüft, inwiefern sich der Anteil von Schülern mit deutscher Staatsangehörigkeit, die zu Hause überwiegend eine nichtdeutsche Familiensprache verwenden, zwischen den Geburtskohorten verändert (Tabelle 3-16).

Eine Zunahme dieses Anteils würde sowohl einen weiteren Hinweis darauf liefern, dass das Staatsangehörigkeitsmerkmal allein Schüler mit Migrationshintergrund unzureichend erfasst. Zum anderen würde dies auf eine veränderte Zusammensetzung innerhalb der Gruppe der deutschen Schüler hindeuten, mit der Konsequenz, dass sich vermutlich innerhalb der Gruppe der deutschen Schüler der Anteil der schulisch benachteiligten Schüler erhöht. Dies insbesondere, da – wie im nachfolgenden Kapitel

---

116 In der Abbildung werden aus Platzgründen nicht die Korrelationen *zwischen* den Migrationsmerkmalen dargestellt; diese betragen zwischen der Familiensprache und der Staatsangehörigkeit r = .826 (für die bis 1999 Geborenen) bzw. .761 (für die seit 2000 Geborenen); die Korrelationen der beiden Merkmale mit dem Geburtsland betragen zwischen r = .451 und .548.

117 Werden alle Grundschulen fallzahlunabhängig in die Korrelationsanalysen einbezogen, weichen die (nicht dargestellten) ungewichteten Korrelationen auf Schulebene nur unwesentlich – d.h. um maximal .015 Punkte – von den in Tabelle 3-15 dargestellten Werten ab.

gezeigt wird – die überwiegende Verwendung von einer nichtdeutschen Familiensprache mit einer deutlich geringeren Bildungsbeteiligung einhergeht. Zur weiteren Überprüfung stellt die amtliche Schulstatistik bisher keine weiteren Merkmale – wie etwa zur sozialen Herkunft, zu schulischen Leistungen oder Schulnoten – bereit, die auf soziale oder bildungsbezogene Benachteiligungen von Schülern schließen lassen.

Tabelle 3-16: **Anteil Grundschüler in %, die zu Hause überwiegend eine nichtdeutsche Familiensprache sprechen, nach Staatsangehörigkeit (Schuljahr 2008/09)**

Staatsangehörigkeit	nichtdeutsche Sprache unter den ... Geborenen		
	bis 1999	ab 2000	insgesamt
deutsch	7,8	10,3	9,3
nichtdeutsch	81,1	81,5	81,3

Zwischen den Geburtskohorten ist unter deutschen Schülern ein deutlicher Anstieg derjenigen zu erkennen, die zu Hause überwiegend eine nichtdeutsche Sprache verwenden. Der Anteil derjenigen Schüler, die einen deutschen Pass besitzen, deren Familiensprache jedoch überwiegend eine Nichtdeutsche ist, liegt für die ab 2000 Geborenen mit 10,3 % um etwa ein Drittel über dem Anteil der bis 1999 Geborenen. Somit lässt sich festhalten, dass sich – bedingt durch die Änderungen im Staatsangehörigkeitsrecht – unter den Deutschen vermehrt Schüler befinden, die in ihrer Familie überwiegend eine nichtdeutsche Sprache sprechen; für die ab dem Jahr 2000 Geborenen trifft dies auf etwa jeden zehnten deutschen Schüler zu. Der Anteil von Schülern mit nichtdeutscher Staatsangehörigkeit, die eine überwiegend nichtdeutsche Familiensprache aufweisen, befindet sich zwischen den Geburtskohorten weiterhin auf einem hohem Niveau und steigt um 0,4 Prozentpunkte leicht auf 81,5 % für die ab 2000 Geborenen an.[118]

Somit liefert auch das Sprachmerkmal Hinweise auf eine – rechtlich bedingte – veränderte Zusammensetzung der Schülerschaft nach Staatsangehörigkeit, da insbesondere unter den deutschen Schülern ein Anstieg derjenigen zu verzeichnen ist, die zu Hause überwiegend eine nichtdeutsche Sprache sprechen. Dieser Anstieg erklärt sich aus der ius soli-Regelung, wonach in Deutschland geborenen Kindern mit Migrationshintergrund ein (zusätzlicher) deutscher Pass verliehen wird. Inwiefern es sich bei den Schülern, auf die sich die gesetzlichen Änderungen auswirken, um eine sozial und schulisch privilegierte Gruppe – im Vergleich zu den nichtdeutschen Schülern, auf die sich die ius soli-Regelung nicht auswirkt – handelt und ob bzw. in welchem Umfang ein „Creaming-Effekt" (Hunger/Thränhardt 2004: 195) vorliegt, lässt sich aus

118 Dass es sich hierbei nicht um einen Kompositionseffekt nach spezifischer Staatsangehörigkeit handelt zeigt sich in dem folgenden, aus Platzgründen nicht näher dargestellten Ergebnis: Für gut zwei Drittel der 25 häufigsten Staatsangehörigkeiten in Rheinland-Pfalz steigt der Anteil der Schüler mit nichtdeutscher Familiensprache auch nach spezifischer Staatsangehörigkeit für die ab 2000- gegenüber den bis 1999-Geborenen an. Zu den Ausnahmen sind Schüler mit einer Staatsangehörigkeit der an den Westen Deutschlands angrenzenden EU-Staaten (wie z.B. Frankreich oder die Niederlande) zu nennen; weitere konstante oder sogar abnehmende Anteile an Schülern mit nichtdeutscher Familiensprache zeigen sich für Staatsangehörigkeiten, die ohnehin auf einem anteilsmäßig hohen Niveau eine nichtdeutsche Familiensprache aufweisen (wie z.B. bei mazedonischen Schülern, die zu etwa 90 % zu Hause überwiegend nicht Deutsch sprechen).

mehreren Gründen nicht weiter analysieren. Denn dieser bewirke, dass „sich tendenziell Ausländer mit längerem Aufenthalt, guten Deutschkenntnissen, höherem Sozialstatus und stärkerem Integrationswillen einbürgern lassen" (ebd.). Auch Steinhardt (2007: 548) schätzt die Schulbildung unter eingebürgerten Zuwanderern als höher im Vergleich zu nichteingebürgerten Ausländern ein, woraus „eine positive Selbstselektion" (ebd.: 549) hinsichtlich Bildung resultiere, denn „mit wachsendem Bildungsgrad [steige] die Tendenz zur Einbürgerung" (ebd.). Diehl und Blohm ergänzen, dass es sich eher um Jüngere mit langfristiger Bleibeperspektive handelt, die sich einbürgern ließen (vgl. Diehl/Blohm 2008: 458ff.). Alles in allem ergäbe sich hieraus in der Schulstatistik ein rechnerischer Negativeffekt für nichtdeutsche Schüler, „der mit wachsenden Einbürgerungszahlen größer wird" (Steinhardt 2007: 549). Im Umkehrschluss könnte ein hoher Nichtdeutschenanteil für ab 2000 geborene Schüler bedeuten, dass es sich hierbei um nichtdeutsche Schüler mit tendenziell kürzerem Aufenthalt, schlechteren Deutschkenntnissen und niedrigerem Sozialstatus handelt. Jedoch dürfte dies nur dann gelten, wenn die spezifische Staatsangehörigkeit der nichtdeutschen Schüler berücksichtigt wird. Denn wie gezeigt hat sich die Zusammensetzung nichtdeutscher Schüler geändert. Nun weisen Schüler mit einer Staatsangehörigkeit, für die sich eine höhere Bildungsbeteiligung konstatieren lässt (vgl. Kapitel 2 und 4; auch z. B. Weishaupt/Kemper 2009; Kemper 2009a,b), einen höheren Anteil unter den Schülern mit nichtdeutscher Staatsangehörigkeit insgesamt auf. Der vorliegende Datensatz bietet jedoch keine Informationen zur Untersuchung dieses Effektes wie etwa zur Schulleistung oder über Ergebnisse von Sprachleistungstests. Ebenso wären weitere Schuljahre abzuwarten, bis ausreichende Fallzahlen für Schüler an weiterführenden Schulen vorliegen, auf die sich die gesetzlichen Änderungen auswirken und für die Analysen zum Schulformbesuch durchgeführt werden können. Als weitere Einschränkung ist zu nennen, dass in dem Datensatz keine Elterninformationen enthalten sind. Über diese könnte auf einen Migrationshintergrund oder die soziale Herkunft der Kinder geschlossen werden. Keine Informationen liefert der Datensatz zu deutschen Schülern mit Migrationshintergrund, die eine oder mehrere zusätzliche nichtdeutsche Staatsangehörigkeiten aufweisen. Nicht nachzuvollziehen ist auch, welche ehemalige(n) Staatsangehörigkeit(en) Schüler bereits besaßen oder ob es sich bei Schülern um Spätaussiedler handelt. Entsprechend können viele – vermutlich sozial und schulisch gut integrierte – Schüler mit Migrationshintergrund anhand der vorliegenden Migrationsmerkmale nicht identifiziert werden, insbesondere wenn sie eine deutsche Staatsangehörigkeit, eine deutsche Familiensprache und ein deutsches Geburtsland aufweisen. Zumindest ist für die nächsten Jahre zu erwarten, dass sich für einen Teil der Gruppe der ius soli-Schüler, die neben der deutschen eine ausländische Staatsangehörigkeit aufweisen, die (zusätzliche) schulische Benachteiligung im Vergleich zu deutschen Schülern im Rahmen von Individualstatistiken anhand der Bildungsbeteiligung darstellen lässt. Denn in den kommenden Schuljahren wird die Zahl der ab dem Jahr 2000 geborenen Schüler an weiterführenden Schulen weiter ansteigen. Zumindest diejenigen ius soli-Schüler lassen sich über die Individualdatenstatistik identifizieren, die als Merkmalsausprägung eine nichtdeutsche Familiensprache aufweisen (neben einer deutschen Staatsangehörigkeit und einem deutschen Geburtsland – und sofern es die Statistik erlaubt, deren zweite Staatsangehörigkeit eine Nichtdeutsche ist).

Insgesamt zeigte sich auch auf der einzelschulischen Ebene, dass das Einzelmerkmal Staatsangehörigkeit (und noch stärker das Geburtsland) den Anteil der Schüler mit Migrationshintergrund nur unzureichend widerspiegelt. Nur das Merkmal der Familiensprache bildet den Anteil der Schüler mit Migrationshintergrund an (Grund-) Schulen relativ zuverlässig ab, was sich auch in annähernd perfekten Korrelationen zwischen dem Anteil der Schüler mit nichtdeutscher Familiensprache und dem Anteil von Schülern mit Migrationshintergrund zeigte. Dieser Zusammenhang blieb auch zwischen den Geburtskohorten stabil, im Gegensatz zu den Merkmalen des Geburtslandes und der Staatsangehörigkeit. Zwischen dem Anteil der im Ausland Geborenen und dem Migrantenanteil ist an Grundschulen lediglich ein mittlerer Zusammenhang zu konstatieren. Die Korrelation des Anteils von Schülern mit nichtdeutscher Staatsangehörigkeit mit dem Anteil von Schülern mit Migrationshintergrund ist weiterhin als relativ stark anzusehen. Diese hat sich – bedingt durch die rechtlichen Änderungen – jedoch zwischen den Geburtskohorten von einem sehr starken in einen starken Zusammenhang vermindert.

3.7 Zusammenfassung

Kern der Reform des im Jahr 2000 geänderten Staatsangehörigkeitsrechts war die „Einführung der ius-soli-Regelung und die deutliche Verkürzung der Mindestaufenthaltszeiten" der Eltern für die Vergabe eines deutschen Passes (Schulte 2006: 43). Die rechtlichen Änderungen, etwa hinsichtlich der Optionsregelung, haben auch für die amtliche Schulstatistik bedeutende Konsequenzen. Hier ist insbesondere die – temporär – häufigere Verleihung eines ‚Doppelpasses‘ zu nennen, was zu einem erheblichen Rückgang der Anteile nichtdeutscher Grundschüler insgesamt führt. Dieser ist insbesondere für das Schuljahr 2006/07 und die Folgejahre zu konstatieren, was für Deutschland insgesamt sowie für die Mehrzahl der Bundesländer gezeigt werden konnte. Diese Entwicklung wird sich in den kommenden Jahren auch auf die Schulstatistiken der weiterführenden Schulformen bzw. in den Sekundarstufen I und II auswirken.

Wie anhand von vier Ländern dargestellt werden konnte, sinken unter den Grundschülern auch die Anteile für die Mehrzahl der ausdifferenziert betrachteten nichtdeutschen Staatsangehörigkeiten. Allerdings sind Unterschiede in dem quantitativen Umfang des Rückgangs zwischen den Geburtskohorten nach der jeweiligen Staatsangehörigkeit zu berichten. Zudem erfährt auch die Zusammensetzung des Merkmals der nichtdeutschen Schüler insgesamt eine deutliche Veränderung nach spezifischer Staatsangehörigkeit. Hier ist insbesondere der erhebliche Anteilsrückgang von türkischen Schülern zugunsten der Schüler ‚mit sonstiger Staatsangehörigkeit‘ anzuführen.

Weiter bleibt festzuhalten, dass unter den nach KMK-Definition verfügbaren Migrationsmerkmalen die nichtdeutsche Familiensprache das bedeutsamste Einzelmerkmal zur Erfassung von Schülern mit Migrationshintergrund darstellt. Erfolgt eine Kombination der Familiensprache mit dem Merkmal nichtdeutsche Staatsangehörigkeit, so werden über die beiden Merkmale fast alle Schüler mit Migrationshintergrund nach KMK-Definition erkannt. Das Geburtsland hat als Einzelmerkmal hingegen nur eine randständige Bedeutung, um Schüler mit Migrationshintergrund zu identifizieren. Hervorzuheben ist auch, dass der über drei Merkmale gemessene Migrantenanteil nach KMK-Definition zwischen den Geburtskohorten erwartungswidrig sinkt. Hierin zeigt sich eine Unterschätzung der Anteile, die durch die Auswahl der Migrationsmerkmale bedingt ist. Die von der KMK benannten und von einigen Statistischen Landesämtern ausgewiesenen Merkmale reichen quantitativ nicht aus, um den Migrationshintergrund der Grundschüler abzubilden. Dies gilt insbesondere für die ab dem Jahr 2000 Geborenen. Der erhebliche Umfang der Unterschätzung von Schülern mit Migrationshintergrund konnte exemplarisch im Vergleich zu Mikrozensusdaten gezeigt werden – die Anteile der Bevölkerung mit Migrationshintergrund im Grundschulalter fielen erheblich höher aus als die Anteile der Grundschüler mit Migrationshintergrund in der Schulstatistik. Die erhebliche Unterschätzung von Schülern mit Migrationshintergrund lässt sich nur durch ergänzende Informationen zu den Schülern (z. B. weitere und ggf. ehemalige Staatsangehörigkeiten) abmildern – behoben werden kann dieses Manko nur durch ergänzende Elterninformationen (wie das Geburtsland der Eltern). Die Erhebung von Elterninformationen dürfte mit erwartbaren (datenschutz-)rechtlichen Problemen einhergehen und selbst mittel- bis langfristig für die meisten Bundesländer und somit auch auf Bundesebene nicht zu realisieren sein. Erfolgversprechender könnte die zusätzliche Erhebung der zweiten Staatsangehörigkeit von Schülern als viertes Migrationsmerkmal sein, jedoch wird hierdurch der Anteil von Schülern mit Migrationshintergrund nur in geringem Umfang erhöht (insbesondere wenn die drei KMK-Merkmale bereits erhoben werden). Jedoch ist für die zweite Staatsangehörigkeit ein nicht zu vernachlässigender Beitrag zur Erfassung von Schülern mit Migrationshintergrund zu konstatieren, wenn dieses Merkmal ergänzend zur ersten Staatsangehörigkeit erhoben wird. Klar ist jedoch auch, dass dieses Merkmal nicht ansatzweise die Erhebung der Familiensprache (oder des Geburtslandes der Eltern) ersetzen kann.

Ergänzende regionale Analysen auf Kreisebene haben veranschaulicht, dass über das Merkmal einer nichtdeutschen Staatsangehörigkeit nur ein Bruchteil der Grundschüler mit Migrationshintergrund erfasst werden kann. Jedoch haben relativ hohe Korrelationen angezeigt, dass über den Anteil nichtdeutscher Schüler relativ zuverlässig wenigstens auf die Rangfolge und nur ungefähr auf die Höhe des Anteils von Schülern mit Migrationshintergrund in den Kreisen geschlossen werden kann. Auf der einzelschulischen Ebene wurde erneut deutlich, dass das alleinige Merkmal der Staatsangehörigkeit den Anteil der Schüler mit Migrationshintergrund nur unzureichend widerspiegelt, was sich noch stärker für das Merkmal des Geburtslandes zeigte. Nur anhand des Merkmals der Familiensprache konnte der Anteil der Schüler mit Migrationshintergrund an (Grund-)Schulen relativ zuverlässig abgebildet werden.

Somit ist die Frage, welches (Einzel-)Merkmal nach KMK-Definition am besten als Indikator zur quantitativen Abbildung des Migrationshintergrundes ist, eindeutig zu beantworten: es handelt sich hierbei um die überwiegend zu Hause gesprochene Familiensprache. Dieser Befund wird jedoch dadurch eingeschränkt, dass über die Familiensprache alleine nur sehr begrenzt auf die Herkunft von Schülern geschlossen werden kann. Dieser Aspekt wird im nächsten Kapitel vertieft. Weiter ist kritisch anzumerken, dass es sich bei der überwiegend zu Hause gesprochenen Sprache – etwa im Vergleich zur Staatsangehörigkeit – nicht um ein objektives Merkmal handelt, sondern um eines, das wandelbar ist und einer subjektiven Einschätzung unterliegt. Beispielsweise kann es sein, dass eine Schülerin zu Hause mit den Eltern ausschließlich eine nichtdeutsche Sprache, mit ihren Geschwistern hingegen ausschließlich Deutsch (in quantitativ gleichem Umfang) spricht. Zudem gibt die überwiegende Familiensprache nicht unbedingt Auskunft über die Muttersprache oder die zuerst gelernte Sprache (vgl. auch Kemper 2010a: 318). Auch könnte das Merkmal durch einen Effekt der sozialen Erwünschtheit verzerrt sein, so dass die Ausprägung einer deutschen Familiensprache überrepräsentiert ist, etwa um dem schulischen „monolingualen Habitus" (Gogolin 1994) gerecht zu werden – bzw. aus Angst der Eltern davor, dass die Angabe der zu Hause gesprochenen Sprache einen Einfluss auf die Benotung ihrer Kinder haben könnte.[119]

Demgegenüber hat das in bisherigen Schulstatistiken hauptsächlich verwendete Merkmal der ‚Staatsangehörigkeit' als alleiniges Kriterium für Zuwanderung deutlich an Aussagekraft verloren und ist für bildungspolitische Steuerungsprozesse nur noch als ein Merkmal unter mehreren von Interesse.

Die zuvor erzielten Ergebnisse sind für die weiterführenden Schulen von perspektivischer Relevanz, da die Kernergebnisse in den kommenden Jahren ihre Fortsetzung in den weiterführenden Schulformen finden werden.

Insgesamt konnte belegt werden, wie stark sich die im Jahr 2000 in Kraft getretenen neuen Regelungen im Staatsangehörigkeitsrecht statistisch auswirken und welche Potentiale und Einschränkungen mit der von der KMK beschlossenen Definition des Migrationshintergrundes von Schülern verbunden sind.

Abschließend soll die verbleibende Relevanz der erzielten Ergebnisse reflektiert werden, für den Fall, dass das Staatsangehörigkeitsrecht erneut geändert wird. Denn nach Schulte (2006)

> „werden so auch in Zukunft weitere Erleichterungen des Erwerbs der Staatsangehörigkeit, z.B. in Form einer flexibleren Handhabung des Problems der doppelten Staatsbürgerschaft und einer liberaleren Anwendung der Einbürgerungskriterien, erforderlich sein, wenn die Lebensverhältnisse der Migranten hinsichtlich der Sicherung des Aufenthaltsstatus und der Absicherung der gleichen politischen Freiheit verbessert, weitere Fortschritte bei den Integrations- und Demokratisierungsprozessen erzielt und die Zugehörigkeit der dauerhaft niedergelassenen ‚Ausländer' zur Gesellschaft der Bundesrepublik verdeutlicht werden sollen" (Schulte 2006: 43).

Aus Sicht vieler Autoren scheint sich die Reform des Staatsangehörigkeitsrechts insgesamt bewährt zu haben (vgl. z.B. BBMFI 2005: 358). Dennoch sprechen mehrere Gründe dafür, dass das Staatsangehörigkeitsrecht insbesondere hinsichtlich der verabschiedeten Optionspflicht in naher bis mittlerer Zukunft erneut verändert wird. Denn die Optionsregelung stellt lediglich einen Kompromiss zwischen politischen Parteien dar, der von den meisten politischen Akteuren als unbefriedigend angesehen wird. Die

---

119 Zudem verliert das Merkmal zur Messung der Ungleichheit an Relevanz. Die PISA-Studie 2009 zeigt, dass „sich im Vergleich zu PISA 2000 der Einfluss der zu Hause gesprochenen Sprache auf die Lesekompetenz deutlich reduziert hat" (Stanat/Rauch/Segeritz 2010: 226).

Regelungen gehen für die zuständigen Verwaltungen mit einem sehr hohen bürokratischen Aufwand[120] und administrativen Kosten einher (vgl. hierzu ausführlich Wiedemann 2005: 94ff.). Dies erhöhe auch die Fehleranfälligkeit der Behörden, weiter seien die detaillierten Regelungen – insbesondere von den Betroffenen – nur schwierig zu verstehen (vgl. Pape 2010; Uslucan 2012). Selbst die als größtmöglicher Veränderungsvorschlag – insbesondere von SPD, Bündnis 90/Grünen und Linkspartei – angestrebte Abschaffung der Optionspflicht im Alter von 18 bis 23 Jahren (und eine hiermit einhergehende generelle Hinnahme von Mehrstaatigkeit) würde an der Darstellung der durch das Geburtsortsprinzip ius soli verursachten statistischen Auswirkungen an allgemeinbildenden Schulen nichts verändern. Entsprechend bleibt die Gültigkeit der vorgestellten Analysen und Ergebnisse von diesbezüglichen Diskussionen und möglichen rechtlichen Änderungen unberührt.[121]

In diesem Kapitel hat sich gezeigt, dass das alleinige Merkmal der Staatsangehörigkeit nicht mehr ausreicht, um den Großteil der Schüler mit Migrationshintergrund zu erfassen. Daher sollen im nächsten Kapitel die Potentiale von amtlichen Individualdaten, die ergänzende Merkmale zum Migrationshintergrund von Schülern bereitstellen, hinsichtlich der Analyse der Bildungsbeteiligung und des Schulerfolgs insbesondere von Schülern mit Migrationshintergrund dargestellt und überprüft werden.

---

120 Erstmalig wurden vereinzelte Benachrichtigungen von den Behörden an Betroffene im Frühjahr 2007 an diejenigen verschickt, die nach der Übergangsregelung eingebürgert worden waren (vgl. Storz/Wilmes 2007). Erst 2008 sind die ersten Optionskinder (deren Geburtsjahr nach der Übergangsregelung bis 1990 zurückreichen kann) volljährig geworden (vgl. Pape 2010). Der Handlungsbedarf wird sich spätestens ab dem Jahr 2018 erhöhen, wenn die Verwaltungsvorgänge für alle dann volljährigen (bzw. volljährig werdenden) Jahrgänge der ab dem Jahr 2000 Geborenen initiiert werden müssen, die sich entsprechend der Optionsregelung für eine Staatsangehörigkeit entscheiden müssen (vgl. auch Uslucan 2012).

121 Dies insbesondere, da Teile von CDU/CSU weiterhin die bestehende Optionsregelung favorisieren und hierdurch eine Rückkehr zum vorhergehenden StAG als äußerst unwahrscheinlich einzuschätzen ist (vgl. Uslucan 2012). Einzelne Landesverbände der CDU scheinen sich mittlerweile sogar gegen den Optionszwang auszusprechen (vgl. ebd.).

4. Individualdatenstatistische Analysen zur Bildungsbeteiligung und zum Schulerfolg von Schülern mit Migrationshintergrund in Rheinland-Pfalz

In den vorhergehenden Kapiteln wurde zum einen die Bildungsbeteiligung von Schülern nach ihrer jeweiligen Staatsangehörigkeit aufgearbeitet, da die Staatsangehörigkeit das einzige Migrationsmerkmal in herkömmlichen Schulstatistiken ist (Kapitel 2). Hieran anschließend konnte für Grundschüler konstatiert werden, dass das Merkmal der Staatsangehörigkeit durch das geänderte Staatsangehörigkeitsrecht erheblich an Aussagekraft verloren hat und sich die Zusammensetzung der nichtdeutschen Schüler insgesamt deutlich verändert (Kapitel 3). Bisher wirken sich die rechtlichen Änderungen nicht vollständig auf das Staatsangehörigkeitsmerkmal unter Schülern an weiterführenden Schulen aus. Die am Beispiel von Grundschülern beschriebenen Entwicklungen werden in den nachfolgenden Schuljahren verstärkt auch an weiterführenden Schulen zu beobachten sein. Entsprechend erfahren alternative Erfassungsmöglichkeiten des Migrationshintergrundes von Schülern im Rahmen von amtlichen Schulstatistiken einen erheblichen Bedeutungszuwachs. Dies wurde ansatzweise anhand von neueren Individualdatenstatistiken aufgezeigt – sowohl hinsichtlich des Umfangs als auch bezogen auf die Zusammensetzung von Grundschülern nach Migrationshintergrund bzw. Migrationsmerkmalen (vgl. ebd.).

In diesem Kapitel werden die z. T. im Rahmen von amtlichen Schulstatistiken erfassten und ausgewiesenen Migrationsmerkmale exemplarisch für ein Bundesland dargestellt. Von besonderem Interesse ist hierbei, welche Merkmale einen über das bisherige Merkmal der Staatsangehörigkeit hinausgehenden Nutzen versprechen, um weitergehende Informationen zur Bildungssituation von Schülern mit Migrationshintergrund zu gewinnen. In Kapitel 4.1 werden die im Rahmen von Individualdatenstatistiken bereitgestellten Merkmale dargestellt, hinsichtlich erweiterter Analysepotentiale eingeschätzt und mögliche gegenüber Summendaten verbleibende allgemeine Restriktionen oder Unzulänglichkeiten der Merkmale kritisch aufgearbeitet. Auch die Möglichkeiten des Datenzugangs und der hiermit einhergehende administrative, zeitliche und finanzielle Mehraufwand werden diskutiert. Hieran anschließend wird basierend auf Individualdatenstatistiken und der hierin enthaltenen Migrationsmerkmale ein erster Überblick über die Bildungssituation von Schülern mit Migrationshintergrund gegeben (4.2). Wie noch zu zeigen sein wird besteht ein Zielkonflikt zwischen einer möglichst breiten Erfassung des Migrationshintergrundes von Schülern und einer möglichst differenzierten Darstellung der Bildungssituation nach verschiedenen Herkunftsgruppen. Differenziertere Analysen zur Bildungsbeteiligung von Schülern mit Migrationshintergrund nach Herkunftsgruppen werden in Kapitel 4.3 durchgeführt. Hieran schließen zwei knappe analytische Exkurse an. In Kapitel 4.4 wird die Bildungsbeteiligung von Schülern mit Migrationshintergrund unter Berücksichtigung des Geschlechts dargestellt. Kurz eingegangen wird auch auf den Umfang von Klassenwiederholungen von Schülern mit Migrationshintergrund (4.5). Bisherige schulstatistische Aggregatdaten ließen bestenfalls für einzelne Länder eingeschränkte Darstellungen zum Schulerfolg von Schülern nach ihrer jeweiligen Staatsangehörigkeit zu. Daher sollen auch die analytischen Potentiale der Individualdatenstatistik hinsichtlich des Schulerfolgs von Schülern mit Migrationshintergrund analysiert und um weiter ausdifferenzierte Ergebnisse ergänzt werden (4.6). Abschließend wird der weiterhin bestehende Optimierungsbedarf von Individualdatenstatistiken und den erfassten Merkmalen angesprochen (4.7), bevor die Hauptergebnisse zusammengefasst und diskutiert werden (4.8).

4.1 Individualdatenstatistiken – analytische Potentiale und bestehende Einschränkungen

Nachfolgend werden die im Rahmen von Individualdatenstatistiken verfügbaren Migrationsmerkmale dargestellt. Es erfolgt eine allgemeine Bewertung, inwiefern die Merkmale zusätzliche Potentiale bezogen auf die Analyse der Bildungssituation von Schülern mit Migrationshintergrund bieten. Ein besonderes Ziel ist es, weiterführende Befunde für die Bildungs- und Migrationsforschung bereitzustellen. In diesem Zusammenhang sollen die Vorteile skizziert werden, die sich ergeben, wenn Individualdatensätze anstelle von schulstatistischen Summendaten zur Analyse von Bildungsdisparitäten von Schülern mit Migrationshintergrund verwendet werden.

Dabei werden bestehende quantitative und analytische Einschränkungen kritisiert, die aus den verfügbaren Merkmalen resultieren (4.1.1). Die analytischen Potentiale von Individualdatenstatistiken werden am Beispiel von entsprechenden Datensätzen und der hierin enthaltenen Merkmale für das Land Rheinland-Pfalz im Schuljahr 2008/09 untersucht. Die in diesem Kapitel ausgewiesenen Zahlen bzw. Ergebnisse basieren auf eigenen Berechnungen (hierfür wurden, soweit nicht anders ausgewiesen, Daten der folgenden Datenquelle verwendet: Forschungsdatenzentren der Statistischen Ämter des Bundes und der Länder. Rheinland-pfälzische Statistik der allgemeinbildenden Schulen, Schuljahr 2008/09). Rheinland-Pfalz wurde als Bundesland ausgewählt, denn für die Individualdatenstatistik des Landes bestehen keine Einschränkungen hinsichtlich der Validität der Merkmale (vgl. hierzu auch Kapitel 3.4).[122] Der Datenzugang konnte frühzeitig und umfassend im Forschungsdatenzentrum Wiesbaden hergestellt werden, was eine umfassende Auswertung ermöglichte. Der Zugang zu schulstatistischen Individualdaten ist jedoch nicht selbstverständlich und ist aus Forschersicht mit erheblichen Schwierigkeiten verbunden (insbesondere im Vergleich zum Zugang zu öffentlich verfügbaren und aggregierten Summendaten der herkömmlichen Schulstatistik). In Kapitel 4.1.2 werden die Möglichkeiten und Einschränkungen des Datenzugangs ausführlich beschrieben.

---

122 Eine Übersicht über die verwendeten Datensätze und die hierin enthaltenen Merkmale findet sich in Anhang X sowie in Tabelle 1-2 im Vergleich zu den Merkmalen der herkömmlichen Schulstatistik.

4.1.1 Zusätzliche Migrationsmerkmale, erweiterte Potentiale und bestehende Limitationen

Individualdatenstatistiken sind das Ergebnis eines Perspektivenwechsels, welcher sich im Vergleich zu herkömmlichen Summendatenstatistiken veranschaulichen lässt (vgl. hierzu auch Kapitel 1.8). Anhand der Merkmalsübersicht in Tabelle 1-2 wird nachvollziehbar, dass auf Summendaten basierende Schulstatistiken nur sehr eingeschränkte Merkmale bereitstellen, die zudem aggregiert (auf Ebene der Schule, der Gemeinde, des Kreises, des Landes oder auf der Ebene des Bundes) ausgewiesen werden. Individualdatenstatistiken stellen hingegen erweiterte (Migrations-)Merkmale für jeden einzelnen Schüler bereit. Hierdurch werden differenziertere Auswertungen von Daten ermöglicht, zudem können die vorhandenen Merkmale beliebig miteinander kombiniert werden. Konkret werden in schulstatistischen Individualdatensätzen als einzelne Migrationsmerkmale die (erste) Staatsangehörigkeit, die überwiegend in der Familie gesprochene Sprache sowie das Geburtsland ausgewiesen. Anhand dieser Merkmale kann – wie bereits in Kapitel 3.4 dargestellt – ein Migrationshintergrund von Schülern nach Definition der KMK (2011a: 29) abgeleitet werden. Zudem werden die genannten Merkmale ergänzt um das Zuzugsalter von Schülern, wenn diese im Ausland geboren wurden und nach Deutschland zugezogen sind. Auch stehen verschiedene weitere Merkmale bereit, um die Bildungssituation von Schülern mit Migrationshintergrund differenziert zu untersuchen (vgl. Anhang X).

Durch die verschiedenen zusätzlichen (Migrations-)Merkmale wird unmittelbar das analytische Potential von Individualdatensätzen deutlich. Z. B. versprechen Individualdaten eine präzisere und weitergehende Erfassung von Schülern mit Migrationshintergrund, für die bestehende Bildungsdisparitäten untersucht werden können. Hier seien exemplarisch die Analyse der Bildungsbeteiligung, von Klassenwiederholungen oder des Schulerfolgs genannt. Nachfolgend werden die Merkmale auf Potentiale hinsichtlich der Analyse der Bildungssituation von Schülern mit Migrationshintergrund untersucht. Wie noch zu zeigen sein wird, ermöglichen die erweiterten Merkmalssätze Analysen zu spezifischen Herkunftsgruppen und zu bestimmten Merkmalsausprägungen. An dieser Stelle seien insbesondere der Generationenstatus, das Zuzugsalter und die überwiegende Familiensprache genannt. Diese lassen Disparitäten etwa zur Bildungsbeteiligung erwarten, was empirisch überprüft werden soll. Doch zunächst werden mögliche Einschränkungen der nachfolgend verwendeten Individualdatensätze sowie der hierin enthaltenen Einzelmerkmale kritisch diskutiert, wobei die in Kapitel 3 dargelegte Kritik an den einzelnen Migrationsmerkmalen nicht wiederholt wird.

In Kapitel 2 wurde kritisch angemerkt, dass die vom Statistischen Bundesamt bereitgestellten Schulstatistiken, die auf Summendaten basieren, nur bedingt eine Differenzierung nach der genauen Staatsangehörigkeit der Schüler zulassen. Zudem werden z. T. relativ willkürliche Aggregierungen vorgenommen, die dazu führen, dass einzelne relevante Staatsangehörigkeitsgruppen statistisch nicht ausgewiesen werden. Diese Kritik ist nicht auf die nachfolgend untersuchten Individualdatenstatistiken des Statistischen Landesamtes Rheinland-Pfalz übertragbar. Denn diese weisen für das Schuljahr 2008/09 genau 196 verschiedene Staatsangehörigkeiten sowie Geburtsländer aus (die ergänzt werden um Merkmalsausprägungen wie z. B. ‚staatenlos‘ und ‚ungeklärt‘).

Allerdings enthält selbst die amtliche Individualdatenstatistik keine Informationen zu Spätaussiedlern. Diese lassen sich nicht (eindeutig) identifizieren, hierzu wäre ein zusätzliches Merkmal erforderlich. Grobe und relativ unsichere Hinweise auf einen Zuwanderungshintergrund als Spätaussiedler ergeben sich lediglich über die Merkmale Sprache und Geburtsland (allerdings bleibt unklar, ob z. B. ein in Russland geborener Schüler als Spätaussiedler oder als Schüler mit russischem Migrationshintergrund einzuschätzen ist). Dass die Erhebung eines entsprechenden Merkmals grundsätzlich auch im Rahmen der Schulstatistik möglich ist, beweist die nordrhein-westfälische Schulstatistik (vgl. z. B. IT.NRW 2012).

Wie bereits in Kapitel 3 gesehen verliert das Staatsangehörigkeitsmerkmal zunehmend an Relevanz. Auch die Erfassung weiterer Migrationsmerkmale wie der überwiegenden Familiensprache und des Geburtslandes können letztlich nicht die fehlenden Elterninformationen ersetzen. Denn das Geburtsland spielt insgesamt eine eher geringe Rolle zur (zusätzlichen) Identifikation von Schülern mit Migrationshintergrund (vgl. Kapitel 3). Die überwiegende Familiensprache ist zwar ein bedeutsames Merkmal um Schüler mit Migrationshintergrund quantitativ zu erfassen. Allerdings handelt es sich hierbei – wie im vorhergehenden Kapitel beschrieben – nicht um ein objektives Merkmal. Auch wird das Merkmal im Rahmen der Individualdatenstatistik nur unzulänglich differenziert erhoben. In Rheinland-Pfalz werden lediglich 16 verschiedene Einzelsprachen ausgewiesen (ergänzt um weitere aggregierte Sprachgruppen wie ‚sonstige‘), was mit entsprechenden Einschränkungen einhergeht.[123] Zudem kann – wie noch zu zeigen sein wird – über das Merkmal alleine nur sehr begrenzt auf die Herkunft von Schülern geschlossen werden.

Das Zuzugsalter enthält jedoch relevante und interessante Zusatzinformationen (vgl. Kapitel 1.2.1), weswegen dieses Merkmal nachfolgend zusätzlich berücksichtigt wird. Das Merkmal Zuzugsalter beeinflusst jedoch nicht den Anteil von Schülern mit Migrationshintergrund, wenn in der Operationalisierung des Migrationshintergrundes von Schülern bereits das Geburtsland von Schülern berücksichtigt wird: Denn nur für im Ausland geborene Schüler liegen Angaben zum Zuzugsalter vor. Hierbei handelt es sich um die 1. Generation der im Ausland Geborenen und nach Deutschland Zugezogenen, die bereits ohnehin als Schüler mit Migrationshintergrund erfasst werden. Anzumerken ist noch, dass das *genaue* Zuzugsalter nicht erfasst werden kann, da der Datensatz nur das Zuzugsjahr, jedoch keine weiteren Datumsangaben zum Monat oder sogar zum Tag des Zuzugs enthält. Ob ein genaueres Zuzugsalter überhaupt zu ermitteln ist, sei dahingestellt.[124] Somit lässt sich nur unpräzise rekonstruieren, in welchem Alter ein Schüler zugezogen ist, da das Zuzugsalter nur über eine Substraktion des Geburtsjahres vom Zuzugsjahr näherungsweise abgeleitet werden kann. Dieses Vorgehen ist zwar plausibel, es geht jedoch mit gewissen Unsicherheiten hinsichtlich des

---

123 Zum Vergleich: in der hessischen Individualdatenstatistik werden nur 15 verschiedene Familiensprachen (sowie ‚sonstige‘) separat ausgewiesen.

124 Denkbar wäre, direkt nach dem Zuzugsalter zu fragen (entweder Schüler nach ihrem Zuzugsalter oder Eltern zu dem Zuzugsalter des Kindes). Alternativ könnte versucht werden, nach dem präzisen Zuzugsdatum zu fragen und hieraus in Kombination mit dem Geburtsdatum das genaue Zuzugsalter abzuleiten. Beide Vorgehensweisen können mit Unsicherheiten behaftet sein, denn es ist fraglich, ob sich z. B. ein 15-jähriger Schüler an das genaue Zuzugsdatum in der frühen Kindheit erinnert.

faktischen Zuzugsalters von Schülern einher, solange nicht das genaue Datum des Zuzugs festgestellt werden kann und der genaue Geburtstag (im Gegensatz zum Geburtsmonat und -jahr) von Schülern selbst in Individualdatenstatistiken nicht ausgewiesen werden darf.

Das Merkmal 'Geburtsland' gibt zum einen Auskunft über das jeweilige Land, in dem ein Schüler geboren wurde. Zum anderen kann hierüber in Kombination mit anderen Merkmalen der Generationenstatus dargestellt werden. In Kapitel 1.2.1 wurde bereits ausführlich dargestellt, dass unter Schülern mit Migrationshintergrund der 1. Generation diejenigen verstanden werden, die im Ausland geboren wurden bzw. zugewandert sind. Unter der 2. Generation können – anhand der im Datensatz verfügbaren Variablen – die in Deutschland geborenen Schüler mit Migrationshintergrund verstanden werden. Durch die Differenzierung nach Generationenstatus wird z. B. ein intergenerationaler Vergleich der Bildungsbeteiligung ermöglicht. Allerdings werden im Rahmen der von Individualdatenstatistiken bereitgestellten Merkmale Schüler mit Migrationshintergrund der 3. und höheren Generationen nicht, sowie Schüler mit Migrationshintergrund der 2. Generation nur unzureichend erfasst, da Informationen zu den (Groß-)Eltern der Schüler fehlen. In der 2. Generation dürften primär die tendenziell besser integrierten Schüler unberücksichtigt bleiben, was zu verzerrten Ergebnissen durch Individualdatenstatistiken führt. Denn nicht berücksichtigt werden diejenigen mit deutscher Staatsangehörigkeit, mit Deutsch als überwiegender Familiensprache und Deutschland als Geburtsland, deren Eltern im Ausland geboren wurden. Zudem ist plausibel, dass mit einer nicht zu vernachlässigenden quantitativen Untererfassung auch Verzerrungen in den Ergebnissen etwa zur Bildungsbeteiligung und zum Schulerfolg von Schülern mit Migrationshintergrund der 2. Generation einhergehen (während die 3. Generation hingegen gar nicht erfasst wird bzw. anhand der verfügbaren Merkmale nicht als solche erkannt werden kann; dies trifft natürlich genauso auf noch höhere Generationen zu). Es handelt sich dabei um keine zufällige, sondern um eine systematische Unterschätzung: Wahrscheinlich werden die eher besser integrierten Schüler (die entsprechend eine höhere Bildungsbeteiligung aufweisen und bessere schulische Leistungen erzielen dürften) nicht erfasst. Hierauf verweisen auch verschiedene Autoren, denen zufolge die Leistungsergebnisse für Schüler mit Migrationshintergrund bei einer weit definierten Gruppe besser ausfallen, als wenn die Gruppe von Schülern mit Migrationshintergrund eher eng definiert wird (vgl. z. B. Settelmeyer/Erbe 2010: 7f.; Kemper 2010a: 321; Hunger/Thränhardt 2004: 195). Dies ist von besonderer Bedeutung, da gerade eine möglichst präzise Darstellung von Bildungsergebnissen der 2. Generation von Interesse ist, z. B. wenn mögliche bildungsbezogene intergenerationale Fortschritte analysiert werden sollen. Unklar bleibt auch, ob nur ein Elternteil oder beide Elternteile von Schülern mit Migrationshintergrund zugewandert sind. Dass diese Information durchaus eine auf Bildung bezogene Relevanz besitzt, zeigt sich etwa bezogen auf die Leseleistung (vgl. z. B. Segeritz/Walter/Stanat 2010; Stanat/Rauch/Segeritz 2010; Helbig 2010).

Zudem besteht die Möglichkeit, dass Schüler ohne Migrationshintergrund anhand der verfügbaren Merkmale in den Datensätzen als Schüler mit Migrationshintergrund der 1. Generation ausgewiesen werden – denn Schülern wird unzutreffend ein Migrationshintergrund zugeschrieben, wenn sie im Ausland geboren wurden, sie jedoch keinen Migrationshintergrund haben. Dies wäre z. B. dann der Fall, wenn Eltern ohne Migrationshintergrund ein Kind im Ausland zur Welt bringen (sei es zufällig oder geplant – etwa während eines Auslandsaufenthaltes oder Urlaubes). Die Folge könnte eine leichte Unterschätzung von Bildungsnachteilen von Schülern mit Migrationshintergrund der 1. Generation sein. Auch wenn sich dieses Problem anhand der Daten nicht quantifizieren lässt, dürfte es sich hierbei eher um zu vernachlässigende Einzelfälle handeln. Zudem zeigt sich hierin erneut, dass es sich bei einem ‚Migrationshintergrund‘ um ein wissenschaftliches Konstrukt handelt (vgl. Kemper 2010a).

Auch ist zu bedenken, dass je nach Bundesland (individualdaten-)statistische Besonderheiten zu beobachten sind. Hierdurch könnte z. T. die Vergleichbarkeit von Individualdatensätzen zwischen den Ländern – bzw. von den hierin enthaltenen Merkmalen – erschwert werden. Beispielsweise stimmen die Merkmale und Merkmalsausprägungen sowie die zugrundegelegten Operationalisierungen nicht immer miteinander überein, auch besteht zwischen den Ländern eine Varianz hinsichtlich der Einschätzung der Validität der Individualdaten (vgl. Kapitel 3).

Wenn nicht nur Einzelmerkmale ausgewertet werden sollen, sondern durch die Kombination mehrerer Merkmale ein Migrationshintergrund gebildet wird, geht dies mit konfligierenden Interessen einher: Wenn allgemein der Migrationshintergrund von Schülern möglichst breit und vollständig erfasst werden soll, empfiehlt es sich, alle verfügbaren Migrationsmerkmale zur Operationalisierung des Migrationshintergrundes von Schülern zu berücksichtigen. Soll anhand von Individualdatenstatistiken eine möglichst ausdifferenzierte Darstellung der Bildungssituation von Schülern mit Migrationshintergrund nach Herkunftsgruppen erfolgen, ist dies nur anhand der Kombination von zwei im Datensatz enthaltenen Merkmalen sinnvoll möglich: Über die Merkmale ‚Staatsangehörigkeit‘ und ‚Geburtsland‘ kann z. B. relativ zuverlässig auf die Herkunft eines Schülers (bzw. seiner Familie) geschlossen werden und es können Herkunftsgruppen gebildet werden. Hiermit einher geht, dass Schüler mit Migrationshintergrund quantitativ nicht hinreichend erfasst werden. Die genaue Operationalisierung von Schülern mit Migrationshintergrund nach Herkunftsgruppen kann am Beispiel von Schülern mit albanischem Migrationshintergrund verdeutlicht werden. Ein albanischer Migrationshintergrund liegt dann vor, wenn entweder die Staatsangehörigkeit eines Schülers albanisch ist, oder die Staatsangehörigkeit deutsch ist und der Schüler zugleich in Albanien geboren wurde. Diese Operationalisierung wurde gewählt um disjunkte Ergebnisse zu erzielen.[125]

Nachfolgend wird ausgeführt, warum das dritte in Individualdatenstatistiken enthaltene Migrationsmerkmal – die überwiegend gesprochene Familiensprache – nicht zur Bildung von Herkunftsgruppen herangezogen wird. Bereits in Kapitel 3 wurde gezeigt, dass das Merkmal der überwiegenden Familiensprache nur bedingt Rückschlüsse auf die Herkunft zulässt. Die Verbreitung von Sprachen ist i. d. R. nicht an die regionale Herkunft im Sinne nationalstaatlicher Grenzen gebunden, entsprechend verweist die jeweilige überwiegende Familiensprache nur bedingt auf eine bestimmte Herkunft.

---

125 Dies wäre nicht der Fall wenn das Kriterium z. B. wäre, dass entweder eine albanische Staatsangehörigkeit oder Albanien als Geburtsland zu einem albanischen Migrationshintergrund führten. Denn ein Schüler könnte z. B. in Albanien geboren sein, jedoch eine serbische Staatsangehörigkeit besitzen. Dies würde dazu führen, dass dieser Schüler nicht trennscharf einmal als Schüler mit serbischem, ein weiteres Mal als Schüler mit albanischem Migrationshintergrund erfasst würde.

Zwar ist bestimmten Merkmalsausprägungen der Familiensprache eine gewisse Plausibilität hinsichtlich eines Rückschlusses auf die Herkunft zuzugestehen (wenn z. B. Türkisch die überwiegende Familiensprache eines Schülers ist). In vielen Fällen lässt sich aus der überwiegenden Familiensprache nicht der spezifische Migrationshintergrund ableiten: Z. B. wird Spanisch in Argentinien, Chile, Spanien und in vielen weiteren Ländern gesprochen. Das gleiche gilt u. a. auch für Arabisch, Englisch oder Kurdisch. Somit lässt die überwiegende Verwendung dieser Sprachen nur bedingte Rückschlüsse auf die Herkunft zu, wenn die Staatsangehörigkeit deutsch und das Geburtsland Deutschland sind.[126] Die Folge ist, dass eine Differenzierung der Schüler mit Migrationshintergrund nach Herkunft anhand des Sprachmerkmals nur sehr eingeschränkt möglich ist, weswegen dieses Merkmal bei der Bildung von Herkunftsgruppen in den nachfolgenden Analysen unberücksichtigt bleibt.

Weniger problematisch ist es, anhand der Merkmale der Staatsangehörigkeit und des Geburtslandes auf die Herkunft von Schülern zu schließen. Allerdings geht dieses Vorgehen mit einer (zusätzlichen) Unterschätzung der Schüler mit Migrationshintergrund einher. Bereits in Kapitel 3 wurde gezeigt: Selbst wenn der Migrationshintergrund von Schülern auch über die überwiegende Familiensprache operationalisiert wird, geht der Anteil von Schülern mit Migrationshintergrund im Zeitverlauf zurück – dies steht im Gegensatz zur angenommenen und empirisch belegten demographischen Entwicklung. Somit ist ein rein anhand von Schülerinformationen gebildeter Migrationshintergrund unzureichend erfasst, selbst wenn – wie im Ausnahmefall von Hessen gesehen – zusätzlich die 2. Staatsangehörigkeit von Schülern erhoben wird. Daher erscheint es unerlässlich, Informationen über die Herkunft der Eltern zu erheben, um den Migrationshintergrund von Schülern umfassend abbilden zu können.

Dadurch, dass in den amtlichen Individualdatenstatistiken keine Elterninformationen erhoben werden (dürfen), ergeben sich gewisse Unschärfen. Um Schüler der 2. Generation vollständig zu erfassen wären ergänzende Informationen, wie etwa zu dem Geburtsland der Eltern, erforderlich. Da dies kurz- bis mittelfristig nicht umsetzbar erscheint, z. B. weil datenschutzrechtliche oder administrative Gründe dagegen sprechen, könnte die Erfassung der zweiten Staatsangehörigkeit der Schüler die Unterschätzung von Schülern mit Migrationshintergrund etwas reduzieren (vgl. hierzu Kapitel 3).

In den Kapiteln 1.2.1 und 1.2.5 wurde ausgeführt, dass möglichst sowohl die Herkunft als auch der Generationenstatus von Schülern berücksichtigt werden soll (vgl. auch Segeritz/Stanat 2009; Gresch/Kristen 2011). Eine entsprechende Verknüpfung wird durch die Verwendung von schulstatistischen Individualdatensätzen ermöglicht. Wie beschrieben, kommen für eine Operationalisierung von Herkunftsgruppen nur die beiden Merkmale Staatsangehörigkeit und Geburtsland in Frage. Aus der Operationalisierung ergibt sich jedoch eine (zusätzliche) Unterschätzung von Schülern mit Migrationshintergrund, da das Merkmal der Familiensprache unberücksichtigt bleiben muss. Somit können Schüler mit deutscher Staatsangehörigkeit und deutschem

---

126 Umgekehrt lässt sich aus einem spezifischen Migrationshintergrund (bzw. einer bestimmten Herkunftsregion, der Staatsangehörigkeit oder dem Geburtsland) nicht unbedingt die (Mutter-)Sprache ableiten (z. B. wird in der Türkei neben Türkisch u. a. auch Kurdisch gesprochen, in Afghanistan werden diverse Sprachen gesprochen, u. a. Farsi und Pashtu).

Geburtsland, die zu Hause überwiegend eine nichtdeutsche Familiensprache sprechen, nicht berücksichtigt werden. Das gleiche gilt für Schüler, die anhand der Migrationsmerkmale keinen Migrationshintergrund aufweisen, ihre Eltern jedoch im Ausland geboren wurden. D. h. auch bei der kombinierten Betrachtung nach Herkunft und Generationenstatus wird die Zahl der Schüler mit Migrationshintergrund der 2. Generation unterschätzt.

Am Beispiel von Schülern mit albanischem Migrationshintergrund wird die Operationalisierung nach Herkunft und Generationenstatus konkretisiert. Unter albanischen Schülern der 2. Generation werden alle diejenigen Schüler verstanden, die eine albanische Staatsangehörigkeit aufweisen und die zugleich in Deutschland geboren wurden. Albanische Schüler der 1. Generation sind entweder Schüler mit einer deutschen Staatsangehörigkeit, die in Albanien geboren wurden, oder Schüler mit einer albanischen Staatsangehörigkeit, die außerhalb Deutschlands geboren wurden. Allerdings ist unter albanischen Schülern der 1. Generation das Geburtsland zumeist Albanien, es gibt jedoch vereinzelte Ausnahmen.

Trotz der zuvor ausgeführten kritischen Bewertung bieten amtliche Individualdatenstatistiken weitergehende Möglichkeiten. Durch die zusätzlichen (Migrations-) Merkmale ist es anhand von Individualdatenstatistiken möglich, einen erweiterten Migrationshintergrund von Schülern abzubilden. Dieser geht weit über die bisherigen, auf Summendaten basierenden Schulstatistiken hinaus, da herkömmliche Schulstatistiken nur das Merkmal der Staatsangehörigkeit aufweisen. Zudem können anhand von Individualdatensätzen Analysen durchgeführt werden, die nach der Herkunft von Schülern differenzieren. Auch wird ermöglicht, den Generationenstatus von Schülern mit Migrationshintergrund zu berücksichtigen.

Weiter ausdifferenzieren lässt sich z. B. die 1. Generation nach dem Alter des Zuzugs. Prinzipiell sind weitere Differenzierungen etwa nach dem Geschlecht von Schülern denkbar. Anhand dieser Datenbasis lassen sich Bildungsdisparitäten von Schülern mit Migrationshintergrund an verschiedenen Stellen im Bildungssystem analysieren – beispielsweise seien Bildungsbeteiligung, Klassenwiederholungen und Schulerfolg (bzw. Schulabgänge) genannt.

Insgesamt bleibt somit festzuhalten, dass die individualdatenstatistischen Potentiale (noch) nicht vollständig genutzt werden können, da einzelne Merkmale nur unzureichend oder überhaupt nicht erhoben werden.

4.1.2 Datenzugang – Möglichkeiten und Einschränkungen

Zuvor wurden inhaltliche Potentiale aber auch Schwierigkeiten beschrieben, die aus der Operationalisierung des Migrationshintergrundes anhand von individualdatenstatistischen Merkmalen resultieren. Nachfolgend werden Optimierungspotentiale dargestellt, die sich auf administrative und formale Hürden des Datenzugangs sowie auf die Arbeit mit Individualdatenstatistiken beziehen.

Die Original-Datensätze dürfen ausschließlich in den geschützten Räumen eines Forschungsdatenzentrums eingesehen und analysiert werden. Die Individualdatensätze weisen keine fallzahlbedingten Einschränkungen oder Anonymisierungen auf. D. h.

es erfolgt immer eine disaggregierte Bereitstellung der Informationen für die Grundgesamtheit der Schülerinnen und Schüler an Schulen des entsprechenden Bundeslandes.[127] Zuerst wird vom Statistischen Landesamt ein Anonymisierungskonzept erstellt, welches durch das zuständige Kultusministerium bewilligt werden muss. Zu beachten ist auch, dass immer nur die angeforderten Merkmale und nicht etwa automatisch sämtliche im Rahmen der Individualdatenstatistik erhobenen Merkmale geliefert werden.

Die Merkmale, die vom Statistischen Landesamt in Individualdatensätzen bereitgestellt werden, können prinzipiell beliebig miteinander kombiniert werden. Erst die angefertigten Ergebnisse bzw. Datenoutputs, die das Forschungsdatenzentrum verlassen sollen, werden faktisch anonymisiert und datenschutzrechtlich überprüft. Somit besteht im Forschungsdatenzentrum prinzipiell die Möglichkeit der Datenanalyse auf der Individual-, der schulischen Institutions-, Gemeinde-, Kreis- oder Landesebene. Möglich sind landesspezifische Besonderheiten, z. B. weist Hessen zusätzlich den Wohnort bzw. -kreis der Schüler aus. Gegenüber Summendaten bieten Individualdaten die prinzipielle Möglichkeit der Verknüpfung der verschiedenen analytischen Ebenen und sämtlicher Merkmale, zudem sind die Merkmale umfassend differenziert bzw. aufgeschlüsselt (z. B. werden keine Angaben zur spezifischen Staatsangehörigkeit der Schülerinnen und Schüler aufgrund zu geringer Fallzahlen zusammengefasst). Insbesondere ist es möglich, den Migrationshintergrund von Schülern zu erfassen und nach vorgegebenen Definitionen oder eigenen Vorstellungen anhand der gegebenen Merkmale zu operationalisieren. Somit können unter Berücksichtigung des Migrationshintergrundes weitergehende – auch nach der jeweiligen Region differenzierende – Analysen etwa zur Bildungsbeteiligung, zu Übergängen oder Schulabschlüssen durchgeführt werden, um die Bedeutung von Bildung als Zugang zu Lebenschancen und gesellschaftlicher Teilhabe zu untersuchen.

Das erweiterte Datenangebot geht allerdings mit einem höheren administrativen, zeitlichen sowie finanziellen Aufwand und verschiedenen weiteren Nachteilen einher. Dies soll im Vergleich zu öffentlich verfügbaren und auf Summendaten basierenden Schulstatistiken vergleichend herausgearbeitet werden. Als relativ unproblematisch sind Sonderauswertungen anzusehen, die an das Statistische Landesamt gerichtet werden, um auf Individualdaten basierende aggregierte Ergebnisse zu erhalten.[128] Diese sind relativ schnell realisierbar, allerdings fallen hierfür in Abhängigkeit von dem jeweiligen Bundesland z. T. hohe Kosten an. Diese resultieren aus dem Programmieraufwand der Abfragen und den hiermit im Statistischen Landesamt entstehenden Personalkosten. Auch unterscheidet sich je nach Bundesland die Möglichkeit, per kontrollierter Datenfernverarbeitung eigene Programmierungen bzw. Datenabfragen durchzuführen.[129] Ein großer Nachteil von Sonderauswertungen ist, dass

---

127 Als Ausnahmen sind die Schüler-ID im Original sowie das Geburtsdatum zu nennen. Während erstere nicht bereitgestellt wurde, bestand das Geburtsdatum ‚nur' aus dem konkreten Monat und dem Jahr der Geburt, der Tag der Geburt wird nur anonymisiert ausgewiesen.

128 Sonderauswertungen sind z. B. die einzige Möglichkeit, mit bayerischen Individualdatensätzen zu arbeiten.

129 Hierbei wird von dem Datennutzer der Programmiercode von Abfragen an das Forschungsdatenzentrum gesendet. Dort wird die Abfrage auf den Originaldatensatz angewandt bzw. die Individualdatensätze anhand des Programmiercodes ausgewertet. Anschließend erhält der Datennutzer die datenschutzrechtlich unbedenklichen Ergebnisse.

Fallzahlprobleme auftauchen können, so dass die Outputs entweder nicht freigegeben werden dürfen oder nicht den gewünschten Vorstellungen entsprechen. Dies z. B., wenn vom Statistischen Landesamt aus datenschutzrechtlichen Gründen Aggregierungen vorgenommen werden, die dem eigenen Forschungsinteresse (inhaltlich) diametral entgegenstehen. Spezifischere Abfragen bzw. Analysen können im Forschungsdatenzentrum durchgeführt werden, sofern dies von den Statistischen Landesämtern bzw. Kultusministerien der Länder vorgesehen ist (dies ist z. B. für Rheinland-Pfalz zutreffend, für Bayern hingegen nicht). Hiermit können Verzögerungen und Probleme hinsichtlich der Datenverfügbarkeit und -beschaffung bzw. des Datenzugangs einhergehen (zu nennen seien die Antragsstellung, Einschränkungen durch das Anonymisierungskonzept wie etwa anonymisierte Schulnummern, zufällige bzw. fortlaufende Schüler-IDs, die zwischen den Einzeldatensätzen nicht übereinstimmen, Transfer des Datensatzes aus dem jeweiligen Statistischen Landesamt oder Kultusministerium in das Forschungsdatenzentrum etc.). Zum Teil kann der Einbezug von bestimmten – wie z. B. von regionalen – Merkmalen dazu führen, dass andere Merkmale nur eingeschränkt im Individualdatensatz enthalten sein dürfen. Dies etwa, wenn vom Statistischen Landesamt bestimmte Migrationsmerkmale oder Angaben zum sonderpädagogischen Förderschwerpunkt aggregiert ausgewiesen werden, wenn der gewünschte Datensatz (zusätzlich) Informationen zum Schulstandort auf Kreisebene beinhalten soll. Als Ursache für diese Unterschiede ist zu nennen, dass sowohl der Datenzugang wie auch die mit Individualdatenstatistiken einhergehenden Analysemöglichkeiten bundesweit nicht rechtlich geregelt und dementsprechend sehr uneinheitlich sind.

Ist der Zugang zu den angeforderten Daten hergestellt, werden die Outputs – d. h. die vom Datennutzer berechneten Ergebnisse – von Mitarbeitern des Statistischen Landesamtes im Forschungsdatenzentrum kontrolliert. Die Ergebniskontrolle geht mit einer Prüfung und hierdurch bedingten zeitverzögerten Bereitstellung der Outputs einher. Üblicherweise sind mehrere Tage zwischen Berechnung und Erhalt von Ergebnissen einzukalkulieren. Im Falle des – im vorhergehenden Kapitel verwendeten – Datensatzes aus Hessen wurden die Daten nicht nur auf die Einhaltung der datenschutzrechtlichen Bestimmungen vom Forschungsdatenzentrum geprüft, sondern zusätzlich auch noch vom Kultusministerium. Das Forschungsdatenzentrum konnte die datenschutzrechtlich unbedenklichen Ergebnisse immer erst dann freigeben, wenn das Kultusministerium sein Plazet erteilte. D. h. die Ergebnisse wurden erst dann freigegeben, wenn aus Sicht des Kultusministeriums keine – womöglich inhaltlichen – Bedenken bestanden. Dies führte zu einer zusätzlichen Verzögerung von mehreren Tagen, in seltenen Fällen sogar von wenigen Wochen, insbesondere wenn das Kultusministerium neben der Syntax – bzw. dem Programmiercode für Datenabfragen im Forschungsdatenzentrum – eine ausführliche inhaltliche Beschreibung der berechneten Ergebnisse einforderte. Aus Forschersicht geht dieses Vorgehen mit einer unkalkulierbaren Unsicherheit einher, ob und ggf. wann die berechneten Ergebnisse freigegeben werden. In der Praxis wurden die Ergebnisse durch das Kultusministerium bislang letztendlich immer freigegeben, allerdings z. T. erst dann, wenn inhaltliche Nachfragen aus dem Ministerium beantwortet wurden (z. B. warum bestimmte Migrantengruppen im Forschungsinteresse stehen). Weiter ist zu bedenken, dass die Arbeitsbedingungen im Forschungsdatenzentrum insofern teilweise unkomfortabel sind, da

z. B. kein uneingeschränkter Zugang zum Internet für Recherchen und/oder Mailverkehr gegeben ist (prinzipiell wäre es jedoch durchaus denkbar, einen solchen etwa an einem separaten PC in einem anderen abgeschotteten Raum in Einklang mit datenschutzrechtlichen Bestimmungen zu realisieren). Positiv hervorzuheben ist hingegen die Software-Ausstattung des Arbeitsplatzes für Gastwissenschaftler im Forschungsdatenzentrum: Neben der üblichen Standardsoftware sind Statistikprogramme wie z. B. SPSS, SAS, STATA oder R entweder bereits installiert oder können auf Wunsch unbürokratisch durch Mitarbeiter des Statistischen Landesamtes hinzugefügt werden.

4.2 Die Bildungsbeteiligung von Schülern mit Migrationshintergrund im Überblick

Die Nützlichkeit der Individualstatistik für eine bessere Erfassung der Bildungsbeteiligung von Schülern mit Migrationshintergrund wird nachfolgend dargelegt. Zunächst werden anhand des Schülerbestandsdatensatzes auf Landesebene die individualdatenstatistischen Fallzahlen für Schüler nach besuchter Schulform in der Sekundarstufe I zu Beginn des Schuljahres 2008/09 dargestellt (Tabelle 4-1).[130] Zu beachten ist, dass hierunter ab 2000 geborene Schüler nicht – bzw. allenfalls als einzelne und zu vernachlässigende Ausnahmefälle – enthalten sind. D. h. dass sich das geänderte Staatsangehörigkeitsrecht erst in den nachfolgenden Schuljahren auf die Bildungsbeteiligung von Schülern mit Migrationshintergrund in der Sekundarstufe auswirken wird (vgl. hierzu Kapitel 3).

Zunächst werden mehrere Schulformen bzw. Schulformspezifika knapp erläutert. Die Regionale Schule bietet sowohl die Bildungsgänge Hauptschule und Realschule; die Duale Oberschule ist eine Form der Regionalen Schule (vgl. Statistisches Landesamt Rheinland-Pfalz 2012: 7).[131] Die Förderschulangaben beinhalten jeweils auch diejenigen Schüler im Förderschwerpunkt „ganzheitliche" bzw. geistige Entwicklung, die äquivalente Klassenstufen besuchen.

---

130 Dieser basiert auf folgender Quelle: Forschungsdatenzentren der Statistischen Ämter des Bundes und der Länder. Rheinland-pfälzische Statistik der allgemeinbildenden Schulen, Schuljahr 2008/09 (Erhebungsjahr 2008).

131 Eine Übersicht über die in den jeweiligen Schuljahren angebotenen Schulformen in Rheinland-Pfalz bietet z. B. Statistisches Landesamt Rheinland-Pfalz (2012: 14); dort finden sich zudem ausführliche Definitionen und Beschreibungen der Schulformen (ebd.: 6ff.).

Tabelle 4-1: Anzahl der Schüler in der Sekundarstufe I nach Klassenstufe und Schulform[132] in Rheinland-Pfalz (Schuljahr 2008/09)

Klassen-stufe	Förder-schule	Haupt-schule	Waldorf-schule	RES	DOS	Gesamt-schule	Real-schule	Gymna-sium	Insge-samt
5	1.656	4.785	210	4.895	1.006	3.045	10.873	16.987	43.457
6	1.763	5.788	208	5.553	1.056	2.384	11.493	17.455	45.700
7	1.759	6.253	198	5.688	1.129	2.384	10.626	16.229	44.266
8	1.887	6.983	179	5.736	1.281	2.330	11.069	15.299	44.764
9	2.365	7.659	183	6.217	1.264	2.386	11.552	14.585	46.211
10	972	1.881	186	3.241	628	1.858	11.520	14.087	34.373
Insgesamt	10.402	33.349	1.164	31.330	6.364	14.387	67.133	94.642	258.771

RES = Regionale Schule; DOS = Duale Oberschule
Quelle: Forschungsdatenzentren der Statistischen Ämter des Bundes und der Länder, rheinland-pfälzische Statistik der allgemeinbildenden Schulen, Schuljahr 2008/09, eigene Berechnungen.[133]

Bereits nach Klasse 9 zeigen sich nennenswerte Rückgänge in den Schülerzahlen, die auf schulformspezifische Abgängerzahlen zurückführen sind. Dies betrifft insbesondere Förder- und Hauptschulen, Regionale Schulen sowie Duale Oberschulen, während die Schülerzahlen an Gesamtschulen, Gymnasien, Waldorf- und Realschulen relativ stabil bleiben. Um den Besuch spezifischer Schulformen möglichst unverzerrt darzustellen und zugleich – basierend auf mehreren Klassenstufen – ausreichende Fallzahlen insbesondere für Schüler mit Migrationshintergrund zu erhalten, wird die Bildungsbeteiligung nachfolgend für die Klassenstufen 5 bis 9 ausgewiesen, die vollständige schulpflichtige Jahrgänge umfassen. Dementsprechend bleiben die Klassenstufen 10 bis 13 unberücksichtigt, da nur einzelne Schulformen Schüler in den Klassenstufen 11 bis 13 aufweisen und die Abgängeranteile nach Klassenstufe 9 – wie dargestellt – erheblich divergieren. Zusätzlich werden die Schulformen Regionalschule, Duale Oberschule, Gesamt-, Waldorf- und Realschule zu den ‚sonstigen weiterführenden Schulformen' zusammengefasst. Hierdurch kann die Interpretation der Ergebnisse erleichtert werden, da diese Schulformen z. T. Binnendifferenzierungen aufweisen. Zudem gehen Schüler von diesen Schulformen mit relativ heterogenen Bildungsabschlüssen ab, wodurch Aussagen zum potentiellen Bildungserfolg der Schüler erschwert werden.

Nach den zusammengefassten Schulformen ist in Tabelle 4-2 die Anzahl der Schüler in den Klassenstufen 5 bis 9 dargestellt, die im Rahmen dieses Kapitels vertiefend analysiert werden.

---

132 Unter der Schulform ‚Hauptschule' werden auch Schüler in der Sekundarstufe I der Schulform ‚organisatorisch verbundene Grund- und Hauptschule' angeführt. Unter ‚Regionalschule' werden auch Schüler der ‚organisatorisch verbundenen Grund- und Regionalschule' in der Sekundarstufe I subsumiert.

133 Diese Datenquelle wird einmalig als Fußnote unter Abbildungen angegeben und gilt – sofern dort nicht anders ausgewiesen – auch für die nachfolgenden Abbildungen.

Tabelle 4-2: **Anzahl der Schüler in den Klassenstufen 5 bis 9 nach Schulform in Rheinland-Pfalz (Schuljahr 2008/09)**

Klassenstufe	Schulform				
	Förderschule	Hauptschule	sonst. wf. SF	Gymnasium	Insgesamt
5	1.656	4.785	20.029	16.987	43.457
6	1.763	5.788	20.694	17.455	45.700
7	1.759	6.253	20.025	16.229	44.266
8	1.887	6.983	20.595	15.299	44.764
9	2.365	7.659	21.602	14.585	46.211
Insgesamt	9.430	31.468	102.945	80.555	224.398

sonst. wf. SF = sonstige weiterführende Schulformen

Insgesamt 224.398 Schüler besuchen in Rheinland-Pfalz die Klassenstufen 5 bis 9. Hierunter besuchen 4,2 % die Förderschule, 14 % die Hauptschule[134], 45,9 % eine sonstige weiterführende Schulform und 35,9 % das Gymnasium.

Abbildung 4-1 gibt zunächst die Bildungsbeteiligung für Schüler in den Klassenstufen 5 bis 9 wieder. Diese wird differenziert nach den einzelnen Migrationsmerkmalen und den Komplementärgruppen dargestellt. Die Ergebnisse für das klassische schulstatistische Merkmal ‚Schüler mit nichtdeutscher Staatsangehörigkeit' werden dabei mit Ergebnissen für Schüler mit überwiegend nichtdeutscher Familiensprache sowie für Schüler mit nichtdeutschem Geburtsland verglichen.

---

134 In Rheinland-Pfalz erreicht die weit überwiegende Mehrheit der Abgänger von Hauptschulen maximal einen Hauptschulabschluss, daher wird diese Schulform separat ausgewiesen. Z. B. gingen von der Schulform im Abgangsjahr 2009 76,9 % entweder mit oder sogar ohne Hauptschulabschluss ab, 23,1 % erreichten einen „Qualifizierten Sekundarabschluss I" (bzw. Mittleren Abschluss, früher: Mittlere Reife), ohne Abbildung. Diese Anteile weichen erheblich ab von dem Anteil für sonstige weiterführende Schulformen – hier ist es mit 22,1 % nur annähernd jeder Vierte, der die Schule mit maximal einem Hauptschulabschluss verlässt (ohne Abbildung). Selbst unter Regionalschulen und Dualen Oberschulen fällt der Abgängeranteil mit maximal Hauptschulabschluss erheblich geringer aus als unter den Abgängern von Hauptschulen.

Abbildung 4-1: Bildungsbeteiligung (Schulformbesuch in %) nach Migrationsmerkmalen in Rheinland-Pfalz (Schuljahr 2008/09)

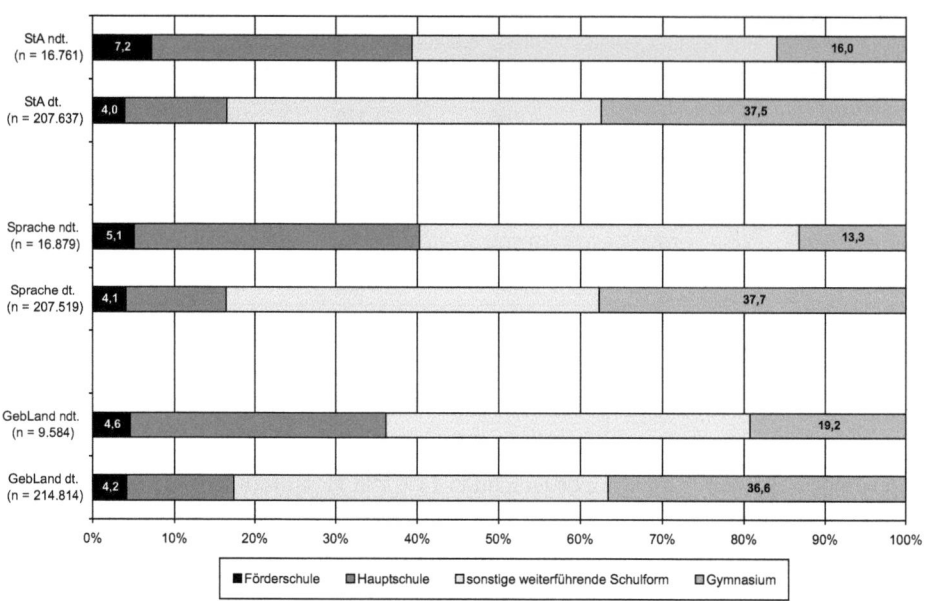

ndt.= nichtdeutsch(e), dt. = deutsch(e)

Förderschulen werden von Schülern mit einer nichtdeutschen Staatsangehörigkeit beinahe doppelt so häufig wie von Schülern mit einer deutschen Staatsangehörigkeit besucht (7,2 vs. 4,0 %). Erstere besuchen Hauptschulen im Vergleich zu Letzteren etwa 2,5-mal so häufig (32,1 vs. 12,6 %), während der Anteil des Gymnasialbesuchs weniger als die Hälfte im Vergleich zu deutschen Schülern beträgt (16,0 vs. 37,5 %). Lediglich die Besuchsanteile von sonstigen weiterführenden Schulformen sind als ungefähr ausgeglichen anzusehen (44,7 vs. 46,0 %).

Für Schüler mit überwiegend nichtdeutscher Familiensprache sowie für diejenigen mit nichtdeutschem Geburtsland ist wiederum ein deutlich selteneren Förderschulbesuch im Vergleich zu Schülern mit nichtdeutscher Staatsangehörigkeit zu konstatieren. Hier unterscheidet sich der Förderschulbesuchsanteil gegenüber der jeweiligen Referenzgruppe jedoch weniger deutlich. Als zweiter wesentlicher Unterschied ist festzustellen, dass Schüler, die zu Hause überwiegend eine andere Sprache als Deutsch sprechen, erheblich seltener ein Gymnasium besuchen (13,3 %) als Schüler mit einer nichtdeutschen Staatsangehörigkeit (16,0 %). Schüler, die nicht in Deutschland geboren wurden, weisen demgegenüber mit 19,2 % einen erheblich höheren Besuchsanteil auf. D. h. im Vergleich zur Referenzgruppe besuchen die im Ausland gegenüber in Deutschland Geborenen etwa nur halb so oft ein Gymnasium, für Schüler mit einer nichtdeutschen im Vergleich zu denen mit einer deutschen Familiensprache beträgt dieser Anteil nur etwa ein Drittel.

Neben den Einzelmerkmalen werden nachfolgend die Migrationsmerkmale miteinander kombiniert und die hieraus resultierende Bildungsbeteiligung betrachtet. Zunächst wird die Bildungsbeteiligung von Schülern mit Migrationshintergrund insgesamt nach Definition der KMK (2011a: 29; vgl. hierzu auch Kapitel 3.4) mit derjenigen von Schülern ohne Migrationshintergrund verglichen (Abbildung 4-2). D. h. ein Migrationshintergrund liegt vor, wenn die Ausprägungen der Merkmale Staatsangehörigkeit, Familiensprache oder Geburtsland nichtdeutsch bzw. nicht Deutschland sind.

Abbildung 4-2: **Bildungsbeteiligung (Schulformbesuch in %) von Schülern mit Migrationshintergrund in Rheinland-Pfalz (Schuljahr 2008/09)**[135]

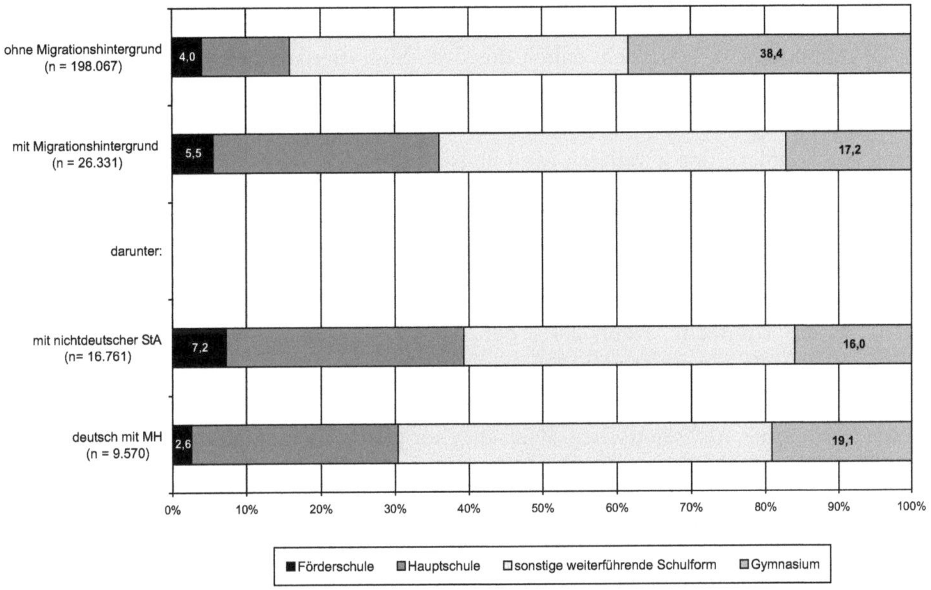

StA = Staatsangehörigkeit; MH = Migrationshintergrund

Schüler ohne Migrationshintergrund besuchen zu 38,4 % ein Gymnasium. Dieser Anteil beträgt mehr als das Doppelte gegenüber dem Anteil von Schülern mit Migrationshintergrund (17,2 %). Demgegenüber besuchen Schüler mit Migrationshintergrund deutlich häufiger Förderschulen (5,5 vs. 4,0 %) sowie Hauptschulen (30,5 vs. 11,8 %) als Schüler ohne Migrationshintergrund. Sonstige weiterführende Schulen werden von beiden Gruppen in etwa gleich häufig besucht.

An dieser Stelle soll die Bildungsbeteiligung für Schüler mit Migrationshintergrund weiter ausdifferenziert werden. Dies geschieht zum einen nach dem herkömmlichen schulstatistischen Merkmal der nichtdeutschen Staatsangehörigkeit von Schülern sowie zum anderen für Schüler mit einem deutschen Pass, die – über die Merkmale einer nichtdeutschen Familiensprache oder eines nichtdeutschen Geburtslandes – einen Migrationshintergrund aufweisen.

Schüler ohne deutschen Pass besuchen etwas häufiger Hauptschulen (+4,2 Prozentpunkte) und seltener Gymnasien (-3,1 PP) als deutsche Schüler mit Migrationshintergrund. Der deutlichste Unterschied ist im Besuch von Förderschulen erkennbar, die

---

135 Ergänzend werden die Anteile von Schülern mit Migrationshintergrund differenziert nach Schulform in Anhang XI dargestellt.

von nichtdeutschen Schülern 2,8-mal so häufig wie von deutschen Schülern mit Migrationshintergrund besucht werden (7,2 vs. 2,6%).

Bisher wurde in der Schulstatistik die Bildungsbeteiligung über das Merkmal nichtdeutsche Staatsangehörigkeit – als Indikator für Schüler mit Migrationshintergrund – ausgewiesen (vgl. hierzu auch Kapitel 2). Die dargestellte Differenzierung verdeutlicht, dass hierdurch die Bildungsbeteiligung von Schülern mit Migrationshintergrund hinsichtlich des Besuchs von Gymnasien leicht unterschätzt und der Besuch von Förderschulen deutlich überschätzt wird. Zudem ist erkennbar, dass eine differenzierte Betrachtung nach den Migrationsmerkmalen aufschlussreich sein kann.[136]

In Abbildung 4-3 werden daher die drei Migrationsmerkmale Staatsangehörigkeit, überwiegende Familiensprache und Geburtsland vollständig anhand der Merkmalsausprägungen deutsch und nichtdeutsch ausdifferenziert und die Bildungsbeteiligung von Schülern der jeweiligen Merkmalskombination dargestellt.[137]

Unmittelbar deutlich wird die erhebliche Varianz der Bildungsbeteiligung von Schülern mit Migrationshintergrund in Abhängigkeit von den Ausprägungen der einzelnen Migrationsmerkmale. Beispielsweise variiert der Besuch von Förderschulen um mehr als das Dreifache. Denn 2,4% der Schüler, die eine deutsche Staatsangehörigkeit und eine überwiegend nichtdeutsche Familiensprache aufweisen und zugleich in Deutschland geboren sind (0/1/0), besuchen eine Förderschule – gegenüber 7,5% der Schüler mit einer nichtdeutschen Staatsangehörigkeit, die zu Hause überwiegend eine nichtdeutsche Sprache sprechen und in Deutschland geboren wurden (1/1/0). Letztere weisen mit 10,7% auch den geringsten Besuchsanteil von Gymnasien auf. In diesem Ergebnis spiegelt sich die jeweilige Zusammensetzung nach Herkunft bzw. Staatsangehörigkeit der Schüler wider, da die weit überwiegende Mehrheit der Schüler dieser Merkmalskombination eine türkische Staatsangehörigkeit hat (vgl. Anhang XII). Dreimal häufiger besuchen Schüler mit deutscher Staatsangehörigkeit, die zu Hause überwiegend Deutsch sprechen und im Ausland geboren wurden (0/0/1) ein Gymnasium (31,8%). Diese wurden mehrheitlich entweder in Russland oder in Kasachstan geboren (vgl. ebd.).

---

136 Ergänzend zur Bildungsbeteiligung sind in Anhang XI die Anteile der Schüler mit Migrationshintergrund insgesamt nach Schulform in den Klassenstufen 5 bis 9 dargestellt. Zusätzlich wird dieser Anteil nach dem Gewicht der einzelnen Migrationsmerkmale aufgeteilt. Die Staatsangehörigkeit hat noch ein relativ hohes Gewicht (im Gegensatz zu den Klassenstufen 1 bis 4 an Grundschulen, vgl. Kapitel 3), denn die Schüler an weiterführenden Schulformen wurden fast ausschließlich vor dem Jahr 2000 geboren, weswegen sie nicht oder nur in sehr geringem Umfang von dem geänderten Staatsangehörigkeitsrecht betroffen sind. D.h. aufgrund des Geburtsjahres erfüllen sie nicht die Voraussetzungen für eine doppelte Staatsangehörigkeit (vgl. Kapitel 3). Insgesamt spielt die Familiensprache als einzelnes Migrationsmerkmal zur Identifikation von Schülern mit Migrationshintergrund die bedeutendste Rolle, wenn auch nur mit minimalem Vorsprung gegenüber der Staatsangehörigkeit (vgl. hierzu die Fallzahlen der einzelnen Migrationsmerkmale in Abbildung 4-1). Die prozentualen Abweichungen der anteilsmäßigen Relevanz der Migrationsmerkmale bezogen auf die Schüler mit Migrationshintergrund insgesamt – im Vergleich zu den bis 1999 geborenen Grundschülern in Tabelle 3-5 – können durch Kohorteneffekte und Unterschiede in dem Umfang der Inanspruchnahme der Übergangsregelung verursacht sein (vgl. hierzu Kapitel 3).

137 Die Fallzahlen betragen für die Merkmalskombinationen mindestens n = 1.057 für die Kombination 1/0/1 und maximal n = 6.320 für die Kombination 1/0/0.

Abbildung 4-3: Bildungsbeteiligung (Schulformbesuch in %) nach Kombination der Migrationsmerkmale (Staatsangehörigkeit/Familiensprache/Geburtsland; 0 = deutsch(-e/-es); 1 = nichtdeutsch(-e/-es))[138] in Rheinland-Pfalz (Schuljahr 2008/09)

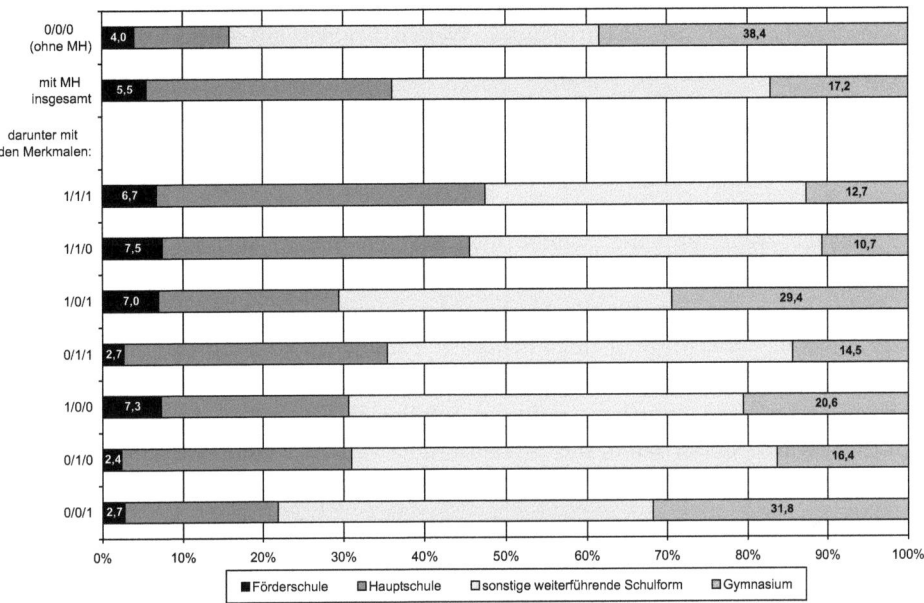

MH = Migrationshintergrund
Lesebeispiel: Die Merkmalskombination 1/1/0 steht für Schüler, die eine nichtdeutsche Staatsangehörigkeit aufweisen, zu Hause überwiegend eine nichtdeutsche Sprache sprechen und in Deutschland geboren wurden.

Anstelle der einzelnen Anteilswerte werden als Nächstes die Relativen-Risiko-Indizes (RRIs) vertiefend analysiert (vgl. hierzu Kapitel 2.2). D.h. die Anteilswerte des Schulformbesuchs werden für die jeweilige Merkmalskombination von Schülern mit Migrationshintergrund in Relation gesetzt zu denen von Schülern ohne Migrationshintergrund (Tabelle 4-3).

Tabelle 4-3: Relative-Risiko-Indizes (RRIs) der Bildungsbeteiligung nach Migrationsmerkmalen in Rheinland-Pfalz (Schuljahr 2008/09)

Merkmals-kombination	RRI* des Besuchs einer/s...				
	Förderschule	Hauptschule	sonst. wf. SF	Gymnasium	n =
1/1/1	1,68	3,44	0,87	0,33	3.410
1/1/0	1,86	3,22	0,96	0,28	5.974
1/0/1	1,74	1,90	0,90	0,77	1.057
0/1/1	0,67	2,76	1,10	0,38	3.042
1/0/0	1,81	1,97	1,07	0,54	6.320
0/1/0	0,59	2,42	1,15	0,43	4.453
0/0/1	0,68	1,61	1,01	0,83	2.075

* = Referenz: 0/0/0 (= ohne Migrationshintergrund; n = 198.067)
sonst. wf. SF = sonstige(n) weiterführende(n) Schulform

---

138 Diese Darstellungsform wurde zuvor von Kühne (2013: 160ff.) bezogen auf rheinland-pfälzische Abgänger verwendet.

Hinsichtlich des Besuchs von Förderschulen fällt auf, dass Schüler mit einer nicht-deutschen Staatsangehörigkeit an dieser Schulform mindestens um das 1,5-Fache überrepräsentiert sind im Vergleich zu Schülern ohne Migrationshintergrund – und dies ganz unabhängig von den Ausprägungen der Merkmale der überwiegenden Familiensprache oder des Geburtslandes. Weisen Schüler mit Migrationshintergrund hingegen eine deutsche Staatsangehörigkeit auf, sind sie – erneut unabhängig von den Ausprägungen der Merkmale Familiensprache und Geburtsland – an Förderschulen gegenüber Schülern mit Migrationshintergrund unterrepräsentiert. D.h. ihr Förderschulbesuchsanteil beträgt nur etwa zwei Drittel des Anteils von Schülern ohne Migrationshintergrund.

Sonstige weiterführende Schulformen werden relativ ausgeglichen besucht – die RRIs variieren je nach Merkmalskombination zwischen 0,87 und 1,15. Der erste Indexwert ergibt sich für die Merkmalskombination 1/1/1 (nichtdeutsche Staatsangehörigkeit, überwiegend nichtdeutsche Familiensprache sowie nichtdeutsches Geburtsland), die seltener sonstige weiterführende Schulformen als Schüler ohne Migrationshintergrund besuchen, während Schüler mit deutscher Staatsangehörigkeit und deutschem Geburtsland, die zu Hause überwiegend eine nichtdeutsche Sprache sprechen (0/1/0), eine sonstige weiterführende Schulform leicht überrepräsentiert besuchen.

Hinsichtlich des Besuchs von Hauptschulen sind Schüler mit Migrationshintergrund gegenüber Schülern ohne Migrationshintergrund deutlich überrepräsentiert. Allerdings variiert die Überrepräsentation je nach Merkmalskombination erheblich. Mit einem RRI von 1,6 sind Schüler mit deutscher Staatsangehörigkeit, Deutsch als überwiegender Familiensprache und nichtdeutschem Geburtsland (0/0/1) am geringsten im Vergleich zu Schülern ohne Migrationshintergrund überrepräsentiert. Weisen Schüler eine nichtdeutsche Staatsangehörigkeit auf und sprechen sie zugleich in ihrer Familie überwiegend Deutsch, erreicht der Index Werte von annähernd 2. Für Schüler mit einer deutschen Staatsangehörigkeit, die in ihren Familien hauptsächlich eine nichtdeutsche Sprache verwenden, sind bereits RRIs von 2,8 bzw. 2,4 zu beobachten. Die stärksten Überrepräsentationen sind für Schüler zu konstatieren, die sowohl eine nichtdeutsche Staatsangehörigkeit als auch eine überwiegend nichtdeutsche Familiensprache aufweisen: sie besuchen mindestens dreimal so häufig eine Hauptschule wie Schüler ohne Migrationshintergrund.

Erkennbar ist ein Zusammenhang zwischen erhöhtem Hauptschulbesuch und einem niedrigeren Gymnasialbesuch, da die Rangfolge der Unterrepräsentation des Gymnasialbesuchs mit der Rangfolge der Überrepräsentation des Hauptschulbesuchs nahezu vollständig übereinstimmt. Die im Vergleich zu Schülern ohne Migrationshintergrund geringsten Chancen auf den Besuch eines Gymnasiums haben Schüler mit einer nichtdeutschen Staatsangehörigkeit, die zugleich zu Hause überwiegend eine nichtdeutsche Sprache sprechen: Ihr Gymnasialbesuchsanteil beträgt nur maximal ein Drittel gegenüber dem Anteil von Schülern ohne Migrationshintergrund. Schüler mit einer deutschen Staatsangehörigkeit und überwiegend nichtdeutscher Familiensprache sind an Gymnasien etwas weniger stark unterrepräsentiert. Schüler mit Migrationshintergrund, die in ihren Familien überwiegend Deutsch sprechen sind im Vergleich zu Schülern ohne Migrationshintergrund an Gymnasien am wenigsten unterrepräsentiert; trotzdem besuchen sie um 17 bis 46 % seltener diese Schulform.

Insgesamt zeigt sich, dass eine nichtdeutsche Staatsangehörigkeit mit einer erhöhten Besuchswahrscheinlichkeit von Förderschulen einhergeht, während Schüler mit einer überwiegend nichtdeutschen Familiensprache an Hauptschulen über- und an Gymnasien unterrepräsentiert sind.[139]

Zuvor wurde die Relevanz der einzelnen Migrationsmerkmale dargelegt, wenn diese jeweils binär (mit den Ausprägungen deutsch / nichtdeutsch) codiert werden. Diese Darstellungsweise ist analytisch durchaus interessant, allerdings gehen mit dieser Darstellungsform mehrere Nachteile einher. Zum einen sind die Merkmalsausprägungen als wenig griffig bzw. als relativ abstrakt anzusehen, dies erschwert die Interpretation der Ergebnisse. Zum anderen bleibt unberücksichtigt, welche individuellen Ausprägungen die Migrationsmerkmale nichtdeutsche Staatsangehörigkeit, Familiensprache und Geburtsland beinhalten – hierüber gibt Anhang XII Auskunft. Die Merkmalskombination 1/1/1 steht für eine relativ heterogene Zuwanderergruppe, wobei mehr als jeder sechste Schüler dieser Gruppe türkischstämmig ist. Ein klareres Bild ergibt sich mit Blick auf das Merkmal 1/1/0, hierbei handelt es sich überwiegend um türkische Schüler der 2. Generation – bzw. allgemeiner um Nachkommen von Arbeitsmigranten. Als relativ heterogene Gruppe sind auch Schüler mit der Merkmalsausprägung 1/0/1 einzuschätzen, hierunter ist annähernd jeder Vierte russischer, polnischer oder türkischer Herkunft, für die verbleibenden drei Viertel bleibt die Herkunft eher diffus. Möglich wäre, dass es sich hierbei vorwiegend um die Nachkommen von eher bildungsaffinen Zuwanderern handelt, da Deutsch als überwiegende Sprache innerhalb von Zuwandererfamilien vermutlich eher die Ausnahme denn die Regel sein dürfte. Hierfür spricht auch, dass es sich um eine quantitativ eher kleine Gruppe handelt und der Gymnasialbesuch vergleichsweise hoch ausfällt. Eine russische Familiensprache

---

139 Unter anderem aus Platzgründen nicht dargestellt werden durchgeführte multivariate Analysen, die den Einfluss der einzelnen Migrationsmerkmale auf die Bildungsbeteiligung von Schülern untersuchen (die multivariaten Ergebnisse werden auf Nachfrage vom Autor bereitgestellt). Z.B. wurden logistische Regressionen und mehrfaktorielle Varianzanalysen gerechnet, die exemplarisch die Abhängigkeit des Gymnasialbesuchs von den drei Migrationsmerkmalen untersuchen. Auf eine Darstellung der Ergebnisse wurde verzichtet, da diese keine grundlegenden zusätzlichen Erkenntnisse liefern – etwa, weil die Rangfolge der Odds Ratios der logistischen Regressionen identisch ist mit der Rangfolge der Chance des Gymnasialbesuchs, die sich aus der Berechnung der dargestellten und weniger komplexen RRIs ergibt. Auch zeigte sich erneut, dass die überwiegend (nichtdeutsche) Familiensprache das bedeutsamste Einzelmerkmal darstellt, das den Gymnasialbesuch von Schülern mit Migrationshintergrund (negativ) beeinflusst. Die in diesem Zusammenhang festgestellte Redundanz multivariater Verfahren ist auch insofern nicht überraschend, da z.B. Diefenbach (2007: 16) darauf hinweist, dass die Verwendung komplexer multivariater Verfahren zur Berechnung von Über- oder Unterrepräsentationen redundant ist, wenn Daten zur Grundgesamtheit vorliegen. Ein weiterer Vorteil ist, dass ebenso keine Signifikanzniveaus berechnet werden müssen (vgl. ebd.). Zudem sind die berechneten RRIs als robuster im Vergleich zu Odds Ratios anzusehen (vgl. ebd.; Burgard 1998; siehe hierzu auch Kapitel 2.2). Daher werden nachfolgend ausschließlich RRIs berechnet, um Unterschiede zwischen Schülern mit spezifischen Kombinationen von Migrationsmerkmalen und Schülern ohne Migrationshintergrund einzuschätzen. Zusätzlich werden z.T. Effektstärken berechnet, um beurteilen zu können, ob „statistisch signifikante Effekte auch praktisch bedeutsam sind" (Völkle/Erdfelder 2010: 471f.). Ein weiterer Vorteil von Effektstärken ist, dass der Anspruch erfüllt wird, wonach „ein Effektstärkemaß […] unempfindlich gegenüber der Zahl der Fälle sein" sollte (Schnell/Hill/Esser 2005: 453).

weisen drei Viertel der Schüler mit der Merkmalskombination 0/1/1 auf, über zwei Drittel dieser Schüler wurden entweder in Russland oder in Kasachstan geboren. Vermutlich handelt es sich bei einem Großteil dieser Schüler um Spätaussiedler, die nach erfolgter Zuwanderung aufgrund ihres Rechtsanspruches unmittelbar die deutsche Staatsangehörigkeit erhalten (vgl. § 7 StAG). Allerdings gibt der Datensatz hierüber nur sehr beschränkt Auskunft, so dass unklar bleibt, in welchem Umfang es sich bei diesen Schülern um Spätaussiedler oder um regulär eingebürgerte russische und kasachische Zuwanderer handelt. Auffällig ist zumindest, dass die Anzahl der Schüler mit einer russischen oder kasachischen[140] Staatsangehörigkeit nur einen Bruchteil der Anzahl der in Russland bzw. Kasachstan Geborenen ausmacht (vgl. Anhang XIII und XIV). Dies deutet auf eine schnelle und erleichterte Vergabe der deutschen Staatsangehörigkeit an die Zuwandernden hin (so wie es bei Spätaussiedlern der Fall ist). Ähnlich verhält es sich für Schüler mit der Merkmalskombination 0/0/1, die z. T. auch Spätaussiedler sein könnten. Denn diese Schüler verfügen über die deutsche Staatsangehörigkeit, von ihnen wurde etwa die Hälfte auch in Russland oder Kasachstan geboren, sie sprechen zu Hause überwiegend Deutsch und ihre Bildungsbeteiligung ist derjenigen von Schülern ohne Migrationshintergrund am ähnlichsten.[141]

Unter Schülern mit nichtdeutscher Staatsangehörigkeit, die in Deutschland geboren wurden und deren Familiensprache überwiegend Deutsch ist (1/0/0), befinden sich primär Kinder von Arbeitsmigranten; etwa die Hälfte dieser Schüler hat eine türkische oder italienische Staatsangehörigkeit. Schüler der 2. Generation, die eine deutsche Staatsangehörigkeit haben und eine nichtdeutsche Familiensprache aufweisen (0/1/0), sprechen zu Hause zu gut der Hälfte entweder Türkisch oder Russisch.

Die vorhergehende Darstellung nach spezifischen Merkmalskombinationen für Schüler mit Migrationshintergrund hat erste Hinweise auf einen Zusammenhang zwischen Bildungsbeteiligung und der jeweiligen Zusammensetzung der Schülerpopulation nach Staatsangehörigkeit, Familiensprache und Geburtsland gegeben. Bevor vertiefende Analysen nach Herkunftsgruppen durchgeführt werden, erfolgt ein Überblick über die Heterogenität der Bildungsbeteiligung innerhalb der drei einzelnen Migrationsmerkmale. Daher wird zunächst die Bildungsbeteiligung nach der jeweiligen Staatsangehörigkeit (Abbildung 4-4), Familiensprache und dem Geburtsland (bzw. Generationenstatus) dargestellt.

---

140 Da weniger als 100 Schüler eine kasachische Staatsangehörigkeit aufweisen, werden sie im Anhang nicht separat angeführt.

141 Wie einleitend beschrieben ist im Datensatz auch der Anteil von ‚Zufallsgeburten' im Ausland nicht nachvollziehbar, da z.B. Schüler ohne Migrationshintergrund von Eltern ohne Migrationshintergrund zufällig im Ausland geboren worden sein können. Auch diese Fälle sind unter den Schülern mit Migrationshintergrund mit der Merkmalskombination 0/0/1 enthalten.

Abbildung 4-4: Bildungsbeteiligung (Schulformbesuch in %) nach Staatsangehörigkeit[142] in Rheinland-Pfalz (Schuljahr 2008/09)

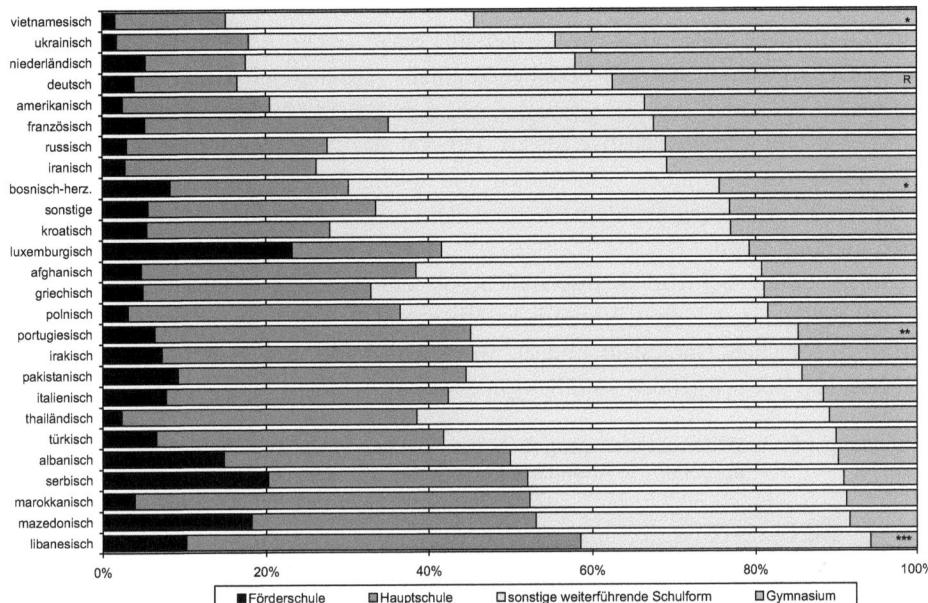

= Trennwert: kleine Effektstärke; ** = Trennwert: mittlere Effektstärke; *** = Trennwert: große Effektstärke (Gymnasialbesuchsanteil je Staatsangehörigkeit im Vergleich zum entsprechenden Anteil unter deutschen Schülern)
R = Referenz (Gymnasialbesuchsanteil von deutschen Schülern)

Wie bereits in Kapitel 2 dargestellt, bestehen für Schüler verschiedener Staatsangehörigkeiten erhebliche Differenzen in der Bildungsbeteiligung. Auch für die dargestellten 25 häufigsten Staatsangehörigkeiten in Rheinland-Pfalz sind erhebliche Abweichungen festzustellen, da z.B. der Besuch von Förderschulen zwischen 1,6 % für vietnamesische und 20,2 % für serbische Schüler variiert.[143] Somit besuchen letztere fünfmal so häufig eine Förderschule wie deutsche Schüler (4,0 %). Gymnasien werden von libanesischen Schülern zu lediglich 5,7 % und von vietnamesischen Schülern zu 54,4 % besucht. Die ergänzend angeführten Markierungen in Sternchenform stellen die empirischen Trennwerte hinsichtlich der Effektstärken dar, die anhand einer Effektstärkenanalyse identifiziert wurden (vgl. Cohen 1988; vgl. hierzu auch Kapitel 2.1).[144] Die Referenz bzw. der Vergleichswert ist der Anteil des Gymnasialbesuchs von deutschen Schülern (Markierung: ‚R'). Konkret bedeutet ein Sternchen für vietnamesische Schüler, dass

---

142 Die Fallzahlen von Schülern nach Staatsangehörigkeit an weiterführenden Schulen der Klassenstufen 5 bis 9 können Anhang XIII entnommen werden.

143 Von den Schülern mit luxemburgischer Staatsangehörigkeit besuchen mehr als 80 % eine Schule in den drei zur luxemburgischen Grenze nächstgelegenen Kreisen und kreisfreien Städten. Es besteht die Möglichkeit, dass z.B. viele Schüler aus Luxemburg eine deutsche Förderschule besuchen (weswegen der Förderschulbesuch unter in Deutschland lebenden Luxemburgern nicht überrepräsentiert sein muss). Daher bleibt der Förderschulbesuchsanteil von luxemburgischen Schülern in den Ausführungen unberücksichtigt.

144 Nach Cohen (1988: 24ff.) liegen kleine Effektstärken vor bei Cohen's d = 0,2, mittlere Effekte bei einem d = 0,5 und starke Effekte bei einem d = 0,8. Diese können sich jeweils für erheblich positiv oder negativ abweichende Gymnasialbesuchsanteile im Vergleich zu dem entsprechenden Anteil für deutsche Schüler ergeben.

ein kleiner positiver Effekt hinsichtlich des Gymnasialbesuchs im Vergleich zu deutschen Schülern zu konstatieren ist. Der Gymnasialbesuchsanteil von 24,5 % für bosnisch-herzegowinische Schüler ist der oberste Balken, für den ein kleiner negativer Effekt festgestellt wurde. D.h. für Schüler aller Staatsangehörigkeiten mit einem geringeren Gymnasialbesuchsanteil bestehen ebenfalls (mindestens) kleine negative Effekte. Beträgt der Anteil (wie für portugiesische Schüler) 14,7 % oder weniger, handelt es sich bereits um mittlere negative Effekte. Für Anteile, die 5,7 % oder weniger betragen, sind große negative Effekte festzuhalten. Ein solcher ist für libanesische Schüler (im Vergleich zu deutschen Schülern) festzustellen, was in Abbildung 4-4 mit drei Sternchen markiert wurde.

In Abbildung 4-5 wird veranschaulicht, ob und inwiefern Unterschiede in der Bildungsbeteiligung zwischen Schülern bestehen, die zu Hause verschiedene Familiensprachen sprechen. Dargestellt sind die 16 verschiedenen und in dem Datensatz separat erfassten überwiegenden Familiensprachen von Schülern (sowie ‚sonstige').

Abbildung 4-5: Bildungsbeteiligung (Schulformbesuch in %) nach überwiegender Familiensprache[145] in Rheinland-Pfalz (Schuljahr 2008/09)

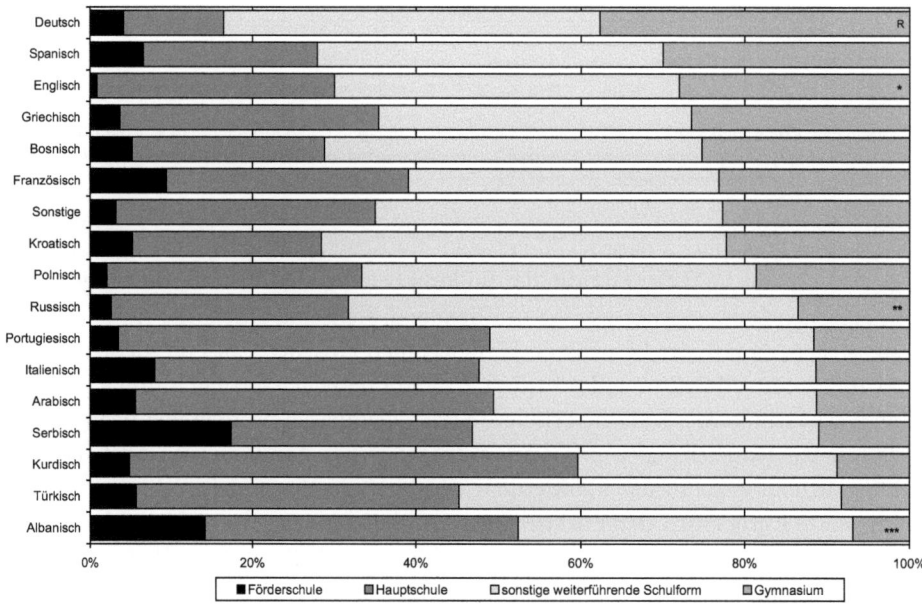

* = Trennwert: kleine Effektstärke; ** = Trennwert: mittlere Effektstärke; *** = Trennwert: große Effektstärke (Gymnasialbesuchsanteil nach überwiegender Familiensprache im Vergleich zum Anteil der zu Hause überwiegend Deutsch sprechenden Schüler)
R = Referenz (Gymnasialbesuchsanteil von zu Hause überwiegend Deutsch sprechenden Schülern)

---

145 Die Fallzahlen von Schülern nach überwiegender Familiensprache an weiterführenden Schulen der Klassenstufen 5 bis 9 können z.B. Anhang XIII entnommen werden.

Der Förderschulbesuch fällt für Schüler, die zu Hause überwiegend eine nichtdeutsche Familiensprache verwenden, häufig geringer aus als für überwiegend Deutsch sprechende Schüler (z. B. besuchen überwiegend polnisch sprechende Schüler nur halb so häufig eine Förderschule im Vergleich zu den zu Hause überwiegend Deutsch sprechenden Schülern). Eine Ursache könnte sein, dass fehlende Sprachkenntnisse des Deutschen nicht zu einem Förderschulbesuch – insbesondere im Förderschwerpunkt Lernen – führen sollen (vgl. Gomolla/Radtke 2007: 235, 193ff.; Langenfeld 2001: 38f.). Allerdings zeigen sich deutlich erhöhte Förderschulbesuche von Familien mit überwiegend Albanisch (14,1 %) und Serbisch (17,4 %) sprechenden Schülern: Erstere sind an dieser Schulform um das 3,4-Fache, letztere um das 4,2-Fache im Vergleich zu überwiegend in ihren Familien Deutsch sprechenden Schülern (4,1 %) überrepräsentiert. Für Schüler die zu Hause überwiegend eine nichtdeutsche Sprache sprechen, fällt der Gymnasialbesuch niedriger im Vergleich zu den zu Hause überwiegend Deutsch Sprechenden aus – ganz unabhängig von der spezifischen nichtdeutschen Familiensprache. Allerdings sind deutliche Unterschiede nach der jeweiligen überwiegenden nichtdeutschen Familiensprache auszumachen. Während beinahe jeder Dritte (30,0 %) der primär zu Hause Spanisch sprechenden Schüler ein Gymnasium besucht, trifft dies auf weniger als jeden zehnten Schüler zu, der als überwiegende Familiensprache Kurdisch (8,8 %), Türkisch (8,2 %) oder Albanisch (6,9 %) angibt. Für letztere sind mittelstarke bis starke negative Effektstärken im Vergleich zu den in Familien überwiegend Deutsch sprechenden Schülern festzuhalten (Cohen's d zwischen -0,73 und -0,80). Für alle Sprachgruppen mit einem festgestellten Gymnasialbesuch bis 13,6 % zeigen sich mittlere negative Effekte, für diejenigen mit bis zu 28,0 % Gymnasialbesuch ergeben sich kleine negative Effekte im Vergleich zu überwiegend deutschsprachigen Schülern (37,7 %).

Als Nächstes wird die Bildungsbeteiligung für Schüler nach Geburtsland betrachtet (Abbildung 4-6). Bei dieser differenzierten Darstellung können allerdings nur die häufigsten 16 Geburtsländer von Schülern angeführt werden, da nur diese Fallzahlen von mehr als 100 Schülern aufweisen.

Abbildung 4-6: Bildungsbeteiligung (Schulformbesuch in %) nach Geburtsland[146] in Rheinland-Pfalz (Schuljahr 2008/09)

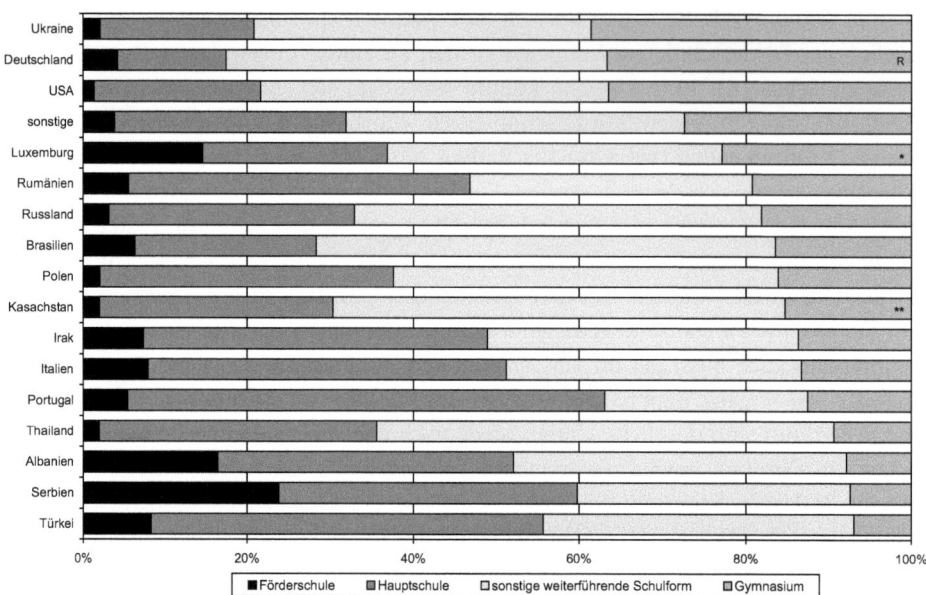

* = Trennwert: kleine Effektstärke; ** = Trennwert: mittlere Effektstärke; *** = Trennwert: große Effektstärke (Gymnasialbesuchsanteil nach Geburtsland im Vergleich zum entsprechenden Anteil der in Deutschland geborenen Schüler); R = Referenz (Gymnasialbesuchsanteil von in Deutschland geborenen Schülern)

Erhebliche Differenzen im Besuch spezifischer Schulformen zeigen sich auch in Abhängigkeit vom Geburtsland der Schüler. Während nur 1,4 % der in den USA Geborenen eine Förderschule besucht, ist es annähernd jeder vierte in Serbien geborene Schüler (23,8 %). Zum Vergleich: Die in Deutschland geborenen Schüler besuchen zu 4,2 % eine Förderschule. Der Besuch von Hauptschulen fällt für alle im Ausland geborenen und nach Deutschland gezogenen Schüler höher aus als für in Deutschland Geborene; in Portugal geborene Schüler besuchen sogar 4,4-mal so häufig eine Hauptschule wie in Deutschland Geborene. Sonstige weiterführende Schulen werden von im Ausland geborenen Schülern tendenziell etwas seltener besucht: Nur die in Kasachstan, Thailand oder in Brasilien geborenen Schüler besuchen diese Schulen um bis zu 9,2 Prozentpunkte häufiger als in Deutschland geborene Schüler (45,9 %). In den USA Geborene besuchen etwa gleich häufig wie in Deutschland Geborene das Gymnasium (36,5 bzw. 36,6 %). Nur für die in der Ukraine Geborenen ist mit 38,6 % ein noch höherer Gymnasialbesuch festzustellen. Für die in Luxemburg Geborenen ergibt sich nach Cohens d ein kleiner negativer Effekt, sie besuchen um ein Drittel seltener ein Gymnasium als die in Deutschland Geborenen. Mittlere negative Effekte ergeben sich für alle Schülergruppen nach Geburtsland, die einen Gymnasialanteil von 15,3 % oder geringer aufweisen. Die stärksten Unterschiede weisen die in der Türkei, in Serbien oder Albanien Geborenen auf, ihr Gymnasialbesuchsanteil macht nur etwa ein Fünftel

---

146 Die genauen Fallzahlen von Schülern nach Geburtsland an weiterführenden Schulen der Klassenstufen 5 bis 9 können Anhang XIII entnommen werden.

des Anteils von in Deutschland Geborenen aus. Mit Effektstärken (Cohens d) zwischen 0,771 und 0,737 sind für sie annähernd starke Effekte festzustellen.

Weiter wird untersucht, inwiefern nach Ausdifferenzierung des zusätzlichen Migrationsmerkmals des Zuzugsalters ein Zusammenhang zur Bildungsbeteiligung (bzw. zu dem Anteil des Gymnasialbesuchs im Speziellen) besteht. Das Zuzugsalter kann für die später analysierte Bildungsbeteiligung von Schülern nach Herkunftsgruppen von Relevanz sein – z.B. wenn eine gegebene Herkunftsgruppe im Durchschnitt in einem relativ geringen Alter zugezogen ist und hieraus eine höhere Bildungsbeteiligung resultiert, während sich für Schüler einer anderen Herkunftsgruppe eine niedrigere Bildungsbeteiligung aus einem durchschnittlich höheren Zuzugsalter unter sonst gleichen Umständen ergibt.

Wie bereits in Kapitel 1.2.2 gezeigt wurde, ist u.a. nach Rumbaut (1997) sowie Stanat und Segeritz (2009) die 1. Generation von im Ausland geborenen Schülern nach Alter des Zuzugs auszudifferenzieren. Dies erfolgt nicht zuletzt aus sprachpsychologischen Erwägungen, da mit steigendem Zuzugsalter der Spracherwerb schwieriger wird (vgl. Rumbaut 1997; Stanat/Segeritz 2009). Daher wird angenommen, dass die Bildungsbeteiligung mit zunehmendem Zuzugsalter geringer ausfällt. Ob dies zutrifft, wird nachfolgend am Beispiel des Gymnasialbesuchs veranschaulicht. In Abbildung 4-7 ist der Gymnasialbesuch in Prozent nach dem Zuzugsalter von Schülern der 1. Generation dargestellt, die die Klassenstufen 5 bis 9 besuchen. Die Fallzahlen betragen mindestens 250 Fälle je Altersjahr.[147]

Abbildung 4-7:   **Gymnasialbesuch in % nach Zuzugsalter in Rheinland-Pfalz (Schuljahr 2008/09)**

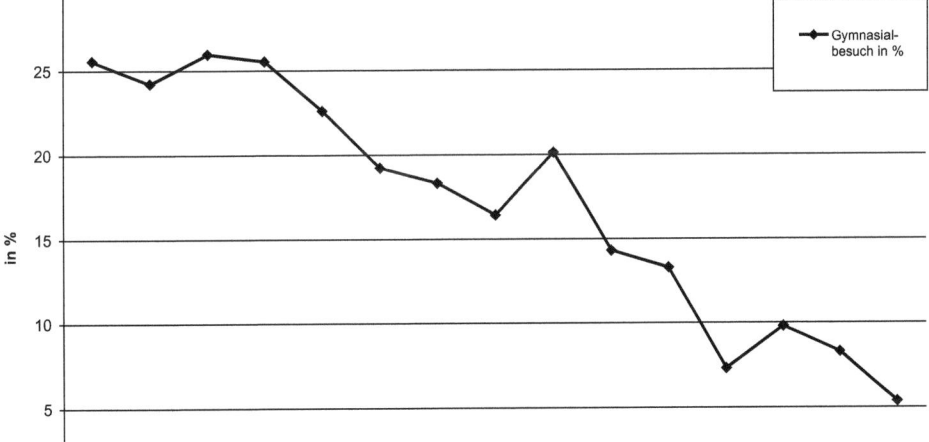

147 Um ausreichende Fallzahlen zu erhalten wurden die im Alter von 14- bis 17-Jahren Zugezogenen zu den im Alter von mindestens 14-Jahren Zugezogenen (‚14+‘) zusammengefasst (da insbesondere die Fallzahlen für die im Alter von 16 bis 17 Jahren Zugezogenen sehr gering ausfielen). In Anhang XV werden die Fallzahlen differenziert nach Zuzugsalter sowie nach Generationenstatus dargestellt.

In den Klassenstufen 5 bis 9 sind relativ hohe Anteile des Gymnasialbesuchs für diejenigen Schüler der 1. Generation festzustellen, die im Alter von 0 bis 3 Jahren nach Deutschland zugezogen sind. Von ihnen besucht in etwa jeder Vierte ein Gymnasium. Bereits für die im Alter von vier bis acht Jahren Zugezogenen zeigen sich mit Werten zwischen 16,4 und 22,6 % geringere Gymnasialbesuchsanteile. Für die im Alter von neun und zehn Jahren Zugezogenen geht der Besuchsanteil mit 14 bzw. 13 % weiter zurück. Sehr geringe Besuchsanteile ergeben sich für die im Alter von mindestens elf Jahren Zugezogenen, die lediglich einstellige Prozentanteile hinsichtlich des Gymnasialbesuchs aufweisen. Das Minimum ist für die im Alter von mindestens 14 Jahren zugezogenen Schüler zu konstatieren, deren Gymnasialbesuchsanteil mit 5,4 % beinahe nur ein Fünftel des Anteils für die im Alter von 0 Jahren Zugezogenen beträgt, die zu 25,6 % an ein Gymnasium gehen. Besonders fällt auf, dass die im frühen Vorschulalter Zugezogenen in der Sekundarstufe relativ hohe Gymnasialbesuchsanteile erreichen. Für im Grundschulalter Zugezogene sind eher mittelhohe Anteilswerte feststellbar. Besonders signifikant sind jedoch die sehr geringen Anteile des Gymnasialbesuchs für die im Alter von mindestens 11 Jahren zugezogenen Schüler. Bei ihnen handelt es sich um sogenannte ‚Seiteneinsteiger‘ in die Sekundarstufe I (vgl. hierzu Kapitel 1.2.2).

Um Aussagen zur Stärke des Zusammenhangs treffen zu können, der für Schüler der 1. Generation zwischen den beiden dargestellten Variablen besteht, werden gewichtete paarweise Korrelationen berechnet, da die Gewichtung die den einzelnen Zuzugsaltersjahren zugrundeliegenden Fallzahlen berücksichtigt. Das Ergebnis ist eine sehr starke und signifikant negative Korrelation von $r = -.950$ zwischen dem Zuzugsalter und dem Anteil des Gymnasialbesuchs.[148]

Abschließend wird die überwiegende Familiensprache von Schülern mit Migrationshintergrund nach Zuzugsalter dargestellt und in Beziehung gesetzt zur zuvor berichteten Bildungsbeteiligung. Erwartet wird, dass ein negativer Zusammenhang zwischen dem Zuzugsalter und der Verwendung von Deutsch als überwiegender Familiensprache besteht (vgl. Kapitel 1.2.2). Weiter wird erwartet, dass sowohl zwischen dem Zuzugsalter und dem Gymnasialbesuch als auch zwischen Zuzugsalter und der Verwendung von Deutsch als Familiensprache ein negativer Zusammenhang besteht. Beide Annahmen werden nachfolgend überprüft. In Abbildung 4-8 ist die Verwendung von Deutsch als überwiegender Familiensprache für Schüler mit Migrationshintergrund der 1. Generation in Abhängigkeit vom Zuzugsalter dargestellt.

---

148 Ungewichtet beträgt die Korrelation $r = -.960$. Ein sehr starker negativer Zusammenhang zwischen Zuzugsalter und Gymnasialbesuch besteht auch, wenn die Korrelationen getrennt für die zu Hause überwiegend eine nichtdeutsche Sprache gegenüber den zu Hause überwiegend Deutsch sprechenden Schülern gerechnet werden. Der Zusammenhang bleibt sehr stark negativ, ganz unabhängig davon, ob die Fälle gewichtet werden oder nicht (ohne Abbildung).

Abbildung 4-8: Deutsch als überwiegende Familiensprache in % nach Zuzugsalter in Rheinland-Pfalz (Schuljahr 2008/09)

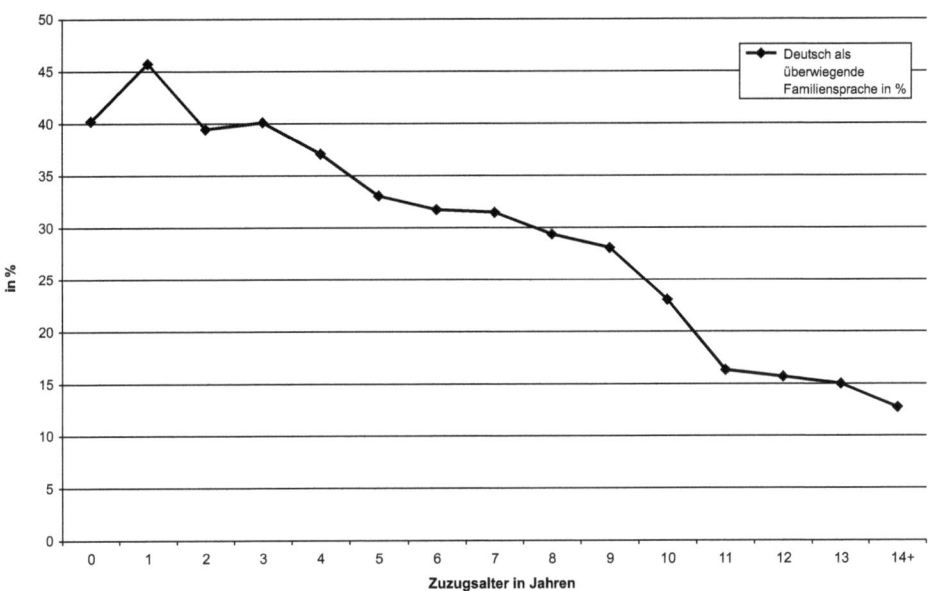

Von den im Alter von 0 bis 3 Jahren nach Deutschland zugezogenen Schülern, die eine weiterführende Schule (oder Förderschule) in den Klassenstufen 5 bis 9 besuchen, wird zu 40 bis 45 % zu Hause überwiegend Deutsch gesprochen. Dieser Anteil sinkt mit zunehmendem Zuzugsalter. Für die im Alter von mindestens 6 Jahren Zugezogenen beträgt der Anteil weniger als ein Drittel, während von annähernd einem Viertel der im Alter von 10 Jahren Zugezogenen überwiegend zu Hause Deutsch gesprochen wird. Ein weiterer deutlicher Rückgang zeigt sich für die im Alter von mindestens 11 Jahren zugezogenen Schüler, die zu maximal 16 % in ihren Familien zu Hause überwiegend Deutsch sprechen. Das Anteilsminimum von 12,8 % ergibt sich für die im Alter von mindestens 14 Jahren Zugezogenen. Der Zusammenhang zwischen dem Zuzugsalter und der Verwendung von Deutsch als überwiegender Familiensprache wird anhand von Korrelationsanalysen quantifiziert. Die Berechnung von gewichteten paarweisen Korrelationen belegt mit einem $r = -.967$, dass ein signifikanter und sehr starker negativer Zusammenhang zwischen beiden Variablen besteht.[149] Neben dem globalen Zusammenhang zwischen den beiden Variablen fallen auch die verschiedenen Niveaus der Anteilshöhe von Deutsch als überwiegender Familiensprache nach Zuzugsaltersklassen auf. Hier sind insbesondere die Stufen des Zuzugs im Vorschulalter (von 0 bis 5 Jahren) zu nennen, die mit der Verwendung von Deutsch als überwiegender Familiensprache bei über einem Drittel einhergehen; unter den 0- bis 3-Jährigen sogar von mindestens 39,5 %. Von den im Grundschulalter – d. h. den im Alter von etwa 6 bis 10 Jahren – Zugezogenen sprechen zwischen 23 und 31 % zu Hause überwiegend Deutsch. Für Seiteneinsteiger in die Sekundarstufe I ergeben sich

---

149 Ungewichtet beträgt die Korrelation $r = -.974$.

mit Werten zwischen 12,8 und 16,3 % die geringsten Anteile von Deutsch als überwiegender Familiensprache.

Weiter wird geprüft, ob und inwiefern ein Zusammenhang besteht zwischen dem in Abbildung 4-7 dargestellten Gymnasialbesuch nach Zuzugsalter und der zuvor untersuchten Verwendung von Deutsch als überwiegender Familiensprache in Abhängigkeit vom Zuzugsalter (vgl. Abbildung 4-8). Die Berechnung einer paarweisen gewichteten Korrelation ergibt einen sehr starken und signifikant positiven Koeffizienten von r = .951.[150] Hierdurch wird verdeutlicht, dass in Abhängigkeit vom Zuzugsalter ein sehr starker Zusammenhang besteht zwischen dem Umfang des Gymnasialbesuchs und von Deutsch als überwiegend verwendeter Familiensprache (konkret geht mit einem geringen Zuzugsalter sowohl ein hoher Gymnasialbesuchsanteil als auch eine häufige Verwendung von Deutsch als überwiegende Familiensprache einher; bei einem hohen Zuzugsalter fallen beide Anteile gering aus). Der Vergleich der beiden Abbildungen verdeutlicht zudem, dass insbesondere die im Alter von über 10 Jahren Zugezogenen vergleichsweise selten(er) ein Gymnasium besuchen und zugleich seltener zu Hause überwiegend Deutsch sprechen.

In diesem Kapitel wurde vorwiegend die Bildungsbeteiligung von Schülern mit Migrationshintergrund anhand von einzelnen Migrationsmerkmalen dargestellt. Im nächsten Kapitel werden die Migrationsmerkmale miteinander kombiniert, so dass die Bildungsbeteiligung von Schülern mit Migrationshintergrund differenziert nach Herkunftsgruppen analysiert werden kann.

4.3 Bildungsbeteiligung von Schülern mit Migrationshintergrund nach Herkunftsgruppen

In dem vorhergehenden Kapitel haben sich bereits erhebliche Bildungsdisparitäten gezeigt, wenn einzelne Migrationsmerkmale weiter ausdifferenziert werden. In diesem Kapitel wird die Bildungsbeteiligung von Schülern mit Migrationshintergrund differenziert nach ihrer Herkunft analysiert. Die Herkunft wird – wie in Kapitel 4.1.1 beschrieben – über die Merkmale Staatsangehörigkeit und Geburtsland operationalisiert. In Abbildung 4-9 ist die Bildungsbeteiligung von Schülern mit Migrationshintergrund nach Herkunftsgruppen dargestellt, sofern eine Fallzahl von mindestens 100 Schülern vorliegt.

---

150 Ungewichtet ergibt sich ein Korrelationskoeffizient von r = .968.

Abbildung 4-9: Bildungsbeteiligung (Schulformbesuch in %) von Schülern mit Migrationshintergrund nach spezifischer Herkunft in Rheinland-Pfalz[151] (Schuljahr 2008/09)

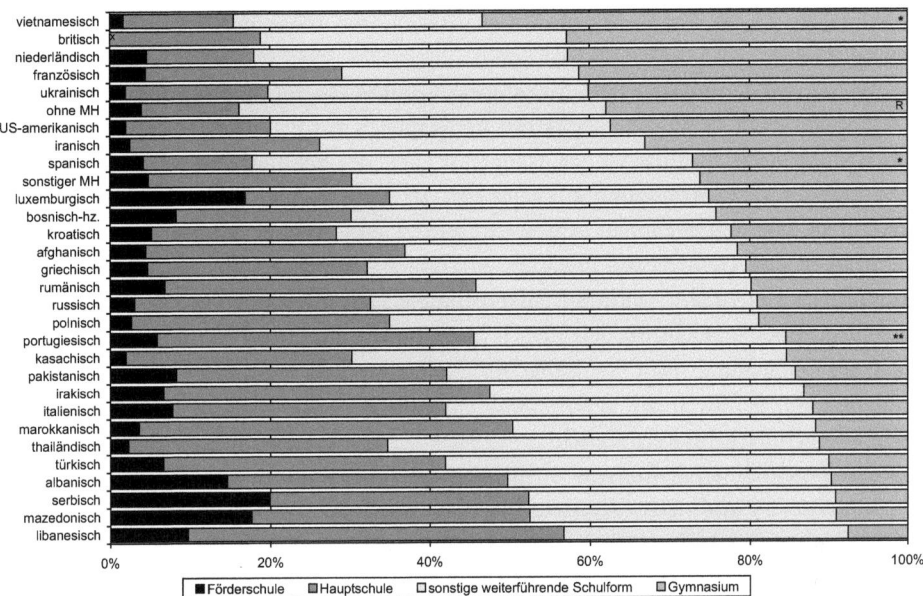

Auch wenn zwei Merkmale berücksichtigt werden, um die Bildungsbeteiligung nach Herkunft bzw. spezifischem Migrationshintergrund abzubilden, zeigen sich erhebliche Disparitäten. Dies soll anhand von Anteilen des Förderschul- und des Gymnasialbesuchs veranschaulicht werden. Während weniger als jeder fünfzigste Schüler mit vietnamesischem Migrationshintergrund eine Förderschule besucht (1,7 %), ist es unter Schülern mit serbischem Migrationshintergrund jeder Fünfte (19,9 %). Letztere besuchen fünfmal so häufig Förderschulen wie Schüler ohne Migrationshintergrund (4,0 %). Erheblich unterscheidet sich auch der Besuchsanteil von Gymnasien. Dieser variiert zwischen 7,6 % für Schüler mit libanesischem und 53,4 % für Schüler mit vietnamesischem Migrationshintergrund. Für libanesische Schüler beträgt der Anteil nur ein Fünftel im Vergleich zum Anteil von Schülern ohne Migrationshintergrund, die zu 37,9 % ein Gymnasium besuchen. Schüler mit vietnamesischem Migrationshintergrund gehen dagegen 1,4-mal so oft an diese Schulform wie Schüler ohne Migrationshintergrund. Werden Effektstärken als Maßzahl für die Stärke des Unterschieds im Gymnasialbesuch gegenüber dem von Schülern ohne Migrationshintergrund erreichten Anteilswert berechnet, so zeigt sich ein kleiner positiver Effekt für vietnamesische Schüler (Cohens d = 0,31). Kleine negative Effekte (d ≤ -0,2) sind für alle

---

151 Die Fallzahlen von Schülern mit Migrationshintergrund nach Herkunftsgruppen können Anhang XVI entnommen werden.

Migrantengruppen auszumachen, die, wie Schüler mit spanischem Migrationshintergrund, einen Gymnasialbesuch von 27,1 % oder weniger erreichen. Für diejenigen Herkunftsgruppen, die – wie Schüler mit portugiesischem Migrationshintergrund – maximal zu 15,4 % ein Gymnasium besuchen, liegen sogar mittlere negative Effekte vor (d ≤ -0,5).

Weiter soll der zusätzliche Nutzen der gewählten Operationalisierung von Migrantengruppen nach spezifischer Herkunft im Vergleich zur klassischen schulstatistischen Darstellung nach spezifischer Staatsangehörigkeit der Schüler überprüft werden (vgl. Abbildung 4-4). In Abbildung 4-9 zeigt sich, dass ein Vergleich für eine etwas höhere Anzahl an Migrantengruppen ermöglicht wird. Denn 30 über die Merkmale Staatsangehörigkeit und Geburtsland gebildete Migrantengruppen erfüllen das Kriterium von mindestens 100 Fällen (während entsprechende Fallzahlen nur von 26 Staatsangehörigkeitsgruppen erreicht werden). Nach Migrationshintergrund werden – im Vergleich zu einer Darstellung nach Staatsangehörigkeit – zusätzlich Aussagen zur Bildungsbeteiligung von Schülern mit spanischem, rumänischem, kasachischem und britischem Migrationshintergrund ermöglicht.

Ein Vergleich der Fallzahlen ist für insgesamt 25 Herkunftsgruppen nach Migrationshintergrund und nach Staatsangehörigkeit möglich.[152] Wenn zusätzlich zur Staatsangehörigkeit das Geburtsland berücksichtigt wird, dann sind für die Mehrzahl (20 von 25) der vergleichbaren Herkunftsgruppen allerdings nur um maximal 20 % erhöhte Fallzahlen zu konstatieren. Für die anderen fünf Herkunftsgruppen ergeben sich z. T. deutlich höhere Fallzahlen (+36 % für Schüler mit französischem Migrationshintergrund vs. mit französischer Staatsangehörigkeit; +46 % für luxemburgische, +41 % für polnische, +57 % für ukrainische, +141 % für US-amerikanische und +373 % für russische Schüler). Wird die Rangfolge des Gymnasialbesuchs nach Migrationshintergrunds- und Staatsangehörigkeitsgruppen miteinander verglichen, dann ergibt sich eine sehr starke signifikante Korrelation, was durch einen Rangkorrelationskoeffizienten nach Spearman in Höhe von r = .964 verdeutlicht wird.

Nachfolgend wird die Bildungsbeteiligung von Schülern mit Migrationshintergrund nach ihrer Herkunft weiter ausdifferenziert: Zusätzlich kann anhand von schulstatistischen Individualdaten der Generationenstatus von Schülern berücksichtigt werden. Hierdurch ist es möglich die Frage zu beantworten, inwiefern sich die Bildungsbeteiligung von Schülern derselben Herkunftsgruppe im intergenerationalen Vergleich verändert. Somit wird die Bildungsbeteiligung von Schülern der 2. Generation (d.h. den in Deutschland geborenen Schülern) mit der Bildungsbeteiligung von Schülern der 1. Generation (d.h. den Zugewanderten) derselben Herkunftsgruppe miteinander verglichen (vgl. hierzu auch Kapitel 1.2.1 und 4.1). In Abbildung 4-10 wird der Gymnasialbesuch von Schülern mit Migrationshintergrund insgesamt sowie weiter differenziert nach der jeweiligen Herkunft in Abhängigkeit vom Generationenstatus dargestellt. Der Gymnasialbesuch wird exemplarisch untersucht, da sich für diesen

---

152 Im Rahmen dieser Vergleiche bleiben Schüler ohne Migrationshintergrund sowie Schüler mit deutscher Staatsangehörigkeit unberücksichtigt.

– gegenüber dem Förderschulbesuch – nur geringe Einschränkungen aufgrund zu kleiner Fallzahlen im Generationenvergleich ergeben.[153]

Abbildung 4-10: **Gymnasialbesuchsanteil nach Generationenstatus von Schülern mit Migrationshintergrund insgesamt sowie nach Herkunft in % in Rheinland-Pfalz (Schuljahr 2008/09)**

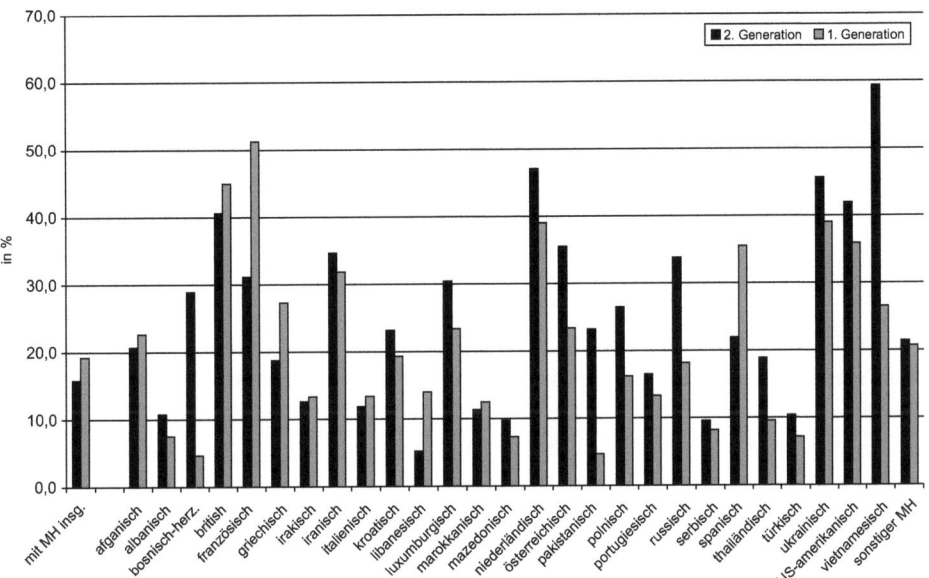

Anhand der beiden Variablen Staatsangehörigkeit und Geburtsland ist für 21.878 Schüler ein Migrationshintergrund auszumachen. Von diesen besuchen insgesamt 17,3 % ein Gymnasium (ohne Abbildung). Schüler mit Migrationshintergrund der 1. Generation besuchen insgesamt zu 19,2 % das Gymnasium, unter denen der 2. Generation sind es nur 15,8 %. Das Ergebnis ist zunächst unerwartet, insbesondere widerspricht es gängigen integrations- bzw. assimilationstheoretischen Annahmen, wonach in der 2. Generation ein höherer Gymnasialbesuch als in der 1. Generation zu erwarten wäre (vgl. Kapitel 1.2.1). Eine nähere Betrachtung verdeutlicht, dass eine weitere Differenzierung von Schülern mit Migrationshintergrund nach der jeweiligen Herkunft erforderlich ist. Denn das Gesamtergebnis ist u. a. Folge davon, dass die Generationen quantitativ unterschiedlich nach Herkunftsgruppen zusammengesetzt sind. Auch fallen die herkunftsspezifischen Niveaus des Gymnasialbesuchs nach Ausdifferenzierung des Generationenstatus auf. Weiter bestehen je nach Herkunft unterschiedlich stark ausgeprägte Differenzen in Abhängigkeit vom Generationenstatus. Für die Mehrzahl, d. h. für 19 von insgesamt 28 Herkunftsgruppen (inklusive ‚sonstige‘), sind in der 2. Generation höhere Anteile des Gymnasialbesuchs im Vergleich zur 1. Generation festzustellen. Für die neun verbleibenden Herkunftsgruppen ist das Gegenteil

---

153 In Anhang XVI sind die Fallzahlen für Schüler nach spezifischem Migrationshintergrund angeführt, ergänzt um die Verteilung der Schüler nach Generationenstatus in % (Anteil der zugezogenen Schüler der 1. Generation im Vergleich zu den Anteilen der in Deutschland Geborenen bzw. der 2. Generation in %).

der Fall. Bei den Herkunftsgruppen, die in der 1. Generation eine höhere Bildungsbeteiligung als in der 2. Generation aufweisen, handelt es sich zum einen um Schüler mit irakischem, marokkanischem, italienischem, afghanischem und britischem Migrationshintergrund mit Veränderungen um 0,7 bis 4,3 Prozentpunkte. Zum anderen fällt insbesondere für Schüler mit griechischem, libanesischem, spanischem und französischem Migrationshintergrund der Gymnasialbesuchsanteil in der 1. Generation um 8,5 bis hin zu 20,1 Prozentpunkte höher aus als in der 2. Generation. Unter den neun hervorgehobenen Migrantengruppen sind mehrheitlich EU-Staaten als Herkunftsländer vertreten. Für diese sind – mit Ausnahme der italienischen Migranten – in der 1. Generation überdurchschnittliche Gymnasialbesuchsanteile festzustellen (im Vergleich zu Schülern mit Migrationshintergrund der 1. Generation insgesamt). Der Datensatz erlaubt keine weitergehenden Ursachenanalysen, warum manche Herkunftsgruppen in der 1. Generation einen höheren Gymnasialbesuch aufweisen als in der 2. Generation. Daher kann nur spekuliert werden, ob es sich z.B. um einen leistungsselektiven Zuzug der Eltern handelt, der auch die Bildungsbeteiligung der Kinder beeinflusst. Allerdings könnte auch die einleitend beschriebene unzureichende Erfassung von Schülern der 2. Generation einen nicht zu unterschätzenden Einfluss auf die Ergebnisse haben.

Zumindest das Ergebnis, dass Schüler mit Migrationshintergrund insgesamt in der 2. Generation seltener als in der 1. Generation ein Gymnasium besuchen, wird verständlich, wenn die Anteile der Migrantengruppen an den Schülern mit Migrationshintergrund insgesamt betrachtet werden (ohne Abbildung). Denn türkische Schüler machen etwa die Hälfte (50,8 %) der Schüler mit Migrationshintergrund der 2. Generation aus; ihr Gymnasialbesuch fällt mit 10,4 % relativ gering aus, wodurch der Durchschnitt für alle Schüler mit Migrationshintergrund der 2. Generation gesenkt wird. Innerhalb der 1. Generation stellen die Schüler mit ‚sonstigem‘ Migrationshintergrund die größte Gruppe in einem Umfang von etwa einem Drittel, und sie besuchen zu einem relativ hohen Anteil von gut 20 % Gymnasien. Als quantitativ nächstbedeutsame Gruppe folgen Schüler mit russischem Migrationshintergrund (11,3 %), ihre Gymnasialbesuchsanteil beträgt 18,2 %. Kompositionseffekte sind also unbedingt zu beachten, um generalisierende Fehlschlüsse zu vermeiden (wie etwa, dass die Bildungsbeteiligung von Schülern mit Migrationshintergrund in der 1. Generation generell höher ausfällt als unter Schülern mit Migrationshintergrund der 2. Generation). Dies zeigte sich bereits im Rahmen der PISA-Studien, wonach Schüler mit Migrationshintergrund der 1. Generation ein ähnliches Kompetenzniveau im Vergleich zur 2. Generation aufwiesen, was sich ebenfalls auf die Komposition der Zuwanderergenerationen zurückführen ließ (vgl. Prenzel 2008: 27f; Walter/Taskinen 2008b: 343ff.).

Neben der Herkunft und dem Generationenstatus lässt sich auch das Zuzugsalter von Schülern hinzuziehen, um zu prüfen, inwiefern dieses einen Einfluss auf die Bildungsbeteiligung nach Herkunft (in der 1. Generation) hat (vgl. hierzu auch Kapitel 1.8). Wenn neben der Herkunft und dem Generationenstatus das Zuzugsalter berücksichtigt wird, ist aufgrund der hieraus resultierenden relativ kleinen Fallzahlen eine Aggregierung nach Zuzugsaltersklassen erforderlich. Da die Darstellung einzelner Zuzugsaltersjahre nach Herkunftsgruppen nicht möglich ist, soll zuerst eine sinnvolle

Altersklassifizierung erfolgen. Hierzu wird – wie in Kapitel 1.8 gezeigt – eine alternative Berechnung des Generationenstatus nach Rumbaut (1997) durchgeführt. Der Vorschlag von Rumbaut (1997) lautet, näherungsweise folgende Dezimalgenerationen zu bilden, die das Zuzugsalter berücksichtigen: die 1,25.-Generation (im Alter von 13 bis 18 Jahren Zugezogene), die 1,5.-Generation (6- bis 12-jährig Zugezogene) und die 1,75.-Generation (die im Alter von unter 6 Jahren zugezogenen Schüler). Unter der 2. Generation werden – wie zuvor – die in Deutschland geborenen Schüler verstanden, die eine nichtdeutsche Staatsangehörigkeit haben. Allerdings liegen nur relativ geringe Fallzahlen für die 1,25. Generation vor (vgl. Anhang XV), so dass bei einer kombinierten Betrachtung nach Herkunftsgruppe und Zuzugsalter nur differenziert wird nach den im Vorschulalter und den im Alter von mindestens 6 Jahren Zugezogenen (die sogenannten Seiteneinsteiger in das Schulsystem, vgl. hierzu Kapitel 1.2.2).

In Abbildung 4-11 ist für Schüler mit Migrationshintergrund der Anteil des Gymnasialbesuchs nach Herkunftsgruppen und Generationenstatus unter Berücksichtigung des Zuzugsalters abgebildet. Dargestellt sind alle Herkunftsgruppen, die in allen dargestellten Generationengruppen eine Fallzahl von mindestens 30 aufweisen.

Abbildung 4-11: **Gymnasialbesuch in % von Schülern mit Migrationshintergrund nach Herkunft und Generationenstatus (bzw. Zuzugsalter) in Rheinland-Pfalz (Schuljahr 2008/09)**

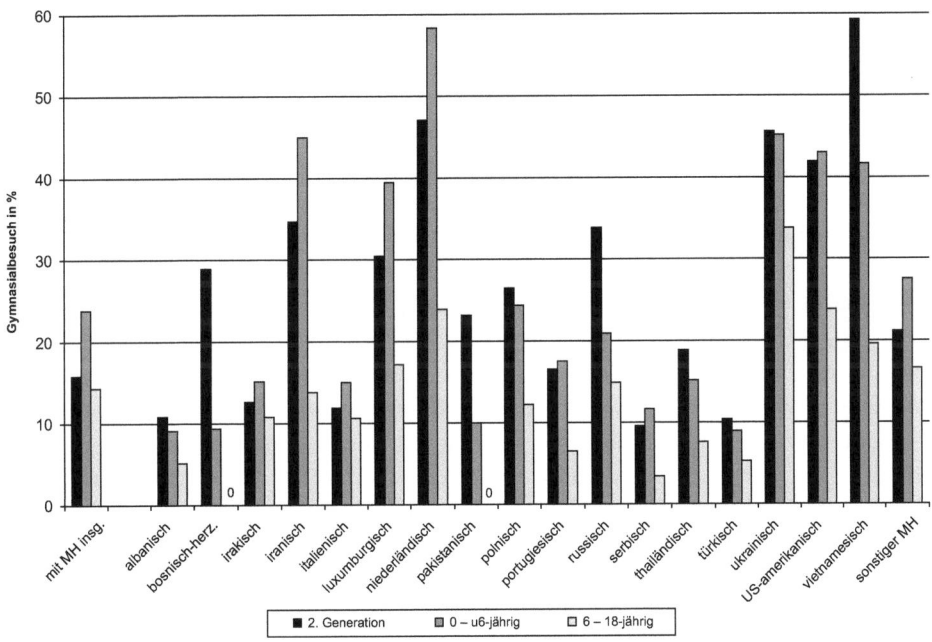

0 = Der Anteil des Gymnasialbesuchs beträgt genau 0 %.

Auch unter Berücksichtigung der spezifischen Herkunft ist als eindeutiges Ergebnis festzuhalten, dass Schüler mit Migrationshintergrund in der 2. Generation ausnahmslos eine höhere Bildungsbeteiligung aufweisen als die Schüler der 1. Generation, die im Alter von 6 Jahren und älter nach Deutschland zugezogen sind. Die deutlichste

Differenz zwischen den Generationen ist für Schüler mit vietnamesischem Migrationshintergrund zu konstatieren, deren Gymnasialbesuchsanteil in der 2. Generation das Dreifache gegenüber dem Anteil der im Alter von 6 bis 18 Jahren zugezogenen Schüler der 1. Generation beträgt.

Für die nach Deutschland gezogenen Schüler verdeutlicht sich die erhebliche Relevanz des Zuzugsalters darin, dass sie auch nach Herkunftsgruppen differenziert deutlich häufiger das Gymnasium besuchen, wenn der Zuzug im Alter von bis zu 6 Jahren erfolgte. Am deutlichsten ist dies für Schüler der 1. Generation mit iranischem und serbischem Migrationshintergrund erkennbar, die mehr als dreimal so oft ein Gymnasium besuchen, wenn sie im Vorschulalter zugezogen sind, im Vergleich zu den im Alter von mindestens 6 Jahren Zugezogenen. D.h. für die erste Zuwanderergeneration ist auch unter Berücksichtigung der Herkunft ein deutlicher negativer Zusammenhang zwischen der Bildungsbeteiligung und zunehmendem Zuzugsalter festzustellen. Bzw. umgekehrt gilt, dass auch differenziert nach Herkunft ein jüngeres Zuzugsalter mit höheren Gymnasialbesuchsanteilen einher geht. Auch müssen diese Zahlen immer unter Beachtung der Bildungsbeteiligung von Schülern ohne Migrationshintergrund betrachtet werden, die zu 37,9 % das Gymnasium besuchen.[154]

Als eher uneinheitlich sind die Ergebnisse hinsichtlich des Gymnasialbesuchs der 2. Generation im Vergleich zu den früh – d.h. zu den im Alter von 0 bis unter 6 Jahren – zugezogenen Schülern anzusehen. Für neun Herkunftsgruppen ergibt sich in der 2. Generation ein höherer Gymnasialbesuch im Vergleich zu den im Alter von 0- bis unter 6-Jahren zugezogenen Schülern. Diese Ergebnisse fallen erwartungsgemäß aus (vgl. Kapitel 1.2.1). Für neun weitere Herkunftsgruppen (inklusive sonstige) ist allerdings ein höherer Gymnasialbesuch der 0- bis unter 6-jährig zugezogenen Schüler im Vergleich zur 2. Generation zu verzeichnen, so wie es zuvor bereits für die Schüler mit Migrationshintergrund insgesamt zu beobachten war. D.h. für Schüler mit Migrationshintergrund lässt sich auch differenziert nach der Herkunft festhalten, dass in der 1. Generation das Gymnasium allenfalls von den im Vorschulalter Zugezogenen häufiger besucht wird als von Schülern in der 2. Generation.

Ergänzend zur Bildungsbeteiligung wird die in der Familie überwiegend gesprochene Sprache ausgewertet. Zwar lässt dieses Merkmal – wie in Kapitel 3.7 beschrieben – keine präzisen Schlüsse über die Qualität der Sprachkenntnisse oder die Quantität des Sprachgebrauchs zu, da dieses Merkmal einer subjektiven Einschätzung unterliegt. Trotzdem konnte für Schüler mit Migrationshintergrund ein enger Zusammenhang zwischen der überwiegenden Familiensprache und den schulischen Leistungen am Beispiel der Lesekompetenz sowie in Mathematik nachgewiesen werden (vgl. Stanat/Christensen 2006: 52ff.; Stanat et al. 2010). Auch könne der „Gebrauch einer anderen Sprache zu Hause […] unter Umständen ein Indikator für eine geringe Integration der Familien sein" (Stanat/Christensen 2006: 52). Zunächst wird für Schüler mit Migrationshintergrund differenziert nach Herkunft und Generationenstatus dargestellt,

---

154 Wenn in der Schulstatistik nur das klassische Merkmal der Staatsangehörigkeit erhoben wird, bleibt – wie beschrieben – das Merkmal Geburtsland unberücksichtigt. Zu Vergleichszwecken kann daher auch die Bildungsbeteiligung von Schülern mit deutscher Staatsangehörigkeit, die zugleich im Ausland geboren wurden, ausdifferenziert und ergänzt werden: Die im Alter von unter 6 Jahren Zugezogenen besuchen zu 25,4 % das Gymnasium, die 6- bis 18-jährig Zugezogenen zu 15,5 %.

in welchem Umfang sie in ihren Familien überwiegend Deutsch sprechen (Abbildung 4-12).

Abbildung 4-12: Deutsch als überwiegende Familiensprache in % von Schülern mit Migrationshintergrund nach Herkunftsgruppen und Generationenstatus in Rheinland-Pfalz (Schuljahr 2008/09)

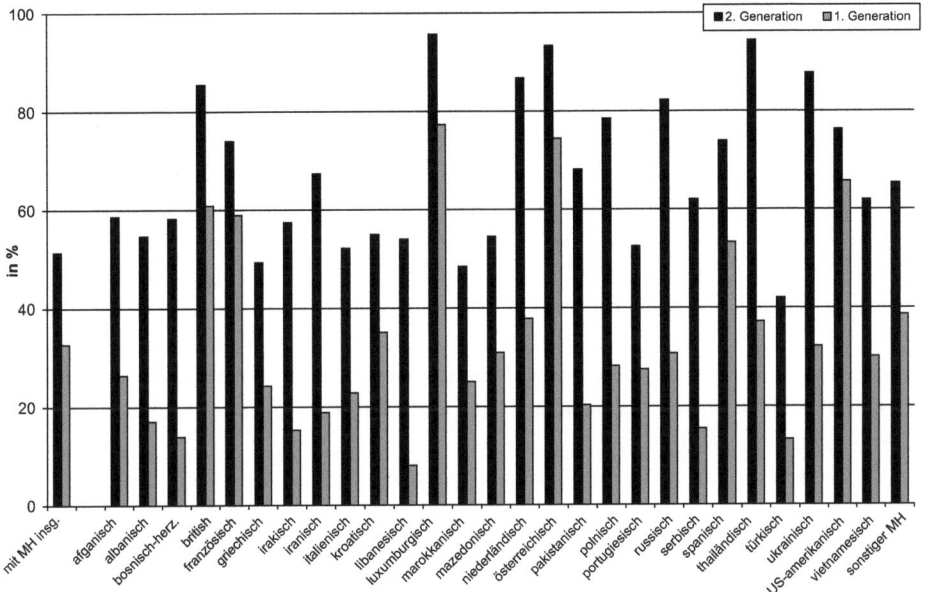

Für Schüler mit Migrationshintergrund insgesamt ist zwischen der 1. und der 2. Generation ein Anstieg um 18,7 Prozentpunkte (von 32,7 auf 51,4 %) hinsichtlich der Verwendung von Deutsch als überwiegende Familiensprache zu verzeichnen. Auch wenn Schüler mit Migrationshintergrund differenziert nach ihrer Herkunft betrachtet werden, ist ein ausnahmsloser Anstieg der Verwendung von Deutsch als überwiegend zu Hause gesprochener Sprache zwischen der 1. und der 2. Generation festzustellen. Allerdings variiert die Zunahme z. T. erheblich. In Abhängigkeit vom Generationenstatus sind die deutlichsten Unterschiede für Schüler mit bosnisch-herzegowinischem, kroatischem, serbischem und libanesischem Migrationshintergrund festzustellen. Diese Schüler sprechen in der 2. Generation mehr als viermal so häufig in ihren Familien überwiegend Deutsch im Vergleich zu den Schülern der 1. Generation derselben Herkunftsgruppe. Die erheblichen relativen Unterschiede hängen auch von der insgesamt seltenen Verwendung von Deutsch als überwiegender Familiensprache in der 1. Generation ab (das Minimum von lediglich 8 % wird von libanesischen Schülern erreicht). Bemerkenswert ist auch, dass iranische, pakistanische und niederländische Schüler in der 2. Generation um annähernd 50 Prozentpunkte häufiger zu Hause überwiegend Deutsch sprechen. Noch höher fallen die Differenzen für Schüler mit polnischem, russischem, ukrainischem oder thailändischem Migrationshintergrund aus – sie sprechen zu Hause in der 2. gegenüber der 1. Generation sogar um mindestens 50 Prozentpunkte häufiger überwiegend Deutsch. Die geringsten Veränderungen zeigen sich für diejenigen Herkunftsgruppen, die bereits in der 1. Generation relativ häufig überwiegend Deutsch in ihren Familien sprechen (wie z.B. Schüler mit US-amerikanischem Migrationshintergrund). In der 2. Generation wird mit 42 % am seltensten von Schülern mit türkischem Migrationshintergrund zu Hause überwiegend Deutsch gesprochen. Allerdings fällt auch dieser Anteil bereits um mehr als das Dreifache erhöht aus gegenüber dem Anteil von türkischen Schülern der 1. Generation (13,2 %). In der 2. Generation sprechen mit Anteilswerten von mehr als 90 % erwartungsgemäß Schüler mit österreichischem und luxemburgischem Migrationshintergrund zu Hause überwiegend Deutsch. Überraschend ist der in etwa gleich hohe Anteil von Schülern mit thailändischem Migrationshintergrund in der 2. Generation. Dies ist auch insofern bemerkenswert, da sich der Anteilswert von 94,3 % für thailändische Schüler in der 2. Generation nur unwesentlich von dem für Schüler ohne Migrationshintergrund (d.h. von Schülern mit deutscher Staatsangehörigkeit, die in Deutschland geboren wurden) unterscheidet – letztere sprechen zu 97,8 % zu Hause überwiegend Deutsch (ohne Abbildung). In diesem Zusammenhang wäre beispielsweise interessant zu überprüfen, ob nur ein Elternteil oder sogar beide Elternteile im Ausland geboren wurden und in welchem Umfang sich dies auf die überwiegend zu Hause gesprochene Familiensprache auswirkt – entsprechende Informationen sind in dem Individualdatensatz allerdings nicht enthalten.

Ergänzend soll der Zusammenhang geprüft werden, der zwischen dem Umfang von Deutsch als überwiegender Familiensprache und der Höhe des Gymnasialbesuchsanteils besteht (letzterer ist in Abbildung 4-10 dargestellt). Die Berechnung von gewichteten paarweisen Korrelationen gibt hierüber Auskunft. Für Schüler der 2. Generation besteht nach Herkunftsgruppen ein korrelativer Zusammenhang von r = .663, für Schüler der 1. Generation eine Korrelation von r = .685 zwischen dem Anteil des Gymnasialbesuchs und dem Anteil von Deutsch als überwiegender Familiensprache. D.h. es besteht nach Herkunft jeweils ein signifikanter und stark positiver Zusammenhang zwischen dem Anteil von Deutsch als überwiegender Familiensprache und dem Besuchsanteil von Gymnasien. Oder etwas prägnanter formuliert: Je häufiger Schüler einer Herkunftsgruppe in ihren Familien überwiegend Deutsch sprechen, desto häufiger besuchen sie auch ein Gymnasium (und vice versa).

Nachfolgend wird untersucht, ob der zuvor für die 1. Generation insgesamt festgestellte negative Zusammenhang zwischen dem Zuzugsalter und der Verwendung von Deutsch als überwiegender Familiensprache auch unter Berücksichtigung der Herkunft der Schüler besteht. Dies ist u.a. deshalb von Relevanz, da die zuvor für die 1. Generation berichteten Ergebnisse z.B. aus Kohorten- bzw. Zuwanderungseffekten resultieren könnten. D.h. durch die zusätzliche Ausdifferenzierung nach dem Zuzugsalter von Schülern mit Migrationshintergrund können verzerrte Ergebnisse ausgeschlossen werden, die aus der jeweiligen Zusammensetzung der 1. Generation nach Zuzugsalter für bestimmte Herkunftsgruppen resultieren könnten (z.B. durch Fluchtmigration in bestimmten Generationen bzw. innerhalb einzelner Zuzugsaltersklassen). Daher wird in Abbildung 4-13 die überwiegende Verwendung von Deutsch als Familiensprache nach Herkunftsgruppen von Schülern mit Migrationshintergrund dargestellt, allerdings unter zusätzlicher Berücksichtigung des Generationenstatus und des

Zuzugsalters. Die Abbildung beinhaltet alle Herkunftsgruppen, die in den drei dargestellten Generationengruppen mindestens 30 Fälle aufweisen.

Abbildung 4-13: Deutsch als überwiegende Familiensprache in % von Schülern mit Migrationshintergrund nach Herkunftsgruppen und Generationenstatus (bzw. Zuzugsalter) in Rheinland-Pfalz (Schuljahr 2008/09)

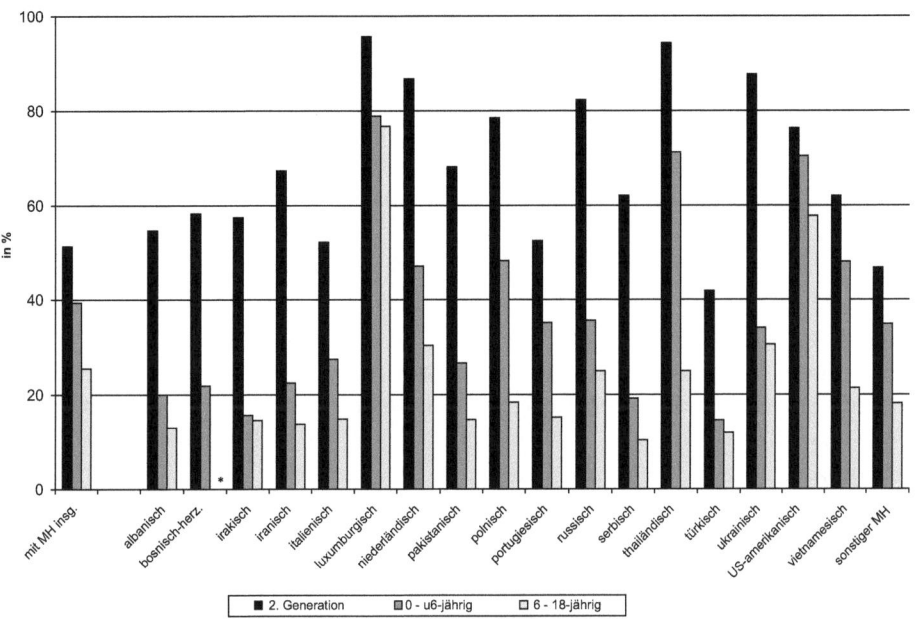

* = aus datenschutzrechtlichen Gründen nicht ausweisbar

Hinsichtlich der Verwendung von Deutsch als überwiegender Familiensprache zeigt
sich für Schüler mit Migrationshintergrund insgesamt auch nach Ausdifferenzierung
des Generationenstatus ein klarer Zusammenhang: je höher das Zuzugsalter, desto seltener wird zu Hause überwiegend Deutsch gesprochen. Die im Vorschulalter zugezogenen Schüler sprechen zu Hause deutlich häufiger überwiegend Deutsch als die
sogenannten Seiteneinsteiger. Während insgesamt nur etwa jeder Vierte der im Alter
von mindestens 6 Jahren zugezogenen Schüler zu Hause überwiegend Deutsch spricht,
trifft dies auf annähernd 40 % der im Vorschulalter zugezogenen Schüler zu, während
mit 51,4 % sogar mehr als jeder Zweite der in Deutschland geborenen Schüler mit Migrationshintergrund in der Familie überwiegend Deutsch spricht.

Differenziert nach Herkunft zeigt sich für Schüler mit Migrationshintergrund erneut, dass ein frühes Zuzugsalter im Vergleich zu einem späteren Zuzugsalter mit z. T.
deutlich erhöhten Anteilen der Verwendung von Deutsch als Familiensprache einhergeht: Die im Alter von bis zu 6 Jahren nach Deutschland zugezogenen Schüler sprechen gegenüber den erst später zugezogenen Schülern ausnahmslos häufiger Deutsch
in ihren Familien.

Die nach Generationenstatus deutlichsten Unterschiede zwischen den drei Generationengruppen zeigen sich für die in Deutschland geborenen Schüler der

2. Generation, die gegenüber den im Alter von mindestens 6 Jahren Zugezogenen ausnahmslos häufiger Deutsch als Familiensprache verwenden. Von fast allen Herkunftsgruppen wird in der 2. Generation mindestens doppelt so häufig Deutsch als überwiegende Familiensprache verwendet, hiervon weichen nur luxemburgische und US-amerikanische Schüler ab, die bereits unter den im Vorschulalter Zugezogenen mehrheitlich Deutsch in den Familien verwenden. Die höchsten intergenerationellen Veränderungen zeigen sich für Schüler mit serbischem Migrationshintergrund, die in der 2. Generation 6-mal so häufig in ihren Familien Deutsch sprechen wie die erst im Alter von mindestens 6 Jahren Zugezogenen (62,0 vs. 10,3 %). Der nach Prozentpunkten deutlichste Unterschied ist für Schüler mit polnischem und mit thailändischem Migrationshintergrund zu konstatieren, die – in der 2. Generation – um 60 bzw. 69 Prozentpunkte häufiger in ihren Familien Deutsch sprechen als die erst über 6-jährig Zugezogenen.

Ebenfalls ausnahmslos häufiger wird Deutsch als Familiensprache in der 2. Generation im Vergleich zu den im Alter von 0 bis unter 6 Jahren zugezogenen Schülern verwendet. Allerdings fallen die Differenzen geringer aus, als dies im Vergleich zwischen der 2. Generation und den im Schulalter Zugezogenen der Fall war. Schüler mit iranischem und serbischem Migrationshintergrund sprechen in der 2. Generation 3- bzw. 3,2-mal so häufig zu Hause überwiegend Deutsch wie die im Vorschulalter zugezogenen Schüler derselben Herkunft. Der deutlichste relative Unterschied zeigt sich für Schüler mit irakischem Migrationshintergrund, die in der 2. Generation 3,7-mal so häufig in ihren Familien überwiegend Deutsch sprechen wie die unter 6-jährig Zugezogenen (57,5 vs. 15,7 %). Die größten absoluten Unterschiede sind für Schüler mit russischem (+46,6 Prozentpunkte) und ukrainischem Migrationshintergrund (+53,6 PP) erkennbar.

Insgesamt zeigen die Ergebnisse, dass in Abhängigkeit vom Generationenstatus und dem Zuzugsalter auch unter Berücksichtigung der Herkunft deutliche Unterschiede in der überwiegenden Verwendung von Deutsch als Familiensprache bestehen. Im Vergleich zur 2. Generation wird in der 1. Generation erheblich seltener zu Hause überwiegend Deutsch gesprochen. *Innerhalb* der 1. Generation geht ein höheres Zuzugsalter mit einer selteneren Verwendung von Deutsch als überwiegender Familiensprache einher. Anders formuliert bedeutet dies, dass bei gleicher Herkunft diejenigen Schüler gegenüber den erst im Schulalter Zugezogenen häufiger Deutsch sprechen, die entweder im Vorschulalter zugewandert sind oder in Deutschland geboren wurden (für letztere gilt dies noch verstärkt).

Festgestellt werden konnte, dass Schüler der 2. Generation in ihren Familien am häufigsten überwiegend Deutsch sprechen, gefolgt von den unter 6-jährig Zugezogenen, während dies am seltensten für die im Alter von mindestens 6 Jahren Zugezogenen der Fall ist. Diese Befunde werden mit der in Abbildung 4-11 dargestellten Bildungsbeteiligung in Abhängigkeit vom Generationenstatus verglichen. Bei Betrachtung der Bildungsbeteiligung zeigt sich, dass der Gymnasialbesuch nicht in dem gleichem Umfang ansteigt. Für die zugezogenen Schüler sind übereinstimmend Anstiege des Gymnasialbesuchs wie auch hinsichtlich der überwiegenden Verwendung von Deutsch als Familiensprache von den erst 6-jährig oder später gegenüber den im Vorschulalter Zugezogenen zu konstatieren. Jedoch setzt sich dieser Anstieg für Schüler der 2. Generation nur hinsichtlich des Sprachgebrauchs, nicht jedoch bezogen auf den Gymnasialbesuch fort. D. h. für die Schüler der 2. Generation ist zwar eine häufigere Verwendung von Deutsch als Familiensprache zu erkennen, hiermit geht jedoch kein entsprechend höherer Gymnasialbesuch einher. Am deutlichsten zeigt sich dies für Schüler mit thailändischem Migrationshintergrund, die in der 2. Generation bereits zu 94,3 % überwiegend in der Familie Deutsch sprechen, während sie nur zu 18,9 % ein Gymnasium besuchen.

Abschließend werden die zwischen der Verwendung von Deutsch als Familiensprache und dem Gymnasialbesuchsanteil bestehenden Zusammenhänge anhand von Korrelationsanalysen für Schüler mit Migrationshintergrund aufgearbeitet. Sowohl die Herkunft und der nach Zuzugsalter differenzierende Generationenstatus werden hierbei berücksichtigt. D. h. die augenscheinlichen Zusammenhänge zwischen dem in Abbildung 4-11 dargestellten Gymnasialbesuchsanteil und der in Abbildung 4-13 angeführten Verwendung von Deutsch als überwiegender Familiensprache werden auf diese Weise empirisch geprüft und quantifiziert. Die gewichteten paarweisen Korrelationen zwischen Deutsch als Familiensprache und dem Gymnasialbesuch ergeben für die 2. Generation einen Koeffizienten von r = .602, für die 0- bis unter 6-jährig Zugezogenen von r = .639 und für die im Alter von mindestens 6 Jahren Zugezogenen von r = .462.[155] Inhaltlich bedeutet dies: Auch unter Berücksichtigung des Generationenstatus und des Zuzugsalters besteht für die Herkunftsgruppen ein signifikanter mittlerer bis starker positiver Zusammenhang zwischen der Verwendung von Deutsch als überwiegender Familiensprache und der Höhe des Gymnasialbesuchs.

Bei der Betrachtung der erreichten Bildungsbeteiligung blieb bisher das Geschlecht der Schüler unberücksichtigt. In dem folgenden Kapitel werden die Bildungsdisparitäten von Schülern mit Migrationshintergrund in Abhängigkeit vom Geschlecht angesprochen.

4.4 Bildungsbeteiligung von Schülern nach Migrationshintergrund und Geschlecht

Bisherige Schulstatistiken konnten den Migrationshintergrund von Schülern nicht berücksichtigen bzw. haben versucht, diesen ausschließlich über das Merkmal der Staatsangehörigkeit zu erfassen. Aufgrund der Datensatzstruktur konnten auf Summendaten basierende Untersuchungen die Bildungsbeteiligung von Schülern nach Migrationshintergrund und Geschlecht nicht weitergehend ausdifferenzieren. Nachfolgend wird ein erster Überblick[156] darüber gegeben, inwiefern geschlechtsspezifische Unterschiede in der Bildungsbeteiligung zwischen Schülerinnen und Schülern mit Migrationshintergrund bestehen. Zunächst werden der Anteil und die relative Wahrscheinlichkeit des Besuchs spezifischer Schulformen nach Geschlecht dargestellt (Tabelle 4-4).

---

155 Ungewichtet betragen die Korrelationen in der 2. Generation r = .498, für die 0- bis unter 6-jährig Zugezogenen r = .493, für die im Alter von mindestens 6 Jahren Zugezogenen r = .558.

156 Es erfolgt nur eine knappe Darstellung, da eine umfangreiche Analyse geschlechtsspezifischer Bildungsdisparitäten zu Schülern mit Migrationshintergrund den Rahmen dieser Arbeit sprengen würde.

Tabelle 4-4: Schulformbesuch in % nach Geschlecht; relative Wahrscheinlichkeit (RRIs) des Schulformbesuchs (weiblich vs. männlich) in Rheinland-Pfalz (Schuljahr 2008/09)

Schulform	weiblich	männlich	gesamt	RRI w/m
Förderschule	3,3	5,1	4,2	0,64
Hauptschule	12,7	15,3	14,0	0,83
sonstige wf. Schulform	45,1	46,6	45,9	0,97
Gymnasium	39,0	33,0	35,9	1,18
n =	108.471	115.927	224.398	-

wf. = weiterführende

Differenziert nach Geschlecht zeigt sich für Schülerinnen ein um das 1,18-Fache (bzw. um 6 Prozentpunkte) erhöhter Gymnasialbesuch gegenüber ihren männlichen Mitschülern. Der überrepräsentierte Besuch von Gymnasien führt dazu, dass Schülerinnen seltener alle weiteren Schulformen als Jungen besuchen. Dies zeigt sich am deutlichsten in einem um etwa ein Drittel niedrigeren Förderschulbesuch.

Als Nächstes wird das relative Risiko des Besuchs spezifischer Schulformen nach Geschlecht unter Berücksichtigung des Migrationshintergrundes dargestellt (Tabelle 4-5).

Tabelle 4-5: Relative Wahrscheinlichkeit (RRIs) für weibliche gegenüber männlichen Schülern des Besuchs spezifischer Schulformen in Rheinland-Pfalz – insgesamt sowie nach Migrationshintergrund (Schuljahr 2008/09)

Schulform	insgesamt	mit MH	ohne MH
Förderschule	0,64	0,72	0,63
Hauptschule	0,83	0,83	0,83
sonstige wf. Schulform	0,97	1,06	0,95
Gymnasium	1,18	1,31	1,17

MH = Migrationshintergrund; wf. = weiterführende

An Förderschulen sind Schülerinnen gegenüber Schülern mit Migrationshintergrund in etwas geringerem Umfang unterrepräsentiert als dies im Vergleich zwischen Schülerinnen und Schülern ohne Migrationshintergrund der Fall ist. Für Schüler mit Migrationshintergrund weicht der RRI des Gymnasialbesuchs nach Geschlecht mit einem Indexwert von 1,31 am stärksten von 1 ab: 19,6 % der Schülerinnen mit Migrationshintergrund besuchen diese Schulform, während dies auf ihre männlichen Mitschüler mit Migrationshintergrund nur zu 15,0 % zutrifft. Hinsichtlich des Gymnasialbesuchs besteht zugleich die höchste Differenz zwischen den RRIs von Schülerinnen und Schülern mit gegenüber denen ohne Migrationshintergrund (1,31 vs. 1,17). In Abbildung 4-14 wird zusätzlich die Herkunft der Schülerinnen und Schüler explizit berücksichtigt, daher wird die relative Wahrscheinlichkeit nach Herkunft und Geschlecht berechnet.[157]

Abbildung 4-14: Relative Wahrscheinlichkeit (RRIs) des geschlechtsspezifischen Gymnasialbesuchs (weiblich vs. männlich) nach Herkunftsgruppen[158] in Rheinland-Pfalz (Schuljahr 2008/09)

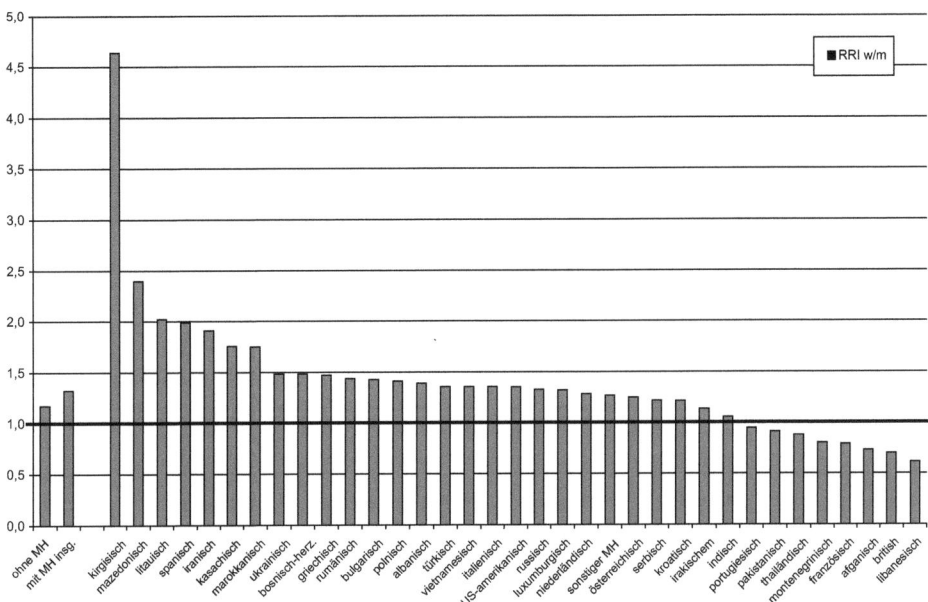

Es zeigen sich herkunftsspezifische Unterschiede im Besuchsanteil von Gymnasien zwischen weiblichen und männlichen Schülern. Für lediglich sechs Herkunftsgruppen bestehen geschlechtsspezifische Abweichungen im Gymnasialbesuch von maximal 20 % (d. h. die RRIs betragen zwischen 0,80 und 1,20). Relativ ausgeglichene RRIs von 1,06 bzw. 0,95 sind für Schüler mit indischem und portugiesischem Migrationshintergrund auszumachen. Schülerinnen mit spanischem und litauischem Migrationshintergrund besuchen etwa doppelt so häufig ein Gymnasium wie ihre männlichen Mitschüler derselben Herkunft (38,0 vs. 19,1 % für erstere, 35,7 vs. 17,6 % für letztere). Mädchen mit mazedonischem Migrationshintergrund besuchen sogar 2,4-mal so häufig ein Gymnasium wie mazedonische Jungen (12,6 vs. 5,3 %). Die höchste Überrepräsentation ist für Schülerinnen mit kirgisischem Migrationshintergrund zu konstatieren, die gegenüber den männlichen Schülern derselben Herkunftsgruppe sogar 4,6-mal so häufig ein Gymnasium besuchen (34,0 vs. 7,3 %). Lediglich für vier Herkunftsgruppen sind RRIs mit Werten von unter 0,80 auszumachen, was auf erheblich geringere Gymnasialbesuche von weiblichen gegenüber männlichen Schülern hinweist.

---

157 Dargestellt sind alle diejenigen Herkunftsgruppen, die sowohl mindestens 30 Schülerinnen als auch 30 Schüler an den weiterführenden Schulen der Klassen 5 bis 9 aufweisen und für die auf dieser Grundlage der Gymnasialbesuchsanteil nach Geschlecht und in Folge dessen der RRI des Gymnasialbesuchs nach Geschlecht berechnet werden konnten.

158 Die Herkunftsgruppen werden geordnet nach der Höhe der RRI-Indexwerte. Die geschlechtsspezifische Verteilung von Schülern nach Herkunftsgruppen ist in Anhang XVII dargestellt.

Mädchen mit französischem Migrationshintergrund besuchen um etwa ein Fünftel seltener Gymnasien als französische Jungen, dies wird durch einen RRI von 0,79 verdeutlicht (36,1 vs. 45,8 %). Für afghanische Schülerinnen beträgt der RRI gegenüber afghanischen Schülern 0,73 (18,2 vs. 25,0 %), der RRI für britische Schülerinnen im Vergleich zu britischen Schülern 0,70 (34,4 vs. 49,4 %). Der geringste Indexwert von 0,61 ergibt sich für Schülerinnen und Schüler mit libanesischem Migrationshintergrund. D. h. selbst das niedrige Niveau des Gymnasialbesuchs der libanesischen Schüler von 9,3 % fällt für die libanesischen Schülerinnen mit 5,7 % noch einmal um mehr als ein Drittel geringer aus.

Diese Ergebnisse verweisen darauf, dass die Befunde von Heß-Meining (2004: 143ff.) weiter auszudifferenzieren sind, wonach „Mädchen aller Nationalitäten in den weiterführenden Schulformen Realschule und Gymnasium stärker vertreten sind als Jungen" (ebd.: 143). Für die Mehrzahl der untersuchten Herkunftsgruppen trifft eine Überrepräsentation von Schülerinnen an Gymnasien zu, für jede vierte untersuchte Herkunftsgruppe bleibt allerdings eine Überrepräsentation von Jungen festzuhalten.

In Abbildung 4-15 werden die RRIs des Gymnasialbesuchs nach Geschlecht und Herkunft dargestellt, ergänzt um eine Differenzierung nach dem Generationenstatus der Schülerinnen und Schüler, um mögliche hieraus resultierende Verzerrungen zu vermeiden.[159]

Abbildung 4-15: Relative Wahrscheinlichkeit (RRIs) des geschlechtsspezifischen Gymnasialbesuchs (weiblich vs. männlich) nach Generationenstatus und Herkunftsgruppen von Schülern mit Migrationshintergrund[160] in Rheinland-Pfalz (Schuljahr 2008/09)

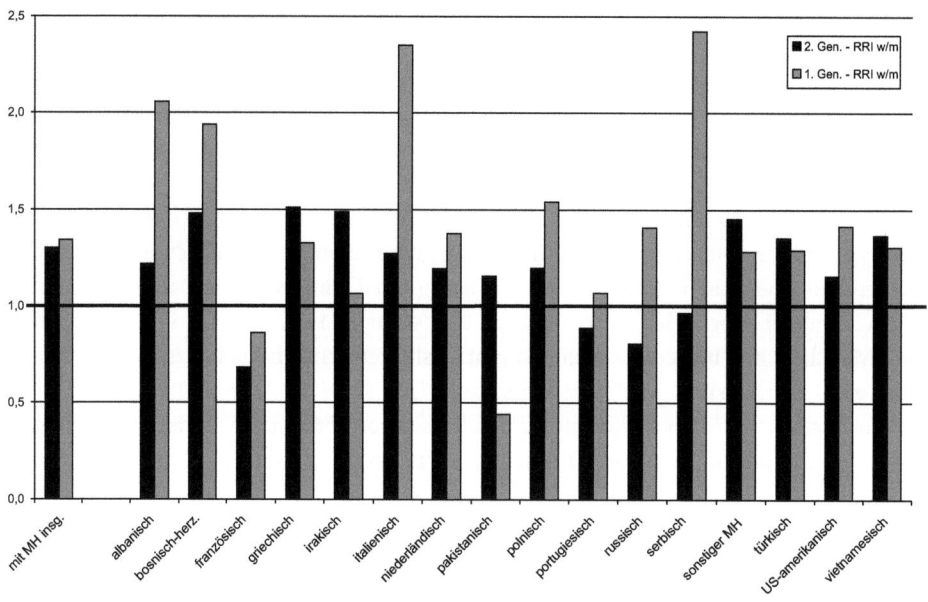

---

159 Es werden RRIs für alle diejenigen Herkunftsgruppen abgebildet, für die das Fallzahlkriterium von sowohl mindestens 30 Jungen als auch von mindestens 30 Mädchen in der 1. sowie in der 2. Generation an den weiterführenden Schulen der Klassenstufen 5 bis 9 erfüllt ist.
160 Die geschlechtsspezifische Verteilung von Schülern nach Herkunftsgruppen und Generationenstatus ist in Anhang XVIII dargestellt.

In der 1. Generation (RRI = 1,34) besuchen Mädchen gegenüber Jungen mit Migrationshintergrund sogar noch etwas häufiger als in der 2. Generation (RRI = 1,30) ein Gymnasium. Wird weiter nach der Herkunft von Schülern mit Migrationshintergrund differenziert, dann sind zwischen den Generationen je nach Herkunftsland deutlichere Unterschiede in der Höhe der RRIs zu erkennen. Für 10 von 16 Herkunftsgruppen fällt der Gymnasialbesuch von Mädchen gegenüber Jungen in der 2. Generation weniger überrepräsentiert aus als in der 1. Generation. Die erheblichsten Unterschiede zwischen den RRIs nach Generation ergeben sich für Schülerinnen und Schüler mit bosnisch-herzegowinischem, russischem, albanischem, italienischem und serbischem Migrationshintergrund, deren Indexwerte in der 2. gegenüber der 1. Generation um 0,5 bis 1,5 Punkte geringer ausfallen. In diesen Fällen bedeutet dies, dass sich die RRIs in der 2. Generation im Vergleich zu denen der 1. Generation einem ausgeglichenen Indexwert von 1 annähern. Für sechs Herkunftsgruppen (inklusive der ,sonstigen', die eine heterogene und quantitativ sehr große Gruppe darstellen) steigen die geschlechtsspezifischen RRIs in der 2. Generation gegenüber denen der 1. Generation an. Am deutlichsten zeigt sich dies für Schülerinnen und Schüler mit irakischem und pakistanischem Migrationshintergrund mit einem Anstieg der RRIs um 0,4 bzw. 0,7, für vier weitere Migrantengruppen steigt der Index maximal um den Wert 0,2 an. Für diese Migrantengruppen fällt der Gymnasialbesuch in der 2. Generation noch ungleicher zugunsten von Schülerinnen gegenüber Schülern aus, als Ausnahme sind lediglich pakistanische Migranten zu nennen.

Insgesamt ist hinsichtlich des Gymnasialbesuchs in neun Fällen eine Annäherung des RRIs an den ausgeglichenen Wert von 1 festzustellen, wenn man den Wert der 1. Generation dem der 2. Generation gegenüberstellt. In sieben Fällen trifft dies nicht zu, d.h. in der 2. Generation vergrößern sich die geschlechtsspezifischen Disparitäten des Gymnasialbesuchs. Die Daten erlauben keine weiteren Aussagen zu den Ursachen, z.B. ob Schülerinnen durch Schulen oder das Schulsystem bevorzugt (gefördert oder behandelt) werden, oder ob der höhere Gymnasialbesuchsanteil gegenüber Schülern tatsächlich aus geschlechtsspezifischen Leistungsunterschieden oder aus einer intergenerationalen Veränderung von Geschlechterrollen resultiert. Die erzielten Befunde lassen aber weitere Analysen wissenschaftlich ertragreich erscheinen.

4.5 Klassenwiederholungen von Schülern mit Migrationshintergrund

Das Potential von Individualdatenstatistiken zeigt sich auch darin, dass der Umfang von Klassenwiederholungen für Schüler mit – im Vergleich zu Schülern ohne – Migrationshintergrund untersucht werden kann. Hierzu lagen bisher nur wenige Befunde vor (vgl. Kapitel 1.3.2). Auch wenn im Rahmen dieser Arbeit schwerpunktmäßig die Bildungsbeteiligung und der Schulerfolg von Schülern mit Migrationshintergrund untersucht werden, wird nachfolgend ein Überblick über den Zusammenhang von Klassenwiederholungen und Migrationshintergrund der Schüler gegeben. Hierzu werden Schüler der Klassenstufen 5 bis 9 daraufhin untersucht, ob sie im Übergang vom Schuljahr 2007/08 zum Schuljahr 2008/09 die Klasse wiederholt haben.

In dem rheinland-pfälzischen Individualdatensatz wird differenziert nach zwei Arten von Wiederholern: Zum einen nach den ‚nicht versetzten' Schülern, die – wie aus der Bezeichnung hervorgeht – zum Ende des vorhergehenden Schuljahres nicht versetzt wurden. Zum anderen nach ‚freiwilligen Wiederholern', die im Vorjahr freiwillig zurückgetreten sind um das Schuljahr zu wiederholen. Diese werden in dem Datensatz für das Schuljahr 2008/09 anhand eines eigenen Merkmals ausgewiesen. Über den Umfang von Klassenwiederholungen unter besonderer Berücksichtigung des Migrationshintergrundes der Schüler (nach Definition der KMK 2011a: 29), gibt Tabelle 4-6 Auskunft.

Tabelle 4-6:   **Anteil in % sowie Relatives Risiko (RRI) von Klassenwiederholungen nach Migrationshintergrund in Rheinland-Pfalz (Schuljahr 2008/09)**

	insgesamt in %	mit MH in %	ohne MH in %	RRI mit vs. ohne MH
Wiederholer (nicht versetzt)	2,2	3,2	2,0	1,59
Wiederholer (freiwillig)	0,3	0,4	0,3	1,37
Insgesamt	224.398	26.331	198.067	-

MH = Migrationshintergrund

In den Klassenstufen 5 bis 9 haben insgesamt 5.482 Schüler (darunter 946 mit Migrationshintergrund) die Klasse wiederholt. Hierunter sind 4.879 Nichtversetzte (bzw. 853 mit Migrationshintergrund). Schüler mit Migrationshintergrund werden gegenüber Schülern ohne Migrationshintergrund 1,6-mal so oft nicht versetzt (3,2 vs. 2,0 %). Auch unter den freiwilligen Klassenwiederholern sind Schüler mit Migrationshintergrund überrepräsentiert vertreten.

Nachfolgend wird ausschließlich auf die Nichtversetzten fokussiert, da es sich bei Nichtversetzungen um eine aus Schülerperspektive unumgängliche sowie institutionell vorgegebene Klassenwiederholung handelt. D.h. diese erfolgt nicht freiwillig und basiert i.d.R. auf unzureichenden schulischen Leistungen, die (vermittelt über Schulnoten) eine Klassenwiederholung erzwingen. In Tabelle 4-7 werden die Nichtversetztenanteile von Schülern mit sowie die von Schülern ohne Migrationshintergrund ins Verhältnis zueinander gesetzt und differenziert nach Schulform dargestellt.

Tabelle 4-7: Anteil in % und Relatives Risiko (RRI) der Nichtversetzung von Schülern nach Schulform und Migrationshintergrund in Rheinland-Pfalz (Schuljahr 2008/09)

Schulform	Anteil Nichtversetzte in %			RRI Nicht- versetzung
	insgesamt	mit MH	ohne MH	mit vs. ohne MH
Förderschule	0,6	0,8	0,6	1,40
Hauptschule	2,8	3,2	2,7	1,16
Waldorfschule	0,0	0,0	0,0	-
Gesamtschule	0,4	0,5	0,3	1,51
Regionale Schule	2,4	3,2	2,3	1,37
Duale Oberschule	2,6	2,9	2,6	1,12
Realschule	3,6	5,4	3,4	1,58
Gymnasium	1,3	2,3	1,2	1,85
Insgesamt	2,2	3,2	2,0	1,59

MH = Migrationshintergrund

Die insgesamt geringsten Nichtversetztenanteile sind für Schüler an Förder-, Gesamt- und Waldorfschulen mit Anteilen von 0,6 % oder weniger zu beobachten (an Waldorf- schulen sind Nichtversetzungen per se nicht vorgesehen; vgl. z.B. Liebenwein/Barz/ Randoll 2012: 119; Ullrich 2012: 61). An Gymnasien beträgt dieser Anteil 1,3 %, an Regionalen Schulen, Dualen Oberschulen und Hauptschulen wiederholen Schüler mit Anteilen zwischen 2,4 und 2,8 % etwa doppelt so oft wie an Gymnasien die Klas- se. Das Maximum ist mit 3,6 % für Realschulen zu konstatieren. An allen Schulfor- men, die Nichtversetzte aufweisen, sind Schüler mit Migrationshintergrund gegenüber Schülern ohne Migrationshintergrund überrepräsentiert. Allerdings unterscheiden sich die RRIs in Abhängigkeit von der Schulform erheblich: während an Dualen Ober- schulen und Hauptschulen relativ ausgeglichene RRIs festzustellen sind, sind Schüler mit Migrationshintergrund unter den Klassenwiederholern an Gesamt- und Realschu- len um das 1,5-Fache überrepräsentiert. Die höchste relative Differenz zeigt sich an Gymnasien. Hier werden Schüler mit Migrationshintergrund beinahe doppelt so oft nicht versetzt wie Schüler ohne Migrationshintergrund.

Aufgrund der relativ geringen Fallzahlen für Nichtversetzte kann noch sinnvoll nach Schulform und einzelnen Migrationsmerkmalen differenziert werden – in Tabel- le 4-8 werden die relativen Risiken der Nichtversetzung von Schülern mit Migrations- hintergrund (bzw. nach Migrationsmerkmalen) im Vergleich zu Schülern ohne Migra- tionshintergrund dargestellt.

Tabelle 4-8: Relatives Risiko der Nichtversetzung von Schülern nach Schulform*, Migrationshintergrund und Migrationsmerkmalen in Rheinland-Pfalz (Schuljahr 2008/09)

Schulform	RRI			
	mit MH vs. ohne MH	StA ndt. vs. dt.	Sprache ndt. vs. dt.	Geburtsland ndt. vs.dt.
Förderschule	1,40	1,22	1,12	2,73
sonstige wf. Schulform*	1,36	1,32	1,29	1,56
Gymnasium	1,85	1,82	2,12	1,77
Insgesamt	1,59	1,53	1,57	1,78

* Die Schulform Hauptschule ist in den ‚sonstigen weiterführenden Schuformen' enthalten.
MH = Migrationshintergrund; StA = Staatsangehörigkeit; Sprache = Familiensprache; ndt. = nichtdeutsch; dt. = deutsch; wf. = weiterführende

Wenn die relativen Risiken der Klassenwiederholung für Schüler mit Migrationshintergrund mit den Risiken differenziert nach einzelnen Migrationsmerkmalen verglichen werden, dann zeigen sich z. T. erhebliche Unterschiede. An Förderschulen werden im Ausland geborene Schüler im Vergleich zu den in Deutschland geborenen Schülern 2,7-mal so häufig nicht versetzt. Dieses Risiko fällt im Vergleich zu den anderen Migrationsmerkmalen erheblich höher aus. Auch an den sonstigen weiterführenden Schularten wiederholen zugezogene Schüler überdurchschnittlich häufig unfreiwillig die Klasse. Allerdings fällt ihre Überrepräsentation nur leicht erhöht aus im Vergleich zu den Risiken für Schüler der weiteren Migrationsmerkmale (jeweils im Vergleich zur Referenzgruppe). Ein anderes Bild zeigt sich an den Gymnasien: hier sind es Schüler, die zu Hause überwiegend eine nichtdeutsche Sprache sprechen, die mehr als doppelt so häufig nicht versetzt werden wie Schüler, die zu Hause überwiegend Deutsch sprechen. Dieses Risiko fällt erheblich höher aus als für die Schülergruppen der weiteren Migrationsmerkmale.

Zwar wäre eine weitergehende Differenzierung nach Schulform und Herkunftsgruppen wünschenswert. Aufgrund der relativ geringen Fallzahlen von Klassenwiederholern mit Migrationshintergrund sind sehr differenzierte Analysen nach Schulform und Herkunftsgruppen nicht zu realisieren. Daher wird abschließend ohne Berücksichtigung der Schulform der Anteil der Nichtversetzten nach Herkunftsgruppen für die Klassenstufen 5 bis 9 berechnet (Abbildung 4-16). Die Herkunft von Schülern mit Migrationshintergrund wird erneut anhand der Merkmale Staatsangehörigkeit und Geburtsland operationalisiert. Dargestellt ist der Nichtversetztenanteil für alle diejenigen Herkunftsgruppen, die eine Fallzahl von mindestens 100 Schülern in den Klassenstufen 5 bis 9 aufweisen und für die (aus datenschutzrechtlichen Gründen) der Nichtversetztenanteil ausgewiesen werden darf.

Abbildung 4-16: Nichtversetztenanteile in % nach Migrationshintergrund und Herkunftsgruppen in Rheinland-Pfalz (Schuljahr 2008/09)

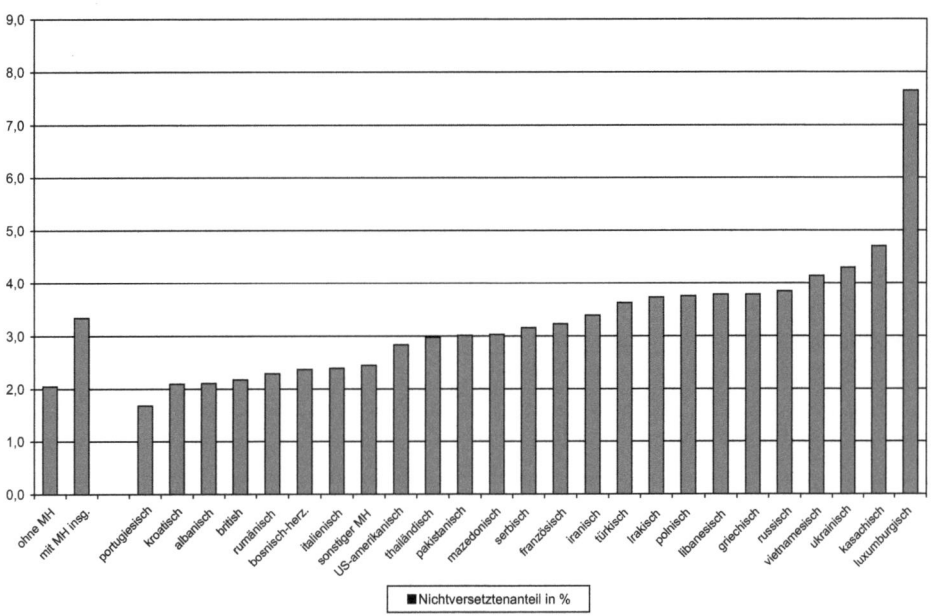

MH = Migrationshintergrund; insg. = insgesamt

Auch der Anteil der Nichtversetzten variiert nach Herkunftsgruppen erheblich. Portugiesische Schüler wiederholen etwas seltener Klassen als Schüler ohne Migrationshintergrund. Für alle anderen Herkunftsgruppen sind etwas bis erheblich häufigere Klassenwiederholungen im Vergleich zu Schülern ohne Migrationshintergrund zu konstatieren. Am stärksten überrepräsentiert sind Schüler mit vietnamesischem, ukrainischem, kasachischem und luxemburgischem Migrationshintergrund, die 2,0- bis 3,7-mal so häufig wie Schüler ohne Migrationshintergrund nicht versetzt werden.

Insgesamt konnte gezeigt werden, dass Schüler mit Migrationshintergrund in Rheinland-Pfalz nicht nur eine geringere Bildungsbeteiligung aufweisen, sondern auch insgesamt häufiger Klassen wiederholen als Schüler ohne Migrationshintergrund. Nach Berücksichtigung der Schulform zeigt sich, dass Schüler mit Migrationshintergrund unter den Nichtversetzten aller Schulformen überrepräsentiert sind. Auch bestehen erhebliche Unterschiede in dem Anteil der Klassenwiederholungen von Schülern mit Migrationshintergrund differenziert nach Herkunftsgruppen. Weitere Analysen wären wünschenswert, die neben der Herkunft zusätzlich die besuchte Schulform berücksichtigen. Um die hierfür erforderlichen Fallzahlen zu erreichen wäre es notwendig, die Nichtversetzten mehrerer schulstatistischer Jahrgänge zusammenzufassen.

4.6 Schulerfolg von Schülern mit Migrationshintergrund

Ergänzend zur Bildungsbeteiligung wird anhand eines weiteren Individualdatensatzes der Schulerfolg von rheinland-pfälzischen Schulabgängern tiefergehend analysiert. Hierzu wird im Folgenden der Datensatz „Schülerbewegungen zum Ende des Schuljahres 2008/09" des Statistischen Landesamtes Rheinland-Pfalz herangezogen.[161] Die Ergebnisse beziehen sich auf das Erhebungs- bzw. Abgangsjahr 2009. Berücksichtigt werden alle Schulabgänger, um ausreichende Fallzahlen zu erhalten wird nicht weiter nach der zuvor besuchten Klassenstufe differenziert.[162] Trotzdem ist im Vergleich zur untersuchten Bildungsbeteiligung mit erheblich kleineren Fallzahlen zu rechnen, da es sich lediglich um Abgänger und Absolventen eines Abgangsjahres handelt (zur Untersuchung der Bildungsbeteiligung wurde wie beschrieben auf ein Schuljahr zurückgegriffen, dieses umfasst immerhin Daten von fünf Jahrgangsstufen).

Analysen zu Schulabgängern haben eine besondere Relevanz, weil der Schulerfolg – im Sinne der von abgehenden Schülern erreichten Schulabschlüsse – untersucht werden kann. Hierüber lässt sich nicht zuletzt feststellen, ob der über den Indikator der Bildungsbeteiligung angenommene prognostische Schulerfolg tatsächlich realisiert wird. Die Ergebnisse zum unmittelbaren Schulerfolg von Abgängern nach Migrationshintergrund sind auch insofern interessant, weil sich dieser nicht immer direkt über andere Datensätze abbilden lässt.[163] Zudem ließen bisherige schulstatistische Aggregatdaten bestenfalls für einzelne Länder eingeschränkte Darstellungen zum Schulerfolg differenziert nach der jeweiligen Staatsangehörigkeit von Schülern zu.

Zunächst wird der Schulerfolg von Schülern differenziert nach Staatsangehörigkeit und Migrationshintergrund sowie nach Herkunftsgruppen untersucht.

4.6.1 Schulerfolg von Schülern nach Staatsangehörigkeit, Migrationshintergrund insgesamt und Herkunftsgruppen

Ein erster Überblick wird gegeben, indem in Tabelle 4-9 die Fallzahlen der Abgänger insgesamt angegeben werden und der Anteil der erreichten Abschlussarten unter Differenzierung nach Migrationshintergrund von Schülern sowie nach ausgewählten Migrationsmerkmalen dargestellt wird.

---

161 Die vollständige Quellenangabe lautet: Forschungsdatenzentren der Statistischen Ämter des Bundes und der Länder. Rheinland-pfälzische Statistik der allgemeinbildenden Schulen, Schuljahr 2008/09. „Schülerbewegung" zum Ende des Schuljahres 2008/09 (Erhebungsjahr 2009).

162 Hierbei handelt es sich nahezu vollständig um Abgänger der Klassenstufen 9 bis 13.

163 Z.B. bieten weder Datensätze der PISA-, noch der IGLU-Studien diese Möglichkeit; über den Mikrozensus kann nur der erreichte Schulabschluss der Bevölkerung eines bestimmten Alters nachvollzogen werden.

Tabelle 4-9: Abgänger von allgemeinbildenden Schulen insgesamt nach Migrationshintergrund, einzelnen Migrationsmerkmalen und nach erreichten Abschlüssen in % in Rheinland-Pfalz (Abgangsjahr 2009)

Abschlussart	Schüler insgesamt	Schüler ohne MH	Schüler mit MH	darunter: mit		
				ndt. StA	ndt. Sprache	ndt. Geburtsland
ohne HS-Abschluss	6,8	6,1	11,2	14,0	12,3	10,7
mit HS-Abschluss	22,5	20,5	36,0	39,4	41,9	30,8
Mittlerer Abschluss	40,6	41,1	37,3	35,4	34,0	35,6
mit Hochschulreife	30,1	32,3	15,5	11,2	11,9	22,9
Insgesamt	45.509	39.618	5.891	3.498	3.538	2.778

HS = Hauptschul(e); ndt. = nichtdeutsche(-r/-m); MH = Migrationshintergrund; StA = Staatsangehörigkeit

Von den insgesamt etwa 45.500 Abgängern verlassen 6,8 % die Schule ohne Hauptschulabschluss[164], 22,5 % mit Hauptschulabschluss, 40,6 % mit Mittlerem Abschluss und zu 30,1 % mit Hochschulreife[165]. Differenziert nach Migrationshintergrund der Schüler fällt auf, dass Schüler mit Migrationshintergrund beinahe doppelt so häufig die Schule entweder ohne (11,2 vs. 6,1 %), oder mit einem Hauptschulabschluss (36,0 vs. 20,5 %) verlassen. Schüler mit Migrationshintergrund gehen zugleich weniger als halb so oft mit Hochschulreife von der Schule ab (15,5 vs. 32,3 %). Nach einzelnen Migrationsmerkmalen betrachtet, ergeben sich für Schüler mit nichtdeutscher Staatsangehörigkeit mit 14 % die höchsten Anteile von Abgängern ohne Hauptschulabschluss und zugleich mit 11,2 % die geringsten Anteile von Abgängern mit Hochschulreife. Ähnlich, wenn auch etwas weniger deutlich, fallen die Anteile für Abgänger mit nichtdeutscher Familiensprache aus. Von den im Ausland geborenen Schülern werden erheblich höhere Abschlüsse erzielt, was sich am deutlichsten im Anteil der Abgänger mit Hochschulreife abzeichnet.

Diese Ergebnisse werden nach der spezifischen Kombination der Migrationsmerkmale in Tabelle 4-10 näher aufgeschlüsselt.

---

164 Unter den Abgängern, die die Schule ‚ohne Hauptschulabschluss‘ verlassen, sind sowohl Schüler subsumiert, die die Schule gänzlich ohne Abschluss verlassen (3,5 %), als auch diejenigen Schüler, die von der (Förder-)Schule mit einem Zertifikat im Förderschwerpunkt Lernen (2,5 %) oder Ganzheitliche Entwicklung (0,8 %) abgehen.

165 Unter den Abgängern mit Hochschulreife werden sowohl Abgänger mit Abitur als auch Abgänger zusammengefasst, die den schulischen Teil der Fachhochschulreife absolviert haben.

Tabelle 4-10: Relative Wahrscheinlichkeit (RRIs) des Abgangs mit spezifischen Schulabschlüssen nach Kombination der Migrationsmerkmale (Staatsangehörigkeit/Familiensprache/Geburtsland; 0 = deutsch(-e/-es); 1 = nichtdeutsch(-e/-es)) im Vergleich zu Schülern ohne Migrationshintergrund (Abgangsjahr 2009)

MH: 3-fach-Kombination	ohne HS-Abschluss	mit HS-Abschluss	Mittlerer Abschluss	mit Hochschulreife	Insgesamt
1/1/1	3,14	2,07	0,65	0,37	772
1/1/0	2,17	2,40	0,76	0,20	1.106
1/0/1	2,38	1,15	0,97	0,68	283
0/1/1	1,24	1,63	0,90	0,68	990
1/0/0	1,88	1,60	1,05	0,39	1.337
0/1/0	1,59	2,02	1,03	0,19	670
0/0/1	0,74	0,86	1,01	1,12	733
0/0/0*	1,00	1,00	1,00	1,00	39.618

MH = Migrationshintergrund; HS = Hauptschul(e)
* = Referenz: 0/0/0 (= ohne Migrationshintergrund)
Lesebeispiel: Die Merkmalskombination 1/1/0 steht für Schüler, die eine nichtdeutsche Staatsangehörigkeit aufweisen, zu Hause überwiegend eine nichtdeutsche Sprache sprechen und in Deutschland geboren wurden.

Auch hinsichtlich der erreichten Schulabschlüsse bildet sich deutlich ab, dass diejenigen Schüler, die zu Hause überwiegend eine andere Sprache als Deutsch sprechen, den geringsten Schulerfolg haben, da sie am seltensten die Hochschulreife erreichen. Denn für Schüler mit Migrationshintergrund der 2. Generation, die die Merkmalskombination 1/1/0 oder 0/1/0 aufweisen, sind die stärksten Unterrepräsentationen mit RRIs von etwa 0,2 für Abgänger mit Hochschulreife erkennbar (diese erreichen jeweils nur zu 6,3 % den höchsten Abschluss im Vergleich zu 32,3 % der Schüler ohne Migrationshintergrund). Diese Migrantengruppen weisen vermutlich überwiegend eine türkische Herkunft auf (vgl. hierzu Anhang XII). Mit einem RRI von 0,39 sind auch Schüler der 2. Generation mit der Merkmalskombination 1/0/0 deutlich hinsichtlich des Abgangs mit Hochschulreife unterrepräsentiert. Mit einem RRI von 0,37 trifft dies auch auf diejenigen zu, die sowohl eine nichtdeutsche Staatsangehörigkeit, eine nichtdeutsche Familiensprache und ein nichtdeutsches Geburtsland aufweisen (1/1/1). Schüler dieser Untergruppe sind zugleich am stärksten hinsichtlich des Abgangs ohne Hauptschulabschluss überrepräsentiert (RRI = 3,1). Auch für die weiteren Merkmalsgruppen ergeben sich deutlich erhöhte RRIs mit Indexwerten zwischen 1,9 und 2,4, sobald eine nichtdeutsche Staatsangehörigkeit der Schüler vorliegt. Die RRIs von Schülern mit Migrationshintergrund, die eine deutsche Staatsangehörigkeit aufweisen, fallen dagegen z. T. deutlich geringer aus. Besonders hervorhebenswert sind die Ergebnisse für Schüler mit Migrationshintergrund mit ausschließlich nichtdeutschem Geburtsland (0/0/1), die erheblich seltener ohne Hauptschulabschluss von Schulen abgehen und zugleich etwas häufiger die Hochschulreife erlangen als die Referenzgruppe der Schüler ohne Migrationshintergrund. Bei ersteren handelt es sich mehrheitlich um in Russland oder in Kasachstan Geborene, die vermutlich als Spätaussiedler nach einem Zuzug nach

Deutschland unmittelbar die deutsche Staatsangehörigkeit erhalten haben und zu Hause überwiegend Deutsch sprechen.

Diese Ergebnisse veranschaulichen erneut die Notwendigkeit, die im Rahmen von Analysen zum Migrationshintergrund von Schülern erzielten Befunde nach den spezifischen Migrationsmerkmalen auszudifferenzieren (etwa unter Berücksichtigung der genauen Staatsangehörigkeit oder unter Aufschlüsselung der Herkunft der Schüler). Daher werden nachfolgend Schüler nach spezifischer Staatsangehörigkeit und Herkunft daraufhin untersucht, inwiefern sie an Schulen reüssieren und welche Zusammenhänge zwischen dem realisierten Schulerfolg und der zuvor festgestellten Bildungsbeteiligung bestehen. Ergebnisse, die den Schulerfolg nach der Staatsangehörigkeit von Schülern ausdifferenzieren, sollen auf das ungenutzte Potential der in bisherigen – auf Summendaten basierenden – amtlichen Schulstatistiken verweisen (da durch das Statistische Bundesamt bislang keine nach der genauen Staatsangehörigkeit differenzierenden Informationen zum Schulerfolg von Schülern auf Bundes- und auf Länderebene erhoben werden). Darüber hinausgehend erfolgt eine spezifische Darstellung nach Migrationshintergrund, um die erweiterten individualdatenstatistischen Möglichkeiten herauszuarbeiten. Zudem soll die Bildungsbeteiligung daraufhin untersucht werden, inwiefern sie als Indikator für zukünftigen Schulerfolg dient. Überprüft wird, inwiefern insbesondere der Gymnasialbesuch zum Erreichen des höchsten Abschlusses – der Hochschulreife – führt. Hierzu werden Korrelationsanalysen zwischen dem Gymnasialbesuchsanteil und dem Anteil der Schulabgänger mit Hochschulreife durchgeführt. Denn zum einen ist davon auszugehen (und nachfolgend zu untersuchen), dass der Besuch eines Gymnasiums nicht immer zum Erlangen der Hochschulreife führt. Zum anderen kann in Rheinland-Pfalz prinzipiell auch an Gesamtschulen die Hochschulreife erreicht werden. Allerdings ist die Anzahl der Schüler, die an Gesamtschulen die Hochschulreife erlangen, quantitativ eher unbedeutend: unter allen Abgängern mit Hochschulreife haben nur 6,6 % zuvor eine Gesamtschule besucht (ohne Abbildung).[166] Daher wird nachfolgend auf den Gymnasialbesuch als Indikator fokussiert und dieser in Zusammenhang mit dem realisierten Schulerfolg – gemessen über den Anteil der Abgänger mit Hochschulreife – verglichen.

In Abbildung 4-17 sind Abgänger von weiterführenden Schulen (sowie Förderschulen) differenziert nach Staatsangehörigkeit und erreichtem Schulabschluss dargestellt. Fallzahlkriterium für eine Darstellung ist, dass nach Staatsangehörigkeit Informationen zu mindestens 30 Abgängern vorliegen.

---

166 Unter allen Abgängern mit Hochschulreife haben Schüler mit Migrationshintergrund nur zu 6,0 % zuvor eine Gesamtschule besucht, unter Schülern ohne Migrationshintergrund sind es 6,6 %. Bezogen auf alle Abgänger sind folgende Anteile festzuhalten: insgesamt gehen nur 5,5 % aller Schüler von Gesamtschulen ab. Differenziert nach Migrationshintergrund sind es 5,6 % der Schüler mit und 4,8 % der Schüler ohne Migrationshintergrund, die von Gesamtschulen abgehen. Unter allen Abgängern von Gesamtschulen sind es 36 %, die eine Hochschulreife erlangen – weiter differenziert sind es 19 % der Schüler mit sowie 38 % der Schüler ohne Migrationshintergrund, die an dieser Schulform die Hochschulreife erreichen (alle Zahlen ohne Abbildung).

Abbildung 4-17: Abgänger nach spezifischer Staatsangehörigkeit und erreichtem Schulabschluss in % in Rheinland-Pfalz (Abgangsjahr 2009)

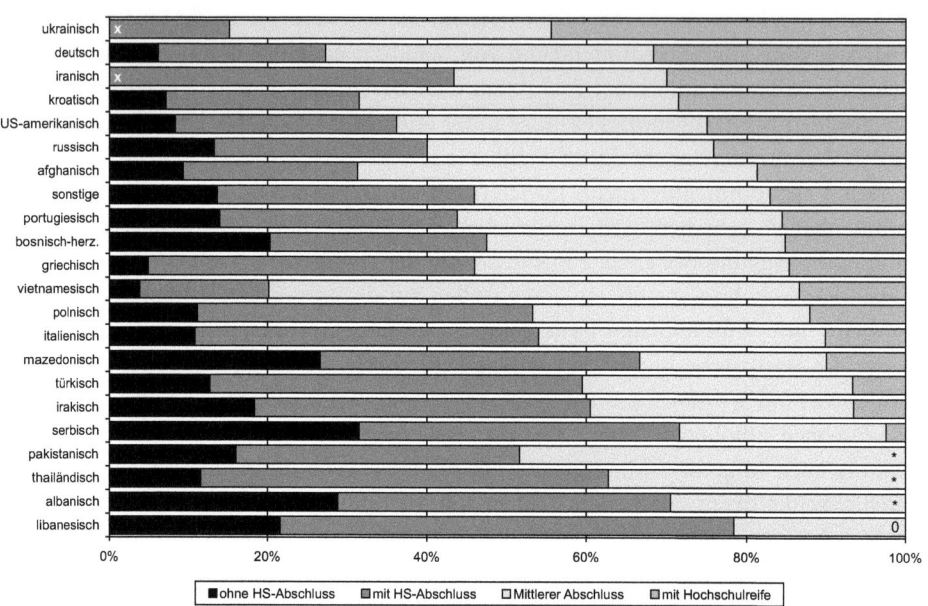

HS = Hauptschul(e)
x= aus datenschutzrechtlichen Gründen werden kleine Fallzahlen von Abgängern ohne Hauptschulabschluss nicht separat dargestellt, sondern werden unter den Abgängern mit Hauptschulabschluss subsumiert.
*= aus datenschutzrechtlichen Gründen werden kleine Fallzahlen von Abgängern mit Hochschulreife nicht separat dargestellt, sondern werden unter den Abgängern mit Mittlerem Abschluss subsumiert.
0= Anteil von exakt 0 %.

Auch hinsichtlich des Schulerfolgs sind erhebliche staatsangehörigkeitsspezifische Disparitäten zu erkennen, die sich in unterschiedlichen Abgängeranteilen nach den jeweiligen Schulabschlüssen ausdrücken.[167] Beispielsweise verlassen weniger als 5 % der griechischen und vietnamesischen Abgänger die Schule ohne Hauptschulabschluss, während mehr als jeder fünfte bosnisch-herzegowinische oder libanesische und sogar mehr als jeder vierte mazedonische, albanische oder serbische Schüler von der Schule ohne Hauptschulabschluss abgeht. Der Anteil der Abgänger mit Hochschulreife variiert zwischen 0 % für libanesische und 44,4 % für ukrainische Schüler. Bereits diese beiden Extremwerte sind sehr aufschlussreich, denn ukrainische Schüler weisen sowohl einen hohen Gymnasialbesuch als auch einen hohen Anteil von Abgängern mit Hochschulreife auf. D.h. die Querschnittsdaten deuten darauf hin, dass sie die hohe Bildungsbeteiligung in einen hohen Anteil von Abgängern mit Hochschulreife umsetzen können, der erheblich über dem Anteil für deutsche Schüler liegt.

Anstelle einer ausführlichen Beschreibung der jeweiligen Abgängeranteile werden nachfolgend mögliche Zusammenhänge zu der in Abbildung 4-4 dargestellten Bildungsbeteiligung untersucht. Hierzu werden ungewichtete Korrelationsanalysen durchgeführt, da die Fallzahlen der Abgänger der Klassenstufen 9 bis 13 und der

---

167 Disparitäten bestehen auch dann, wenn Abgänger nach der überwiegend zu Hause gesprochenen Familiensprache sowie nach dem Geburtsland ausdifferenziert werden (vgl. Anhang XIX und XX). Aus Platzgründen werden diese jedoch nicht weiter analysiert.

Bildungsbeteiligung – bzw. des Schulformbesuchs in den Klassenstufen 5 bis 9 – nicht identisch sind, wie es eine gewichtete paarweise Korrelation voraussetzt. Die unterschiedlichen Fallzahlen verdeutlichen auch, dass es sich bei den Schülern derselben Herkunft um verschiedene Kohorten handelt, da Querschnittsergebnisse hinsichtlich der Bildungsbeteiligung und des Schulerfolgs miteinander verglichen werden. Die Ergebnisse werden zunächst durch ein Streudiagramm besser veranschaulicht. Dargestellt sind die einzelnen Werte des Anteils des Gymnasialbesuchs sowie der Anteil der Abgänger von weiterführende Schulen, die die Hochschulreife erlangen, jeweils nach Staatsangehörigkeit der Schüler (vgl. Abbildung 4-18).

Abbildung 4-18: **Gymnasialbesuch und Abgänger mit Hochschulreife in %, jeweils nach Staatsangehörigkeit[168] in Rheinland-Pfalz (Abgangsjahr 2009)**

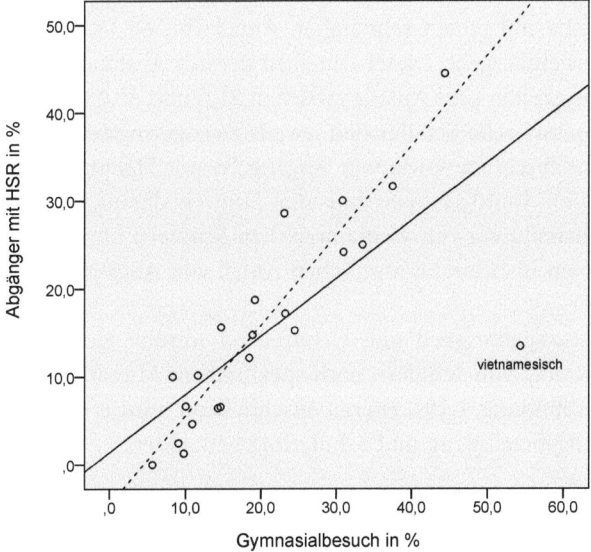

HSR = Hochschulreife

Nach spezifischer Staatsangehörigkeit besteht zwischen dem Anteil des Gymnasialbesuchs und dem Anteil der Abgänger von weiterführenden Schulen mit Hochschulreife ein starker korrelativer Zusammenhang von r = .741. Durch die Quadrierung des Koeffizienten (R^2 = .55) wird der folgende Sachverhalt veranschaulicht: Würde in einem regressionsanalytischen Modell nur die unabhängige Variable Gymnasialbesuch in Prozent zur Erklärung der Varianz des Anteils der Abgänger mit Hochschulreife (jeweils nach Staatsangehörigkeit der Schüler) herangezogen, wird zu 55 % bereits der überwiegende Teil der Varianz über die Bildungsbeteiligung am Gymnasium erklärt. Die durchgängige Linie stellt die Regressionsgerade dar, wenn alle Staatsangehörigkeiten berücksichtigt werden. Von der Geraden weichen Schüler mit vietnamesischer Staatsangehörigkeit stark ab. D.h. für sie bildet sich der Zusammenhang zwischen

---

168 Ergänzt um die Regressionsgeraden eines alle Staatsangehörigkeiten umfassenden Modells sowie eines Modells, das vietnamesische Schüler unberücksichtigt lässt.

(hohem) Gymnasialbesuch und (hohem) Anteil von Abgängern mit Hochschulreife nicht ab. Dies zeigt auch der Vergleich der beiden Anteilswerte: während 54,4 % der vietnamesischen Schüler ein Gymnasium besuchen, verlassen sie nur zu 13,5 % die Schule mit Hochschulreife. Werden die Analysen ohne vietnamesische Schüler durchgeführt, so ergibt sich ein r = .938 und ein R^2 von .880. D.h. ohne den ‚Ausreißer‘-Wert für vietnamesische Schüler liegt nach Staatsangehörigkeit ein sehr starker Zusammenhang zwischen Gymnasialbesuch und Abgängeranteil mit Hochschulreife als Indikator für Schulerfolg vor. Dieser Zusammenhang wird in der Abbildung anhand der gestrichelten Linie dargestellt, die (verbleibenden) Staatsangehörigkeiten streuen relativ eng um diese Regressionsgerade.

Der geringe Schulerfolg von vietnamesischen Schülern soll später vertiefend analysiert werden. An dieser Stelle bleibt bereits festzuhalten, dass für sie ein – gemessen an der Bildungsbeteiligung in Form des Gymnasialbesuchs – erwartungswidrig niedriger Abgängeranteil mit Hochschulreife mit einem sehr hohen Anteil von 66,3 % an Abgängern mit Mittlerem Abschluss einhergeht. Dieser Anteil ist der mit Abstand höchste, für die anderen Staatsangehörigkeiten sind Anteile zwischen 21,6 und 50,0 % zu beobachten. Zugleich weisen vietnamesische Schüler den jeweils zweitgeringsten Anteil von Abgängern ohne Hauptschulabschluss sowie von Abgängern mit Hauptschulabschluss auf. Somit liefern die Querschnittsdaten einen ersten Hinweis darauf, dass die überdurchschnittliche Bildungsbeteiligung von vietnamesischen Schülern hinsichtlich des Schulerfolgs lediglich zu einem überdurchschnittlichen Anteil von Abgängern mit Mittlerem Abschluss führt.[169]

Anhand der Merkmale Staatsangehörigkeit und Geburtsland werden Herkunftsgruppen gebildet und der Schulerfolg von Schülern nach spezifischem Migrationshintergrund ausdifferenziert (vgl. Abbildung 4-19). Hieran anschließend wird erneut der Zusammenhang zwischen Bildungsbeteiligung und Schulerfolg betrachtet.

---

169 Weitere Berechnungen haben für NRW tendenziell ähnliche Befunde ergeben. Während in dem Schuljahr 2007/08 42,4 % der Schüler mit vietnamesischer Staatsangehörigkeit ein Gymnasium besuchen, verlassen in den aggregierten Schuljahren 2002/03 bis 2007/08 nur 28,1 % der vietnamesischen Schüler die Schule mit Hochschulreife (n = 494). Im Vergleich zu deutschen Schülern weisen sie eine etwas höhere Bildungsbeteiligung und einen niedrigeren Schulerfolg auf (ohne Abbildung; Quelle: Information und Technik NRW (IT.NRW), Schuljahre 2002/03 bis 2007/08, eigene Berechnungen).

Abbildung 4-19: Abgänger nach Schulabschlüssen und spezifischem Migrationshintergrund (bzw. Herkunftsgruppen) in % in Rheinland-Pfalz (Abgangsjahr 2009)

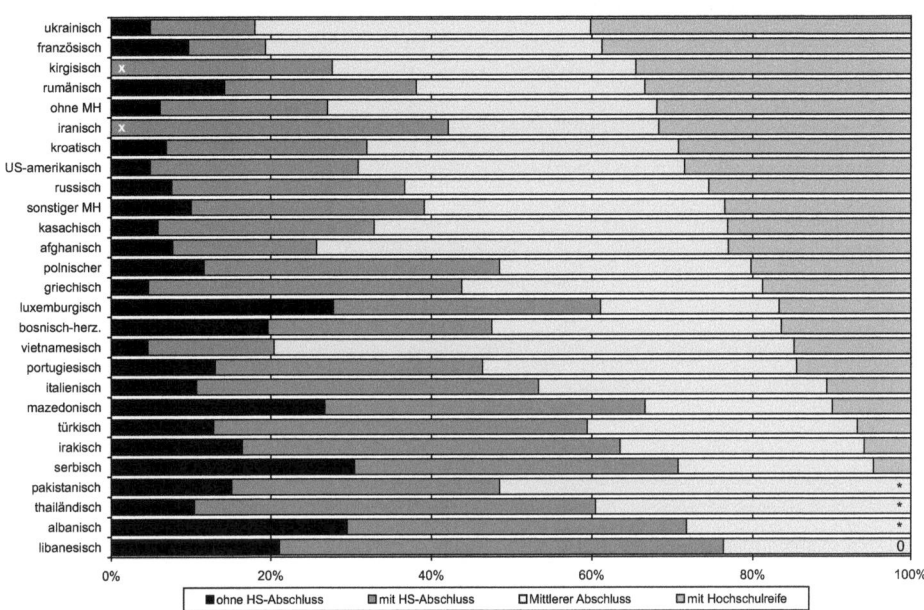

HS = Hauptschul(e); MH = Migrationshintergrund
x= zu kleine Fallzahlen für Abgänger ohne Hauptschulabschluss, aus datenschutzrechtlichen Gründen werden diese unter den Abgängern mit Hauptschulabschluss subsumiert.
*= zu kleine Fallzahlen für Abgänger mit Hochschulreife, aus datenschutzrechtlichen Gründen werden diese unter den Abgängern mit Mittlerem Abschluss subsumiert.
0= Anteil von exakt 0%.

Das gesetzte Fallzahlkriterium von mindestens 30 Abgängern von weiterführenden Schulen und Förderschulen wird von insgesamt 27 verschiedenen Herkunftsgruppen erfüllt (inklusive ‚sonstige' sowie den Abgängern ‚ohne Migrationshintergrund'). Weniger als 5 % Abgänger ohne Hauptschulabschluss weisen lediglich Schüler mit US-amerikanischem, ukrainischem, griechischem und vietnamesischem Migrationshintergrund auf,[170] während etwa 30 % der Schüler mit albanischem und serbischem Migrationshintergrund die Schule ohne Hauptschulabschluss verlassen. Auch im Erreichen des höchsten Schulabschlusses, der Hochschulreife, bestehen erhebliche Disparitäten: während weniger als 5 % der serbischen, thailändischen, albanischen und sogar genau 0 % der libanesischen Schüler mit Migrationshintergrund die Schule mit Hochschulreife verlassen, trifft dies auf mindestens jeden dritten Schüler mit rumänischem, kirgisischem, französischem und sogar auf 40 % der Schüler mit ukrainischem Migrationshintergrund zu. Letztere verlassen sogar häufiger die Schule mit der Hochschulreife als Schüler ohne Migrationshintergrund (31,8 %).

In Abbildung 4-20 wird für Schüler nach spezifischem Migrationshintergrund der Zusammenhang zwischen Bildungsbeteiligung und Schulerfolg am Beispiel des Gymnasialbesuchs und des Erreichens der Hochschulreife untersucht.

---

170 Dies könnte u. U. auch auf kirgisische und iranische Schüler zutreffen, hierüber lässt sich jedoch keine Aussage treffen, da die Fallzahlen für Abgänger ohne Hauptschulabschluss aus datenschutzrechtlichen Gründen nicht ausgewiesen werden dürfen.

Abbildung 4-20: Gymnasialbesuch und Abgänger mit Hochschulreife in %, jeweils für Schüler mit Migrationshintergrund nach Herkunftsgruppen in Rheinland-Pfalz (Abgangsjahr 2009)[171]

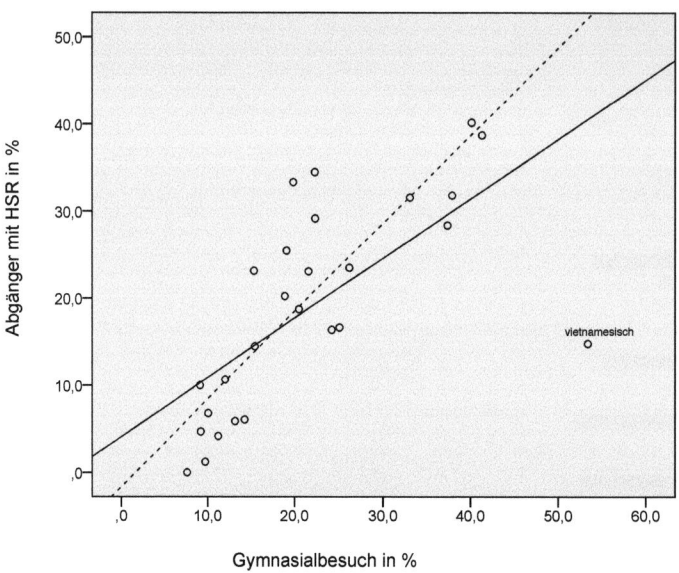

Gymnasialbesuch in %

HSR = Hochschulreife

Werden alle Herkunftsgruppen berücksichtigt, so ergibt sich ein starker, signifikant positiver Zusammenhang zwischen dem Gymnasialbesuchsanteil und dem Anteil der Abgänger von weiterführenden Schulen, die die Hochschulreife erlangen, von r = .678 (R^2 = .460). In der Abbildung wird dieser Zusammenhang grafisch über eine Regressionsgerade dargestellt (durchgängige Linie). Von dieser weichen Schüler mit vietnamesischem Migrationshintergrund am stärksten ab: Sie besuchen zwar zu 53,4 % ein Gymnasium, erlangen jedoch nur zu 14,8 % die Hochschulreife (hierfür gehen sie überdurchschnittlich häufig mit einem Mittleren Abschluss ab). Wird der Zusammenhang zwischen Bildungsbeteiligung und Schulerfolg ohne Berücksichtigung des ‚Ausreißer'-Wertes für Schüler mit vietnamesischem Migrationshintergrund berechnet, dann ergibt sich ein Korrelationskoeffizient von r = .848 (R^2 = .719). Dieser Zusammenhang wird über die gestrichelte Regressionsgerade grafisch vermittelt. Somit ist für die in die Analysen einbezogenen Migrantengruppen ein sehr starker und signifikant positiver Zusammenhang zwischen der Bildungsbeteiligung und dem Schulerfolg auszumachen.

Nachfolgend wird noch knapp auf diejenigen Migrantengruppen eingegangen, deren Schulerfolg deutlich von der Bildungsbeteiligung abweicht. Ein erheblich höherer Schulerfolg, als es der Gymnasialbesuchsanteil erwarten lässt, wird vorwiegend von Schülern mit ost- und südosteuropäischer sowie zentralasiatischer Herkunft erzielt; und zwar von Schülern mit rumänischem (33,3 % Abgänger mit Hochschulreife vs. 19,8 % Gymnasialbesuch), kirgisischem (34,5 vs. 22,3 %), kasachischem (23,1 vs.

---

171 Ergänzt um eine Regressionsgerade für ein Modell, das alle Migrantengruppen umfasst sowie für ein weiteres Modell, dass Schüler mit vietnamesischem Migrationshintergrund nicht berücksichtigt.

15,4 %), russischem (25,5 vs. 19,1 %) und kroatischem (29,2 vs. 22,4 %) Migrationshintergrund. In dem Streudiagramm liegen diese Gruppen grafisch jeweils deutlich oberhalb der Regressionsgeraden. Deutlich unterhalb der Regressionsgeraden liegen diejenigen Migrantengruppen, für die ein erheblich geringerer Schulerfolg im Vergleich zum Gymnasialbesuchsanteil festzustellen ist. Hierbei handelt es sich zum einen um Schüler mit US-amerikanischem Migrationshintergrund, die zu 28,4 % die Hochschulreife erlangen, während sie einen Gymnasialbesuchsanteil von 37,4 % aufweisen. Zum anderen betrifft dies vorwiegend Schüler, deren Herkunft auf einen möglichen Flüchtlingshintergrund hinweist. Hier sind z. B. Schüler mit libanesischem (0 % Abgänger mit Hochschulreife vs. 7,6 % Gymnasialbesuch) und bosnisch-herzegowinischem Migrationshintergrund (16,4 vs. 24,3 %) zu nennen.

Die Bedeutsamkeit der Unterschiede soll über zusätzlich berechnete Effektstärkenanalysen zwischen der Bildungsbeteiligung und dem Schulerfolg nach Herkunftsgruppen belegt werden (ohne Abbildung). Für fast alle Herkunftsgruppen sind nur minimale bis maximal kleine Effekte zwischen dem Anteil des Gymnasialbesuchs und dem Anteil der Abgänger mit Hochschulreife festzustellen. Der größte positive Effekt ist für rumänische Schüler mit einem $d = 0.30$ zu konstatieren, die erheblichsten negativen Effekte zeigen sich für Schüler mit libanesischem Migrationshintergrund ($d = -0.40$) und insbesondere für vietnamesische Schüler. Für letztere ergibt sich ein starker negativer Effekt von $d = -0.89$. Erneut zeigt sich die Bedeutsamkeit des geringen Abgängeranteils mit Hochschulreife im Vergleich zu dem relativ hohen Gymnasialbesuch unter Schülern mit vietnamesischem Migrationshintergrund.

Um Aussagen über die Ursachen der erheblichen Abweichungen zwischen Bildungsbeteiligung und Schulerfolg für spezifische Migrantengruppen treffen zu können, fehlen die entsprechenden Hintergrundinformationen. Z. B. wäre es denkbar, dass Schüler mit ost-, südosteuropäischer und zentralasiatischer Herkunft gezielt im hohen Schulalter nach Deutschland zuwandern, um die Hochschulreife als formalen Abschluss zu erlangen und ein Studium in Deutschland aufnehmen zu können (hierfür liefert Kapitel 4.6.3 erste Hinweise). Demgegenüber könnte für Schüler mit möglichem Flüchtlingshintergrund z. B. eine unsichere oder unzureichende Bleibeperspektive oder ein sehr niedriger sozioökonomischer Hintergrund zu einem unterdurchschnittlichen Schulerfolg führen. Da es sich um einen Querschnittsvergleich für zwei verschiedene Populationen handelt, könnte auch die jeweilige Zusammensetzung der Schüler nach Herkunftsgruppe (in den Klassenstufen 5 bis 9 gegenüber den Schulabgängern) variieren. Eine zusätzliche Überprüfung dieser Ergebnisse anhand von Längsschnittanalysen könnte aufschlussreich sein, nicht zuletzt, um Unterschiede innerhalb der Kohorten ausschließen zu können (die bestehen können, wenn die Bildungsbeteiligung bzw. der Schülerbestand mit den Abgängern nach Herkunft verglichen wird).

Insgesamt konnten (sehr) starke Zusammenhänge zwischen den erreichten Abschlüssen und der Bildungsbeteiligung von Schülern nach Staatsangehörigkeit bzw. auch nach Herkunftsgruppen nachgewiesen werden. Hieraus folgt, dass aufgrund von bestehenden hohen Korrelationen die Bildungsbeteiligung als (weiterhin) geeigneter Indikator des zukünftigen Bildungserfolgs von Schülern mit Migrationshintergrund anzusehen ist.

4.6.2 Exkurs: Individualdatenstatistische Überprüfung der für Schüler mit vietnamesischem Migrationshintergrund festgestellten Disparitäten zwischen Bildungsbeteiligung und Schulerfolg

Zuvor waren für Schüler mit vietnamesischer Staatsangehörigkeit bzw. mit vietnamesischem Migrationshintergrund die deutlichsten Abweichungen zu erkennen: Für sie scheint eine überdurchschnittliche Bildungsbeteiligung nicht zu entsprechend hohen Schulabschlüssen zu führen. Soweit es die vorliegenden Individualdaten im Querschnitt zulassen, werden exemplarisch für Schüler mit vietnamesischem Migrationshintergrund mögliche Ursachen für diesen Befund untersucht. Dies geschieht jeweils anhand von schulstatistischen Individualdaten für Rheinland-Pfalz. Ausgewertet wird der Schülerbestand für das Schuljahr 2008/09, wenn die Bildungsbeteiligung, Klassenwiederholungen oder Neuzugangsvermerke ausgewiesen werden. Aber auch die Schülerbewegungen werden herangezogen, um den Schulerfolg für das Abgangsjahr 2009 untersuchen zu können. Zunächst wird in Tabelle 4-11 die Verteilung der vietnamesischen Schüler auf die einzelnen Klassenstufen dargestellt.

Tabelle 4-11:   Schüler mit vietnamesischem Migrationshintergrund an weiterführenden Schulen sowie Förderschulen nach Klassenstufe in Rheinland-Pfalz (Schuljahr 2008/09)

Klassenstufe	Häufigkeit	Anteil in %
5	66	9,3
6	73	10,2
7	87	12,2
8	101	14,2
9	132	18,5
10	136	19,1
11	71	10,0
12	30	4,2
13	17	2,4
Insgesamt	713	100,0

Erkennbar ist, dass die Häufigkeit von Schülern mit vietnamesischem Migrationshintergrund in den – u.a. für die Berechnung der Bildungsbeteiligung relevanten – Klassenstufen 5 bis 9 variiert. Sie beträgt durchschnittlich 92 Schüler je Klassenstufe. Auffällig ist, dass insbesondere ab Klassenstufe 12 und in noch erheblicherem Umfang in Klassenstufe 13 die Anzahl vietnamesischer Schüler erwartungswidrig gering ist. Zwar ist in der Sekundarstufe II mit einer geringeren Anzahl von Schülern mit vietnamesischem Migrationshintergrund zu rechnen. Der quantitative ‚Rückgang' sollte jedoch nur diejenigen Schüler umfassen, die keine in die Sekundarstufe II weiterführende Schulform bzw. keinen entsprechenden Schulzweig besuchen (etwa kein Gymnasium oder gymnasiale Klassen bzw. Bildungsgänge in der Integrierten Gesamtschule). Die zuvor untersuchte Bildungsbeteiligung lieferte den Hinweis, dass allein 53,4 % der vietnamesischen Schüler in den Klassen 5 bis 9 das Gymnasium besuchen. In Tabelle 4-12 wird dieses Ergebnis spezifiziert, d.h. für vietnamesische Schüler wird der Gymnasialbesuch differenziert nach den jeweiligen Klassenstufen dargestellt.

Tabelle 4-12:   **Bildungsbeteiligung von Schülern mit vietnamesischem Migrationshintergrund nach Klassenstufe in Rheinland-Pfalz (Schuljahr 2008/09)**

Klassenstufe	Besuch des Gymnasiums in %
5	62,1
6	56,2
7	57,5
8	50,5
9	47,0
10	44,1
11-13*	95,8
Insgesamt	58,6

*= aus datenschutzrechtlichen Gründen werden die Klassenstufen 11 bis 13 zusammengefasst und der kombinierte Anteil des Gymnasialbesuchs für die Klassenstufen 11 bis 13 angegeben.

Für die Klassenstufen 5 bis 10 zeigt sich für Schüler mit vietnamesischem Migrationshintergrund ein deutlicher Zusammenhang, da mit zunehmender Klassenstufe der Gymnasialbesuch relativ kontinuierlich sinkt – und zwar von 62,1 % in Klassenstufe 5 auf 44,1 % in Klassenstufe 10. Ergänzend wird auch der zusammengefasste Anteil für die Klassenstufen 11 bis 13 ausgewiesen, dieser kann jedoch aufgrund der hohen Anzahl an Abgängern nach der Sekundarstufe I und dem hiermit einhergehenden hohen Gymnasialbesuchsanteil in der Sekundarstufe II nicht sinnvoll im Vergleich zu den entsprechenden Anteilen der Klassenstufen 5 bis 10 verglichen und interpretiert werden.[172]

Anhand der zur Verfügung stehenden Individualdatenstatistiken wird versucht, empirisch die Fragen zu beantworten, warum der Gymnasialbesuchsanteil mit zunehmender Klassenstufe zurückgeht, warum die Anzahl vietnamesischer Schüler in der Sekundarstufe II sehr gering ausfällt und welche Auskunft die Statistik über Abgänger oder Schulwechsler vom Gymnasium differenziert nach Klassenstufe gibt. In Tabelle 4-13 werden die Abgänger mit vietnamesischem Migrationshintergrund nach der zuletzt besuchten Schulform ausdifferenziert.

---

172 Ergänzt werden soll, dass für Schüler mit vietnamesischem Migrationshintergrund die Gesamtschule nur eine marginale Rolle spielt. Dies gilt sowohl hinsichtlich der Bildungsbeteiligung allgemein, als auch im Speziellen hinsichtlich des Erreichens der Hochschulreife. Z.B. besuchen nur 3,8 % der vietnamesischen Schüler in den Klassenstufen 5 bis 13 eine Gesamtschule.

Tabelle 4-13: Abgänger mit vietnamesischem Migrationshintergrund nach Schulform in Rheinland-Pfalz (Abgangsjahr 2009)

Abgänger von Schulform	in %
Förder- und Hauptschule*	23,1
sonstige wf. Schulform	60,2
Gymnasium	16,7
n =	108

= aufgrund geringer Fallzahlen werden die beiden Schulformen zusammengefasst
wf. = weiterführende

Es zeigt sich, dass von den 108 Abgängern mit vietnamesischem Migrationshintergrund insgesamt nur ein geringer Anteil vom Gymnasium abgeht (16,7 %). In absoluten Zahlen sind es 18 Abgänger von Gymnasien. Von diesen gehen 83,3 % nach der Klassenstufe 13 ab, hierbei handelt es sich ausschließlich um Abgänger mit Hochschulreife. Umgekehrt formuliert verlassen nur 16,7 % der Abgänger vom Gymnasium vorzeitig diese Schulform, und gehen bereits in den Stufen 10 bis 12 ab. Von vietnamesischen Abgängern wird an sonstigen weiterführenden Schulformen entweder nicht, oder nur in Ausnahmefällen die Hochschulreife erlangt, was sich darin zeigt, dass der entsprechende Wert aus datenschutzrechtlichen Gründen nicht angegeben werden darf (ohne Abbildung).

Bereits in Abbildung 4-16 konnte gezeigt werden, dass Schüler mit vietnamesischem Migrationshintergrund in den Klassenstufen 5 bis 9 doppelt so häufig wie Schüler ohne Migrationshintergrund die Klasse wiederholen (4,1 vs. 2,0 %). In diesem Zusammenhang erscheint es auch interessant, die Nichtversetztenanteile für Schüler mit vietnamesischem Migrationshintergrund unter Berücksichtigung der jeweiligen Klassenstufe näher zu betrachten (Tabelle 4-14).

Tabelle 4-14: Nichtversetzte Schüler mit vietnamesischem Migrationshintergrund nach Klassenstufe in % in Rheinland-Pfalz (Schuljahr 2008/09)

Klassenstufe	Nichtversetzte in %
5	0,0
6	4,1
7	3,4
8	8,9
9	3,0
10-11*	1,4
12	0,0
13	0,0
Insgesamt	3,1

= aus datenschutzrechtlichen Gründen werden die Klassenstufen 10 und 11 zusammengefasst und der kombinierte Anteil der Nichtversetzungen in den Klassenstufen 10 und 11 dargestellt.

Insgesamt 3,1 % der vietnamesischen Schüler an weiterführenden Schulen (inklusive Förderschulen) der Klassenstufen 5 bis 13 wurden nicht versetzt. Allerdings fällt dieser Anteil für die Schüler in der Sekundarstufe I mit 3,5 %[173] etwas höher aus. Innerhalb der Sekundarstufe I differieren die Nichtversetztenanteile erheblich. Das Maximum ist für die Klassenstufe 8 zu verzeichnen, die von 8,9 % der vietnamesischen Schüler wiederholt wurde. Diese Klassenstufe scheint die für vietnamesische Schüler kritischste zu sein, auf Gymnasien entfallen 58,3 % aller vietnamesischen Wiederholer auf diese Stufe (ohne Abbildung).[174] In den Klassenstufen 10 bis 13 sind für vietnamesische Schüler nur in Ausnahmefällen Klassenwiederholungen festzustellen. Die Nichtversetztenanteile werden in Tabelle 4-15 für vietnamesische Schüler differenziert nach Schulform berichtet.

Tabelle 4-15:   **Nichtversetzte Schüler mit vietnamesischem Migrationshintergrund insgesamt nach Schulform in % in Rheinland-Pfalz (Schuljahr 2008/09)**

Schulform	Nichtversetzte in %
Gymnasium	2,9
sonstige	3,4
Insgesamt	3,1

Es zeigt sich, dass die Nichtversetztenanteile für vietnamesische Schüler auf dem Gymnasium etwas geringer ausfallen als an den sonstigen Schulformen (hierunter werden alle Schulformen außer dem Gymnasium subsumiert).

Ein weiteres Merkmal soll ergänzend überprüft werden, hierbei handelt es sich um schulische Neuzugangsvermerke für Schüler mit vietnamesischem Migrationshintergrund in den Klassenstufen 5 bis 13. Dieses Merkmal kann Hinweise darauf liefern, inwiefern in der Sekundarstufe Wechsel zwischen den Schulformen vorkommen. Aufgrund der Hierarchie zwischen den Schulformen gibt dieses Merkmal Auskunft über ‚Abstiege‘ vom Gymnasium auf eine andere Schulform, oder umgekehrt, zu ‚Aufstiegen‘ von einer anderen Schulform auf das Gymnasium (Tabelle 4-16).

Tabelle 4-16:   **Neuzugangsvermerke, Auf- und Abstiege von Schülern mit vietnamesischem Migrationshintergrund in den Klassenstufen 5 bis 13 in Rheinland-Pfalz (Schuljahr 2008/09)**

Neuzugangsvermerk	in %
Abstieg von Gymnasium*	1,0
Aufstieg auf Gymnasium**	3,1

* = auf niedrigere Schulform
** = von niedrigerer Schulform

---

173 Dieser Anteilswert bezieht sich auf die Klassenstufen 5 bis 10 (ohne Abbildung).
174 Nicht dargestellt sind die freiwilligen Wiederholer, da diese nur eine marginale Rolle spielen: Über alle Klassenstufen hinweg wiederholen lediglich 0,42 % der Schüler mit vietnamesischem Migrationshintergrund freiwillig eine Klassenstufe.

Von den 713 Schülern mit vietnamesischem Migrationshintergrund in den Klassenstufen 5 bis 13 weisen 1,0 % einen Neuzugangsvermerk auf, der auf einen Abstieg vom Gymnasium auf eine niedrigere Schulform verweist, während die Neuzugangsvermerke für 3,1 % der vietnamesischen Schüler an Gymnasien auf einen Aufstieg (aus einer niedrigeren Schulform) hinweisen. Die Neuzugangsvermerke bringen somit zum Ausdruck, dass für vietnamesische Schüler das Verhältnis zwischen Auf- und Abstieg 3 zu 1 beträgt. In absoluten Zahlen ausgedrückt handelt es sich hierbei um 22 ‚Aufsteiger' und um 7 ‚Absteiger'. Hierbei handelt es sich um ein sehr positives Verhältnis zwischen Auf- und Abstieg. Dies zeigt sich auch darin, dass für Schüler ohne Migrationshintergrund ein negatives Verhältnis von 2,8 Absteigern je Aufsteiger zu konstatieren ist, für Schüler mit Migrationshintergrund insgesamt fällt das Verhältnis mit 2,1 Absteigern je Aufsteiger ebenfalls negativ aus.

Es konnte aufgezeigt werden, dass die Individualdatenstatistik erweiterte analytische Möglichkeiten bietet – z. B. um zu untersuchen, warum der Bildungserfolg von vietnamesischen Schülern erheblich geringer ausfällt als es anhand ihrer überdurchschnittlich hohen Bildungsbeteiligung zu erwarten wäre. Anhand der vorhergehenden Ergebnisse erscheint es schwierig, die Ursachen für diese Diskrepanzen zu identifizieren. Allenfalls der hohe – und insbesondere für die Klassenstufe 8 festgestellte – Nichtversetztenanteil liefert einen ersten Hinweis. Da selbst die vorliegenden Individualdatenstatistiken nur begrenzt die hierfür erforderlichen Informationen beinhalten, ist zur abschließenden Klärung der festgestellten Diskrepanzen zwischen Bildungsbeteiligung und Schulerfolg weiterer Forschungsbedarf festzustellen. Als weiterer Schritt erscheinen z. B. Längsschnittanalysen lohnenswert, die den Bildungsweg von vietnamesischen Schülern über ihre Schullaufbahn hinweg nachzeichnen. Hierüber könnten weitere denkbare Einflussfaktoren ausgeklammert werden – z. B. könnte die quantitativ geringe Anzahl von Schülern mit vietnamesischem Migrationshintergrund in der Sekundarstufe II z. T. auch auf die spezifische Altersverteilung von vietnamesischen Schülern zurückzuführen sein.

4.6.3 Schulerfolg von Schülern mit Migrationshintergrund nach Zuzugsalter und Generationenstatus

In Anschluss an den Exkurs werden nachfolgend wieder ausschließlich Abgängeranalysen durchgeführt, dies geschieht anhand des Datensatzes über Schülerbewegungen zum Ende des Schuljahres 2008/09 für Rheinland-Pfalz. Insgesamt 2.778 Schulabgänger wurden im Ausland geboren. Für diese Abgänger der 1. Generation wird nun der Schulerfolg, der am Erreichen der Hochschulreife gemessen wird, differenziert nach dem Alter des Zuzugs ausgewertet. Hierdurch soll geprüft werden, ob der zuvor festgestellte, sehr starke negative Zusammenhang zwischen Bildungsbeteiligung und Zuzugsalter (vgl. u. a. Abbildung 4-7) auch bezogen auf den Schulerfolg festzustellen ist. Um das gewählte Fallzahlkriterium von mindestens 30 Fällen je Zuzugsaltersjahr zu erfüllen, wurden die im Alter von 17 und 18 Jahren zugezogenen Schüler zu den im Alter von mindestens 17 Jahren (‚17+') Zugezogenen zusammengefasst. In Abbildung

4-21 ist der Anteil der Abgänger mit Hochschulreife nach dem Zuzugsalter der Schüler dargestellt. Faktisch sind es mindestens 47 Fälle je Altersjahr der Zugezogenen, auf die sich die dargestellten Prozentanteile der Abgänger mit Hochschulreife beziehen.

Abbildung 4-21: Anteil Abgänger der 1. Generation mit Hochschulreife in % nach Zuzugsalter in Rheinland-Pfalz (Abgangsjahr 2009)

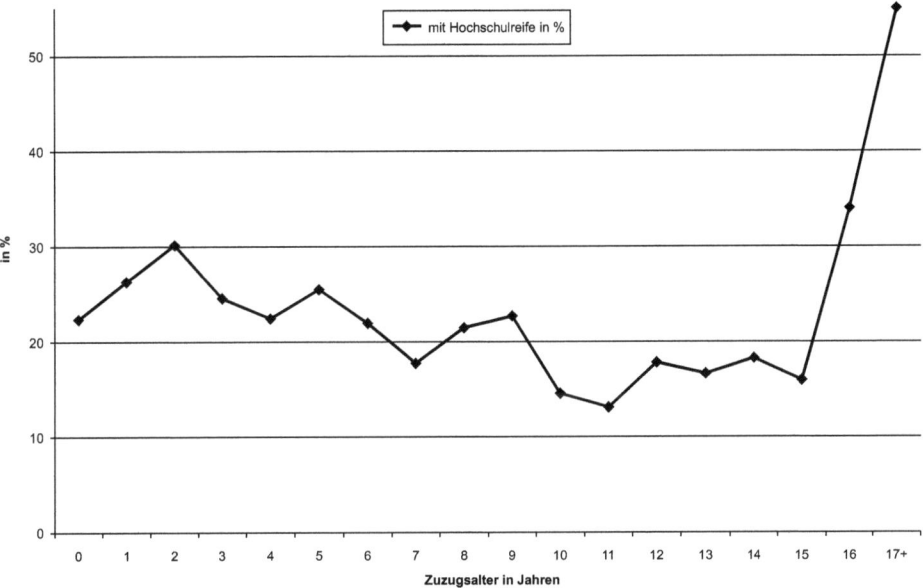

Auf den ersten Blick erscheinen die Ergebnisse vielleicht etwas überraschend, dies gilt insbesondere bezogen auf die hohen Anteile von Abgängern mit Hochschulreife unter den im Alter von mindestens 16 Jahren Zugezogenen. Diese liegen sogar noch über dem Anteil von Abgängern mit Hochschulreife von Schülern, die im Vorschulalter zugezogen sind – ihre Anteile betragen zwischen 22,4 und 30,2 %. Bei einer genaueren Analyse der Ergebnisse werden diese besser verständlich. Wie es die Ergebnisse zum Zusammenhang zwischen Zuzugsalter und Bildungsbeteiligung erwarten lassen, zeigt sich auch für die im Alter von 0 bis 15 Jahren Zugezogenen ein signifikanter und stark negativer Zusammenhang zwischen der Höhe des Zuzugsalters und dem Anteil der Abgänger mit Hochschulreife. Anhand von gewichteten paarweisen Korrelationen ist dieser Zusammenhang mit einem r = -.773 zu quantifizieren. Wird nun der Zusammenhang für die im Alter von 0 bis 16 Jahren Zugezogenen berechnet, ist mit einem r = -.610 weiterhin ein signifikanter, stark negativer Zusammenhang zu konstatieren, der allerdings etwas schwächer als zuvor ausfällt. Werden alle Altersjahre berücksichtigt, ergibt sich ein noch geringerer Korrelationskoeffizient von r = -.167. Der Zusammenhang zwischen Zuzugsalter und Abgängeranteil mit Hochschulreife bleibt jedoch negativ, u. a. da die Zuzugsaltersgruppen der 16- und über 17-jährig Zugezogenen mit 47 bzw. 60 Fällen vergleichsweise gering besetzt sind.[175] Der hohe Schulerfolg

---

175 Blieben die jeweiligen Fallzahlen nach Zuzugsalter unberücksichtigt, d. h. würden ungewichtete paarweise Korrelationen berechnet, wäre ein Vorzeichenwechsel feststellbar. Denn in diesem Fall

der im Alter von mindestens 16 Jahren Zugezogenen kann mehrere Gründe haben. Zum einen handelt es sich bei ihnen mehrheitlich (d.h. zu 56,1%) um in Russland, Kasachstan oder in Polen Geborene, die ohnehin einen relativ hohen Schulerfolg aufweisen (ohne Abbildung, vgl. hierzu auch Abbildung 4-19). Zudem besteht die Möglichkeit, dass ein leistungsselektiver Zuzug z.B. von polnischen Schülern erfolgt, um in Deutschland die (allgemeine) Hochschulreife zu erreichen um anschließend ohne Einschränkungen eine Institution des tertiären Bildungsbereichs besuchen zu können. Der wichtigste Grund dürfte jedoch sein, dass insbesondere für die im Alter von mindestens 17 Jahren nach Deutschland Zugezogenen nur dann die Sekundarstufe II als Beschulungsform in Frage kommt, wenn fachliches Vorwissen und – vermutlich auch – ausreichende Sprachkenntnisse vorhanden sind (diejenigen, auf die das nicht zutrifft, besuchen vermutlich eher berufliche Schulen). Hiermit dürften die erhöhten Anteile von Abgängern mit Hochschulreife verbunden sein.

In Tabelle 4-17 wird der Schulerfolg von Schülern mit Migrationshintergrund in Abhängigkeit vom Generationenstatus dargestellt. Für die erste Generation wird wieder nach Dezimalgenerationen (vgl. Kapitel 1.8) unterschieden, um die zuvor festgestellten potentiellen Einflüsse des Zuzugsalters zu berücksichtigen.

Tabelle 4-17:   Abgänger nach Generationenstatus und erreichtem Schulabschluss in % in Rheinland-Pfalz (Abgangsjahr 2009)

Generation (+Zuzugsalter in Jahren)	ohne Hauptschul- abschluss	mit Hauptschul- Abschluss	mit Mittlerem Abschluss	mit Hochschul- reife	Anzahl insgesamt
2. Gen.	12,2	40,3	37,7	9,8	2.443
1,75. Gen. (0 - 5 J.)	7,9	25,7	40,8	25,6	1.314
1,5. Gen. (6 - 11 J.)	11,0	36,3	33,9	18,7	1.105
1,25. Gen. (12 - 18 J.)	20,9	34,1	20,9	24,1	340
Insgesamt	11,4	35,2	36,6	16,7	5.221

Gen. = Generation; J. = Jahre

Für Schüler der 2. Generation[176] zeigt sich der geringste Schulerfolg, da nur knapp jeder zehnte Abgänger die Hochschulreife erlangt. Erheblich höher ist der Anteil von Abgängern mit Hochschulreife unter Schülern, die im Ausland geboren wurden. Die

bestünde für die 0- bis 17-Jährigen ein Zusammenhang von r = .149, gegenüber einem r = -.345 für die 0- bis 16-jährig Zugezogenen und einem r = -.784 für die 0- bis 15-jährig Zugezogenen.

176 Diese wurden in der Abbildung über die zwei Merkmale Staatsangehörigkeit und Geburtsland operationalisiert. Wird die überwiegende Familiensprache als drittes Merkmal zur Operationalisierung des Migrationshintergrundes herangezogen, so steigen die Fallzahlen für Schüler der 2. Generation auf insgesamt 3.113 Abgänger an. Die Abgängerquoten verändern sich unter dieser Operationalisierung leicht, 9,0% der Abgänger der 2. Generation erlangen die Hochschulreife, 38,7% einen Mittleren Abschluss, 40,5% verlassen die Schule mit einem Hauptschulabschluss, 11,7% verlassen die Schule ohne einen solchen Abschluss.

im Alter von unter 6 Jahren zugezogenen Abgänger der 1,75. Generation erreichen 2,6-mal so häufig die Hochschulreife wie Schüler der 2. Generation (25,6 vs. 9,8 %). Für Schüler der 1,25. Generation liegen vergleichsweise geringe Fallzahlen vor. Sie gehen zu einem ähnlich hohen Anteil mit Hochschulreife ab wie Schüler der 1,75. Generation. Dies ist – wie zuvor beschrieben – insbesondere auf den sehr hohen Anteil an Abgängern mit Hochschulreife zurückzuführen, die im Alter von mindestens 16 Jahren zugezogen sind. Wird von dem hohen Anteil von Abgängern mit Hochschulreife unter Schülern der 1,25. Generation abgesehen, dann spiegelt sich in den Ergebnissen klar wider, dass für Schüler der 1. Generation ein höheres Zuzugsalter mit einem geringeren Schulerfolg einhergeht. Zum einen erreichen im Vorschulalter zugezogene Schüler der 1,75. Generation häufiger die Hochschulreife und seltener einen Hauptschulabschluss als Schüler der 1,5. Generation (die im Alter von 6 bis unter 12 Jahren zugezogen sind). Erwartungsgemäß und konsistent fallen die Anteile von Abgängern ohne Hauptschulabschluss sowie von Abgängern mit Mittlerem Abschluss im Vergleich zwischen den Dezimalgenerationen aus. Denn zum einen sinken mit zunehmendem Zuzugsalter die Anteile von Abgängern, die einen Mittleren Abschluss erreichen: Abgänger der 1,75. verlassen annähernd doppelt so häufig wie Abgänger der 1,25. Generation die Schule mit Mittlerem Abschluss. Zum anderen steigen für zugezogene Schüler mit zunehmendem Zuzugsalter die Anteile von Abgängern, die die Schule ohne Hauptschulabschluss verlassen, erheblich an. Gut jeder Fünfte der Abgänger der im Alter von 12 bis 18 Jahren zugezogenen Schüler der 1,25. Generation verlässt die Schule ohne Hauptschulabschluss. Für diese Schüler ist offenbar eine Polarisierung zu erkennen. Für einen erheblichen Anteil der im höheren Alter Zugezogenen scheinen besondere Schwierigkeiten zu bestehen. Ein Anteil von 20,9 % Abgängern ohne Hauptschulabschluss weist darauf hin, dass eine angemessene (institutionelle) Förderung dieser Schüler entweder nicht vorliegt oder diese nur zu wenig befriedigenden Ergebnissen führt. Auf der anderen Seite zeigt sich für diese Schüler mit 24,1 % ein relativ hoher Anteil von Abgängern mit Hochschulreife.

Der Vergleich dieser Ergebnisse zu dem in Abbildung 4-11 dargestellten Gymnasialbesuchsanteil nach Generationenstatus zeigt, dass der Schulerfolg – im Sinne des Anteils der Abgänger mit Hochschulreife – für Schüler der 2. Generation relativ gering ausfällt.

Nachfolgend wird der Schulerfolg von Schülern mit Migrationshintergrund auch nach Herkunft und Generationenstatus aufgeschlüsselt. Die von Schülern mit Migrationshintergrund erreichten Abschlüsse werden so differenziert wie möglich dargestellt. Allerdings erlauben die geringen Fallzahlen aus datenschutzrechtlichen Gründen häufig keine differenzierte Aufschlüsselung, weswegen manche Ergebnisse z. T. nur grob darstellbar sind. Dies betrifft insbesondere feinere Differenzierungen (wie z. B. Abgänger mit Hochschulreife nach Herkunft und Generationenstatus, oder sogar nach weiterer Unterteilung der 1. Generation je nach Zuzugsalter). Daher erfolgt in Abbildung ☒4-22 eine Darstellung, die es erlaubt, den Schulerfolg von Schülern mit Migrationshintergrund nach Herkunft und Generationenstatus abzubilden (1. vs. 2. Generation). Hierfür mussten allerdings die beiden höchsten Abschlusskategorien der Abgänger mit Mittlerem Abschluss und derjenigen mit Hochschulreife zusammengefasst werden, so dass immerhin die Anteile der ‚Abgänger mit mindestens Mittlerem Abschluss' berechnet und verglichen werden können.

Abbildung 4-22: Anteil der Schulabgänger mit mindestens Mittlerem Abschluss nach spezifischem Migrationshintergrund (bzw. Herkunftsgruppen) und Generationenstatus in % in Rheinland-Pfalz (Abgangsjahr 2009)

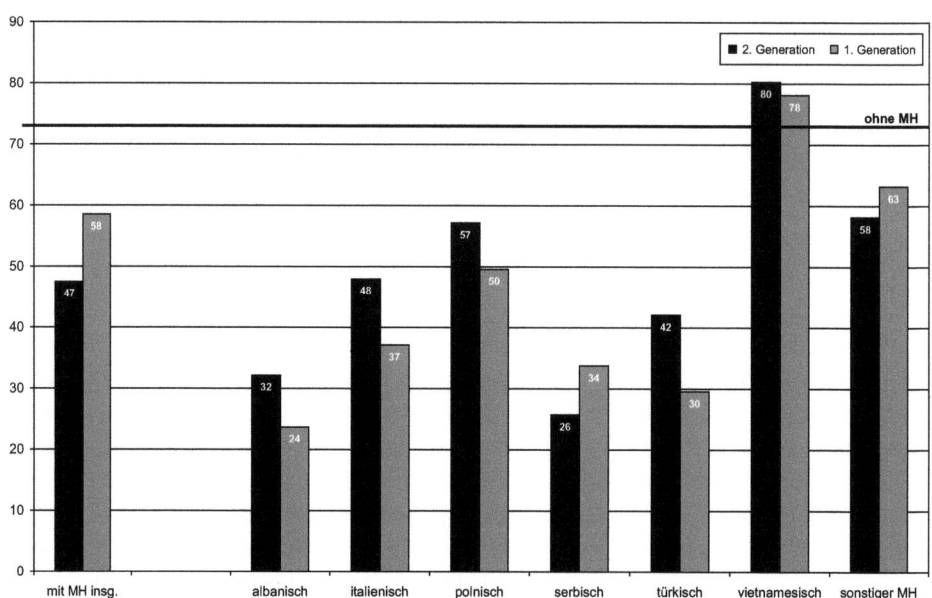

MH = Migrationshintergrund

Auffällig ist, dass Schüler mit Migrationshintergrund insgesamt in der 1. Generation einen höheren Schulerfolg erzielen als in der 2. Generation (dieser Befund korrespondiert mit der in Abbildung 4-10 festgestellten höheren Bildungsbeteiligung der 1. Generation). Inwiefern es sich hierbei um Kompositionseffekte handelt, wird nachfolgend beschrieben. Für diejenigen Migrantengruppen, die differenziert nach ihrer Herkunft dargestellt werden können, kehrt sich der allgemeine Befund fast durchgängig in das Gegenteil um, denn Schüler derselben Herkunftsgruppe erreichen in der 2. Generation häufiger mindestens einen Mittleren Abschluss als in der 1. Generation. Als Ausnahmen sind nur Schüler mit serbischem Migrationshintergrund und Schüler mit einem sonstigen Migrationshintergrund zu nennen (da letztere einen relativ hohen Schulerfolg erreichen und eine heterogene Gruppe darstellen, wird diese später noch näher untersucht). Schüler ohne Migrationshintergrund gehen zu 73 % mit mindestens Mittlerem Abschluss ab (vgl. horizontale Linie). Im Vergleich zu diesem Anteilswert weisen lediglich vietnamesische Schüler einen höheren Schulerfolg auf. Somit erreichen sie häufiger wenigstens mittlere Abschlüsse als Schüler ohne Migrationshintergrund, allerdings konnte zuvor auch gezeigt werden, dass Schüler mit vietnamesischem Migrationshintergrund ohne Differenzierung nach Generationenstatus nur zu 14,8 % mit Hochschulreife abgehen (und zu weiteren 64,8 % einen Mittleren Abschluss erlangen; ohne Abbildung).

In der 2. Generation machen die separat dargestellten Herkunftsgruppen annähernd drei Viertel aller Abgänger der 2. Generation aus (72,8%). Den quantitativ größten Anteil haben insbesondere türkische Abgänger der 2. Generation – sie stellen die Hälfte der Abgänger der 2. Generation insgesamt. Somit sind es gut ein Viertel der Abgänger der 2. Generation, die einen ‚sonstigen Migrationshintergrund' aufweisen. Ganz anders ist das Verhältnis für Abgänger der 1. Generation. Von ihnen wird noch nicht einmal ein Fünftel (18,3%) über die separat dargestellten Herkunftsgruppen erfasst. Umgekehrt bedeutet dies, dass mehr als vier Fünftel der Fälle der 1. Generation auf Schüler mit sonstigem Migrationshintergrund entfallen. Hierunter sind vermutlich sehr viele Spätaussiedler enthalten. Unterstützt wird diese Annahme dadurch, dass diese Gruppe maßgeblich von Schülern mit russischem und kasachischem Migrationshintergrund gebildet wird (unter den Schülern der 1. Generation ist mit 47,2% annähernd jeder Zweite kasachischer oder russischer Herkunft). Diese beiden quantitativ bedeutsamen Gruppen werden unter den Schülern mit sonstigem Migrationshintergrund subsumiert, eine separate Ergebnisdarstellung ist für diese beiden Gruppen auf Grund von zu geringen Fallzahlen in der 2. Generation nicht möglich (sie weisen in der 2. Generation jeweils weniger als 30 Abgänger auf). In der 1. Generation ist für die beiden Herkunftsgruppen ein relativ hoher Schulerfolg zu konstatieren, da 63,8% der Schüler mit russischem und sogar 67,3% der Schüler mit kasachischem Migrationshintergrund mindestens einen Mittleren Abschluss erreichen. Entsprechend ihres relativ hohen Gewichts an der Gesamtheit der Schüler mit Migrationshintergrund der 1. Generation insgesamt (sowie innerhalb der Schüler mit ‚sonstigem' Migrationshintergrund der 1. Generation), ergibt sich im Aggregat ein relativ hoher Schulerfolg für die Schüler der 1. Generation insgesamt. Daher wäre es sehr interessant, für Schüler mit russischem und kasachischem Migrationshintergrund Informationen über ihren Schulerfolg in der 2. Generation zu erhalten – etwa um zu vergleichen, ob dieser höher ausfällt als für Schüler desselben Migrationshintergrundes in der 1. Generation. Dies lässt sich zukünftig entweder über die Aggregation mehrerer Schuljahre realisieren, oder anhand von Längsschnittanalysen. Wenn in naher Zukunft Daten für mehrere Schuljahre vorliegen und die Fallzahlen ausreichen, können Analysen zu Abgängern mit Hochschulreife durchgeführt werden, was weitergehende und genauere Ergebnisse verspricht.

4.6.4 Schulerfolg von Schülern mit Migrationshintergrund unter Berücksichtigung der Schulform

In den vorangegangenen Abgängeranalysen blieb die Schulform unberücksichtigt. Prinzipiell wäre es möglich, dass die festgestellten Disparitäten im Schulabschlussniveau vollständig aus der Verteilung der Schüler auf die verschiedenen Schulformen resultieren, da diese verschiedene Abschlussoptionen bieten. Daher wird nachfolgend – soweit möglich – die von den Abgängern zuletzt besuchte Schulform berücksichtigt. Untersucht wird, ob bei Besuch derselben Schulform der Schulerfolg für alle Migrations- bzw. Herkunftsgruppen im Vergleich zu Abgängern ohne Migrationshintergrund in etwa gleich hoch ausfällt, oder ob sich der Schulerfolg in Abhängigkeit von den Migrationsmerkmalen bzw. nach Herkunftsgruppen unterscheidet. Zunächst werden in Tabelle 4-18 die Abgänger insgesamt nach Schulform und Migrationshintergrund aufgeschlüsselt.

Tabelle 4-18: Abgängeranteile nach Schulform in % (insgesamt, nach Migrationshintergrund), Relative Wahrscheinlichkeit (RRI) des Abgangs von bestimmten Schulformen mit vs. ohne Migrationshintergrund in Rheinland-Pfalz (Abgangsjahr 2009)

Schulform	Anzahl der Abgänger insgesamt	Abgänger nach Schulform			RRI mit vs. ohne MH
		insgesamt	mit MH	ohne MH	
		in %			
Förderschule	2.294	5,0	6,5	4,8	1,35
Hauptschule	6.372	14,0	28,1	11,9	2,37
sonstige wf. Schulform	22.882	50,3	47,8	50,6	0,94
Gymnasium	13.961	30,7	17,5	32,6	0,54
Insgesamt	45.509	100,0	100,0	100,0	-

MH = Migrationshintergrund; wf. = weiterführende

Zuvor wurde bezogen auf die Bildungsbeteiligung festgestellt, dass Schüler mit Migrationshintergrund an Gymnasien unterrepräsentiert sind. Dies spiegelt sich auch in den Abgängeranteilen nach Schulform wider. Unter allen Abgängern mit Migrationshintergrund haben zuvor nur 17,5 % ein Gymnasium besucht. Dieser Anteil beträgt nur etwas mehr als die Hälfte des Anteils von Abgängern ohne Migrationshintergrund (32,6 %). Unter den Abgängern von Förderschulen sind Migranten leicht und unter den Abgängern von Hauptschulen sind sie sogar erheblich überrepräsentiert. Das relative Risiko des Abgangs von einer Hauptschule beträgt für Schüler mit – gegenüber Schülern ohne – Migrationshintergrund mehr als das Doppelte (RRI = 2,37). Nur hinsichtlich der Abgängeranteile von sonstigen weiterführenden Schulen[177] bestehen relativ geringe Unterschiede zwischen beiden Gruppen.

Diese Zahlen geben allerdings noch keine Auskunft über die an den jeweiligen Schulformen realisierten Abschlüsse. In Tabelle 4-19 wird daher differenziert nach Schulform das relative Risiko für Schüler mit Migrationshintergrund dargestellt, die jeweilige Schulform mit bestimmten Abschlüssen im Vergleich zu Schülern ohne Migrationshintergrund zu verlassen.

---

177 Als die drei quantitativ bedeutsamsten Schulformen sind hierunter – bezogen auf die Abgänger insgesamt – Realschulen (24,8 %), Regionale Schulen (11,2 %) und Integrierte Gesamtschulen (5,5 %) zu nennen.

Tabelle 4-19: **Relative Wahrscheinlichkeit (RRIs) des Abgangs mit spezifischem Abschluss für Schüler mit vs. Schüler ohne Migrationshintergrund nach Schulform in Rheinland-Pfalz (Abgangsjahr 2009)**

Schulform	ohne HS-Abschluss	mit HS-Abschluss	Mittlerer Abschluss	mit Hochschulreife
Förderschule	**1,08**	0,77	-*	-
Hauptschule	1,37	**0,98**	0,92	-
sonstige wf. Schulform	1,94	1,50	**0,85**	0,42
Gymnasium	1,93	3,37	1,76	**0,91**
Insgesamt	1,84	1,75	0,91	0,48

HS = Hauptschul(e); wf. = weiterführende; Fett hervorgehoben sind die überwiegend an der jeweiligen Schulform erlangten Abschlussarten
* = nicht angegeben, da dieser nur eine marginale Rolle spielt (0% der Schüler mit gegenüber 0,5% der Schüler ohne Migrationshintergrund erlangen an Förderschulen einen Mittleren Abschluss)

Mit Blick auf die niedrigeren Schulabschlüsse sind Schüler mit Migrationshintergrund insgesamt überrepräsentiert – und zwar etwa um das 1,8-Fache hinsichtlich des Abgangs entweder ohne oder mit Hauptschulabschluss. Entsprechend sind erstere hinsichtlich des Erreichens höherer Abschlüsse unterrepräsentiert. Am deutlichsten zeigt sich dies darin, dass Schüler mit Migrationshintergrund nur knapp halb so häufig die Schule mit der Hochschulreife verlassen wie Schüler ohne Migrationshintergrund. Unter Berücksichtigung der Schulform zeigt sich, dass Schüler mit Migrationshintergrund ein geringfügig höheres Risiko aufweisen, von Förderschulen ohne Hauptschulabschluss abzugehen (81,7 vs. 75,8 %; hieraus folgt ein RRI von 1,08), entsprechend verlassen sie diese Schulform seltener mit einem Hauptschulabschluss (18,3 vs. 23,7 %; RRI = 0,77). Für die weiteren Schulformen ist ein einheitliches Muster zu erkennen. In der Diagonalen werden die Anteilswerte derjenigen Abschlussarten fett hervorgehoben, die an der jeweiligen Schulform mehrheitlich vergeben werden. Die Indexwerte der Diagonalen verweisen darauf, dass Schüler mit Migrationshintergrund hinsichtlich dieser Abschlüsse (leicht) unterrepräsentiert sind. Die Indexwerte, die sich rechts von – bzw. oberhalb der – Diagonalen befinden, weisen auf z.T. erhebliche Unterrepräsentationen hin. D.h. die nach Schulform verliehenen überdurchschnittlichen Schulabschlüsse werden von Schülern mit Migrationshintergrund seltener als von Schülern ohne Migrationshintergrund erreicht. Z.B. erlangen Schüler mit Migrationshintergrund noch nicht einmal halb so häufig die Hochschulreife an sonstigen weiterführenden Schulformen im Vergleich zu Schülern ohne Migrationshintergrund (RRI = 0,42).[178] Hinsichtlich der unterhalb bzw. links von der Diagonalen abgetragenen Abschlussarten sind Schüler mit Migrationshintergrund z.T. erheblich überrepräsentiert. Hierbei handelt es sich um Schulabschlüsse, die – bezogen auf die jeweilige Schulform

---

178 Um die quantitative Relevanz der Schulform Gesamtschule zu überprüfen und die Frage zu beantwor-ten, ob diese Schulform (insbesondere für Migranten) eine Alternative zum Erreichen der Hochschulreife darstellt, sollen die entsprechenden Ergebnisse kurz angeführt werden (ohne Abbildung). Von Gesamt-schulen gehen lediglich 5,5 % der Abgänger aller Schulformen ab. An Gesamtschulen erreichen Schüler mit Migrationshintergrund zu 19,4 % die Hochschulreife – unter Schülern ohne Migrationshintergrund sind es 37,7 %. D.h. die Hochschulreife wird von ersteren gegenüber letzteren lediglich nur gut halb so häufig erreicht.

– als unterdurchschnittlich anzusehen sind. Beispielsweise besteht für Schüler mit Migrationshintergrund ein etwa doppelt so hohes Risiko, eine sonstige weiterführende Schulart oder das Gymnasium ohne Hauptschulabschluss zu verlassen. Gegenüber Schülern ohne Migrationshintergrund besteht sogar ein um mehr als das Dreifache erhöhtes Risiko, vom Gymnasium lediglich mit einem Hauptschulabschluss abzugehen.

Inwiefern sich der Schulerfolg nach Generationenstatus und Zuzugsalter (für Schüler der 1. Generation) auch unter Berücksichtigung der Schulform unterscheidet, wird in Tabelle 4-20 überprüft. Da die Fallzahlen bei einer entsprechenden Differenzierung relativ gering ausfallen, wurden die Abschlussarten nach Schulform zum Teil kumuliert, bevor aussagekräftige RRIs berechnet werden konnten.

Tabelle 4-20: **Relative Wahrscheinlichkeit (RRIs) des Abgangs nach ausgewählten Abschlüssen für Schüler mit vs. Schüler ohne Migrationshintergrund nach Generationenstatus, Zuzugsalter und Schulform in Rheinland-Pfalz (Abgangsjahr 2009)**

Abgänger nach Schulform ...	2. Generation	Zuzugsalter in Jahren	
mit Abschluss ...		0 - u6	6 - 18
Förderschule mit mind. HSA	0,60	1,03	0,88
Hauptschule mit mind. HSA	1,01	1,02	0,90
sonstige wf. Schulform mit mind. MAS	0,82	0,98	0,80
Gymnasium mit Hochschulreife	0,90	0,99	0,89

mind. = mindestens; HSA = Hauptschulabschluss; wf. = weiterführende; MAS = Mittlerem Abschluss. Referenz: Schüler ohne Migrationshintergrund.
Lesebeispiel: Im Vergleich verlassen Abgänger von Förderschulen, die im Alter von 6 bis 18 Jahren nach Deutschland zugezogen sind, die Förderschule 0,88-mal so oft wie Schüler ohne Migrationshintergrund mit mindestens einem Hauptschulabschluss.

An Hauptschulen sind Schüler mit Migrationshintergrund der 2. Generation ähnlich erfolgreich wie Schüler ohne Migrationshintergrund.[179] Erstere erreichen an Förderschulen deutlich seltener mindestens einen Hauptschulabschluss und an den weiteren dargestellten Schulformen seltener höhere Abschlüsse. Ein interessantes Ergebnis ist, dass Schüler der 1. Generation, die im Alter von unter 6 Jahren nach Deutschland zugezogen sind, nach Schulform in etwa die gleichen Schulabschlüsse wie Schüler ohne Migrationshintergrund. Allerdings gilt dies nicht für die erst im Alter von 6 bis 18 Jahren Zugezogenen, deren Schulerfolg im Vergleich zu Schülern ohne Migrationshintergrund unterdurchschnittlich ausfällt. Scheinbar schneiden diejenigen Schüler mit Migrationshintergrund, die nach verschiedenen Selektionsschwellen – wie z.B. Übergänge, Klassenwiederholungen, Schulformwechsel – letztendlich einen Abschluss an Gymnasien erlangen, nicht wesentlich schlechter ab als Schüler ohne Migrationshintergrund.

---

179 Der Migrationshintergrund wird anhand der Variablen Staatsangehörigkeit und Geburtsland operationalisiert. Wird ergänzend das dritte Merkmal der überwiegenden Familiensprache berücksichtigt und RRIs für Schüler mit im Vergleich zu Schülern ohne Migrationshintergrund berechnet, so ergeben sich nur minimale Abweichungen zu den hier berichteten Indexwerten.

Soweit möglich, wird das Relative Risiko für Schüler mit Migrationshintergrund differenziert nach Herkunft im Vergleich zu Schülern ohne Migrationshintergrund hinsichtlich des Abgangs mit spezifischen Schulabschlüssen von den einzelnen Schulformen dargestellt (Tabelle 4-21). Die Voraussetzung für eine Darstellung ist, dass nach Herkunftsgruppe mindestens 30 Abgänger die jeweilige Schulform verlassen.

Tabelle 4-21: Relative Wahrscheinlichkeit (RRIs) des Abgangs mit spezifischem Abschluss nach Schulform für Schüler mit Migrationshintergrund differenziert nach Herkunft im Vergleich zu Schülern ohne Migrationshintergrund in Rheinland-Pfalz (Abgangsjahr 2009)

| Migrations-hintergrund | Abgänger von... | | | |
| | Förderschule | Hauptschule | sonstige wf. SF | Gymnasium |
	mit mind. HS-Abschluss	mit mind. HS-Abschluss	mit mind. MAS	mit Hoch-schulreife
albanisch	0,33	1,02	0,61	-
bosnisch-herz.	-	-	0,95	-
griechisch	-	-	0,98	-
irakisch	-	0,90	-	-
italienisch	-	0,98	0,82	0,92
kasachisch	-	1,02	0,91	0,97
kroatisch	-	-	0,92	-
polnisch	-	0,88	0,80	0,83
portugiesisch	-	-	0,84	-
russisch	-	0,96	0,91	0,93
serbisch	0,79	0,97	0,64	-
türkisch	0,70	0,98	0,71	0,87
ukrainisch	-	-	1,09	0,90
US-amerikanisch	-	-	1,03	-
vietnamesisch	-	-	1,18	-
sonstiger MH	0,78	0,94	0,90	0,91

mind. = mindestens; HS = Hauptschul(e); MAS = Mittlerer Abschluss; MH = Migrationshintergrund; wf. = weiterführende; SF = Schulform
Referenz: Schüler ohne Migrationshintergrund.
- = Fallzahlkriterium von mindestens 30 Abgängern mit spezifischem Migrationshintergrund von der jeweiligen Schulform nicht erfüllt, daher werden keine RRIs berechnet.

Auch nach Berücksichtigung der Herkunft und der von Abgängern zuvor besuchten Schulform zeigen sich zum Teil erhebliche Unterschiede im Schulerfolg zwischen Schülern verschiedener Herkunftsgruppen und Schülern ohne Migrationshintergrund. Ein RRI von 0,33 für Abgänger mit albanischem Migrationshintergrund von Förderschulen etwa gibt an, dass sie nur ein Drittel so häufig die Förderschule mit Hauptschulabschluss verlassen wie Schüler ohne Migrationshintergrund (7,9 vs. 24,3%). Der Anteil für türkische und serbische Schüler beträgt immerhin 70 bzw. 79% des Abgängeranteils von Schülern ohne Migrationshintergrund. Hinsichtlich des Erfolgs an Hauptschulen veranschaulichen RRIs von 0,88 und 0,90, dass Schüler mit polnischem und irakischem Migrationshintergrund um mindestens 10 % seltener als Schüler ohne Migrationshintergrund die Schule mit mindestens einem Hauptschulabschluss verlassen. Für Schüler aller weiteren dargestellten Herkunftsgruppen ist ein relativ ähnlicher Schulerfolg an dieser Schulform im Vergleich zu Schülern ohne Migrationshintergrund festzustellen.

Für Abgänger von sonstigen weiterführenden Schularten ergibt sich ein differenzierteres Bild u. a. deshalb, da für eine größere Anzahl an Herkunftsgruppen ausreichende Fallzahlen vorliegen. Jeweils im Vergleich zu Schülern ohne Migrationshintergrund erreichen albanische und serbische Schüler um mindestens ein Drittel seltener einen Mittleren Abschluss. Relativ deutlich unterscheidet sich auch der Schulerfolg für Schüler mit türkischem Migrationshintergrund (RRI = 0,71, d. h. sie gehen zu 53,4 % mit Mittlerem Abschluss ab, gegenüber 75,4 % der Schüler ohne Migrationshintergrund). Um mindestens 10 % seltener gehen auch Schüler mit italienischem, polnischem und portugiesischem Migrationshintergrund ohne Mittleren Abschluss ab. Für fünf Migrantengruppen sind nur geringe negative Abweichungen zu erkennen, während Schüler mit ukrainischem, US-amerikanischem und vietnamesischem Migrationshintergrund sogar (etwas) häufiger als Schüler ohne Migrationshintergrund mindestens einen Mittleren Abschluss erreichen. Soweit dargestellt, zeigt sich auch nach Herkunftsgruppen ein unterdurchschnittlicher Schulerfolg unter Abgängern von Gymnasien: Der Anteil der Abgänger mit Hochschulreife beträgt lediglich das 0,83- bis zu dem 0,97-Fachen im Vergleich zu Schülern ohne Migrationshintergrund.

Wie gesehen, ergeben sich relativ geringe Fallzahlen, wenn analytisch nach Schulform und Herkunft der Abgänger mit Migrationshintergrund differenziert wird. Aus diesem Grund sind keine weiteren Differenzierungen etwa nach Herkunft in Kombination mit Generationenstatus und ggf. weiter nach dem jeweiligen Zuzugsalter möglich. Eine weiter ausdifferenzierte Darstellung ist erst dann durchführbar, wenn Abgängeranalysen anhand von auf mehreren Schuljahren basierenden Datensätzen durchgeführt werden können.

In dem nächsten Kapitel werden Verbesserungsvorschläge für individualdatenstatistische Datensätze angeführt.

4.7 Individualdatenstatistischer Optimierungsbedarf

Anhand von verschiedenen Auswertungsansätzen konnte gezeigt werden, dass die Erhebung von schulstatistischen Individualdaten die analytischen Möglichkeiten auch und insbesondere bezogen auf die Untersuchung von Bildungsdisparitäten von Schülern mit Migrationshintergrund erheblich erweitert.

Um die individualdatenstatistischen Möglichkeiten noch besser ausschöpfen zu können, soll ausgehend von der in Kapitel 4.1.1 einleitend dargelegten Kritik und den im Verlauf dieses Kapitels festgestellten analytischen Einschränkungen nachfolgend Optimierungspotentiale ausgemacht werden, die ergänzt werden um Empfehlungen für die amtliche Individualdatenerhebung bzw. -statistik:

• Eine differenziertere Erhebung des Merkmals Familiensprache wäre bereits mit einem geringen Mehraufwand zu realisieren. Erforderlich ist eine weitergehende

Differenzierung der Antwortvorgaben, welche Sprache zu Hause überwiegend gesprochen wird. Die Vergleichbarkeit zwischen den Bundesländern sollte dadurch gewährleistet bzw. hergestellt werden, dass dieselben Familiensprachen bzw. Sprachgruppen erhoben und in den Datensätzen ausgewiesen werden. Hierzu wären verbindliche Vereinbarungen zwischen den Ländern bzw. Kultusministerien erforderlich.

- Ein möglicher Spätaussiedlerstatus von Schülern wird individualdatenstatistisch bislang nicht erfasst, entsprechend wäre ein weiteres schulstatistisches Merkmal zu erheben.

- Das genaue Zuzugsalter sollte in Altersjahren abgefragt werden. Von nachrangiger Bedeutung wäre es, zu überprüfen, ob und inwiefern der Zuzugsmonat valide erfragt werden kann. Hierdurch wäre es möglich, das Zuzugsalter der Schüler präziser zu berechnen, da der Geburtsmonat von Schülern bereits individualdatenstatistisch ausgewiesen wird. Bislang kann nur relativ grob anhand des Zuzugsjahres und des Geburtsjahres auf das Zuzugsalter geschlossen werden.

- Aus inhaltlichen bzw. analytischen Gründen empfiehlt es sich, ergänzende Elterninformationen zu erheben. Hier wäre etwa die Aufenthaltsdauer der Eltern in Deutschland zu nennen, die sowohl theoretisch als auch empirisch als bedeutsam anzusehen ist (vgl. z. B. Esser 2006). Von besonderer Relevanz ist das Geburtsland der Eltern. Zum einen da wichtig ist, zu unterscheiden, ob ein oder zwei Elternteile im Ausland geboren wurden (vgl. hierzu Kapitel 1.2.5, oder z. B. Stanat/Rauch/Segeritz 2010). Zum anderen um Schüler mit Migrationshintergrund insbesondere in der 2. Generation besser zu erfassen. Falls dies (rechtlich) nicht möglich sein sollte, wäre zumindest die 2. Staatsangehörigkeit der Schüler zu erheben sowie ggf. auch weitere – ehemalige – Staatsangehörigkeiten.

- Zu ergänzen wären weitergehende und vollständige Informationen etwa über die soziale Herkunft, die schulischen Leistungen und / oder Schulnoten der Schüler. Die Frage, ob diese in Zukunft umfassend erhoben werden können bzw. dürfen, muss an dieser Stelle unbeantwortet bleiben. Fest steht jedoch, dass anhand der bisher erfassten Merkmale nur bedingt eine Ursachenanalyse durchgeführt werden kann, etwa um die festgestellten Bildungsdisparitäten ursächlich zu erklären.

- Insgesamt ist eine Vereinheitlichung der Individualdatensätze zu empfehlen, um eine Vergleichbarkeit zwischen den Bundesländern hinsichtlich der Merkmale, Merkmalsausprägungen sowie den zugrundegelegten Operationalisierungen zu gewährleisten. Erst hierdurch werden Bildungsergebnisse zwischen den Ländern unmittelbar vergleichbar. Eine individualdatenstatistische Vereinheitlichung wäre insbesondere erforderlich, weil auf Bundesebene in mittlerer bis ferner Zukunft eine auf Individualdaten basierende Schulstatistik angestrebt werden sollte, wie sie auch für andere Bildungsbereiche vorliegt.

- Vor dem Hintergrund, dass selbst in den geschützten Räumen eines Forschungsdatenzentrums nicht auf vorhandene Individualdatensätze des Landes Bayern zugegriffen werden durfte (wohl aber auf Individualdatensätze anderer Länder wie z. B. Hessen und Rheinland-Pfalz), wären bundeseinheitliche Regelungen für den Forschungszugang zu den Individualdaten der Schulstatistik in Anlehnung an § 16, Absatz 6 des Bundesstatistikgesetzes (BStatG) wünschenswert.

4.8 Zwischenfazit

Am Beispiel von Daten des Statistischen Landesamtes Rheinland-Pfalz konnte gezeigt werden, dass auf Individualdaten basierende Schulstatistiken das analytische Spektrum erheblich erweitern. Differenziertere Analysen können dadurch auch und insbesondere für Schüler mit Migrationshintergrund durchgeführt werden; ein erweiterter Migrationshintergrund konnte über zusätzliche Merkmale operationalisiert werden. Hierdurch wurden genauere Analysen zur Bildungssituation von Schülern mit Migrationshintergrund ermöglicht. Die Verknüpfung von verschiedenen Merkmalen erlaubt es, Bildungsdisparitäten von Schülern mit Migrationshintergrund differenzierter zu untersuchen – hier können beispielsweise die Differenzierung von Schülern mit Migrationshintergrund nach Herkunftsgruppen, Zuzugsalter und/oder nach Geschlecht angeführt werden. Die verschiedenen, auf Individualebene erhobenen Merkmale ermöglichen es, Bildungsdisparitäten an verschiedenen Stellen im Bildungssystem zu untersuchen – z. B. bezogen auf die Bildungsbeteiligung, Klassenwiederholungen, Übergänge von der Primar- in die Sekundarstufe, Schulformwechsel innerhalb der Sekundarstufe oder hinsichtlich des Schulerfolgs. Anhand von zusätzlichen Migrationsmerkmalen, die über die Staatsangehörigkeit hinausgehen, können Schüler mit Migrationshintergrund differenzierter erfasst werden, was vertiefende Analysen zu ihrer Bildungssituation erlaubt.

Neben neuen schulstatistischen Analysepotentialen konnten allerdings auch weiterhin bestehende Einschränkungen festgestellt werden. Diese beziehen sich im Wesentlichen darauf, dass keine Informationen über die Eltern der Schüler erhoben werden. Wünschenswert wären insbesondere Informationen zum familiären und sozioökonomischen Hintergrund, etwa um den Einfluss der Anzahl der Geschwister oder des sozioökonomischen Status auf Bildungsergebnisse von Schülern mit Migrationshintergrund berücksichtigen zu können. Zwingend erforderlich ist demgegenüber die Erfassung des Geburtslandes der Eltern, hierzu liegen bislang keine Informationen vor. Die Folge ist eine unzureichende Erfassung von Schülern mit Migrationshintergrund der 2. Generation. Daher werden Schüler mit Migrationshintergrund insgesamt quantitativ unterschätzt, hiermit einher gehen höchstwahrscheinlich verzerrte Bildungsergebnisse für Schüler mit Migrationshintergrund insgesamt – und hierunter insbesondere für diejenigen der 2. Generation. Auch kann nicht kontrolliert werden, ob ein oder zwei Elternteile im Ausland geboren wurden, was sich zusätzlich auf die Bildungsergebnisse auswirkt (vgl. z. B. Baumert/Schümer 2001; Walter/Taskinen 2007; Walter 2008a: 165). Zudem ist es anhand der vorliegenden Merkmale nur eingeschränkt möglich, Schüler mit Migrationshintergrund nach ihrer Herkunft auszudifferenzieren (das Merkmal der überwiegenden Familiensprache ist hierfür nicht bzw. allenfalls nur sehr eingeschränkt zu verwenden). Relativ unproblematisch kann eine solche Differenzierung nur über die Merkmale Staatsangehörigkeit und Geburtsland (und hiermit einhergehend das Zuzugsalter) erfolgen. Die Operationalisierung der Herkunft anhand nur dieser beiden Merkmale geht allerdings mit einer zusätzlichen quantitativen Unterschätzung von Schülern mit Migrationshintergrund nach Herkunftsgruppen (der 2. Generation) einher, weil viele Schüler nur noch über die überwiegend zu Hause gesprochene Sprache als Schüler mit Migrationshintergrund erkannt werden können. Diese Problematik wird sich in den nachfolgenden Schuljahren noch verschärfen, denn an weiterführenden Schulen wird der Anteil von Schülern weiter ansteigen, auf die sich das geänderte Staatsangehörigkeitsrecht auswirkt (vgl. insbesondere Kapitel 3.4), da Schüler mit Migrationshintergrund, die ab dem Jahr 2000 in Deutschland geboren wurden, häufiger über einen (deutsch-nichtdeutschen) Doppelpass verfügen. Entsprechend werden diese Schüler weder über das Merkmal der Staatsangehörigkeit noch über das Geburtsland als Schüler mit Migrationshintergrund erfasst werden können. Hierdurch werden Analysen zur Bildungssituation von Schülern mit Migrationshintergrund zusätzlich erschwert, da sich die Fallzahlen für die verschiedene Herkunftsgruppen weiter verringern. Analysen, die nach der Herkunft von Schülern mit Migrationshintergrund differenzieren, sind auch darauf angewiesen, dass Spätaussiedler zuverlässig von Schülern mit Migrationshintergrund anderer Zuwanderergruppen unterschieden werden können (wie z. B. von in Russland geborenen Schülern mit deutscher Staatsangehörigkeit, die keine Spätaussiedler sind). Bislang fehlen entsprechende Informationen; um diesen Mangel zu beheben, wäre die individualdatenstatistische Erhebung eines zusätzlichen Merkmals erforderlich.

Trotz gewisser Einschränkungen und der zuvor geäußerten Kritik haben sich die Potentiale von Individualdatenstatistiken im Vergleich zu herkömmlichen und auf Summendaten basierenden Schulstatistiken gezeigt. Über zusätzliche und beliebig miteinander kombinierbare Merkmale konnten Ergebnisse zur Bildungssituation von Schülern mit Migrationshintergrund gewonnen werden, die z. T. erheblich von bisherigen – auf dem Merkmal der Staatsangehörigkeit basierenden – schulstatistischen Ergebnissen abweichen. Nachfolgend werden die wichtigsten individualdatenstatistischen Einzelergebnisse wiedergegeben.

Schüler mit Migrationshintergrund weisen im Vergleich zu Schülern ohne Migrationshintergrund eine niedrigere Bildungsbeteiligung auf. Sie besuchen häufiger Förderschulen und sind an Gymnasien erheblich unterrepräsentiert. Im Vergleich zu ausländischen Schülern besuchen Schüler mit Migrationshintergrund etwas seltener Förderschulen und etwas häufiger Gymnasien. Differenziertere Analysen von Untergruppen zeigten, dass diejenigen Schüler mit Migrationshintergrund, die eine deutsche Staatsangehörigkeit haben, eine etwas höhere Bildungsbeteiligung aufweisen als Schüler mit ausländischer Staatsangehörigkeit. Hiermit geht einher, dass die ausschließliche Verwendung des Staatsangehörigkeitsmerkmals den Gymnasialbesuch von Schülern mit Migrationshintergrund (leicht) unterschätzt, der Förderschulbesuch wird hingegen erheblich überschätzt.

Werden die drei Migrationsmerkmale einzeln und binär codiert (deutsch vs. nichtdeutsch) betrachtet, dann zeigt sich, dass mit dem Merkmal einer nichtdeutschen Staatsangehörigkeit die größte Überrepräsentation an Förderschulen einhergeht. Am seltensten besuchen hingegen diejenigen Schüler ein Gymnasium, die in ihren Familien überwiegend eine nichtdeutsche Sprache verwenden. D. h. die überwiegende Familiensprache ist unter den drei Migrationsmerkmalen das Einzelmerkmal, mit dem die geringsten Gymnasialbesuchsanteile unter Schülern mit Migrationshintergrund einhergehen.

Weiter konnte ein sehr starker negativer Zusammenhang zwischen der Höhe des Zuzugsalters und dem Anteil des Gymnasialbesuchs (sowie der überwiegenden

Verwendung von Deutsch als Familiensprache) festgestellt werden. Bereits das Ergebnis, wonach erhebliche Bildungsdisparitäten etwa nach der jeweiligen Staatsangehörigkeit oder dem jeweiligen Geburtsland der Schüler bestehen, verweist darauf, dass die genaue Herkunft von Schülern mit Migrationshintergrund zu berücksichtigen ist. Dies gilt vor allem, um erhebliche Bildungsdisparitäten innerhalb der heterogenen Gruppe von Schülern mit Migrationshintergrund insgesamt zu berücksichtigen. Hierdurch wird u. a. eine überdurchschnittliche Bildungsbeteiligung von bestimmten Migrantengruppen erkennbar. So weisen z. B. Schüler mit iranischem und ukrainischem Migrationshintergrund einen ähnlich hohen Gymnasialbesuch auf wie Schüler ohne Migrationshintergrund, während sich für vietnamesische Schüler der insgesamt höchste Gymnasialbesuchsanteil zeigte.

Auf der anderen Seite sind für bestimmte Herkunftsgruppen erhebliche Bildungsbenachteiligungen zu konstatieren. Ein im Vergleich zu Schülern ohne Migrationshintergrund erheblich überrepräsentierter Förderschulbesuch bleibt etwa für albanische, mazedonische und serbische Schüler festzuhalten. Gymnasien werden von Schülern mit türkischem, albanischem, serbischem, mazedonischem und libanesischem Migrationshintergrund zu weniger als 10 % besucht – sie sind an dieser Schulform somit deutlich unterrepräsentiert.

Eine Differenzierung nach Generationenstatus zeigt, dass Schüler mit Migrationshintergrund insgesamt in der 1. Generation häufiger als in der 2. Generation Gymnasien besuchen. Dieses unerwartete Ergebnis basiert jedoch weitgehend auf herkunftsspezifischen Kompositionseffekten: Wird bei einer Differenzierung nach Generationenstatus auch die Herkunft von Schülern mit Migrationshintergrund berücksichtigt, dann besucht die weit überwiegende Mehrheit der Herkunftsgruppen in der 2. Generation häufiger als in der 1. Generation Gymnasien. Zudem sind – wie beschrieben – Verzerrungen durch eine unzureichende Erfassung von Migrationsmerkmalen für Schüler der 2. Generation möglich (d. h. die 2. Generation schneidet in Wirklichkeit womöglich besser ab, als anhand der Individualdatenstatistiken dargestellt werden konnte).

Wird neben der Herkunft und dem Generationenstatus zusätzlich noch das Zuzugsalter von Schülern berücksichtigt, dann zeigen sich hinsichtlich des Gymnasialbesuchs die deutlichsten Nachteile für die im Alter von mindestens 6 Jahren Zugezogenen (den sogenannten Seiteneinsteigern). Differenziert nach Herkunftsgruppen ist auch ein erheblich höherer Gymnasialbesuch für die 2. Generation sowie für die im Vorschulalter Zugezogenen im Vergleich zu den im Alter von 6 Jahren oder älter zugezogenen Schülern erkennbar. Diese Ergebnisse veranschaulichen erneut die Relevanz des Zuzugsalters. Somit besteht für die erste Zuwanderergeneration ein deutlicher negativer Zusammenhang zwischen zunehmendem Zuzugsalter und Gymnasialbesuch. Noch deutlicher steigt – auch unter Berücksichtigung der jeweiligen Herkunft – im intergenerationalen Vergleich der Anteil von Schülern mit Migrationshintergrund an, die zu Hause überwiegend Deutsch sprechen. Innerhalb der 1. Generation zeigt sich erneut ein deutlicher Zusammenhang mit dem Zuzugsalter. Die im Alter von 6 Jahren und älter zugezogenen Seiteneinsteiger in das deutsche Schulsystem sprechen zu Hause am seltensten überwiegend Deutsch (zur Konfundierung des

Zuzugsalters mit der Aufenthaltsdauer und den Möglichkeiten des Erwerbs der deutschen Sprache siehe Kapitel 1.2).

Wenn das Geschlecht bei Analysen zur Bildungsbeteiligung berücksichtigt wird, dann zeigt sich, dass Mädchen seltener als Jungen Förderschulen besuchen. Der geschlechtsspezifische Unterschied im Besuch dieser Schulform fällt für Schülerinnen und Schüler mit Migrationshintergrund weniger disparat aus als zwischen Mädchen und Jungen ohne Migrationshintergrund. Anders verhält es sich bezogen auf den Besuch von Gymnasien: diese werden von Mädchen im Vergleich zu Jungen mit Migrationshintergrund noch disparater bzw. häufiger besucht als im Vergleich zwischen Mädchen und Jungen ohne Migrationshintergrund. Auch differenziert nach Herkunft trifft für die meisten Migrantengruppen zu, dass Mädchen (z.T. deutlich) häufiger das Gymnasium besuchen als Jungen – dieses Ergebnis entspricht dem bisherigen Forschungsstand. Dieser wird jedoch um den Befund erweitert, dass für einzelne Migrantengruppen eine Unterrepräsentation von Mädchen an Gymnasien zu konstatieren ist, was sich am deutlichsten für libanesische Migranten zeigte.

Ein erster Überblick konnte zu Klassenwiederholungen von Schülern mit Migrationshintergrund gegeben werden. Diese wiederholen häufiger die Klasse im Vergleich zu Schülern ohne Migrationshintergrund. Dies trifft sowohl für alle Schüler an weiterführenden Schulen in der Sekundarstufe I zu, als auch für alle einzelnen Schulformen, an denen Klassenwiederholungen vorgesehen sind.

Einen weiteren Schwerpunkt bildete die Analyse des Schulerfolgs. Gezeigt werden konnte, dass Abgänger mit Migrationshintergrund erheblich häufiger die Schule ohne Hauptschulabschluss verlassen. Ferner erlangen sie deutlich seltener die Hochschulreife als Schüler ohne Migrationshintergrund. Unter den einzelnen Migrationsmerkmalen ist es das Merkmal der (nichtdeutschen) Staatsangehörigkeit, mit dem die niedrigsten Anteile von Abgängern mit Hochschulreife sowie die höchsten Anteile von Abgängern ohne Hauptschulabschluss einhergehen. Wird der Migrationshintergrund nach Herkunft der Schüler ausdifferenziert, dann zeigen sich erneut erhebliche Unterschiede. Einzelne Migrantengruppen weisen z.T. einen deutlich höheren Schulerfolg auf als Schüler ohne Migrationshintergrund. Hier sind beispielsweise französische und ukrainische Migranten zu nennen, die häufiger die Schule mit Hochschulreife verlassen als Schüler ohne Migrationshintergrund. Demgegenüber geht mehr als jeder fünfte Abgänger mit libanesischem, mazedonischem und albanischem Migrationshintergrund von der Schule ohne Hauptschulabschluss ab – unter serbischen Schülern ist es sogar beinahe jeder Dritte. Die niedrigsten Anteile von Abgängern mit Hochschulreife (von jeweils unter zehn Prozent) sind für Schüler mit türkischem, irakischem, serbischem und libanesischem Migrationshintergrund festzustellen. Wird neben der Herkunft auch der Generationenstatus berücksichtigt, dann zeigt sich überwiegend ein Anstieg des Schulerfolgs in der 2. im Vergleich zur 1. Generation.

Überprüft wurde weiterhin, inwiefern die Bildungsbeteiligung den Schulerfolg von Schülern mit Migrationshintergrund nach Herkunftsgruppen indiziert. Wird die Bildungsbeteiligung in Bezug zum Schulerfolg gesetzt, dann ergibt sich ein starker korrelativer Zusammenhang: Herkunftsgruppen mit hoher Bildungsbeteiligung weisen auch einen hohen Schulerfolg auf. D.h. für diejenigen Migrantengruppen mit hohen Gymnasialbesuchsanteilen zeigen sich auch die höchsten Abgängeranteile mit

Hochschulreife. Starke bis sehr starke Korrelationen bestehen ebenfalls zwischen den erreichten Schulabschlüssen und der Bildungsbeteiligung (nach Staatsangehörigkeit sowie nach Migrationshintergrund mit erweiterten Migrationsmerkmalen). Hieraus folgt, dass für Schüler mit Migrationshintergrund die Bildungsbeteiligung als (weiterhin) geeigneter Indikator des zukünftigen Bildungserfolgs angesehen werden kann.

Allerdings waren vereinzelt nicht unerhebliche Abweichungen festzustellen. Insbesondere für vietnamesische Schüler war nur ein relativ geringer Schulerfolg – im Vergleich zur hohen Bildungsbeteiligung – feststellbar. Anhand der verfügbaren schulstatistischen Daten konnten die genauen Ursachen hierfür nur begrenzt analysiert werden. Entsprechend besteht weiterer Forschungsbedarf, da die Ursachen der erheblichen Abweichungen zwischen Bildungsbeteiligung und Schulerfolg für die Bildungsforschung von einem besonderen analytischen Interesse sind. Anhand von Längsschnittanalysen könnte der Bildungsverlauf von Schülern bestimmter Herkunftsgruppen genauer nachgezeichnet werden. Hierdurch ließen sich neue und weiter ausdifferenzierte Erkenntnisse gewinnen. Auch wäre nachzuvollziehen, warum der realisierte Schulerfolg von vietnamesischen Schülern erheblich niedriger ausfällt als es der sehr hohe Gymnasialbesuch in der Sekundarstufe I erwarten ließe.

Differenziert nach Schulform werden von Schülern mit – im Vergleich zu Schülern ohne – Migrationshintergrund insgesamt unterdurchschnittliche Schulerfolge erzielt, was sich z. B. in niedrigeren realisierten Schulabschlüssen zeigt. Relativ geringe Fallzahlen begrenzen weiter ausdifferenzierte Analysen zu Abgängern nach Schulform und Herkunft. Unter Berücksichtigung dieser Einschränkungen hat sich für die meisten Herkunftsgruppen ein unterdurchschnittlicher Schulerfolg, wenn die Schulform berücksichtigt wird.

Insgesamt konnten für Schüler mit Migrationshintergrund (sowie für eine große Zahl an Herkunftsgruppen) deutliche Bildungsdisparitäten im Vergleich zu Schülern ohne Migrationshintergrund festgestellt werden. Es erscheint dringend erforderlich, die festgestellten eklatanten Unterschiede zu minimieren. Allerdings ist es nur sehr eingeschränkt möglich, anhand der vorliegenden Individualdaten die genauen Ursachen für die gefundenen Disparitäten zu analysieren. Entsprechend ist fraglich, ob die Merkmale Staatsangehörigkeit, Familiensprache, Geburtsland oder das Zuzugsalter als Ursache für eine negative Bildungsbeteiligung angesehen werden können – oder die tatsächlichen Ursachen zumindest angemessen indizieren. Ebenso ist es möglich, dass diese Merkmale in der schulischen Praxis stigmatisierend wirken, was zu entsprechenden Benachteiligungen oder Diskriminierungen führen könnte. Hiermit einher gingen entsprechende Konsequenzen bzw. Ergebnisse für Schüler, die diese Merkmale aufweisen (etwa an Übergängen wie dem Wechsel von der Grundschule in eine weiterführende Schule, bei Prüfungen oder der Vergabe von Noten, bei Schulformwechseln usw.). Somit könnten Schüler nach spezifischer Herkunft allein deshalb schlechter abschneiden, wenn sie aufgrund ihrer Herkunft (institutionell) benachteiligt oder diskriminiert würden. Auch dieser Aspekt verweist darauf, dass weitestgehend unklar bleibt, ob und zu welchen Anteilen bestimmte theoretische Ansätze die ausgewiesenen Bildungsdisparitäten ursächlich erklären (können). Zumindest könnten die Ergebnisse, die einen Einfluss der überwiegenden Familiensprache auf Bildungsergebnisse indizieren, auf die Relevanz des kulturellen Kapitals hinweisen. Möglich wäre allerdings auch, dass sich u. a. in der überwiegenden Familiensprache der Einfluss des sozioökonomischen Status von Migranten widerspiegelt. Wenn leistungsfremde Unterschiede oder Nachteile von Schülern mit Migrationshintergrund (unabhängig davon, ob z. B. sprachlicher oder sozioökonomischer Art) durch das Schulsystem nicht kompensiert werden, sondern z. B. zu einem erhöhten Förderschulbesuch führen, können diese Disparitäten als ein deutlicher Hinweis auf institutionelle Benachteiligung gedeutet werden.

Wie hier gezeigt wurde, können anhand von weitergehenden schulstatistischen Merkmalen immerhin Teile der Migrationssituation bzw. -biographie von Schülern abgebildet werden. Während sich u. a. der genaue Rechtsstatus, die Zuwanderungshistorie und -gründe, die Bleibeperspektive, oder die sozioökonomischen Bedingungen bestenfalls grob oder indirekt ableiten bzw. einschätzen lassen, enthält der verwendete Datensatz präzise Informationen zum Geburtsland, zum Generationenstatus und über das Zuzugsalter (sowie zum Geschlecht und zur Herkunft, die über die vorhandenen Migrationsmerkmale abgeleitet werden kann). Unter Berücksichtigung dieser Merkmale konnten z. T. erhebliche Unterschiede in der Bildungsbeteiligung von Schülern mit Migrationshintergrund bzw. von Schülern verschiedener Herkunftsgruppen aufgezeigt werden. So waren etwa deutliche Bildungsdisparitäten nach Herkunft und Generationenstatus erkennbar; für im Ausland geborene Schüler der 1. Generation zeigte sich z. B. ein deutlicher Zusammenhang zwischen Zuzugsalter und Gymnasialbesuch.

Trotz verschiedener kritischer Anmerkungen bleibt abschließend festzuhalten, dass Individualdatenstatistiken nicht per se Mängel aufweisen müssen, allerdings werden bisher einzelne (Migrations-)Merkmale unzureichend (oder überhaupt nicht) erhoben. Dennoch haben sich insgesamt deutlich die Potentiale von Individualdatenstatistiken im Vergleich zu bisherigen – auf Summendaten basierenden – Schulstatistiken gezeigt, um Bildungsdisparitäten von Schülern mit Migrationshintergrund zu analysieren.

5. Fazit und Ausblick

Nachfolgend werden die wichtigsten Forschungserträge dieser Arbeit resümiert. Neben der Darstellung von theoretischen Erklärungsansätzen und des Forschungsstands zu Bildungsdisparitäten von Schülern mit Migrationshintergrund werden die wichtigsten Ergebnisse anhand der folgenden vier Ertragsdimensionen gegliedert und zusammengefasst: 1.) Die anhand von herkömmlichen schulstatistischen Summendaten erzielten Erträge für die Bildungsforschung bezogen auf die Bildungssituation von Schülern mit Migrationshintergrund; 2.) durch das geänderte Staatsangehörigkeitsrecht wurde es noch schwieriger, Schüler mit Migrationshintergrund angemessen zu operationalisieren und hinlänglich zu erfassen, in diesem Zusammenhang werden die Erträge bezogen auf die methodischen Herausforderungen für die Bildungsforschung im Allgemeinen und die Schulstatistik im Besonderen dargelegt; 3.) eine kritische Einschätzung der Erträge und Potentiale der Schülerindividualstatistik für Analysen zur Bildungsbeteiligung und zur Bildungsbenachteiligung von Schülern mit Migrationshintergrund sowie 4.) die Erträge für eine weitere Verbesserung der amtlichen Schulstatistik und ihrer Potentiale bezogen auf die statistische Erfassung von Schülern mit Migrationshintergrund und der Analyse ihrer Bildungssituation.

Aus einer bildungssoziologischen Perspektive wurden zunächst verschiedene theoretische Ansätze angeführt, die Bildungsdisparitäten von Schülern mit Migrationshintergrund bzw. von Schülern mit bestimmten Migrationsmerkmalen zu erklären versuchen. Ein wichtiger Ansatz fokussiert auf die jeweilige Ressourcenausstattung. Hiernach gehen für Schüler mit dem Umfang des in ihren Familien zur Verfügung stehenden sozialen, kulturellen oder ökonomischen Kapitals entsprechende schulische Vor- oder Nachteile einher. Es existieren weitere Erklärungsansätze, die andere Schwerpunkte setzen. Hier sind insbesondere die jeweilige Migrationssituation bzw. -biografie genannt, oder Ansätze, die Bildungsdisparitäten auf institutionelle Bedingungen oder institutionelle Diskriminierung zurückführen; aber auch (sozial-)räumliche Gegebenheiten sowie Kontextbedingungen und -effekte werden aus theoretischer Perspektive zur Erklärung von Unterschieden in der jeweiligen Bildungssituation insbesondere von Schülern mit Migrationshintergrund angeführt. Zwar konnte die Relevanz der verschiedenen Erklärungsansätze anhand von Forschungsergebnissen anderer Autoren und Studien näherungsweise eingeschätzt werden. Jedoch können anhand von Daten der amtlichen Schulstatistik und der in den Statistiken verfügbaren Merkmale die theoretischen Erklärungsansätze für Bildungsdisparitäten von Schülern mit Migrationshintergrund empirisch nur eingeschränkt überprüft werden. Z.B. liegen keine Informationen vor zu temporären Auslandsaufenthalten, zu Effekten von Schulferien, zur Bleibeperspektive, zum Einfluss der Bildungssysteme der Herkunftsländer oder etwa zur Bildungsaspiration und -motivation. Diese können sich jedoch auf die Bildungsergebnisse von Schülern mit Migrationshintergrund maßgeblich auswirken. Ausgehend von den in Individualdatenstatistiken enthaltenen (Migrations-)Merkmalen können ansatzweise Erklärungsansätze zum kulturellen Kapital, zur Migrationssituation bzw. -biografie von Schülern, zu regionalen Disparitäten sowie zu den institutionellen Bedingungen empirisch überprüft werden. Denn es liegen Informationen z. B. zur überwiegenden Familiensprache, zum Zuzugsalter, zum Schulbesuchsort sowie zur besuchten Schulform vor – mit Blick auf institutionelle Bedingungen bzw. Benachteiligungen ist insbesondere der Umfang des Förderschulbesuchs von Relevanz. In den vorhandenen Merkmalen spiegeln sich auch andere Einflüsse wider, hier ist z. B. das in Schulstatistiken nicht erhobene sozioökonomische Kapital hervorzuheben. Hierbei handelt es sich um ein generelles Problem, denn die verschiedenen Erklärungsansätze wirken zusammen und führen zu disparaten Bildungsergebnissen von Schülern mit Migrationshintergrund – sowie weiter differenziert für Schüler verschiedener Herkunftsgruppen. Insbesondere im Rahmen von Schulstatistiken ist es kaum möglich, alle Merkmale zu erheben, um die verschiedenen potentiellen Einflüsse zu überprüfen, die zu Bildungsdisparitäten von Schülern mit Migrationshintergrund führen können – dies insbesondere, da Schulstatistiken Informationen zur Grundgesamtheit der Schüler liefern. Für Daten der amtlichen Schulstatistik ist somit insgesamt zu konstatieren, dass diese eine Vollerhebung darstellen, die differenzierte Analysen zur Bildungssituation von Schülern mit Migrationshintergrund im deutschen Schulsystem ermöglichen. Die Ursachen für die festgestellten Disparitäten können anhand dieser Datenbasis jedoch nur bedingt analysiert werden. Im Rahmen dieser Arbeit wurden erstmals die Potentiale von Schulstatistiken geprüft, Bildungsdisparitäten von Schülern mit Migrationshintergrund zu analysieren. Hierfür wurden sowohl herkömmliche als auch neuere und auf Individualdaten basierende Schulstatistiken ausgewertet.

Nachfolgend werden die spezifischen Erträge dieser Arbeit resümiert, die für die Bildungs- und Migrationsforschung erzielt wurden. Zunächst werden die Potentiale der auf herkömmlichen Summendaten des Statistischen Bundesamtes basierenden Statistiken hinsichtlich der Beschreibung der Bildungssituation von Schülern mit Migrationshintergrund dargestellt. Es lässt sich festhalten, dass die Bildungssituation von Schülern mit Migrationshintergrund nur anhand des Merkmals der (nichtdeutschen) Staatsangehörigkeit untersucht werden kann. Weitergehende Differenzierungen sind prinzipiell nach genauer Staatsangehörigkeit, nach Bundesland und besuchter Schulform möglich. Ein genereller Vorteil der Verwendung von Daten der amtlichen Schulstatistik ist, dass diese Informationen zur Grundgesamtheit der Schüler an deutschen Schulen bereitstellen, anhand derer eine differenzierte Darstellung von möglichen bestehenden Bildungsdisparitäten von Schülern nach Staatsangehörigkeit ermöglicht wird. Gezeigt werden konnte, dass deutliche Unterschiede in der Bildungsbeteiligung in Abhängigkeit von der jeweiligen Staatsangehörigkeit von Schülern bestehen. So sind Schüler der meisten nichtdeutschen Staatsangehörigkeiten im Vergleich zu deutschen Schülern sowohl an Förder- als auch an Hauptschulen überrepräsentiert, während sie zugleich seltener Gymnasien besuchen. Die deutlichsten Benachteiligungen sind für Schüler mit einer libanesischen, albanischen und serbischen Staatsangehörigkeit zu konstatieren. Diese sind im Vergleich zu deutschen Schülern an Förderschulen und an Hauptschulen erheblich überrepräsentiert und zugleich an Gymnasien deutlich unterrepräsentiert. Ganz anders stellt sich etwa der Schulformbesuch für ukrainische und vietnamesische Schüler dar. Schüler dieser Staatsangehörigkeiten weisen eine hohe Bildungsbeteiligung auf, da sie Gymnasien sogar häufiger als deutsche Schüler besuchen, während sie an Förderschulen und zum Teil auch an Hauptschulen unterrepräsentiert sind. Weiter konnten regionale Unterschiede auf Landesebene aufgezeigt werden. Exemplarisch sollen die teils erheblich variierenden Anteile des Förderschulbesuchs nach Bundesland genannt werden, die auch unter Berücksichtigung der Staatsangehörigkeit von Schülern fortbestehen. Die regionalen Analysen haben teils bedenkliche Ergebnisse aufgezeigt, etwa wenn in einem Bundesland mehr als 40 % der Schüler einer bestimmten Staatsangehörigkeit eine Förderschule besuchen. Die erzielten Ergebnisse belegen eine unterschiedlich starke separative Beschulung von Schülern verschiedener Staatsangehörigkeiten in den Ländern. Insbesondere die – auch im Ländervergleich – deutlich erhöhten RRIs für Niedersachsen können als ein Hinweis auf institutionelle Benachteiligung gewertet werden (vgl. hierzu Kapitel 1.3).

Insgesamt bleibt somit festzuhalten, dass sowohl auf Bundes- als auch auf Landesebene große Unterschiede in der Bildungsbeteiligung für Schüler verschiedener Staatsangehörigkeiten bestehen. Die Besuchsquoten von Gymnasien und von Förderschulen unterscheiden sich z. T. erheblich im Vergleich zu denen von deutschen Schülern. Zudem zeigte sich zwischen den Ländern eine unterschiedliche Bildungsbeteiligung für Schüler derselben Staatsangehörigkeit.

Anhand der berechneten Relativen-Risiko-Indizes wurde festgestellt, dass für Schüler verschiedener nichtdeutscher Staatsangehörigkeiten im Vergleich zu deutschen Schülern z. T. erhebliche landesspezifische Unterschiede hinsichtlich der Chancen bzw. Risiken bestehen, eine bestimmte Schulform zu besuchen. Allerdings lassen sich anhand der verfügbaren Daten die genauen Mechanismen oder Ursachen für diese Ergebnisse nicht näher bestimmen.

In dieser Differenziertheit wurden die Unterschiede des Schulbesuchs von Schülern nach spezifischer Staatsangehörigkeit im Ländervergleich bisher nicht analysiert und herausgearbeitet. Hinsichtlich der festgestellten Unterschiede im Besuch verschiedener Schulformen scheint kein theoretischer Erklärungsansatz allein auszureichen, um die z. T. erheblichen Disparitäten hinlänglich erklären zu können. Dies soll am Beispiel der ressourcentheoretischen Erklärungen veranschaulicht werden. Wird ergänzend zur Schulstatistik der Mikrozensus herangezogen, dann zeigt sich, dass für die Bevölkerung im Schulalter mit italienischer und vietnamesischer Staatsangehörigkeit nur geringe Unterschiede im sozio-ökonomischen Status festzustellen sind, demgegenüber ergeben sich für Schüler dieser Staatsangehörigkeiten erhebliche Unterschiede im Schulformbesuch. Ausgehend von der aktuellen Datenbasis ist es – wie beschrieben – nicht möglich, potentielle Ursachen der erzielten Ergebnisse vertiefend zu analysieren. Daher bleibt z. B. auch offen, inwiefern räumlich und sozial selektive Zuwanderungsprozesse nach Staatsangehörigkeit der Bevölkerung einen Ansatzpunkt für die Erklärung der konstatierten Bildungsdisparitäten bieten könnten – bei Vorliegen einer entsprechenden Datenbasis können entsprechende Untersuchungen eine Aufgabe für zukünftige Forschung sein.

Als Potential der herkömmlichen Schulstatistik bleibt somit insgesamt zu festzuhalten, dass diese erlaubt, den Schulformbesuch von Schülern differenziert nach (nichtdeutscher) Staatsangehörigkeit abzubilden. Da die Grundgesamtheit der Schüler schulstatistisch erfasst wird, kann die Bildungsbeteiligung sowohl auf Bundes-, als auch auf Landesebene ausgewertet werden. Zudem können Unter- oder Überrepräsentation des Besuchs bestimmter Schulformen analysiert werden – etwa von Schülern differenziert nach der jeweiligen nichtdeutschen Staatsangehörigkeit im Vergleich zu deutschen Schülern. Die Überprüfung von Datensätzen der herkömmlichen Schulstatistik ergab leichte Einschränkungen hinsichtlich der staatsangehörigkeitsspezifischen Differenzierung von Schülern, etwa weil vereinzelt quantitativ nicht zu vernachlässigende Staatsangehörigkeitsgruppen nur aggregiert mit anderen ausgewiesen werden (z. B. werden chinesische Schüler zusammen mit anderer Staatsangehörigkeiten statistisch unter Schülern des ‚Übrigen Asien‘ subsumiert). Zudem erfasst ein Bundesland den Förderschulbesuch nicht für einzelne Staatsangehörigkeiten, die jedoch in der Bundesstatistik ausgewiesen werden. Schwerwiegender ist, dass bestehende Abgängerstatistiken nicht die jeweilige Staatsangehörigkeit von Schülern berücksichtigen. In den Bundesländern werden entsprechende Abgängerstatistiken nicht flächendeckend erhoben, daher ist eine Darstellung des Schulerfolgs nach genauer Staatsangehörigkeit der Schüler auf Bundesebene nicht möglich.

Im Jahr 2000 wurde das Staatsangehörigkeitsrecht geändert. Insbesondere vor diesem Hintergrund sollen die Erträge dieser Arbeit dargestellt werden bezogen auf die methodischen Herausforderungen für die Schulstatistik – sowie für die Bildungsforschung im Allgemeinen –, Schüler mit Migrationshintergrund angemessen zu operationalisieren und quantitativ hinlänglich zu erfassen. Dies ist nicht zuletzt deshalb von besonderer Bedeutung, da das Merkmal der ‚Staatsangehörigkeit‘ in der Schulstatistik seit vielen Jahren als alleiniges Merkmal verwendet wird, um Schüler mit Migrationshintergrund zu erfassen. Daher wurde in dieser Arbeit weiter untersucht, inwiefern die herkömmlichen und auf Summendaten basierenden Schulstatistiken durch das geänderte Staatsangehörigkeitsrecht zunehmend an Relevanz verlieren.

Schwerpunktmäßig wurden die Auswirkungen des im Jahr 2000 geänderten Staatsangehörigkeitsrechts auf die bisherige Schulstatistik und insbesondere auf das hierin enthaltene Merkmal der Staatsangehörigkeit analysiert. Seit dem Jahr 2000 wird häufiger temporär eine doppelte (d. h. deutsch-nichtdeutsche) Staatsangehörigkeit an in Deutschland geborene Kinder verliehen, deren nichtdeutsche Eltern eine längere Aufenthaltsdauer aufweisen. Durch die unzureichende Berücksichtigung der zweiten Staatsangehörigkeit oder weiterer Migrationsmerkmale von Schülern in der Schulstatistik ändert sich die Aussagefähigkeit des Merkmals der ‚nichtdeutschen Schüler insgesamt‘. Aus demografischen Gründen nimmt der Anteil von Schülern mit Migrationshintergrund an den Schülern insgesamt weiter zu. In der Schulstatistik zeigt sich allerdings ein abnehmender Anteil von Grundschülern mit ausländischer Staatsangehörigkeit. Neben der quantitativen Dimension konnte auch gezeigt werden, dass sich die Zusammensetzung der Schüler nach Staatsangehörigkeit innerhalb der ‚ausländischen Schüler insgesamt‘ deutlich verändert. Insbesondere der Anteil von Schülern mit türkischer Staatsangehörigkeit geht unter den nichtdeutschen Schülern insgesamt erheblich zurück. Hiermit einher geht ein anteilsmäßiger Zuwachs der diffusen und heterogenen Gruppe der Schüler ‚mit sonstiger Staatsangehörigkeit‘, unter denen Schüler verschiedener Staatsangehörigkeiten mit quantitativ geringer(er) Relevanz subsumiert werden. Wie in dieser Arbeit mehrfach gezeigt bestehen Bildungsdisparitäten nach spezifischer Staatsangehörigkeit bzw. Herkunft, weswegen eine diffusere und uneindeutigere Zusammensetzung des Merkmals ‚ausländischer Schüler insgesamt' die Interpretation des Indikators zunehmend erschwert. Dieser Befund ist auch deshalb von besonderer – auch praktischer – Bedeutung, da das nicht weiter ausdifferenzierte Merkmal der nichtdeutschen Schüler insgesamt z. B. weiterhin in der kommunalen Bildungsberichterstattung oder im Rahmen von Sozialraumanalysen Verwendung findet – insbesondere wenn kleinräumigere Gliederungen nur noch niedrige Fallzahlen an nichtdeutschen Schülern aufweisen.

Festzuhalten bleibt, dass das Merkmal ‚Staatsangehörigkeit', das in herkömmlichen Schulstatistiken als alleiniges Kriterium für einen Migrationshintergrund von Schülern verwendet wird, deutlich an Bedeutung verloren hat. Daher ist dieses Merkmal für bildungspolitische Steuerungsprozesse nur noch als eines unter mehreren von Interesse. Dieser Befund ist für die weiterführenden Schulen von perspektivischer Relevanz. Denn wenn die ab dem Jahr 2000 geborenen Schüler in die Sekundarstufe übergehen, wird auch an den weiterführenden Schulen der anhand von Schulstatistiken gemessene Anteil von Schülern mit Migrationshintergrund (zusätzlich) unterschätzt.

In den Jahrzehnten nach dem Zweiten Weltkrieg war eine nichtdeutsche Staatsangehörigkeit in der Schulstatistik sicherlich ein quantitativ aussagekräftiger Indikator, um Schüler mit Migrationshintergrund zu erfassen. Denn im Rahmen der in den 1960er Jahren beginnenden Arbeitsmigration verfügten die nach Deutschland Zugezogenen und ihre Kinder i. d. R. nur über einen ausländischen Pass. Zudem bestanden in Deutschland relativ hohe Einbürgerungshürden und das Vorhandensein von doppelten Staatsangehörigkeiten war aus quantitativer Sicht eher zu vernachlässigen. Mit zunehmender Aufenthaltsdauer und einer dauerhaften Bleibeperspektive von Zuwanderern kam es in Deutschland verstärkt zur Verleihung der deutschen Staatsangehörigkeit an Kinder von Zuwanderern. Hierdurch verlor das Merkmal der Staatsangehörigkeit fortlaufend an Relevanz, dies insbesondere mit Inkrafttreten des neuen Staatsangehörigkeitsrechts im Jahr 2000. Da seither in Deutschland geborene Kinder von Migranten häufig eine zusätzliche deutsche Staatsangehörigkeit besitzen, werden sie in der Schulstatistik als deutsche Schüler erfasst. Somit sind zusätzliche Merkmale heranzuziehen, um den Umfang von Schülern mit Migrationshintergrund und die von ihnen erzielten Bildungsergebnisse darstellen zu können. Nicht zuletzt aus diesem Grund werden von einzelnen Ländern anhand von schulstatistischen Individualdaten erweiterte Migrationsmerkmale erhoben. Für die vier Länder Bayern, Hamburg, Hessen und Rheinland-Pfalz konnte untersucht werden, inwiefern Ansätze, den Migrationshintergrund von Schülern anhand von ergänzenden Migrationsmerkmalen besser zu erfassen, erfolgreich waren. Die Individualdatenstatistiken der genannten Länder orientieren sich hierbei an dem Beschluss der KMK (2011b) zu Kerndatensätzen. Daher enthalten die Individualdatenstatistiken jeweils die potentiellen Migrationsmerkmale der überwiegenden Familiensprache sowie des Geburtslandes von Schülern, die zusätzlich zur Staatsangehörigkeit erhoben werden. Es wurde aufgezeigt, dass die überwiegende Familiensprache das bedeutsamste Merkmal darstellt, um Schüler mit Migrationshintergrund quantitativ zu erfassen. Das zweitwichtigste Merkmal ist die Staatsangehörigkeit. Erst mit Abstand folgt das Geburtsland, dem Merkmal kommt nur eine quantitativ untergeordnete Rolle zu. Allerdings konnten für das Merkmal der Familiensprache verschiedene Nachteile festgestellt werden, z. B. sind hierüber nur sehr bedingt Rückschlüsse auf die Herkunft von Schülern möglich.

Die Erhebung zusätzlicher Migrationsmerkmale stellt einen erheblichen schulstatistischen Fortschritt dar – insbesondere im Vergleich zu der ausschließlichen Erfassung des Merkmals der Staatsangehörigkeit. Zwar besteht auf Kreisebene ein starker Zusammenhang zwischen dem Anteil von nichtdeutschen Schülern und dem Anteil von Schülern mit Migrationshintergrund. Aber die drei Migrationsmerkmale reichen nicht aus, um den Anteil von Schülern mit Migrationshintergrund zutreffend abzubilden. Dies zeigte sich in einem im Zeitverlauf sinkenden Anteil von Schülern mit Migrationshintergrund insgesamt, was demografischen Annahmen widerspricht. Der schulstatistische Anteil von Grundschülern mit Migrationshintergrund wurde mit dem Anteil der Bevölkerung mit Migrationshintergrund im Grundschulalter anhand von Daten des Mikrozensus verglichen. Hierdurch konnte verdeutlicht werden, dass in der Schulstatistik der Anteil der Grundschüler mit Migrationshintergrund z.T. deutlich unterschätzt wird. Folglich werden Schüler mit Migrationshintergrund (der 2. Generation) somit selbst anhand der von der KMK vorgeschlagenen zusätzlichen Migrationsmerkmale erheblich unterschätzt. Der Umfang der Unterschätzung kann über die Erfassung von weiteren – auch ehemaligen – Staatsangehörigkeiten von Schülern etwas reduziert werden. Dies konnte exemplarisch für Hessen gezeigt werden, da das Land zusätzlich die zweite Staatsangehörigkeit von Schülern erhebt. Für eine hinreichende und möglichst unverzerrte Darstellung ist es jedoch zwingend erforderlich, zumindest das Geburtsland der Eltern zu erfassen. Dies würde zudem eine präzisere Zuordnung von Schülern mit Migrationshintergrund nach ihrer jeweiligen Herkunft ermöglichen.

Somit bleibt zum einen festzuhalten, dass das in der herkömmlichen Schulstatistik verwendete Merkmal der nichtdeutschen Staatsangehörigkeit durch das geänderte Staatsangehörigkeitsrecht an Relevanz verliert. Zum anderen gibt es Ansätze der Schulstatistik, den Migrationshintergrund von Schülern im Rahmen von Individualdatenstatistiken weiter zu erfassen. Da sich die erhobenen Merkmale ausschließlich auf Merkmale der Schüler beziehen, reichen diese jedoch bei weitem nicht aus, um den Migrationshintergrund von Schülern unverzerrt und quantitativ hinlänglich zu erheben. Hierfür wäre eine zusätzliche Erfassung weiterer Migrationsmerkmale erforderlich, dies betrifft insbesondere ergänzende Informationen zu den Eltern der Schüler.

Weiter sollen die Ergebnisse, Erträge und Potentiale der Schülerindividualstatistik hinsichtlich Analysen zur Bildungsbe(nach)teiligung von Schülern mit Migrationshintergrund zusammengefasst bzw. eingeschätzt werden. Exemplarisch wurde für das Land Rheinland-Pfalz überprüft, inwiefern eine differenziertere Untersuchung der Bildungssituation von Schülern mit Migrationshintergrund durch die Erfassung erweiterter Migrationsmerkmale ermöglicht wird und sich durch die Verwendung von Individualdatenstatistiken neue Analysepotentiale ergeben. Insbesondere hinsichtlich der Bildungsbeteiligung, aber auch des Schulerfolgs, haben sich insgesamt erhebliche Bildungsdisparitäten zwischen Schülern verschiedener Herkunftsgruppen gezeigt. Z.B. weisen Schüler mit vietnamesischem Migrationshintergrund bezogen auf den

Gymnasialbesuch die höchste Besuchsquote auf, relativ hohe Gymnasialbesuchsanteile sind auch für britische, niederländische, französische und ukrainische Migranten sowie für Schüler ohne Migrationshintergrund zu konstatieren. Demgegenüber sind nur geringe Gymnasialbesuchsanteile für Schüler mit türkischem, albanischem, serbischem, mazedonischem und libanesischem Migrationshintergrund festzustellen.

Für die verschiedenen Herkunftsgruppen zeigte sich, dass zwischen der Bildungsbeteiligung und dem Schulerfolg ein starker korrelativer Zusammenhang besteht. Z. B. geht nach Herkunftsgruppen ein hoher Gymnasialbesuchsanteil mit hohen Anteilen von Abgängern mit Hochschulreife einher. Die deutlichste Abweichung von diesem Zusammenhang ist für vietnamesische Schüler zu konstatieren, ihr Schulerfolg fällt relativ gering aus im Vergleich zu der von ihnen erzielten hohen Bildungsbeteiligung. Die Ursachen für diese Abweichung ließen sich anhand der vorliegenden Querschnittsdaten nur bedingt analysieren.

Wird die Bildungsbeteiligung von Schülern mit Migrationshintergrund differenziert nach Herkunftsgruppen und in Kombination mit dem Generationenstatus analysiert, dann zeigt sich für die Mehrheit der Herkunftsgruppen in der 2. Generation ein häufigerer Gymnasialbesuch. Jedoch besucht eine nicht zu vernachlässigende Zahl an Herkunftsgruppen in der 2. Generation seltener als in der 1. Generation das Gymnasium. Anhand der vorliegenden Daten muss jedoch offen bleiben, in welchem Umfang dieses Ergebnis auf einem unzureichend erfassten Migrationshintergrund von Schülern in der 2. Generation beruht. Zumindest erscheint es plausibel, dass durch die nicht hinlänglich bzw. nur selektiv erfasste 2. Generation die Bildungsbeteiligung von Schülern der 2. Generation unterschätzt wird. D. h. die Ergebnisse fielen positiver aus, wenn weitere Merkmale – wie etwa das Geburtsland der Eltern – erhoben würden. Werden entsprechende Merkmale nicht erhoben, kommt verschärfend hinzu, dass das dritte potentiell zur Verfügung stehende Migrationsmerkmal der überwiegenden Familiensprache nicht sinnvoll verwendet werden kann, um die Herkunft von Schülern mit Migrationshintergrund eindeutig zuzuordnen. Die Unterschätzung von Schülern mit Migrationshintergrund der 2. Generation wird in weiterführenden Schulen perspektivisch weiter zunehmen. Denn der Anteil von Schülern in der Sekundarstufe I auf die sich das geänderte Staatsangehörigkeitsrecht auswirkt (hierbei handelt es sich um die ab dem Jahr 2000 Geborenen), wird in den nachfolgenden Schuljahren weiter ansteigen. Entsprechend wird der Anteil von Schülern mit Migrationshintergrund weiter zunehmen, die in Deutschland geboren wurden und die sowohl eine deutsche als auch eine nichtdeutsche Staatsangehörigkeit haben. Über die beiden in der Individualdatenstatistik enthaltenen Merkmale der Staatsangehörigkeit und des Geburtslandes können sie allerdings nicht als Schüler mit Migrationshintergrund (der 2. Generation) erkannt werden.

Trotz dieser Unterschätzung konnte allerdings auch festgestellt werden, dass Schüler mit Migrationshintergrund in der 2. Generation z. T. erheblich häufiger in ihren Familien Deutsch sprechen als in der 1. Generation. Dies trifft auf alle Herkunftsgruppen zu und auch dann, wenn neben der Herkunft zusätzlich das Zuzugsalter berücksichtigt wird. Eindeutig ist, dass Schüler mit Migrationshintergrund der 1. Generation hinreichend über das Geburtsland bzw. die Merkmalsausprägung eines nichtdeutschen Geburtslandes erfasst werden. Nach Herkunftsgruppen zeigt sich, dass insbesondere die im Alter von 6 Jahren und älter zugezogenen Seiteneinsteiger in das deutsche Schulsystem eine erheblich niedrigere Bildungsbeteiligung aufweisen als die im Vorschulalter zugezogenen Schüler. Generell konnte für Schüler der 1. Generation ein sehr starker negativer Zusammenhang zwischen der Höhe des Zuzugsalters und dem Anteil des Gymnasialbesuchs festgestellt werden. Ein höheres Zuzugsalter geht somit einher mit einer geringeren Bildungsbeteiligung, dies gilt tendenziell auch bezogen auf den Schulerfolg. Zudem ergab sich ein negativer Zusammenhang zwischen dem Zuzugsalter und der überwiegenden Verwendung von Deutsch als Familiensprache.

Wird das Geschlecht berücksichtigt, wird deutlich, dass Mädchen im Aggregat häufiger Gymnasien und seltener Förderschulen besuchen als Jungen. Dies gilt sowohl für die Schüler insgesamt als auch für Schüler mit einem Migrationshintergrund. Eine weitere Differenzierung nach Geschlecht und Herkunft verweist darauf, dass lediglich einzelne Herkunftsgruppen von diesem Muster abweichen. Somit besuchen nur in Ausnahmefällen Jungen häufiger als Mädchen Gymnasien, am deutlichsten ist dies im Vergleich zwischen libanesischen Jungen und Mädchen der Fall.

Insgesamt konnte die Relevanz von schulstatischen Individualdaten für die Bildungs- und Migrationsforschung aufgezeigt werden, da Schüler mit Migrationshintergrund (anhand von erweiterten Migrationsmerkmalen) erstmals im Rahmen von amtlichen Schulstatistiken erfasst werden. Anhand dieser Daten konnte der bekannte Befund, wonach Schüler mit – im Vergleich zu denen ohne – Migrationshintergrund eine niedrigere Bildungsbeteiligung aufweisen erstmals anhand von Individualdaten repliziert werden. Eine weitergehende Differenzierung der Bildungsergebnisse von Schülern mit Migrationshintergrund erwies sich beispielsweise nach Herkunft, Generationenstatus, Zuzugsalter oder Geschlecht als sinnvoll. Sollen basierend auf Daten der amtlichen Schulstatistik verschiedene Merkmale miteinander kombiniert und weitergehende Differenzierungen vorgenommen werden, erfordert dies entsprechende Individualdaten.

Insgesamt wurde ein Grundstein gelegt für weitere auf Schülerindividualdaten basierende Forschung – insbesondere bezogen auf die Analyse von Bildungsdisparitäten oder auf die Bildungsbe(nach)teiligung von Schülern mit Migrationshintergrund. Dies betrifft auch weitere denkbare Fragestellungen, die im Rahmen dieser Arbeit nicht zusätzlich verfolgt werden konnten, deren vertiefende Untersuchung jedoch Daten von Vollerhebungen voraussetzen.

Über die inhaltliche Analyse hinausgehend wurde die Brauchbarkeit von schulstatistischen Datensätzen hinsichtlich der Untersuchung von Bildungsdisparitäten von Schülern mit Migrationshintergrund geprüft. Daher sollen auch die wichtigsten Potentiale von amtlichen Schulstatistiken und insbesondere die erweiterten Möglichkeiten dargestellt werden, die sich durch die Verwendung von Individualdatenstatistiken bezogen auf die Analyse von Bildungsdisparitäten von Schülern mit Migrationshintergrund ergeben, bevor abschließend weiterhin bestehende Einschränkungen der Schulstatistik diskutiert werden.

Wie gezeigt, liefern amtliche Schulstatistiken Informationen über die Grundgesamtheit der Schüler im Schulsystem. Aufgrund der hiermit einhergehenden hohen Fallzahlen ist es anhand von herkömmlichen Schulstatistiken weitestgehend möglich, die Bildungsbeteiligung nach der Staatsangehörigkeit von Schülern auszudifferenzieren

– dies gilt sowohl auf der Bundes- als auch auf der Landesebene. Einzelne Bundesländer erheben schulstatistische Individualdaten. Hiermit gehen weitergehende Analysemöglichkeiten einher, denn diese Statistiken stellen weitere, umfangreichere und besser differenzierte Merkmale bereit. Z. B. kann der Migrationshintergrund von Schülern anhand von zusätzlichen Migrationsmerkmalen weiter gefasst werden. Als ergänzende schulstatistische Merkmale sind insbesondere die Staatsangehörigkeit und das Geburtsland von Schülern sowie die überwiegend zu Hause gesprochene Familiensprache zu nennen. Für die im Ausland geborenen Schüler werden diese Migrationsmerkmale ergänzt um das Zuzugsalter. Mit den erweiterten analytischen Möglichkeiten durch zusätzliche Migrationsmerkmale geht einher, dass die verschiedenen verfügbaren Merkmale sinnvoll miteinander kombiniert werden können. Hierdurch kann z. B. der Generationenstatus von Schülern mit Migrationshintergrund bestimmt werden, oder es können Analysen zur Bildungsbeteiligung differenziert nach Herkunftsgruppen durchgeführt werden. Für Schüler mit Migrationshintergrund können differenziert nach Migrationsmerkmalen und optional nach weiteren verfügbaren Merkmalen – wie z. B. das Geschlecht von Schülern – verschiedene Aspekte von Bildung untersucht werden. Hier seien insbesondere Übergänge von der Grundschule in weiterführende Schulen, der Besuch verschiedener Schulformen in der Sekundarstufe, Schulformwechsel, Klassenwiederholungen oder Schulerfolge genannt. Die Relevanz zeigt sich zum einen darin, dass entsprechende Analysen zuvor anhand von auf Summendaten basierenden Schulstatistiken nicht oder bestenfalls nur sehr eingeschränkt möglich waren. Beispielsweise haben herkömmliche Schulstatistiken relativ undifferenziert nur den Schulerfolg von Schülern mit deutscher im Vergleich zu Schülern mit ausländischer Staatsangehörigkeit ausweisen können. Individualdaten ermöglichen eine differenziertere Untersuchung zum Schulerfolg, wodurch u. a. zukünftige Lebens- und Arbeitsmarktchancen für verschiedene Migrantengruppen eingeschätzt werden können. Durch die erweiterten Analysemöglichkeiten zeigen sich für bestimmte Migrantengruppen auch positive Bildungsergebnisse, die bislang nur wenig bekannt waren. Auf der anderen Seite konnten noch stärkere Bildungsbenachteiligungen für bislang nur unzureichend beachtete Migrantengruppen aufgearbeitet werden.

Abschließend sollen die Erträge dieser Arbeit für eine weitere Verbesserung der amtlichen Schulstatistik und ihrer sekundäranalytischen Potentiale insbesondere bezogen auf die statistische Erfassung von Schülern mit Migrationshintergrund und der Analyse ihrer Bildungssituation zusammengefasst werden. Selbst wenn Bildungsdisparitäten von Schülern mit Migrationshintergrund anhand von Individualdaten der amtlichen Schulstatistik untersucht werden, sind weiterhin analytische Einschränkungen festzustellen. Einzelne bereits erhobene Merkmale werden unzureichend erfasst, andere wichtige Merkmale fehlen. Besonders hervorzuheben ist die überwiegende Familiensprache, die nicht hinreichend differenziert erhoben wird. Exemplarisch soll auch eine optimierte Erfassung des Zuzugsalters genannt werden, da das Zuzugsalter nur näherungsweise bestimmt werden kann; zudem lässt sich ein möglicher Spätaussiedlerstatus von Schülern nicht nachvollziehen, auch wenn dieser als Merkmal an Bedeutung verliert. Um den Migrationshintergrund von Schülern quantitativ umfassender zu erheben wären ergänzende Elterninformationen erforderlich. Hier ist insbesondere das

Geburtsland der Eltern zu nennen. Durch die Erhebung könnte das Problem behoben werden, dass Schüler mit Migrationshintergrund in der 2. Generation quantitativ unterschätzt werden und aus der Unterschätzung verzerrte Bildungsergebnisse resultieren. Zugleich ermöglichen entsprechende Informationen, die Herkunft von Schülern mit Migrationshintergrund zuverlässiger bestimmen zu können. Auch könnte die Frage geklärt werden, ob ein oder zwei Elternteile im Ausland geboren wurden. Hierdurch werden weitergehende Differenzierungen ermöglicht, wenn die entsprechenden Merkmale hinsichtlich der erzielten Bildungsergebnisse von Schülern mit Migrationshintergrund berücksichtigt werden. Eine weitere sinnvolle und zu ergänzende Information wäre es, die Aufenthaltsdauer der Eltern zu erfassen. Dies würde es ermöglichen, die angenommene Konfundierung der Aufenthaltsdauer mit dem Zuzugsalter zu vermeiden. Die zuvor angeführten Merkmale beziehen sich auf den Migrationshintergrund von Schülern und sind somit von unmittelbarer Relevanz, wenn der Migrationshintergrund durch Schulstatistiken möglichst präzise erfasst werden soll. Erst durch die zusätzliche Erhebung von relevanten Elterninformationen wären schulstatistische Ergebnisse mit den Ergebnissen weiterer – etwa internationaler – Studien unmittelbar vergleichbar.

Insbesondere zur Überprüfung der theoretischen Erklärungsansätze von Bildungsdisparitäten von Schülern mit Migrationshintergrund bzw. von herkunftsspezifischen Bildungsergebnissen wäre die Erhebung von weiteren Merkmalen erforderlich. Sofern dies nicht im Rahmen von jährlich zu erhebenden Individualdatenstatistiken möglich sein sollte, z. B. weil hierdurch die verfügbaren Ressourcen überschritten werden, wäre eine entsprechende Sondererhebung in einem mehrjährigen Turnus denkbar. Es böte sich etwa an, alle drei oder alle fünf Jahre eine entsprechende Sondererhebung durchzuführen. Anhand der bisherigen schulstatistischen Individualdaten ist eine empirische Analyse der Ursachen von Bildungsdisparitäten von Schülern mit Migrationshintergrund bzw. eine Prüfung entsprechender theoretischer Erklärungsansätze nur bedingt möglich. Dies gelingt ansatzweise nur bezogen auf die Migrationsituation bzw. -biografie von Schülern oder hinsichtlich regionaler Disparitäten. Zudem lassen sich z. T. institutionelle Benachteiligungen abbilden, etwa hinsichtlich des Schulformbesuchs – hier ist insbesondere der Umfang des Besuchs von Förderschulen zu nennen.

Als weitere Einschränkung ist der generelle Zugang zu schulstatistischen Individualdaten zu nennen. Dieser fällt je nach Bundesland sehr unterschiedlich aus. Daher wäre wünschenswert, dass der Datenzugang zu Forschungszwecken rechtlich – und möglichst bundesweit einheitlich – geregelt wird. Kann der Zugang zu den gewünschten Individualdaten hergestellt werden, dann ergeben sich bezogen auf die erzielten Ergebnisse datenschutzrechtliche Einschränkungen, die immerhin transparent und nachvollziehbar sind. Z. B. dürfen keine Ergebnisse verwendet werden, die eine Fallzahl von genau eins oder zwei enthalten. Aus inhaltlicher Sicht bzw. aus Sicht der Forschung stellt sich jedoch die Frage, wie bedenklich z. B. das fiktive Ergebnis auf Ebene eines Bundeslandes ist, wonach zwei Schüler einer bestimmten Staatsangehörigkeit ein Gymnasium besuchen. Wird ein solches Ergebnis erzielt, dann ist die Folge, dass z. B. der Gymnasialbesuchsanteil von Schülern dieser Staatsangehörigkeit nicht berichtet werden kann – unabhängig von der Fallzahl von Schülern mit dieser

Staatsangehörigkeit an weiterführenden Schulen insgesamt (die als Referenz zur Berechnung des Gymnasialbesuchsanteils dienen).

Ein weiterer wichtiger Aspekt ist die Vereinheitlichung von Individualdatensätzen zwischen den Bundesländern, bzw. wäre zumindest der Kerndatensatz der KMK einheitlich auf Länderebene umzusetzen. Eine Vereinheitlichung ist erforderlich, um individualdatenstatistische Ergebnisse` zwischen den Ländern vergleichen zu können. Hierdurch könnten nicht zuletzt regionale bzw. bundeslandspezifische Besonderheiten – wie etwa im Schulrecht – ausgeschlossen werden, welche die für Rheinland-Pfalz berichteten Ergebnisse beeinflussen können. Um die Vergleichbarkeit zu erhöhen, wären auch weitere verbindliche Vereinbarungen über die zu erhebenden Merkmalsausprägungen zu treffen (z.B. welche verschiedenen überwiegenden Familiensprachen von Schülern erfasst werden). Trotz alledem bleibt festzuhalten, dass Individualdatenstatistiken eine sinnvolle Erweiterung der Schulstatistik darstellen. Allerdings wären einzelne Merkmale zu optimieren und weitere Merkmale zu ergänzen, um Bildungsdisparitäten von Schülern mit Migrationshintergrund umfassend analysieren zu können.

Ferner soll auf zukünftige sekundäranalytische Potentiale hingewiesen werden, die sich aus der Verwendung von amtlichen Individualdatenstatistiken insbesondere bezogen auf die Analyse von Bildungsdisparitäten von Schülern mit Migrationshintergrund ergeben. Im Rahmen dieser Arbeit wurden Analysen zur Bildungssituation von Schülern mit Migrationshintergrund anhand von schulstatistischen Querschnittsdaten durchgeführt, da erst seit wenigen Jahren erweiterte (und valide) Migrationsmerkmale im Rahmen von Individualdatenstatistiken erhoben werden. Wenn in den nachfolgenden Schuljahren individualdatenstatistische Informationen über einen größeren Zeitraum vorliegen, besteht die Möglichkeit, Bildungsdisparitäten von Schülern mit Migrationshintergrund im Längsschnitt zu analysieren. Anhand von Längsschnittanalysen lassen sich Bildungsprozesse abbilden, hierdurch könnte z.B. der realisierte Schulerfolg im Vergleich zur Bildungsbeteiligung in der Sekundarstufe I näher untersucht werden. Wird der Bildungsverlauf anhand von Längsschnittdaten nachvollzogen, gehen hiermit neue und ausdifferenziertere Erkenntnisse einher. Beispielsweise könnten die wichtigsten anhand von Querschnittsdaten erzielten Ergebnisse genauer untersucht werden. Hier seien z.B. Abweichungen zwischen der Bildungsbeteiligung und dem realisierten Schulerfolg von Schülern nach Herkunftsgruppen genannt (die insbesondere für Schüler mit vietnamesischem Migrationshintergrund festgestellt wurden).

Der zentrale Vorteil von Schulstatistiken ist in den Fallzahlen zu sehen, da Informationen über die Grundgesamtheit der Schüler statistisch erfasst werden. Daher bieten schulstatistische Individualdaten prinzipiell die Möglichkeit, auch auf kleinräumigerer Ebene den Migrationshintergrund von Schülern zu erfassen bzw. verschiedene (Migrations-)Merkmale miteinander zu verknüpfen. Dies ist etwa sinnvoll, um die Herkunft von Schülern in Verbindung mit dem Generationenstatus und dem Zuzugsalter kombiniert zu untersuchen. Als Ebenen unterhalb der Bundes- oder Landesebene sind insbesondere die Kreis-, die Gemeinde- oder die Schulebene zu nennen, weitere Differenzierungen sind auch innerhalb von Schulen z.B. auf Klassenebene möglich (allerdings können die individualdatenstatistischen Potentiale durch datenschutzrechtliche Vorgaben beeinträchtigt werden). Diese Möglichkeiten stellen einen erheblichen Fortschritt dar im Vergleich zu bisherigen amtlichen Schulstatistiken, die lediglich Summendaten und das ausschließliche Migrationsmerkmal der Staatsangehörigkeit von Schülern ausweisen. Auf den genannten Ebenen kann somit prinzipiell die Bildungssituation von Schülern mit Migrationshintergrund analysiert werden. Die Vergleichbarkeit von Ergebnissen lässt sich zwischen den Ländern herstellen, wenn diese zumindest die Merkmale und Merkmalsausprägungen individualdatenstatistisch erfassen, die durch die KMK beschlossen wurden (zum Kerndatensatz der Länder vgl. KMK 2011b). Liegen vergleichbare Migrationsmerkmale zwischen den Ländern vor, könnte z. B. die Bildungsbeteiligung von Schülern mit Migrationshintergrund hinsichtlich des Besuchs der Schulformen Förderschule und Gymnasium zwischen den Ländern verglichen werden. Oder der Schulerfolg könnte auf die in den Ländern realisierten und vergleichbaren Abschlüsse abzielen, wie z. B. den Anteil der Abgänger mit Fachhochschulreife, mit Abitur, oder auf die Abgänger ohne oder mit Hauptschulabschluss. Liegen Informationen zur Grundgesamtheit der Schüler vor, können Unter- oder Überrepräsentationen (z. B. von Schülern mit Migrationshintergrund im Vergleich zu Schülern ohne Migrationshintergrund) durch die Berechnung von Relativen Risiko-Indizes analysiert werden. Eine Verwendung von komplexeren multivariaten Verfahren ist für diesen Zweck nicht erforderlich (vgl. hierzu z. B. Burgard 1998; Diefenbach 2007: 16). Die einfachere Handhabbarkeit im Vergleich zu Datensätzen, die auf Stichproben basieren, bietet in Kombination mit umfangreichen Merkmalen weitere Potentiale – z. B. auf administrativer Ebene, um Bildung besser steuern zu können. Exemplarisch sei eine bedarfsorientierte Ressourcenzuweisung an Schulen anhand von Sozialindizes genannt, die die Verwendung von zuverlässigen Indikatoren voraussetzt. Individualdatenstatistiken bieten eine wesentlich bessere Erfassung von Schülern mit Migrationshintergrund z. B. auf Kreis-, Gemeinde- oder Schulebene, als dies anhand des Staatsangehörigkeitsmerkmals der Fall war. Generell kommt Individualdatenstatistiken eine verbesserte Monitoring- bzw. Bildungsberichterstattungsfunktion zu, etwa auf Ebene von Kommunen oder der Länder. Auf Bundesebene kann die Bildungssituation von Schülern mit Migrationshintergrund anhand von Individualdatenstatistiken allerdings erst dann differenzierter dargestellt werden, wenn in allen Ländern Individualdaten mit vergleichbaren Merkmalen und Merkmalsausprägungen erhoben werden. In einigen Ländern besteht noch erheblicher Nachholbedarf, Individualdatenstatistiken und valide Migrationsmerkmale zu erheben. Erst wenn alle Bundesländer vergleichbare Merkmale und Merkmalsausprägungen bereitstellen, lässt sich anhand von Individualdatenstatistiken die Bildungssituation von Schülern mit Migrationshintergrund auch auf Bundesebene analysieren – hiermit ist bestenfalls jedoch erst mittel- bis langfristig zu rechnen.

Anhang

Anhänge zu Kapitel 2:

Anhang I: Anzahl und Prozentanteile nichtdeutscher Schüler insgesamt an allgemeinbildenden Schulformen mit Schulangebot in Sekundarstufe I nach Region
und Schulform (Schuljahr 2007/08)

Region / Bundesland	Anzahl nicht- deutsche Schüler	Anteil nichtdeutscher Schüler an ... in %				
		Förder- schulen	Haupt- schulen	sonstigen weiter- führenden Schularten	Gymnasien	allen Schul- formen
Baden-Württemberg	92.549	21,9	25,7	7,9	4,4	11,0
Bayern	71.326	11,9	14,9	4,6	3,8	7,5
Berlin	34.805	16,2	33,3	18,5	10,1	16,1
Brandenburg	2.469	0,9	-	2,2	1,3	1,7
Bremen	6.809	25,0	27,5	18,3	8,8	14,4
Hamburg	19.064	27,9	28,6	18,3	9,4	15,6
Hessen	58.146	22,5	29,1	15,6	7,0	13,0
Mecklenburg-Vorpommern	1.557	1,5	-	1,9	1,6	1,7
Niedersachsen	38.604	13,8	11,8	5,8	3,1	6,1
Nordrhein-Westfalen	169.424	20,3	22,0	12,1	4,7	11,3
Rheinland-Pfalz	21.074	12,0	17,1	6,7	3,3	6,7
Saarland	5.515	14,1	2,1	10,1	3,9	7,6
Sachsen	4.656	1,7	-	2,3	2,8	2,5
Sachsen-Anhalt	2.185	1,9	-	2,2	1,5	1,9
Schleswig-Holstein	9.567	7,6	9,4	3,9	2,4	4,4
Thüringen	1.540	0,7	-	1,8	1,1	1,4
Deutschland	539.290	14,9	19,4	8,9	4,3	9,0
Westdeutschland	492.078	17,7	19,2	9,4	4,5	9,6
Ostdeutschland	47.212	3,7	33,3	6,5	3,7	5,5

Anhang II: Bildungsbeteiligung (Schulformbesuch) in % von nichtdeutschen Schülern insgesamt nach Region (Schuljahr 2007/08)

Region / Bundesland	Förderschule	Hauptschule	sonstige weiter-führende Schulart	Gymnasium
Baden-Württemberg	12,8	48,0	23,2	16,1
Bayern	10,0	52,8	17,6	19,6
Berlin	5,9	12,0	59,2	23,0
Brandenburg	3,6	-	67,0	29,4
Bremen	10,0	8,9	51,1	30,0
Hamburg	10,7	14,9	46,5	28,0
Hessen	10,0	16,5	48,6	24,8
Mecklenburg-Vorpommern	10,0	-	54,8	35,2
Niedersachsen	13,4	30,1	34,5	21,9
Nordrhein-Westfalen	12,3	30,3	41,2	16,2
Rheinland-Pfalz	9,4	29,6	40,2	20,9
Saarland	10,1	0,1	68,0	21,8
Sachsen	6,9	-	41,3	51,7
Sachsen-Anhalt	12,2	-	51,6	36,2
Schleswig-Holstein	8,1	36,2	34,5	21,3
Thüringen	5,8	-	57,5	36,8
Deutschland	11,1	31,9	37,1	19,9
Westdeutschland	11,6	34,1	35,2	19,1
Ostdeutschland	6,3	8,8	57,3	27,6

Anhang III: Bildungsbeteiligung (Schulformbesuch) in % für Schüler nach Staatsangehörigkeit für Deutschland insgesamt (für Staatsangehörigkeiten mit mehr als 500 Fällen an allgemeinbildenden Schulformen mit Schulangebot in Sekundarstufe I; Schuljahr 2007/08)

Staats-angehörigkeit	Förderschule	Hauptschule	sonstige wf. Schulform	Gymnasium	Anzahl insgesamt
türkisch	10,5	36,2	40,2	13,0	226.412
italienisch	13,4	37,9	34,4	14,4	34.572
serbisch	22,5	38,3	27,2	12,0	21.033
griechisch	9,3	34,6	33,2	22,8	18.764
polnisch	5,1	27,7	38,5	28,7	14.878
russisch	5,1	21,2	33,1	40,6	14.264
albanisch	22,9	41,8	27,1	8,2	13.844
bosnisch-herz.	11,2	27,0	38,1	23,7	13.148
kroatisch	9,2	26,0	35,5	29,2	12.852
vietnamesisch	2,7	9,4	35,0	52,9	10.844
afghanisch	8,6	20,4	46,0	25,1	8.157
ukrainisch	2,4	12,8	32,7	52,1	8.016
portugiesisch	11,1	35,0	36,3	17,6	7.678
libanesisch	19,5	38,0	37,2	5,2	7.338
marokkanisch	13,2	31,2	45,3	10,3	6.476
mazedonisch	12,8	39,2	35,9	12,2	5.474
iranisch	5,4	15,6	36,0	42,9	5.446
österreichisch	6,0	18,1	26,6	49,4	4.276
US-amerikanisch	3,4	17,3	44,1	35,3	3.970
französisch	4,4	13,1	24,2	58,3	3.914
spanisch	7,9	20,7	41,7	29,6	3.856
niederländisch	6,5	18,0	37,1	38,4	3.473
britisch	5,7	17,0	38,8	38,5	3.358
pakistanisch	11,1	24,8	45,6	18,5	3.002
sri-lankisch	8,0	22,2	46,1	23,7	2.957
syrisch	18,3	33,8	37,3	10,6	2.917
thailändisch	3,4	47,5	36,7	12,5	2.656
rumänisch	5,8	38,4	26,6	29,3	2.644
montenegrinisch	16,9	46,2	28,3	8,6	1.447
tschechisch	9,2	26,8	27,4	36,6	1.353
schweizerisch	1,7	11,1	33,0	54,2	1.333
brasilianisch	4,9	34,5	36,1	24,5	1.309
tunesisch	10,0	34,0	38,2	17,8	1.292
ghanaisch	13,6	22,9	45,9	17,7	1.158
bulgarisch	4,9	23,5	29,9	41,8	1.152
litauisch	3,8	29,7	34,3	32,3	1.116

Staats-angehörigkeit	Förderschule	Hauptschule	sonstige wf. Schulform	Gymnasium	Anzahl insgesamt
indisch	7,6	27,7	37,0	27,6	1.085
weißrussisch	2,3	17,1	34,2	46,4	1.041
ungarisch	3,4	20,1	25,3	51,2	1.013
belgisch	9,0	16,9	31,7	42,5	758
algerisch	13,2	31,4	35,1	20,4	730
moldawisch	2,9	14,9	30,8	51,4	725
slowenisch	12,1	30,6	33,3	24,0	684
dänisch	2,2	13,6	36,9	47,3	670
koreanisch (Rep.)	0,8	3,1	15,3	80,9	649
slowakisch	8,4	26,2	32,2	33,2	606
lettisch	4,6	17,4	32,5	45,5	604
japanisch	1,2	19,2	32,1	47,4	588
philippinisch	4,6	36,6	35,7	23,0	538
schwedisch	5,6	19,3	30,1	45,0	518
honduranisch	15,1	30,5	37,7	16,7	515
sonstige	15,8	28,4	34,5	21,3	51.498

wf. = weiterführende

Anhang IV: Differenzen in der Bildungsbeteiligung (Schulformbesuch in %) unter Einbezug der Klassen 5 bis 13 gegenüber den Klassen 5 bis 9 für Rheinland-Pfalz (Schuljahr 2008/09) in Prozentpunkten

Staats-angehörigkeit	Förderschule	Hauptschule	sonstige wf. Schulform	Gymnasium
afghanisch	1,4	-6,9	-4,0	9,5
albanisch	-0,2	-1,6	-0,3	2,2
bosnisch-herz.	0,9	-3,9	-2,0	5,0
deutsch	-0,5	-2,9	-5,5	8,9
französisch	-1,5	-7,7	-1,4	10,6
griechisch	-0,3	-6,1	-3,4	9,8
irakisch	-0,3	-3,9	0,2	4,0
iranisch	0,7	-4,9	-6,1	10,3
italienisch	-0,2	-4,6	-0,1	5,0
kroatisch	-1,1	-4,9	-3,8	9,8
libanesisch	1,4	-3,6	0,8	1,4
luxemburgisch	-2,8	-2,1	-1,5	6,4
marokkanisch	0,2	-3,3	0,0	3,1
mazedonisch	-1,4	-1,7	-0,1	3,2
niederländisch	-0,5	-2,5	-0,5	3,5
pakistanisch	-0,9	-3,1	0,8	3,2
polnisch	-0,4	-5,0	-2,7	8,1
portugiesisch	-0,2	-3,6	-0,7	4,5
russisch	-0,6	-5,3	-3,3	9,2
serbisch	-0,1	-2,5	-0,1	2,7
thailändisch	0,1	-3,3	1,0	2,3
türkisch	-0,1	-2,9	-0,7	3,7
ukrainisch	-0,7	-5,8	-4,7	11,2
US-amerikanisch	-0,7	-5,2	-1,5	7,4
vietnamesisch	-0,4	-3,1	-1,5	5,0
sonstige	-0,8	-4,7	-4,0	9,4
Insgesamt	-0,6	-3,1	-5,3	8,9

wf. = weiterführende

Anhang V: Fallzahlen für Schüler nach Staatsangehörigkeit an weiterführenden Schulen für Deutschland insgesamt, Ost- bzw. Westdeutschland (Schuljahr 2007/08)*

Staats-angehörigkeit	Deutschland insgesamt	West-deutschland	Ostdeutschland (inkl. Berlin)
afghanisch	8.157	7.851	-
albanisch	13.844	13.155	689
bosnisch-herz.	13.148	11.459	1.689
deutsch	5.474.481	4.656.620	817.861
französisch	3.914	3.504	-
griechisch	18.764	18.136	628
iranisch	5.446	5.009	-
italienisch	34.572	33.908	664
kroatisch	12.852	12.172	680
libanesisch	7.338	5.295	2.043
marokkanisch	6.476	6.431	-
mazedonisch	5.474	4.999	-
österreichisch	4.276	4.030	-
polnisch	14.878	12.276	2.602
portugiesisch	7.678	7.531	-
russisch	14.264	12.026	2.238
serbisch	21.033	19.309	1.724
spanisch	-	3.697	-
türkisch	226.412	211.469	14.943
ukrainisch	8.016	6.640	1.376
US-amerikanisch	3.970	-	921
vietnamesisch	10.844	6.629	4.215

* = In der Tabelle werden lediglich die Fallzahlen für diejenigen Staatsangehörigkeiten angegeben, die in den Abbildungen zur Bildungsbeteiligung von Schülern in Deutschland insgesamt, in West- sowie in Ostdeutschland dargestellt sind (vgl. Kapitel 2).

Anhang VI: Korrelationen der Schulbesuchsanteile nach Schulform für Schüler an allgemeinbildenden Schulformen mit Schulangebot in Sekundarstufe I nach Staatsangehörigkeit in den Bundesländern (für Länder mit mindestens fünf Staatsangehörigkeiten; Schuljahr 2007/08)

Bundesland/ Region	Korrelationen						Anzahl Staatsan- gehörig- keiten	Fälle insg.
	FS vs. HS	FS vs. sowfSF	FS vs. GY	HS vs. sowfSF	HS vs. GY	sowfSF vs. GY		
BW	.715**	-.779**	-.794**	-.937**	-.985**	.909**	20	825.337
BY	.801**	-.810**	-.842**	-.955**	-.987**	.911**	20	942.315
BE	.452**	-.005*	-.380**	.642**	-.909**	-.882**	13	207.310
HH	.927**	.874**	-.985**	.687**	-.910**	-.926**	7	114.634
HE	.919**	.909**	-.949**	.971**	-.991**	-.988**	18	436.594
NI	.754**	-.627**	-.817**	-.129**	-.984**	.139**	14	624.501
NW	.803**	-.122**	-.781**	.373**	-.985**	-.482**	27	1.481.662
RLP	.764**	-.901**	-.757**	-.582**	-.992**	.525**	8	304.589
D insg.	.844**	-.293**	-.853**	.003**	-.989**	-.104**	21	5.915.837
D - West	.879**	-.275**	-.879**	.004**	-.989**	-.110**	21	5.062.146
D - Ost	-.187**	-.288**	.011**	.830**	-.927**	-.930**	14	852.273

* Die Korrelation ist auf dem Niveau von 0,05 (2-seitig) signifikant.
** Die Korrelation ist auf dem Niveau von 0,01 (2-seitig) signifikant.
FS = Förderschule; HS = Hauptschule; sowfSF = sonstige weiterführende Schulform; GY = Gymnasium; insg. = insgesamt

Anhang VII: Fallzahlen für Schüler nach Staatsangehörigkeit an weiterführenden Schulen in den Bundesländern (Schuljahr 2007/08)

Staatsangehörigkeit	Schüler an weiter-führenden Schulen	Staatsangehörigkeit	Schüler an weiter-führenden Schulen
Baden-Württemberg		**Mecklenburg-Vorpommern**	
albanisch	1.687	deutsch	87.497
US-amerikanisch	646		
bosnisch-herz.	1.746	**Niedersachsen**	
deutsch	747.204	albanisch	1.091
französisch	1.197	bosnisch-herz.	526
griechisch	5.005	deutsch	597.259
italienisch	12.115	griechisch	940
kroatisch	3.365	iranisch	534
libanesisch	529	italienisch	1.310
mazedonisch	780	kroatisch	620
österreichisch	598	niederländisch	753
polnisch	1.294	polnisch	1.464
portugiesisch	1.994	russisch	1.967
rumänisch	611	serbisch	1.063
russisch	1.210	türkisch	14.686
serbisch	4.837	ukrainisch	790
spanisch	699	vietnamesisch	1.498
türkisch	38.435		
ukrainisch	573	**Nordrhein-Westfalen**	
vietnamesisch	812	afghanisch	1.578
		albanisch	5.475
Bayern		bosnisch-herz.	4.227
afghanisch	1.107	deutsch	1.330.516
albanisch	2.160	französisch	530
bosnisch-herz.	2.398	griechisch	5.577
deutsch	882.039	iranisch	2.020
griechisch	3.662	italienisch	8.788
italienisch	4.252	kroatisch	2.809
kroatisch	2.597	libanesisch	3.736
mazedonisch	638	marokkanisch	3.968
österreichisch	2.238	mazedonisch	2.193
polnisch	1.729	niederländisch	1.360
rumänisch	785	österreichisch	504
russisch	1.772	polnisch	4.028
serbisch	3.638	portugiesisch	2.491
thailändisch	536	russisch	3.801
tschechisch	571	serbisch	5.134
türkisch	27.407	spanisch	1.341
ukrainisch	1.447	sri lankisch	1.647
US-amerikanisch	842	syrisch	1.576
britisch	580	thailändisch	701
vietnamesisch	1.917	tunesisch	567
		türkisch	83.305
Berlin		ukrainisch	2.204
albanisch	532	britisch	918
bosnisch-herz.	1.427	vietnamesisch	668

deutsch	181.276	
italienisch	562	
kroatisch	611	
libanesisch	1.900	
polnisch	1.600	
russisch	1.030	
serbisch	1.179	
türkisch	14.075	
ukrainisch	628	
US-amerikanisch	764	
vietnamesisch	1.726	

Brandenburg

deutsch	140.697
polnisch	510

Bremen

deutsch	40.344
serbisch	541
türkisch	3.468

Hamburg

afghanisch	2.265
deutsch	103.134
iranisch	594
polnisch	836
portugiesisch	653
russisch	587
türkisch	6.565

Hessen

afghanisch	2.163
albanisch	1.003
bosnisch-herz.	1.347
deutsch	388.746
griechisch	1.847
iranisch	816
italienisch	4.235
kroatisch	1.799
marokkanisch	1.972
pakistanisch	1.372
polnisch	1.391
portugiesisch	883
russisch	934
serbisch	2.168
spanisch	734
türkisch	23.895
ukrainisch	646
vietnamesisch	643

Rheinland-Pfalz

albanisch	773
deutsch	292.261
italienisch	1.456
polnisch	683
russisch	635
serbisch	675
türkisch	7.434
vietnamesisch	672

Saarland

deutsch	67.072
italienisch	1.095
türkisch	1.681

Sachsen

deutsch	183.944
vietnamesisch	1.148

Sachsen-Anhalt

deutsch	114.514

Schleswig-Holstein

deutsch	208.045
türkisch	3.829

Thüringen

deutsch	109.933

Anhang VIII: Fallzahlen für Schüler nach Staatsangehörigkeit an allgemeinbildenden Schulformen mit Schulangebot in Sekundarstufe I in den Bundesländern (Schuljahr 2007/08)

Bundesland	Schüler insgesamt	Bundesland	Schüler insgesamt	Bundesland	Schüler insgesamt
türkisch		bosnisch-herz.		österreichisch	
D	226.412	D	13.148	D	4.276
BE	14.075	BE	1.427	BW	598
BW	38.435	BW	1.746	BY	2.238
BY	27.407	BY	2.398	NW	504
HB	3.468	HE	1.347		
HE	23.895	NI	526		
HH	6.565	NW	4.227	US-amerikanisch	
NI	14.686			D	3.970
NW	83.305			BE	764
RLP	7.434	kroatisch		BW	646
SH	3.829	D	12.852	BY	842
SL	1.681	BW	3.365		
		BY	2.597		
		HE	1.799	französisch	
italienisch		NI	620	D	3.914
D	34.572	NW	2.809	BW	1.197
BW	12.115			NW	530
BY	4.252				
HE	4.235	vietnamesisch			
NI	1.310	D	10.844	spanisch	
NW	8.788	BE	1.726	D	3.856
RLP	1.456	BW	812	BW	699
SL	1.095	BY	1.917	HE	734
		HE	643	NW	1.341
		NI	1.498		
serbisch		NW	668		
D	21.033	RLP	672	niederländisch	
BE	1.179	SN	1.148	D	3.473
BW	4.837			NI	753
BY	3.638			NW	1.360
HB	541	afghanisch			
HE	2.168	D	8.157		
NI	1.063	BY	1.107	britisch	
NW	5.134	HE	2.163	D	3.358
RLP	675	HH	2.265	BY	580
		NW	1.578	NW	918
griechisch				pakistanisch	
D	18.764	ukrainisch		D	3.002
BW	5.005	D	8.016	HE	1.372
BY	3.662	BW	573		
HE	1.847	BY	1.447		
NI	940	HE	646		
NW	5.577	NI	790	sri-lankisch	
		NW	2.204	D	2.957
				NW	1.647

polnisch

D	14.878
BE	1.600
BR	510
BW	1.294
BY	1.729
HE	1.391
HH	836
NI	1.464
NW	4.028
RLP	683

russisch

D	14.264
BE	1.030
BW	1.210
BY	1.772
HE	934
HH	587
NI	1.967
NW	3.801
RLP	635

albanisch

D	13.844
BW	1.687
BY	2.160
HE	1.003
NI	1.091
NW	5.475
RLP	773

portugiesisch

D	7.678
BW	1.994
HE	883
HH	653
NW	2.491

libanesisch

D	7.338
BE	1.900
BW	529
NW	3.736

marokkanisch

D	6.476
HE	1.972
NW	3.968

mazedonisch

D	5.474
BW	780
BY	638
NW	2.193

iranisch

D	5.446
HE	816
HH	594
NI	534
NW	2.020

syrisch

D	2.917
NW	1.576

thailändisch

D	2.656
BY	536
NW	701

rumänisch

D	2.644
BW	611
BY	785

tschechisch

D	1.353
BY	571

tunesisch

D	1.292
NW	567

Anhang IX: Relatives Risiko (RRls) des Besuchs von Förderschulen nach Staatsangehörigkeit und Bundesland

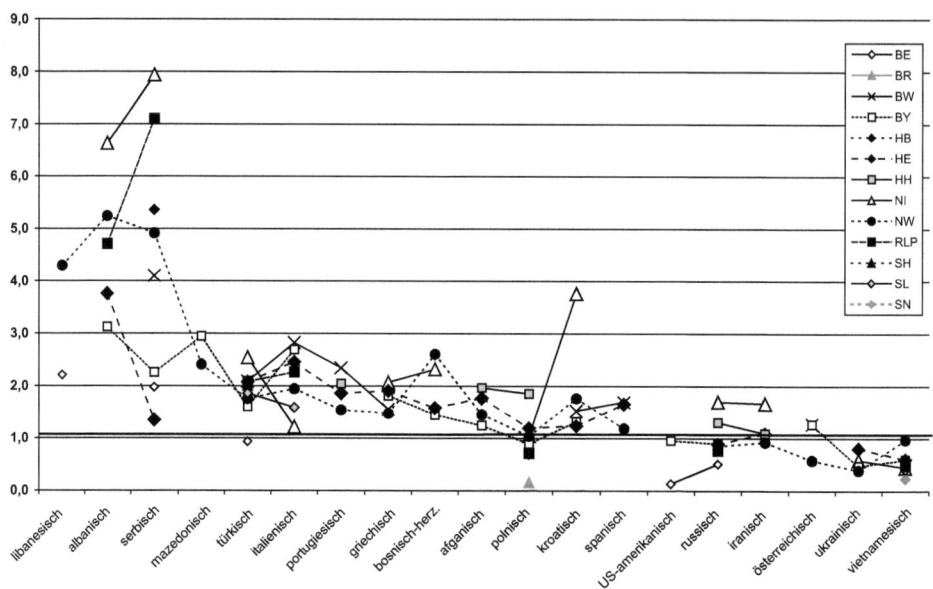

Anhänge zu Kapitel 4:

Anhang X: Merkmalsliste zu den verwendeten rheinland-pfälzischen Individualdaten-sätzen (Schuljahr 2008/09)

Variablen	enthalten in Datensatz				Beispiel(e) für mögliche Merkmals-ausprägungen
	Schüler-bestand Landes-ebene	Schüler-bewe-gungen Landes-ebene	Schüler-bestand Kreise-bene	Schüler-bewe-gungen Kreise-bene	
Schulnummer	X	X	-	-	-
Schulstandort (auf Kreisebene)	-	-	X	X	Landkreis Neuwied
Schulart/-form	X	X	X	X	Grundschule
Rechtsstatus (der Schule)	X	X	X	X	öffentliche Schule
Schüler-ID	X	X	-	-	-
Klassenstufe des Schülers	X	X	X	X	5
Klassenbezeichnung	X	X	-	-	5a
Klassenart	X	X	-	-	Regelklasse; Klasse Hochbegabtenschule, …
Geschlecht	X	X	-	-	männlich
Staatsangehörigkeit	X	X	X	X	deutsch
Familiensprache (über-wiegende)	X	X	X	X	Türkisch
Geburtsland	X	X	X	X	Türkei
Zuzugsjahr	X	X	X	X	2004
Migrationshintergrund	X	X	X	X	mit vs. ohne Migrations-hintergrund
Geburtsdatum	X	X	X	X	01/2002
Ganztagsschüler	X	-	-	-	Besuch Ganztagsschule in verpflichtender Form, …
Neuzugangsvermerk	X	-	-	-	Rückstellung; Zugang aus Gymnasium, …
Schülertyp	X	-	-	-	Überspringer; Wiederholer
Einschulungsjahr	X	X	-	-	2008
Sonderpäd. Förder-schwerpunkt	X	X	-	-	Lernen
Schulart nach Klasse 4	-	X	-	-	Übergang auf Realschule
Abschlussart	-	X	-	X	Abgang mit Fachhoch-schulreife

X = vorhanden
- = nicht vorhanden

Anhang XI: Anteil der Schüler mit Migrationshintergrund insgesamt in % (binnendifferenziert nach Anteil der Schüler mit nichtdeutscher Staatsangehörigkeit,
ergänzt um den anteilsmäßigen ‚Mehrwert' der Merkmale Familiensprache
und Geburtsland) der Klassenstufen 5 bis 9 nach Schulform in Rheinland-
Pfalz (Schuljahr 2008/09)

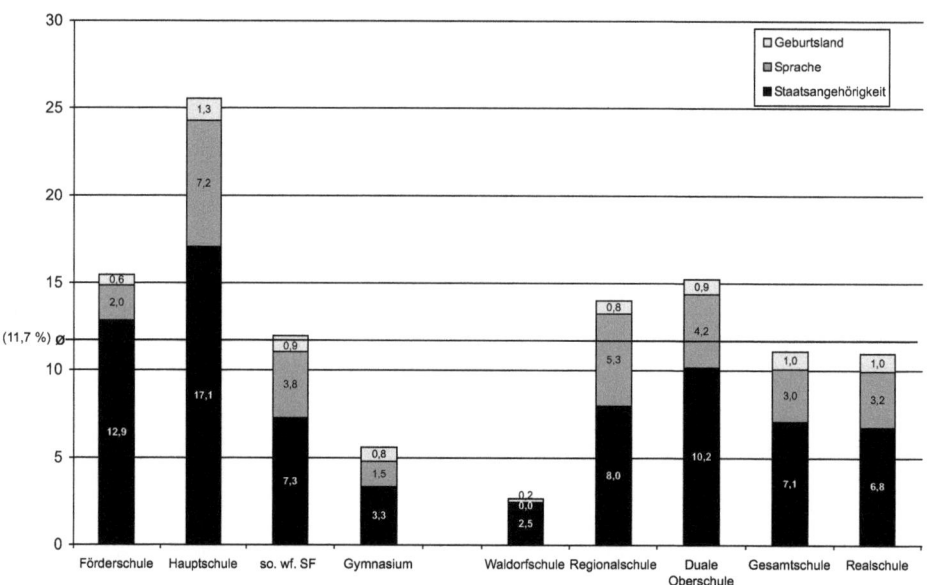

Kombination von Migrationsmerkmalen von Schülern nach spezifischer Staatsangehörigkeit, Sprache und spezifischem Geburtsland der Klassenstufen 5 bis 9 in Rheinland-Pfalz (Schuljahr 2008/09)

Migrations-merkmal	Staats-angehörigkeit	Anteil in %	Sprache	Anteil in %	Geburtsland	Anteil in %
	türkisch	17,4	Türkisch	16,8	Türkei	17,3
	polnisch	8,7	Russisch	14,1	Polen	8,7
	russisch	6,8	Polnisch	8,6	Russland	6,8
	irakisch	6,7	Albanisch	8,5	Irak	6,6
	albanisch	5,7	Arabisch	6,2	Albanien	6,0
	serbisch	4,6	Portugiesisch	3,5	Serbien	4,3
1/1/1	thailändisch	4,1	Serbisch	3,2	Thailand	4,2
	ukrainisch	3,3	Kurdisch	3,1	Ukraine	3,3
	italienisch	2,5	Englisch	2,8	Italien	2,5
	portugiesisch	2,1	Spanisch	2,7	Kasachstan	2,1
			Italienisch	2,4		
	sonstige	38,2	sonstige	28,1	sonstige	38,1
	Insgesamt	100	Insgesamt	100	Insgesamt	100
	türkisch	60,6	Türkisch	59,9	Deutschland	100
	italienisch	9,3	Italienisch	9,2		
	albanisch	4,4	Albanisch	6,6		
1/1/0	serbisch	3,1	Arabisch	3,0		
	vietnamesisch	2,4	Serbisch	2,3		
	griechisch	2,1	Portugiesisch	2,0		
	Sonstige	18,0	sonstige	17,1		
	Insgesamt	100	Insgesamt	100		
	russisch	10,1	Deutsch	100	Russland	9,6
	polnisch	8,5			Polen	8,6
	türkisch	7,7			Türkei	7,5
	thailändisch	6,1			Luxemburg	6,2
	luxemburgisch	5,6			Thailand	6,2
1/0/1	ukrainisch	5,1			Ukraine	5,0
	albanisch	3,9			Albanien	3,9
	irakisch	3,9			Irak	3,9
	US-amerikanisch	2,6			Brasilien	2,6
	serbisch	2,4			USA	2,6
	sonstige	44,2			sonstige	43,8
	Insgesamt	100	Insgesamt	100	Insgesamt	100
	deutsch	100	Russisch	75,2	Russland	39,8
			Polnisch	5,2	Kasachstan	29,1
			Englisch	2,9	Polen	5,2
					Ukraine	2,8
0/1/1					Türkei	2,4
					USA	2,0
			sonstige	16,7	sonstige	18,7
	Insgesamt	100	Insgesamt	100	Insgesamt	100

1/0/0	türkisch	41,4	Deutsch	100	Deutsch	100
	italienisch	9,7				
	albanisch	5,0				
	serbisch	4,8				
	vietnamesisch	3,7				
	polnisch	2,7				
	bosnisch-herz.	2,5				
	sonstige	30,2				
	Insgesamt	100	Insgesamt	100	Insgesamt	100
0/1/0	deutsch	100	Türkisch	32,9	Deutsch	100
			Russisch	26,3		
			Arabisch	5,5		
			Polnisch	5,2		
			Albanisch	4,7		
			Italienisch	3,6		
			Englisch	2,7		
			sonstige	19,0		
	Insgesamt	100	Insgesamt	100	Insgesamt	100
0/0/1	deutsch	100	deutsch	100	Russland	25,7
					Kasachstan	23,0
					USA	8,0
					Polen	4,3
					Luxemburg	2,3
					sonstige	36,8
	Insgesamt	100	Insgesamt	100	Insgesamt	100

Anhang XIII: Schüler nach spezifischer Staatsangehörigkeit, Sprache und spezifischem Geburtsland in % der Klassenstufen 5 bis 9 in Rheinland-Pfalz (Fallzahlkriterium: mindestens 100 Schüler je Ausprägung; Schuljahr 2008/09)

Staatsangehörigkeit	Anteil	Häufigkeit	Sprache	Anteil	Häufigkeit	Geburtsland	Anteil	Häufigkeit
deutsch	92,5	207.637	Deutsch	92,5	207.519	Deutschland	95,7	214.814
türkisch	3,1	6.917	Türkisch	2,5	5.676	Russland	0,9	2.079
italienisch	0,6	1.272	Russisch	1,8	3.983	Kasachstan	0,6	1.454
albanisch	0,4	809	Albanisch	0,4	948	Türkei	0,3	764
serbisch	0,3	672	Italienisch	0,4	811	Polen	0,3	636
polnisch	0,3	606	Polnisch	0,3	731	Irak	0,1	313
russisch	0,2	468	Arabisch	0,3	665	USA	0,1	296
vietnamesisch	0,2	443	Englisch	0,2	339	Ukraine	0,1	293
irakisch	0,2	355	Portugiesisch	0,1	319	Albanien	0,1	292
bosnisch-herz.	0,1	335	Serbisch	0,1	282	Thailand	0,1	256
portugiesisch	0,1	326	Kurdisch	0,1	228	Serbien	0,1	189
griechisch	0,1	301	Spanisch	0,1	200	Luxemburg	0,1	144
kroatisch	0,1	273	Bosnisch	0,1	194	Italien	0,1	127
thailändisch	0,1	257	Kroatisch	0,1	193	Brasilien	0,1	127
ukrainisch	0,1	223	Griechisch	0,1	192	Portugal	0,0	111
mazedonisch	0,1	192	Französisch	0,1	151	Rumänien	0,0	109
libanesisch	0,1	176	Sonstige	0,9	1.967	sonstige	1,1	2.394
US-amerikanisch	0,1	161	Insgesamt	100,0	224.398	Insgesamt	100,0	224.398
niederländisch	0,1	131						
marokkanisch	0,1	126						
luxemburgisch	0,1	125						
pakistanisch	0,1	119						
französisch	0,1	114						
iranisch	0,0	107						
afghanisch	0,0	104						
sonstige	1,0	2.149						
Insgesamt	100,0	224.398						

Anhang XIV: Schüler nach spezifischer nichtdeutscher Staatsangehörigkeit, Sprache
und nach spezifischem nichtdeutschen Geburtsland in % der Klassenstufen 5 bis 9 in Rheinland-Pfalz (Fallzahlkriterium: mindestens 100 Schüler je
Ausprägung; Schuljahr 2008/09)

Staats-angehörigkeit	Anteil	Häufig-keit	Sprache	Anteil	Häufig-keit	Geburtsland	Anteil	Häufig-keit
deutsch	-	-	Deutsch	-	-	Deutschland	-	-
türkisch	41,3	6.917	Türkisch	33,6	5.676	Russland	21,7	2.079
italienisch	7,6	1.272	Russisch	23,6	3.983	Kasachstan	15,2	1.454
albanisch	4,8	809	Albanisch	5,6	948	Türkei	8,0	764
serbisch	4,0	672	Italienisch	4,8	811	Polen	6,6	636
polnisch	3,6	606	Polnisch	4,3	731	Irak	3,3	313
russisch	2,8	468	Arabisch	3,9	665	USA	3,1	296
vietnamesisch	2,6	443	Englisch	2,0	339	Ukraine	3,1	293
irakisch	2,1	355	Portugiesisch	1,9	319	Albanien	3,0	292
bosnisch-herz.	2,0	335	Serbisch	1,7	282	Thailand	2,7	256
portugiesisch	1,9	326	Kurdisch	1,4	228	Serbien	2,0	189
griechisch	1,8	301	Spanisch	1,2	200	Luxemburg	1,5	144
kroatisch	1,6	273	Bosnisch	1,1	194	Italien	1,3	127
thailändisch	1,5	257	Kroatisch	1,1	193	Brasilien	1,3	127
ukrainisch	1,3	223	Griechisch	1,1	192	Portugal	1,2	111
mazedonisch	1,1	192	Französisch	0,9	151	Rumänien	1,1	109
libanesisch	1,1	176	Sonstige	11,7	1.967	sonstige	25,0	2.394
US-amerikanisch	1,0	161	Insgesamt	100,0	16.879	Insgesamt	100,0	9.584
niederländisch	0,8	131						
marokkanisch	0,8	126						
luxemburgisch	0,7	125						
pakistanisch	0,7	119						
französisch	0,7	114						
iranisch	0,6	107						
afghanisch	0,6	104						
sonstige	12,8	2.149						
Insgesamt	100,0	16.761						

Anhang XV: Anzahl der im Ausland geborenen Schüler nach Zuzugsalter bzw. Generationenstatus der Klassenstufen 5 bis 9 in Rheinland-Pfalz (Schuljahr 2008/09)

Zuzugsalter	Anzahl	Generationenstatus (bzw. Zuzugsalter von ... bis ... Jahre)	Anzahl insgesamt
0	661		
1	929		
2	882	1,75. Generation (0-5 Jahre)	4.943
3	865		
4	774		
5	832		
6	939		
7	810		
8	606		
9	538	1,5. Generation (6-12 Jahre)	4.090
10	481		
11	410		
12	306		
13	253		
14	155		
15	103	1,25. Generation (13-17 Jahre)	551
16	33		
17	7		
Insgesamt	9.584	1. Generation	9.584

Anhang XVI a): Anteil der Schüler mit spezifischem Migrationshintergrund nach Generationenstatus in %, Anzahl der Schüler mit spezifischem Migrationshintergrund
insgesamt der Klassenstufen 5 bis 9 in Rheinland-Pfalz (Schuljahr 2008/09)

Migrationshintergrund	1. Generation	2. Generation	Anzahl insgesamt
	in %		
afghanisch	47,7	52,3	111
albanisch	32,9	67,1	855
bosnisch-herz.	19,2	80,8	338
britisch	50,0	50,0	138
französisch	50,3	49,7	155
griechisch	20,8	79,2	317
irakisch	78,4	21,6	402
iranisch	58,5	41,5	118
italienisch	9,8	90,2	1.296
kroatisch	19,9	80,1	286
libanesisch	27,0	73,0	185
luxemburgisch	74,9	25,1	183
marokkanisch	29,2	70,8	137
mazedonisch	27,8	72,2	198
niederländisch	54,7	45,3	150
österreichisch	51,1	48,9	92
pakistanisch	48,1	51,9	133
polnisch	74,3	25,7	853
portugiesisch	33,7	66,3	356
russisch	94,1	5,9	2.212
serbisch	29,7	70,3	697
spanisch	38,1	61,9	118
thailändisch	82,5	17,5	303
türkisch	11,0	89,0	7.011
ukrainisch	83,7	16,3	349
US-amerikanisch	76,0	24,0	388
vietnamesisch	18,1	81,9	459
sonstiger MH	78,0	22,0	4.038
mit MH insgesamt	43,8	56,2	21.878

MH = Migrationshintergrund

Anhang XVI b): Anteil der Schüler mit spezifischem Migrationshintergrund nach Generationenstatus in % der Klassenstufen 5 bis 9 in Rheinland-Pfalz (Schuljahr 2008/09)

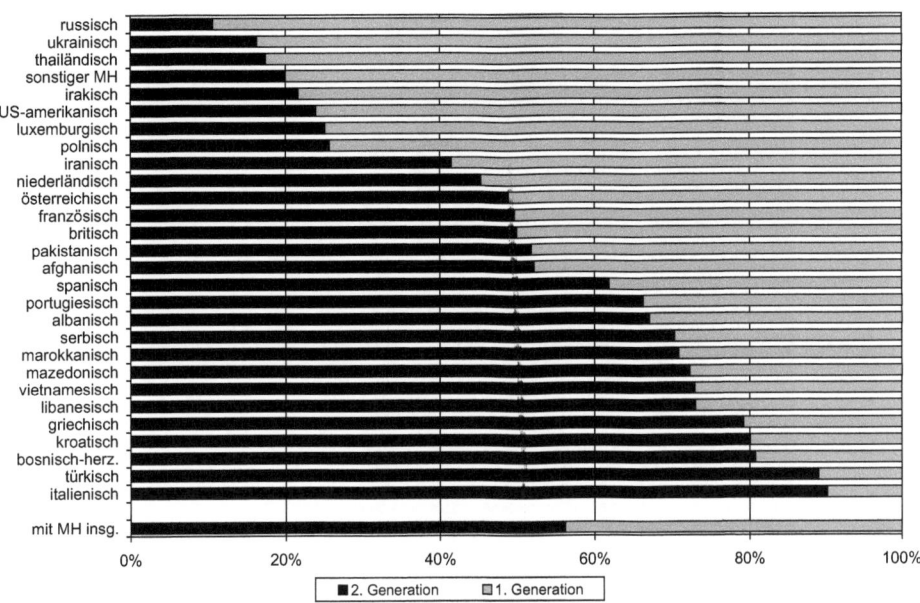

Anhang XVII: Schüler mit Migrationshintergrund nach Herkunftsgruppen und Geschlecht (männlich / weiblich) in % der Klassenstufen 5 bis 9 in Rheinland-Pfalz (Schuljahr 2008/09)

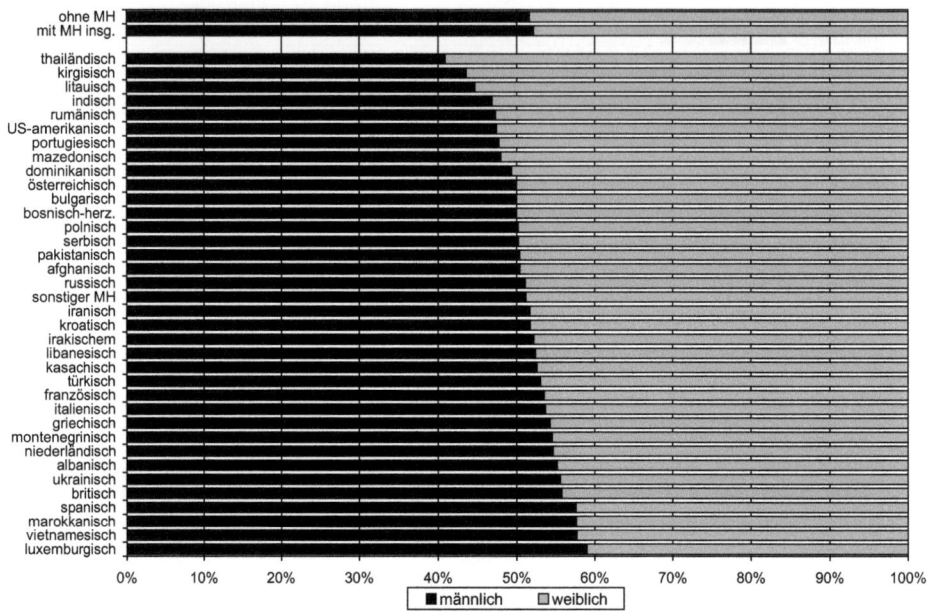

Anhang XVIII: Schüler mit Migrationshintergrund nach Herkunftsgruppen, Generationenstatus (1. vs. 2. Generation) und Geschlecht (männlich / weiblich) in %, Klassenstufen 5 bis 9 in Rheinland-Pfalz (Schuljahr 2008/09)

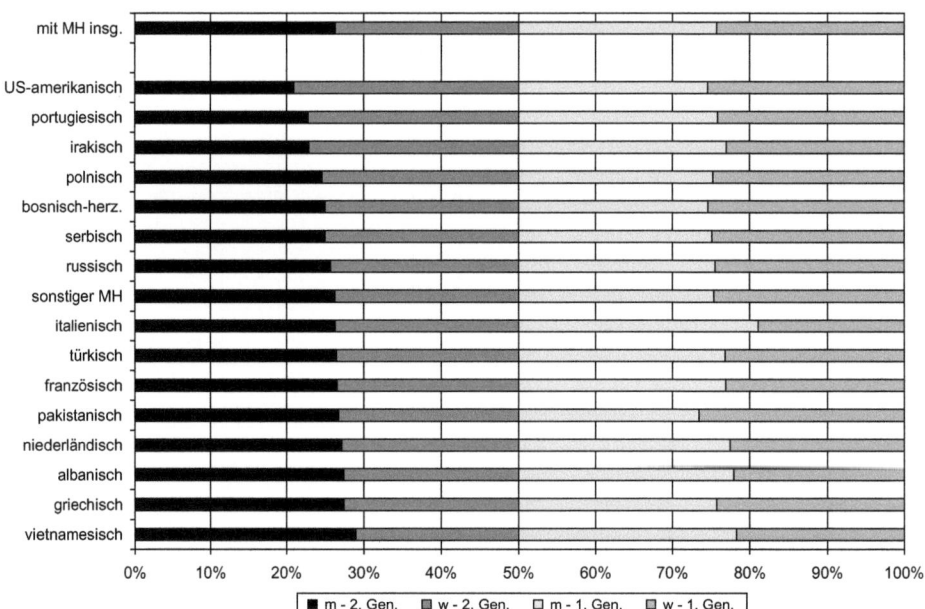

Anhang XIX: **Abgänger nach überwiegender Familiensprache und erreichtem Schulabschluss in % in Rheinland-Pfalz (Abgangsjahr 2009)**

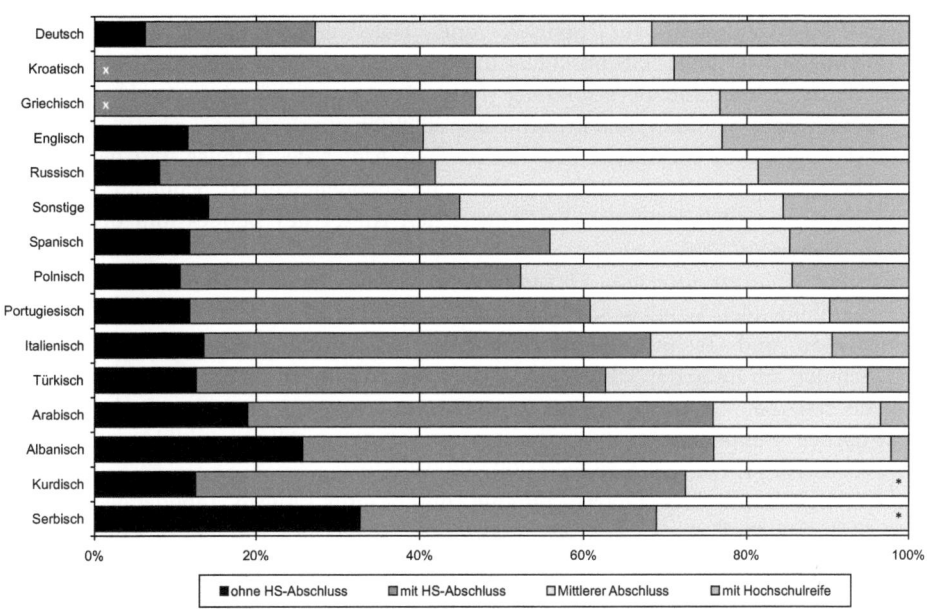

HS = Hauptschul(e)

x= aus datenschutzrechtlichen Gründen werden kleine Fallzahlen von Abgängern ohne Hauptschulabschluss nicht dargestellt, diese werden aggregiert zusammen mit den Abgängern mit Hauptschulabschluss ausgewiesen.

*= aus datenschutzrechtlichen Gründen werden kleine Fallzahlen von Abgängern mit Hochschulreife nicht dargestellt, diese werden aggregiert zusammen mit den Abgängern mit Mittlerem Abschluss ausgewiesen.

Anhang XX: **Abgänger nach Geburtsland und erreichtem Schulabschluss in % in Rheinland-Pfalz (Abgangsjahr 2009)**

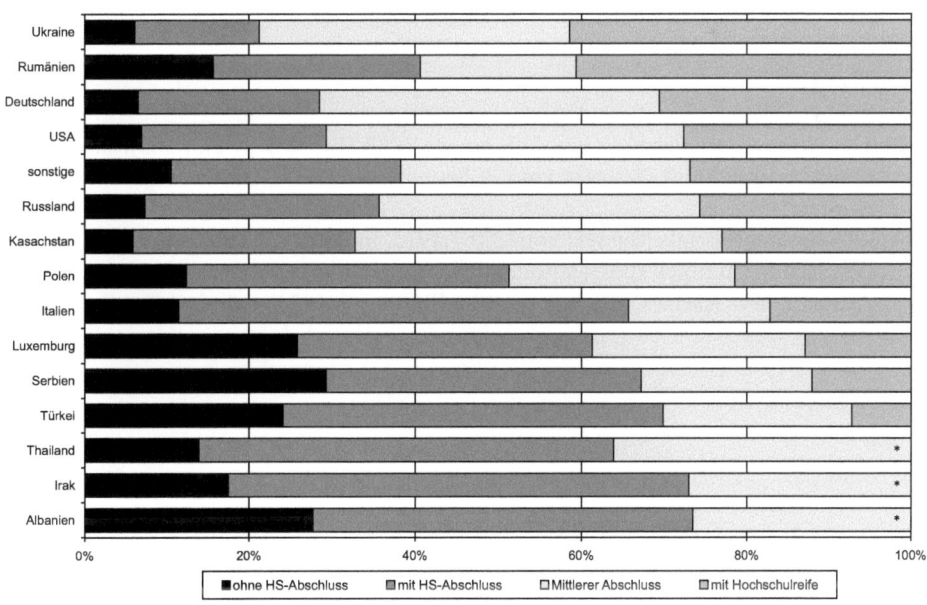

HS = Hauptschul(e); *= aus datenschutzrechtlichen Gründen werden kleine Fallzahlen von Abgängern mit Hochschulreife nicht dargestellt, diese werden unter den Abgängern mit Mittlerem Abschluss subsumiert.

Datenquellen

Bayerisches Landesamt für Statistik und Datenverarbeitung (LfStaD Bayern): Sonderauswertung – Grundschüler in Bayern im Schuljahr 2008/09.

Behörde für Schule und Berufsbildung (BSB) Hamburg: Schülerinnen und Schüler in Hamburger Grundschulen im Schuljahr 2008/09.

FDZ (Forschungsdatenzentren) der Statistischen Ämter des Bundes und der Länder, rheinland-pfälzische Statistik der allgemeinbildenden Schulen, Schuljahr 2008/09.

FDZ (Forschungsdatenzentren) der Statistischen Ämter des Bundes und der Länder, Mikrozensus 2009.

Hessisches Kultusministerium, Hessisches Statistisches Landesamt: Statistik der allgemeinbildenden Schulen, Schuljahre 2008/09 und 2010/11.

Information und Technik NRW (IT.NRW): Schulabgänge an allgemeinbildenden Schulen am Ende des Schuljahres, eigene Berechnungen für die Schuljahre 2002/03 bis 2007/08.

Statistisches Bundesamt (2008): Bildung und Kultur. Allgemeinbildende Schulen. Fachserie 11, Reihe 1, Schuljahr 2007/08, Wiesbaden.

Statistisches Bundesamt (2009): Bildung und Kultur. Allgemeinbildende Schulen. Fachserie 11, Reihe 1, Schuljahr 2008/09, Wiesbaden.

Statistisches Bundesamt (2011a): Bevölkerung und Erwerbstätigkeit. Bevölkerung mit Migrationshintergrund – Ergebnisse des Mikrozensus 2010. Fachserie 1, Reihe 2.2. Wiesbaden: Statistisches Bundesamt.

Statistisches Bundesamt (2011b): Bildung und Kultur – Allgemeinbildende Schulen. Fachserie 11, Reihe 1, Schuljahr 2010/11. Wiesbaden.

Statistisches Bundesamt (2011c): Bevölkerung und Erwerbstätigkeit. Ausländische Bevölkerung – Ergebnisse des Ausländerzentralregisters. Fachserie 1, Reihe 2, Wiesbaden.

Statistisches Bundesamt (2013): Fortschreibung des Bevölkerungsstandes. Wiesbaden.

Gesetzestexte

BStatG – Bundesstatistikgesetz vom 22. Januar 1987 (BGBl. I S. 462, 565), das zuletzt durch Artikel 3 des Gesetzes vom 7. September 2007 (BGBl. I S. 2246) geändert worden ist.

StAG – Staatsangehörigkeitsgesetz vom 22.07.1913, in der im Bundesgesetzblatt Teil III, Gliederungsnummer 102-1, veröffentlichten bereinigten Fassung, das zuletzt durch Artikel 2 des Gesetzes vom 1. Juni 2012 (BGBl. I S. 1224) geändert worden ist.

Abkürzungsverzeichnis

Administrative Abkürzungen

BE	Berlin
BR	Brandenburg
BRD	Bundesrepublik Deutschland
BW	Baden-Württemberg
BY	Bayern
D	Deutschland
EU	Europäische Union
HB	Bremen
HE	Hessen
HH	Hamburg
MV	Mecklenburg-Vorpommern
NI	Niedersachsen
NW	Nordrhein-Westfalen
RP	Rheinland-Pfalz
SH	Schleswig-Holstein
SL	Saarland
SN	Sachsen
ST	Sachsen-Anhalt
TH	Thüringen

Abkürzungen in Abbildungen

Abi	Abitur
AGBSF	Allgemeinbildende Schulformen insgesamt
dt.	deutsch(e)
FHR	Fachhochschulreife
FOR	Fachoberschulreife
geb.	geboren
HSA	Hauptschulabschluss
HSR	Hochschulreife
insg.	insgesamt
MAS	Mittlerer Abschluss
MH	Migrationshintergrund
ndt.	nichtdeutsch(e)
n.v.	nicht vorhanden
od.	oder
RLP	Rheinland-Pfalz
SOWFSF	sonstige weiterführende Schulform(en)
StA	Staatsangehörigkeit
vs.	versus

Sonstige Abkürzungen

BSB	Behörde für Schule und Berufsbildung (Hamburg)
BStatG	Bundesstatistikgesetz
FDZ	Forschungsdatenzentrum bzw. /-en
KMK	Kultusministerkonferenz
NRW	Nordrhein-Westfalen
PP	Prozentpunkt(e)
Rn.	Randnummer
RRI	Relativer-Risiko-Index
RuStAG	‚Reichs- und Staatsangehörigkeitsgesetz'
StAG	Staatsangehörigkeitsgesetz
vs.	versus

Literatur

Alba, Richard D./ Handl, Johann/ Müller, Walter (1994): Ethnische Ungleichheiten im deutschen Bildungssystem. In: Kölner Zeitschrift für Soziologie und Sozialpsychologie, Jg. 46., H. 2, S. 209-237.

Alt, Jörg (2005): Illegalität im Städtevergleich: Leipzig – München – Berlin. In: IMIS-Beiträge, H. 27, S. 71-87.

Arnold, Karl-Heinz/ Bos, Wilfried/ Richert, Peggy/ Stubbe, Tobias C. (2007): Schullaufbahnpräferenzen am Ende der vierten Klassenstufe. In: Bos, Wilfried/ Hornberg, Sabine/ Arnold, Karl-Heinz/ Faust, Gabriele/ Fried, Lilian/ Lankes, Eva-Maria/ Schwippert, Knut/ Valtin, Renate (Hrsg.): IGLU 2006 – Lesekompetenzen von Grundschulkindern in Deutschland im internationalen Vergleich. Münster u. a.: Waxmann, S. 271-297.

Arrow, Kenneth J. (1973): The theory of discrimination. In: Ashenfelter, Orley/ Rees, Albert (Hrsg.): Discrimination in Labor Markets. Princeton. NJ: Princeton University Press, S. 3-33.

Arslan, Emre (2009): Türkische Migranten in Deutschland. In: Ders.: Der Mythos der Nation im Transnationalen Raum. Türkische graue Wölfe in Deutschland. Wiesbaden: VS, S. 21-38.

Autorengruppe Bildungsberichterstattung (Hrsg.) (2008): Bildung in Deutschland 2008. Ein indikatorengestützter Bericht mit einer Analyse zu Übergängen im Anschluss an den Sekundarbereich I. Bielefeld: WBV.

Autorengruppe Bildungsberichterstattung (Hrsg.) (2010): Bildung in Deutschland 2010. Ein indikatorengestützter Bericht mit einer Analyse zu Perspektiven des Bildungswesens im demografischen Wandel. Bielefeld: WBV.

Autorengruppe Bildungsberichterstattung (Hrsg.) (2012): Bildung in Deutschland 2012. Ein indikatorengestützter Bericht mit einer Analyse zur kulturellen Bildung im Lebenslauf. Bielefeld: WBV.

Avenarius, Hermann/ Ditton, Hartmut/ Döbert, Hans/ Klemm, Klaus/ Klieme, Eckhard/ Rürup, Matthias/ Tenorth, Heinz-Elmar/ Weishaupt, Horst/ Weiß, Manfred (2003): Bildungsbericht für Deutschland – Erste Befunde. Opladen: Leske + Budrich.

Baumert, Jürgen/ Artelt, Cordula (2003): Bildungsgang und Schulstruktur. In: *Pädagogische Führung. Zeitschrift für Schulleitung und Schulberatung.* H. 4, S. 188-192.

Baumert, Jürgen/ Maaz, Kai (2012): Migration und Bildung in Deutschland. In: Die Deutsche Schule, Jg. 104, H. 3, S. 279-302.

Baumert, Jürgen/ Schümer, Gundel (2001): Familiäre Lebensverhältnisse, Bildungsbeteiligung und Kompetenzerwerb. In: Baumert, Jürgen/ Klieme, Eckhard/ Neubrand, Michael/ Prenzel, Manfred/ Schiefele, Ulrich/ Schneider, Wolfgang/ Stanat, Petra/ Tillmann Klaus-Jürgen/ Weiß, Manfred (Hrsg.): PISA 2000. Basiskompetenzen von Schülerinnen und Schülern im internationalen Vergleich. Opladen: Leske + Budrich, S. 323-410.

Baumert, Jürgen/ Schümer, Gundel (2002): Familiäre Lebensverhältnisse, Bildungsbeteiligung und Kompetenzerwerb im nationalen Vergleich. In: Baumert, Jürgen/ Artelt, Cordula/ Klieme, Eckhard/ Neubrand, Michael/ Prenzel, Manfred/ Schiefele, Ulrich/ Schneider, Wolfgang/ Tillmann, Klaus-Jürgen/ Weiß, Manfred (Hrsg.): PISA 2000 – Die Länder der Bundesrepublik Deutschland im Vergleich. Opladen: Leske + Budrich, S. 159-202.

Baumert, Jürgen/ Carstensen, Claus H./ Siegle, Thilo (2005): Wirtschaftliche, soziale und kulturelle Lebensverhältnisse und regionale Disparitäten des Kompetenzerwerbs. In: PISA-Konsortium Deutschland (Hrsg.): PISA 2003. Der zweite Vergleich der Länder in Deutschland – was wissen und was können Jugendliche? Münster u. a.: Waxmann, S. 323-365.

Baumert, Jürgen/ Stanat, Petra/ Watermann, Rainer (2006): Schulstruktur und die Entstehung differenzieller Lern- und Entwicklungsmilieus. In: Dies. (Hrsg.): Herkunftsbedingte Disparitäten im Bildungswesen: Differenzielle Bildungsprozesse und Probleme der Verteilungsgerechtigkeit. Wiesbaden: VS, S. 95-188.

BBMFI – Beauftragte der Bundesregierung für Migration, Flüchtlinge und Integration (Hrsg.) (2005): 6. Bericht der Beauftragten der Bundesregierung für Migration, Flüchtlinge und Integration über die Lage der Ausländerinnen und Ausländer in Deutschland. Berlin.

BBMFI – Beauftragte der Bundesregierung für Migration, Flüchtlinge und Integration (Hrsg.) (2008): Wege zur Einbürgerung. Wie werde ich Deutsche – wie werde ich Deutscher? Berlin. URL: http://www.bundesregierung.de/Webs/Breg/ DE/Bundesregierung/BeauftragtefuerIntegration/Einbuergerung/_node.html [30.05.2012].

Beck, Michael/ Jäpel, Franziska/ Becker, Rolf (2010): Determinanten des Bildungserfolgs von Migranten. In: Quenzel, Gudrun/ Hurrelmann, Klaus (Hrsg.): Bildungsverlierer. Neue Ungleichheiten. Wiesbaden: VS, S. 289-311.

Becker, Birgit (2007): Bedingungen der Wahl vorschulischer Einrichtungen unter besonderer Berücksichtigung ethnischer Unterschiede (Arbeitspapiere Nr. 101). Mannheim: Mannheimer Zentrum für Europäische Sozialforschung.

Becker, Birgit (2010): Bildungsaspirationen von Migranten: Determinanten und Umsetzung in Bildungsergebnisse. Arbeitspapiere – Mannheimer Zentrum für Europäische Sozialforschung, Nr. 137, Mannheim.

Becker, Rolf (2000): Klassenlage und Bildungsentscheidungen. Eine empirische Anwendung der Wert-Erwartungstheorie. In: Kölner Zeitschrift für Soziologie und Sozialpsychologie, Jg. 52, H. 3, S. 450-475.

Becker, Rolf (2009): Entstehung und Reproduktion dauerhafter Bildungsungleichheiten. In: Ders. (Hrsg.): Lehrbuch der Bildungssoziologie. Wiesbaden: VS, S. 85-129.

Becker, Rolf (2011): Integration von Migranten durch Bildung und Ausbildung – theoretische Erklärungen und empirische Befunde. In: Ders. (Hrsg.): Integration durch Bildung. Wiesbaden: VS, S. 11-36.

Becker, Rolf/ Beck, Michael (2011): Migration. Sprachförderung und soziale Integration. Eine Evaluation der Sprachförderung von Berliner Schulkindern mit Migrationshintergrund anhand von ELEMENT-Panel-Daten. In: Becker, Rolf (Hrsg.): Integration durch Bildung. Wiesbaden: VS, S. 121-138.

Becker, Rolf/ Beck, Michael (2012): Herkunftseffekte oder Statistische Diskriminierung von Migrantenkindern in der Primarstufe. In: Becker, Rolf/Solga, Heike (Hrsg.): Soziologische Bildungsforschung KZfSS-Sonderheft Nr. 52. Wiesbaden: Springer-VS, S. 137-163.

Becker, Birgit/ Biedinger, Nicole (2006): Ethnische Bildungsungleichheit zu Schulbeginn. In: Kölner Zeitschrift für Soziologie und Sozialpsychologie, Jg. 58, H. 4, S. 660-684.

Becker, Rolf/ Hadjar, Andreas (2009): Meritokratie – Zur gesellschaftlichen Legitimation ungleicher Bildungs-, Erwerbs- und Einkommenschancen in modernen Gesellschaften. In: Becker, Rolf (Hrsg.): Lehrbuch der Bildungssoziologie. Wiesbaden: VS, S. 35-59.

Becker, Rolf/ Lauterbach, Wolfgang (2004a): Dauerhafte Bildungsungleichheiten – Ursachen, Mechanismen, Prozesse und Wirkungen. In: Becker, Rolf/ Lauterbach, Wolfgang (Hrsg.): Bildung als Privileg? Erklärungen und Befunde zu den Ursachen der Bildungsungleichheit. Wiesbaden, S. 9-40.

Becker, Rolf/ Lauterbach, Wolfgang (2004b): Vom Nutzen vorschulischer Kinderbetreuung für Bildungschancen. In: Becker, Rolf/ Lauterbach, Wolfgang (Hrsg.): Bildung als Privileg? Erklärungen und Befunde zu den Ursachen der Bildungsungleichheit. Wiesbaden, S. 127-159.

Becker, Rolf/ Schubert, Frank (2006): Soziale Ungleichheit von Lesekompetenzen. Eine Matching-Analyse im Längsschnitt mit Querschnittdaten von PIRLS 2001 und PISA 2000. In: Kölner Zeitschrift für Soziologie und Sozialpsychologie, Jg. 58, H. 2, S. 253-284.

Becker, Rolf/ Schubert, Frank (2011): Die Rolle von primären und sekundären Herkunftseffekten für Bildungschancen von Migranten im deutschen Schulsystem. In: Becker, Rolf (Hrsg.): Integration durch Bildung. Wiesbaden: VS, S. 161-194.

Becker, Michael/ Stanat, Petra/ Baumert, Jürgen/ Lehmann, Rainer (2008): Lernen ohne Schule: Differenzielle Entwicklung der Leseleistungen von Kindern mit und ohne Migrationshintergrund während der Sommerferien. In: Kalter, Frank (Hrsg.): Migration und Integration. KZfSS Sonderheft, Nr. 48. Wiesbaden: VS, S. 252-276.

Becker, Rolf/ Tremel, Patricia (2006): Auswirkungen vorschulischer Kinderbetreuung auf die Bildungschancen von Migrantenkindern. In: Soziale Welt, Jg. 57, H. 4, S. 397-418.

Becker, Rolf/ Tremel, Patricia (2011): Bildungseffekte vorschulischer Betreuung, Erziehung und Bildung für Migranten im deutschen Schulsystem. In: Becker, Rolf (Hrsg.): Integration durch Bildung. Wiesbaden: VS, S. 57-70.

Bednarz-Braun, Iris/ Heß-Meining, Ulrike (2004): Migration, Ethnie und Geschlecht. Theorieansätze, Forschungsstand, Forschungsperspektiven. Wiesbaden: VS.

Beicht, Ursula/ Granato, Mona (2009): Übergänge in eine berufliche Ausbildung. Geringere Chancen und schwierige Wege für junge Menschen mit Migrationshintergrund. WISO-Diskurs, Bonn: Friedrich-Ebert-Stiftung.

Bellenberg, Gabriele (2012): Schulformwechsel in Deutschland. Schulformwechsel in Deutschland – Durchlässigkeit und Selektion in den 16 Schulsystemen der Bundesländer innerhalb der Sekundarstufe I, Gütersloh: Bertelsmann-Stiftung.

Below, Susanne von (2002): Bildungssysteme und soziale Ungleichheit. Das Beispiel der neuen Bundesländer. Leske + Budrich, Opladen 2002.

Below, Susanne von (2004): Zur doppelten Relevanz der Generation: Bildung und Erwerbstätigkeit junger Migranten in Deutschland. In: Szydlik, Marc (Hrsg.): Generation und Ungleichheit. Wiesbaden: VS, S. 191-213.

Bender-Szymanski, Dorothea/ Kodron, Christoph/ Plath, Ingrid (2004): Die Bildungssituation von Migrantenkindern. In: Praxis Schule, H. 6, S. 5-10.

Beuchling, Olaf (2003): Vom Bootsflüchtling zum Bundesbürger. Migration, Integration und schulischer Erfolg in einer vietnamesischen Exilgemeinschaft. Zugleich Univ.-Diss., Interkulturelle Bildungsforschung, Bd. 11, Münster u. a.: Waxmann.

BIBB – Bundesinstitut für Berufsbildung (2009): Datenreport zum Berufsbildungsbericht 2009. Informationen und Analysen zur Entwicklung der beruflichen Bildung. Bonn: BIBB.

BIBB – Bundesinstitut für Berufsbildung (2010): Datenreport zum Berufsbildungsbericht 2010. Informationen und Analysen zur Entwicklung der beruflichen Bildung. Bonn: BIBB.

BMI – Bundesministerium des Innern (2008): Migrationsbericht 2007. Berlin: Bonifatius.

BMI – Bundesministerium des Innern (2009): Vorläufige Anwendungshinweise des Bundesministeriums des Innern – zum Staatsangehörigkeitsgesetz in der Fassung des Gesetzes zur Änderung des Staatsangehörigkeitsgesetzes vom 5. Februar 2009 (BGBl. I S. 158). URL: http://www.bmi.bund.de/SharedDocs/Downloads/DE/ Themen/MigrationIntegration/Staatsangehoerigkeit/Anwendungshinweise_05_ 2009.pdf?__blob=publicationFile [08.08.2012].

Boldt, Thea D. (2012): Die stille Integration. Identitätskonstruktionen von polnischen Migranten in Deutschland. Frankfurt a. M./New York: Campus.

Bömermann, Hartmut/ Rehkämper, Klaus/ Rockmann, Ulrike (2008): Neue Daten zur Bevölkerung mit Migrationshintergrund. In: Zeitschrift für amtliche Statistik Berlin-Brandenburg. Jg. 2, H. 3, S. 20-28.

Bonsen, Martin/ Bos, Wilfried/ Gröhlich, Carola/ Harney, Benjamin/ Imhäuser, Kurt/ Makles, Anna/ Schräpler, Jörg-Peter/ Terpoorten, Tobias/ Weishaupt, Horst/ Wendt, Heike (2010): Zur Konstruktion von Sozialindizes. Ein Beitrag zur Analyse sozialräumlicher Benachteiligung von Schulen als Voraussetzung für qualitative Schulentwicklung. Bildungsforschung Bd. 31, Herausgegeben vom Bundesministerium für Bildung und Forschung (BMBF). Bonn/ Berlin: BMBF.

Boos-Nünning, Ursula (2005): Kinder und Jugendliche mit Migrationshintergrund – Armut und soziale Deprivation. In: Zander, Margherita (Hrsg.): Kinderarmut. Einführendes Handbuch für Forschung und soziale Praxis. Wiesbaden, S. 161-180.

Boos-Nünning, Ursula/ Karakaşoğlu-Aydın, Yasemin (2006): Viele Welten leben. Zur Lebenssituation von Mädchen und jungen Frauen mit Migrationshintergrund. 2. Auflage. Münster u. a.: Waxmann.

Bortz, Jürgen/ Döring, Nicola (2006): Forschungsmethoden und Evaluation für Human- und Sozialwissenschaftler. 4. Auflage. Heidelberg: Springer.

Bos, Wilfried/ Pietsch, Marcus/ Gröhlich, Carola/ Janke, Nike (2006): Ein Belastungs- index für Schulen als Grundlage der Ressourcenzuweisung am Beispiel von KESS 4. Versuch einer Klassifizierung von Schultypen. In: Bos, Wilfried/ Holtappels, Heinz Günter/ Pfeiffer, Hermann/ Rolff, Hans-Günter/ Schulz-Zander, Renate (Hrsg.): Jahrbuch der Schulentwicklung. Bd. 14. Weinheim u. a.: Juventa, S. 149- 160.

Böttcher, Wolfgang/ Klemm, Klaus (2000): Das Bildungswesen und die Reproduktion von herkunftsbedingter Benachteiligung. In: Frommelt, Bernd/ Klemm, Klaus/ Rösner, Ernst/ Tillmann, Klaus-Jürgen (Hrsg.): Schule am Ausgang des 20. Jahr- hunderts – Gesellschaftliche Ungleichheit, Modernisierung und Steuerungs- probleme im Prozeß der Schulentwicklung. Festschrift für Hans-Günter Rolff zum 60. Geburtstag. Weinheim u. a.: Juventa, S. 11-43.

Boudon, Raymond (1974): Education, Opportunity, and Social Inequality – Changing Prospects in Western Society. New York u. a.: Wiley.

Bourdieu, Pierre (1983): Ökonomisches Kapital, kulturelles Kapital, soziales Kapital. In: Kreckel, Reinhard (Hrsg.): Soziale Ungleichheiten. Soziale Welt, Sonderband 2, Göttingen, S. 183-198.

Bourdieu, Pierre (1991a): Physischer, sozialer und angeeigneter physischer Raum. In: Wentz, Martin (Hrsg.): Stadt-Räume. Die Zukunft des Städtischen. Frankfurter Beiträge, Bd. 2, Frankfurt und New York, S. 25-34.

Bourdieu, Pierre (1991b): Sozialer Raum und ,Klassen'. Leçon sur la leçon. 2. Auflage. Frankfurt am Main: Suhrkamp.

Bourdieu, Pierre/ Passeron, Jean-Claude (1971): Die Illusion der Chancengleichheit: Untersuchungen zur Soziologie des Bildungswesens am Beispiel Frankreichs. Stuttgart.

Breen, Richard/ Luijkx, Ruud/ Müller, Walter/ Pollak, Reinhard (2012): Bildungsdisparitäten nach sozialer Herkunft und Geschlecht im Wandel. In: Becker, Rolf/ Solga, Heike (Hrsg.): Soziologische Bildungsforschung. KZfSS-Sonderheft Nr. 52. Wiesbaden: Springer-VS, S. 346-372.

Britz, Lisa (2007): Bildungsungleichheit und Ansätze interkultureller Pädagogik. In: Bundeszentrale für politische Bildung (Hrsg.): Dossier Migration. URL: http://www.bpb.de/themen/1IT3UG.html [17.06.2013].

Brosius, Felix (2011): SPSS 19. Heidelberg u. a.: mitp.

Büchel, Felix/ Wagner, Gert (1996): Soziale Differenzen der Bildungschancen in Westdeutschland – Unter besonderer Berücksichtigung von Zuwandererkindern. In: Zapf, Wolfgang et al. (Hrsg.): Lebenslagen im Wandel: Sozialberichterstattung im Längsschnitt. Frankfurt und New York, S. 80-96.

Burgard, Peter (1998): Darstellung und Analyse des Zusammenhanges nominalskalierter Daten am Beispiel der Überrepräsentation ausländischer Schüler an deutschen Sonderschulen für Lernbehinderte. Arbeitsbericht I des Forschungsprojekts: Zur Erklärung der Überrepräsentation ausländischer Schülerinnen und Schüler an Förderschulen (Schulen für Lernbehinderte). Pädagogische Hochschule Heidelberg. (Unveröffentlichtes Manuskript).

Burgmaier, Florian/ Traub, Angelika (2007): Schüler mit Migrationshintergrund. Auf die Definition kommt es an! In: Zeitschrift für Bildungsverwaltung. Jg. 23, H. 2, S. 5-16.

Christe, Gerhard (2011): Notwendig, aber reformbedürftig! Die vorberufliche Bildung für Jugendliche mit Migrationshintergrund. Bonn: Abteilung Wirtschafts- und Sozialpolitik der Friedrich Ebert Stiftung.

Clausen, Marten (2006): Warum wählen Sie genau diese Schule? Eine inhaltsanalytische Untersuchung der Begründung der Wahl der Einzelschule innerhalb eines Bildungsgangs. In: Zeitschrift für Pädagogik. Jg. 52, H. 1, S. 69-90.

Cloerkes, Günther (2003): Zahlen zum Staunen. Die deutsche Schulstatistik. In: Ders. (Hrsg.): Wie man behindert wird – Texte zur Konstruktion einer sozialen Rolle und zur Lebenssituation betroffener Menschen. Materialien zur Soziologie der Behinderten, Bd. 1. Heidelberg: Winter, S. 11-23.

Cohen, Jacob (1988). Statistical power analysis for the behavioral sciences. 2. Auflage. Hillsdale, NJ: Lawrence Earlbaum Associates.

Deutscher Bildungsserver (2013): Glossar zum Bildungswesen der Bundesrepublik Deutschland. URL: http://www.bildungsserver.de/glossar.html [25.06.2013].

Deutscher Bundestag (2011): Ausländische Streitkräfte in Deutschland. Antwort der Bundesregierung auf die Kleine Anfrage der Abgeordneten Paul Schäfer (Köln), Inge Höger, Jan van Aken, weiterer Abgeordneter und der Fraktion DIE LINKE – Drucksache 17/5279. Drucksache 17/5586 vom 14.04.2011.

Diefenbach, Heike (2002a): Bildungsbeteiligung und Berufseinmündung von Kindern und Jugendlichen aus Migrantenfamilien. Eine Fortschreibung der Daten des Sozio-Ökonomischen Panels (SOEP). In: Sachverständigenkommission Elfter Kinder- und Jugendbericht (Hrsg.): Migration und die europäische Integration. Herausforderungen für die Kinder- und Jugendhilfe, Bd. 5, München, S. 9-70.

Diefenbach, Heike (2002b): Relative-Risiko-Indizes für die Über- bzw. Unterrepräsentation von ausländischen Schülern an allgemein bildenden Schulen des gegliederten Schulsystems im Bundesgebiet und in den einzelnen Bundesländern im Jahre 2002, S. 1-31. URL: http://www2.studiberatung-potsdam.de/uploads/P-25-06-04Anlage2.pdf [20.05.2013].

Diefenbach, Heike (2004): Bildungschancen und Bildungs(miss)erfolg von ausländischen Schülern oder Schülern aus Migrantenfamilien im System schulische Bildung. In: Becker, Rolf/ Lauterbach, Wolfgang (Hrsg.): Bildung als Privileg? Erklärungen und Befunde zu den Ursachen der Bildungsungleichheit. Wiesbaden, S. 225-250.

Diefenbach, Heike (2007): Kinder und Jugendliche aus Migrantenfamilien im deutschen Bildungssystem. Erklärungen und empirische Befunde. Wiesbaden: VS.

Diefenbach, Heike (2009): Der Bildungserfolg von Schülern mit Migrationshintergrund im Vergleich zu Schülern ohne Migrationshintergrund. In: Becker, Rolf (Hrsg.): Lehrbuch der Bildungssoziologie. Wiesbaden: VS, S. 433-457.

Diefenbach, Heike (2011): Die Nachteile von Jugendlichen aus Migrantenfamilien gegenüber deutschen Jugendlichen bezüglich ihres schulischen Erfolgs – eine geschlechtsspezifische Betrachtung. In: Becker, Rolf (Hrsg.): Integration durch Bildung. Wiesbaden: VS, S. 139-159.

Diehl, Claudia (2002): Die Auswirkungen längerer Herkunftsaufenthalte auf den Bildungserfolg türkisch- und italienischstämmiger Schülerinnen und Schüler. Zeitschrift für Bevölkerungswissenschaft. Jg. 27, H. 2, S. 165-184.

Diehl, Claudia/ Blohm, Michael (2008): Die Entscheidung zur Einbürgerung – Optionen, Anreize und identifikative Aspekte. In: In: Kalter, Frank (Hrsg.): Migration und Integration. KZfSS Sonderheft, Nr. 48. Wiesbaden: VS, S. 437-464.

Diehl, Claudia/ Friedrich, Michael/ Hall, Anja (2009): Jugendliche ausländischer Herkunft beim Übergang in die Berufsausbildung: Vom Wollen, Können und Dürfen. In: Zeitschrift für Soziologie. Jg. 38, H. 1, S. 48-67.

Diehm, Isabell/ Radtke, Frank-Olaf (1999): Erziehung und Migration – Eine Einführung. Grundriß der Pädagogik, Bd. 3. Stuttgart u. a.: Kohlhammer.

Diekmann, Andreas (2007): Dimensionen des Sozialkapitals. In: Franzen, Axel/ Freitag, Markus (Hrsg.): Sozialkapital. Grundlagen und Anwendungen. Sonderheft der KZfSS, Bd. 47. Wiesbaden: VS, S. 47-65.

Ditton, Hartmut (2004): Schule und sozial-regionale Ungleichheit. In: Helsper, Werner/ Böhme, Jeanette (Hrsg.): Handbuch der Schulforschung. Wiesbaden: VS, S. 605-624.

Ditton, Hartmut (2007). Schulwahlentscheidungen unter sozial-regionalen Bedingungen. In: Böhm-Kasper, Oliver/ Schuchart, Claudia/ Schulzeck, Ursula (Hrsg.): Kontexte von Bildung. Erweiterte Perspektiven in der Bildungsforschung. Münster: Waxmann, S. 21-38.

Ditton, Hartmut (2010): Der Beitrag von Schule und Lehrern zur Reproduktion von Bildungsungleichheit. In: Becker, Rolf/ Lauterbach, Wolfgang (Hrsg.): Bildung als Privileg. 4. Auflage. Wiesbaden: VS, S. 247-275.

Ditton, Hartmut/ Aulinger, Juliane (2011): Schuleffekte und institutionelle Diskriminierung – eine kritische Auseinandersetzung mit Mythen und Legenden in der Schulforschung. In: Becker, Rolf (Hrsg.): Integration durch Bildung. Wiesbaden: VS, S. 95-119.

Ditton, Hartmut/ Eckert, Thomas/ Tarnai, Christian/ Saldern, Matthias von/ Wellenreuther, Martin (2011): Empirische Methoden. In: Jäger, Reinhold S./ Nenninger, Peter/ Petillon, Hans/ Schwarz, Bernd/ Wolf, Bernhard (Hrsg.). Empirische Pädagogik 1990-2010. Eine Bestandsaufnahme der Forschung in der

Bundesrepublik Deutschland. Bd. 1: Grundlegende empirische pädagogische Forschung. Landau: Verlag empirische Pädagogik. S. 7-48.

Dollmann, Jörg/ Kristen, Cornelia (2010): Herkunftssprache als Ressource für den Schulerfolg? Das Beispiel türkischer Grundschulkinder. In: Allemann-Ghionda, Cristina et al. (Hrsg.): Migration, Identität, Sprache und Bildungserfolg. Zeitschrift für Pädagogik, Jg. 56, 55. Beiheft, Weinheim/Basel: Beltz.

Ditton, Hartmut/ Krüsken, Jan/ Schauenberg, Magdalena (2005): Bildungsungleichheit – der Beitrag von Familie und Schule. In: Zeitschrift für Erziehungswissenschaft, Jg. 8, H. 2, S. 285-304.

Eberwein, Hans (2003): PISA und die Selektion von Kindern mit Lernschwierigkeiten. In: Zeitschrift für Heilpädagogik, Jg. 54, H. 8, S. 338-342.

Eckhart, Michael/ Haeberlin, Urs/ Sahli Lozano, Caroline/ Blanc, Philippe (2011): Langzeitwirkungen der schulischen Integration: Eine empirische Studie zur Bedeutung von Integrationserfahrungen in der Schulzeit für die soziale und berufliche Situation im jungen Erwachsenenalter. Beiträge zur Heil- und Sonderpädagogik 33. Bern: Haupt.

Edelmann, Doris (2012): Frühe Förderung von Kindern aus Familien mit Migrationshintergrund: Ansätze zwischen Integration, Kompensation und Befähigung. In: Matzner, Michael (Hrsg.): Handbuch Migration und Bildung. Weinheim u.a.: Beltz, S. 182-195.

El-Menouar, Yasemin/ Fritz, Martin (2009): Sozioökonomische Entwicklung und Wertvorstellungen in elf Regionen der Türkei. In: Kölner Zeitschrift für Soziologie und Sozialpsychologie, Jg. 61, H. 4, S. 535-561.

Esser, Hartmut (1990): Familienmigration und Schulkarriere ausländischer Kinder und Jugendlicher. In: Esser, Hartmut/ Friedrichs, Jürgen (Hrsg.): Generation und Identität. Theoretische und empirische Beiträge zur Migrationssoziologie. Studien zur Sozialwissenschaft, Bd. 97. Opladen: Westdeutscher Verlag, S. 127-146.

Esser, Hartmut (1999): Soziologie. Spezielle Grundlagen. Bd. 1: Situationslogik und Handeln. Frankfurt u.a.: Campus.

Esser, Hartmut (2000): Soziologie. Spezielle Grundlagen. Bd. 4: Opportunitäten und Restriktionen. Frankfurt u.a.: Campus.

Esser, Hartmut (2001): Integration und ethnische Schichtung. Arbeitspapiere – Mannheimer Zentrum für Europäische Sozialforschung, Nr. 40, Mannheim.

Esser, Hartmut (2006): Sprache und Integration. Die sozialen Bedingungen und Folgen des Spracherwerbs von Migranten. Frankfurt/New York: Campus.

Esser, Hartmut (2008): Kognitiv-kulturelle und strukturelle Integration. Spracherwerb und Einreisealter: Die schwierigen Bedingungen der Bilingualität. In: Kalter, Frank (Hrsg.): Migration und Integration. KZfSS Sonderheft, Nr. 48. Wiesbaden: VS, S. 202-229.

Esser, Hartmut (2010): Integration und ‚Multikulturalität'. In: Luft, Stefan/Schimany, Peter (Hrsg.): Integration von Zuwanderern. Erfahrungen, Konzepte, Perspektiven. Bielefeld: Transcript, S. 277-298.

Esser, Hartmut (2012): Sprache und Integration. Eine Zusammenfassung und einige Anmerkungen. In: Matzner, Michael (Hrsg.): Handbuch Migration und Bildung. Weinheim u.a.: Beltz, S. 140-154.

Faist, Thomas/ Fauser, Margit/ Reisenauer, Eveline (2011): Perspektiven der Migrationsforschung – Vom Transnationalismus zur Transnationalität. In: Soziale Welt, Jg. 62, H. 2, S. 203-220.

Faulstich-Wieland, Hannelore (2008): Schule und Geschlecht. In: Helsper, Werner/ Böhme, Jeanette (Hrsg.): Handbuch der Schulforschung. 2. Auflage. Wiesbaden: VS, S. 673-695.

Fend, Helmut (1981): Theorie der Schule. 2. Auflage. München u.a.: Urban & Schwarzenberg.

Fend, Helmut (2009): Neue Theorie der Schule. Einführung in das Verstehen von Bildungssystemen. 2. Auflage, Wiesbaden: VS.

Fendt, Manuela (2009): Libanon. In: AKUF/ Schreiber, Wolfgang (Hrsg.): Das Kriegsgeschehen 2007. Daten und Tendenzen der Kriege und bewaffneten Konflikte. Wiesbaden: VS, S. 166-174.

Fickermann, Detlef (1999): Grundschulzeugnis und Schulformwahlverhalten – Untersuchungen zur Leistungsselektivität beim Übergang in die Sekundarstufe I. In: Weishaupt, Horst (Hrsg.): Zum Übergang auf weiterführende Schulen – Statistische Analysen und Fallstudien. Erfurt Studien zur Entwicklung des Bildungswesens, Bd. 7. Erfurt: Pädagogische Hochschule, S. 113-155.

Flam, Helena (Hg.) (2007): Migranten in Deutschland. Statistiken – Fakten – Diskurse. Konstanz: UVK.

Frein, Thomas/ Möller, Gerd/ Petermann, Andreas/ Wilpricht, Michael (2006): Bedarfsgerechte Stellenzuweisung – das neue Instrument Sozialindex. In: SchulVerwaltung, Ausgabe Nordrhein-Westfalen. Jg. 17, H. 6, S. 188-189.

Friedrichs, Jürgen (1983): Stadtanalyse – Soziale und räumliche Organisation der Gesellschaft. 3. Auflage, Opladen: Westdeutscher Verlag.

Friedrichs, Jürgen (2008): Ethnische Segregation. In: Kalter, Frank (Hrsg.): Migration und Integration. KZfSS Sonderheft, Nr. 48. Wiesbaden: VS, S. 380-411.

Friedrichs, Jürgen/ Triemer, Sascha (2009): Gespaltene Städte? Soziale und ethnische Segregation in deutschen Großstädten. 2. Auflage. Wiesbaden: VS.

Frick, Joachim R./ Söhn, Janina (2007): Das Sozio-oekonomische Panel (SOEP) als Grundlage für Analysen zur Bildungslage von Personen mit Migrationshintergrund. In: BMBF – Bundesministerium für Bildung und Forschung (Hrsg.): Migrationshintergrund von Kindern und Jugendlichen – Wege zur Weiterentwicklung der amtlichen Statistik. Bildungsforschung Bd. 14. Bonn/Berlin, S. 81-90.

Fürstenau, Sara (2004): Transnationale (Aus-)Bildungs- und Zukunftsorientierungen. Ergebnisse einer Untersuchung unter zugewanderten Jugendlichen portugiesischer Herkunft. In: Zeitschrift für Erziehungswissenschaft. Jg. 7, H. 1, S. 33-57.

Gang, Ira N./ Zimmermann, Klaus F. (2000): Is Child Like Parent? Educational Attainment and Ethnic Origin. In: Journal of Human Resources, Jg. 35, H. 3, S. 550-569.

Ganzeboom, Harry B. G./ De Graaf, Paul M./ Treiman, Donald J./ De Leeuw, Jan (1992): A Standard International Socio-Economic Index of Occupational Status. In: Social Science Research, Jg. 21, H. 1, S. 1-56.

Ganzeboom, Harry B. G./ Treiman Donald J. (1996): Internationally Comparable Measures of Occupational Status for the 1988 International Standard Classification of Occupations. In: Social Science Research Jg. 25, H. 3, S. 201-239.

Ganzeboom, Harry B. G./ Treiman, Donald J. (2003): Three Internationally Standardised Measures for Comparative Research on Occupational Status. In: Hoffmeyer-Zlotnik, Jürgen H. P./ Wolf Christof (Hrsg.): Advances in Cross-National Comparison. A European Working Book for Demographic and Socio-Economic Variables. New York u.a.: Kluwer Acad., S. 159-193.

Geiger, Martin (2010): Europäische Migrationspolitik und Raumproduktion. Internationale Regierungsorganisationen im Management von Migration in Albanien, Bosnien-Herzegowina und der Ukraine. Baden-Baden: Nomos.

Geißler, Gert (2011): Schulgeschichte in Deutschland – Von den Anfängen bis in die Gegenwart. Frankfurt am Main u. a.: Lang.

Geißler, Rainer (2002): Die Sozialstruktur Deutschlands. Die gesellschaftliche Entwicklung vor und nach der Vereinigung. 3. Auflage. Schriftenreihe Bd. 384. Bonn: Bundeszentrale für politische Bildung.

Geißler, Rainer (2011): Die Sozialstruktur Deutschlands. Zur gesellschaftlichen Entwicklung mit einer Bilanz zur Vereinigung. 6. Auflage. Wiesbaden: VS, S. 231-254.

Geißler, Rainer/ Weber-Menges, Sonja (2008): Migrantenkinder im Bildungssystem: doppelt benachteiligt. In: Aus Politik und Zeitgeschichte. Jg. 58, H. 49, S. 14-22.

Ghadban, Ralph (2008): Libanon-Flüchtlinge in Berlin. Zur Integration ethnischer Minderheiten. 2. Auflage. Berlin: Das Arabische Buch.

Glick, Jennifer E./ Hohmann-Marriott, Bryndl (2007): Academic Performance of Young Children in Immigrant Families – The Significance of Race, Ethnicity, and National Origins. In: International Migration Review. Jg. 41, H. 2, S. 371-402.

Gogolin, Ingrid (1994): Der monolinguale Habitus der multilingualen Schule. Münster u. a.: Waxmann.

Gogolin, Ingrid (2008): Die Chancen der Integrationsförderung und der Bildungserfolg der zweiten Generation. In: IMIS-Beiträge, H. 34, S. 41-56.

Gomolla, Mechtild/ Radtke, Frank-Olaf (2000): Mechanismen institutionalisierter Diskriminierung in der Schule. In: Gogolin, Ingrid/ Nauck, Bernhard (Hrsg.): Migration, gesellschaftliche Differenzierung und Bildung. Opladen, S. 321-341.

Gomolla, Mechthild/ Radtke, Frank-Olaf (2007): Institutionelle Diskriminierung. Die Herstellung ethnischer Differenz in der Schule. 2., durchgesehene und erweiterte Auflage. Wiesbaden: VS.

Göschel, Albrecht/ Herlyn, Ulfert/ Krämer, Jürgen/ Schardt, Thomas/ Wendt, Günter (1980): Verteilung sozialer Infrastruktureinrichtungen und Segregation der Stadtbevölkerung. In: Herlyn, Ulfert (Hrsg.): Großstadtstrukturen und ungleiche Lebensbedingungen in der Bundesrepublik. Frankfurt a. M.: Campus, S. 24-92.

Granato, Nadia (2009): Effekte der Gruppengröße auf die Arbeitsmarktintegration von Migranten. In: Kölner Zeitschrift für Soziologie und Sozialpsychologie, Jg. 61, H. 3, S. 387-409.

Granato, Nadia/ Kalter, Frank (2001): Die Persistenz ethnischer Ungleichheit auf dem deutschen Arbeitsmarkt: Diskriminierung oder Uninvestition in Humankapital? In: Kölner Zeitschrift für Soziologie und Sozialpsychologie, Jg. 53, H. 3, S. 497-520.

Granato, Mona/ Ulrich, Joachim Gerd (2009): Junge Menschen mit Migrationshintergrund auf dem Weg in eine berufliche Ausbildung – Integrationspotenzial des Ausbildungssystems? In: Lassnig, Lorenz/ Babel, Helene/ Gruber, Elke/ Markowitsch, Jörg (Hrsg.): Öffnung von Arbeitsmärkten und Bildungssystemen. Beiträge zur Berufsbildungsforschung. Innsbruck u. a.: StudienVerlag, S. 40-56.

Gresch, Cornelia/ Kristen, Cornelia (2011): Staatsbürgerschaft oder Migrationshintergrund? Ein Vergleich unterschiedlicher Operationalisierungsweisen am Beispiel der Bildungsbeteiligung. In: Zeitschrift für Soziologie. Jg. 40, H. 3, S. 208-227.

Grgic, Mariana/ Rauschenbach, Thomas/ Schilling, Matthias (2010): Nachwuchs im Nachteil. Wie die große Kluft zwischen Auf- und Absteigern im deutschen

Bildungssystem verkleinert werden kann. In: DJI-Bulletin, Nr. 2: Die soziale Seite der Bildung. Wie benachteiligte Kinder und Jugendliche in Deutschland gefördert werden – und welche Konzepte zukunftsfähig sind. H. 90, München, S. 4-7.

Groh-Samberg, Olaf/ Jossin, Ariane/ Keller, Carsten/ Tucci, Ingrid (2012): Biografische Drift und zweite Chance. Bildungs- und Berufsverläufe von Migranten-nachkommen in Deutschland und Frankreich. In: Becker, Rolf/ Solga, Heike (Hrsg.): Soziologische Bildungsforschung. KZfSS-Sonderheft Nr. 52. Wiesbaden: Springer-VS, S. 186-210.

GTZ – Deutsche Gesellschaft für Technische Zusammenarbeit (2007): Die vietna-mesische Diaspora in Deutschland. Struktur und Kooperationspotenzial mit Schwerpunkt auf Berlin und Hessen. Eschborn.

Güles, Orhan/ Wagener, Thorsten/ Wagner, Regine (2010): Bildung, Arbeit und Sozialraum. Zum besonderen Handlungsbedarf in benachteiligten Quartieren. In: Informationen zur Raumentwicklung, H. 2/3, S. 111-127.

Haeberlin, Urs (2009): Förderschule – Wohin geht der Trend? In: Vierteljahreszeitschrift für Heilpädagogik und ihre Nachbargebiete, H. 3, S. 236-243.

Hailbronner, Kay/ Renner, Günter/ Maaßen, Hans-Georg (2010): Staatsangehörig-keitsrecht. 5. Auflage, München: Beck.

Halbhuber, Werner (2005): Die Schulstatistik der Kultusministerkonferenz. In: BMBF – Bundesministerium für Bildung und Forschung (Hrsg.): Migrationshintergrund von Kindern und Jugendlichen – Wege zur Weiterentwicklung der amtlichen Statistik. Bildungsforschung Bd. 14. Bonn/Berlin, S. 67-74.

Hamburger, Franz (2011): Die Zweite Generation. In: Eckert, Thomas/ Hippel, Aiga von/ Pietraß, Manuela/ Schmidt-Hertha, Bernhard (Hrsg.): Bildung der Generationen. Wiesbaden: VS, S. 89-98.

Han, Petrus (2005): Soziologie der Migration. Erklärungsmodelle, Fakten, politische Konsequenzen, Perspektiven. 2. Auflage, Stuttgart: Lucius & Lucius.

Hauf, Thomas (2007): Innerstädtische Bildungsdisparitäten an der Übergangsschwelle von den Grundschulen zum Sekundarschulsystem. In: Zeitschrift für Pädagogik, Jg. 53, H. 3, S. 299-313.

Haug, Sonja (2000): Soziales Kapital und Kettenmigration – Italienische Migranten in Deutschland. Opladen: Leske + Budrich.

Haug, Sonja (2007): Soziodemographische Merkmale, Berufsstruktur und Verwandt-schaftsnetzwerke jüdischer Zuwanderer. Working Paper 8 der Forschungsgruppe des Bundesamts. Nürnberg Bundesamt für Migration und Flüchtlinge.

Haug, Sonja (2010): Interethnische Kontakte, Freundschaften, Partnerschaften und Ehen von Migranten in Deutschland. Working Paper 33. BAMF Integrationsreport.

Haug, Sonja/ Müssig, Stephanie/ Stichs, Anja (2009): Muslimisches Leben in Deutschland. Im Auftrag der Deutschen Islam Konferenz. Forschungsbericht 6. Nürnberg: BAMF.

Haug, Sonja/ Sauer, Lenore (2007): Zuwanderung und Integration von (Spät-)Aus-siedlern – Ermittlung und Bewertung der Auswirkungen des Wohnortzuweisungs-gesetzes. Forschungsbericht im Auftrag des Bundesministeriums des Innern. Bd. 3, Nürnberg: BAMF.

Haug, Sonja/ Stichs, Anja (2011): Muslime in Deutschland. In: Denk doch mal. Onlinezeitschrift für Arbeit-Bildung-Gesellschaft, Sonderausgabe Migranten in D. Ausgabe: 08/2011. URL: http://www.denk-doch-mal.de/sites/denk-doch-mal.de/files/haugStichs.pdf [03.05.2013].

Heinzel, Annemarie/ Tuchscherer, Cornelia (2008): Melderechtlich registrierte Ausländer in Berlin 1991 bis 2007. In: Zeitschrift für amtliche Statistik Berlin-Brandenburg, Jg. 2, H. 3, S. 29-35.

Helbig, Marcel (2010): Neighborhood does matter! Soziostrukturelle Nachbarschaftscharakteristika und Bildungserfolg. In: Kölner Zeitschrift für Soziologie und Sozialpsychologie, Jg. 62, H. 4, S. 655-679.

Herbert, Ulrich (2003): Geschichte der Ausländerpolitik in Deutschland. Saisonarbeiter, Zwangsarbeiter, Gastarbeiter, Flüchtlinge. Schriftenreihe Bd. 410. Bonn: Bundeszentrale für politische Bildung.

Herwartz-Emden, Leonie (2003): Einwandererkinder im deutschen Bildungswesen. In: Cortina; Kai S. et al. (Hrsg.): Das Bildungswesen in der Bundesrepublik Deutschland. Strukturen und Entwicklungen im Überblick. Reinbek, S. 661-709.

Herwartz-Emden, Leonie/ Ruhland, Mandy (2006): Jugendliche Spätaussiedler in Deutschland. In: Kind, Jugend und Gesellschaft, Zeitschrift für Jugendschutz. H. 1, S. 5-10.

Heß-Meining, Ulrike (2004): Geschlechterdifferenzen in der Bildungssituation von MigrantInnen. In: Bednarz-Braun, Iris/ Heß-Meining, Ulrike: Migration, Ethnie und Geschlecht. Theorieansätze, Forschungsstand, Forschungsperspektiven. Wiesbaden: VS, S. 133-174.

Hoffmeyer-Zlotnik, Jürgen H. P./ Warner, Uwe (2009): Die Abfrage von „Ethnizität" in der international vergleichenden Survey-Forschung. Mannheim: Forschung Raum und Gesellschaft e.V. URL: http://nbn-resolving.de/urn:nbn:de:0168-ssoar-59179 [10.06.2013].

Hormel, Ulrike (2010): Diskriminierung von Kindern und Jugendlichen mit Migrationshintergrund im Bildungssystem. In: Hormel, Ulrike/ Scherr, Albert (2010): Diskriminierung. Grundlagen und Forschungsergebnisse. Wiesbaden: VS, S. 173-195.

Hradil, Stefan (2001): Soziale Ungleichheit in Deutschland. 8. Auflage. Wiesbaden: VS.

Hummrich, Merle (2007): Die Fremdheit bildungserfolgreicher Migrantinnen. In: Geisen, Thomas/ Riegel, Christine (Hrsg.): Jugend, Partizipation und Migration. Wiesbaden: VS, S. 195-213.

Hummrich, Merle (2009): Bildungserfolg und Migration – Biografien junger Frauen in der Einwanderungsgesellschaft. 2. Auflage, Wiesbaden: VS.

Hunger, Uwe (2001): Schulerfolg und bildungspolitische Integrationsmodelle im Vergleich der Zuwanderernationalitäten und Bundesländer. URL: http://www.partner-fuer-schule.nrw.de/dev/t3/fileadmin/user_upload/forum-schule/forum-schule-archiv/archiv/03/pdf/schulerfolg.pdf [03.04.2013].

Hunger, Uwe / Thränhardt, Dietrich (2001): Vom ‚katholischen Arbeitermädchen vom Lande' zum ‚italienischen Gastarbeiterjungen aus dem Bayrischen Wald'. Zu den neuen Disparitäten im deutschen Bildungssystem. In: Bade, Klaus J. (Hrsg.): Integration und Illegalität in Deutschland. Bad Iburg, S. 51-61. URL: www.imis.uni-osnabrueck.de/pdffiles/illegal.pdf [03.05.2013].

Hunger, Uwe/ Thränhardt, Dietrich (2004): Migration und Bildungserfolg: Wo stehen wir? In: IMIS-Beiträge, H. 23. Osnabrück, S. 179-198.

Hunger, Uwe/ Thränhardt, Dietrich (2006): Der Bildungserfolg von Einwandererkindern in den westdeutschen Bundesländern. Diskrepanzen zwischen den PISA-Studien und den amtlichen Schulstatistiken. In: Auernheimer, Georg (Hrsg.): Schieflagen im Bildungssystem. Die Benachteiligung der Migrantenkinder. 2. Auflage, Wiesbaden: VS, S. 51-67.

ILS/ZEFIR (Hrsg.) (2003): Sozialraumanalyse. Soziale, ethnische und demografische Segregation in den nordrhein-westfälischen Städten. Gutachten für die Enquetekommission ‚Zukunft der Städte in NRW' des Landtags Nordrhein-Westfalen. Dortmund.

Imamovic, Fatima (2011): Die Auswirkungen des Wohn- und Eigentumsrechts in Bosnien-Herzegowina auf die Rückkehr der Minderheiten. Hamburg: Kovač.

Imdorf, Christian (2010): Die Diskriminierung ‚ausländischer' Jugendlicher bei der Lehrlingsauswahl. In: Hormel, Ulrike/ Scherr, Albert (Hrsg.): Diskriminierung. Grundlagen und Forschungsergebnisse. Wiesbaden: VS, S. 197-219.

Isaac, Kevin (2011): Neues Standorttypenkonzept – Faire Vergleiche bei Lernstandserhebungen. In: Schule NRW. Amtsblatt des. Ministeriums für Schule und Weiterbildung. Jg. 63, H. 6, S. 300-301.

IT.NRW (2012): Statistische Berichte. Allgemeinbildende Schulen in Nordrhein-Westfalen 2011 – Landesergebnisse. Düsseldorf. URL: https://webshop.it.nrw.de/gratis/B139%20201100.pdf [01.02.2013].

Janssen, Andrea/ Schroedter, Julia H. (2007): Kleinräumliche Segregation der ausländischen Bevölkerung in Deutschland. Eine Analyse auf der Basis des Mikrozensus. In: Zeitschrift für Soziologie. Jg. 36, H. 6, S. 453-472.

Jogschies, Peter (2008): Förderdiagnostik und sonderpädagogische Begutachtung – Ein Rückblick auf 30 Jahre. In: Zeitschrift für Heilpädagogik, Jg. 59, H. 4, S. 132-142.

Kalter, Frank (2005): Ethnische Ungleichheit auf dem Arbeitsmarkt. In: Abraham, Martin/Hinz, Thomas (Hrsg.): Arbeitsmarktsoziologie. Probleme, Theorien, empirische Befunde. Wiesbaden: VS, S. 303-332.

Kalter, Frank (2008): Stand, Herausforderungen und Perspektiven der empirischen Migrationsforschung. In: Ders. (Hrsg.): Migration und Integration. KZfSS Sonderheft, Nr. 48. Wiesbaden: VS, S. 11-35.

Kalter, Frank/ Granato, Nadia (2002): Ethnic Minorities' Education and Occupational Attainment: The Case of Germany. MZES – Mannheimer Zentrum für Europäische Sozialforschung. Arbeitspapiere, Nr. 58, Mannheim.

Kalter, Frank/ Granato, Nadia/ Kristen, Cornelia (2011): Die strukturelle Assimilation der zweiten Migrantengeneration in Deutschland: Eine Zerlegung gegenwärtiger Trends. In: Becker, Rolf (Hrsg.): Integration durch Bildung. Wiesbaden: VS, S. 257-289.

Kampshoff, Marita (2005): Armutsprävention im Bildungsbereich – Ansatzpunkte für Chancengleichheit. In: Zander, Margherita (Hrsg.): Kinderarmut. Einführendes Handbuch für Forschung und soziale Praxis. Wiesbaden, S. 216-234.

Karakaşoğlu-Aydın, Yasemin (2001): Kinder aus Zuwandererfamilien im Bildungssystem. In: Böttcher, Wolfgang/ Klemm, Klaus/ Rauschenbach, Thomas (Hrsg.): Bildung und Soziales in Zahlen. Weinheim: Juventa, S. 273-302.

Kemper, Thomas (2009a): Staatsangehörigkeitsspezifische Bildungsdisparitäten in Nordrhein-Westfalen. In: SchulVerwaltung. Ausgabe Nordrhein-Westfalen. Jg. 20, H. 2, S. 60-61.

Kemper, Thomas (2009b): Räumliche Ungleichverteilung von nichtdeutschen Schülern. Regionale und staatsangehörigkeitsspezifische Bildungsdisparitäten. In: SchulVerwaltung. Ausgabe Nordrhein-Westfalen. Jg. 20, H. 3, S. 92-95.

Kemper, Thomas (2010a): Migrationshintergrund – eine Frage der Definition! In: Die Deutsche Schule, Jg. 102, H. 4, S. 315-326.

Kemper, Thomas (2010b): Bildungsdisparitäten nach Staatsangehörigkeit in Rheinland-Pfalz und Nordrhein-Westfalen. In: Schwarz, Bernd/ Nenniger, Peter/ Jäger,

Reinhold S. (Hrsg.): Erziehungswissenschaftliche Forschung – nachhaltige Bildung. Landau: Verl. Empirische Pädagogik, S. 56-62.

Kemper, Thomas (2012): Untersuchungen zum Schulerfolg von Migranten mit sonderpädagogischem Förderbedarf bei separierter und integrierter Beschulung in Rheinland-Pfalz. In: Zeitschrift für Heilpädagogik, Jg. 63, H. 9, S. 360-368.

Kemper, Thomas (im Erscheinen): Potentiale und Limitationen der schulstatistischen Indikatoren ‚Ausländische Schüler' vs. ‚Schüler mit Migrationshintergrund'. In: Groot-Wilken, Bernd/ Isaac, Kevin/ Schräpler, Jörg-Peter (Hrsg.): Sozialindex – Modelle und Anwendungsgebiete. Münster u. a.: Waxmann.

Kemper, Thomas/ Weishaupt, Horst (2011a): Region und soziale Ungleichheit. In: Reinders, Heinz/ Ditton, Hartmut/ Gräsel, Cornelia/ Gniewosz, Burkhard (Hrsg.): Empirische Bildungsforschung. Wiesbaden: VS, S. 209-219.

Kemper, Thomas/ Weishaupt, Horst (2011b): Zur Bildungsbeteiligung ausländischer Schüler an Förderschulen – unter besonderer Berücksichtigung der spezifischen Staatsangehörigkeit. In: Zeitschrift für Heilpädagogik, Jg. 62, H. 10, S. 419-431.

Kemper, Thomas/ Weishaupt, Horst (2013): Der Anteil ausländischer Schüler im Grundschulalter in der Bevölkerungs- und Schulstatistik. SchulVerwaltung NRW, Jg. 24, H. 1, S. 27-30.

Kessl, Fabian/ Reutlinger, Christian (2007): Sozialraum – Eine Einführung. Wiesbaden: VS.

Klein, Gerhard (2001): Sozialer Hintergrund und Schullaufbahn von Lernbehinderten 1969 und 1997. In: Zeitschrift für Heilpädagogik, Jg. 52, H. 2, S. 51-61.

Klieme, Eckhard/ Jude, Nina/ Baumert, Jürgen/ Prenzel, Manfred (2010): PISA 2000-2009 –Bilanz der Veränderungen im Schulsystem. In: Klieme, Eckhard/ Artelt, Cordula/ Hartig, Johannes/ Jude, Nina/ Köller, Olaf/ Prenzel, Manfred/ Schneider, Wolfgang/ Stanat, Petra (Hrsg.). PISA 2009. Bilanz nach einem Jahrzehnt. Münster u. a.: Waxmann, S. 277-300.

KMK – Kultusministerkonferenz (2011a): Definitionenkatalog zur Schulstatistik 2011. URL: http://www.kmk.org/fileadmin/pdf/Statistik/Defkat2011.pdf [05.06.2013].

KMK – Kultusministerkonferenz (2011b): FAQ's – Frequently Asked Questions zum Kerndatensatz und zur Datengewinnungsstrategie. URL: http://www.kmk.org/file admin/pdf/Statistik/FAQ_KDS.pdf [05.06.2013].

KMK – Kultusministerkonferenz (2011c): Übersicht über die Bildungsgänge und Schularten im Bereich der allgemeinen Bildung. URL: http://www.kmk.org/bil dung-schule/allgemeine-bildung/uebersicht-schulsystem.html [20.06.2013].

Koch, Katja (2006): Bei PISA und IGLU ausgeblendet: Die soziale Lage von Förderschülern. In: Sasse, Ada/Valtin, Renate (Hrsg.): Schriftspracherwerb und soziale Ungleichheit. Zwischen kompensatorischer Erziehung und Family Literacy. S. 152-167.

Konsortium Bildungsberichterstattung (2006): Bildung in Deutschland. Ein indikatorengestützter Bericht mit einer Analyse zu Bildung und Migration. Bielefeld: WBV.

Kornmann, Reimer (1998): Wie ist das zunehmende Schulversagen bei Kindern von Migranten zu erklären und zu beheben? In: Vierteljahresschrift für Heilpädagogik und ihre Nachbargebiete, Jg. 67, H. 1, S. 55-68.

Kornmann, Reimer (2004): Der Schulerfolg von Migrantenkindern im Lichte der Statistischen Veröffentlichungen der Kultusministerkonferenz und der PISA-Studie. In: Große, Klaus-Dietrich (Hg.): Hörbehinderte Schülerinnen und Schüler unterschiedlicher nationaler Herkunft. Heidelberg: Winter, ‚Edition S', S. 27-53.

Kornmann, Reimer (2010): Die Überrepräsentation ausländischer Kinder und Jugendlicher in Sonderschulen mit dem Schwerpunkt Lernen. In: Auernheimer, Georg (Hrsg.): Schieflagen im Bildungssystem – Die Benachteiligung der Migrantenkinder. 4. Auflage, Wiesbaden: VS, S. 71-85.

Kornmann, Reimer/ Klingele, Christoph (1996): Ausländische Kinder und Jugendliche an Schulen für Lernbehinderte in den alten Bundesländern. In: Zeitschrift für Heilpädagogik, Jg. 47, H. 1, S. 2-9.

Kornmann, Reimer/ Klingele, Christoph/ Iriogbe-Ganninger, Julian (1997): Zur Überrepräsentation ausländischer Kinder und Jugendlicher in Schulen für Lernbehinderte: Der alarmierende Trend hält an! In: Zeitschrift für Heilpädagogik, Jg. 48, H. 5, S. 203-207.

Kornmann, Reimer/ Kornmann, Aline (2003): Erneuter Anstieg der Überrepräsentation ausländischer Kinder in Schulen für Lernbehinderte. In: Zeitschrift für Heilpädagogik, Jg. 54, H. 7, S. 286-289.

Kornmann, Reimer/ Neuhäusler, Eva (2001): Zum Schulversagen bei ausländischen Kindern und Jugendlichen in den Jahren 1998 und 1999. In: Die neue Sonderschule, Jg. 46, H. 5, S. 337-349.

Kornmann, Reimer/ Burgard, Peter/ Eichling, Hans-Martin (1999): Zur Überrepräsentation von ausländischen Kindern und Jugendlichen in Schulen für Lernbehinderte. In: Zeitschrift für Heilpädagogik, Jg. 50, H. 3, S. 106-109.

Kristen, Cornelia (2000): Ethnic Differences in Educational Placement: The Transition from Primary to Secondary Schooling. Arbeitspapiere – Mannheimer Zentrum für Europäische Sozialforschung, Nr. 32, Mannheim.

Kristen, Cornelia (2002): Hauptschule, Realschule oder Gymnasium. Ethnische Unterschiede am ersten Bildungsübergang. In: Kölner Zeitschrift für Soziologie und Sozialpsychologie, Jg. 54, H. 3, S. 534-552.

Kristen, Cornelia (2003): Ethnische Unterschiede im deutschen Schulsystem. In: Aus Politik und Zeitgeschichte. Beilage zur Wochenzeitung Das Parlament. B 21-22, S. 26-32.

Kristen, Cornelia (2004): Migranten im deutschen Schulsystem: Zu den Ursachen ethnischer Unterschiede. In: Recht der Jugend und des Bildungswesens, Jg. 52, H. 1, S. 11-22.

Kristen, Cornelia (2005): School Choice and Ethnic School Segregation – Primary School Selection in Germany. Münster u. a.: Waxmann.

Kristen, Cornelia (2006a): Ethnische Diskriminierung im deutschen Schulsystem? Theoretische Überlegungen und empirische Ergebnisse. In: Arbeitsstelle Interkulturelle Konflikte und gesellschaftliche Integration (AKI). WZB discussion paper Nr. SP IV 2006-601, Berlin.

Kristen, Cornelia (2006b): Ethnische Diskriminierung in der Grundschule? Die Vergabe von Noten und Bildungsempfehlungen. In: Kölner Zeitschrift für Soziologie und Sozialpsychologie, Jg. 58, H. 2, S. 79-97.

Kristen, Cornelia (2007): Schulwahlentscheidungen und ethnische Schulsegregation – Grundschulwahl in türkischen Familien. In: Soziale Welt, Zeitschrift für sozialwissenschaftliche Forschung und Praxis. Sonderband, Nr. 17, S. 419-445.

Kristen, Cornelia (2008a): Primary school choice and ethnic school segregation in German elementary schools. In: European Sociological Review 24, H. 4, S. 495-510.

Kristen, Cornelia (2008b): Schulische Leistungen von Kindern aus türkischen Familien am Ende der Grundschulzeit. Befunde aus der IGLU-Studie. In: Kalter, Frank

(Hrsg.): Migration und Integration. KZfSS Sonderheft, Nr. 48. Wiesbaden: VS, S. 230-251.

Kristen, Cornelia/ Dollmann, Jörg (2009): Sekundäre Effekte der ethnischen Herkunft: Kinder aus türkischen Familien am ersten Bildungsübergang. In: Baumert, Jürgen/ Maaz, Kai/ Trautwein, Ulrich (Hrsg.): Bildungsentscheidungen. Zeitschrift für Erziehungswissenschaft, Jg. 12, Sonderheft 12. Wiesbaden: VS, S. 205-229.

Kristen, Cornelia/ Dollmann, Jörg (2012): Migration und Schulerfolg: Zur Erklärung ungleicher Bildungsmuster. In: Matzner, Michael (Hrsg.): Handbuch Migration und Bildung. Weinheim u. a.: Beltz, S. 102-117.

Kristen, Cornelia/ Granato, Nadia (2004): Bildungsinvestitionen in Migrantenfamilien. In: Bade, Klaus J./ Bommes, Michael (Hrsg.): Migration – Integration – Bildung. Grundfragen und Problembereiche. IMIS-Beiträge, H. 23, Osnabrück, S. 123-141.

Kristen, Cornelia/ Granato, Nadia (2007): The educational attainment of the second generation in Germany. Social origins and ethnic inequality. In: Ethnicities, Jg. 7, H. 3, S. 343-366.

Krohne, Julia A./ Meier, Ulrich/ Tillmann, Klaus-Jürgen (2004): Sitzenbleiben, Geschlecht und Migration – Klassenwiederholungen im Spiegel der PISA-Daten. In: Zeitschrift für Pädagogik. Jg. 50, H. 3, S. 373-391.

Kühne, Stefan (2013): Zur Rekonstruktion schulischer Bildungsverläufe. Der Beitrag der Individualstatistik für die Entwicklung von Verlaufsindikatoren. Dissertationsschrift, Universität Erfurt.

Kühne, Peter/ Rüßler, Harald (2000): Die Lebensverhältnisse der Flüchtlinge in Deutschland. Frankfurt a. M.: Campus.

Kuhnke, Ralf (2006): Indikatoren zur Erfassung des Migrationshintergrundes. Arbeitsbericht im Rahmen der Dokumentationsreihe: Methodische Erträge aus dem ‚DJI-Übergangspanel'. Forschungsschwerpunkt Übergänge in Arbeit. H. 2. München u. a.: DJI.

Kuthe, Manfred/ Bargel, Tino/ Nagl, Wolfgang/ Reinhardt, Klaus (1979): Siedlungsstruktur und Schulstandort. Sozialräumliche Gliederung der Städte mit Gesamtschulen in Nordrhein-Westfalen. Paderborn: Schoeningh.

Langenfeld, Christine (2001): Integration und kulturelle Identität zugewanderter Minderheiten. Eine Untersuchung am Beispiel des allgemeinbildenden Schulwesens in der Bundesrepublik Deutschland. Tübingen: Mohr Siebeck.

Leggewie, Claus (2011): Unsere Türken – Eine gemischte Bilanz. In: Ozil, Seyda/ Hofmann, Michael/ Dayioglu-Yücel, Yasemin (Hrsg.): 50 Jahre türkische Arbeitsmigration in Deutschland. Türkisch-deutsche Studien, Jahrbuch 2011. Göttingen: V&R unipress, S. 11-16.

Lehmann, Rainer/ Peek, Rainer (1997): Aspekte der Lernausgangslage von Schülerinnen und Schülern der fünften Klassen an Hamburger Schulen. Bericht über die Untersuchung im September 1996. Hamburg: Behörde für Schule, Jugend und Berufsbildung.

Lehmann, Rainer/ Gänsfuß, Rüdiger/ Peek, Rainer (1998): Aspekte der Lernausgangslage und der Lernentwicklung von Schülerinnen und Schülern an Hamburger Schulen – Klassenstufe 7. Bericht über die Untersuchung im September 1998. Hamburg: Behörde für Schule, Jugend und Berufsbildung.

Liebenwein, Sylva/ Barz, Heiner / Randoll, Dirk (2012): Bildungserfahrungen an Waldorfschulen – Empirische Studie zu Schulqualität und Lernerfahrungen. Wiesbaden: Springer VS.

Luft, Stefan (2008): Kategorien und Probleme von Zuwanderung. In: Hans-Peter Schwarz (Hg.): Die Bundesrepublik Deutschland. Eine Bilanz nach 60 Jahren. Köln u. a.: Böhlau, S. 573-598.

Luft, Stefan (2012): Einwanderung mit besonderen Integrationsproblemen: Daten, Fakten und Perspektiven. In: Matzner, Michael (Hrsg.): Handbuch Migration und Bildung. Weinheim u. a.: Beltz, S. 38-56.

Mäker, Michael (2008): Zur Situation der ehemaligen vietnamesischen Vertragsarbeiter und ihrer Familienangehörigen im Land Brandenburg. Ergebnisse einer quantitativen Untersuchung im Sommer 2008. Erste vorläufige Grundauszählung. Potsdam: Ministerium für Arbeit, Soziales, Gesundheit und Familie des Landes Brandenburg.

Makles, Anna/ Weishaupt, Horst (2011): Sozialindex für Schulen. Möglichkeiten und Probleme der Konstruktion am Beispiel einer Untersuchung in Nordrhein-Westfalen. In: Recht der Jugend und des Bildungswesens. Jg. 58, H. 2, S. 196-211.

Mand, Johannes (2006): Integration für die Kinder der Mittelschicht und Sonderschulen für die Kinder der Migranten und Arbeitslosen? Über den Einfluss von sozialen und ökonomischen Variablen auf Sonderschul- und Integrationsquoten. Zeitschrift für Heilpädagogik, Jg. 57, H. 3, S. 109-115.

Mansel, Jürgen/ Spaiser, Viktoria (2010): Hintergründe von Bildungserfolgen und -misserfolgen junger Migrant/innen. In: Diskurs Kindheits- und Jugendforschung, H. 2, S. 209-225.

Margesson, Rhoda (2007): Afghan refugees: Current status and future prospects. CSR Report for Congress. URL: http://www.fas.org/sgp/crs/row/RL33851.pdf [20.06.2013].

Martini, Claudia (2001): Italienische Migranten in Deutschland. Transnationale Diskurse. Berlin: Reimer.

Mühlendahl, Karl Ernst von (1998): Odds Ratio (OR) und Relatives Risiko (RR). Statistik und Verschleierungsmöglichkeiten. Umweltmedizin in Forschung und Praxis, Jg. 3, H. 3, S. 124.

Müller, Andrea G./ Stanat, Petra (2006): Schulischer Erfolg von Schülerinnen und Schülern mit Migrationshintergrund: Analysen zur Situation von Zuwanderern aus der ehemaligen Sowjetunion und aus der Türkei. In: Baumert, Jürgen/ Stanat, Petra/ Watermann, Rainer (Hrsg.): Herkunftsbedingte Disparitäten im Bildungswesen – Differenzielle Bildungsprozesse und Probleme der Verteilungsgerechtigkeit. Wiesbaden: VS, S. 221-255.

Münch, Ingo von (2007): Die deutsche Staatsangehörigkeit. Vergangenheit – Gegenwart – Zukunft. De Gruyter, Berlin.

Münz, Rainer/ Seifert, Wolfgang/ Ulrich, Ralf (1999): Zuwanderung nach Deutschland. Strukturen, Wirkungen, Perspektiven. 2. Auflage. Frankfurt u. a.: Campus.

Nauck, Bernhard (2011): Kulturelles und soziales Kapital als Determinante des Bildungserfolgs bei Migranten? In: Becker, Rolf (Hrsg.): Integration durch Bildung. Wiesbaden: VS, S. 71-93.

Nauck, Bernhard/ Diefenbach, Heike (1997): Bildungsbeteiligung von Kindern aus Familien ausländischer Herkunft: Eine methodenkritische Diskussion des Forschungsstands und eine empirische Bestandsaufnahme. In: Schmidt, Folker (Hrsg.): Methodische Probleme der empirischen Erziehungswissenschaft. Baltmannsweiler: Schneider-Verlag Hohengehren, S. 289-307.

Nauck, Bernhard/ Diefenbach, Heike/ Petri, Kornelia (1997): Intergenerationale Transmission von kulturellem Kapital unter Migrationsbedingungen. Zum

Bildungserfolg von Kindern und Jugendlichen aus Migrantenfamilien in Deutschland. In: Zeitschrift für Pädagogik, Jg. 44, H. 5, S. 701-722.

Naumann, Johannes/ Artelt, Cordula/ Schneider, Wolfgang/ Stanat, Petra (2010): Lesekompetenz von PISA 2000 bis PISA 2009. In: Klieme, Eckhard/ Artelt, Cordula/ Hartig, Johannes/ Jude, Nina/ Köller, Olaf/ Prenzel, Manfred/ Schneider, Wolfgang/ Stanat, Petra (Hrsg.). PISA 2009. Bilanz nach einem Jahrzehnt. Münster u. a.: Waxmann, S. 23-71.

Nölle, Ines/ Hörstermann, Thomas/ Krolak-Schwerdt, Sabine/ Gräsel, Cornelia (2009): Relevante diagnostische Informationen bei der Übergangsempfehlung – die Perspektive der Lehrkräfte. In: Unterrichtswissenschaft. Jg. 37, H. 4, S. 294-310.

Oltmer, Jochen (2010): Migration im 19. und 20. Jahrhundert. München: Oldenbourg.

Oropesa, Ralph Salvatore/ Landale, Nancy S. (1997): In Search of the New Second Generation – Alternative Strategies for Identifying Second Generation Children and Understanding Their Acquisition of English. In: Sociological Perspectives. Jg. 40, H. 3, S. 429-455.

Panayotidis, Gregorios (2001): Griechen in Bremen. Bildung, Arbeit und soziale Integration einer ausländischen Bevölkerungsgruppe. Münster: Agenda.

Pape, Ulrike (2010): Deutschland – Diskussion um Staatsangehörigkeitsrecht. In: Netzwerk Migration in Europa e.V. (Hrsg.): Migration und Bevölkerung, H. 3, S. 2-3, Berlin. URL: http://www.migration-info.de/sites/migration-info.de/files/attachments/ausgabe1003.pdf [30.06.2013].

Park, Robert E. (1926): The Urban Community as a Spacial Pattern and a Moral Order. In: Burgess, Ernest W. (Hrsg.): The Urban Community. Selected Papers from The Proceedings of the American Sociological Association. Chicago, IL: The University of Chicago Press, S. 3-18.

Peisert, Hansgert (1967): Soziale Lage und Bildungschancen in Deutschland. Studien zur Soziologie. Bd. 7, München: Piper.

Peucker, Mario (2012): Differenz in der Migrationgesellschaft – ethnischen Diskriminierung und Einstellungen gegenüber Migrant/innen und Minderheiten. In: Matzner, Michael (Hrsg.): Handbuch Migration und Bildung. Weinheim u. a.: Beltz, S. 73-88.

Pfahl, Lisa (2011): Techniken der Behinderung. Der deutsche Lernbehinderungsdiskurs, die Sonderschule und ihre Auswirkungen auf Bildungsbiografien. Bielefeld: Transcript.

Plath, Ingrid (2003): Amtliche Schulstatistiken als Spiegel der Bildungsbeteiligung. Wie aussagekräftig sind diese? In: DIPF informiert, H. 4, S. 2-8.

Portes, Alejandro/ Rumbaut, Rubens G. (2001): Legacies. The Story of the Immigrant Second Generation. Berkeley, CA: University of California Press.

Portes, Alejandro/ Zhou, Min (1993): The New Second Generation – Segmented Assimilation and Its Variants. In: Annals of the American Academy of Political and Social Science, Nr. 530, S. 74-96.

Powell, Justin J. W./ Pfahl, Lisa (2012): Sonderpädagogische Fördersysteme. In: Bauer, U./Bittlingmayer, Uwe/ Scherr, A. (Hrsg.): Handbuch Bildungs-und Erziehungssoziologie. Wiesbaden: Springer-VS, S. 721-739.

Powell, Justin J. W./ Wagner, Sandra J. (2002): Zur Entwicklung der Überrepräsentanz von Migrantenjugendlichen an Sonderschulen in der Bundesrepublik Deutschland seit 1991. In: Gemeinsam leben. Zeitschrift für integrative Erziehung. Jg. 10, H. 2, S. 65-70.

Pradetto, August (2008): Intervention, Regimewechsel, erzwungene Migration. Die Fälle Kosovo, Afghanistan und Irak. Strategische Kultur Europas, Bd. 5. Frankfurt a. M.: Lang.

Prenzel, Manfred (2008): Ergebnisse des Ländervergleichs im Überblick. In: Prenzel, Manfred/ Artelt, Cordula/ Baumert, Jürgen/ Blum, Werner/ Hammann, Marcus/ Klieme, Eckhard/ Pekrun, Reinhard (Hrsg.): PISA 2006 in Deutschland. Die Kompetenzen der Jugendlichen im dritten Ländervergleich. Münster u. a.: Waxmann, S. 15-30.

Pries, Ludger (1997): Transnationale Migration. Soziale Welt, Sonderband 12. Baden-Baden: Nomos.

Pries, Ludger (2001): Internationale Migration, Bielefeld: Transcript.

Radtke, Frank-Olaf (1996): Seiteneinsteiger – Über eine fragwürdige Ikone der Schulpolitik. In: Auernheimer, Georg/ Gstettner, Peter (Hrsg.): Jahrbuch für Pädagogik. Pädagogik in multikulturellen Gesellschaften. Frankfurt u. a.: Peter Lang, S. 49-63.

Radtke, Frank-Olaf (2004a): Die Illusion der meritokratischen Schule. Lokale Konstellationen der Produktion von Ungleichheit im Erziehungssystem. In: Bade, Klaus J./ Bommes, Michael (Hrsg.): Migration – Integration – Bildung. Grundfragen und Problembereiche. IMIS-Beiträge, H. 23, Osnabrück, S. 143-178.

Radtke, Frank-Olaf (2004b): Schule und Ethnizität. In: Helsper, Werner/ Böhme, Jeanette (Hrsg.): Handbuch der Schulforschung. Wiesbaden, S. 625-646.

Ramirez-Rodriguez, Rocio/ Dohmen, Dieter (2010): Ethnisierung von geringer Bildung. In: Quenzel, Gudrun/ Hurrelmann, Klaus (Hrsg.): Bildungsverlierer. Neue Ungleichheiten. Wiesbaden: VS, S. 289-311.

Ramm, Gesa/ Prenzel, Manfred/ Heidemeier, Heike/ Walter, Oliver (2004): Soziokulturelle Herkunft: Migration. In: Prenzel, Manfred/ Baumert, Jürgen/ Blum, Werner/ Lehmann, Rainer/ Leutner, Detlev/ Neubrand, Michael/ Pekrun, Reinhard/ Rolff, Hans-Günter/ Rost, Jürgen/ Schiefele, Ulrich (Hrsg.): PISA 2003. Der Bildungsstand der Jugendlichen in Deutschland – Ergebnisse des zweiten internationalen Vergleichs. Münster u. a.: Waxmann, S. 254-282.

Ramm, Gesa/ Walter, Oliver/ Heidemeier, Heike/ Prenzel, Manfred (2005): Soziokulturelle Herkunft und Migration im Ländervergleich. In: Prenzel, Manfred/ Baumert, Jürgen/ Blum, Werner/ Lehmann, Rainer/ Leutner, Detlev/ Neubrand, Michael/ Pekrun, Reinhard/ Rost, Jürgen/ Schiefele, Ulrich (Hrsg.): PISA 2003. Der zweite Vergleich der Länder in Deutschland – Was wissen und können Jugendliche? Münster u. a.: Waxmann, S. 269-298.

Reißlandt, Carolin (2007): Armut bei Kindern und Jugendlichen mit Migrationshintergrund. In: Geisen, Thomas/Riegel, Christine (Hrsg.): Jugend, Partizipation und Migration. Orientierungen im Kontext von Integration und Ausgrenzung. Wiesbaden: VS, S. 89-106.

Reiter, Claudia (2002): Schüler/innen nichtdeutscher Muttersprache. In: Reiter, Claudia/ Haider, Günter (Hrsg.). PISA 2000 – Lernen für das Leben. Österreichische Perspektiven des internationalen Vergleichs. Innsbruck: StudienVerlag, S. 69-74.

Relikowski, Ilona/ Yilmaz, Erbil/ Blossfeld, Hans-Peter (2012): Wie lassen sich die hohen Bildungsaspirationen von Migranten erklären? Eine Mixed-Methods-Studie zur Rolle von strukturellen Aufstiegschancen und individueller Bildungserfahrung. In: Becker, Rolf/Solga, Heike (Hrsg.): Soziologische Bildungsforschung. KZfSS-Sonderheft Nr. 52. Wiesbaden: Springer-VS, S. 111-136.

Renner, Günter (2005): Das Zuwanderungsgesetz. Ende des deutschen Ausländerrechts? In: IMIS-Beiträge, H. 27, S. 9-24.

Riedel, Andrea/ Schneider, Kerstin/ Schuchart, Claudia/ Weishaupt, Horst (2010): School choice in German Primary Schools: How binding are school districts? Journal for Educational Research Online, Jg. 2, H. 1, S. 94-120.

Riphahn, Regina T./ Serfling, Oliver (2002): Neue Evidenz zum Schulerfolg von Zuwanderern in der zweiten Generation in Deutschland. In: Vierteljahrshefte zur Wirtschaftsforschung, H. 71, Berlin, S. 230-248.

Rolff, Hans-Günter/ Bauer, Karl-Oswald/ Klemm, Klaus/ Pfeiffer, Hermann (Hrsg.) (1996): Jahrbuch der Schulentwicklung. Daten, Beispiele und Perspektiven. Bd. 9. Weinheim u. a.: Juventa.

Roth, Hans-Joachim (2007): Multilingualität und Monolingualität. In: Bukow, Wolf-Dietrich/ Nikodem, Claudia/ Schulze, Erika/ Yildiz, Erol (Hrsg.): Was heißt hier Parallelgesellschaft? Zum Umgang mit Differenzen. Wiesbaden: VS, S. 159-173.

Rother, Nina (2006): Migration innerhalb der EU. Wer zieht warum nach Deutschland – und mit welchem Erfolg? In: Swiaczny, Frank/ Haug, Sonja (Hrsg.): Neue Zuwanderergruppen in Deutschland. Materialien zur Bevölkerungswissenschaft, H. 118. Wiesbaden: BiB, S. 41-53.

Rühl, Stefan/ Babka von Gostomski, Christian (2012): Menschen mit Migrations-hintergrund in Deutschland: Daten und Fakten. In: Matzner, Michael (Hrsg.): Handbuch Migration und Bildung. Weinheim u. a.: Beltz, S. 22-37.

Rumbaut, Ruben G. (1997): Paradoxes (and Orthodoxies) of Assimilation. In: Sociological Perspectives. Jg. 40, H. 3, S. 483-511.

Rumbaut, Ruben G. (2004): Ages, Life Stages, and Generational Cohorts: Decomposing the Immigrant First and Second generations in the United States. In: International Migration Review. Jg. 38, H. 3: S. 1160-1205.

Sala, Roberto (2006): Die Nation in der Fremde. Zuwanderer in die Bundesrepublik Deutschland und nationale Herkunft aus Italien. In: IMIS-Beiträge, H. 29, S. 99-122.

Sánchez Otero, José (2008): Die spanische Einwanderung nach Deutschland – Eine Erfolgsgeschichte. In: Thränhardt, Dietrich (Hrsg.): Entwicklung und Migration. Jahrbuch Migration – Yearbook Migration 2006/2007. Berlin u. a.: LIT, S. 202-224.

Schetter, Conrad J. (2007): Kleine Geschichte Afghanistans. 2. Auflage. München: Beck.

Schimany, Peter (2007): Migration und demografischer Wandel. Forschungsbericht 5. Nürnberg: Bundesamt für Migration und Flüchtlinge.

Schimpl-Neimanns, Bernhard (2004): Zur Umsetzung des Internationalen Sozioökonomischen Index des beruflichen Status (ISEI) mit den Mikrozensen ab 1996. ZUMA-Nachrichten, Jg. 28, H. 54, S. 154-170.

Schmidt-Fink, Ekkehart (2003): Schwerpunkt: Iraner in Deutschland. In: AiD – Ausländer in Deutschland. Jg. 19, H. 1. Saarbrücken: Institut für Entwicklungs-forschung, Wirtschafts- und Sozialplanung.

Schneider, Jan (2010): Migrationspolitik in der Bundesrepublik – Beratung und Entscheidung. In: Ders. (Hrsg.): Modernes Regieren und Konsens. Wiesbaden: VS, S. 109-177.

Schneider, Thorsten (2011): Die Bedeutung der sozialen Herkunft und des Migrations-hintergrundes für Lehrerurteile am Beispiel der Grundschulempfehlung. In: Zeitschrift für Erziehungswissenschaft. Jg. 14, H. 3, S. 371-396.

Schneider, Kerstin/ Weishaupt, Horst/ Schwarz, Alexandra/ Makles, Anna/ Gawronski, Katharina/ Diepers, Birte (2013): Ungleichheiten im Bildungswesen und der

Bildungsföderalismus. Studie im Auftrag der Initiative Neue Soziale Marktwirtschaft. URL: http://www.insm.de/insm/dms/insm/text/publikationen/studien/bildungsfoederalismus-2013/Bildungsf%C3%B6deralismus.pdf [20.07.2013].

Schnell, Rainer/ Hill, Paul B./ Esser, Elke (2005): Methoden der empirischen Sozialforschung. 7. Auflage. München u. a.: Oldenbourg.

Schnell, Irmtraud/ Sander, Alfred/ Federolf, Claudia (Hrsg.) (2011): Zur Effizienz von Schulen für Lernbehinderte. Forschungsergebnisse aus vier Jahrzehnten. Bad Heilbrunn: Klinkhardt.

Schönwälder, Karen/ Söhn, Janina (2007): Siedlungsstrukturen von Migrantengruppen in Deutschland: Schwerpunkte der Ansiedlung und innerstädtische Konzentrationen. Discussion Paper Nr. Schwerpunkt IV 2007-601. Berlin: WZB.

Schroeder, Joachim (2002): Bildung im geteilten Raum. Schulentwicklung unter Bedingungen von Einwanderung und Verarmung. Münster: Waxmann.

Schröder, Ulrich (2012): Schülerinnen und Schüler mit Migrationshintergrund in Förderschulen. In: Matzner, Michael (Hrsg.): Handbuch Migration und Bildung. Weinheim u. a.: Beltz, S. 240-251.

Schulte, Axel (2006): Integrationspolitik – ein Beitrag zu mehr Freiheit und Gleichheit in der Einwanderungsgesellschaft? In: Baringhorst, Sigrid/ Hunger, Uwe/ Schönwälder, Karen (Hrsg.): Politische Steuerung von Integrationsprozessen. Intentionen und Wirkungen. Wiesbaden: VS, S. 27-58.

Schultheis, Klaudia (2012): Die Situation von Grundschulkindern mit Migrationshintergrund – dargestellt an ausgewählten Aspekten. In: Matzner, Michael (Hrsg.): Handbuch Migration und Bildung. Weinheim u. a.: Beltz, S. 196-208.

Schulz, Andreas (2000): Grundschule und soziale Ungleichheiten. Bildungsperspektiven in großstädtischen Regionen. Die Deutsche Schule, Jg. 92, H. 4, S. 464-479.

Schumacher, Eva (2002): Die soziale Ungleichheit der Lehrer/innen – oder: Gibt es eine Milieuspezifität pädagogischen Handelns? In: Mägdefrau, Jutta/ Schumacher, Eva (Hrsg.): Pädagogik und soziale Ungleichheit. Aktuelle Beiträge – Neue Herausforderungen. Bad Heilbrunn u. a.: Klinkhardt, S. 253-271.

Schümer, Gundel (2004): Zur doppelten Benachteiligung von Schülern aus unterprivilegierten Gesellschaftsschichten im deutschen Schulwesen. In: Schümer, Gundel/ Tillmann, Klaus-Jürgen/ Weiß, Manfred (Hrsg.): Die Institution Schule und die Lebenswelt der Schüler. Vertiefende Analysen der PISA-2000-Daten zum Kontext von Schülerleistungen. Wiesbaden: VS, S. 73-114.

Schümer, Gundel/ Tillmann, Klaus-Jürgen/ Weiß, Manfred (2002): Institutionelle und soziale Bedingungen schulischen Lernens. In: Baumert, Jürgen/ Artelt, Cordula/ Klieme, Eckhard/ Neubrand, Michael/ Prenzel, Manfred/ Schiefele, Ulrich/ Schneider, Wolfgang/ Tillmann, Klaus-Jürgen/ Weiß, Manfred (Hrsg.): PISA 2000 – Die Länder der Bundesrepublik Deutschland im Vergleich. Opladen: Leske + Budrich, S. 203-218.

Schwarz, Alexandra (2011): Evaluation KfW-Studienkredit 2011 – 5 Jahre nachhaltige Finanzierung der Wissensgesellschaft. KfW Research, H. 39. Frankfurt am Main: KfW Bankengruppe.

Schwarz, Alexandra/ Weishaupt, Horst (2012): Bildung als Mittel sozialen Aufstiegs? Zum Zusammenhang von Bevölkerungsentwicklung und Bildungsbeteiligung von Migranten. Schumpeter Discussion Papers 2012-009. Wuppertal: Bergische Universität Wuppertal. URL: http://elpub.bib.uni-wuppertal.de/servlets/Derivate Servlet/Derivate-2674/sdp12009.pdf [28.05.2013].

Schwarzer, Guido/ Türp, Jens C./ Antes, Gerd (2004): Die Vierfeldertafel (in Interventionsstudien): Risiko – Risikodifferenz – Relatives Risiko. Deutsche Zahnärztliche Zeitschrift. Jg. 59, H. 8, S. 421-422.

Schwippert, Knut/ Bos, Wilfried/ Lankes, Eva-Maria (2004): Heterogenität und Chancengleichheit am Ende der vierten Jahrgangsstufe in den Ländern der Bundesrepublik Deutschland und im internationalen Vergleich. In: Bos, Wilfried/ Lankes, Eva-Maria/ Prenzel, Manfred/ Schwippert, Knut/ Valtin, Renate/ Walther, Gerd (Hrsg.): IGLU – Einige Länder der Bundesrepublik Deutschland im nationalen und internationalen Vergleich. Münster u. a.: Waxmann, S. 165-190.

Schwippert, Knut/ Hornberg, Sabine/ Freiberg, Martin/ Stubbe, Tobias C. (2007): Lesekompetenzen von Kindern mit Migrationshintergrund im internationalen Vergleich. In: Bos, Wilfried/ Hornberg, Sabine/ Arnold, Karl-Heinz/ Faust, Gabriele/ Fried, Lilian/ Lankes, Eva-Maria/ Schwippert, Knut/ Valtin, Renate (Hrsg.): IGLU 2006 – Lesekompetenzen von Grundschulkindern in Deutschland im internationalen Vergleich. Münster u. a.: Waxmann, S. 249-269.

Segeritz, Michael/ Stanat, Petra (2009): Die Erfassung des Generationenstatus von Kindern und Jugendlichen mit Migrationshintergrund in Schulstudien und in der Bildungsberichterstattung. Expertise. Unveröffentlichtes Manuskript.

Segeritz, Michael/ Stanat, Petra/ Walter, Oliver (2010): Muster des schulischen Erfolgs von Mädchen und Jungen mit Migrationshintergrund. In: Zeitschrift für Pädagogik. Jg. 56, 55. Beiheft, S. 165-186.

Segeritz, Michael/ Walter, Oliver/ Stanat, Petra (2010): Muster des schulischen Erfolgs von jugendlichen Migranten in Deutschland. Evidenz für segmentierte Assimilation? In: Kölner Zeitschrift für Soziologie und Sozialpsychologie, Jg. 62, H. 1, S. 113-138.

Settelmeyer, Anke/ Erbe, Jessica (2010): Migrationshintergrund. Zur Operationalisierung des Begriffs in der Berufsbildungsforschung. Wissenschaftliche Diskussionspapiere, H. 112. Bonn: Bundesinstitut für Berufsbildung.

Sieber, Priska (2007): Der Umgang mit migrationsbedingter Vielfalt. In: Geisen, Thomas/ Riegel, Christine (Hrsg.): Jugend, Partizipation und Migration. Wiesbaden: VS, S. 281-304.

Siebert-Ott, Gesa (2006): Mehrsprachigkeit und Bildungserfolg. In: Auernheimer, Georg (Hrsg.): Schieflagen im Bildungssystem. Die Benachteiligung der Migrantenkinder. 2. Auflage, Wiesbaden: VS, S. 145-159.

Siegert, Manuel (2008): Schulische Bildung von Migranten in Deutschland. In: Bundesamt für Migration und Flüchtlinge, Working Paper, Nr. 13, Reihe Integrationsreport, Teil 1. Nürnberg.

Skrobanek, Jan (2009): Migrationsspezifische Disparitäten im Übergang von der Schule in den Beruf. Ergebnisse aus dem DJI-Übergangspanel. DJI, Reihe: Forschungsschwerpunkt „Übergänge in Arbeit", Wissenschaftliche Texte, H. 1. München, Halle.

Söhn, Janina (2008): Bildungsunterschiede zwischen Migrantengruppen in Deutschland: Schulabschlüsse von Aussiedlern und anderen Migranten der ersten Generation im Vergleich. In: Berliner Journal für Soziologie, Jg. 18, H. 3, S. 401-431.

Söhn, Janina (2011a): Rechtsstatus und Bildungschancen – Die staatliche Ungleichbehandlung von Migrantengruppen und ihre Konsequenzen. Wiesbaden: VS.

Söhn, Janina (2011b): Rechtliche In- und Exklusion von Migrantenkindern. Institutionelle Einflüsse auf ihre Bildungschancen. Zeitschrift für Soziologie der Erziehung und Sozialisation, Jg. 31, H. 4, S. 378-392.

Söhn, Janina (2012): Rechtliche Stratifikation: Der Einfluss des Rechtsstatus auf Bildungsunterschiede zwischen Migrantengruppen. In: Becker, Rolf/ Solga, Heike (Hrsg.): Soziologische Bildungsforschung. KZfSS-Sonderheft Nr. 52. Springer-VS, S. 164-185.

Söhn, Janina/ Özcan, Veysel (2005): Bildungsdaten und Migrationshintergrund: Eine Bilanz. In: BMBF – Bundesministerium für Bildung und Forschung (Hrsg.): Migrationshintergrund von Kindern und Jugendlichen – Wege zur Weiterentwicklung der amtlichen Statistik. BIForschung Bd. 14. Bonn/Berlin, S. 117-128.

Solga, Heike (2005): Ohne Abschluss in die Bildungsgesellschaft. Die Erwerbschancen gering qualifizierter Personen aus soziologischer und ökonomischer Perspektive. Opladen: Budrich.

Solga, Heike/ Becker, Rolf (2012): Soziologische Bildungsforschung – eine kritische Bestandsaufnahme. In: Becker, Rolf/ Solga, Heike (Hrsg.): Soziologische Bildungsforschung. KZfSS-Sonderheft Nr. 52. Wiesbaden: Springer-VS, S. 7-43.

Solga, Heike/Powell, J. (2006): Gebildet – ungebildet. In: Lessenich, Stephan/ Nullmeier, Frank (Hrsg.): Deutschland – eine gespaltene Gesellschaft. Frankfurt u. a.: Campus.

Specht, Werner (Hrsg.) (2009): Nationaler Bildungsbericht Österreich 2009. Bd. 2: Fokussierte Analysen bildungspolitischer Schwerpunktthemen. Graz: Leykam.

Stanat, Petra (2003): Schulleistungen von Jugendlichen mit Migrationshintergrund: Differenzierung deskriptiver Befunde aus PISA und PISA-E. In: Baumert, Jürgen/ Artelt, Cordula/ Klieme, Eckhard/ Neubrand, Michael/ Prenzel, Manfred/ Schiefele, Ulrich/ Schneider, Wolfgang/ Tillmann, Klaus-Jürgen/ Weiß, Manfred (Hrsg.): PISA 2000 – Ein differenzierter Blick auf die Länder der Bundesrepublik Deutschland. Opladen: Leske +Budrich, S. 243-260.

Stanat, Petra (2006a): Schulleistungen von Jugendlichen mit Migrationshintergrund: Die Rolle der Zusammensetzung der Schülerschaft. In: Baumert, Jürgen/ Stanat, Petra/ Watermann, Rainer (Hrsg.): Herkunftsbedingte Disparitäten im Bildungswesen – Differenzielle Bildungsprozesse und Probleme der Verteilungsgerechtigkeit. Wiesbaden: VS, S. 189-219.

Stanat, Petra (2006b): Disparitäten im schulischen Erfolg: Forschungsstand zur Rolle des Migrationshintergrunds. In: Unterrichtswissenschaft, Jg. 36, H. 2, S. 98-124.

Stanat, Petra (2008): Heranwachsende mit Migrationshintergrund im deutschen Bildungswesen. In: Cortina, Kai S./ Baumert, Jürgen/ Leschinsky, Achim/ Mayer, Karl Ulrich/ Trommer, Luitgard (Hrsg.): Das Bildungswesen in der Bundesrepublik Deutschland. Strukturen und Entwicklungen im Überblick. Reinbek: Rowohlt, S. 685-743.

Stanat, Petra/ Bergann, Susanne (2010): Geschlechtsbezogene Disparitäten in der Bildung. In: Tippelt, Rudolf/ Schmidt, Bernhardt (Hrsg.): Handbuch Bildungsforschung. 3. Auflage, Wiesbaden: VS, S. 513-527.

Stanat, Petra/ Christensen, Gayle (2006): Schulerfolg von Jugendlichen mit Migrationshintergrund im internationalen Vergleich. Eine Analyse von Voraussetzungen und Erträgen schulischen Lernens im Rahmen von PISA 2003. In: BMBF – Bundesministerium für Bildung und Forschung (Hrsg.): Bildungsforschung, Bd. 19. Bonn/ Berlin.

Stanat, Petra/ Edele, Aileen (2011): Migranten und soziale Ungleichheit. In: Reinders, Heinz/ Ditton, Hartmut/ Gräsel, Cornelia/ Gniewosz, Burkhard (Hrsg.): Empirische Bildungsforschung. Gegenstandsbereiche. Wiesbaden: VS, S. 181-191.

Stanat, Petra/ Rauch, Dominique/ Segeritz, Michael (2010): Schülerinnen und Schüler mit Migrationshintergrund. In: Klieme, Eckhard/ Artelt, Cordula/ Hartig,

Johannes/ Jude, Nina/ Köller, Olaf/ Prenzel, Manfred/ Schneider, Wolfgang/ Stanat, Petra (Hrsg.). PISA 2009. Bilanz nach einem Jahrzehnt. Münster u. a.: Waxmann, S. 200-230.

Stanat, Petra/ Schwippert, Knut/ Gröhlich, Carola (2010): Der Einfluss des Migranten- anteils in Schulklassen auf den Kompetenzerwerb. In: Allemann-Ghionda, Cristina et al. (Hrsg.): Migration, Identität, Sprache und Bildungserfolg. Zeitschrift für Pädagogik, Jg. 56, 55. Beiheft. Weinheim/Basel: Beltz, S. 147-164.

Stanat, Petra/ Segeritz, Michael (2009): Migrationsbezogene Indikatoren für eine Bildungsberichterstattung. In Tippelt, Rudolf (Hrsg.): Steuerung durch Indikatoren? Methodologische und theoretische Reflexionen zur deutschen und internationalen Bildungsberichterstattung. Opladen u. a.: Budrich, S. 141-156.

Statistisches Bundesamt (2008): Bildung und Kultur. Allgemeinbildende Schulen. Fachserie 11, Reihe 1, Schuljahr 2007/08, Wiesbaden.

Statistisches Bundesamt (2009): Bildung und Kultur – Allgemeinbildende Schulen. Fachserie 11, Reihe 1, Schuljahr 2008/09. Wiesbaden.

Statistisches Bundesamt (2011a): Bevölkerung und Erwerbstätigkeit. Bevölkerung mit Migrationshintergrund – Ergebnisse des Mikrozensus 2010. Fachserie 1, Reihe 2.2. Wiesbaden: Statistisches Bundesamt.

Statistisches Bundesamt (2011b): Bildung und Kultur – Allgemeinbildende Schulen. Fachserie 11, Reihe 1, Schuljahr 2010/11. Wiesbaden.

Statistisches Bundesamt (2011c): Bevölkerung und Erwerbstätigkeit. Ausländische Bevölkerung – Ergebnisse des Ausländerzentralregisters. Fachserie 1, Reihe 2, Wiesbaden.

Statistisches Bundesamt (2012a): Datenreport 2011. Ein Sozialbericht für die Bundesrepublik Deutschland. Bd. I, Bonn.

Statistisches Bundesamt (2012b). FAQs – Themenbereich „Migration und Integration". URL: https://www.destatis.de/DE/Service/FAQ/Bevoelkerung/MigrationIntegration/ FAQMigrationIntegration.html [30.06.2013].

Statistisches Landesamt Rheinland-Pfalz (2012): Allgemeinbildende Schulen – Teil I: Schülerinnen und Schüler, Schulabgängerinnen und Schulabgänger. Kennziffer: B I - j/11. Bad Ems. URL: http://www.statistik.rlp.de/fileadmin/dokumente/berichte/ B1013_201100_1j_K.pdf [31.01.2013].

Steinbach, Anja/ Nauck, Bernhard (2004): Intergenerationale Transmission von kulturel- lem Kapital in Migrantenfamilien. In: Zeitschrift für Erziehungswissenschaft. Jg. 7, H. 1, S. 20-32.

Steinhardt, Max Friedrich (2007): Aktuelle Trends der Einbürgerungen in Deutschland. In: Wirtschaftsdienst. Jg. 87, H. 8, S. 544-549.

Storz, Henning/ Wilmes, Bernhard (2007): Die Reform Staatsangehörigkeitsrechts [!] und das neue Einbürgerungsrecht. In: Dossier Bildung der Bundeszentrale für po- litische Bildung. URL: http://www.bpb.de/gesellschaft/migration/dossier-migration/ 56483/einbuergerung?p=all [01.06.2013].

Strohmeier, Klaus Peter/ Alic, Safet (2006): Segregation in den Städten. Bonn: Friedrich- Ebert-Stiftung.

Strohmeier, Klaus Peter (2010): Durchschnitt ist nirgends. Segregation und die Gesundheit von Kindern in der Stadt. In: Dahme, Heinz-Jürgen/ Wohlfahrt, Norbert (Hrsg.): Systemanalyse als politische Reformstrategie. Wiesbaden: VS, S. 318-334.

Terpoorten, Tobias (2007): Geografie der Bildungschancen. Geografische Informations-systeme als Planungsinstrument für eine sozialraumorientierte Schulentwicklung. In: Die deutsche Schule, Jg. 99, H. 4, S. 468-479.

Thränhardt, Dietrich (1999): Integrationsprozesse in der Bundesrepublik Deutschland – Institutionelle und soziale Rahmenbedingungen. In: Integration und Integrations-förderung in der Einwanderungsgesellschaft. Forschungsinstitut der Friedrich-Ebert-Stiftung, Abt. Arbeit und Sozialpolitik. Bonn. Electronic ed., URL: http://www.fes.de/fulltext/asfo/00713a02.htm [10.06.2013].

Thränhardt, Dietrich (2012): Zum Umgang des Bildungswesens mit Migration und eth-nischer Differenz. In: Matzner, Michael (Hrsg.): Handbuch Migration und Bildung. Weinheim u. a.: Beltz, S. 129-138.

Thränhardt, Dietrich/ Weiss, Karin (2012): ‚Bildungserfolgreiche‘ Migrantinnen und Migranten. In: Matzner, Michael (Hrsg.): Handbuch Migration und Bildung. Weinheim u. a.: Beltz, S. 118-128.

Tiedemann, Joachim/ Billmann-Mahecha, Elfriede (2007): Zum Einfluss von Migration und Schulklassenzugehörigkeit auf die Übergangsempfehlung für die Sekundar-stufe I. In: Zeitschrift für Erziehungswissenschaft, Jg. 10, H. 1, S. 108-120.

Treibel, Annette (1999): Migration in modernen Gesellschaften. Soziale Folgen von Einwanderung, Gastarbeit und Flucht. 2. Auflage, Weinheim/München: Juventa.

Tsapanos, Georgios (2001): Was heißt denn hier fremd? Staatsangehörigkeit zwischen Ethnizität – Identität – Nationalität. In: Conrad, Christoph/ Kocka, Jürgen (2001): Staatsbürgerschaft in Europa. Historische Erfahrungen und aktuelle Debatten. Hamburg: Edition Körber-Stiftung, S. 312-327.

Ullrich, Heiner (2012): Freie Waldorfschulen. In: Ullrich, Heiner/ Strunck, Susanne (Hrsg.) (2012): Private Schulen in Deutschland. Entwicklungen – Profile – Kontroversen. Reihe Schule und Gesellschaft. Wiesbaden: Springer VS, S. 61-77.

Ulrich, Ralf (1999): Deutschland – Demographische Wirkungen des ius soli. In: Netzwerk Migration in Europa e. V. (Hrsg.): Migration und Bevölkerung, H. 5, S. 2-3, Berlin. URL: http://www.migration-info.de/artikel/1999-07-05/deutschland-demographische-wirkungen-des-ius-soli [05.06.2013].

Urban, Michael/ Weiser, Ulrich (2006): Kleinräumige Sozialraumanalyse. Theoretische Grundlagen und praktische Durchführung. Identifikation und Beschreibung von Sozialräumen mit quantitativen Daten. Dresden: Saxonia.

Uslucan, Sükrü (2012): In der Diskussion: Abschaffung der Optionspflicht. In: Netzwerk Migration in Europa e.V. (Hrsg.): Migration und Bevölkerung. H. 3, Berlin, S. 9-10. URL: http://www.migration-info.de/sites/migration-info.de/files/attachments/ausgabe1203.pdf [30.06.2013].

Völkle, Manuel C./ Erdfelder, Edgar (2010): Varianz- und Kovarianzanalyse. In: Wolf, Christof/ Best, Henning (Hrsg.): Handbuch der sozialwissenschaftlichen Datenanalyse. Wiesbaden: VS, S. 455-494.

Wagner, Sandra J./ Powell, Justin J. W. (2003): Ethnisch-kulturelle Ungleichheit im deut-schen Bildungssystem – Zur Überrepräsentanz von Migrantenjugendlichen an Sonderschulen. In: Cloerkes, Günther (Hrsg.): Wie man behindert wird – Texte zur Konstruktion einer sozialen Rolle und zur Lebenssituation betroffener Menschen. Materialien zur Soziologie der Behinderten, Bd. 1. Heidelberg: Winter, S. 183-208.

Walter, Oliver (2008a): Herkunftsassoziierte Disparitäten im Lesen, der Mathematik und den Naturwissenschaften. Ein Vergleich zwischen PISA 2000, PISA 2003 und PISA 2006. In: Prenzel, Manfred/ Baumert, Jürgen (Hrsg.): Vertiefende Analysen zu PISA 2006. Zeitschrift für Erziehungswissenschaft, Sonderheft 10. Wiesbaden: VS, S. 149-168.

Walter, Oliver (2008b): Ethno-linguale Kompositionseffekte in neunten Klassen: Befunde aus der Klassenstichprobe von PISA 2006. In: Prenzel, Manfred/ Baumert, Jürgen (Hrsg.): Vertiefende Analysen zu PISA 2006. Zeitschrift für Erziehungswissenschaft, Sonderheft 10. Wiesbaden: VS, S. 169-184.

Walter, Oliver (2011): Der Schulerfolg vietnamesischer und philippinischer Jugendlicher in Deutschland. Eine Analyse auf der Grundlage der Erweiterungsstichprobe von PISA 2003. Zeitschrift für Erziehungswissenschaft, Jg. 14, H. 3, S. 397-419.

Walter, Paul (2012): Gymnasialbesuch und seine Bedingungen bei Schülerinnen und Schülern mit Migrationshintergrund. In: Matzner, Michael (Hrsg.): Handbuch Migration und Bildung. Weinheim u. a.: Beltz, S. 225-239.

Walter, Oliver/ Taskinen, Päivi (2007): Kompetenzen und bildungsrelevante Einstellungen von Jugendlichen mit Migrationshintergrund in Deutschland: Ein Vergleich mit ausgewählten OECD-Staaten. In: Prenzel, Manfred/ Artelt, Cordula/ Baumert, Jürgen/Blum, Werner/ Hammann, Marcus/ Klieme, Eckhard/ Pekrun, Reinhard (Hrsg.): PISA 2006. Die Ergebnisse der dritten internationalen Vergleichsstudie. Münster u. a.: Waxmann, S. 337-366.

Walter, Oliver/ Taskinen, Päivi (2008a): Naturwissenschaftsbezogene Motivationen und Kompetenzen von Schülerinnen und Schülern mit Migrationshintergrund in Deutschland: der Einfluss der Generation, der Herkunft und des Elternhauses. In: Prenzel, Manfred/ Baumert, Jürgen (Hrsg.): Vertiefende Analysen zu PISA 2006. Zeitschrift für Erziehungswissenschaft, Sonderheft 10. Wiesbaden: VS, S. 185-203.

Walter, Oliver/ Taskinen, Päivi (2008b): Der Bildungserfolg von Jugendlichen mit Migrationshintergrund in den deutschen Ländern. In: Prenzel, Manfred/ Artelt, Cordula/ Baumert, Jürgen, Blum, Werner/ Hamman, Marcus/ Klieme, Eckhard/ Pekrun, Reinhard (Hrsg.): PISA 2006 in Deutschland. Die Kompetenzen der Jugendlichen im dritten Ländervergleich. Münster u. a.: Waxmann, S. 343-374.

Weil, Patrick (2001): Zugang zur Staatsbürgerschaft. Ein Vergleich von 25 Staatsangehörigkeitsgesetzen. In: Conrad, Christoph/ Kocka, Jürgen (2001): Staatsbürgerschaft in Europa. Historische Erfahrungen und aktuelle Debatten. Hamburg: Edition Körber-Stiftung, S. 92-114.

Weishaupt, Horst (1996): Innerstädtische Disparitäten des Schulbesuchs. Ein Forschungsüberblick. In: Die Deutsche Schule, Jg. 88, H. 1, S. 56-65.

Weishaupt, Horst (2002): Bildung und Region. In: Tippelt, Rudolf (Hrsg.): Handbuch Bildungsforschung. Opladen: Leske + Budrich, S. 185-200.

Weishaupt, Horst (2006): Veränderungen im elementaren und sekundären Bildungsbereich durch demographischen Wandel. In: Statistisches Bundesamt (Hrsg.): Demographischer Wandel – Auswirkungen auf das Bildungssystem. (Statistik und Wissenschaft, Bd. 6). Wiesbaden: Statistisches Bundesamt, S. 26-44.

Weishaupt, Horst (2009): Demografie und regionale Schulentwicklung. In: Zeitschrift für Pädagogik, Jg. 55, H. 1, S. 56-72.

Weishaupt, Horst (2010): Bildung und Region. In: Tippelt, Rudolf/ Schmidt, Bernhard (Hrsg.): Handbuch Bildungsforschung. 3. durchges. Auflage. Wiesbaden: VS, S. 217-231.

Weishaupt, Horst/ Kemper, Thomas (2009): Zur nationalitätenspezifischen und regionalen Bildungsbenachteiligung ausländischer Schüler unter besonderer Berücksichtigung des Förderschulbesuchs. In: Sylvester, Ina/ Sieh, Isabelle/ Menz, Margarete/ Fuchs, Hans-Werner/ Behrendt, Jan (Hrsg.): Bildung – Recht

– Chancen. Rahmenbedingungen, empirische Analysen und internationale Perspektiven zum Recht auf chancengleiche Bildung. Münster: Waxmann, S. 97-111.

Weiss, Karin (2006): Ausländische Schüler in den neuen Bundesländern – eine Erfolgsstory. In: Auernheimer, Georg (Hrsg.): Schieflagen im Bildungssystem. Die Benachteiligung der Migrantenkinder. 2. Auflage, Wiesbaden: VS, S. 179-191.

Weiss, Karin (2007a): Zuwanderung und Integration in Ostdeutschland. In: Weiss, Karin/ Kindelberger, Hala (Hrsg.): Zuwanderung und Integration in den neuen Bundesländern. Zwischen Transferexistenz und Bildungserfolg. Freiburg i. B.: Lambertus, S. 33-59.

Weiss, Karin (2007b): Zwischen Vietnam und Deutschland – Die Vietnamesen in Ostdeutschland. In: Weiss, Karin/ Kindelberger, Hala (Hrsg.): Zuwanderung und Integration in den neuen Bundesländern. Zwischen Transferexistenz und Bildungserfolg. Freiburg i. B.: Lambertus, S. 72-95.

Weiss, Karin (2008): Transnationale Migrationsnetzwerke zwischen Vietnam und Deutschland – eine Entwicklungschance für beide Seiten. In: Thränhardt, Dietrich (Hrsg.): Entwicklung und Migration. Jahrbuch Migration – Yearbook Migration 2006/2007. Berlin: Lit, S. 142-160.

Werning, Rolf/ Reiser, Helmut (2008): Sonderpädagogische Förderung. In: Cortina, Kai S./ Baumert, Jürgen/ Leschinsky, Achim/ Mayer, Karl Ulrich/ Trommer, Luitgard (Hrsg.): Das Bildungswesen in der Bundesrepublik Deutschland. Strukturen und Entwicklungen im Überblick. Reinbek: Rowohlt, S. 505-539.

Wiedemann, Marianne (2005): Die Neuregelung des deutschen Staatsangehörigkeitsrechts – unter besonderer Berücksichtigung von Rechtsfragen mehrfacher Staatsangehörigkeit. Univ.-Diss., Konstanz. URL: http://kops.ub.uni-konstanz.de/xmlui/bitstream/handle/urn:nbn:de:bsz:352-opus-16715/Dissertation_Wiedemann_Acrobat7.pdf?sequence=1 [26.06.2013].

Wirtz, Markus/ Nachtigall, Christof (2006): Deskriptive Statistik – Statistik für Psychologen. Bd. 1. 4. Auflage. Weinheim u. a.: Juventa.

Wocken, Hans (2000): Leistung, Intelligenz und Soziallage von Schülern mit Lernbehinderungen. Vergleichende Untersuchungen an Förderschulen in Haushalt. In: Zeitschrift für Heilpädagogik, Jg. 51, H. 12, S. 492-503.

Wocken, Hans (2005): Andere Länder, andere Schüler? Vergleichende Untersuchungen von Förderschülern in den Bundesländern Brandenburg, Hamburg und Niedersachsen. Forschungsbericht, Innsbruck: bidok Digitale Volltextbibliothek. URL: http://bidok.uibk.ac.at/download/wocken-forschungsbericht.pdf [Stand: 17.04.2013].

Wocken, Hans/ Gröhlich, Carola (2009): Kompetenzen von Schülerinnen und Schülern an Hamburger Förderschulen. In: Bos, Wilfried/ Bonsen, Martin/ Gröhlich, Carola (Hrsg.): KESS 7 – Kompetenzen und Einstellungen von Schülerinnen und Schülern an Hamburger Schulen zu Beginn der Jahrgangsstufe 7. Münster u. a.: Waxmann, S. 133-142.

Wolfgramm, Christine/ Rau, Melanie/ Zander-Music, Lysann/ Neuhaus, Janine/ Hannover, Bettina (2010): Zum Zusammenhang zwischen kollektivem Selbstwert und der Motivation, Deutsch zu lernen. Eine Untersuchung von Schülerinnen und Schülern mit Migrationshintergrund in Deutschland und der Schweiz. In: Allemann-Ghionda, Cristina/ Stanat, Petra/ Göbel, Kerstin/ Röhner, Charlotte (Hrsg.): Migration, Identität, Sprache und Bildungserfolg. Zeitschrift für Pädagogik, 55. Beiheft. Weinheim u. a.: Beltz, S. 59-77.

Wüller, Heike (2005): Zur Geschichte der Migration in Deutschland. In: Erkes, Hubert/ Möltgen, Katrin (Hrsg.): Deutschland – Probleme eines Einwanderungslandes. Dokumentation und Beiträge zum 4. Kölner Hochschultag am 4. November 2004. Grüne Reihe der FHöV NRW, Bd. 25. Gelsenkirchen: FHöV NRW, S. 13-29.

Zhou, Min (1997): Segmented Assimilation: Issues, Controversies, and Recent Research on the New Second Generation. In: International Migration Review, Jg. 31, H. 4, S. 975-1008.

Zinnecker, Jürgen/ Stecher, Ludwig (2006): Gesellschaftliche Ungleichheit im Spiegel hierarchisch geordneter Bildungsgänge. Die Bedeutung ökonomischen, kulturellen und ethnischen Kapitals der Familie für den Schulbesuch der Kinder. In: Georg, Werner: Soziale Ungleichheit im Bildungssystem. Eine empirisch-theoretische Bestandsaufnahme. Konstanz: UVK Verlag, S. 291-310.

Zymek, Bernd/ Sikorski, Sandra/ Franke, Tobias/ Ragutt, Frank/ Jakubik, Andreas (2006): Die Transformation regionaler Bildungslandschaften. Vergleichende Analyse lokaler und regionaler Schulangebotsstrukturen in den Städten Münster, Recklinghausen, Bochum und dem Kreis Steinfurt 1995–2003. In: Bos, Wilfried/ Holtappels, Heinz Günter/ Pfeiffer, Hermann/ Rolff, Hans-Günter, Schulz-Zander, Renate (Hrsg.): Jahrbuch der Schulentwicklung. Daten, Beispiele und Perspektiven. Bd. 14. Weinheim u. a.: Juventa, S. 195-219.